Nouveau Testament
et
Psaumes

La présente édition du **Nouveau Testament** et des **Psaumes** reproduit la traduction officielle de l'Église catholique pour la liturgie.
Le texte est celui utilisé dans les célébrations liturgiques en langue française.
La traduction des Psaumes est celle du Psautier liturgique œcuménique.

Concordat cum originali.
Le 24 juin 1997,
P. Jean-Claude HUGUES,
secrétaire général de la CIFTL (Commission internationale francophone pour les traductions et la liturgie).

Broché :	ISBN 2-911036-95-6
Éd. dioc. de Nanterre :	ISBN 2-914083-52-1
Couverture vinyl :	ISBN 2-911036-97-2
Éd. Afrique :	ISBN 2-911036-98-0
Couverture cuir :	ISBN 2-911036-99-9

Nouveau Testament
et
Psaumes

Traduction officielle
pour la liturgie

Éditions de l'Emmanuel
71 Paray-le-Monial

TABLE DES MATIÈRES

LE NOUVEAU TESTAMENT

ÉVANGILE
SELON
SAINT MATTHIEU

L'origine divine de Jésus le Messie

Généalogie de Jésus, fils de David.

Lc **3,** 23-38

1 ¹ Voici la table des origines de Jésus Christ, fils de David, fils d'Abraham :

² Abraham engendra Isaac,

Isaac engendra Jacob,

Jacob engendra Juda et ses frères,

³ Juda, de son union avec Thamar, engendra Pharès et Zara,

Pharès engendra Esrom,

Esrom engendra Aram,

⁴ Aram engendra Aminadab,

Aminadab engendra Naassone,

Naassone engendra Salmone,

⁵ Salmone, de son union avec Rahab, engendra Booz,

Booz, de son union avec Ruth, engendra Jobed,

Jobed engendra Jessé,

⁶ Jessé engendra le roi David.

David, de son union avec la femme d'Ourias, engendra Salomon,

⁷ Salomon engendra Roboam,

Roboam engendra Abia,

Abia engendra Asa,

⁸ Asa engendra Josaphat,

Josaphat engendra Joram,

Joram engendra Ozias,

⁹ Ozias engendra Joatham,

Joatham engendra Acaz,

Acaz engendra Ézékias,

¹⁰ Ézékias engendra Manassé,

Manassé engendra Amone,

Amone engendra Josias,

¹¹ Josias engendra Jékonias et ses frères à l'époque de l'exil à Babylone.

¹² Après l'exil à Babylone,

Jékonias engendra Salathiel,

Salathiel engendra Zorobabel,

¹³ Zorobabel engendra Abioud,

Abioud engendra Éliakim,

Éliakim engendra Azor,

¹⁴ Azor engendra Sadok,

Sadok engendra Akim,

Akim engendra Élioud,

¹⁵ Élioud engendra Éléazar,

Éléazar engendra Mattane,

Mattane engendra Jacob,

¹⁶ Jacob engendra Joseph, l'époux de Marie,

de laquelle fut engendré Jésus, que l'on appelle Christ (ou Messie).

¹⁷ Le nombre total des générations est donc : quatorze d'Abraham jusqu'à David, quatorze de David jusqu'à l'exil à Babylone, quatorze de l'exil à Babylone jusqu'au Christ.

Joseph reçoit la mission d'accueillir le fils de Marie dans la famille de David.

¹⁸ Voici quelle fut l'origine de Jésus Christ.

Marie, la mère de Jésus, avait été accordée en mariage à Joseph ; or, avant qu'ils aient habité ensemble, elle fut enceinte par l'action de l'Esprit Saint. ¹⁹ Joseph, son époux, qui était un homme juste, ne voulait pas la dénoncer publiquement ; il décida de la répudier en secret. ²⁰ Il avait formé ce projet, lorsque l'ange du Seigneur lui apparut en songe et lui dit : « Joseph, fils de David, ne crains pas de prendre chez toi Marie, ton épouse : l'enfant qui est engendré en elle vient de l'Esprit Saint ; ²¹ elle mettra au monde un fils, auquel tu donneras le nom de Jésus (c'est-à-dire : Le-Seigneur-sauve), car c'est lui qui sauvera son peuple de ses péchés. »

²² Tout cela arriva pour que s'accomplît la parole du Seigneur prononcée par le prophète : ²³ *Voici que la Vierge concevra et elle mettra au monde un fils, auquel on donnera le nom d'Emmanuel, qui se traduit : « Dieu-avec-nous ».*

²⁴ Quand Joseph se réveilla, il fit ce que l'ange du Seigneur lui avait prescrit : il prit chez lui son épouse, ²⁵ mais il n'eut pas de rapports avec elle ; elle enfanta un fils, auquel il donna le nom de Jésus.

Jésus, roi des Juifs, reconnu par les païens et jaloux par Hérode.

2 ¹ Jésus était né à Bethléem en Judée, au temps du roi Hérode le Grand. Or, voici que des mages venus d'Orient arrivèrent à Jérusalem ² et demandèrent : « Où est le roi des Juifs qui vient de naître ? Nous avons vu se lever son étoile et nous sommes venus nous prosterner devant lui. » ³ En apprenant cela, le roi Hérode fut pris d'inquiétude, et tout Jérusalem avec lui. ⁴ Il réunit tous les chefs des prêtres et tous les scribes d'Israël, pour leur demander en quel lieu devait naître le Messie. Ils lui répondirent : ⁵ « A Bethléem en Judée, car voici ce qui est écrit par le prophète : ⁶ *Et toi, Bethléem en Judée, tu n'es certes pas le dernier parmi les chefs-lieux de Judée ; car de toi sortira un chef, qui sera le berger d'Israël mon peuple.* » ⁷ Alors Hérode convoqua les mages en secret pour leur faire préciser à quelle date l'étoile était apparue ; ⁸ puis il les envoya à Bethléem, en leur disant : « Allez vous renseigner avec précision sur l'enfant. Et quand vous l'aurez trouvé, avertissez-moi pour que j'aille, moi aussi, me prosterner

devant lui.» ⁹Sur ces paroles du roi, ils partirent.

Et voilà que l'étoile qu'ils avaient vue se lever les précédait ; elle vint s'arrêter au-dessus du lieu où se trouvait l'enfant. ¹⁰Quand ils virent l'étoile, ils éprouvèrent une très grande joie. ¹¹En entrant dans la maison, ils virent l'enfant avec Marie sa mère ; et, tombant à genoux, ils se prosternèrent devant lui. Ils ouvrirent leurs coffrets, et lui offrirent leurs présents : de l'or, de l'encens et de la myrrhe.

¹²Mais ensuite, avertis en songe de ne pas retourner chez Hérode, ils regagnèrent leur pays par un autre chemin.

Le Fils de Dieu exilé en Égypte.

¹³Après le départ des mages, l'ange du Seigneur apparaît en songe à Joseph et lui dit : «Lève-toi ; prends l'enfant et sa mère, et fuis en Égypte. Reste là-bas jusqu'à ce que je t'avertisse, car Hérode va rechercher l'enfant pour le faire périr.» ¹⁴Joseph se leva ; dans la nuit, il prit l'enfant et sa mère, et se retira en Égypte, ¹⁵où il resta jusqu'à la mort d'Hérode. Ainsi s'accomplit ce que le Seigneur avait dit par le prophète : *D'Égypte, j'ai appelé mon fils.*

La fureur du roi impie.

¹⁶Alors Hérode, voyant que les mages l'avaient trompé, entra dans une violente fureur. Il envoya tuer tous les enfants de moins de deux ans à Bethléem et dans toute la région, d'après la date qu'il s'était fait préciser par les mages. ¹⁷Alors s'accomplit ce que le Seigneur avait dit par le prophète Jérémie : ¹⁸ *Un cri s'élève dans Rama, des pleurs et une longue plainte : c'est Rachel qui pleure ses enfants et ne veut pas qu'on la console, car ils ne sont plus.*

Retour d'Égypte et installation à Nazareth.

¹⁹Après la mort d'Hérode, l'ange du Seigneur apparaît en songe à Joseph en Égypte ²⁰et lui dit : «Lève-toi ; prends l'enfant et sa mère, et reviens au pays d'Israël, car ils sont morts, ceux qui en voulaient à la vie de l'enfant.» ²¹Joseph se leva, prit l'enfant et sa mère, et rentra au pays d'Israël. ²²Mais, apprenant qu'Arkélaüs régnait sur la Judée à la place de son père Hérode, il eut peur de s'y rendre. Averti en songe, il se retira dans la région de Galilée ²³et vint habiter dans une ville appelée Nazareth. Ainsi s'accomplit ce que le Seigneur avait dit par les prophètes : *Il sera appelé Nazaréen.*

L'annonce du règne de Dieu par Jean Baptiste et par Jésus

Prédication de Jean Baptiste.

Mc 1, 2-8 ; Lc 3, 1-18

3 ¹En ces jours-là, paraît Jean le Baptiste, qui proclame dans le désert de Judée : ²«Convertissez-vous, car le

Royaume des cieux est tout proche.» ³Jean est celui que désignait la parole transmise par le prophète Isaïe:

A travers le désert, une voix crie:
Préparez le chemin du Seigneur,
aplanissez sa route.

⁴Jean portait un vêtement de poils de chameau, et une ceinture de cuir autour des reins; il se nourrissait de sauterelles et de miel sauvage. ⁵Alors Jérusalem, toute la Judée et toute la région du Jourdain venaient à lui, ⁶et ils se faisaient baptiser par lui dans le Jourdain en reconnaissant leurs péchés.

⁷Voyant des pharisiens et des sadducéens venir en grand nombre à ce baptême, il leur dit: «Engeance de vipères! Qui vous a appris à fuir la colère qui vient? ⁸Produisez donc un fruit qui exprime votre conversion, ⁹et n'allez pas dire en vous-mêmes: 'Nous avons Abraham pour père'; je vous le dis: avec les pierres que voici, Dieu peut faire surgir des enfants à Abraham. ¹⁰Déjà la cognée se trouve à la racine des arbres: tout arbre qui ne produit pas de bons fruits va être coupé et jeté au feu.

¹¹Moi, je vous baptise dans l'eau, pour vous amener à la conversion. Mais celui qui vient derrière moi est plus fort que moi, et je ne suis pas digne de lui retirer ses sandales. Lui vous baptisera dans l'Esprit Saint et dans le feu;

¹²il tient la pelle à vanner dans sa main, il va nettoyer son aire à battre le blé, et il amassera le grain dans son grenier. Quant à la paille, il la brûlera dans un feu qui ne s'éteint pas.»

Le baptême du Fils bien-aimé.

Mc 1, 9-11 ; Lc 3, 21-22 ;
Jn 1, 29-34

¹³Alors Jésus, arrivant de Galilée, paraît sur les bords du Jourdain, et il vient à Jean pour se faire baptiser par lui. ¹⁴Jean voulait l'en empêcher et disait: «C'est moi qui ai besoin de me faire baptiser par toi, et c'est toi qui viens à moi!» ¹⁵Mais Jésus lui répondit: «Pour le moment, laisse-moi faire; c'est de cette façon que nous devons accomplir parfaitement ce qui est juste.» Alors Jean le laisse faire.

¹⁶Dès que Jésus fut baptisé, il sortit de l'eau; voici que les cieux s'ouvrirent, et il vit l'Esprit de Dieu descendre comme une colombe et venir sur lui. ¹⁷Et des cieux, une voix disait: «Celui-ci est mon Fils bien-aimé; en lui j'ai mis tout mon amour.»

Jésus au désert résiste au Tentateur.

Mc 1, 12-13 ; Lc 4, 1-13

4 ¹Alors Jésus fut conduit au désert par l'Esprit pour être tenté par le démon. ²Après avoir jeûné quarante jours et quarante nuits, il eut faim. ³Le tentateur s'approcha et lui dit: «Si tu es le Fils de

Dieu, ordonne que ces pierres deviennent des pains. » ⁴Mais Jésus répondit : « Il est écrit : *Ce n'est pas seulement de pain que l'homme doit vivre, mais de toute parole qui sort de la bouche de Dieu.* »

⁵Alors le démon l'emmène à la ville sainte, à Jérusalem, le place au sommet du Temple ⁶et lui dit : « Si tu es le Fils de Dieu, jette-toi en bas ; car il est écrit : *Il donnera pour toi des ordres à ses anges, et : Ils te porteront sur leurs mains, de peur que ton pied ne heurte une pierre.* » ⁷Jésus lui déclara : « Il est encore écrit : *Tu ne mettras pas à l'épreuve le Seigneur ton Dieu.* »

⁸Le démon l'emmène encore sur une très haute montagne et lui fait voir tous les royaumes du monde avec leur gloire. ⁹Il lui dit : « Tout cela, je te le donnerai, si tu te prosternes pour m'adorer. » ¹⁰Alors, Jésus lui dit : « Arrière, Satan ! car il est écrit : *C'est devant le Seigneur ton Dieu que tu te prosterneras, et c'est lui seul que tu adoreras.* »

¹¹Alors le démon le quitte. Voici que des anges s'approchèrent de lui, et ils le servaient.

Jésus en Galilée annonce le Royaume, appelle ses premiers disciples et guérit les malades.

Mc **1**, 14-20 ; Lc **4**, 14-15

¹²Quand Jésus apprit l'arrestation de Jean Baptiste, il se retira en Galilée. ¹³Il quitta Nazareth et vint habiter à Capharnaüm, ville située au bord du lac, dans les territoires de Zabulon et de Nephtali. ¹⁴Ainsi s'accomplit ce que le Seigneur avait dit par le prophète Isaïe :

¹⁵ *Pays de Zabulon et pays de Nephtali,*

route de la mer et pays au-delà du Jourdain,

Galilée, toi le carrefour des païens :

¹⁶ *le peuple qui habitait dans les ténèbres a vu se lever une grande lumière.*

Sur ceux qui habitaient dans le pays de l'ombre et de la mort,

une lumière s'est levée.

¹⁷A partir de ce moment, Jésus se mit à proclamer : « Convertissez-vous, car le Royaume des cieux est tout proche. »

¹⁸Comme il marchait au bord du lac de Galilée, il vit deux frères, Simon, appelé Pierre, et son frère André, qui jetaient leurs filets dans le lac : c'étaient des pêcheurs. ¹⁹Jésus leur dit : « Venez derrière moi, et je vous ferai pêcheurs d'hommes. » ²⁰Aussitôt, laissant leurs filets, ils le suivirent. ²¹Plus loin, il vit deux autres frères, Jacques, fils de Zébédée, et son frère Jean, qui étaient dans leur barque avec leur père, en train de préparer leurs filets. Il les appela. ²²Aussitôt, laissant leur barque et leur père, ils le suivirent.

²³Jésus, parcourant toute la Galilée, enseignait dans leurs synagogues, proclamait la

Bonne Nouvelle du Royaume, guérissait toute maladie et toute infirmité dans le peuple. ²⁴ Sa renommée se répandit dans toute la Syrie et on lui amena tous ceux qui souffraient, atteints de maladies et de tourments de toutes sortes : possédés, épileptiques, paralysés ; et il les guérit. ²⁵ De grandes foules le suivirent, venues de la Galilée, de la Décapole, de Jérusalem, de la Judée, et de la Transjordanie.

Premier discours : Sermon sur la montagne

Les Béatitudes.

Lc **6**, 20-26

5 ¹ Quand Jésus vit la foule, il gravit la montagne. Il s'assit, et ses disciples s'approchèrent. ² Alors, ouvrant la bouche, il se mit à les instruire. Il disait :

³ «Heureux les pauvres de cœur :
le Royaume des cieux est à eux !

⁴ Heureux les doux :
ils obtiendront la terre promise !

⁵ Heureux ceux qui pleurent :
ils seront consolés !

⁶ Heureux ceux qui ont faim et soif de la justice :
ils seront rassasiés !

⁷ Heureux les miséricordieux :
ils obtiendront miséricorde !

⁸ Heureux les cœurs purs :
ils verront Dieu !

⁹ Heureux les artisans de paix :
ils seront appelés fils de Dieu !

¹⁰ Heureux ceux qui sont persécutés pour la justice :
le Royaume des cieux est à eux !

¹¹ Heureux serez-vous si l'on vous insulte, si l'on vous persécute et si l'on dit faussement toute sorte de mal contre vous, à cause de moi. ¹² Réjouissez-vous, soyez dans l'allégresse, car votre récompense sera grande dans les cieux ! C'est ainsi qu'on a persécuté les prophètes qui vous ont précédés.

Le sel de la terre et la lumière du monde.

Mc **9**, 50 ; **4**, 21 ; Lc **14**, 34-35 ; **8**, 16

¹³ «Vous êtes le sel de la terre. Si le sel se dénature, comment redeviendra-t-il du sel ? Il n'est plus bon à rien : on le jette dehors et les gens le piétinent. ¹⁴ Vous êtes la lumière du monde. Une ville située sur une montagne ne peut être cachée. ¹⁵ Et l'on n'allume pas une lampe pour la mettre sous le boisseau ; on la met sur le lampadaire, et elle brille pour tous ceux qui sont dans la maison. ¹⁶ De même, que votre lumière brille devant les hommes : alors, en voyant ce que vous faites de bien, ils rendront gloire à votre Père qui est aux cieux.

La nouvelle justice dans l'accomplissement de la Loi.

Lc **6**, 27-36

¹⁷ «Ne pensez pas que je suis venu abolir la Loi ou les

Prophètes : je ne suis pas venu abolir, mais accomplir. [18] Amen, je vous le dis : Avant que le ciel et la terre disparaissent, pas une lettre, pas un seul petit trait de la Loi jusqu'à ce que tout se réalise. [19] Donc, celui qui rejettera un seul de ces plus petits commandements, et qui enseignera aux hommes à faire ainsi, sera déclaré le plus petit dans le Royaume des cieux. Mais celui qui les observera et les enseignera sera déclaré grand dans le Royaume des cieux. [20] Je vous le dis en effet : Si votre justice ne surpasse pas celle des scribes et des pharisiens, vous n'entrerez pas dans le Royaume des cieux.

[21] Vous avez appris qu'il a été dit aux anciens : *Tu ne commettras pas de meurtre*, et si quelqu'un commet un meurtre, il en répondra au tribunal. [22] Eh bien moi, je vous dis : Tout homme qui se met en colère contre son frère en répondra au tribunal. Si quelqu'un insulte son frère, il en répondra au grand conseil. Si quelqu'un maudit son frère, il sera passible de la géhenne de feu. [23] Donc, lorsque tu vas présenter ton offrande sur l'autel, si, là, tu te souviens que ton frère a quelque chose contre toi, [24] laisse ton offrande là, devant l'autel, va d'abord te réconcilier avec ton frère, et ensuite viens présenter ton offrande. [25] Accorde-toi vite avec ton adversaire pendant que tu es chemin avec lui, pour éviter

que ton adversaire ne te livre au juge, le juge au garde, et qu'on ne te jette en prison. [26] Amen, je te le dis : tu n'en sortiras pas avant d'avoir payé jusqu'au dernier sou.

[27] Vous avez appris qu'il a été dit : *Tu ne commettras pas d'adultère.* [28] Eh bien moi, je vous dis : Tout homme qui regarde une femme et la désire a déjà commis l'adultère avec elle dans son cœur. [29] Si ton œil droit entraîne ta chute, arrache-le et jette-le loin de toi : car c'est ton intérêt de perdre un de tes membres, et que ton corps tout entier ne soit pas jeté dans la géhenne. [30] Et si ta main droite entraîne ta chute, coupe-la et jette-la loin de toi : car c'est ton intérêt de perdre un de tes membres, et que ton corps tout entier ne s'en aille pas dans la géhenne.

[31] Il a été dit encore : *Si quelqu'un renvoie sa femme, qu'il lui donne un acte de répudiation.* [32] Eh bien moi, je vous dis : Tout homme qui renvoie sa femme, sauf en cas d'union illégitime, la pousse à l'adultère ; et si quelqu'un épouse une femme renvoyée, il est adultère.

[33] Vous avez encore appris qu'il a été dit aux anciens : *Tu ne feras pas de faux serments, mais tu t'acquitteras de tes serments envers le Seigneur.* [34] Eh bien moi, je vous dis de ne faire aucun serment, ni par le ciel, car c'est le trône de Dieu, [35] ni par la terre, car elle est son

marchepied, ni par Jérusalem, car elle est la Cité du grand Roi. ³⁶ Et tu ne jureras pas non plus sur ta tête, parce que tu ne peux pas rendre un seul de tes cheveux blanc ou noir. ³⁷ Quand vous dites 'oui', que ce soit un 'oui', quand vous dites 'non', que ce soit un 'non'. Tout ce qui est en plus vient du Mauvais.

³⁸ Vous avez appris qu'il a été dit : *Œil pour œil, dent pour dent.* ³⁹ Eh bien moi, je vous dis de ne pas riposter au méchant ; mais si quelqu'un te gifle sur la joue droite, tends-lui encore l'autre. ⁴⁰ Et si quelqu'un veut te faire un procès et prendre ta tunique, laisse-lui encore ton manteau. ⁴¹ Et si quelqu'un te réquisitionne pour faire mille pas, fais-en deux mille avec lui. ⁴² Donne à qui te demande ; ne te détourne pas de celui qui veut t'emprunter.

⁴³ Vous avez appris qu'il a été dit : *Tu aimeras ton prochain* et tu haïras ton ennemi. ⁴⁴ Eh bien moi, je vous dis : Aimez vos ennemis, et priez pour ceux qui vous persécutent, ⁴⁵ afin d'être vraiment les fils de votre Père qui est dans les cieux ; car il fait lever son soleil sur les méchants et sur les bons, et tomber la pluie sur les justes et sur les injustes. ⁴⁶ Si vous aimez ceux qui vous aiment, quelle récompense aurez-vous ? Les publicains eux mêmes n'en font-ils pas autant ? ⁴⁷ Et si vous ne saluez

que vos frères, que faites-vous d'extraordinaire ? Les païens eux-mêmes n'en font-ils pas autant ? ⁴⁸ Vous donc, soyez parfaits comme votre Père céleste est parfait.

Faire l'aumône, prier et jeûner de manière à plaire à Dieu.

Lc 11, 2-4

6 ¹ « Si vous voulez vivre comme des justes, évitez d'agir devant les hommes pour vous faire remarquer. Autrement, il n'y a pas de récompense pour vous auprès de votre Père qui est aux cieux.

² Ainsi, quand tu fais l'aumône, ne fais pas sonner de la trompette devant toi, comme ceux qui se donnent en spectacle dans les synagogues et dans les rues, pour obtenir la gloire qui vient des hommes. Amen, je vous le déclare : ceux-là ont touché leur récompense. ³ Mais toi, quand tu fais l'aumône, que ta main gauche ignore ce que donne ta main droite, ⁴ afin que ton aumône reste dans le secret ; ton Père voit ce que tu fais dans le secret : il te le revaudra.

⁵ Et quand vous priez, ne soyez pas comme ceux qui se donnent en spectacle : quand ils font leurs prières, ils aiment à se tenir debout dans les synagogues et les carrefours pour bien se montrer aux hommes. Amen, je vous le déclare : ceux-là ont touché leur récompense. ⁶ Mais toi, quand tu pries, retire-toi au

fond de ta maison, ferme la porte, et prie ton Père qui est présent dans le secret; ton Père voit ce que tu fais dans le secret: il te le revaudra.

[7] Lorsque vous priez, ne rabâchez pas comme les païens: ils s'imaginent qu'à force de paroles ils seront exaucés. [8] Ne les imitez donc pas, car votre Père sait de quoi vous avez besoin avant même que vous l'ayez demandé.

[9] Vous donc, priez ainsi:
Notre Père, qui es aux cieux,
que ton nom soit sanctifié.
[10] Que ton règne vienne;
que ta volonté soit faite sur la terre comme au ciel.
[11] Donne-nous aujourd'hui notre pain de ce jour.
[12] Remets-nous nos dettes,
comme nous les avons remises nous-mêmes à ceux qui nous devaient.
[13] Et ne nous soumets pas à la tentation,
mais délivre-nous du Mal.

[14] Car, si vous pardonnez aux hommes leurs fautes, votre Père céleste vous pardonnera aussi. [15] Mais si vous ne pardonnez pas aux hommes, à vous non plus votre Père ne pardonnera pas vos fautes.

[16] Et quand vous jeûnez, ne prenez pas un air abattu, comme ceux qui se donnent en spectacle: ils se composent une mine défaite pour bien montrer aux hommes qu'ils jeûnent. Amen, je vous le déclare: ceux-là ont touché leur récompense. [17] Mais toi,

quand tu jeûnes, parfume-toi la tête et lave-toi le visage; [18] ainsi, ton jeûne ne sera pas connu des hommes, mais seulement de ton Père qui est présent dans le secret; ton Père voit ce que tu fais dans le secret: il te le revaudra.

Chercher d'abord le Royaume.

Lc 11, 34-36; 16, 13; 12, 22-34

[19] «Ne vous faites pas de trésors sur la terre, là où les mites et la rouille le dévorent, où les voleurs percent les murs pour voler. [20] Mais faites-vous des trésors dans le ciel, là où les mites et la rouille ne dévorent pas, où les voleurs ne percent pas les murs pour voler. [21] Car là où est ton trésor, là aussi sera ton cœur.

[22] La lampe du corps, c'est l'œil. Donc, si ton œil est vraiment clair, ton corps tout entier sera dans la lumière; [23] mais si ton œil est mauvais, ton corps tout entier sera plongé dans les ténèbres. Si donc la lumière qui est en toi est ténèbres, quelles ténèbres y aura-t-il!

[24] Aucun homme ne peut servir deux maîtres: ou bien il détestera l'un et aimera l'autre, ou bien il s'attachera à l'un et méprisera l'autre. Vous ne pouvez pas servir à la fois Dieu et l'Argent. [25] C'est pourquoi je vous dis: Ne vous faites pas tant de souci pour votre vie, au sujet de la nourriture, ni pour votre corps, au sujet des vêtements. La vie ne

vaut-elle pas plus que la nourriture, et le corps plus que les vêtements ? ²⁶ Regardez les oiseaux du ciel : ils ne font ni semailles ni moisson, ils ne font pas de réserves dans des greniers, et votre Père céleste les nourrit. Ne valez-vous pas beaucoup plus qu'eux ? ²⁷ D'ailleurs, qui d'entre vous, à force de souci, peut prolonger tant soit peu son existence ? ²⁸ Et au sujet des vêtements, pourquoi se faire tant de souci ? Observez comment poussent les lis des champs : ils ne travaillent pas, ils ne filent pas. ²⁹ Or je vous dis que Salomon lui-même, dans toute sa gloire, n'était pas habillé comme l'un d'eux. ³⁰ Si Dieu habille ainsi l'herbe des champs, qui est là aujourd'hui, et qui demain sera jetée au feu, ne fera-t-il pas bien davantage pour vous, hommes de peu de foi ? ³¹ Ne vous faites donc pas tant de souci ; ne dites pas : 'Qu'allons-nous manger ?' ou bien : 'Qu'allons-nous boire ?' ou encore : 'Avec quoi nous habiller ?' ³² Tout cela, les païens le recherchent. Mais votre Père céleste sait que vous en avez besoin. ³³ Cherchez d'abord son Royaume et sa justice, et tout cela vous sera donné par-dessus le marché. ³⁴ Ne vous faites pas tant de souci pour demain : demain se souciera de lui-même ; à chaque jour suffit sa peine.

Relations fraternelles avec les hommes, relations filiales avec le Père.

Lc **6**, 37-42 ; **11**, 9-13

7 ¹ « Ne jugez pas, pour ne pas être jugés ; ² le jugement que vous portez contre les autres sera porté aussi contre vous ; la mesure dont vous vous servez pour les autres servira aussi pour vous. ³ Qu'as-tu à regarder la paille dans l'œil de ton frère, alors que la poutre est dans ton œil, tu ne la remarques pas ? ⁴ Comment vas-tu dire à ton frère : 'Laisse-moi retirer la paille de ton œil', alors qu'il y a une poutre dans ton œil à toi ? ⁵ Esprit faux ! Enlève d'abord la poutre de ton œil, alors tu verras clair pour retirer la paille qui est dans l'œil de ton frère.

⁶ Ce qui est sacré, ne le donnez pas aux chiens ; vos perles, ne les jetez pas aux cochons, pour éviter qu'ils les piétinent puis se retournent pour vous déchirer.

⁷ Demandez, vous obtiendrez ; cherchez, vous trouverez ; frappez, la porte sera ouverte. ⁸ Celui qui demande reçoit ; celui qui cherche trouve ; et pour celui qui frappe, la porte s'ouvrira. ⁹ Lequel d'entre vous donnerait une pierre à son fils qui lui demande du pain ? ¹⁰ ou un serpent, quand il lui demande un poisson ? ¹¹ Si donc, vous qui êtes mauvais, vous savez donner de bonnes choses à vos

enfants, combien plus votre Père qui est aux cieux donnera-t-il de bonnes choses à ceux qui les lui demandent ! ¹²Donc, tout ce que vous voudriez que les autres fassent pour vous, faites-le pour eux, vous aussi, voilà ce que dit toute l'Écriture : la Loi et les Prophètes.

La vie du vrai disciple
doit être faite d'effort
et de fidélité à la Parole.

Lc 6, 43-49

¹³ « Entrez par la porte étroite. Elle est grande, la porte, il est large, le chemin qui conduit à la perdition ; et ils sont nombreux, ceux qui s'y engagent. ¹⁴ Mais elle est étroite, la porte, il est resserré, le chemin qui conduit à la vie ; et ils sont peu nombreux, ceux qui le trouvent. ¹⁵ Méfiez-vous des faux prophètes qui viennent à vous déguisés en brebis, mais au-dedans ce sont des loups voraces. ¹⁶ C'est à leurs fruits que vous les reconnaîtrez. On ne cueille pas du raisin sur des épines, ni des figues sur des chardons. ¹⁷ C'est ainsi que tout arbre bon donne de beaux fruits, et que l'arbre mauvais donne des fruits détestables. ¹⁸ Un arbre bon ne peut pas porter des fruits détestables, ni un arbre mauvais porter de beaux fruits. ¹⁹ Tout arbre qui ne donne pas de beaux fruits est coupé et jeté au feu. ²⁰ C'est

donc à leurs fruits que vous les reconnaîtrez.

²¹ Il ne suffit pas de me dire : 'Seigneur, Seigneur !' pour entrer dans le Royaume des cieux ; mais il faut faire la volonté de mon Père qui est aux cieux. ²² Ce jour-là, beaucoup me diront : 'Seigneur, Seigneur, n'est-ce pas en ton nom que nous avons été prophètes, en ton nom que nous avons chassé les démons, en ton nom que nous avons fait beaucoup de miracles ?' ²³ Alors je leur déclarerai : 'Je ne vous ai jamais connus. *Écartez-vous de moi, vous qui faites le mal !'*

²⁴ Tout homme qui écoute ce que je vous dis là et le met en pratique est comparable à un homme prévoyant qui a bâti sa maison sur le roc. ²⁵ La pluie est tombée, les torrents ont dévalé, la tempête a soufflé et s'est abattue sur cette maison ; la maison ne s'est pas écroulée, car elle était fondée sur le roc. ²⁶ Et tout homme qui écoute ce que je vous dis là sans le mettre en pratique est comparable à un homme insensé qui a bâti sa maison sur le sable. ²⁷ La pluie est tombée, les torrents ont dévalé, la tempête a soufflé, elle a secoué cette maison ; la maison s'est écroulée, et son écroulement a été complet. »

²⁸ Jésus acheva ainsi son discours. Les foules étaient frappées par son enseignement,

²⁹car il les instruisait en homme qui a autorité, et non pas comme leurs scribes.

Dix miracles et quelques controverses

Le lépreux (I).

Mc 1, 40-44 ; Lc 5, 12-14

8 ¹Lorsque Jésus descendit de la montagne, de grandes foules se mirent à le suivre. ²Et voici qu'un lépreux s'approcha, se prosterna devant lui et dit : «Seigneur, si tu le veux, tu peux me purifier.» ³Jésus étendit la main, le toucha et lui dit : «Je le veux, sois purifié.» Aussitôt il fut purifié de sa lèpre. ⁴Jésus lui dit : «Attention, ne dis rien à personne, mais va te montrer au prêtre. Et donne l'offrande que Moïse a prescrite dans la Loi : ta guérison sera pour les gens un témoignage.»

Le centurion de Capharnaüm : la foi d'un païen (II).

Lc 7, 1-10

⁵Jésus était entré à Capharnaüm ; un centurion de l'armée romaine vint à lui et le supplia : ⁶«Seigneur, mon serviteur est au lit, chez moi, paralysé, et il souffre terriblement.» ⁷Jésus lui dit : «Je vais aller le guérir.» ⁸Le centurion reprit : «Seigneur, je ne suis pas digne que tu entres sous mon toit, mais dis seulement une parole et mon serviteur sera guéri. ⁹Ainsi, moi qui suis soumis à une autorité, j'ai des

soldats sous mes ordres ; je dis à l'un : 'Va', et il va, à un autre : 'Viens', et il vient, et à mon esclave : 'Fais ceci', et il le fait.» ¹⁰A ces mots, Jésus fut dans l'admiration et dit à ceux qui le suivaient : «Amen, je vous le déclare, chez personne en Israël, je n'ai trouvé une telle foi. ¹¹Aussi je vous le dis : Beaucoup viendront de l'orient et de l'occident et prendront place avec Abraham, Isaac et Jacob au festin du Royaume des cieux, ¹²et les héritiers du Royaume seront jetés dehors dans les ténèbres ; là, il y aura des pleurs et des grincements de dents.» ¹³Et Jésus dit au centurion : «Rentre chez toi, que tout se passe pour toi selon ta foi.» Et le serviteur fut guéri à cette heure même.

La belle-mère de Pierre (III).

Mc 1, 29-31 ; Lc 4, 38-39

¹⁴Comme Jésus entrait chez Pierre, il vit sa belle-mère couchée avec de la fièvre. ¹⁵Il lui prit la main, et la fièvre la quitta. Elle se leva, et elle le servait.

Guérisons messianiques.

Mc 1, 32-34 ; Lc 4, 40-41

¹⁶Le soir venu, on lui amena beaucoup de possédés ; il chassa les esprits par sa parole et il guérit tous les malades. ¹⁷Ainsi devait s'accomplir la parole prononcée par le prophète Isaïe : *Il a pris nos souffrances, il a porté nos maladies.*

Comment suivre Jésus.

Lc 9, 57-60

[18]Jésus, voyant la foule autour de lui, donna l'ordre de partir vers l'autre rive du lac. [19]Un scribe s'approcha et lui dit : «Maître, je te suivrai partout où tu iras.» [20]Mais Jésus lui déclara : «Les renards ont des terriers, les oiseaux du ciel ont des nids; mais le Fils de l'homme n'a pas d'endroit où reposer sa tête.» [21]Un autre de ses disciples lui dit : «Seigneur, permets-moi d'aller d'abord enterrer mon père.» [22]Jésus lui dit : «Suis-moi, et laisse les morts enterrer leurs morts.»

La tempête apaisée (IV).

Mc 4, 36-41 ; Lc 8, 23-25

[23]Comme Jésus montait dans la barque, ses disciples le suivirent. [24]Et voilà que la mer s'agita violemment, au point que la barque était recouverte par les vagues. Mais lui dormait. [25]Ses compagnons s'approchèrent et le réveillèrent en disant : «Seigneur, sauve-nous ! Nous sommes perdus.» [26]Mais il leur dit : «Pourquoi avoir peur, hommes de peu de foi?» Alors, debout, Jésus interpella vivement les vents et la mer, et il se fit un grand calme. [27]Les gens furent saisis d'étonnement et disaient : «Quel est donc celui-ci, pour que même les vents et la mer lui obéissent?»

Les démoniaques de Gadara (V).

Mc 5, 1-20 ; Lc 8, 26-39

[28]Comme Jésus arrivait sur l'autre rive du lac, dans le pays des Gadaréniens, deux possédés sortirent du cimetière à sa rencontre; ils étaient si méchants que personne ne pouvait passer par ce chemin. [29]Et voilà qu'ils se mirent à crier : «Que nous veux-tu, Fils de Dieu? Es-tu venu pour nous faire souffrir avant le moment fixé?» [30]Or, il y avait au loin un grand troupeau de porcs qui cherchait sa nourriture. [31]Les démons suppliaient Jésus : «Si tu nous expulses, envoie-nous dans le troupeau de porcs.» [32]Il leur répondit : «Allez-y.» Ils sortirent et ils s'en allèrent dans les porcs; et voilà que, du haut de la falaise, tout le troupeau se précipita dans la mer, et les porcs moururent dans les flots. [33]Les gardiens prirent la fuite et s'en allèrent en ville annoncer tout cela, avec l'affaire des possédés. [34]Et voilà que toute la ville sortit à la rencontre de Jésus; et lorsqu'ils le virent, les gens le supplièrent de partir de leur région.

Le paralytique et le pardon des péchés (VI).

Mc 2, 1-12 ; Lc 5, 17-25

9[1]Jésus monta en barque, traversa le lac, et alla dans sa ville de Capharnaüm. [2]Et voilà qu'on lui apportait un paralysé, couché sur une civière. Voyant leur foi, Jésus dit au paralysé : «Confiance, mon fils, tes péchés sont pardonnés.» [3]Or, quelques scribes se disaient : «Cet homme blasphème.» [4]Mais Jésus, connaissant leurs pensées, leur dit : « Pourquoi avez-vous en vous-mêmes des pensées mauvaises ? [5] Qu'est-ce qui est le plus facile ? de dire : 'Tes péchés sont pardonnés', ou bien de dire : 'Lève-toi et marche' ? [6] Eh bien ! pour que vous sachiez que le Fils de l'homme a le pouvoir, sur la terre, de pardonner les péchés... » alors, il dit au paralysé : « Lève-toi, prends ta civière, et rentre chez toi. » [7] L'homme se leva et rentra chez lui. [8] En voyant cela, la foule fut saisie de crainte, et elle rendit gloire à Dieu qui a donné un tel pouvoir aux hommes.

Jésus appelle Matthieu le publicain.

Mc 2, 13-17 ; Lc 5, 27-32

[9] Jésus, sortant de Capharnaüm, vit un homme, du nom de Matthieu, assis à son bureau de publicain (collecteur d'impôts). Il lui dit : « Suis-moi. » L'homme se leva et le suivit.

[10] Comme Jésus était à table à la maison, voici que beaucoup de publicains et de pécheurs vinrent prendre place avec lui et ses disciples. [11] Voyant cela, les pharisiens disaient aux disciples : « Pourquoi votre maître mange-t-il avec les publicains et les pécheurs ? » [12] Jésus, qui avait entendu, déclara : « Ce ne sont pas les gens bien portants qui ont besoin du médecin, mais les malades. [13] Allez

apprendre ce que veut dire cette parole : *C'est la miséricorde que je désire, et non les sacrifices.* Car je suis venu appeler non pas les justes, mais les pécheurs. »

Controverse sur le jeûne : la nouveauté du Royaume.

Mc 2, 18-22 ; Lc 5, 33-39

[14] Les disciples de Jean Baptiste s'approchent de Jésus en disant : « Pourquoi tes disciples ne jeûnent-ils pas, alors que nous et les pharisiens nous jeûnons ? » [15] Jésus leur répondit : « Les invités de la noce pourraient-ils donc faire pénitence pendant le temps où l'Époux est avec eux ? Mais un temps viendra où l'Époux leur sera enlevé, et alors ils jeûneront. [16] Et personne ne coud une pièce d'étoffe neuve sur un vieux vêtement ; car le morceau ajouté tire sur le vêtement et le déchire davantage. [17] Et on ne met pas du vin nouveau dans de vieilles outres ; autrement les outres éclatent, le vin se répand, et les outres sont perdues. Mais on met le vin nouveau dans des outres neuves, et le tout se conserve. »

La fille du chef et la femme qui touche les vêtements de Jésus (VII-VIII).

Mc 5, 21-43 ; Lc 8, 40-56

[18] Tandis que Jésus leur parlait ainsi, voilà qu'un chef s'approcha ; il se prosternait devant lui en disant : « Ma fille est morte à l'instant ; mais

viens lui imposer la main, et elle vivra.» ¹⁹ Jésus se leva et se mit à le suivre, ainsi que ses disciples.

²⁰ Et voilà qu'une femme souffrant d'hémorragies depuis douze ans s'approcha par derrière et toucha la frange de son vêtement. ²¹ Car elle se disait en elle-même: «Si je parviens seulement à toucher son vêtement, je serai sauvée.» ²² Jésus se retourna, la vit et lui dit: «Confiance, ma fille! Ta foi t'a sauvée.» Et la femme fut sauvée à l'heure même.

²³ Jésus, arrivé à la maison du chef, dit, en voyant les joueurs de flûte et l'agitation de la foule: ²⁴ «Retirez-vous. La jeune fille n'est pas morte: elle dort.» ²⁵ Mais on se moquait de lui. Quand il eut mis la foule dehors, il entra et saisit la main de la jeune fille, qui se leva. ²⁶ Et la nouvelle se répandit dans tout ce pays.

Les deux aveugles (IX).

²⁷ Tandis que Jésus s'en allait, deux aveugles le suivirent, en criant: «Aie pitié de nous, fils de David!» ²⁸ Quand il fut dans la maison, les aveugles l'abordèrent, et Jésus leur dit: «Croyez-vous que je peux faire cela?» Ils répondirent: «Oui, Seigneur.» ²⁹ Alors il leur toucha les yeux, en disant: «Que tout se fasse pour vous selon votre foi!» ³⁰ Leurs yeux s'ouvrirent, et Jésus leur dit sévèrement: «Attention! que personne ne le sache!» ³¹ Mais, à peine sortis, ils parlèrent de lui dans toute la région.

Le possédé muet (X).
Lc 11, 14-15

³² On présenta à Jésus un possédé qui était muet. ³³ Lorsque le démon eut été expulsé, le muet se mit à parler. La foule fut dans l'admiration, et elle disait: «Jamais rien de pareil ne s'est vu en Israël!» ³⁴ Mais les pharisiens disaient: «C'est par le chef des démons qu'il expulse les démons.»

Pitié de Jésus pour la foule.
Mc 6, 34 ; Lc 10, 2

³⁵ Jésus parcourait toutes les villes et tous les villages, enseignant dans leurs synagogues, proclamant la Bonne Nouvelle du Royaume et guérissant toute maladie et toute infirmité.

³⁶ Voyant les foules, il eut pitié d'elles parce qu'elles étaient fatiguées et abattues comme des brebis sans berger. ³⁷ Il dit alors à ses disciples: «La moisson est abondante, mais les ouvriers sont peu nombreux. ³⁸ Priez donc le maître de la moisson d'envoyer des ouvriers pour sa moisson.»

Deuxième discours : Envoi en mission

Le choix des Douze.
Mc 3, 13-19 ; Lc 6, 14-16

10 ¹ Alors Jésus appela ses douze disciples et leur donna le pouvoir d'expulser les esprits mauvais et de guérir toute maladie et toute infirmité. ²Voici les noms des douze Apôtres : le premier, Simon, appelé Pierre ; André son frère ; Jacques, fils de Zébédée, et Jean son frère ; ³Philippe et Barthélemy ; Thomas et Matthieu le publicain ; Jacques, fils d'Alphée, et Thaddée ; ⁴Simon le Zélote et Judas Iscariote, celui-là même qui le livra.

Consignes pour l'apostolat.

Mc **6**, 7-11 ; Lc **9**, 2-5 ; **10**, 4-12

⁵Ces douze, Jésus les envoya en mission avec les instructions suivantes : « N'allez pas chez les païens et n'entrez dans aucune ville des Samaritains. ⁶Allez plutôt vers les brebis perdues de la maison d'Israël. ⁷Sur votre route, proclamez que le Royaume des cieux est tout proche. ⁸Guérissez les malades, ressuscitez les morts, purifiez les lépreux, chassez les démons. Vous avez reçu gratuitement : donnez gratuitement.

⁹Ne vous procurez ni or ni argent, ni petite monnaie pour en garder sur vous ; ¹⁰ni sac pour la route, ni tunique de rechange, ni sandales, ni bâton. Car le travailleur mérite sa nourriture. ¹¹Dans chaque ville ou village où vous entrerez, informez-vous pour savoir qui est digne de vous accueillir, et restez chez lui jusqu'à votre départ. ¹²En entrant dans la maison, saluez ceux qui l'habitent. Si cette maison en est digne, que votre paix vienne sur elle. ¹³Si elle n'en est pas digne, que votre paix retourne vers vous. ¹⁴Si l'on refuse de vous accueillir et d'écouter vos paroles, sortez de cette maison ou de cette ville, en secouant la poussière de vos pieds. ¹⁵Amen, je vous le dis : au jour du Jugement, le pays de Sodome et de Gomorrhe sera traité moins sévèrement que cette ville.

*Luttes et renoncements
de l'apôtre.*

Mc **13**, 9-13 ; **9**, 37-41 ; Lc **10**, 16 ; **12**, 2-9.51-53 ; **14**, 26-27 ; **21**, 12-19 ; Jn **13**, 20

¹⁶« Voici que je vous envoie comme des brebis au milieu des loups. Soyez donc adroits comme les serpents, et candides comme les colombes.

¹⁷Méfiez-vous des hommes : ils vous livreront aux tribunaux et vous flagelleront dans leurs synagogues. ¹⁸Vous serez traînés devant des gouverneurs et des rois à cause de moi : il y aura là un témoignage pour eux et pour les païens. ¹⁹Quand on vous livrera, ne vous tourmentez pas pour savoir ce que vous direz ni comment vous le direz : ce que vous aurez à dire vous sera donné à cette heure-là. ²⁰Car ce n'est pas vous qui parlerez, c'est l'Esprit de votre Père qui parlera en vous. ²¹Le frère livrera son frère à la mort, et le père, son enfant ; les enfants se

dresseront contre leurs parents et les feront mettre à mort. ²²Vous serez détestés de tous à cause de mon nom ; mais celui qui aura persévéré jusqu'à la fin, celui-là sera sauvé. ²³Quand on vous persécutera dans une ville, fuyez dans une autre. Amen, je vous le dis : vous n'aurez pas encore passé dans toutes les villes d'Israël quand le Fils de l'homme viendra.

²⁴Le disciple n'est pas au-dessus de son maître, ni le serviteur au-dessus de son seigneur. ²⁵Le disciple doit se contenter d'être comme son maître, et le serviteur d'être comme son seigneur. Si le maître de maison s'est fait traiter de Béelzéboul, ce sera bien pire pour les gens de la maison.

²⁶Ne craignez pas les hommes ; tout ce qui est voilé sera dévoilé, tout ce qui est caché sera connu. ²⁷Ce que je vous dis dans l'ombre, dites-le au grand jour ; ce que vous entendez dans le creux de l'oreille, proclamez-le sur les toits. ²⁸Ne craignez pas ceux qui tuent le corps, mais ne peuvent pas tuer l'âme ; craignez plutôt celui qui peut faire périr dans la géhenne l'âme aussi bien que le corps. ²⁹Est-ce qu'on ne vend pas deux moineaux pour un sou ? Or, pas un seul ne tombe à terre sans que votre Père le veuille. ³⁰Quant à vous, même vos cheveux sont tous comptés. ³¹Soyez donc sans crainte : vous valez bien plus que tous les moineaux du monde.

³²Celui qui se prononcera pour moi devant les hommes, moi aussi je me prononcerai pour lui devant mon Père qui est aux cieux. ³³Mais celui qui me reniera devant les hommes, moi aussi je le renierai devant mon Père qui est aux cieux.

³⁴Ne croyez pas que je sois venu apporter la paix sur la terre : je ne suis pas venu apporter la paix, mais le glaive. ³⁵Oui, je suis venu séparer l'homme de son père, la fille de sa mère, la belle-fille de sa belle-mère : ³⁶on aura pour ennemis les gens de sa propre maison. ³⁷Celui qui aime son père ou sa mère plus que moi n'est pas digne de moi ; celui qui aime son fils ou sa fille plus que moi n'est pas digne de moi ; ³⁸celui qui ne prend pas sa croix et ne me suit pas n'est pas digne de moi. ³⁹Qui veut garder sa vie pour soi la perdra ; qui perdra sa vie à cause de moi la gardera. ⁴⁰Qui vous accueille m'accueille ; et qui m'accueille accueille Celui qui m'a envoyé. ⁴¹Qui accueille un prophète en sa qualité de prophète recevra une récompense de prophète ; qui accueille un homme juste en sa qualité d'homme juste recevra une récompense d'homme juste. ⁴²Et celui qui donnera à boire, même un simple verre

d'eau fraîche, à l'un de ces petits en sa qualité de disciple, amen, je vous le dis : il ne perdra pas sa récompense. »

11 ¹ Jésus acheva ainsi de donner ses instructions aux douze disciples, puis il partit de là pour enseigner et prêcher dans les villes du pays.

Le mystère de Jésus et de son action

Jésus et Jean Baptiste.

Lc 7, 18-35

² Jean le Baptiste, dans sa prison, avait appris ce que faisait le Christ. Il lui envoya demander par ses disciples : ³ « Es-tu celui qui doit venir, ou devons-nous en attendre un autre ? » ⁴ Jésus leur répondit : « Allez rapporter à Jean ce que vous entendez et voyez : ⁵ Les aveugles voient, les boiteux marchent, les lépreux sont purifiés, les sourds entendent, les morts ressuscitent, et la Bonne Nouvelle est annoncée aux pauvres. ⁶ Heureux celui qui ne tombera pas à cause de moi ! »

⁷ Tandis que les envoyés de Jean se retiraient, Jésus se mit à dire aux foules à propos de Jean : « Qu'êtes-vous allés voir au désert ? un roseau agité par le vent ?... ⁸ Alors, qu'êtes-vous donc allés voir ? un homme aux vêtements luxueux ? Mais ceux qui portent de tels vêtements vivent dans les palais des rois. ⁹ Qu'êtes-vous donc allés voir ? un prophète ? Oui, je vous le dis, et bien plus qu'un prophète. ¹⁰ C'est de lui qu'il est écrit : *Voici que j'envoie mon messager en avant de toi, pour qu'il prépare le chemin devant toi.* ¹¹ Amen, je vous le dis : Parmi les hommes, il n'en a pas existé de plus grand que Jean Baptiste ; et cependant le plus petit dans le Royaume des cieux est plus grand que lui.

¹² Depuis le temps de Jean Baptiste jusqu'à présent, le Royaume des cieux subit la violence, et des violents cherchent à s'en emparer. ¹³ Tous les Prophètes, ainsi que la Loi, ont parlé jusqu'à Jean. ¹⁴ Et, si vous voulez bien comprendre, le prophète Élie qui doit venir, c'est lui. ¹⁵ Celui qui a des oreilles, qu'il entende !

¹⁶ A qui vais-je comparer cette génération ? Elle ressemble à des gamins assis sur les places, qui en interpellent d'autres :

¹⁷ 'Nous vous avons joué de la flûte,

et vous n'avez pas dansé.

Nous avons entonné des chants de deuil,

et vous ne vous êtes pas frappé la poitrine.'

¹⁸ Jean Baptiste est venu, en effet ; il ne mange pas, il ne boit pas, et l'on dit : 'C'est un possédé !' ¹⁹ Le Fils de l'homme est venu ; il mange et il boit, et l'on dit : 'C'est un glouton et un ivrogne, un ami des publicains et des pécheurs.' Mais la sagesse de Dieu se révèle juste à travers ce qu'elle fait. »

*Lamentation sur les villes
qui ne se sont pas converties.*

Lc **10**, 12-15

²⁰ Jésus se mit à faire des reproches aux villes où avaient eu lieu la plupart de ses miracles, parce qu'elles ne s'étaient pas converties : ²¹ « Malheureuse es-tu, Corazine ! Malheureuse es-tu, Bethsaïde ! Car, si les miracles qui ont eu lieu chez vous avaient eu lieu à Tyr et à Sidon, il y a longtemps que les gens y auraient pris le vêtement de deuil et la cendre en signe de pénitence. ²² En tout cas, je vous le déclare : Tyr et Sidon seront traitées moins sévèrement que vous, au jour du Jugement. ²³ Et toi, Capharnaüm, seras-tu donc élevée jusqu'au ciel ? Non, tu descendras jusqu'au séjour des morts ! Car, si les miracles qui ont eu lieu chez toi avaient eu lieu à Sodome, cette ville subsisterait encore aujourd'hui. ²⁴ En tout cas, je vous le déclare : le pays de Sodome sera traité moins sévèrement que toi, au jour du Jugement. »

Le mystère révélé aux petits.

Lc **10**, 21-22

²⁵ En ce temps-là, Jésus prit la parole : « Père, Seigneur du ciel et de la terre, je proclame ta louange : ce que tu as caché aux sages et aux savants, tu l'as révélé aux tout-petits. ²⁶ Oui, Père, tu l'as voulu ainsi dans ta bonté. ²⁷ Tout m'a été confié par mon Père ; per-

sonne ne connaît le Fils, sinon le Père, et personne ne connaît le Père, sinon le Fils, et celui à qui le Fils veut le révéler. »

Le joug qui libère les pauvres.

²⁸ « Venez à moi, vous tous qui peinez sous le poids du fardeau, et moi, je vous procurerai le repos. ²⁹ Prenez sur vous mon joug, devenez mes disciples, car je suis doux et humble de cœur, et vous trouverez le repos. ³⁰ Oui, mon joug est facile à porter, et mon fardeau, léger. »

Le maître du sabbat.

Mc **2**, 23 – **3**, 6 ; Lc **6**, 1-11

12 ¹ En ce temps-là, Jésus passait, un jour de sabbat, à travers les champs de blé, et ses disciples eurent faim ; ils se mirent à arracher des épis et à les manger. ² En voyant cela, les pharisiens lui dirent : « Voilà que tes disciples font ce qu'il n'est pas permis de faire le jour du sabbat ! » ³ Mais il leur répondit : « N'avez-vous pas lu ce que fit David, quand il eut faim, ainsi que ses compagnons ? ⁴ Il entra dans la maison de Dieu, et ils mangèrent les pains de l'offrande ; or, cela n'était permis ni à lui, ni à ses compagnons, mais aux prêtres seulement. ⁵ Ou bien encore, n'avez-vous pas lu dans la Loi que le jour du sabbat, les prêtres, dans le Temple, manquent au repos du sabbat sans commettre aucune faute ? ⁶ Or, je vous le dis : il y a ici plus grand que le

Temple. [7] Si vous aviez compris ce que veut dire cette parole : *C'est la miséricorde que je désire, et non les sacrifices,* [8] vous n'auriez pas condamné ceux qui n'ont commis aucune faute. Car le Fils de l'homme est maître du sabbat. »

[9] Il partit de là pour aller à la synagogue des Juifs. [10] Or il s'y trouvait un homme qui avait une main paralysée. Et l'on demanda à Jésus : « Est-il permis de faire une guérison le jour du sabbat ? » (C'était afin de pouvoir l'accuser.) [11] Mais il leur dit : « Si l'un d'entre vous possède une seule brebis, et qu'elle tombe dans un trou le jour du sabbat, ne va-t-il pas la saisir et la faire remonter ? [12] Or, un homme vaut tellement plus qu'une brebis ! Il est donc permis de faire le bien le jour du sabbat. » [13] Alors Jésus dit à l'homme : « Étends ta main. » L'homme l'étendit, et elle redevint normale et saine comme l'autre.

[14] Les pharisiens se réunirent contre Jésus pour voir comment le faire périr.

Le serviteur du Seigneur.

[15] Jésus, l'ayant appris, quitta cet endroit ; beaucoup de gens le suivirent, et il les guérit tous. [16] Mais Jésus leur défendit vivement de le faire connaître. [17] Ainsi devait s'accomplir la parole prononcée par le prophète Isaïe :

[18] *Voici mon serviteur que j'ai choisi,*

mon bien-aimé en qui j'ai mis toute ma joie.

Je ferai reposer sur lui mon Esprit,

aux nations il fera connaître le jugement.

[19] *Il ne protestera pas,*

il ne criera pas,

on n'entendra pas sa voix sur les places publiques.

[20] *Il n'écrasera pas le roseau froissé,*

il n'éteindra pas la mèche qui faiblit,

jusqu'à ce qu'il ait fait triompher le jugement.

[21] *Les nations païennes mettent leur espoir en son nom.*

Jésus contre les pharisiens et leur mauvais esprit.

Mc **3**, 22-30 ; **8**, 11-12 ;
Lc **11**, 14-23 ; **12**, 10 ; **6**, 44-45 ;
11, 24-32

[22] Alors on lui présenta un possédé qui était aveugle et muet. Jésus le guérit, si bien qu'il parlait et voyait. [23] Tout le monde était dans la stupéfaction et disait : « Cet homme serait-il donc le fils de David ? » [24] En entendant cela, les pharisiens disaient : « Cet homme n'expulse les démons que par Béelzéboul, le chef des démons. » [25] Connaissant leurs pensées, Jésus leur dit : « Tout royaume qui se divise devient un désert ; toute ville ou maison qui se divise sera incapable de se maintenir. [26] Si Satan expulse Satan, c'est donc qu'il s'est divisé ; comment son royaume se maintiendra-t-il ?

²⁷ Et si c'est par Béelzéboul que moi j'expulse les démons, vos disciples, par qui les expulsent-ils ? C'est pourquoi ils seront eux-mêmes vos juges. ²⁸ Mais si c'est par l'Esprit de Dieu que moi j'expulse les démons, c'est donc que le règne de Dieu est survenu pour vous. ²⁹ Ou bien, comment peut-on entrer dans la maison de l'homme fort et piller ses biens, sans avoir d'abord ligoté cet homme fort ? Alors seulement on pillera sa maison. ³⁰ Celui qui n'est pas avec moi est contre moi ; celui qui ne rassemble pas avec moi disperse. ³¹ C'est pourquoi, je vous le dis : Dieu pardonnera aux hommes tout péché, tout blasphème, mais le blasphème contre l'Esprit ne sera pas pardonné. ³² Et si quelqu'un dit une parole contre le Fils de l'homme, cela lui sera pardonné, mais si quelqu'un parle contre l'Esprit Saint, cela ne lui sera pas pardonné, ni en ce monde-ci, ni dans le monde à venir.

³³ Prenez un bel arbre, son fruit sera beau ; prenez un arbre détestable, son fruit sera détestable, car c'est à son fruit qu'on reconnaît l'arbre. ³⁴ Engeance de vipères ! comment pouvez-vous dire des paroles bonnes, vous qui êtes mauvais ? Car ce que dit la bouche, c'est ce qui déborde du cœur. ³⁵ L'homme bon, dans son trésor qui est bon, prend des choses bonnes ; l'homme mauvais, dans son trésor qui est mauvais, prend des choses mauvaises. ³⁶ Je vous le dis : toute parole creuse que prononceront les hommes, ils devront en rendre compte au jour du Jugement. ³⁷ Sur tes paroles, en effet, tu seras déclaré juste ; sur tes paroles tu seras condamné.

³⁸ Quelques-uns des scribes et des pharisiens lui adressèrent la parole : «Maître, nous voudrions voir un signe venant de toi.» ³⁹ Il leur répondit : «Cette génération mauvaise et adultère réclame un signe, mais, en fait de signe, il ne lui sera donné que celui du prophète Jonas. ⁴⁰ Car Jonas est resté dans le ventre du monstre marin trois jours et trois nuits ; de même, le Fils de l'homme restera au cœur de la terre trois jours et trois nuits. ⁴¹ Lors du Jugement, les habitants de Ninive se lèveront en même temps que cette génération, et ils la condamneront ; en effet, ils se sont convertis en réponse à la proclamation faite par Jonas, et il y a ici bien plus que Jonas. ⁴² Lors du Jugement, la reine de Saba se dressera en même temps que cette génération et la condamnera ; en effet, elle est venue de l'extrémité du monde pour écouter la sagesse de Salomon, et il y a ici bien plus que Salomon.

⁴³ Quand l'esprit mauvais est sorti d'un homme, il parcourt les terres desséchées en cherchant un lieu de repos, et il

n'en trouve pas. ⁴⁴Alors il se dit : 'Je vais retourner dans ma maison, d'où je suis sorti.' En arrivant, il la trouve disponible, balayée et bien rangée. ⁴⁵Alors il s'en va, il prend avec lui sept autres esprits, encore plus mauvais que lui, ils y entrent et s'y installent. Ainsi, l'état de cet homme est pire à la fin qu'au début. Voilà ce qui arrivera à cette génération mauvaise. »

La vraie famille de Jésus.

Mc **3**, 31-35 ; Lc **8**, 19-21

⁴⁶Comme Jésus parlait encore à la foule, voici que sa mère et ses frères se tenaient au-dehors, cherchant à lui parler. ⁴⁷Quelqu'un lui dit : « Ta mère et tes frères sont là dehors, qui cherchent à te parler. » ⁴⁸Jésus répondit à cet homme : « Qui est ma mère, et qui sont mes frères ? » ⁴⁹Puis, tendant la main vers ses disciples, il dit : « Voici ma mère et mes frères. ⁵⁰Celui qui fait la volonté de mon Père qui est aux cieux, celui-là est pour moi un frère, une sœur et une mère. »

Troisième discours : Enseignement en paraboles

Les mystères du Royaume.

Mc **4**, 1-34 ; Lc **8**, 4-15 ; **10**, 9-10 ; **13**, 18-21

13 ¹Ce jour-là, Jésus était sorti de la maison, et il était assis au bord du lac. ²Une foule immense se rassembla auprès de lui, si bien qu'il monta dans une barque où il s'assit ; toute la foule se tenait sur le rivage. ³Il leur dit beaucoup de choses en paraboles :

« Voici que le semeur est sorti pour semer. ⁴Comme il semait, des grains sont tombés au bord du chemin, et les oiseaux sont venus tout manger. ⁵D'autres sont tombés sur le sol pierreux, où ils n'avaient pas beaucoup de terre ; ils ont levé aussitôt parce que la terre était peu profonde. ⁶Le soleil s'étant levé, ils ont brûlé et, faute de racines, ils ont séché. ⁷D'autres grains sont tombés dans les ronces ; les ronces ont poussé et les ont étouffés. ⁸D'autres sont tombés sur la bonne terre, et ils ont donné du fruit à raison de cent, ou soixante, ou trente pour un. ⁹Celui qui a des oreilles, qu'il entende ! »

¹⁰Les disciples s'approchèrent de Jésus et lui dirent : « Pourquoi leur parles-tu en paraboles ? » ¹¹Il leur répondit : « A vous il est donné de connaître les mystères du Royaume des cieux, mais à eux ce n'est pas donné. ¹²Celui qui a recevra encore, et il sera dans l'abondance ; mais celui qui n'a rien se fera enlever même ce qu'il a. ¹³Si je leur parle en paraboles, c'est parce qu'ils regardent sans regarder, qu'ils écoutent sans écouter et sans comprendre. ¹⁴Ainsi s'accomplit pour eux la prophétie d'Isaïe :

Vous aurez beau écouter, vous ne comprendrez pas.

Vous aurez beau regarder, vous ne verrez pas.

[15] *Le cœur de ce peuple s'est alourdi :*

ils sont devenus durs d'oreille,
ils se sont bouché les yeux,
pour que leurs yeux ne voient pas,
que leurs oreilles n'entendent pas,
que leur cœur ne comprenne pas,
et qu'ils ne se convertissent pas.
Sinon, je les aurais guéris !

[16] Mais vous, heureux vos yeux parce qu'ils voient, et vos oreilles parce qu'elles entendent ! [17] Amen, je vous le dis : beaucoup de prophètes et de justes ont désiré voir ce que vous voyez, et ne l'ont pas vu, entendre ce que vous entendez, et ne l'ont pas entendu.

[18] Vous donc, écoutez ce que veut dire la parabole du semeur. [19] Quand l'homme entend la parole du Royaume sans la comprendre, le Mauvais survient et s'empare de ce qui est semé dans son cœur : cet homme, c'est le terrain ensemencé au bord du chemin. [20] Celui qui a reçu la semence sur un sol pierreux, c'est l'homme qui entend la Parole et la reçoit aussitôt avec joie ; [21] mais il n'a pas de racines en lui, il est l'homme d'un moment : quand vient la détresse ou la persécution à cause de la Parole, il tombe aussitôt. [22] Celui qui a reçu la semence dans les ronces, c'est l'homme qui entend la Parole ; mais les soucis du monde et les séductions de la richesse étouffent la Parole, et il ne

donne pas de fruit. [23] Celui qui a reçu la semence dans la bonne terre, c'est l'homme qui entend la Parole et la comprend ; il porte du fruit à raison de cent, ou soixante, ou trente pour un. »

[24] Il leur proposa une autre parabole : «Le Royaume des cieux est comparable à un homme qui a semé du bon grain dans son champ. [25] Or, pendant que les gens dormaient, son ennemi survint ; il sema de l'ivraie au milieu du blé et s'en alla. [26] Quand la tige poussa et produisit l'épi, alors l'ivraie apparut aussi. [27] Les serviteurs du maître vinrent lui dire : 'Seigneur, n'est-ce pas du bon grain que tu as semé dans ton champ ? D'où vient donc qu'il y a de l'ivraie ?' [28] Il leur dit : 'C'est un ennemi qui a fait cela.' Les serviteurs lui disent : 'Alors, veux-tu que nous allions l'enlever ?' [29] Il répond : 'Non, de peur qu'en enlevant l'ivraie, vous n'arrachiez le blé en même temps. [30] Laissez-les pousser ensemble jusqu'à la moisson ; et, au temps de la moisson, je dirai aux moissonneurs : Enlevez d'abord l'ivraie, liez-la en bottes pour la brûler ; quant au blé, rentrez-le dans mon grenier.' »

[31] Il leur proposa une autre parabole : «Le Royaume des cieux est comparable à une graine de moutarde qu'un homme a semée dans son champ. [32] C'est la plus petite de toutes les semences, mais, quand elle a poussé, elle

dépasse les autres plantes potagères et devient un arbre, si bien que les oiseaux du ciel font leurs nids dans ses branches. »

[33] Il leur dit une autre parabole : « Le Royaume des cieux est comparable à du levain qu'une femme enfouit dans trois grandes mesures de farine, jusqu'à ce que toute la pâte ait levé. »

[34] Tout cela, Jésus le dit à la foule en paraboles, et il ne leur disait rien sans employer de paraboles, [35] accomplissant ainsi la parole du prophète : *C'est en paraboles que je parlerai, je proclamerai des choses cachées depuis les origines.*

[36] Alors, laissant la foule, il vint à la maison. Ses disciples s'approchèrent et lui dirent : « Explique-nous clairement la parabole de l'ivraie dans le champ. » [37] Il leur répondit : « Celui qui sème le bon grain, c'est le Fils de l'homme ; [38] le champ, c'est le monde ; le bon grain, ce sont les fils du Royaume ; l'ivraie, ce sont les fils du Mauvais. [39] L'ennemi qui l'a semée, c'est le démon ; la moisson, c'est la fin du monde ; les moissonneurs, ce sont les anges. [40] De même que l'on enlève l'ivraie pour la jeter au feu, ainsi en sera-t-il à la fin du monde. [41] Le Fils de l'homme enverra ses anges, et ils enlèveront de son Royaume tous ceux qui font tomber les autres et ceux qui commettent le mal, [42] et ils les jetteront dans la fournaise : là il y aura des pleurs et des grincements de dents.

[43] Alors les justes resplendiront comme le soleil dans le royaume de leur Père. Celui qui a des oreilles, qu'il entende !

[44] Le Royaume des cieux est comparable à un trésor caché dans un champ ; l'homme qui l'a découvert le cache de nouveau. Dans sa joie, il va vendre tout ce qu'il possède, et il achète ce champ.

[45] Ou encore : Le Royaume des cieux est comparable à un négociant qui recherche des perles fines. [46] Ayant trouvé une perle de grande valeur, il va vendre tout ce qu'il possède, et il achète la perle.

[47] Le Royaume des cieux est encore comparable à un filet qu'on jette dans la mer, et qui ramène toutes sortes de poissons. [48] Quand il est plein, on le tire sur le rivage, on s'assied, on ramasse dans des paniers ce qui est bon, et on rejette ce qui ne vaut rien. [49] Ainsi en sera-t-il à la fin du monde : les anges viendront séparer les méchants des justes [50] et les jetteront dans la fournaise : là il y aura des pleurs et des grincements de dents.

[51] Avez-vous compris tout cela ? – Oui », lui répondent-ils. [52] Jésus ajouta : « C'est ainsi que tout scribe devenu disciple du Royaume des cieux est comparable à un maître de maison qui tire de son trésor du neuf et de l'ancien.

[53] Jésus acheva ainsi de proposer des paraboles, puis il s'éloigna de là.

Vers la reconnaissance de Jésus, Messie, Fils de Dieu

Jésus incompris dans son pays.

Mc **6**, 1-6 ; Lc **4**, 16-24

⁵⁴ Il alla dans son pays, et il enseignait les gens dans leur synagogue, de telle manière qu'ils étaient frappés d'étonnement et disaient : « D'où lui viennent cette sagesse et ces miracles ? ⁵⁵ N'est-il pas le fils du charpentier ? Sa mère ne s'appelle-t-elle pas Marie, et ses frères : Jacques, Joseph, Simon et Jude ? ⁵⁶ Et ses sœurs ne sont-elles pas toutes chez nous ? Alors, d'où lui vient tout cela ? » ⁵⁷ Et ils étaient profondément choqués à cause de lui. Jésus leur dit : « Un prophète n'est méprisé que dans sa patrie et dans sa propre maison. » ⁵⁸ Et il ne fit pas beaucoup de miracles à cet endroit-là, à cause de leur manque de foi.

Hérode, meurtrier de Jean Baptiste, croit le reconnaître en Jésus.

Mc **6**, 14-29 ; Lc **9**, 7-9 ; **3**, 19-20

14 ¹ En ce temps-là, Hérode, prince de Galilée, apprit la renommée de Jésus ² et dit à ses serviteurs : « Cet homme, c'est Jean le Baptiste, il est ressuscité d'entre les morts, et voilà pourquoi il a le pouvoir de faire des miracles. » ³ Car Hérode avait fait arrêter Jean, l'avait fait enchaîner et mettre en prison, à cause d'Hérodiade, la femme de son frère Philippe. ⁴ En effet, Jean lui avait dit : « Tu n'as pas le droit de vivre avec elle. » ⁵ Hérode cherchait à le mettre à mort, mais il eut peur de la foule qui le tenait pour un prophète.

⁶ Lorsque arriva l'anniversaire d'Hérode, la fille d'Hérodiade dansa devant tout le monde, et elle plut à Hérode. ⁷ Aussi s'engagea-t-il par serment à lui donner tout ce qu'elle demanderait. ⁸ Poussée par sa mère, elle dit : « Donne-moi ici, sur un plat, la tête de Jean le Baptiste. » ⁹ Le roi fut contrarié, mais à cause de son serment et des convives, il commanda de la lui donner. ¹⁰ Il envoya décapiter Jean dans la prison. ¹¹ La tête de celui-ci fut apportée sur un plat et donnée à la jeune fille, qui l'apporta à sa mère.

¹² Les disciples de Jean arrivèrent pour prendre son corps, l'ensevelirent et allèrent en informer Jésus.

Première multiplication des pains. Marche de Jésus et de Pierre sur les eaux.

Mc **6**, 30-52 ; Lc **9**, 1-17 ; Jn **6**, 1-21

¹³ Quand Jésus apprit cela, il partit en barque pour un endroit désert, à l'écart. Les foules l'apprirent et, quittant leurs villes, elles suivirent à pied. ¹⁴ En débarquant, il vit une grande foule de gens ; il

fut saisi de pitié envers eux et guérit les infirmes. ¹⁵ Le soir venu, les disciples s'approchèrent et lui dirent : « L'endroit est désert et il se fait tard. Renvoie donc la foule : qu'ils aillent dans les villages s'acheter à manger ! » ¹⁶ Mais Jésus leur dit : « Ils n'ont pas besoin de s'en aller. Donnez-leur vous-mêmes à manger. » ¹⁷ Alors ils lui disent : « Nous n'avons là que cinq pains et deux poissons. » ¹⁸ Jésus dit : « Apportez-les moi ici. » ¹⁹ Puis, ordonnant à la foule de s'asseoir sur l'herbe, il prit les cinq pains et les deux poissons, et, levant les yeux au ciel, il prononça la bénédiction ; il rompit les pains, il les donna aux disciples, et les disciples les donnèrent à la foule. ²⁰ Tous mangèrent à leur faim et, des morceaux qui restaient, on ramassa douze paniers pleins. ²¹ Ceux qui avaient mangé étaient environ cinq mille, sans compter les femmes et les enfants.

²² Aussitôt Jésus obligea ses disciples à monter dans la barque et à le précéder sur l'autre rive, pendant qu'il renverrait les foules. ²³ Quand il eut renvoyées, il se rendit dans la montagne, à l'écart, pour prier. Le soir venu, il était là, seul.

²⁴ La barque était déjà à une bonne distance de la terre, elle était battue par les vagues, car le vent était contraire. ²⁵ Vers la fin de la nuit, Jésus vint vers eux en marchant sur la mer. ²⁶ En le voyant marcher sur la mer, les disciples furent bouleversés. Ils disaient : « C'est un fantôme », et la peur leur fit pousser des cris. ²⁷ Mais aussitôt Jésus leur parla : « Confiance ! c'est moi ; n'ayez pas peur ! » ²⁸ Pierre prit alors la parole : « Seigneur, si c'est bien toi, ordonne-moi de venir vers toi sur l'eau. » ²⁹ Jésus lui dit : « Viens ! » Pierre descendit de la barque et marcha sur les eaux pour aller vers Jésus. ³⁰ Mais, voyant qu'il y avait du vent, il eut peur ; et, comme il commençait à s'enfoncer, il cria : « Seigneur, sauve-moi ! » ³¹ Aussitôt Jésus étendit la main, le saisit et lui dit : « Homme de peu de foi, pourquoi as-tu douté ? » ³² Et quand ils furent montés dans la barque, le vent tomba. ³³ Alors ceux qui étaient dans la barque se prosternèrent devant lui, et ils lui dirent : « Vraiment, tu es le Fils de Dieu ! »

Guérisons à Génésareth.
Mc **6**, 53-56

³⁴ Ayant traversé le lac, ils abordèrent à Génésareth. ³⁵ Les gens de cet endroit reconnurent Jésus ; ils firent avertir toute la région, et on lui amena tous les malades. ³⁶ Ils le suppliaient de leur laisser seulement toucher la frange de son manteau, et tous ceux qui la touchèrent furent sauvés.

*Conflit avec les pharisiens
sur la Loi et la véritable pureté.*

Mc 7, 1-23

15 ¹ Alors des pharisiens et des scribes venus de Jérusalem s'approchent de Jésus et lui disent : ² « Pourquoi tes disciples désobéissent-ils à la tradition des anciens ? En effet ils ne se lavent pas les mains avant de prendre leur repas. » ³ Jésus leur répondit : « Et vous, pourquoi désobéissez-vous au commandement de Dieu au nom de votre tradition ? ⁴ Car Dieu a dit : *Honore ton père et ta mère. Et encore : Celui qui maudit son père ou sa mère sera mis à mort.* ⁵ Et vous, vous dites : 'Supposons qu'un homme déclare à son père ou à sa mère : Les ressources qui m'auraient permis de t'aider sont une offrande sacrée ; dans ce cas, il n'aura plus à honorer son père ou sa mère.' ⁶ Ainsi, vous avez annulé la parole de Dieu au nom de votre tradition ! Esprits faux ! ⁷ Isaïe a fait une bonne prophétie sur vous quand il a dit : ⁸ *Ce peuple m'honore des lèvres, mais son cœur est loin de moi.* ⁹ *Il est inutile, le culte qu'ils me rendent ; les doctrines qu'ils enseignent ne sont que des préceptes humains.* »

¹⁰ Jésus appela la foule et lui dit : « Écoutez et comprenez bien ! ¹¹ Ce n'est pas ce qui entre dans la bouche qui rend l'homme impur. Mais ce qui sort de la bouche, voilà ce qui rend l'homme impur. » ¹² Alors les disciples s'avancèrent et lui dirent : « Sais-tu que les pharisiens ont été scandalisés en entendant cette parole ? » ¹³ Mais il répondit : « Toute plante que mon Père du ciel n'a pas plantée sera arrachée. ¹⁴ Laissez-les dire : ce sont des guides aveugles pour des aveugles. Si un aveugle guide un aveugle, ils tomberont tous les deux dans un trou. »

¹⁵ Pierre intervint pour lui dire : « Explique-nous cette parole énigmatique. » ¹⁶ Jésus répliqua : « Vous aussi, vous êtes encore incapables de comprendre ? ¹⁷ Ne voyez-vous pas que tout ce qui entre dans la bouche va dans le ventre pour être éliminé ? ¹⁸ Tandis que ce qui sort de la bouche provient du cœur, et c'est cela qui rend l'homme impur. ¹⁹ Car c'est du cœur que proviennent les pensées mauvaises : meurtres, adultères, inconduite, vols, faux témoignages, diffamations. ²⁰ C'est tout cela qui rend l'homme impur ; mais manger sans se laver les mains ne rend pas l'homme impur. »

*Guérison de la fille
d'une païenne.*

Mc 7, 24-30

²¹ Jésus s'était retiré vers la région de Tyr et de Sidon. ²² Voici qu'une Cananéenne, venue de ces territoires, criait : « Aie pitié de moi, Seigneur, fils de David ! Ma fille est tourmentée par un démon. » ²³ Mais il ne lui répondit rien. Les dis-

ciples s'approchèrent pour lui demander : «Donne-lui satisfaction, car elle nous poursuit de ses cris!» [24] Jésus répondit : «Je n'ai été envoyé qu'aux brebis perdues d'Israël.» [25] Mais elle vint se prosterner devant lui : «Seigneur, viens à mon secours!» [26] Il répondit : «Il n'est pas bien de prendre le pain des enfants pour le donner aux petits chiens. – [27] C'est vrai, Seigneur, reprit-elle; mais justement, les petits chiens mangent les miettes qui tombent de la table de leurs maîtres.» [28] Jésus répondit : «Femme, ta foi est grande, que tout se fasse pour toi comme tu le veux!» Et, à l'heure même, sa fille fut guérie.

Guérisons sur la montagne près du lac.

[29] Jésus gagna les bords du lac de Galilée, il gravit la montagne et s'assit. [30] De grandes foules vinrent à lui, avec des boiteux, des aveugles, des estropiés, des muets, et beaucoup d'autres infirmes; on les déposa à ses pieds et il les guérit. [31] Alors la foule était dans l'admiration en voyant des muets parler, des estropiés guérir, des boiteux marcher, des aveugles retrouver la vue; et ils rendirent gloire au Dieu d'Israël.

Seconde multiplication des pains.
Mc 8, 1-10

[32] Jésus appela ses disciples et leur dit : «J'ai pitié de cette foule : depuis trois jours déjà,

ils sont avec moi et n'ont rien à manger. Je ne veux pas les renvoyer à jeun; ils pourraient défaillir en route. » [33] Les disciples lui disent : «Où trouverons-nous dans un désert assez de pain pour qu'une telle foule mange à sa faim?» [34] Jésus leur dit : «Combien de pains avez-vous?» Ils dirent : «Sept, et quelques petits poissons.» [35] Alors il ordonna à la foule de s'asseoir par terre. [36] Il prit les sept pains et les poissons, il rendit grâce, les rompit, et les donnait aux disciples, et les disciples aux foules. [37] Tous mangèrent à leur faim; et, des morceaux qui restaient, on ramassa sept corbeilles pleines. [38] Or, ceux qui avaient mangé étaient quatre mille, sans compter les femmes et les enfants. [39] Après avoir renvoyé la foule, Jésus monta dans la barque et alla dans le pays de Magadane.

Jésus reproche aux pharisiens de ne pas comprendre les signes des temps.
Mc 8, 11-13 ;
Lc 12, 54-56 ; 11, 29

16 [1] Les pharisiens et les sadducéens s'approchèrent. Pour mettre Jésus à l'épreuve, ils lui demandèrent de leur faire voir un signe venant du ciel. [2] Il leur répondit : «Quand vient le soir, vous dites : 'Voici le beau temps, car le ciel est rouge.' [3] Et le matin, vous dites : 'Aujourd'hui, il fera mauvais, car le ciel est d'un rouge menaçant.' Ainsi l'aspect du ciel, vous savez l'interpréter; mais pour les signes des temps, vous n'en êtes pas capables. [4] Cette génération mauvaise et adultère réclame un signe, mais en fait de signe, il ne lui sera donné que celui de Jonas.» Alors il les abandonna et partit.

Le levain des pharisiens et des sadducéens.

Mc **8**, 14-21 ; Lc **12**, 1

[5] En se rendant sur l'autre rive, les disciples avaient oublié de prendre du pain. [6] Jésus leur dit: «Attention! Méfiez-vous du levain des pharisiens et des sadducéens.» [7] Ils discutaient entre eux en disant: «C'est parce que nous n'avons pas pris de pain.» [8] Mais Jésus s'en aperçut et leur dit: «Hommes de peu de foi, pourquoi discutez-vous entre vous sur ce manque de pain? [9] Vous ne voyez pas encore? Ne vous rappelez-vous pas les cinq pains pour cinq mille hommes, et le nombre de paniers que vous avez emportés? [10] Les sept pains pour quatre mille hommes, et le nombre de corbeilles que vous avez emportées? [11] Comment ne voyez-vous pas que je ne parlais pas du pain? Méfiez-vous donc du levain des pharisiens et des sadducéens.» [12] Alors ils comprirent qu'il leur avait dit de se méfier non pas du levain pour le pain, mais de l'enseignement des pharisiens et des sadducéens.

En réponse à la confession de foi de Pierre, Jésus lui promet de bâtir sur lui son Église.

Mc **8**, 27-30 ; Lc **9**, 18-21

[13] Jésus était venu dans la région de Césarée-de-Philippe, et il demandait à ses disciples: «Le Fils de l'homme, qui est-il, d'après ce que disent les hommes?» [14] Ils répondirent: «Pour les uns, il est Jean Baptiste; pour d'autres, Élie; pour d'autres encore, Jérémie ou l'un des prophètes.» [15] Jésus leur dit: «Et vous, que dites-vous? Pour vous, qui suis-je?» [16] Prenant la parole, Simon-Pierre déclara: «Tu es le Messie, le Fils du Dieu vivant!»

[17] Prenant la parole à son tour, Jésus lui déclara: «Heureux es-tu, Simon fils de Yonas: ce n'est pas la chair et le sang qui t'ont révélé cela, mais mon Père qui est aux cieux. [18] Et moi, je te le déclare: Tu es Pierre, et sur cette pierre je bâtirai mon Église; et la puissance de la Mort ne l'emportera pas sur elle. [19] Je te donnerai les clefs du Royaume des cieux: tout ce que tu auras lié sur la terre sera lié dans les cieux, et tout ce que tu auras délié sur la terre sera délié dans les cieux.» [20] Alors, il ordonna aux disciples de ne dire à personne qu'il était le Messie.

Vers la Passion

*Première annonce de la Passion,
conflit avec Pierre et appel
à suivre le Christ souffrant.*

Mc **8**, 31 – **9**, 1 ; Lc **9**, 22-27

²¹ A partir de ce moment, Jésus le Christ commença à montrer à ses disciples qu'il lui fallait partir pour Jérusalem, souffrir beaucoup de la part des anciens, des chefs des prêtres et des scribes, être tué, et le troisième jour ressusciter.

²² Pierre, le prenant à part, se mit à lui faire de vifs reproches : « Dieu t'en garde, Seigneur ! cela ne t'arrivera pas. » ²³ Mais lui, se retournant, dit à Pierre : « Passe derrière moi, Satan, tu es un obstacle sur ma route ; tes pensées ne sont pas celles de Dieu, mais celles des hommes. »

²⁴ Alors Jésus dit à ses disciples : « Si quelqu'un veut marcher derrière moi, qu'il renonce à lui-même, qu'il prenne sa croix et qu'il me suive. ²⁵ Car celui qui veut sauver sa vie la perdra, mais qui perd sa vie à cause de moi la gardera. ²⁶ Quel avantage en effet un homme aura-t-il à gagner le monde entier, s'il le paye de sa vie ? Et quelle somme pourra-t-il verser en échange de sa vie ? ²⁷ Car le Fils de l'homme va venir avec ses anges dans la gloire de son Père ; alors il rendra à chacun selon sa conduite. ²⁸ Amen, je vous le dis : parmi ceux qui sont ici, certains ne connaî-tront pas la mort avant d'avoir vu le Fils de l'homme venir dans son Règne. »

La Transfiguration.

Mc **9**, 2-10 ; Lc **9**, 28-36

17 ¹ Six jours après, Jésus prend avec lui Pierre, Jacques et Jean son frère, et il les emmène à l'écart, sur une haute montagne. ² Il fut transfiguré devant eux ; son visage devint brillant comme le soleil, et ses vêtements, blancs comme la lumière. ³ Voici que leur apparurent Moïse et Élie, qui s'entretenaient avec lui. ⁴ Pierre alors prit la parole et dit à Jésus : « Seigneur, il est heureux que nous soyons ici ! Si tu le veux, je vais dresser ici trois tentes, une pour toi, une pour Moïse, et une pour Élie. » ⁵ Il parlait encore, lorsqu'une nuée lumineuse les couvrit de son ombre ; et, de la nuée, une voix disait : « Celui-ci est mon Fils bien-aimé, en qui j'ai mis tout mon amour ; écoutez-le ! » ⁶ Entendant cela, les disciples tombèrent la face contre terre et furent saisis d'une grande frayeur. ⁷ Jésus s'approcha, les toucha et leur dit : « Relevez-vous et n'ayez pas peur ! » ⁸ Levant les yeux, ils ne virent plus que lui, Jésus seul.

⁹ En descendant de la montagne, Jésus leur donna cet ordre : « Ne parlez de cette vision à personne, avant que le Fils de l'homme soit ressuscité d'entre les morts. »

*Élie est déjà venu et a souffert
en la personne de Jean Baptiste.*

Mc 9, 11-13

[10] Les disciples interrogèrent
Jésus : «Pourquoi donc les
scribes disent-ils que le prophète Élie doit venir
d'abord ?» [11] Jésus leur répondit : «Élie va venir pour remettre tout en place. [12] Mais, je
vous le déclare : Élie est déjà
venu ; au lieu de le reconnaître, ils lui ont fait tout ce
qu'ils ont voulu. Le Fils de
l'homme, lui aussi, va souffrir
par eux.» [13] Alors les disciples
comprirent qu'il leur parlait de
Jean le Baptiste.

*Délivrance de l'épileptique :
puissance de la foi.*

Mc 9, 14-29 ; Lc 9, 37-43

[14] Quand ils rejoignirent la
foule, un homme s'approcha,
et tombant à genoux devant
lui, [15] il lui dit : «Seigneur,
prends pitié de mon fils. Il a
des crises d'épilepsie, il est
bien malade. Souvent il tombe
dans le feu et souvent aussi
dans l'eau. [16] Je l'ai amené à tes
disciples, mais ils n'ont pas pu
le guérir.» [17] Jésus leur dit :
«Génération incroyante et
dévoyée, combien de temps
devrai-je rester avec vous ?
Combien de temps devrai-je
vous supporter ? Amenez-le-
moi ici.» [18] Jésus l'interpella
vivement, et le démon sortit de
lui et à l'heure même l'enfant
fut guéri.

[19] Alors les disciples s'approchèrent de Jésus et lui dirent en
particulier : «Pour quelle raison
est-ce que nous, nous n'avons
pas pu l'expulser ?» [20] Jésus leur
répond : «C'est parce que vous
avez trop peu de foi. Amen, je
vous le dis : si vous avez de la
foi gros comme une graine de
moutarde, vous direz à cette
montagne : 'Transporte-toi d'ici
jusque là-bas', et elle se trans-
portera ; rien ne vous sera
impossible.»

Deuxième annonce de la Passion.

Mc 9, 3-32 ; Lc 9, 43-45

[22] Comme Jésus et les disciples étaient réunis en
Galilée, il leur dit : «Le Fils de
l'homme va être livré aux
mains des hommes ; [23] ils le
tueront et, le troisième jour, il
ressuscitera.» Et ils furent profondément attristés.

L'impôt du Temple.

[24] Comme ils arrivaient à
Capharnaüm, ceux qui perçoivent les deux drachmes pour le
Temple vinrent trouver Pierre
et lui dirent : «Votre maître
paye bien les deux drachmes,
n'est-ce pas ?» [25] Il répondit :
«Oui.» Quand Pierre entra
dans la maison, Jésus prit la
parole le premier : «Simon,
quel est ton avis ? Les rois de
la terre, sur qui perçoivent-ils
les taxes ou l'impôt ? Sur leurs
fils, ou sur les autres
personnes ?» [26] Pierre lui
répondit : «Sur les autres.» Et
Jésus reprit : «Donc, les fils
sont libres. [27] Mais il faut éviter
d'être pour les gens une occa-

sion de chute : va donc jusqu'au lac, jette l'hameçon, et saisis le premier poisson qui mordra ; ouvre-lui la bouche, et tu y trouveras une pièce de quatre drachmes. Prends-la, tu la donneras pour toi et pour moi. »

Quatrième discours :
La communauté
des disciples

Les exigences de la vie fraternelle.
Mc **9**, 33-50 ; Lc **9**, 46-48 ;
17, 1-4 ; **15**, 1-7

18 [1] Les disciples s'approchèrent de Jésus et lui dirent : « Qui donc est le plus grand dans le Royaume des cieux ? » [2] Alors Jésus appela un petit enfant ; il le plaça au milieu d'eux, [3] et il le déclara : « Amen, je vous le dis : si vous ne changez pas pour devenir comme les petits enfants, vous n'entrerez point dans le Royaume des cieux. [4] Mais celui qui se fera petit comme cet enfant, c'est celui-là qui est le plus grand dans le Royaume des cieux. [5] Et celui qui accueillera un enfant comme celui-ci en mon nom, c'est moi qu'il accueille.

[6] Celui qui entraînera la chute d'un seul de ces petits qui croient en moi, il est préférable pour lui qu'on lui accroche au cou une de ces meules que tournent les ânes, et qu'on l'engloutisse en pleine mer. [7] Malheureux le monde qui entraîne au péché par le scandale ! Il est fatal que le scandale arrive, mais malheureux celui par qui arrive le scandale ! [8] Si ta main ou ton pied t'entraîne au péché, coupe-le et jette-le loin de toi. Il vaut mieux pour toi entrer dans la vie éternelle manchot ou boiteux, que d'être jeté avec tes deux mains ou tes deux pieds dans le feu éternel. [9] Et si ton œil t'entraîne au péché, arrache-le et jette-le loin de toi. Il vaut mieux pour toi entrer borgne dans la vie éternelle, que d'être jeté avec tes deux yeux dans la géhenne de feu.

[10] Gardez-vous de mépriser un seul de ces petits, car, je vous le dis, leurs anges dans les cieux voient sans cesse la face de mon Père qui est aux cieux. [12] Que pensez-vous de ceci ? Si un homme possède cent brebis et que l'une d'entre elles s'égare, ne laissera-t-il pas les quatre-vingt-dix-neuf autres dans la montagne pour partir à la recherche de la brebis égarée ? [13] Et, s'il parvient à la retrouver, amen, je vous le dis : il se réjouit pour elle plus que pour les quatre-vingt-dix-neuf qui ne se sont pas égarées. [14] Ainsi, votre Père qui est aux cieux ne veut pas qu'un seul de ces petits soit perdu.

[15] Si ton frère a commis un péché, va lui parler seul à seul et montre-lui sa faute. S'il t'écoute, tu auras gagné ton frère. [16] S'il ne t'écoute pas,

prends encore avec toi une ou deux personnes afin que toute l'affaire soit réglée sur la parole de deux ou trois témoins. ¹⁷ S'il refuse de les écouter, dis-le à la communauté de l'Église ; s'il refuse encore d'écouter l'Église, considère-le comme un païen et un publicain. ¹⁸ Amen, je vous le dis : tout ce que vous aurez lié sur la terre sera lié dans le ciel, et tout ce que vous aurez délié sur la terre sera délié dans le ciel.

¹⁹ Encore une fois, je vous le dis : si deux d'entre vous sur la terre se mettent d'accord pour demander quelque chose, ils l'obtiendront de mon Père qui est aux cieux. ²⁰ Quand deux ou trois sont réunis en mon nom, je suis là, au milieu d'eux. »

²¹ Pierre s'approcha de Jésus pour lui demander : « Seigneur, quand mon frère commettra des fautes contre moi, combien de fois dois-je lui pardonner ? Jusqu'à sept fois ? » ²² Jésus lui répondit : « Je ne te dis pas jusqu'à sept fois, mais jusqu'à soixante-dix fois sept fois.

²³ En effet, le Royaume des cieux est comparable à un roi qui voulut régler ses comptes avec ses serviteurs. ²⁴ Il commençait, quand on lui amena quelqu'un qui lui devait dix mille talents (c'est-à-dire soixante millions de pièces d'argent). ²⁵ Comme cet homme n'avait pas de quoi rembourser, le maître ordonna de le vendre, avec sa femme, ses enfants et tous ses biens, en remboursement de sa dette. ²⁶ Alors, tombant à ses pieds, le serviteur demeurait prosterné et disait : 'Prends patience envers moi, et je te rembourserai tout.' ²⁷ Saisi de pitié, le maître de ce serviteur le laissa partir et lui remit sa dette. ²⁸ Mais, en sortant, le serviteur trouva un de ses compagnons qui lui devait cent pièces d'argent. Il se jeta sur lui pour l'étrangler, en disant : 'Rembourse ta dette !' ²⁹ Alors, tombant à ses pieds, son compagnon le suppliait : 'Prends patience envers moi, et je te rembourserai.' ³⁰ Mais l'autre refusa et le fit jeter en prison jusqu'à ce qu'il ait remboursé. ³¹ Ses compagnons, en voyant cela, furent profondément attristés et allèrent tout raconter à leur maître. ³² Alors celui-ci le fit appeler et lui dit : 'Serviteur mauvais ! je t'avais remis toute cette dette parce que tu m'avais supplié. ³³ Ne devais-tu pas, à ton tour, avoir pitié de ton compagnon, comme moi-même j'avais eu pitié de toi ?' ³⁴ Dans sa colère, son maître le livra aux bourreaux jusqu'à ce qu'il eût tout remboursé.

³⁵ C'est ainsi que mon Père du ciel vous traitera, si chacun de vous ne pardonne pas à son frère de tout son cœur. »

19 ¹ Jésus acheva ainsi son discours, puis il s'éloigna de la Galilée et se rendit en Judée, au-delà du Jourdain.

Retournement évangélique

Controverse sur le mariage et le célibat.

Mc **10**, 1-12 ; Lc **16**, 18

² Une foule nombreuse le suivait, et là il les guérit. ³ Des pharisiens s'approchèrent de lui pour le mettre à l'épreuve ; ils lui demandèrent : « Est-il permis de renvoyer sa femme pour n'importe quel motif ? » ⁴ Il répondit : « N'avez-vous pas lu l'Écriture ? *Au commencement, le Créateur les fit homme et femme,* ⁵ et il leur dit : '*Voilà pourquoi l'homme quittera son père et sa mère, il s'attachera à sa femme, et tous deux ne feront plus qu'un.'* ⁶ *A cause de cela, ils ne sont plus deux, mais un seul. Donc, ce que Dieu a uni, que l'homme ne le sépare pas !* » ⁷ Les pharisiens lui répliquent : « Pourquoi donc Moïse a-t-il prescrit la remise d'un acte de divorce avant la séparation ? » ⁸ Jésus leur répond : « C'est en raison de votre endurcissement que Moïse vous a concédé de renvoyer vos femmes. Mais au commencement, il n'en était pas ainsi. ⁹ Or je vous le dis : si quelqu'un renvoie sa femme – sauf en cas d'union illégitime – pour en épouser une autre, il est adultère. »

¹⁰ Ses disciples lui disent : « Si telle est la situation de l'homme par rapport à sa femme, il n'y a pas intérêt à se marier. » ¹¹ Il leur répondit : « Ce n'est pas tout le monde qui peut comprendre cette parole, mais ceux à qui Dieu l'a révélée. ¹² Il y a des gens qui ne se marient pas car, de naissance, ils en sont incapables ; il y en a qui ne peuvent pas se marier car ils ont été mutilés par les hommes ; il y en a qui ont choisi de ne pas se marier à cause du Royaume des cieux. Celui qui peut comprendre, qu'il comprenne ! »

Jésus et les enfants.

Mc **10**, 13-16 ; Lc **18**, 15-17

¹³ Alors, on présenta des enfants à Jésus pour qu'il leur impose les mains en priant. Mais les disciples les écartaient vivement. ¹⁴ Jésus leur dit : « Laissez les enfants, ne les empêchez pas de venir à moi, car le Royaume des cieux est à ceux qui leur ressemblent. » ¹⁵ Il leur imposa les mains, puis il partit de là.

Richesses et détachement.

Mc **10**, 17-31 ; Lc **18**, 18-30

¹⁶ Quelqu'un s'approcha de Jésus et lui dit : « Maître, que dois-je faire de bon pour avoir la vie éternelle ? » ¹⁷ Jésus lui dit : « Pourquoi m'interroges-tu sur ce qui est bon ? Il n'y a qu'un seul être qui soit bon ! Si tu veux entrer dans la vie, observe les commandements. – ¹⁸ Lesquels ? » lui dit-il. Jésus reprit : « *Tu ne commettras pas de meurtre. Tu ne commettras pas d'adultère. Tu ne commettras pas de vol. Tu ne porteras pas de faux témoignage.* ¹⁹ *Honore ton père et ta mère.* Et aussi : *Tu aimeras*

ton prochain comme toi-même. »
²⁰ Le jeune homme lui dit :
« Tout cela, je l'ai observé : que
me manque-t-il encore ? »
²¹ Jésus lui répondit : « Si tu
veux être parfait, va, vends ce
que tu possèdes, donne-le aux
pauvres, et tu auras un trésor
dans les cieux. Puis viens, suis-
moi. » ²² A ces mots, le jeune
homme s'en alla tout triste, car
il avait de grands biens.

²³ Et Jésus dit à ses disciples :
« Amen, je vous le dis : un riche
entrera difficilement dans le
Royaume des cieux. ²⁴ Je vous
le répète : il est plus facile à un
chameau de passer par un trou
d'aiguille qu'à un riche d'entrer dans le Royaume des
cieux. » ²⁵ Entendant ces paroles, les disciples furent profondément déconcertés, et ils
disaient : « Qui donc peut être
sauvé ? » ²⁶ Jésus les regarda et
dit : « Pour les hommes, c'est
impossible, mais pour Dieu
tout est possible. »

²⁷ Alors Pierre prit la parole et
dit à Jésus : « Voilà que nous
avons tout quitté pour te
suivre : alors, qu'est-ce qu'il y
aura pour nous ? » ²⁸ Jésus leur
déclara : « Amen, je vous le dis :
quand viendra le monde nouveau, et que le Fils de
l'homme siégera sur son trône
de gloire, vous qui m'avez
suivi, vous siégerez vous-
mêmes sur douze trônes pour
juger les douze tribus d'Israël.
²⁹ Et tout homme qui aura
quitté à cause de mon nom
des maisons, des frères, des
sœurs, un père, une mère, des

enfants, ou une terre, recevra
beaucoup plus, et il aura en
héritage la vie éternelle.
³⁰ Beaucoup de premiers seront
derniers, beaucoup de derniers
seront premiers.

Parabole du maître de la vigne.

20 ¹ « En effet, le Royaume
des cieux est compa-
rable au maître d'un domaine
qui sortit au petit jour afin
d'embaucher des ouvriers
pour sa vigne. ² Il se mit d'accord avec eux sur un salaire
d'une pièce d'argent pour la
journée, et il les envoya à sa
vigne. ³ Sorti vers neuf heures,
il en vit d'autres qui étaient là,
sur la place, sans travail. ⁴ Il
leur dit : 'Allez, vous aussi, à
ma vigne, et je vous donnerai
ce qui est juste.' ⁵ Ils y allèrent.
Il sortit de nouveau vers midi,
puis vers trois heures, et fit de
même. ⁶ Vers cinq heures, il
sortit encore, en trouva
d'autres qui étaient là et leur
dit : 'Pourquoi êtes-vous restés
là, toute la journée, sans rien
faire ?' ⁷ Ils lui répondirent :
'Parce que personne ne nous a
embauchés.' Il leur dit : 'Allez,
vous aussi, à ma vigne.'

⁸ Le soir venu, le maître de la
vigne dit à son intendant :
'Appelle les ouvriers et distribue
le salaire, en commençant par
les derniers pour finir par les
premiers.' ⁹ Ceux qui n'avaient
commencé qu'à cinq heures
s'avancèrent et reçurent chacun
une pièce d'argent. ¹⁰ Quand
vint le tour des premiers, ils

pensaient recevoir davantage, mais ils reçurent, eux aussi, chacun une pièce d'argent. [11] En le recevant, ils récriminaient contre le maître du domaine : [12] 'Ces derniers venus n'ont fait qu'une heure, et tu les traites comme nous, qui avons enduré le poids du jour et de la chaleur !' [13] Mais le maître répondit à l'un d'entre eux : 'Mon ami, je ne te fais aucun tort. N'as-tu pas été d'accord avec moi pour une pièce d'argent ? [14] Prends ce qui te revient, et va-t'en. Je veux donner à ce dernier autant qu'à toi ; [15] n'ai-je pas le droit de faire ce que je veux de mon bien ? Vas-tu regarder avec un œil mauvais parce que moi, je suis bon ?'

[16] Ainsi les derniers seront premiers, et les premiers seront derniers. »

Troisième annonce de la Passion.

Mc 10, 32-34 ; Lc 18, 31-34

[17] Au moment de monter à Jérusalem, Jésus prit à part les Douze et, pendant la route, il leur dit : [18] « Voici que nous montons à Jérusalem. Le Fils de l'homme sera livré aux chefs des prêtres et aux scribes, ils le condamneront à mort [19] et le livreront aux païens pour qu'ils se moquent de lui, le flagellent et le crucifient, et, le troisième jour, il ressuscitera. »

La vraie grandeur des disciples.

Mc 10, 35-45 ; Lc 22, 25-27

[20] Alors la mère de Jacques et de Jean, fils de Zébédée, s'ap-

procha de Jésus avec ses fils et se prosterna pour lui faire une demande. [21] Jésus lui dit : « Que veux-tu ? » Elle répondit : « Voilà mes deux fils : ordonne qu'ils siègent, l'un à ta droite et l'autre à ta gauche, dans ton Royaume. » [22] Jésus répondit : « Vous ne savez pas ce que vous demandez. Pouvez-vous boire à la coupe que je vais boire ? » Ils lui dirent : « Nous le pouvons. » [23] Il leur dit : « Ma coupe, vous y boirez ; quant à siéger à ma droite et à ma gauche, il ne m'appartient pas de l'accorder ; il y a ceux pour qui ces places sont préparées par mon Père. »

[24] Les dix autres avaient entendu, et s'indignèrent contre les deux frères. [25] Jésus les appela et leur dit : « Vous le savez : les chefs des nations païennes commandent en maîtres, et les grands font sentir leur pouvoir. [26] Parmi vous, il ne doit pas en être ainsi : celui qui veut devenir grand sera votre serviteur ; [27] et celui qui veut être le premier sera votre esclave. [28] Ainsi, le Fils de l'homme n'est pas venu pour être servi, mais pour servir et donner sa vie en rançon pour la multitude. »

Guérison des deux aveugles de Jéricho.

Mc 10, 46-52 ; Lc 18, 35-43

[29] Tandis que Jésus avec ses disciples sortait de Jéricho, une foule nombreuse se mit à le suivre. [30] Et voilà que deux aveugles, assis au bord de la route, apprenant que Jésus passait, crièrent : « Seigneur, aie

pitié de nous, fils de David!» ³¹La foule les interpella vivement pour les faire taire. Mais ils criaient encore plus fort: «Seigneur, aie pitié de nous, fils de David!» ³²Jésus s'arrêta et les appela: «Que voulez-vous que je fasse pour vous?» ³³Ils répondent: «Seigneur, que nos yeux s'ouvrent!» ³⁴Saisi de pitié, Jésus leur toucha les yeux; aussitôt ils se mirent à voir, et ils le suivirent.

Conflits de Jésus à Jérusalem

Entrée triomphale de Jésus à Jérusalem.

Mc **11**, 1-10; Lc **19**, 28-40; Jn **12**, 12-16

21 ¹Jésus et ses disciples, approchant de Jérusalem, arrivèrent à Bethphagé, sur les pentes du mont des Oliviers. Alors Jésus envoya deux disciples: ²«Allez au village qui est en face de vous; vous trouverez aussitôt une ânesse attachée et son petit avec elle. Détachez-les et amenez-les moi. ³Et si l'on vous dit quelque chose, vous répondrez: 'Le Seigneur en a besoin, mais il les renverra aussitôt.'» ⁴Cela s'est passé pour accomplir la parole transmise par le prophète: ⁵*Dites à la fille de Sion: Voici ton roi qui vient vers toi, humble, monté sur une ânesse et un petit âne, le petit d'une bête de somme.*

⁶Les disciples partirent et firent ce que Jésus leur avait ordonné. ⁷Ils amenèrent l'ânes-

se et son petit, disposèrent sur eux leurs manteaux, et Jésus s'assit dessus. ⁸Dans la foule, la plupart étendirent leurs manteaux sur le chemin; d'autres coupaient des branches aux arbres et en jonchaient la route. ⁹Les foules qui marchaient devant Jésus et celles qui suivaient criaient: «Hosanna au fils de David! *Béni soit celui qui vient au nom du Seigneur!* Hosanna au plus haut des cieux!» ¹⁰Comme Jésus entrait à Jérusalem, l'agitation gagna toute la ville; on se demandait: «Qui est cet homme?» ¹¹Et les foules répondaient: «C'est le prophète Jésus, de Nazareth en Galilée.»

Purification du Temple.

Mc **11**, 15-19; Lc **19**, 45-48; Jn **2**, 13-16

¹²Jésus entra dans le Temple, et il expulsa tous ceux qui vendaient et qui achetaient dans le Temple; il renversa les comptoirs des changeurs et les sièges des marchands de colombes. ¹³Il leur dit: «L'Écriture affirme: *Ma maison s'appellera maison de prière.* Or vous, vous en faites *une caverne de bandits.*» ¹⁴Des aveugles et des boiteux s'approchèrent de lui dans le Temple, et il les guérit.

¹⁵Les chefs des prêtres et les scribes s'indignèrent quand ils virent ses actions étonnantes, et les enfants qui criaient dans le Temple: «Hosanna au fils de David!» ¹⁶Ils dirent à Jésus:

« Tu entends ce qu'ils crient ? » Jésus leur répond : « Oui. Vous n'avez donc jamais lu dans l'Écriture : *De la bouche des enfants, des tout-petits, tu as fait monter la louange.* » [17] Alors il les quitta et sortit de la ville en direction de Béthanie, où il resta pour la nuit.

Condamnation du figuier stérile.

Mc 11, 12-14. 20-25

[18] Le lendemain matin, en revenant vers la ville, il eut faim. [19] Voyant un figuier au bord de la route, il s'en approcha, mais il n'y trouva rien d'autre que des feuilles, et il lui dit : « Plus jamais aucun fruit ne viendra de toi. » Et à l'instant même, le figuier se dessécha. [20] En voyant cela, les disciples s'étonnèrent et dirent : « Comment se fait-il que le figuier s'est desséché à l'instant même ? » [21] Alors Jésus déclara : « Amen, je vous le dis : si vous avez la foi et si vous ne doutez pas, vous ne ferez pas seulement ce que j'ai fait au figuier ; vous pourrez même dire à cette montagne : 'Enlève-toi de là, et va te jeter dans la mer', et cela se produira ; [22] tout ce que vous demanderez dans votre prière avec foi, vous le recevrez. »

Reproches aux Juifs qui refusent l'autorité de Jésus comme celle de Jean Baptiste.

Mc 11, 27-33 ; Lc 20, 1-8

[23] Jésus était entré dans le Temple, et, pendant qu'il enseignait, les chefs des prêtres et les anciens du peuple l'abordèrent pour lui demander : « Par quelle autorité fais-tu cela, et qui t'a donné cette autorité ? » [24] Jésus leur répliqua : « A mon tour, je vais vous poser une seule question ; et si vous me répondez, je vous dirai, moi aussi, par quelle autorité je fais cela : [25] Le baptême de Jean, d'où venait-il ? du ciel ou des hommes ? » Ils faisaient en eux-mêmes ce raisonnement : « Si nous disons : 'Du ciel', il va nous dire : 'Pourquoi donc n'avez-vous pas cru à sa parole ?' [26] Si nous disons : 'Des hommes', nous devons redouter la foule, car tous tiennent Jean pour un prophète. » [27] Ils répondirent donc à Jésus : « Nous ne savons pas ! » Il leur dit à son tour : « Moi non plus, je ne vous dirai pas par quelle autorité je fais cela.

[28] Que pensez-vous de ceci ? Un homme avait deux fils. Il vint trouver le premier et lui dit : 'Mon enfant, va travailler aujourd'hui à ma vigne.' [29] Celui-ci répondit : 'Je ne veux pas.' Mais ensuite, s'étant repenti, il y alla. [30] Abordant le second, le père lui dit la même chose. Celui-ci répondit : 'Oui, Seigneur !' et il n'y alla pas. [31] Lequel des deux a fait la volonté du père ? » Ils lui répondent : « Le premier. »

Jésus leur dit : « Amen, je vous le déclare : les publicains et les prostituées vous précèdent dans le royaume de Dieu. [32] Car Jean Baptiste est venu à vous, vivant selon la justice, et vous n'avez pas cru à sa parole ; tandis que les publicains et les prostituées y ont cru. Mais vous, même après avoir vu cela, vous ne vous êtes pas repentis pour croire à sa parole.

Parabole des vignerons homicides.

Mc **12**, 1-12 ; Lc **20**, 9-19

[33] Écoutez une autre parabole : Un homme était propriétaire d'un domaine ; il planta une vigne, l'entoura d'une clôture, y creusa un pressoir et y bâtit une tour de garde. Puis il la donna en fermage à des vignerons, et partit en voyage. [34] Quand arriva le moment de la vendange, il envoya ses serviteurs auprès des vignerons pour se faire remettre le produit de la vigne. [35] Mais les vignerons se saisirent des serviteurs, frappèrent l'un, tuèrent l'autre, lapidèrent le troisième. [36] De nouveau, le propriétaire envoya d'autres serviteurs plus nombreux que les premiers ; mais ils furent traités de la même façon. [37] Finalement, il leur envoya son fils, en se disant : 'Ils respecteront mon fils.' [38] Mais, voyant le fils, les vignerons se dirent entre eux : 'Voici l'héritier : allons-y ! tuons-le, nous aurons l'héritage.' [39] Ils se saisirent de lui, le jetèrent hors de la vigne et le tuèrent. [40] Eh bien, quand le maître de la vigne viendra, que fera-t-il à ces vignerons ? » [41] On lui répond : « Ces misérables, il les fera périr misérablement. Il donnera la vigne en fermage à d'autres vignerons, qui en remettront le produit en temps voulu. »

[42] Jésus leur dit : « N'avez-vous jamais lu dans les Écritures :

La pierre qu'ont rejetée les bâtisseurs
est devenue la pierre angulaire.
C'est là l'œuvre du Seigneur,
une merveille sous nos yeux !

[43] Aussi, je vous le dis : Le royaume de Dieu vous sera enlevé pour être donné à un peuple qui lui fera produire son fruit. [44] Et tout homme qui tombera sur cette pierre sera brisé ; celui sur qui elle tombera, elle le pulvérisera ! »

[45] Les chefs des prêtres et les pharisiens, en entendant ces paraboles, avaient bien compris que Jésus parlait d'eux. [46] Tout en cherchant à l'arrêter, ils eurent peur de la foule, parce qu'elle le tenait pour un prophète.

Parabole du festin de noces.

Lc **14**, 15-24

22 [1] Jésus se remit à parler en paraboles : [2] « Le Royaume des cieux est comparable à un roi qui célébrait les noces de son fils. [3] Il envoya ses serviteurs pour appeler à la noce les invités, mais ceux-ci ne voulaient pas venir. [4] Il envoya encore d'autres serviteurs dire aux invités : 'Voilà : mon repas est prêt, mes bœufs et mes bêtes grasses sont égorgés ; tout est prêt : venez au repas de noce.' ⁵ Mais ils n'en tinrent aucun compte et s'en allèrent, l'un à son champ, l'autre à son commerce ; ⁶ les autres empoignèrent les serviteurs, les maltraitèrent et les tuèrent. ⁷ Le roi se mit en colère, il envoya ses troupes, fit périr les meurtriers et brûla leur ville. ⁸ Alors il dit à ses serviteurs : 'Le repas de noce est prêt, mais les invités n'en étaient pas dignes. ⁹ Allez donc aux croisées des chemins : tous ceux que vous rencontrerez, invitez-les au repas de noce.' ¹⁰ Les serviteurs allèrent sur les chemins, rassemblèrent tous ceux qu'ils rencontrèrent, les mauvais comme les bons, et la salle de noce fut remplie de convives.

¹¹ Le roi entra pour voir les convives. Il vit un homme qui ne portait pas le vêtement de noce, ¹² et lui dit : 'Mon ami, comment es-tu entré ici, sans avoir le vêtement de noce ?' L'autre garda le silence. ¹³ Alors le roi dit aux serviteurs : 'Jetez-le, pieds et poings liés, dehors dans les ténèbres ; là il y aura des pleurs et des grincements de dents.'

¹⁴ Certes, la multitude des hommes est appelée, mais les élus sont peu nombreux. »

Dieu et César.

Mc **12**, 13-17 ; Lc **20**, 20-26

¹⁵ Alors les pharisiens se concertèrent pour voir comment prendre en faute Jésus en le faisant parler. ¹⁶ Ils lui envoient leurs disciples, accompagnés des partisans d'Hérode : « Maître, lui disent-ils, nous le savons : tu es toujours vrai et tu enseignes le vrai chemin de Dieu ; tu ne te laisses influencer par personne, car tu ne fais pas de différence entre les gens. ¹⁷ Donne-nous ton avis : Est-il permis, oui ou non, de payer l'impôt à l'empereur ? » ¹⁸ Mais Jésus, connaissant leur perversité, riposta : « Hypocrites ! pourquoi voulez-vous me mettre à l'épreuve ? ¹⁹ Montrez-moi la monnaie de l'impôt. » Ils lui présentèrent une pièce d'argent. ²⁰ Il leur dit : « Cette effigie et cette légende, de qui sont-elles ? – ²¹ De l'empereur César », répondirent-ils. Alors il leur dit : « Rendez donc à César ce qui est à César, et à Dieu ce qui est à Dieu. » ²² A ces mots, ils furent tout étonnés. Ils le laissèrent donc et s'en allèrent.

Controverses avec les sadducéens sur la résurrection.

Mc **12**, 18-27 ; Lc **20**, 27-38

²³ Ce jour-là, des sadducéens – ceux qui affirment qu'il n'y a pas de résurrection – vinrent trouver Jésus et l'interrogèrent : ²⁴ « Maître, Moïse a dit : *Si un homme meurt sans avoir d'enfant, son frère épousera la veuve et donnera une descendance au défunt.* ²⁵ Il y avait chez nous sept frères : le pre-

mier, qui s'était marié, mourut ; et, comme il n'avait pas d'enfant, il laissa sa femme à son frère. ²⁶ De même le deuxième, puis le troisième, jusqu'au septième, ²⁷ et finalement, la femme mourut. ²⁸ Alors, à la résurrection, duquel des sept sera-t-elle l'épouse, puisqu'elle leur a appartenu à tous ? »

²⁹ Jésus leur répondit : « Vous êtes dans l'erreur, en méconnaissant les Écritures, et la puissance de Dieu. ³⁰ A la résurrection, en effet, on ne se marie pas, mais on est comme les anges dans le ciel. ³¹ Au sujet de la résurrection des morts, n'avez-vous pas lu ce que Dieu vous a dit : ³² *Moi, je suis le Dieu d'Abraham, le Dieu d'Isaac, le Dieu de Jacob* ? Il n'est pas le Dieu des morts, mais des vivants. » ³³ Les foules qui l'avaient entendu étaient frappées par son enseignement.

La question du grand commandement.

Mc 12, 28-34 ; Lc 10, 25-28

³⁴ Les pharisiens, apprenant qu'il avait fermé la bouche aux sadducéens, se réunirent, ³⁵ et l'un d'entre eux, un docteur de la Loi, posa une question à Jésus pour le mettre à l'épreuve : ³⁶ « Maître, dans la Loi, quel est le grand commandement ? » ³⁷ Jésus lui répondit : « *Tu aimeras le Seigneur ton Dieu de tout ton cœur, de toute ton âme et de tout ton*

esprit. ³⁸ Voilà le grand, le premier commandement. ³⁹ Et voici le second, qui lui est semblable : *Tu aimeras ton prochain comme toi-même.* ⁴⁰ Tout ce qu'il y a dans l'Écriture – dans la Loi et les Prophètes – dépend de ces deux commandements. »

Dernière controverse sur le Messie.

Mc 12, 35-37 ; Lc 20, 41-44

⁴¹ Comme les pharisiens se trouvaient réunis, Jésus les interrogea : « Que pensez-vous au sujet du Messie ? de qui est-il le fils ? » ⁴² Ils lui répondent : « De David. » ⁴³ Jésus leur réplique : « Comment donc David, sous l'inspiration de l'Esprit, l'appelle-t-il Seigneur, en disant : ⁴⁴ *Le Seigneur a dit à mon Seigneur : 'Siège à ma droite jusqu'à ce que j'aie mis tes ennemis sous tes pieds'* ? ⁴⁵ Celui que David appelle Seigneur, comment peut-il être son fils ? » ⁴⁶ Personne ne pouvait lui répondre un mot et, à partir de ce jour-là, nul n'osa plus l'interroger.

Contre les scribes et les pharisiens.

Mc 12, 38-40 ; Lc 20, 45-47 ; 11, 49-52 ; 13, 34-35

23 ¹ Alors Jésus déclara à la foule et à ses disciples : ² « Les scribes et les pharisiens enseignent dans la chaire de Moïse. ³ Pratiquez donc et observez tout ce qu'ils peuvent vous dire. Mais n'agissez pas d'après leurs actes, car ils disent et ne font pas. ⁴Ils lient de pesants fardeaux et en chargent les épaules des gens ; mais eux-mêmes ne veulent pas les remuer du doigt. ⁵Ils agissent toujours pour être remarqués des hommes : ils portent sur eux des phylactères très larges et des franges très longues ; ⁶ils aiment les places d'honneur dans les repas, les premiers rangs dans les synagogues, ⁷les salutations sur les places publiques, ils aiment recevoir des gens le titre de Rabbi. ⁸Pour vous, ne vous faites pas donner le titre de Rabbi, car vous n'avez qu'un seul enseignant, et vous êtes tous frères. ⁹Ne donnez à personne sur terre le nom de père, car vous n'avez qu'un seul Père, celui qui est aux cieux. ¹⁰Ne vous faites pas non plus appeler maîtres, car vous n'avez qu'un seul maître, le Christ. ¹¹Le plus grand parmi vous sera votre serviteur. ¹²Qui s'élèvera sera abaissé, qui s'abaissera sera élevé.

¹³Malheureux êtes-vous, scribes et pharisiens hypocrites, parce que vous fermez à clé le Royaume des cieux devant les hommes ; vous-mêmes n'y entrez pas, et ceux qui essayent d'y entrer, vous ne leur permettez pas d'entrer !

¹⁵Malheureux êtes-vous, scribes et pharisiens hypocrites, parce que vous parcourez la mer et la terre pour faire un seul converti, et quand vous y avez réussi, vous en faites un homme voué à la géhenne, deux fois pire que vous !

¹⁶Malheureux êtes-vous, guides aveugles, vous qui dites : 'Si l'on fait un serment par le Temple, il est nul ; mais si l'on fait un serment par l'or du Temple, on doit s'en acquitter.' ¹⁷Insensés et aveugles ! Qu'est-ce qui est le plus important : l'or ? ou bien le Temple par lequel cet or devient sacré ? ¹⁸Vous dites encore : 'Si l'on fait un serment par l'autel, il est nul ; mais si l'on fait un serment par l'offrande posée sur l'autel, on doit s'en acquitter.' ¹⁹Aveugles ! Qu'est-ce qui est le plus important : l'offrande ? ou bien l'autel par lequel cette offrande devient sacrée ? ²⁰Celui qui fait un serment par l'autel fait un serment par l'autel et par tout ce qui est posé dessus ; ²¹et celui qui fait un serment par le Temple fait un serment par le Temple et par Celui qui l'habite ; ²²et celui qui fait un serment par le ciel fait un serment par le trône divin et par Celui qui siège sur ce trône.

²³Malheureux êtes-vous, scribes et pharisiens hypocrites, parce que vous payez la dîme sur la menthe, le fenouil et le cumin, mais vous avez négligé ce qu'il y a de plus grave dans la Loi : la justice, la miséricorde et la fidélité. Voilà ce qu'il fallait pratiquer sans

négliger le reste. ²⁴ Guides aveugles ! Vous enlevez le moucheron avec un filtre, et vous avalez le chameau !

²⁵ Malheureux êtes-vous, scribes et pharisiens hypocrites, parce que vous purifiez l'extérieur de la coupe et de l'assiette, mais l'intérieur est rempli de cupidité et d'intempérance ! ²⁶ Pharisien aveugle, purifie d'abord l'intérieur de la coupe afin que l'extérieur aussi devienne pur.

²⁷ Malheureux êtes-vous, scribes et pharisiens hypocrites, parce que vous ressemblez à des tombeaux blanchis à la chaux : à l'extérieur ils ont une belle apparence, mais l'intérieur est rempli d'ossements et de toutes sortes de choses impures. ²⁸ C'est ainsi que vous, à l'extérieur, pour les gens, vous avez l'apparence d'hommes justes, mais à l'intérieur vous êtes pleins d'hypocrisie et de mal.

²⁹ Malheureux êtes-vous, scribes et pharisiens hypocrites, parce que vous bâtissez les tombeaux des prophètes, vous décorez les sépulcres des justes, ³⁰ et vous dites : 'Si nous avions vécu à l'époque de nos pères, nous n'aurions pas été leurs complices pour verser le sang des prophètes.' ³¹ Ainsi vous témoignez contre vous-mêmes : vous êtes bien les fils de ceux qui ont assassiné les prophètes. ³² Eh bien, vous, achevez donc ce que vos pères ont commencé !

³³ Serpents, engeance de vipères, comment éviterez-vous le châtiment de la géhenne ? ³⁴ C'est pourquoi, voici que j'envoie vers vous des prophètes, des sages et des scribes ; vous tuerez et crucifierez les uns, vous en flagellerez d'autres dans vos synagogues, vous les poursuivrez de ville en ville ; ³⁵ ainsi retombera sur vous tout le sang des justes qui a été versé sur la terre, depuis le sang d'Abel le juste jusqu'au sang de Zacharie, fils de Barachie, que vous avez assassiné entre le sanctuaire et l'autel. ³⁶ Amen, je vous le dis : tout cela retombera sur cette génération.

³⁷ Jérusalem, Jérusalem, toi qui tues les prophètes, toi qui lapides ceux qui te sont envoyés, combien de fois j'ai voulu rassembler tes enfants comme la poule rassemble ses poussins sous ses ailes, et tu n'avez pas voulu. ³⁸ Maintenant, Dieu abandonne votre Temple entre vos mains, et il restera désert. ³⁹ En effet, je vous le déclare : vous ne me verrez plus jusqu'au jour où vous direz : *'Béni soit celui qui vient au nom du Seigneur.'* »

Cinquième discours : La venue du Fils de l'homme

L'épreuve des derniers temps.
Mc **13**, 1-37 ; Lc **21**, 5-38 ;
17, 23-35 ; **12**, 39-46

24 ¹ Jésus était sorti du Temple et s'en allait, lorsque ses disciples s'approchèrent pour lui faire remarquer les constructions du Temple. ²Alors il leur déclara : « Vous voyez tout cela, n'est-ce pas ? Amen, je vous le dis : il ne restera pas ici pierre sur pierre ; tout sera détruit. »

³Puis, comme il s'était assis au mont des Oliviers, les disciples s'approchèrent de lui à l'écart pour lui demander : « Dis-nous quand cela arrivera, dis-nous quel sera le signe de ta venue et de la fin du monde. » ⁴Jésus leur répondit : « Prenez garde que personne ne vous égare. ⁵Car beaucoup viendront sous mon nom, en disant : 'C'est moi le Messie', et ils égareront bien des gens. ⁶Vous allez entendre parler de guerres et de rumeurs de guerre. Attention ! ne vous laissez pas effrayer, car il faut que cela arrive, mais ce n'est pas encore la fin. ⁷On se dressera nation contre nation, royaume contre royaume ; il y aura çà et là des famines et des tremblements de terre. ⁸Or tout cela n'est que le début des douleurs de l'enfantement. ⁹On vous livrera aux tourments, on vous tuera, vous serez détestés de toutes les nations à cause de mon Nom. ¹⁰Alors beaucoup succomberont ; ils se livreront les uns les autres, se haïront les uns les autres. ¹¹Quantité de faux prophètes se lèveront, et ils égareront bien des gens. ¹²A cause de l'ampleur du mal, la charité de la plupart des hommes se refroidira. ¹³Mais celui qui aura persévéré jusqu'à la fin,

celui-là sera sauvé. ¹⁴Et cette Bonne Nouvelle du Royaume sera proclamée dans le monde entier ; il y aura là un témoignage pour toutes les nations. Alors viendra la fin.

¹⁵Lorsque vous verrez le Sacrilège Dévastateur, installé dans le Lieu Saint comme l'a dit le prophète Daniel – que le lecteur de l'Écriture comprenne ! – ¹⁶alors, ceux qui seront en Judée, qu'ils s'enfuient dans la montagne ; ¹⁷celui qui sera sur sa terrasse, qu'il n'en descende pas pour emporter ce qu'il y a dans sa maison ; ¹⁸celui qui sera dans son champ, qu'il ne retourne pas en arrière pour emporter son manteau. ¹⁹Malheureuses les femmes qui seront enceintes et celles qui allaiteront en ces jours-là ! ²⁰Priez pour que votre fuite n'arrive pas en hiver ni un jour de sabbat, ²¹car alors il y aura une grande détresse, comme il n'y en a jamais eu depuis le commencement du monde jusqu'à maintenant, et comme il n'y en aura jamais plus. ²²Et si le nombre de ces jours-là n'était pas abrégé, personne n'aurait la vie sauve ; mais à cause des élus, ces jours-là seront abrégés.

²³Alors si quelqu'un vous dit : 'Voilà le Messie ! Il est là !' ou bien encore : 'Il est là !' n'en croyez rien. ²⁴Il surgira des faux messies et des faux prophètes, ils produiront des signes grandioses et des prodiges au point d'égarer même

les élus, si c'était possible. ²⁵ Voilà que je vous ai tout dit à l'avance. ²⁶ Si l'on vous dit : 'Le voilà dans le désert', ne sortez pas. Si l'on vous dit : 'Le voilà dans le fond de la maison', n'en croyez rien. ²⁷ En effet, comme l'éclair qui part de l'orient brille jusqu'à l'occident, ainsi se produira la venue du Fils de l'homme. ²⁸ Selon le proverbe : Là où il y a un cadavre, là se rassembleront les vautours.

²⁹ Aussitôt après la détresse de ces jours-là, le soleil s'obscurcira et la lune perdra son éclat. Les étoiles tomberont du ciel et les puissances célestes seront ébranlées. ³⁰ Alors paraitra dans le ciel le signe du Fils de l'homme ; alors toutes les tribus de la terre se frapperont la poitrine et verront le Fils de l'homme venir sur les nuées du ciel, avec grande puissance et grande gloire. ³¹ Il enverra ses anges au signal retentissant de la trompette, et ils rassembleront ses élus des quatre coins du monde, d'une extrémité des cieux jusqu'à une autre.

³² Que la comparaison du figuier vous instruise : Dès que ses branches deviennent tendres et que sortent ses feuilles, vous savez que l'été est proche. ³³ De même, vous aussi, lorsque vous verrez tout cela, sachez que le Fils de l'homme est proche, à votre porte. ³⁴ Amen, je vous le dis : cette génération ne passera pas avant que tout cela n'arrive. ³⁵ Le ciel et la terre passeront,

mes paroles ne passeront jamais. ³⁶ Quant à ce jour et à cette heure-là, nul ne les connaît, pas même les anges des cieux, pas même le Fils mais le Père seul.

³⁷ L'avènement du Fils de l'homme ressemblera à ce qui s'est passé à l'époque de Noé. ³⁸ A cette époque, avant le déluge, on mangeait, on buvait, on se mariait, jusqu'au jour où Noé entra dans l'arche. ³⁹ Les gens ne se sont doutés de rien, jusqu'au déluge qui les a tous engloutis : tel sera aussi l'avènement du Fils de l'homme. ⁴⁰ Deux hommes seront aux champs : l'un est pris, l'autre laissé. ⁴¹ Deux femmes seront au moulin : l'une est prise, l'autre laissée. ⁴² Veillez donc, car vous ne connaissez pas le jour où votre Seigneur viendra. ⁴³ Vous le savez bien : si le maître de maison avait su à quelle heure de la nuit le voleur viendrait, il aurait veillé et n'aurait pas laissé percer le mur de sa maison. ⁴⁴ Tenez-vous donc prêts, vous aussi : c'est à l'heure où vous n'y penserez pas que le Fils de l'homme viendra.

⁴⁵ Quel est donc le serviteur fidèle et sensé à qui le maître de maison a confié la charge de son personnel pour lui donner la nourriture en temps voulu ? ⁴⁶ Heureux ce serviteur que son maître, en arrivant, trouvera à son travail ! ⁴⁷ Amen, je vous le déclare : il lui confiera la charge de tous ses

biens. ⁴⁸Mais si ce mauvais serviteur se dit : 'Mon maître s'attarde, ⁴⁹et s'il se met à frapper ses compagnons, s'il mange et boit avec les ivrognes, ⁵⁰son maître viendra le jour où il ne l'attend pas et à l'heure qu'il n'a pas prévue : ⁵¹il se séparera de lui et le mettra parmi les hypocrites ; là il y aura des pleurs et des grincements de dents.

Parabole des dix jeunes filles.

25 ¹« Alors, le Royaume des cieux sera comparable à dix jeunes filles invitées à des noces, qui prirent leur lampe et s'en allèrent à la rencontre de l'époux. ²Cinq d'entre elles étaient insensées, et cinq étaient prévoyantes : ³les insensées avaient pris leur lampe sans emporter d'huile, ⁴tandis que les prévoyantes avaient pris, avec leur lampe, de l'huile en réserve. ⁵Comme l'époux tardait, elles s'assoupirent toutes et s'endormirent.

⁶Au milieu de la nuit, un cri se fit entendre : 'Voici l'époux ! Sortez à sa rencontre.' ⁷Alors toutes ces jeunes filles se réveillèrent et préparèrent leur lampe. ⁸Les insensées demandèrent aux prévoyantes : 'Donnez-nous de votre huile, car nos lampes s'éteignent.' ⁹Les prévoyantes leur répondirent : 'Jamais cela ne suffira pour nous et pour vous ; allez plutôt vous en procurer chez les marchands.' ¹⁰Pendant qu'elles allaient en acheter,

l'époux arriva. Celles qui étaient prêtes entrèrent avec lui dans la salle des noces et l'on ferma la porte. ¹¹Plus tard, les autres jeunes filles arrivent à leur tour et disent : 'Seigneur, Seigneur, ouvrez-nous !' ¹²Il leur répondit : 'Amen, je vous le dis : je ne vous connais pas.'

¹³Veillez donc, car vous ne savez ni le jour ni l'heure.

Parabole des talents.

Lc **19**, 12-27

¹⁴« C'est comme un homme qui partait en voyage : il appela ses serviteurs et leur confia ses biens. ¹⁵A l'un il donna une somme de cinq talents, à un autre deux talents, au troisième un seul, à chacun selon ses capacités. Puis il partit. ¹⁶Aussitôt, celui qui avait reçu cinq talents s'occupa de les faire valoir et en gagna cinq autres. ¹⁷De même, celui qui avait reçu deux talents en gagna deux autres. ¹⁸Mais celui qui n'en avait reçu qu'un creusa la terre et enfouit l'argent de son maître.

¹⁹Longtemps après, leur maître revient et il leur demande des comptes. ²⁰Celui qui avait reçu les cinq talents s'avança en apportant cinq autres talents et dit : 'Seigneur, tu m'as confié cinq talents ; voilà, j'en ai gagné cinq autres. – ²¹Très bien, serviteur bon et fidèle, tu as été fidèle pour peu de choses, je t'en confierai beaucoup ; entre dans la joie

de ton maître.' ²²Celui qui avait reçu deux talents s'avança ensuite et dit: 'Seigneur, tu m'as confié deux talents; voilà, j'en ai gagné deux autres. – ²³Très bien, serviteur bon et fidèle, tu as été fidèle pour peu de choses, je t'en confierai beaucoup; entre dans la joie de ton maître.' ²⁴Celui qui avait reçu un seul talent s'avança ensuite et dit: 'Seigneur, je savais que tu es un homme dur: tu moissonnes là où tu n'as pas semé, tu ramasses là où tu n'as pas répandu le grain. ²⁵J'ai eu peur, et je suis allé enfouir ton talent dans la terre. Le voici. Tu as ce qui t'appartient.' ²⁶Son maître lui répliqua: 'Serviteur mauvais et paresseux, tu savais que je moissonne là où je n'ai pas semé, que je ramasse le grain là où je n'ai pas répandu. ²⁷Alors, il fallait placer mon argent à la banque; et, à mon retour, je l'aurais retrouvé avec les intérêts. ²⁸Enlevez-lui donc son talent et donnez-le à celui qui en a dix. ²⁹Car celui qui a recevra encore, et il sera dans l'abondance. Mais celui qui n'a rien se fera enlever même ce qu'il a. ³⁰Quant à ce serviteur bon à rien, jetez-le dehors dans les ténèbres; là il y aura des pleurs et des grincements de dents!'

Tableau du jugement des nations.

³¹« Quand le Fils de l'homme viendra dans sa gloire, et tous les anges avec lui, alors il siégera sur son trône de gloire. ³²Toutes les nations seront rassemblées devant lui; il séparera les hommes les uns des autres, comme le berger sépare les brebis des chèvres: ³³il placera les brebis à sa droite, et les chèvres à sa gauche.

³⁴Alors le Roi dira à ceux qui seront à sa droite: 'Venez, les bénis de mon Père, recevez en héritage le Royaume préparé pour vous depuis la création du monde. ³⁵Car j'avais faim, et vous m'avez donné à manger; j'avais soif, et vous m'avez donné à boire; j'étais un étranger, et vous m'avez accueilli; ³⁶j'étais nu, et vous m'avez habillé; j'étais malade, et vous m'avez visité; j'étais en prison, et vous êtes venus jusqu'à moi!' ³⁷Alors les justes lui répondront: 'Seigneur, quand est-ce que nous t'avons vu...? tu avais donc faim, et nous t'avons nourri? tu avais soif, et nous t'avons donné à boire? ³⁸tu étais un étranger, et nous t'avons accueilli? tu étais nu, et nous t'avons habillé? ³⁹tu étais malade ou en prison... Quand sommes-nous venus jusqu'à toi?' ⁴⁰Et le Roi leur répondra: 'Amen, je vous le dis: chaque fois que vous l'avez fait à l'un de ces petits qui sont mes frères, c'est à moi que vous l'avez fait.'

⁴¹Alors il dira à ceux qui seront à sa gauche: 'Allez-vous-en loin de moi, maudits, dans le feu éternel préparé pour le démon et ses anges. ⁴²Car j'avais

faim, et vous ne m'avez pas donné à manger ; j'avais soif, et vous ne m'avez pas donné à boire ; ⁴³j'étais un étranger, et vous ne m'avez pas accueilli ; j'étais nu, et vous ne m'avez pas habillé ; j'étais malade et en prison, et vous ne m'avez pas visité. ⁴⁴Alors ils répondront, eux aussi : 'Seigneur, quand est-ce que nous t'avons vu avoir faim et soif, être nu, étranger, malade ou en prison, sans nous mettre à ton service ?' ⁴⁵Il leur répondra : 'Amen, je vous le dis : chaque fois que vous ne l'avez pas fait à l'un de ces petits, à moi non plus vous ne l'avez pas fait.'

⁴⁶Et ils s'en iront, ceux-ci au châtiment éternel, et les justes, à la vie éternelle. »

Passion et Résurrection

*La mort imminente :
trahison et fidélité.*

Mc **14**, 1-11 ; Lc **22**, 1-6 ;
Jn **12**, 1-8

26 ¹Jésus acheva ainsi tout son discours, puis il dit à ses disciples : ²« Vous savez que la Pâque arrive dans deux jours, et que le Fils de l'homme va être livré pour être crucifié. » ³Alors les chefs des prêtres et les anciens du peuple se réunirent dans le palais du grand prêtre, qui s'appelait Caïphe ; ⁴ils tinrent conseil pour arrêter Jésus par ruse et le faire mourir. ⁵Mais ils se disaient : « Pas en pleine fête, afin qu'il n'y ait pas d'émeute dans le peuple. »

⁶Comme Jésus se trouvait à Béthanie chez Simon le lépreux, ⁷une femme s'approcha, avec un flacon d'albâtre contenant un parfum de grand prix. Elle le versait sur la tête de Jésus, qui était à table. ⁸Voyant cela, les disciples s'indignèrent en disant : « A quoi bon ce gaspillage ? ⁹On aurait pu vendre ce parfum pour beaucoup d'argent et en faire don à des pauvres. » ¹⁰Jésus le comprit et leur dit : « Pourquoi tourmenter cette femme ? C'est une action charitable qu'elle a faite à mon égard. ¹¹Des pauvres, vous en aurez toujours avec vous, mais moi, vous ne m'aurez pas toujours. ¹²Si elle a versé ce parfum sur mon corps, c'est en vue de mon ensevelissement. ¹³Amen, je vous le dis : partout où cette Bonne Nouvelle sera proclamée, dans le monde entier, on racontera, en souvenir d'elle, ce qu'elle vient de faire. »

¹⁴Alors, l'un des Douze, nommé Judas Iscariote, alla trouver les chefs des prêtres ¹⁵et leur dit : « Que voulez-vous me donner, si je vous le livre ? » Ils lui proposèrent trente pièces d'argent. ¹⁶Dès lors, Judas cherchait une occasion favorable pour le livrer.

Le repas du Seigneur.

Mc **14**, 12-25 ; Lc **22**, 7-38 ;
1 Co **11**, 23-26

¹⁷Le premier jour de la fête des pains sans levain, les disciples vinrent dire à Jésus :

«Où veux-tu que nous fassions les préparatifs de ton repas pascal?» ¹⁸ Il leur dit : «Allez à la ville, chez un tel, et dites-lui : 'Le Maître te fait dire : Mon temps est proche ; c'est chez toi que je veux célébrer la Pâque avec mes disciples.' » ¹⁹ Les disciples firent ce que Jésus leur avait prescrit et ils préparèrent la Pâque.

²⁰ Le soir venu, Jésus se trouvait à table avec les Douze. ²¹ Pendant le repas, il leur déclara : «Amen, je vous le dis : l'un de vous va me livrer.» ²² Profondément attristés, ils se mirent à lui demander, l'un après l'autre : «Serait-ce moi, Seigneur?» ²³ Il leur répondit : «Celui qui vient de se servir en même temps que moi, celui-là va me livrer. ²⁴ Le Fils de l'homme s'en va, comme il est écrit à son sujet ; mais malheureux l'homme par qui le Fils de l'homme est livré! Il vaudrait mieux pour cet homme-là ne soit pas né! » ²⁵ Judas, celui qui le livrait, prit la parole : «Rabbi, serait-ce moi?» Jésus lui répond : «C'est toi qui l'as dit! »

²⁶ Pendant le repas, Jésus prit du pain, prononça la bénédiction, le rompit et le donna à ses disciples, en disant : «Prenez, mangez : ceci est mon corps.» ²⁷ Puis, prenant une coupe et rendant grâce, il la leur donna, en disant : ²⁸ «Buvez-en tous, car ceci est mon sang, le sang de l'Alliance, répandu pour la multitude en rémission des péchés. ²⁹ Je vous le dis : désormais je ne boirai plus de ce fruit de la vigne, jusqu'au jour où je boirai un vin nouveau avec vous dans le royaume de mon Père. »

Gethsémani :
prière angoissée et arrestation.
Mc **14,** 26-52 ; Lc **22,** 39-53 ;
Jn **18,** 1-11

³⁰ Après avoir chanté les psaumes, ils partirent pour le mont des Oliviers. ³¹ Alors Jésus leur dit : «Cette nuit, je serai pour vous tous une occasion de chute ; car il est écrit : *Je frapperai le berger, et les brebis du troupeau seront dispersées.* ³² Mais après que je serai ressuscité, je vous précéderai en Galilée.» ³³ Pierre lui dit : «Si tous viennent à tomber à cause de toi, moi, je ne tomberai jamais. » ³⁴ Jésus reprit : «Amen, je te le dis : cette nuit même, avant que le coq chante, tu m'auras renié trois fois.» ³⁵ Pierre lui dit : «Même si je dois mourir avec toi, je ne te renierai pas.» Et tous les disciples en dirent autant.

³⁶ Alors Jésus parvient avec eux à un domaine appelé Gethsémani et leur dit : «Restez ici, pendant que je m'en vais là-bas pour prier.» ³⁷ Il emmena Pierre, ainsi que Jacques et Jean, les deux fils de Zébédée, et il commença à ressentir tristesse et angoisse. ³⁸ Il leur dit alors : «Mon âme est triste à en mourir. Demeurez ici et veillez avec moi.» ³⁹ Il s'écarta un peu et

tomba la face contre terre, en faisant cette prière : «Mon Père, s'il est possible, que cette coupe passe loin de moi! Cependant, non pas comme je veux, mais comme tu veux.» [40] Puis il revient vers ses disciples et les trouve endormis; il dit à Pierre : «Ainsi, vous n'avez pas eu la force de veiller une heure avec moi? [41] Veillez et priez, pour ne pas entrer en tentation; l'esprit est ardent, mais la chair est faible.» [42] Il retourna prier une deuxième fois : «Mon Père, si cette coupe ne peut passer sans que je la boive, que ta volonté soit faite!» [43] Revenu près des disciples, il les trouva endormis, car leurs yeux étaient lourds de sommeil. [44] Il les laissa et retourna prier pour la troisième fois, répétant les mêmes paroles. [45] Alors il revient vers les disciples et leur dit : «Désormais, vous pouvez dormir et vous reposer! La voici toute proche, l'heure où le Fils de l'homme est livré aux mains des pécheurs! [46] Levez-vous! Allons! Le voici tout proche, celui qui me livre.»

[47] Jésus parlait encore, lorsque Judas, l'un des Douze, arriva, avec une grande foule armée d'épées et de bâtons, envoyée par les chefs des prêtres et les anciens du peuple. [48] Le traître leur avait donné un signe : «Celui que j'embrasserai, c'est lui : arrêtez-le.» [49] Aussitôt, s'approchant de Jésus, il lui dit :

«Salut, Rabbi!», et il l'embrassa. [50] Jésus lui dit : «Mon ami, fais ta besogne.» Alors ils s'avancèrent, mirent la main sur Jésus et l'arrêtèrent.

[51] Un de ceux qui étaient avec Jésus, portant la main à son épée, la tira, frappa le serviteur du grand prêtre, et lui trancha l'oreille. [52] Jésus lui dit : «Rentre ton épée, car tous ceux qui prennent l'épée périront par l'épée. [53] Crois-tu que je ne puisse pas faire appel à mon Père, qui mettrait aussitôt à ma disposition plus de douze légions d'anges? [54] Mais alors, comment s'accompliraient les Écritures? D'après elles, c'est ainsi que tout doit se passer.» [55] A ce moment-là, Jésus dit aux foules : «Suis-je donc un bandit, pour que vous soyez venus m'arrêter avec des épées et des bâtons? Chaque jour, j'étais assis dans le Temple où j'enseignais, et vous ne m'avez pas arrêté. [56] Mais tout cela est arrivé pour que s'accomplissent les écrits des prophètes.» Alors les disciples l'abandonnèrent tous et s'enfuirent.

Chez le grand prêtre : procès de Jésus, reniement de Pierre et mort de Judas.
Mc **14**, 53-72; Lc **22**, 54-71; Jn **18**, 12-27

[57] Ceux qui avaient arrêté Jésus l'amenèrent devant Caïphe, le grand prêtre, chez qui s'étaient réunis les scribes et les anciens. [58] Quant à Pierre, il le suivait de loin, jus-

qu'au palais du grand prêtre ; il entra dans la cour et s'assit avec les serviteurs pour voir comment cela finirait.

[59] Les chefs des prêtres et tout le grand conseil cherchaient un faux témoignage contre Jésus pour le faire condamner à mort. [60] Ils n'en trouvèrent pas ; pourtant beaucoup de faux témoins s'étaient présentés. Finalement il s'en présenta deux, [61] qui déclarèrent : « Cet homme a dit : 'Je peux détruire le Temple de Dieu et, en trois jours, le rebâtir.' » [62] Alors le grand prêtre se leva et lui dit : « Tu ne réponds rien à tous ces témoignages portés contre toi ? » [63] Mais Jésus gardait le silence. Le grand prêtre lui dit : « Je t'adjure, par le Dieu vivant, de nous dire si tu es le Messie, le Fils de Dieu. » [64] Jésus lui répond : « C'est toi qui l'as dit ; mais en tout cas, je vous le déclare : désormais vous verrez *le Fils de l'homme siéger à la droite du Tout-Puissant et venir sur les nuées du ciel.* » [65] Alors le grand prêtre déchira ses vêtements, en disant : « Il a blasphémé ! Pourquoi nous faut-il encore des témoins ? Vous venez d'entendre le blasphème ! [66] Quel est votre avis ? » Ils répondirent : « Il mérite la mort. »

[67] Alors ils lui crachèrent au visage et le rouèrent de coups ; d'autres le giflèrent [68] en disant : « Fais-nous le prophète, Messie ! qui est-ce qui t'a frappé ? »

[69] Quant à Pierre, il était assis dehors dans la cour. Une servante s'approcha de lui : « Toi aussi, tu étais avec Jésus le Galiléen ! » [70] Mais il nia devant tout le monde : « Je ne sais pas ce que tu veux dire. » [71] Comme il se retirait vers le portail, une autre le vit et dit aux gens qui étaient là : « Celui-ci était avec Jésus de Nazareth. » [72] De nouveau, Pierre le nia : « Je jure que je ne connais pas cet homme. » [73] Peu après, ceux qui se tenaient là s'approchèrent de Pierre : « Sûrement, toi aussi, tu fais partie de ces gens-là ; d'ailleurs ton accent te trahit. » [74] Alors, il se mit à protester violemment et à jurer : « Je ne connais pas cet homme. » Aussitôt un coq chanta. [75] Et Pierre se rappela ce que Jésus lui avait dit : « Avant que le coq chante, tu m'auras renié trois fois. » Il sortit et pleura amèrement.

27

[1] Le matin venu, tous les chefs des prêtres et les anciens du peuple tinrent conseil contre Jésus pour le faire condamner à mort. [2] Après l'avoir ligoté, ils l'emmenèrent pour le livrer à Pilate, le gouverneur.

[3] Alors Judas, le traître, fut pris de remords en le voyant condamné ; il rapporta les trente pièces d'argent aux chefs des prêtres et aux anciens. [4] Il leur dit : « J'ai péché en livrant à la mort un innocent. » Ils répliquèrent :

« Qu'est-ce que cela nous fait ? Cela te regarde ! » [5] Jetant alors les pièces d'argent dans le Temple, il se retira et alla se pendre. [6] Les chefs des prêtres ramassèrent l'argent et se dirent : « Il n'est pas permis de le verser dans le trésor, puisque c'est le prix du sang. » [7] Après avoir tenu conseil, ils achetèrent avec cette somme le Champ-du-Potier pour y enterrer les étrangers. [8] Voilà pourquoi ce champ a été appelé jusqu'à ce jour le Champ-du-Sang. [9] Alors s'est accomplie la parole transmise par le prophète Jérémie : *Ils prirent les trente pièces d'argent, le prix de celui qui fut mis à prix par les enfants d'Israël,* [10] *et ils les donnèrent pour le champ du potier, comme le Seigneur me l'avait ordonné.*

Chez le gouverneur : procès, condamnation et outrages.

Mc **15**, 1-20 ; Lc **23**, 1-25 ; Jn **18**, 28 – **19**, 15

[11] On fit comparaître Jésus devant Pilate, le gouverneur, qui l'interrogea : « Es-tu le roi des Juifs ? » Jésus déclara : « C'est toi qui le dis. » [12] Mais, tandis que les chefs des prêtres et les anciens l'accusaient, il ne répondit rien. [13] Alors Pilate lui dit : « Tu n'entends pas tous les témoignages portés contre toi ? » [14] Mais Jésus ne lui répondit plus un mot, si bien que le gouverneur était très étonné. [15] Or, à chaque fête, celui-ci avait coutume de relâ-cher un prisonnier, celui que la foule demandait. [16] Il y avait alors un prisonnier bien connu, nommé Barabbas. [17] La foule s'étant donc rassemblée, Pilate leur dit : « Qui voulez-vous que je vous relâche : Barabbas ? ou Jésus qu'on appelle le Messie ? » [18] Il savait en effet que c'était par jalousie qu'on l'avait livré.

[19] Tandis qu'il siégeait au tribunal, sa femme lui fit dire : « Ne te mêle pas de l'affaire de ce juste, car aujourd'hui j'ai beaucoup souffert en songe à cause de lui. »

[20] Les chefs des prêtres et les anciens poussèrent les foules à réclamer Barabbas et à faire périr Jésus. [21] Le gouverneur reprit : « Lequel des deux voulez-vous que je vous relâche ? » Ils répondirent : « Barabbas ! » [22] Il reprit : « Que ferai-je donc de Jésus, celui qu'on appelle le Messie ? » Ils répondirent tous : « Qu'on le crucifie ! » [23] Il poursuivit : « Quel mal a-t-il donc fait ? » Ils criaient encore plus fort : « Qu'on le crucifie ! »

[24] Pilate vit que ses efforts ne servaient à rien, sinon à augmenter le désordre ; alors il prit de l'eau et se lava les mains devant la foule, en disant : « Je ne suis pas responsable du sang de cet homme : cela vous regarde ! » [25] Tout le peuple répondit : « Son sang, qu'il soit sur nous et sur nos enfants ! »

[26] Il leur relâcha donc Barabbas ; quant à Jésus, il le

fit flageller, et le leur livra pour qu'il soit crucifié. [27] Alors les soldats du gouverneur emmenèrent Jésus dans le prétoire et rassemblèrent autour de lui toute la garde. [28] Ils lui enlevèrent ses vêtements et le couvrirent d'un manteau rouge. [29] Puis, avec des épines, ils tressèrent une couronne, et ils la posèrent sur sa tête ; ils lui mirent un roseau dans la main droite et, pour se moquer de lui, ils s'agenouillaient en lui disant : « Salut, roi des Juifs ! » [30] Et, crachant sur lui, ils prirent le roseau, et ils le frappaient à la tête. [31] Quand ils se furent bien moqués de lui, ils lui enlevèrent le manteau, lui remirent ses vêtements, et l'emmenèrent pour le crucifier.

Crucifixion et mort de Jésus – Signes des derniers temps.

Mc 15, 21-41 ; Lc 23, 26-49 ; Jn 19, 16-37

[32] En sortant, ils trouvèrent un nommé Simon, originaire de Cyrène, et ils le réquisitionnèrent pour porter la croix. [33] Arrivés à l'endroit appelé Golgotha, c'est-à-dire : Lieu-du-Crâne, ou Calvaire, [34] ils donnèrent à boire à Jésus du vin mêlé de fiel ; il en goûta, mais ne voulut pas boire. [35] Après l'avoir crucifié, ils se partagèrent ses vêtements en tirant au sort ; [36] et ils restaient là, assis, à le garder. [37] Au-dessus de sa tête on inscrivit le motif de sa condamnation :

« Celui-ci est Jésus, le roi des Juifs. » [38] En même temps, on crucifie avec lui deux bandits, l'un à droite et l'autre à gauche.

[39] Les passants l'injuriaient en hochant la tête : [40] « Toi qui détruis le Temple et le rebâtis en trois jours, sauve-toi toi-même, si tu es Fils de Dieu, et descends de la croix ! » [41] De même, les chefs des prêtres se moquaient de lui avec les scribes et les anciens, en disant : [42] « Il en a sauvé d'autres, et il ne peut pas se sauver lui-même ! C'est le roi d'Israël : qu'il descende maintenant de la croix et nous croirons en lui ! [43] Il a mis sa confiance en Dieu ; que Dieu le délivre maintenant s'il l'aime ! Car il a dit : 'Je suis Fils de Dieu.' » [44] Les bandits crucifiés avec lui l'insultaient de la même manière.

[45] A partir de midi, l'obscurité se fit sur toute la terre jusqu'à trois heures. [46] Vers trois heures, Jésus cria d'une voix forte : « *Éli, Éli, lama sabactani ?* », ce qui veut dire : « *Mon Dieu, mon Dieu, pourquoi m'as-tu abandonné ?* » [47] Quelques-uns de ceux qui étaient là disaient en l'entendant : « Le voilà qui appelle le prophète Élie ! » [48] Aussitôt l'un d'eux courut prendre une éponge qu'il trempa dans une boisson vinaigrée ; il la mit au bout d'un roseau, et lui donnait à boire. [49] Les autres dirent : « Attends ! nous verrons bien si Élie va venir le sauver. » [50] Mais

Jésus, poussant de nouveau un grand cri, rendit l'esprit.

⁵¹ Et voici que le rideau du Temple se déchira en deux, du haut en bas ; la terre trembla et les rochers se fendirent. ⁵² Les tombeaux s'ouvrirent ; les corps de nombreux saints qui étaient morts ressuscitèrent, ⁵³ et, sortant des tombeaux après la résurrection de Jésus, ils entrèrent dans la ville sainte, et se montrèrent à un grand nombre de gens. ⁵⁴ A la vue du tremblement de terre et de tous ces événements, le centurion et ceux qui, avec lui, gardaient Jésus, furent saisis d'une grande crainte et dirent : « Vraiment, celui-ci était le Fils de Dieu ! »

La mise au tombeau :
Joseph d'Arimathie, les femmes,
les gardes au tombeau.
Mc **15**, 42-47 ; Lc **23**, 50-56 ;
Jn **19**, 38-42

⁵⁵ Il y avait là plusieurs femmes qui regardaient à distance : elles avaient suivi Jésus depuis la Galilée pour le servir. ⁵⁶ Parmi elles se trouvaient Marie Madeleine, Marie, mère de Jacques et de Joseph, et la mère des fils de Zébédée.

⁵⁷ Le soir venu, arriva un homme riche, originaire d'Arimathie, qui s'appelait Joseph, et qui était devenu lui aussi disciple de Jésus. ⁵⁸ Il alla trouver Pilate pour demander le corps de Jésus. Alors Pilate ordonna de le lui remettre. ⁵⁹ Prenant le corps, Joseph l'en-

veloppa dans un linceul neuf, ⁶⁰ et le déposa dans le tombeau qu'il venait de se faire tailler dans le roc. Puis il roula une grande pierre à l'entrée du tombeau et s'en alla. ⁶¹ Cependant Marie Madeleine et l'autre Marie étaient là, assises en face du tombeau.

⁶² Quand la journée des préparatifs de la fête fut achevée, les chefs des prêtres et les pharisiens s'assemblèrent chez Pilate, ⁶³ en disant : « Seigneur, nous nous sommes rappelé que cet imposteur a dit, de son vivant : 'Trois jours après, je ressusciterai.' ⁶⁴ Donne donc l'ordre que le tombeau soit étroitement surveillé jusqu'au troisième jour, de peur que ses disciples ne viennent voler le corps et ne disent au peuple : 'Il est ressuscité d'entre les morts.' Cette dernière imposture serait pire que la première. » ⁶⁵ Pilate leur déclara : « Je vous donne une garde ; allez, organisez la surveillance comme vous l'entendez. » ⁶⁶ Ils partirent donc et assurèrent la surveillance du tombeau en mettant les scellés sur la pierre et en y plaçant la garde.

Glorieuse manifestation de
l'Ange du Seigneur
et première apparition de Jésus
ressuscité aux femmes.
Mc **16**, 1-8 ; Lc **24**, 1-11 ;
Jn **20**, 1-10

28 ¹ Après le sabbat, à l'heure où commençait le premier jour de la semaine,

Marie Madeleine et l'autre Marie vinrent faire leur visite au tombeau de Jésus. ²Et voilà qu'il y eut un grand tremblement de terre; l'ange du Seigneur descendit du ciel, vint rouler la pierre et s'assit dessus. ³Il avait l'aspect de l'éclair et son vêtement était blanc comme la neige. ⁴Les gardes, dans la crainte qu'ils éprouvèrent, furent bouleversés, et devinrent comme morts.

⁵Or l'ange, s'adressant aux femmes, leur dit: «Vous, soyez sans crainte! Je sais que vous cherchez Jésus le Crucifié. ⁶Il n'est pas ici, car il est ressuscité, comme il l'avait dit. Venez voir l'endroit où il reposait. ⁷Puis, vite, allez dire à ses disciples: 'Il est ressuscité d'entre les morts; il vous précède en Galilée: là, vous le verrez!' Voilà ce que j'avais à vous dire.» ⁸Vite, elles quittèrent le tombeau, tremblantes et toutes joyeuses, et elles coururent porter la nouvelle aux disciples.

⁹Et voici que Jésus vint à leur rencontre et leur dit: «Je vous salue.» Elles s'approchèrent et, lui saisissant les pieds, elles se prosternèrent devant lui. ¹⁰Alors Jésus leur dit: «Soyez sans crainte, allez annoncer à mes frères qu'ils doivent se rendre en Galilée: c'est là qu'ils me verront.»

Les chefs des prêtres lancent leur explication du tombeau vide.

¹¹Tandis qu'elles étaient en chemin, quelques-uns des hommes chargés de garder le tombeau allèrent en ville annoncer aux chefs des prêtres tout ce qui s'était passé. ¹²Ceux-ci, après s'être réunis avec les anciens et avoir tenu conseil, donnèrent aux soldats une forte somme ¹³en leur disant: «Voilà ce que vous raconterez: 'Ses disciples sont venus voler le corps, la nuit pendant que nous dormions.' ¹⁴Et si tout cela vient aux oreilles du gouverneur, nous lui expliquerons la chose, et nous vous éviterons tout ennui.» ¹⁵Les soldats prirent l'argent et suivirent la leçon. Et cette explication s'est propagée chez les Juifs jusqu'à ce jour.

En Galilée, Jésus ressuscité donne aux Onze leur mission universelle.

¹⁶Les onze disciples s'en allèrent en Galilée, à la montagne où Jésus leur avait ordonné de se rendre. ¹⁷Quand ils le virent, ils se prosternèrent, mais certains eurent des doutes. ¹⁸Jésus s'approcha d'eux et leur adressa ces paroles: «Tout pouvoir m'a été donné au ciel et sur la terre. ¹⁹Allez donc! De toutes les nations faites des disciples, baptisez-les au nom du Père, et du Fils, et du Saint-Esprit; ²⁰et apprenez-leur à garder tous les commandements que je vous ai donnés. Et moi, je suis avec vous tous les jours jusqu'à la fin du monde.»

ÉVANGILE
SELON
SAINT MARC

Introduction à l'Évangile de Jésus, Messie, Fils de Dieu.

Mt **3**, 1 – **4**, 17 ; Lc **3**, 1 – **4**, 14

1 ¹ Commencement de la Bonne Nouvelle de Jésus Christ, le Fils de Dieu.

² Il était écrit dans le livre du prophète Isaïe :

Voici que j'envoie mon messager devant toi,

pour préparer ta route.

³ *A travers le désert, une voix crie :*

Préparez le chemin du Seigneur,

aplanissez sa route.

⁴ Et Jean le Baptiste parut dans le désert. Il proclamait un baptême de conversion pour le pardon des péchés.

⁵ Toute la Judée, tout Jérusalem, venait à lui. Tous se faisaient baptiser par lui dans les eaux du Jourdain, en reconnaissant leurs péchés. ⁶ Jean était vêtu de poil de chameau, avec une ceinture de cuir autour des reins, et il se nourrissait de sauterelles et de miel sauvage. ⁷ Il proclamait : « Voici venir derrière moi celui qui est plus puissant que moi. Je ne suis pas digne de me courber à ses pieds pour défaire la courroie de ses sandales. ⁸ Moi, je vous ai baptisés dans l'eau ; lui vous baptisera dans l'Esprit Saint. »

⁹ Or, à cette époque, Jésus vint de Nazareth, ville de Galilée, et se fit baptiser par Jean dans le Jourdain. ¹⁰ Au moment où il sortait de l'eau, Jésus vit le ciel se déchirer et l'Esprit descendre sur lui comme une colombe. ¹¹ Du ciel une voix se fit entendre : « C'est toi mon Fils bien-aimé ; en toi j'ai mis tout mon amour. »

¹² Aussitôt l'Esprit pousse Jésus au désert. ¹³ Et dans le désert il resta quarante jours, tenté par Satan. Il vivait parmi les bêtes sauvages, et les anges le servaient.

¹⁴ Après l'arrestation de Jean Baptiste, Jésus partit pour la Galilée proclamer la Bonne Nouvelle de Dieu ; il disait : ¹⁵ « Les temps sont accomplis : le règne de Dieu est tout proche. Convertissez-vous et croyez à la Bonne Nouvelle. »

I – JÉSUS MESSIE

Les débuts du règne de Dieu

Appel des premiers disciples.

Mt **4**, 18-22

¹⁶ Passant au bord du lac de Galilée, il vit Simon et son frère André en train de jeter leurs filets : c'étaient des pêcheurs. ¹⁷ Jésus leur dit : « Venez derrière moi. Je ferai de vous des pêcheurs d'hommes. » ¹⁸ Aussitôt, laissant là leurs filets, ils le suivirent.

¹⁹ Un peu plus loin, Jésus vit Jacques, fils de Zébédée, et son frère Jean, qui étaient aussi dans leur barque et préparaient leurs filets. ²⁰ Jésus les appela aussitôt. Alors, laissant dans la barque leur père avec ses ouvriers, ils partirent derrière lui.

Jésus attire les foules par son enseignement, et par ses nombreuses guérisons.

Mt **8**, 1-4.14-17 ; **9**, 1-8 ;
Lc **4**, 31-44 ; **5**, 12-26

²¹ Jésus, accompagné de ses disciples, arrive à Capharnaüm. Aussitôt, le jour du sabbat, il se rendit à la synagogue, et là, il enseignait. ²² On était frappé par son enseignement, car il enseignait en homme qui a autorité, et non pas comme les scribes.

²³ Or, il y avait dans leur synagogue un homme tourmenté par un esprit mauvais, qui se mit à crier : ²⁴ « Que nous veux-tu, Jésus de Nazareth ? Es-tu venu pour nous perdre ? Je sais fort bien qui tu es : le Saint, le Saint de Dieu. » ²⁵ Jésus l'interpella vivement : « Silence ! Sors de cet homme. » ²⁶ L'esprit mauvais le secoua avec violence et sortit de lui en poussant un grand cri. ²⁷ Saisis de frayeur, tous s'interrogeaient : « Qu'est-ce que cela veut dire ? Voilà un enseignement nouveau, proclamé avec autorité ! Il commande même aux esprits mauvais, et ils lui obéissent. » ²⁸ Dès lors, sa renommée se répandit dans toute la région de la Galilée.

²⁹ En quittant la synagogue, Jésus, accompagné de Jacques et de Jean, alla chez Simon et André. ³⁰ Or, la belle-mère de Simon était au lit avec de la fièvre. Sans plus attendre, on parle à Jésus de la malade. ³¹ Jésus s'approcha d'elle, la prit par la main, et il la fit lever. La fièvre la quitta, et elle les servait.

³² Le soir venu, après le coucher du soleil, on lui amenait tous les malades, et ceux qui étaient possédés par des esprits mauvais. ³³ La ville entière se pressait à la porte. ³⁴ Il guérit toutes sortes de malades, il chassa beaucoup d'esprits mauvais et il les empêchait de parler, parce qu'ils savaient, eux, qui il était.

³⁵ Le lendemain, bien avant l'aube, Jésus se leva. Il sortit et alla dans un endroit désert, et là il priait. ³⁶ Simon et ses com-

pagnons se mirent à sa recherche. ³⁷Quand ils l'ont trouvé, ils lui disent : « Tout le monde te cherche. »³⁸Mais Jésus leur répond : « Partons ailleurs, dans les villages voisins, afin que là aussi je proclame la Bonne Nouvelle ; car c'est pour cela que je suis sorti. »

³⁹Il parcourut donc toute la Galilée, proclamant la Bonne Nouvelle dans leurs synagogues, et chassant les esprits mauvais.

⁴⁰Un lépreux vient trouver Jésus ; il tombe à ses genoux et le supplie : « Si tu le veux, tu peux me purifier. » ⁴¹Pris de pitié devant cet homme, Jésus étendit la main, le toucha et lui dit : « Je le veux, sois purifié. » ⁴²A l'instant même, sa lèpre le quitta et il fut purifié. ⁴³Aussitôt Jésus le renvoya avec cet avertissement sévère : ⁴⁴« Attention, ne dis rien à personne, mais va te montrer au prêtre. Et donne pour ta purification ce que Moïse prescrit dans la Loi : ta guérison sera pour les gens un témoignage. » ⁴⁵Une fois parti, cet homme se mit à proclamer et à répandre la nouvelle, de sorte qu'il n'était plus possible à Jésus d'entrer ouvertement dans une ville. Il était obligé d'éviter les lieux habités, mais de partout on venait à lui.

2 ¹Jésus était de retour à Capharnaüm, et la nouvelle se répandit qu'il était à la maison. ²Tant de monde s'y rassembla qu'il n'y avait plus de place, même devant la porte. Il leur annonçait la Parole. ³Arrivent des gens qui lui amènent un paralysé, porté par quatre hommes. ⁴Comme ils ne peuvent l'approcher à cause de la foule, ils découvrent le toit au-dessus de lui, font une ouverture, et descendent le brancard sur lequel était couché le paralysé. ⁵Voyant leur foi, Jésus dit au paralysé : « Mon fils, tes péchés sont pardonnés. »

⁶Or, il y avait dans l'assistance quelques scribes qui raisonnaient en eux-mêmes : ⁷« Pourquoi cet homme parle-t-il ainsi ? Il blasphème. Qui donc peut pardonner les péchés, sinon Dieu seul ? » ⁸Saisissant aussitôt dans son esprit les raisonnements qu'ils faisaient, Jésus leur dit : « Pourquoi tenir de tels raisonnements ? ⁹Qu'est-ce qui est le plus facile ? de dire au paralysé : 'Tes péchés sont pardonnés', ou bien de dire : 'Lève-toi, prends ton brancard et marche' ? ¹⁰Eh bien ! Pour que vous sachiez que le Fils de l'homme a le pouvoir de pardonner les péchés sur la terre, ¹¹je te l'ordonne, dit-il au paralysé : Lève-toi, prends ton brancard et rentre chez toi. » ¹²L'homme se leva, prit aussitôt son brancard, et sortit devant tout le monde. Tous étaient stupéfaits et rendaient gloire à Dieu, en disant : « Nous n'avons jamais rien vu de pareil. »

Appel du publicain.

Mt **9**, 9 ; Lc **5**, 27-28

¹³ Jésus sortit de nouveau sur le rivage du lac ; toute la foule venait à lui, et il les instruisait. ¹⁴ En passant, il aperçut Lévi, fils d'Alphée, assis à son bureau de publicain (collecteur d'impôts). Il lui dit : « Suis-moi. » L'homme se leva et le suivit.

A quatre reprises, Jésus répond aux critiques des pharisiens.

Mt **9**, 10-17 ; **12**, 1-14 ;
Lc **5**, 29 – **6**,11

¹⁵ Comme Jésus était à table dans sa maison, beaucoup de publicains et de pécheurs vinrent prendre place avec Jésus et ses disciples, car il y avait beaucoup de monde. ¹⁶ Même les scribes du parti des pharisiens le suivaient aussi, et, voyant qu'il mangeait avec les pécheurs et les publicains, ils disaient à ses disciples : « Il mange avec les publicains et les pécheurs ! » ¹⁷ Jésus, qui avait entendu, leur déclara : « Ce ne sont pas les gens bien portants qui ont besoin du médecin, mais les malades. Je suis venu appeler non pas les justes, mais les pécheurs. »

¹⁸ Comme les disciples de Jean Baptiste et les pharisiens jeûnaient, on vient demander à Jésus : « Pourquoi tes disciples ne jeûnent-ils pas, comme les disciples de Jean et ceux des pharisiens ? » ¹⁹ Jésus répond : « Les invités de la noce pourraient-ils donc jeûner, pendant que l'Époux est avec eux ? Tant qu'ils ont l'Époux avec eux, ils ne peuvent pas jeûner. ²⁰ Mais un temps viendra où l'Époux leur sera enlevé : ce jour-là ils jeûneront.

²¹ Personne ne raccommode un vieux vêtement avec une pièce d'étoffe neuve ; autrement la pièce neuve tire sur le vieux tissu et le déchire davantage. ²² Ou encore, personne ne met du vin nouveau dans de vieilles outres ; autrement la fermentation fait éclater les outres, et l'on perd à la fois le vin et les outres. A vin nouveau, outres neuves. »

²³ Un jour de sabbat, Jésus marchait à travers les champs de blé ; et ses disciples, chemin faisant, se mirent à arracher des épis. ²⁴ Les pharisiens lui disaient : « Regarde ce qu'ils font le jour du sabbat ! Cela n'est pas permis. » ²⁵ Jésus leur répond : « N'avez-vous jamais lu ce que fit David, lorsqu'il fut dans le besoin et qu'il eut faim, lui et ses compagnons ? ²⁶ Au temps du grand prêtre Abiathar, il entra dans la maison de Dieu et mangea les pains de l'offrande que seuls les prêtres peuvent manger, et il en donna aussi à ses compagnons. » ²⁷ Il leur disait encore : « Le sabbat a été fait pour l'homme, et non pas l'homme pour le sabbat. ²⁸ Voilà pourquoi le Fils de l'homme est maître, même du sabbat. »

3 ¹ Une autre fois, Jésus entra dans une synagogue ; il y avait là un homme dont la main était paralysée. ²On observait Jésus pour voir s'il le guérirait le jour du sabbat; on pourrait ainsi l'accuser. ³Il dit à l'homme qui avait la main paralysée: «Viens te mettre là devant tout le monde.» Et s'adressant aux autres: ⁴«Est-il permis, le jour du sabbat, de faire le bien, ou de faire le mal? de sauver une vie, ou de tuer?» Mais ils se taisaient. ⁵Alors, promenant sur eux un regard de colère, navré de l'endurcissement de leurs cœurs, il dit à l'homme: «Étends ta main.» Il l'étendit, sa main redevint normale. ⁶Une fois sortis, les pharisiens se réunirent avec les partisans d'Hérode contre Jésus, pour voir comment le faire périr.

La mission des Douze et la mission de Jésus

Jésus, ses disciples et la foule au bord du lac.
Mt 4, 25; 12, 15-16;
Lc 6, 17-19

⁷Jésus se retira avec ses disciples au bord du lac; et beaucoup de gens, venus de la Galilée, le suivirent; ⁸et aussi beaucoup de gens de Judée, de Jérusalem, d'Idumée, de Transjordanie, et de la région de Tyr et de Sidon avaient appris tout ce qu'il faisait, et ils vinrent à lui. ⁹Il dit à ses disciples de tenir une barque à sa disposition pour qu'il ne soit pas écrasé par la foule.

¹⁰Car il avait fait beaucoup de guérisons, si bien que tous ceux qui souffraient de quelque mal se précipitaient sur lui pour le toucher. ¹¹Et lorsque les esprits mauvais le voyaient, ils se prosternaient devant lui et criaient: «Tu es le Fils de Dieu!» ¹²Mais il leur défendait vivement de le faire connaître.

Choix des Douze.
Mt 10, 1-4; Lc 6, 12-16

¹³Jésus gravit la montagne, et il appela ceux qu'il voulait. Ils vinrent auprès de lui, ¹⁴et il en institua douze pour qu'ils soient avec lui, et pour les envoyer prêcher ¹⁵avec le pouvoir de chasser les esprits mauvais. ¹⁶Donc, il institua les Douze: Pierre (c'est le nom qu'il donna à Simon), ¹⁷Jacques, fils de Zébédée, et Jean, le frère de Jacques (il leur donna le nom de «Boanerguès», c'est-à-dire: «Fils du tonnerre»), ¹⁸André, Philippe, Barthélemy, Matthieu, Thomas, Jacques fils d'Alphée, Thaddée, Simon le Zélote, ¹⁹et Judas Iscariote, celui-là même qui le livra.

Incompris par les siens, calomnié par les scribes, Jésus reconnaît dans les disciples sa vraie famille.
Mt 12, 24-32.46-50;
Lc 11, 15-23; 12, 10

²⁰Jésus entre dans une maison, où de nouveau la foule se rassemble, si bien qu'il n'était pas possible de manger. ²¹Sa

famille, l'apprenant, vint pour se saisir de lui, car ils affirmaient : « Il a perdu la tête. »

²² Les scribes, qui étaient descendus de Jérusalem, disaient : « Il est possédé par Béelzéboul ; c'est par le chef des démons qu'il expulse les démons. » ²³ Les appelant près de lui, Jésus disait en parabole : « Comment Satan peut-il expulser Satan ? ²⁴ Si un royaume se divise, ce royaume ne peut pas tenir. ²⁵ Si une famille se divise, cette famille ne pourra pas tenir. ²⁶ Si Satan s'est dressé contre lui-même, s'il s'est divisé, il ne peut pas tenir ; c'en est fini de lui. ²⁷ Mais personne ne peut entrer dans la maison d'un homme fort et piller ses biens, s'il ne l'a d'abord ligoté. Alors seulement il pillera sa maison. ²⁸ Amen, je vous le dis : Dieu pardonnera tout aux enfants des hommes, tous les péchés et tous les blasphèmes qu'ils auront faits. ²⁹ Mais si quelqu'un blasphème contre l'Esprit Saint, il n'obtiendra jamais le pardon. Il est coupable d'un péché pour toujours. » ³⁰ Jésus parla ainsi parce qu'ils avaient dit : « Il est possédé par un esprit impur. »

³¹ Alors arrivent sa mère et ses frères. Restant au-dehors, ils le font demander. ³² Beaucoup de gens étaient assis autour de lui ; et on lui dit : « Ta mère et tes frères sont là dehors, qui te cherchent. » ³³ Mais il leur répond : « Qui est ma mère ? qui sont mes frères ? » ³⁴ Et parcourant du regard ceux qui étaient assis en cercle autour de lui, il dit : « Voici ma mère et mes frères. ³⁵ Celui qui fait la volonté de Dieu, celui-là est mon frère, ma sœur, ma mère. »

Jésus annonce en paraboles le mystère du Royaume de Dieu.

Mt **13**, 1-23.31-35 ; **5**, 15 ; Lc **8**, 4-18 ; **11**, 33 ; **13**, 18-19

4 ¹ Jésus s'est mis une fois de plus à enseigner au bord du lac, et une foule très nombreuse se rassemble auprès de lui, si bien qu'il monte dans une barque où il s'assoit. Il était sur le lac et toute la foule était au bord du lac, sur le rivage. ² Il leur enseignait beaucoup de choses en paraboles, et il leur disait, dans son enseignement : ³ « Écoutez ! Voici que le semeur est sorti pour semer. ⁴ Comme il semait, il est arrivé que du grain est tombé au bord du chemin, et les oiseaux sont venus et ils ont tout mangé. ⁵ Du grain est tombé aussi sur du sol pierreux, où il n'avait pas beaucoup de terre ; il a levé aussitôt, parce que la terre était peu profonde ; ⁶ et lorsque le soleil s'est levé, ce grain a brûlé et, faute de racines, il a séché. ⁷ Du grain est tombé aussi dans les ronces, les ronces ont poussé, l'ont étouffé, et il n'a pas donné de fruit. ⁸ Mais d'autres grains sont tombés sur la bonne terre ; ils ont donné du fruit en poussant et en se développant, et ils ont produit trente, soixante, cent pour un. » ⁹ Et Jésus disait : « Celui qui a des oreilles pour entendre, qu'il entende ! »

¹⁰ Quand il resta seul, ses compagnons, ainsi que les Douze, l'interrogeaient sur les paraboles. ¹¹ Il leur disait : « C'est à vous qu'est donné le mystère du royaume de Dieu ; mais à ceux qui sont dehors, tout se présente sous l'énigme des paraboles, ¹² afin que se réalise la prophétie :

Ils pourront bien regarder de tous leurs yeux,
mais ils ne verront pas ;
ils pourront bien écouter de toutes leurs oreilles,
mais ils ne comprendront pas ;
sinon ils se convertiraient et recevraient le pardon. »

¹³ Il leur dit encore : « Vous ne saisissez pas cette parabole ? Alors, comment comprendrez-vous toutes les paraboles ? ¹⁴ Le semeur sème la Parole. ¹⁵ Ceux qui sont au bord du chemin où la Parole est semée, quand ils l'entendent, Satan survient aussitôt et enlève la Parole semée en eux. ¹⁶ Et de même, ceux qui ont reçu la semence dans les endroits pierreux : ceux-là, quand ils entendent la Parole, ils la reçoivent aussitôt avec joie ; ¹⁷ mais ils n'ont pas en eux de racine, ce sont les hommes d'un moment ; quand vient la détresse ou la persécution à cause de la Parole, ils tombent aussitôt. ¹⁸ Et il y en a d'autres qui ont reçu la semence dans les ronces : ceux-ci entendent la Parole, ¹⁹ mais les soucis du monde, les séductions de la richesse et tous les autres désirs les envahissent et étouffent la Parole, qui ne donne pas de fruit. ²⁰ Et il y a ceux qui ont reçu la semence dans la bonne terre : ceux-là entendent la Parole, l'accueillent, et ils portent du fruit : trente, soixante, cent pour un. »

²¹ Jésus disait encore : « Est-ce que la lampe vient pour être mise sous le boisseau ou sous le lit ? N'est-ce pas pour être mise sur le lampadaire ? ²² Car rien n'est caché, sinon pour être manifesté ; rien n'a été gardé secret, sinon pour venir au grand jour. ²³ Si quelqu'un a des oreilles pour entendre, qu'il entende ! »

²⁴ Il leur disait encore : « Faites attention à ce que vous entendez ! La mesure dont vous vous servez servira aussi pour vous, et vous aurez encore plus. ²⁵ Car celui qui a recevra encore ; mais celui qui n'a rien se fera enlever même ce qu'il a. »

²⁶ Il disait : « Il en est du règne de Dieu comme d'un homme qui jette le grain dans son champ : ²⁷ nuit et jour, qu'il dorme ou qu'il se lève, la semence germe et grandit, il ne sait comment. ²⁸ D'elle-même, la terre produit d'abord l'herbe, puis l'épi, enfin du blé plein l'épi. ²⁹ Et dès que le

grain le permet, on y met la faucille, car c'est le temps de la moisson.»

³⁰ Il disait encore : «A quoi pouvons-nous comparer le règne de Dieu ? Par quelle parabole allons-nous le représenter ? ³¹ Il est comme une graine de moutarde : quand on la sème en terre, elle est la plus petite de toutes les semences du monde. ³² Mais quand on l'a semée, elle grandit et dépasse toutes les plantes potagères ; et elle étend de longues branches, si bien que les oiseaux du ciel peuvent faire leur nid à son ombre.»

³³ Par de nombreuses paraboles semblables, Jésus leur annonçait la Parole, dans la mesure où ils étaient capables de la comprendre. ³⁴ Il ne leur disait rien sans employer de paraboles, mais en particulier, il expliquait tout à ses disciples.

Quatre récits de miracles où apparaît le caractère décisif de la foi.
Mt **8**, 18-34 ; **9**, 18-26 ;
Lc **8**, 22-56

³⁵ Ce jour-là, le soir venu, il dit à ses disciples : «Passons sur l'autre rive.» ³⁶ Quittant la foule, ils emmènent Jésus dans la barque, comme il était ; et d'autres barques le suivaient. ³⁷ Survient une violente tempête. Les vagues se jetaient sur la barque, si bien que déjà elle se remplissait d'eau. ³⁸ Lui dormait sur le coussin à l'arrière.

Ses compagnons le réveillent et lui crient : «Maître, nous sommes perdus ; cela ne te fait rien ?» ³⁹ Réveillé, il interpelle le vent avec vivacité et dit à la mer : «Silence, tais-toi !» Le vent tomba, et il se fit un grand calme. ⁴⁰ Jésus leur dit : « Pourquoi avoir peur ? Comment se fait-il que vous n'ayez pas la foi ?» ⁴¹ Saisis d'une grande crainte, ils se disaient entre eux : «Qui est-il donc, pour que même le vent et la mer lui obéissent ?»

5 ¹ Ils arrivèrent sur l'autre rive du lac, dans le pays des Géraséniens. ² Comme Jésus descendait de la barque, aussitôt un homme possédé d'un esprit mauvais sortit du cimetière à sa rencontre ; ³ il habitait dans les tombeaux et personne ne pouvait plus l'attacher, même avec une chaîne ; ⁴ en effet, il avait souvent attaché avec des fers aux pieds et des chaînes, mais il avait rompu les chaînes, brisé les fers, et personne ne pouvait le maîtriser. ⁵ Sans arrêt, nuit et jour, il était parmi les tombeaux et sur les collines, à crier, et à se blesser avec des pierres.

⁶ Voyant Jésus de loin, il accourut, se prosterna devant lui et cria de toutes ses forces : ⁷ «Que me veux-tu, Jésus, Fils du Dieu très-haut ? Je t'adjure par Dieu, ne me fais pas souffrir !» ⁸ Jésus lui disait en effet : «Esprit mauvais, sors de cet homme !» ⁹ Et il lui demandait : «Quel est ton nom ?»

L'homme lui répond : « Je m'appelle Légion, car nous sommes beaucoup. » [10] Et ils suppliaient Jésus avec insistance de ne pas les chasser en dehors du pays. [11] Or, il y avait là, du côté de la colline, un grand troupeau de porcs qui cherchait sa nourriture. [12] Alors, les esprits mauvais supplièrent Jésus : « Envoie-nous vers ces porcs, et nous entrerons en eux. » [13] Il le leur permit. Alors ils sortirent de l'homme et entrèrent dans les porcs. Du haut de la falaise, le troupeau se précipita dans la mer : il y avait environ deux mille porcs, et ils s'étouffaient dans la mer.

[14] Ceux qui les gardaient prirent la fuite, ils annoncèrent la nouvelle dans la ville et dans la campagne, et les gens vinrent voir ce qui s'était passé. [15] Arrivés auprès de Jésus, ils voient le possédé assis, habillé, et devenu raisonnable, lui qui avait eu la légion de démons, et ils furent saisis de crainte. [16] Les témoins leur racontèrent l'aventure du possédé et l'affaire des porcs. [17] Alors ils se mirent à supplier Jésus de partir de leur région.

[18] Comme Jésus remontait dans la barque, le possédé le suppliait de pouvoir être avec lui. [19] Il n'y consentit pas, mais il lui dit : « Rentre chez toi, auprès des tiens, annonce-leur tout ce que le Seigneur a fait pour toi dans sa miséricorde. » [20] Alors cet homme s'en alla, il se mit à proclamer dans la région de la Décapole tout ce que Jésus avait fait pour lui, et tout le monde était dans l'admiration.

[21] Jésus regagna en barque l'autre rive, et une grande foule s'assembla autour de lui. Il était au bord du lac. [22] Arrive un chef de synagogue, nommé Jaïre. Voyant Jésus, il tombe à ses pieds [23] et le supplie instamment : « Ma petite fille est à toute extrémité. Viens lui imposer les mains pour qu'elle soit sauvée et qu'elle vive. » [24] Jésus partit avec lui, et la foule qui le suivait était si nombreuse qu'elle l'écrasait.

[25] Or, une femme, qui avait des pertes de sang depuis douze ans... – [26] elle avait beaucoup souffert du traitement de nombreux médecins, et elle avait dépensé tous ses biens sans aucune amélioration ; au contraire, son état avait plutôt empiré –... [27] cette femme donc, ayant appris ce qu'on disait de Jésus, vint par derrière dans la foule et toucha son vêtement. [28] Car elle se disait : « Si je parviens à toucher seulement son vêtement, je serai sauvée. » [29] A l'instant, l'hémorragie s'arrêta, et elle ressentit dans son corps qu'elle était guérie de son mal. [30] Aussitôt Jésus se rendit compte qu'une force était sortie de lui. Il se retourna dans la foule, et il demandait : « Qui a touché mes vêtements ? » [31] Ses disciples lui répondaient : « Tu

vois bien la foule qui t'écrase, et tu demandes : 'Qui m'a touché ?' » ³²Mais lui regardait tout autour pour voir celle qui avait fait ce geste. ³³Alors la femme, craintive et tremblante, sachant ce qui lui était arrivé, vint se jeter à ses pieds et lui dit toute la vérité. ³⁴Mais Jésus reprit : « Ma fille, ta foi t'a sauvée. Va en paix et sois guérie de ton mal. »

³⁵Comme il parlait encore, des gens arrivent de la maison de Jaïre pour annoncer à celui-ci : « Ta fille vient de mourir. A quoi bon déranger encore le Maître ? » ³⁶Jésus, surprenant ces mots, dit au chef de la synagogue : « Ne crains pas, crois seulement. » ³⁷Il ne laissa personne l'accompagner, sinon Pierre, Jacques, et Jean son frère. ³⁸Ils arrivent à la maison du chef de synagogue. Jésus voit l'agitation, et des gens qui pleurent et poussent de grands cris. ³⁹Il entre et leur dit : « Pourquoi cette agitation et ces pleurs ? L'enfant n'est pas morte : elle dort. » ⁴⁰Mais on se moquait de lui. Alors il met tout le monde dehors, prend avec lui le père et la mère de l'enfant, et ceux qui l'accompagnent. Puis il pénètre là où reposait la jeune fille. ⁴¹Il saisit la main de l'enfant, et lui dit : « Talitha koum », ce qui signifie : « Jeune fille, je te le dis, lève-toi ! » ⁴²Aussitôt la jeune fille se leva et se mit à marcher – elle avait douze ans. Ils en furent complètement bouleversés. ⁴³Mais Jésus leur

recommanda avec insistance que personne ne le sache ; puis il leur dit de la faire manger.

Incompris par les gens de Nazareth, Jésus ne peut pas faire de miracle à cause de leur manque de foi.

Mt 13, 54-58 ; Lc 4, 16-24

6 ¹Jésus est parti pour son pays, et ses disciples le suivent. ²Le jour du sabbat, il se mit à enseigner dans la synagogue. Les nombreux auditeurs, frappés d'étonnement, disaient : « D'où cela lui vient-il ? Quelle est cette sagesse qui lui a été donnée, et ces grands miracles qui se réalisent par ses mains ? ³N'est-il pas le charpentier, le fils de Marie, et le frère de Jacques, de José, de Jude et de Simon ? Ses sœurs ne sont-elles pas ici chez nous ? » Et ils étaient profondément choqués à cause de lui. ⁴Jésus leur disait : « Un prophète n'est méprisé que dans son pays, sa famille et sa propre maison. » ⁵Et là il ne pouvait accomplir aucun miracle ; il guérit seulement quelques malades en leur imposant les mains. ⁶Il s'étonna de leur manque de foi. Alors il parcourait les villages d'alentour en enseignant.

Envoi des Douze continuant la mission de Jésus.

Mt 10, 1.5-14 ; Lc 9, 1-6

⁷Jésus appelle les Douze, et pour la première fois il les envoie deux par deux. Il leur

donnait pouvoir sur les esprits mauvais, [8] et il leur prescrivit de ne rien emporter pour la route, si ce n'est un bâton ; de n'avoir ni pain, ni sac, ni pièces de monnaie dans leur ceinture. [9] « Mettez des sandales, ne prenez pas de tunique de rechange. » [10] Il leur disait encore : « Quand vous avez trouvé l'hospitalité dans une maison, restez-y jusqu'à votre départ. [11] Si, dans une localité, on refuse de vous accueillir et de vous écouter, partez en secouant la poussière de vos pieds : ce sera pour eux un témoignage. » [12] Ils partirent, et proclamèrent qu'il fallait se convertir. [13] Ils chassaient beaucoup de démons, faisaient des onctions d'huile à de nombreux malades, et les guérissaient.

Qui est Jésus ?

Hérode s'inquiète des questions posées sur l'identité de Jésus.

Mt **14**, 1-2 ; Lc **9**, 7-9

[14] Comme le nom de Jésus devenait célèbre, le roi Hérode en entendit parler. On disait : « C'est Jean le Baptiste qui est ressuscité d'entre les morts, et voilà pourquoi il a le pouvoir de faire des miracles. » [15] Certains disaient : « C'est le prophète Élie. » D'autres disaient encore : « C'est un prophète comme ceux de jadis. » [16] Hérode entendait ces propos et disait : « Celui que j'ai fait décapiter, Jean, le voilà ressuscité ! »

Retour en arrière : comment Hérode a fait exécuter Jean Baptiste.

Mt **14**, 3-12 ; Lc **3**, 19-20

[17] Car c'était lui, Hérode, qui avait fait arrêter Jean et l'avait mis en prison. En effet, il avait épousé Hérodiade, la femme de son frère Philippe, [18] et Jean lui disait : « Tu n'as pas le droit de prendre la femme de ton frère. » [19] Hérodiade en voulait donc à Jean, et elle cherchait à le faire mettre à mort. Mais elle n'y arrivait pas [20] parce que Hérode avait peur de Jean : il savait que c'était un homme juste et saint, et il le protégeait ; quand il l'avait entendu, il était très embarrassé, et pourtant, il aimait l'entendre.

[21] Cependant, une occasion favorable se présenta lorsque Hérode, pour son anniversaire, donna un banquet à ses dignitaires, aux chefs de l'armée et aux notables de la Galilée. [22] La fille d'Hérodiade fit son entrée et dansa. Elle plut à Hérode et à ses convives. Le roi dit à la jeune fille : « Demande-moi tout ce que tu veux, je te le donnerai. » [23] Et il lui fit ce serment : « Tout ce que tu me demanderas, je te le donnerai, même si c'est la moitié de mon royaume. » [24] Elle sortit alors pour dire à sa mère : « Qu'est-ce que je vais demander ? » Hérodiade répondit : « La tête de Jean le Baptiste. » [25] Aussitôt la jeune fille s'empressa de retourner auprès du roi, et lui fit cette demande : « Je veux que tout de

suite tu me donnes sur un plat la tête de Jean Baptiste.» ²⁶Le roi fut vivement contrarié; mais à cause du serment fait devant les convives, il ne voulut pas lui opposer un refus. ²⁷Aussitôt il envoya un garde avec l'ordre d'apporter la tête de Jean. Le garde s'en alla, et le décapita dans la prison. ²⁸Il apporta ¹a tête sur un plat, la donna à la jeune fille, et la jeune fille la donna à sa mère. ²⁹Lorsque les disciples de Jean apprirent cela, ils vinrent prendre son corps et le déposèrent dans un tombeau.

Jésus retrouve les Apôtres à leur retour de mission.
Mt **14,** 13; Lc **9,** 10-11

³⁰Les Apôtres se réunissent auprès de Jésus, et lui rapportent tout ce qu'ils ont fait et enseigné. ³¹Il leur dit: «Venez à l'écart dans un endroit désert, et reposez-vous un peu.» De fait, les arrivants et les partants étaient si nombreux qu'on n'avait même pas le temps de manger. ³²Ils partirent donc dans la barque pour un endroit désert, à l'écart. ³³Les gens les virent s'éloigner, et beaucoup les reconnurent. Alors, à pied, de toutes les villes, ils coururent là-bas et arrivèrent avant eux.

Première multiplication des pains et marche sur les eaux.
Mt **14,** 14-33; Lc **9,** 12-17;
Jn **6,** 1-21

³⁴En débarquant, Jésus vit une grande foule. Il fut saisi de pitié envers eux, parce qu'ils étaient comme des brebis sans berger. Alors, il se mit à les instruire longuement.

³⁵Déjà l'heure était avancée; ses disciples s'étaient approchés et lui disaient: «L'endroit est désert et il est déjà tard. ³⁶Renvoie-les, qu'ils aillent dans les fermes et les villages des environs s'acheter de quoi manger.» Il leur répondit: ³⁷«Donnez-leur vous-mêmes à manger.» Ils répliquent: «Allons-nous dépenser le salaire de deux cents journées pour acheter du pain et leur donner à manger?» ³⁸Jésus leur demande: «Combien avez-vous de pains? Allez voir.» S'étant informés, ils lui disent: «Cinq, et deux poissons.» ³⁹Il leur ordonna de les faire tous asseoir par groupes sur l'herbe verte. ⁴⁰Ils s'assirent en rond par groupes de cent et de cinquante. ⁴¹Jésus prit les cinq pains et les deux poissons, et, levant les yeux au ciel, il prononça la bénédiction, rompit les pains, et il les donnait aux disciples pour qu'ils les distribuent. Il partagea aussi les deux poissons entre eux tous. ⁴²Tous mangèrent à leur faim. ⁴³Et l'on ramassa douze paniers pleins de morceaux de pain et de poisson. ⁴⁴Ceux qui avaient mangé les pains étaient au nombre de cinq mille hommes.

⁴⁵Aussitôt après, Jésus obligea ses disciples à monter dans

la barque et à le précéder sur l'autre rive, vers Bethsaïde, pendant que lui-même renvoyait la foule. ⁴⁶Quand il les eut congédiés, il s'en alla sur la montagne pour prier. ⁴⁷Le soir venu, la barque était au milieu de la mer et lui, tout seul, à terre. ⁴⁸Voyant qu'ils se débattaient avec les rames, car le vent leur était contraire, il vient à eux vers la fin de la nuit en marchant sur la mer, et il allait les dépasser. ⁴⁹En le voyant marcher sur la mer, les disciples crurent que c'était un fantôme et ils se mirent à pousser des cris, ⁵⁰car tous l'avaient vu et ils étaient bouleversés. Mais aussitôt Jésus leur parla : « Confiance ! c'est moi ; n'ayez pas peur ! » ⁵¹Il monta ensuite avec eux dans la barque et le vent tomba ; et en eux-mêmes ils étaient complètement bouleversés de stupeur, ⁵²car ils n'avaient pas compris la signification du miracle des pains : leur cœur était aveuglé.

Jésus guérit tous les malades qui viennent à lui.

Mt **14**, 34-36

⁵³Ayant traversé le lac, ils abordèrent à Génésareth et accostèrent. ⁵⁴Ils sortirent de la barque, et aussitôt les gens reconnurent Jésus : ⁵⁵ils parcoururent toute la région, et se mirent à transporter les malades sur des brancards là où l'on apprenait sa présence. ⁵⁶Et dans tous les endroits où il était, dans les villages, les villes ou les champs, on déposait les infirmes sur les places. Ils le suppliaient de leur laisser toucher ne serait-ce que la frange de son manteau. Et tous ceux qui la touchèrent étaient sauvés.

Conflit avec les pharisiens sur la Loi et la véritable pureté.

Mt **15**, 1-20

7¹Les pharisiens et quelques scribes étaient venus de Jérusalem. Ils se réunissent autour de Jésus, ²et voient quelques-uns de ses disciples prendre leur repas avec des mains impures, c'est-à-dire non lavées. – ³Les pharisiens en effet, comme tous les Juifs, se lavent toujours soigneusement les mains avant de manger, fidèles à la tradition des anciens ; ⁴et au retour du marché, ils ne mangent pas avant de s'être aspergés d'eau, et ils sont attachés encore par tradition à beaucoup d'autres pratiques : lavage de coupes, de cruches et de plats. – ⁵Alors les pharisiens et les scribes demandent à Jésus : « Pourquoi tes disciples ne suivent-ils pas la tradition des anciens ? Ils prennent leurs repas sans s'être lavé les mains. »⁶Jésus leur répond : « Isaïe a fait une bonne prophétie sur vous, hypocrites, dans ce passage de l'Écriture :

Ce peuple m'honore des lèvres, mais son cœur est loin de moi.
⁷*Il est inutile, le culte qu'ils me rendent ;*

les doctrines qu'ils enseignent ne sont que des préceptes humains.

⁸ Vous laissez de côté le commandement de Dieu pour vous attacher à la tradition des hommes. »

⁹ Il leur disait encore : « Vous rejetez bel et bien le commandement de Dieu pour observer votre tradition. ¹⁰ En effet, Moïse a dit : *Honore ton père et ta mère.* Et encore : *Celui qui maudit son père ou sa mère sera mis à mort.* ¹¹ Et vous, vous dites : 'Supposons qu'un homme déclare à son père ou à sa mère : Les ressources qui m'auraient permis de t'aider sont *corbane,* c'est-à-dire offrande sacrée.' ¹² Vous l'autorisez à ne plus rien faire pour son père ou sa mère, ¹³ et vous annulez la parole de Dieu par la tradition que vous transmettez. Et vous faites beaucoup de choses du même genre. »

¹⁴ Il appela de nouveau la foule et lui dit : « Écoutez-moi tous, et comprenez bien. ¹⁵ Rien de ce qui est extérieur à l'homme et qui pénètre en lui ne peut le rendre impur. Mais ce qui sort de l'homme, voilà ce qui rend l'homme impur. »

¹⁷ Quand il eut quitté la foule pour rentrer à la maison, ses disciples l'interrogeaient sur cette parole énigmatique. ¹⁸ Alors il leur dit : « Ainsi, vous aussi, vous êtes incapables de comprendre ? Ne voyez-vous pas que tout ce qui entre dans l'homme, en venant du dehors, ne peut pas le rendre impur, ¹⁹ parce que cela n'entre pas dans son cœur, mais dans son ventre, pour être éliminé ? » C'est ainsi que Jésus déclarait purs tous les aliments.

²⁰ Il leur dit encore : « Ce qui sort de l'homme, c'est cela qui le rend impur. ²¹ Car c'est du dedans, du cœur de l'homme, que sortent les pensées perverses : inconduite, vols, meurtres, ²² adultères, cupidités, méchancetés, fraude, débauche, envie, diffamation, orgueil et démesure. ²³ Tout ce mal vient du dedans, et rend l'homme impur. »

Guérison de la fille d'une païenne.
Mt 15, 21-28

²⁴ En partant de là, Jésus se rendit dans la région de Tyr. Il était entré dans une maison, et il voulait que personne ne sache qu'il était là ; mais il ne réussit pas à se cacher. ²⁵ En effet, la mère d'une petite fille possédée par un esprit mauvais avait appris sa présence, et aussitôt elle vint se jeter à ses pieds. ²⁶ Cette femme était païenne, de nationalité syrophénicienne, et elle lui demandait d'expulser le démon hors de sa fille. ²⁷ Il lui dit : « Laisse d'abord les enfants manger à leur faim, car il n'est pas bien de prendre le pain des enfants pour le donner aux petits chiens. » ²⁸ Mais elle lui répliqua : « C'est vrai, Seigneur, mais les petits chiens, sous la table, mangent les miettes des

petits enfants. » Alors il lui dit : ²⁹« A cause de cette parole, va : le démon est sorti de ta fille. » ³⁰Elle rentra à la maison, et elle trouva l'enfant étendue sur le lit : le démon était sorti d'elle.

Jésus fait entendre les sourds et parler les muets.

³¹Jésus quitta la région de Tyr ; passant par Sidon, il prit la direction du lac de Galilée et alla en plein territoire de la Décapole. ³²On lui amène un sourd-muet, et on le prie de poser la main sur lui. ³³Jésus l'emmena à l'écart, loin de la foule, lui mit les doigts dans les oreilles, et, prenant de la salive, lui toucha la langue. ³⁴Puis, les yeux levés au ciel, il soupira et lui dit : *« Effata ! »*, c'est-à-dire : *« Ouvre-toi ! »* ³⁵Ses oreilles s'ouvrirent ; aussitôt sa langue se délia, et il parlait correctement. ³⁶Alors Jésus leur recommanda de n'en rien dire à personne ; mais plus il le leur recommandait, plus ils le proclamaient. ³⁷Très vivement frappés, ils disaient : « Tout ce qu'il fait est admirable : il fait entendre les sourds et parler les muets. »

Seconde multiplication des pains.
Mt 15, 32-39

8 ¹En ces jours-là, comme il y avait de nouveau une grande foule de gens, et qu'ils n'avaient pas de quoi manger, Jésus appelle à lui ses disciples et leur dit : ²« J'ai pitié de cette foule, car depuis trois jours déjà ils sont avec moi, et n'ont

rien à manger. ³Si je les renvoie chez eux à jeun, ils vont défaillir en route ; or, quelques-uns d'entre eux sont venus de loin. » ⁴Ses disciples lui répondirent : « Où donc pourra-t-on trouver du pain pour qu'ils en mangent à leur faim, dans ce désert ? » ⁵Il leur demanda : « Combien de pains avez-vous ? » Ils lui dirent : « Sept. » ⁶Alors il ordonna à la foule de s'asseoir par terre. Puis, prenant les sept pains et rendant grâce, il les rompit, et il les donnait à ses disciples pour que ceux-ci les distribuent ; et ils les distribuèrent à la foule. ⁷On avait aussi quelques petits poissons. Il les bénit et les fit distribuer aussi. ⁸Ils mangèrent à leur faim, des morceaux qui restaient, on ramassa sept corbeilles. ⁹Or, ils étaient environ quatre mille. Puis Jésus les renvoya. ¹⁰Aussitôt, montant dans la barque avec ses disciples, il alla dans la région de Dalmanoutha.

Conflit avec les pharisiens qui demandent un signe.
Mt 12, 38-39 ; 16, 1-4 ;
Lc 11, 16.29 ; 12, 56

¹¹Les pharisiens survinrent et se mirent à discuter avec Jésus : pour le mettre à l'épreuve, ils lui demandaient un signe venant du ciel. ¹²Jésus soupira au plus profond de lui-même et dit : « Pourquoi cette génération demande-t-elle un signe ? Amen, je vous le déclare : aucun signe ne sera donné à

cette génération. » ¹³ Puis il les quitta, remonta en barque, et il partit vers l'autre rive.

Le levain des pharisiens.

Mt 16, 5-12 ; Lc 12, 1

¹⁴ Les disciples avaient oublié de prendre du pain, et ils n'avaient qu'un seul pain avec eux dans la barque. ¹⁵ Jésus leur faisait cette recommandation : « Attention ! Prenez garde au levain des pharisiens et à celui d'Hérode ! » ¹⁶ Ils discutaient entre eux sur ce manque de pain. ¹⁷ Il s'en aperçoit et leur dit : « Pourquoi discutez-vous sur ce manque de pain ? Vous ne voyez pas ? Vous ne comprenez pas encore ? Vous avez le cœur aveuglé ? ¹⁸ Vous avez des yeux et vous ne regardez pas, vous avez des oreilles et vous n'écoutez pas ? Vous ne vous rappelez pas ? ¹⁹ Quand j'ai rompu les cinq pains pour cinq mille hommes, combien avez-vous ramassé de paniers pleins de morceaux ? » Ils lui répondirent : « Douze. ²⁰ – Et quand j'en ai rompu sept pour quatre mille, combien avez-vous rempli de corbeilles en ramassant les morceaux ? » Ils lui répondirent : « Sept. » ²¹ Il leur disait : « Vous ne comprenez pas encore ? »

Jésus fait voir les aveugles.

²² Jésus et ses disciples arrivent à Bethsaïde. On lui amène un aveugle et on le supplie de le toucher. ²³ Jésus prit l'aveugle par la main et le conduisit hors du village. Il lui mit de la salive sur les yeux et lui imposa les mains. Il lui demandait : « Est-ce que tu vois quelque chose ? » ²⁴ Ayant ouvert les yeux, l'homme disait : « Je vois les gens, ils ressemblent à des arbres, et ils marchent. » ²⁵ Puis Jésus, de nouveau, imposa les mains sur les yeux de l'homme ; celui-ci se mit à voir normalement, il se trouva guéri, et il distinguait tout avec netteté. ²⁶ Jésus le renvoya chez lui en disant : « Ne rentre même pas dans le village. »

Pierre découvre l'identité de Jésus Messie.

Mt 16, 13-20 ; Lc 9, 18-21

²⁷ Jésus s'en alla avec ses disciples vers les villages situés dans la région de Césarée-de-Philippe. Chemin faisant, il les interrogeait : « Pour les gens, qui suis-je ? » ²⁸ Ils répondirent : « Jean-Baptiste ; pour d'autres, Élie ; pour d'autres, un des prophètes. » ²⁹ Il les interrogeait de nouveau : « Et vous, que dites-vous ? Pour vous, qui suis-je ? » Pierre prend la parole et répond : « Tu es le Messie. » ³⁰ Il leur défendit alors vivement de parler de lui à personne.

II – JÉSUS FILS DE DIEU

A la suite du Serviteur souffrant

Première annonce de la Passion - Incompréhension de Pierre.

Mt 16, 21-23 ; Lc 9, 22

³¹ Et, pour ¹a première fois, il leur enseigna qu'il fallait que

le Fils de l'homme souffre beaucoup, qu'il soit rejeté par les anciens, les chefs des prêtres et les scribes, qu'il soit tué, et que, trois jours après, il ressuscite.

[32] Jésus disait cela ouvertement. Pierre, le prenant à part, se mit à lui faire de vifs reproches. [33] Mais Jésus se retourna et, voyant ses disciples, il interpella vivement Pierre : «Passe derrière moi, Satan ! Tes pensées ne sont pas celles de Dieu, mais celles des hommes.»

A quel prix on peut suivre Jésus.
Mt **16**, 24-28 ; Lc **9**, 23-27

[34] Appelant la foule avec ses disciples, il leur dit : «Si quelqu'un veut marcher derrière moi, qu'il renonce à lui-même, qu'il prenne sa croix, et qu'il me suive. [35] Car celui qui veut sauver sa vie la perdra ; mais celui qui perdra sa vie pour moi et pour l'Évangile la sauvera. [36] Quel avantage, en effet, un homme a-t-il à gagner le monde entier en le payant de sa vie ? [37] Quelle somme pourrait-il verser en échange de sa vie ? [38] Si quelqu'un a honte de moi et de mes paroles dans cette génération adultère et pécheresse, le Fils de l'homme aussi aura honte de lui, quand il viendra dans la gloire de son Père avec les anges.

9 [1] Et il leur disait : «Amen, je vous le dis : parmi ceux qui sont ici, certains ne connaîtront pas la mort avant d'avoir

vu le règne de Dieu venir avec puissance.»

La Transfiguration.
Mt **17**, 1-4 ; Lc **9**, 28-36

[2] Six jours après, Jésus prend avec lui Pierre, Jacques et Jean, et les emmène, eux seuls, à l'écart sur une haute montagne. Et il fut transfiguré devant eux. [3] Ses vêtements devinrent resplendissants, d'une blancheur telle que personne sur terre ne peut obtenir une blancheur pareille. [4] Élie leur apparut avec Moïse, et ils s'entretenaient avec Jésus. [5] Pierre alors prend la parole et dit à Jésus : «Rabbi, il est heureux que nous soyons ici ! Dressons donc trois tentes : une pour toi, une pour Moïse, et une pour Élie.» [6] De fait, il ne savait que dire, tant était grande leur frayeur. [7] Survint une nuée qui les couvrit de son ombre, et de la nuée une voix se fit entendre : «Celui-ci est mon Fils bien-aimé. Écoutez-le.» [8] Soudain, regardant tout autour, ils ne virent plus que Jésus seul avec eux.

[9] En descendant de la montagne, Jésus leur défendit de raconter à personne ce qu'ils avaient vu, avant que le Fils de l'homme soit ressuscité d'entre les morts. [10] Et ils restèrent fermement attachés à cette consigne, tout en se demandant entre eux ce que voulait dire : «ressusciter d'entre les morts».

*Élie est déjà venu et a souffert
en la personne de Jean Baptiste.*

Mt **17**, 10-13

[11] Ils l'interrogeaient : « Pourquoi les scribes disent-ils que le prophète Élie doit venir d'abord ? » [12] Jésus leur dit : « Certes, Élie viendra d'abord pour remettre tout en place. Mais alors, pourquoi l'Écriture dit-elle, au sujet du Fils de l'homme, qu'il souffrira beaucoup et sera méprisé ? [13] Eh bien ! je vous le déclare : Élie est déjà venu, et ils lui ont fait tout ce qu'ils ont voulu, comme l'Écriture le dit à son sujet. »

*Délivrance de l'épileptique –
Nécessité de la foi et de la prière.*

Mt **17**, 14-21 ; Lc **9**, 37-43

[14] En rejoignant les autres disciples, ils virent une grande foule qui les entourait, et des scribes qui discutaient avec eux. [15] Aussitôt qu'elle vit Jésus, toute la foule fut stupéfaite, et les gens accouraient pour le saluer. [16] Il leur demanda : « De quoi discutez-vous avec eux ? » [17] Un homme dans la foule lui répondit : « Maître, je t'ai amené mon fils, il est possédé par un esprit qui le rend muet ; [18] cet esprit s'empare de lui n'importe où, il le jette par terre, l'enfant écume, grince des dents et devient tout raide. J'ai demandé à tes disciples d'expulser cet esprit, mais ils n'ont pas réussi. » [19] Jésus leur dit : « Génération incroyante, combien de temps devrai-je rester auprès de vous ? Combien de temps devrai-je vous supporter ? Amenez-le auprès de moi. »

[20] On l'amena auprès de lui. Dès qu'il vit Jésus, l'esprit secoua violemment l'enfant ; celui-ci tomba, il se roulait par terre en écumant. [21] Jésus interrogea le père : « Combien y a-t-il de temps que cela lui arrive ? » Il répondit : « Depuis sa petite enfance. [22] Et souvent il l'a même jeté dans le feu ou dans l'eau pour le faire périr. Mais si tu y peux quelque chose, viens à notre secours, par pitié pour nous ! » [23] Jésus reprit : « Pourquoi dire : 'Si tu peux'... ? Tout est possible en faveur de celui qui croit. » [24] Aussitôt le père de l'enfant s'écria : « Je crois ! Viens au secours de mon incroyance ! » [25] Jésus, voyant que la foule s'attroupait, interpella vivement l'esprit mauvais : « Esprit qui rends muet et sourd, je te l'ordonne, sors de cet enfant et n'y rentre plus jamais ! » [26] L'esprit poussa des cris, secoua violemment l'enfant et sortit. L'enfant devint comme un cadavre, de sorte que tout le monde disait : « Il est mort. » [27] Mais Jésus, lui saisissant la main, le releva, et il se mit debout.

[28] Quand Jésus fut rentré à la maison, seul avec ses disciples, ils l'interrogeaient en particulier : « Pourquoi est-ce que nous, nous n'avons pas pu l'expulser ? » [29] Jésus leur répondit : « Rien ne peut faire

sortir cette espèce-là, sauf la prière. »

Deuxième annonce de la Passion. Incompréhension des disciples.

Mt 17, 22-23 ; 18, 1-2 ; Lc 9, 43-48

[30] En partant de là, Jésus traversait la Galilée avec ses disciples, et il ne voulait pas qu'on le sache. [31] Car il les instruisait en disant : « Le Fils de l'homme est livré aux mains des hommes ; ils le tueront et, trois jours après sa mort, il ressuscitera. »

[32] Mais les disciples ne comprenaient pas ces paroles et ils avaient peur de l'interroger.

[33] Ils arrivèrent à Capharnaüm, et, une fois à la maison, Jésus leur demandait : « De quoi discutiez-vous en chemin ? » [34] Ils se taisaient, car, sur la route, ils avaient discuté entre eux pour savoir qui était le plus grand.

Exigences de la vie en communauté chrétienne.

Mt 18, 3-11 ; 5, 13 ; Lc 9, 49-50 ; 14, 34

[35] S'étant assis, Jésus appela les Douze et leur dit : « Si quelqu'un veut être le premier, qu'il soit le dernier de tous et le serviteur de tous. » [36] Prenant alors un enfant, il le plaça au milieu d'eux, l'embrassa, et leur dit : [37] « Celui qui accueille en mon nom un enfant comme celui-ci, c'est moi qu'il accueille. Et celui qui m'ac-cueille ne m'accueille pas moi, mais Celui qui m'a envoyé. »

[38] Jean, l'un des Douze, disait à Jésus : « Maître, nous avons vu quelqu'un chasser des esprits mauvais en ton nom ; nous avons voulu l'en empêcher, car il n'est pas de ceux qui nous suivent. » [39] Jésus répondit : « Ne l'empêchez pas, car celui qui fait un miracle en mon nom ne peut pas, aussitôt après, mal parler de moi ; [40] celui qui n'est pas contre nous est pour nous. [41] Et celui qui vous donnera un verre d'eau au nom de votre appartenance au Christ, amen, je vous le dis, il ne restera pas sans récompense.

[42] Celui qui entraînera la chute d'un seul de ces petits qui croient en moi, mieux vaudrait pour lui qu'on lui attache au cou une de ces meules que tournent les ânes, et qu'on le jette à la mer. [43] Et si ta main t'entraîne au péché, coupe-la. Il vaut mieux entrer manchot dans la vie éternelle que d'être jeté avec tes deux mains dans la géhenne, là où le feu ne s'éteint pas. [45] Si ton pied t'entraîne au péché, coupe-le. Il vaut mieux entrer estropié dans la vie éternelle que d'être jeté avec tes deux pieds dans la géhenne. [47] Si ton œil t'entraîne au péché, arrache-le. Il vaut mieux entrer borgne dans le royaume de Dieu que d'être jeté avec tes deux yeux dans la géhenne, [48] là où le ver ne meurt pas et où le feu ne s'éteint pas. [49] Car tout homme

sera salé au feu. [50] C'est une bonne chose que le sel ; mais si le sel cesse d'être du sel, avec quoi allez-vous lui rendre sa force ? Ayez du sel en vous-mêmes, et vivez en paix entre vous. »

Controverse sur le divorce.
Mt **19**, 1-9 ; Lc **16**, 18

10 [1] En partant de là, Jésus arrive en Judée et en Transjordanie. De nouveau, la foule s'assemble près de lui, et de nouveau, il les instruisait comme d'habitude. [2] Des pharisiens l'abordèrent et, pour le mettre à l'épreuve, ils lui demandaient : « Est-il permis à un mari de renvoyer sa femme ? » [3] Jésus dit : « Que vous a prescrit Moïse ? » [4] Ils lui répondirent : « Moïse a permis de renvoyer sa femme à condition d'établir un acte de répudiation. » [5] Jésus répliqua : « C'est en raison de votre endurcissement qu'il a formulé cette loi. [6] Mais, au commencement de la création, *Dieu les fit homme et femme.* [7] *A cause de cela, l'homme quittera son père et sa mère,* [8] *il s'attachera à sa femme, et tous deux ne feront plus qu'un.* Ainsi, ils ne sont plus deux, mais ils ne font qu'un. [9] Donc, ce que Dieu a uni, que l'homme ne le sépare pas ! »

[10] De retour à la maison, les disciples l'interrogeaient de nouveau sur cette question. [11] Il leur répond : « Celui qui renvoie sa femme pour en épouser une autre est coupable d'adultère envers elle. [12] Si une femme a renvoyé son mari et en épouse un autre, elle est coupable d'adultère. »

Jésus et les enfants.
Mt **19**, 13-15 ; Lc **18**, 15-17

[13] On présentait à Jésus des enfants pour les lui faire toucher ; mais les disciples les écartèrent vivement. [14] Voyant cela, Jésus se fâcha et leur dit : « Laissez les enfants venir à moi. Ne les empêchez pas, car le royaume de Dieu est à ceux qui leur ressemblent. [15] Amen, je vous le dis : celui qui n'accueille pas le royaume de Dieu à la manière d'un enfant n'y entrera pas. » [16] Il les embrassait et les bénissait en leur imposant les mains.

Richesse et détachement.
Mt **19**, 16-30 ; Lc **18**, 18-30

[17] Jésus se mettait en route quand un homme accourut vers lui, se mit à genoux et lui demanda : « Bon Maître, que dois-je faire pour avoir en héritage la vie éternelle ? » [18] Jésus lui dit : « Pourquoi m'appelles-tu bon ? Personne n'est bon, sinon Dieu seul. [19] Tu connais les commandements : *Ne commets pas de meurtre, ne commets pas d'adultère, ne commets pas de vol, ne porte pas de faux témoignage,* ne fais de tort à personne, *honore ton père et ta mère.* » [20] L'homme répondit : « Maître, j'ai observé tous ces commandements depuis ma

jeunesse.» ²¹ Posant alors son regard sur lui, Jésus se mit à l'aimer. Il lui dit : «Une seule chose te manque : va, vends tout ce que tu as, donne-le aux pauvres et tu auras un trésor au ciel; puis viens et suis-moi.» ²² Mais lui, à ces mots, devint sombre et s'en alla tout triste, car il avait de grands biens.

²³ Alors Jésus regarde tout autour de lui et dit à ses disciples : «Comme il sera difficile à ceux qui possèdent des richesses d'entrer dans le royaume de Dieu !» ²⁴ Les disciples étaient stupéfaits de ces paroles. Mais Jésus reprend : «Mes enfants, comme il est difficile d'entrer dans le royaume de Dieu ! ²⁵ Il est plus facile à un chameau de passer par le trou d'une aiguille qu'à un riche d'entrer dans le royaume de Dieu.» ²⁶ De plus en plus déconcertés, les disciples se demandaient entre eux : «Mais alors, qui peut être sauvé ?» ²⁷ Jésus les regarde et répond : «Pour les hommes, cela est impossible, mais pas pour Dieu; car tout est possible à Dieu.»

²⁸ Pierre se mit à dire à Jésus : «Voilà que nous avons tout quitté pour te suivre.» ²⁹ Jésus déclara : «Amen, je vous le dis : personne n'aura quitté, à cause de moi et de l'Évangile, une maison, des frères, des sœurs, une mère, un père, des enfants ou une terre, ³⁰ sans qu'il reçoive, en ce temps déjà, le centuple : maisons, frères,

sœurs, mères, enfants et terres, avec des persécutions, et, dans le monde à venir, la vie éternelle.

³¹ Beaucoup de premiers seront derniers, et les derniers seront les premiers.»

Troisième annonce de la Passion
Incompréhension de Jacques
et de Jean.

Mt 20, 17-23 ; Lc 18, 31-34

³² Les disciples étaient en route avec Jésus pour monter à Jérusalem; Jésus les précédait; ils étaient effrayés, et ceux qui suivaient étaient aussi dans la crainte. Prenant de nouveau les Douze avec lui, il se mit à leur dire ce qui allait lui arriver : ³³ «Voici que nous montons à Jérusalem. Le Fils de l'homme sera livré aux chefs des prêtres et aux scribes, ils le condamneront à mort, ils le livreront aux païens, ³⁴ ils se moqueront de lui, ils cracheront sur lui, ils le flagelleront et le tueront, et trois jours après, il ressuscitera.»

³⁵ Jacques et Jean, les fils de Zébédée, s'approchent de Jésus et lui disent : «Maître, nous voudrions que tu exauces notre demande.» ³⁶ Il leur dit : «Que voudriez-vous que je fasse pour vous ?» ³⁷ Ils lui répondirent : «Accorde-nous de siéger, l'un à ta droite et l'autre à ta gauche, dans ta gloire.» ³⁸ Jésus leur dit : «Vous ne savez pas ce que vous demandez. Pouvez-vous boire

à la coupe que je vais boire, recevoir le baptême dans lequel je vais être plongé?» ³⁹Ils lui disaient: «Nous le pouvons.» Il répond: «La coupe que je vais boire, vous y boirez; et le baptême dans lequel je vais être plongé, vous le recevrez. ⁴⁰Quant à siéger à ma droite ou à ma gauche, il ne m'appartient pas de l'accorder, il y a ceux pour qui ces places sont préparées.»

L'autorité comme service.

Mt **20**, 24-28; Lc **22**, 25-27

⁴¹Les dix autres avaient entendu, et ils s'indignaient contre Jacques et Jean. ⁴²Jésus les appelle et leur dit: «Vous le savez: ceux que l'on regarde comme chefs des nations païennes commandent en maîtres; les grands leur font sentir leur pouvoir. ⁴³Parmi vous, il ne doit pas en être ainsi. Celui qui veut devenir grand sera votre serviteur. ⁴⁴Celui qui veut être le premier sera l'esclave de tous: ⁴⁵car le Fils de l'homme n'est pas venu pour être servi, mais pour servir, et donner sa vie en rançon pour la multitude.»

Guérison de l'aveugle de Jéricho.

Mt **20**, 29-34; Lc **18**, 35-43

⁴⁶Jésus et ses disciples arrivent à Jéricho. Et tandis que Jésus sortait de Jéricho avec ses disciples et une foule nombreuse, un mendiant aveugle, Bartimée, le fils de Timée, était assis au bord de la route.

⁴⁷Apprenant que c'était Jésus de Nazareth, il se mit à crier: «Jésus, fils de David, aie pitié de moi!» ⁴⁸Beaucoup de gens l'interpellaient vivement pour le faire taire, mais il criait de plus belle: «Fils de David, aie pitié de moi!» ⁴⁹Jésus s'arrête et dit: «Appelez-le.» On appelle donc l'aveugle, et on lui dit: «Confiance, lève-toi; il t'appelle.» ⁵⁰L'aveugle jeta son manteau, bondit et courut vers Jésus. ⁵¹Jésus lui dit: «Que veux-tu que je fasse pour toi? – Rabbouni, que je voie.» ⁵²Et Jésus lui dit: «Va, ta foi t'a sauvé.» Aussitôt l'homme se mit à voir, et il suivait Jésus sur la route.

Jésus et le Temple

À Jérusalem et au Temple, Jésus accomplit les prophéties messianiques.

Mt **21**, 1-22; Lc **19**, 28-48; Jn **12**, 12-16; **2**, 13-16

11 ¹Jésus et ses disciples approchent de Jérusalem, de Bethphagé et de Béthanie, près du mont des Oliviers. Jésus envoie deux de ses disciples: ²«Allez au village qui est en face de vous. Dès l'entrée, vous y trouverez un petit âne attaché, que personne n'a encore monté. Détachez-le et amenez-le. ³Si l'on vous demande: 'Que faites-vous là?' répondez: 'Le Seigneur en a besoin: il vous le renverra aussitôt.'» ⁴Ils partent, trouvent un petit âne attaché près d'une porte, dehors, dans la rue, et ils le détachent. ⁵Des gens qui se trouvaient là leur demandaient : « Qu'avez-vous à détacher cet ânon ? » ⁶Ils répondirent ce que Jésus leur avait dit, et on les laissa faire. ⁷Ils amènent le petit âne à Jésus, le couvrent de leurs manteaux, et Jésus s'assoit dessus. ⁸Alors, beaucoup de gens étendirent sur le chemin leurs manteaux, d'autres, des feuillages coupés dans la campagne. ⁹Ceux qui marchaient devant et ceux qui suivaient criaient : « Hosanna ! *Béni soit celui qui vient au nom du Seigneur !* ¹⁰Béni le Règne qui vient, celui de notre père David. Hosanna au plus haut des cieux ! »

¹¹Jésus entra à Jérusalem, dans le Temple. Il inspecta du regard toutes choses et, comme c'était déjà le soir, il sortit avec les Douze pour aller à Béthanie.

¹²Le lendemain, quand ils quittèrent Béthanie, il eut faim. ¹³Voyant de loin un figuier qui avait des feuilles, il alla voir s'il y trouverait quelque chose ; mais, en s'approchant, il ne trouva que des feuilles, car ce n'était pas la saison des figues. ¹⁴Alors il dit au figuier : « Que jamais plus personne ne mange de tes fruits ! » Et ses disciples écoutaient.

¹⁵Ils arrivent à Jérusalem. Alors Jésus entra dans le Temple et se mit à expulser ceux qui vendaient et ceux qui achetaient dans le Temple. Il renversa les comptoirs des changeurs et les sièges des marchands de colombes, ¹⁶et il ne laissait personne traverser le Temple en portant quoi que ce soit. ¹⁷Il enseignait, et il déclarait aux gens : « L'Écriture ne dit-elle pas : *Ma maison s'appellera maison de prière pour toutes les nations ?* Or vous, vous en avez fait une *caverne de bandits.* »

¹⁸Les chefs des prêtres et les scribes apprirent la chose, et ils cherchaient comment le faire mourir. En effet, ils avaient peur de lui, car toute la foule était frappée par son enseignement. ¹⁹Et quand le soir tombait, Jésus et ses disciples s'en allaient hors de la ville.

²⁰Le lendemain matin, en passant, ils virent le figuier qui était desséché jusqu'aux racines. ²¹Pierre, se rappelant ce qui s'était passé, dit à Jésus : « Rabbi, regarde : le figuier que tu as maudit est desséché. » ²²Alors Jésus leur déclare : « Ayez foi en Dieu. ²³Amen, je vous le dis : tout homme qui dira à cette montagne : 'Enlève-toi de là, et va te jeter dans la mer', s'il ne doute pas dans son cœur, mais croit que ce qu'il dit va arriver, cela lui sera accordé ! ²⁴C'est pourquoi, je vous le dis : tout ce que vous demandez dans la prière, croyez que vous l'avez déjà reçu, et cela vous sera accordé. ²⁵Et quand vous êtes là, en train de prier, si vous avez quelque chose contre quelqu'un, pardonnez-lui, pour

que votre Père qui est aux cieux vous pardonne aussi vos fautes. »

*Controverses et rupture
avec les autorités du judaïsme.*

Mt 21, 23-27 ; **22,** 15 – **23,** 12 ;
Lc 20, 1 – 21, 4 ; **10,** 25-28

²⁷ Jésus et ses disciples reviennent à Jérusalem. Et comme Jésus allait et venait dans le Temple, les chefs des prêtres, les scribes et les anciens vinrent le trouver. ²⁸ Ils lui demandaient : « Par quelle autorité fais-tu cela ? Ou bien qui t'a donné autorité pour le faire ? » ²⁹ Jésus leur dit : « Je vais vous poser une seule question. Répondez-moi, et je vous dirai par quelle autorité je fais cela. ³⁰ Le baptême de Jean venait-il du ciel ou des hommes ? Répondez-moi. » ³¹ Ils faisaient en eux-mêmes ce raisonnement : « Si nous disons : 'Du ciel', il va dire : 'Pourquoi donc n'avez-vous pas cru à sa parole ?' ³² Mais allons-nous dire : 'Des hommes' ? » Ils redoutaient la foule, car tout le monde estimait que Jean était réellement un prophète. ³³ Ils répondent donc à Jésus : « Nous ne savons pas ! » Alors Jésus leur dit : « Moi non plus, je ne vous dirai pas par quelle autorité je fais cela. »

12 ¹ Jésus se mit à leur parler en paraboles : « Un homme planta une vigne, il l'entoura d'une clôture, y creusa un pressoir et y bâtit une tour de garde. Puis il la donna en fermage à des vignerons, et partit en voyage. ² Le moment venu, il envoya son serviteur auprès des vignerons pour se faire remettre par ceux-ci ce qui lui revenait du produit de la vigne. ³ Mais les vignerons se saisirent du serviteur, le frappèrent, et le renvoyèrent sans rien lui donner. ⁴ De nouveau, il leur envoya un autre serviteur ; et celui-là, ils l'assommèrent et l'insultèrent. ⁵ Il en envoya encore un autre, et celui-là, ils le tuèrent ; puis beaucoup d'autres serviteurs : ils frappèrent les uns et tuèrent les autres. ⁶ Il lui restait encore quelqu'un : son fils bien-aimé. Il l'envoya vers eux en dernier. Il se disait : 'Ils respecteront mon fils.' ⁷ Mais ces vignerons-là se dirent entre eux : 'Voici l'héritier : allons-y ! tuons-le, et l'héritage va être à nous !' ⁸ Ils se saisirent de lui, le tuèrent, et le jetèrent hors de la vigne.

⁹ Que fera le maître de la vigne ? Il viendra, fera périr les vignerons, et donnera la vigne à d'autres. ¹⁰ N'avez-vous pas lu ce passage de l'Écriture ?

La pierre qu'ont rejetée les bâtisseurs est devenue la pierre angulaire.
¹¹ *C'est là l'œuvre du Seigneur, une merveille sous nos yeux !* »

¹² Les chefs des Juifs cherchaient à arrêter Jésus, mais ils eurent peur de la foule. (Ils avaient bien compris que c'était pour eux qu'il avait dit cette parabole.) Ils le laissèrent donc et s'en allèrent.

¹³ On envoya à Jésus des pharisiens et des hérodiens pour le prendre au piège en le faisant parler, ¹⁴ et ceux-ci viennent lui dire : « Maître, nous le savons : tu es toujours vrai ; tu ne te laisses influencer par personne, car tu ne fais pas de différence entre les gens, mais tu enseignes le vrai chemin de Dieu. Est-il permis, oui ou non, de payer l'impôt à l'empereur ? Devons-nous payer, oui ou non ? » ¹⁵ Mais lui, sachant leur hypocrisie, leur dit : « Pourquoi voulez-vous me mettre à l'épreuve ? Faites-moi voir une pièce d'argent. » ¹⁶ Ils le firent, et Jésus leur dit : « Cette effigie et cette légende, de qui sont-elles ? – De l'empereur César », répondent-ils. ¹⁷ Jésus leur dit : « A César, rendez ce qui est à César, et à Dieu, ce qui est à Dieu. » Et ils étaient remplis d'étonnement à son sujet.

¹⁸ Des sadducéens – ceux qui affirment qu'il n'y a pas de résurrection – viennent trouver Jésus, et ils l'interrogeaient : ¹⁹ « Maître, Moïse nous a donné cette loi : *Si un homme a un frère qui meurt en laissant une femme, mais aucun enfant, qu'il épouse la veuve pour donner une descendance à son frère.* ²⁰ Il y avait sept frères ; le premier se maria, et mourut sans laisser de descendance. ²¹ Le deuxième épousa la veuve, et mourut sans laisser de descendance. Le troisième pareillement. ²² Et aucun des sept ne laissa de descendance. Et fina-

lement, la femme mourut aussi. ²³ A la résurrection, quand ils ressusciteront, de qui sera-t-elle l'épouse, puisque les sept l'ont eue pour femme ? »

²⁴ Jésus leur dit : « N'êtes-vous pas dans l'erreur, en méconnaissant les Écritures, et la puissance de Dieu ? ²⁵ Lorsqu'on ressuscite d'entre les morts, on ne se marie pas, mais on est comme les anges dans les cieux. ²⁶ Quant à dire que les morts doivent ressusciter, n'avez-vous pas lu dans le livre de Moïse, au récit du buisson ardent, comment Dieu lui a dit : *Moi, je suis le Dieu d'Abraham, le Dieu d'Isaac, le Dieu de Jacob ?* ²⁷ Il n'est pas le Dieu des morts, mais des vivants. Vous êtes complètement dans l'erreur. »

²⁸ Un scribe qui avait entendu la discussion, et remarqué que Jésus avait bien répondu, s'avança pour lui demander : « Quel est le premier de tous les commandements ? » ²⁹ Jésus lui fit cette réponse : « Voici le premier : *Écoute, Israël : le Seigneur notre Dieu est l'unique Seigneur.* ³⁰ *Tu aimeras le Seigneur ton Dieu de tout ton cœur, de toute ton âme, de tout ton esprit et de toute ta force.* ³¹ Voici le second : *Tu aimeras ton prochain comme toi-même.* Il n'y a pas de commandement plus grand que ceux-là. » ³² Le scribe reprit : « Fort bien, Maître, tu as raison de dire que Dieu est l'Unique et qu'il n'y en a pas d'autre que lui.

³³ L'aimer de tout son cœur, de toute son intelligence, de toute sa force, et aimer son prochain comme soi-même, vaut mieux que toutes les offrandes et tous les sacrifices. » ³⁴ Jésus, voyant qu'il avait fait une remarque judicieuse, lui dit : « Tu n'es pas loin du royaume de Dieu. » Et personne n'osait plus l'interroger.

³⁵ Quand Jésus enseignait dans le Temple, il déclarait : « Comment les scribes peuvent-ils dire que le Messie est le fils de David ? ³⁶ David lui-même a dit sous l'inspiration de l'Esprit Saint : *Le Seigneur a dit à mon Seigneur : 'Siège à ma droite jusqu'à ce que j'aie mis tes ennemis sous tes pieds !'* David lui-même le nomme Seigneur. ³⁷ D'où vient qu'il est également son fils ? » Et la foule, qui était nombreuse, l'écoutait avec plaisir.

³⁸ Dans son enseignement, il disait : « Méfiez-vous des scribes, qui tiennent à sortir en robes solennelles et qui aiment les salutations sur les places publiques, ³⁹ les premiers rangs dans les synagogues, et les places d'honneur dans les dîners. ⁴⁰ Ils dévorent les biens des veuves et affectent de prier longuement : ils seront d'autant plus sévèrement condamnés. »

⁴¹ Jésus s'était assis dans le Temple en face de la salle du trésor, et regardait la foule déposer de l'argent dans le tronc. Beaucoup de gens riches y mettaient de grosses sommes. ⁴² Une pauvre veuve s'avança et déposa deux piécettes. ⁴³ Jésus s'adressa à ses disciples : « Amen, je vous le dis : cette pauvre veuve a mis dans le tronc plus que tout le monde. ⁴⁴ Car tous, ils ont pris sur leur superflu, mais elle, elle a pris sur son indigence : elle a tout donné, tout ce qu'elle avait pour vivre. »

Discours apocalyptique : destruction du Temple et venue du Fils de l'homme.

Mt 24, 1-42 ; Lc 21, 5-38

13 ¹ Comme Jésus sortait du Temple, un de ses disciples lui dit : « Maître, regarde : quelles belles pierres ! quelles belles constructions ! » ² Mais Jésus lui dit : « Tu vois ces grandes constructions ? Il n'en restera pas pierre sur pierre ; tout sera détruit. » ³ Et comme il s'était assis au mont des Oliviers, en face du Temple, Pierre, Jacques, Jean et André l'interrogeaient à part : ⁴ « Dis-nous quand cela arrivera, dis-nous quel sera le signe que tout cela va finir. »

⁵ Alors Jésus se mit à leur dire : « Prenez garde que personne ne vous égare. ⁶ Beaucoup viendront sous mon nom, en disant : 'C'est moi', et ils égareront bien des gens. ⁷ Quand vous entendrez parler de guerres et de rumeurs de guerre, ne vous laissez pas effrayer ; il faut que cela arrive, mais ce ne sera pas encore la fin. ⁸ Car on se dressera nation

contre nation, royaume contre royaume, il y aura des tremblements de terre çà et là, il y aura des famines ; c'est le début des douleurs de l'enfantement.

⁹ Soyez sur vos gardes ; on vous livrera aux tribunaux et aux synagogues ; on vous frappera, on vous traduira devant des gouverneurs et des rois à cause de moi ; il y aura là un témoignage pour eux. ¹⁰ Mais il faut d'abord que la Bonne Nouvelle soit proclamée à toutes les nations. ¹¹ Et lorsqu'on vous emmènera pour vous livrer, ne vous tourmentez pas d'avance pour savoir ce que vous direz, mais ce qui vous sera donné à cette heure-là, dites-le. Car ce n'est pas vous qui parlerez, c'est le Saint-Esprit. ¹² Le frère livrera son frère à la mort, et le père, son enfant ; les enfants se dresseront contre leurs parents et les feront mettre à mort. ¹³ Vous serez détestés de tous à cause de mon nom. Mais celui qui aura persévéré jusqu'au bout, celui-là sera sauvé.

¹⁴ Lorsque vous verrez le Sacrilège Dévastateur installé là où il ne faut pas – que le lecteur de l'Écriture comprenne ! – alors, ceux qui seront en Judée, qu'ils s'enfuient dans la montagne ; ¹⁵ celui qui sera sur sa terrasse, qu'il n'en descende pas et ne rentre pas pour emporter quelque chose de sa maison ; ¹⁶ celui qui sera dans son champ, qu'il ne retourne pas en arrière pour emporter son manteau. ¹⁷ Malheureuses les femmes qui seront enceintes, et celles qui allaiteront en ces jours-là ! ¹⁸ Priez pour que cela n'arrive pas en hiver, ¹⁹ car en ces jours-là il y aura une détresse comme il n'y en a jamais eu depuis le commencement, quand Dieu créa le monde, jusqu'à maintenant, et comme il n'y en aura jamais plus. ²⁰ Et si le Seigneur n'abrégeait pas le nombre des jours, personne n'aurait la vie sauve ; mais à cause des élus, de ceux qu'il a choisis, il a abrégé ces jours-là. ²¹ Et alors si quelqu'un vous dit : 'Voilà le Messie ! Il est ici ! Il est là !' ne le croyez pas. ²² Il surgira des faux messies et des faux prophètes qui feront des signes et des prodiges afin d'égarer les élus, si c'est possible. ²³ Quant à vous, prenez garde : je vous ai tout dit à l'avance.

²⁴ En ces temps-là, après une terrible détresse, le soleil s'obscurcira et la lune perdra son éclat. ²⁵ Les étoiles tomberont du ciel, et les puissances célestes seront ébranlées. ²⁶ Alors on verra le Fils de l'homme venir sur les nuées avec grande puissance et grande gloire. ²⁷ Il enverra les anges pour rassembler les élus des quatre coins du monde, de l'extrémité de la terre à l'extrémité du ciel.

²⁸ Que la comparaison du figuier vous instruise : dès que ses branches deviennent tendres et que sortent les feuilles, vous savez que l'été est

proche. ²⁹ De même, vous aussi, lorsque vous verrez arriver cela, sachez que le Fils de l'homme est proche, à votre porte. ³⁰ Amen, je vous le dis : cette génération ne passera pas avant que tout cela n'arrive. ³¹ Le ciel et la terre passeront, mes paroles ne passeront pas. ³² Quant au jour et à l'heure, nul ne les connaît, pas même les anges dans le ciel, pas même le Fils, mais seulement le Père.

³³ Prenez garde, veillez : car vous ne savez pas quand viendra le moment. ³⁴ Il en est comme d'un homme parti en voyage : en quittant sa maison, il a donné tout pouvoir à ses serviteurs, fixé à chacun son travail, et recommandé au portier de veiller. ³⁵ Veillez donc, car vous ne savez pas quand le maître de la maison reviendra, le soir ou à minuit, au chant du coq ou le matin. ³⁶ Il peut arriver à l'improviste et vous trouver endormis. ³⁷ Ce que je vous dis là, je le dis à tous : Veillez ! »

Passion et Résurrection

La mort imminente : trahison et fidélité.

Mt **26**, 1-16 ; Lc **22**, 1-6 ; Jn **12**, 1-8

14 ¹ La fête de la Pâque et des pains sans levain allait avoir lieu dans deux jours. Les chefs des prêtres et les scribes cherchaient le moyen d'arrêter Jésus par ruse, pour le faire mourir. ² Car ils se disaient : « Pas en pleine fête, pour éviter une émeute dans le peuple. »

³ Jésus se trouvait à Béthanie, chez Simon le lépreux. Pendant qu'il était à table, une femme entra, avec un flacon d'albâtre contenant un parfum très pur et de grande valeur. Brisant le flacon, elle le lui versa sur la tête. ⁴ Or, quelques-uns s'indignaient : « A quoi bon gaspiller ce parfum ? ⁵ On aurait pu le vendre pour plus de trois cents pièces d'argent et en faire don aux pauvres. » Et ils la critiquaient. ⁶ Mais Jésus leur dit : « Laissez-la ! Pourquoi la tourmenter ? C'est une action charitable qu'elle a faite envers moi. ⁷ Des pauvres, vous en aurez toujours avec vous, et, quand vous voudrez, vous pourrez les secourir ; mais moi, vous ne m'aurez pas toujours. ⁸ Elle a fait tout ce qu'elle pouvait faire. D'avance elle a parfumé mon corps pour mon ensevelissement. ⁹ Amen, je vous le dis : Partout où la Bonne Nouvelle sera proclamée dans le monde entier, on racontera, en souvenir d'elle, ce qu'elle vient de faire. »

¹⁰ Judas Iscariote, l'un des Douze, alla trouver les chefs des prêtres pour leur livrer Jésus. ¹¹ A cette nouvelle, ils se réjouirent et promirent de lui donner de l'argent. Dès lors Judas cherchait une occasion favorable pour le livrer.

Le repas du Seigneur.
Mt **26**, 17-35 ; Lc **22**, 7-34 ;
1 Co **11**, 23-26

¹² Le premier jour de la fête des pains sans levain, où l'on immolait l'agneau pascal, les disciples de Jésus lui disent : « Où veux-tu que nous allions faire les préparatifs pour ton repas pascal ? »¹³ Il envoie deux disciples : « Allez à la ville ; vous y rencontrerez un homme portant une cruche d'eau. Suivez-le. ¹⁴ Et là où il entrera, dites au propriétaire : 'Le maître fait dire : Où est la salle où je pourrai manger la Pâque avec mes disciples ?' ¹⁵ Il vous montrera, à l'étage, une grande pièce toute prête pour un repas. Faites-y pour nous les préparatifs. » ¹⁶ Les disciples partirent, allèrent en ville ; tout se passa comme Jésus le leur avait dit ; et ils préparèrent la Pâque.

¹⁷ Le soir venu, Jésus arrive avec les Douze. ¹⁸ Pendant qu'ils étaient à table et mangeaient, Jésus leur déclara : « Amen, je vous le dis : l'un de vous, qui mange avec moi, va me livrer. » ¹⁹ Ils devinrent tout tristes, et ils lui demandaient l'un après l'autre : « Serait-ce moi ? » ²⁰ Il leur répondit : « C'est l'un des Douze, qui se sert au même plat que moi. ²¹ Le Fils de l'homme s'en va, comme il est écrit à son sujet ; mais malheureux celui qui le livre ! Il vaudrait mieux pour lui qu'il ne soit pas né. »

²² Pendant le repas, Jésus prit du pain, prononça la bénédic-tion, le rompit, et le leur donna, en disant : « Prenez, ceci est mon corps. » ²³ Puis, prenant une coupe et rendant grâce, il la leur donna, et ils en burent tous. ²⁴ Et il leur dit : « Ceci est mon sang, le sang de l'Alliance, répandu pour la multitude. ²⁵ Amen, je vous le dis : je ne boirai plus du fruit de la vigne, jusqu'à ce jour où je boirai un vin nouveau dans le royaume de Dieu. »

²⁶ Après avoir chanté les psaumes, ils partirent pour le mont des Oliviers. ²⁷ Jésus leur dit : « Vous allez tous être expo-sés à tomber, car il est écrit : *Je frapperai le berger, et les brebis seront dispersées.* ²⁸ Mais, après que je serai ressuscité, je vous précéderai en Galilée. » ²⁹ Pierre lui dit alors : « Même si tous viennent à tomber, moi, je ne tomberai pas. » ³⁰ Jésus lui répond : « Amen, je te le dis : toi, aujourd'hui, cette nuit même, avant que le coq chante deux fois, tu m'auras renié trois fois. » ³¹ Mais lui reprenait de plus belle : « Même si je dois mourir avec toi, je ne te renie-rai pas. » Et tous disaient de même.

Gethsémani : prière angoissée et arrestation.

Mt **26**, 36-56 ; Lc **22**, 39-53 ;
Jn **18**, 2-11

³² Ils parviennent à un domai-ne appelé Gethsémani. Jésus dit à ses disciples : « Restez ici ; moi, je vais prier. » ³³ Puis il emmène avec lui Pierre,

Jacques et Jean, et commence à ressentir frayeur et angoisse. ³⁴Il leur dit : «Mon âme est triste à mourir. Demeurez ici et veillez.» ³⁵S'écartant un peu, il tombait à terre et priait pour que, s'il était possible, cette heure s'éloigne de lui. ³⁶Il disait : «*Abba*... Père, tout est possible pour toi. Éloigne de moi cette coupe. Cependant, non pas ce que je veux, mais ce que tu veux!» ³⁷Puis il revient et trouve les disciples endormis. Il dit à Pierre : «Simon, tu dors! Tu n'as pas eu la force de veiller une heure? ³⁸Veillez et priez pour ne pas entrer en tentation : l'esprit est ardent, mais la chair est faible.» ³⁹Il retourna prier, en répétant les mêmes paroles. ⁴⁰Quand il revint près des disciples, il les trouva endormis, car leurs yeux étaient alourdis. Et ils ne savaient que lui dire. ⁴¹Une troisième fois, il revient et leur dit : «Désormais vous pouvez dormir et vous reposer. C'est fait; l'heure est venue : voici que le Fils de l'homme est livré aux mains des pécheurs. ⁴²Levez-vous! Allons! Le voici tout proche, celui qui me livre.»

⁴³Jésus parlait encore quand Judas, l'un des Douze, arriva avec une bande armée d'épées et de bâtons, envoyée par les chefs des prêtres, les scribes et les anciens. ⁴⁴Or, le traître leur avait donné un signe convenu : «Celui que j'embrasserai, c'est lui : arrêtez-le, et emmenez-le sous bonne garde.» ⁴⁵A peine arrivé, Judas, s'approchant de Jésus, lui dit : «Rabbi!» Et il l'embrassa. ⁴⁶Les autres lui mirent la main dessus et l'arrêtèrent. ⁴⁷Un de ceux qui étaient là tira son épée, frappa le serviteur du grand prêtre et lui trancha l'oreille. ⁴⁸Alors Jésus leur déclara : «Suis-je donc un bandit pour que vous soyez venus m'arrêter avec des épées et des bâtons? ⁴⁹Chaque jour, j'étais parmi vous dans le Temple, où j'enseignais; et vous ne m'avez pas arrêté. Mais il faut que les Écritures s'accomplissent.» ⁵⁰Les disciples l'abandonnèrent et s'enfuirent tous.

⁵¹Or, un jeune homme suivait Jésus; il n'avait pour vêtement qu'un drap. On le saisit. ⁵²Mais lui, lâchant le drap, se sauva tout nu.

Chez le grand prêtre : procès de Jésus, et reniement de Pierre.

Mt 26, 57-75 ; Lc 22, 54-71 ; Jn 18, 12-27

⁵³Ils emmenèrent Jésus chez le grand prêtre, et tous les chefs des prêtres, les anciens et les scribes se rassemblent. ⁵⁴Pierre avait suivi Jésus de loin, jusqu'à l'intérieur du palais du grand prêtre, et là, assis parmi les gardes, il se chauffait près du feu.

⁵⁵Les chefs des prêtres et tout le grand conseil cherchaient un témoignage contre

Jésus pour le faire condamner à mort, et ils n'en trouvaient pas. ⁵⁶ De fait, plusieurs portaient de faux témoignages contre Jésus, et ces témoignages ne concordaient même pas. ⁵⁷ Quelques-uns se levaient pour porter contre lui ce faux témoignage : ⁵⁸ « Nous l'avons entendu dire : 'Je détruirai ce temple fait de main d'homme, et en trois jours j'en rebâtirai un autre qui ne sera pas fait de main d'homme.' » ⁵⁹ Et même sur ce point, ils n'étaient pas d'accord. ⁶⁰ Alors le grand prêtre se leva devant l'assemblée et interrogea Jésus : « Tu ne réponds rien à ce que ces gens déposent contre toi ? » ⁶¹ Mais lui gardait le silence, et il ne répondait rien. Le grand prêtre l'interroge de nouveau : « Es-tu le Messie, le Fils du Dieu béni ? » ⁶² Jésus lui dit : « Je le suis, et vous verrez *le Fils de l'homme siéger à la droite du Tout-Puissant, et venir parmi les nuées du ciel.* » ⁶³ Alors, le grand prêtre déchire ses vêtements et dit : « Pourquoi nous faut-il encore des témoins ? ⁶⁴ Vous avez entendu le blasphème. Quel est votre avis ? » Tous prononcèrent qu'il méritait la mort. ⁶⁵ Quelques-uns se mirent à cracher sur lui, couvrirent son visage d'un voile, et le rouèrent de coups, en disant : « Fais le prophète ! » Et les gardes lui donnèrent des gifles.

⁶⁶ Comme Pierre était en bas, dans la cour, arrive une servante du grand prêtre. ⁶⁷ Elle le voit qui se chauffe, le dévisage et lui dit : « Toi aussi, tu étais avec Jésus de Nazareth ! » ⁶⁸ Pierre le nia : « Je ne sais pas, je ne comprends pas ce que tu veux dire. » Puis il sortit dans le vestibule. La servante, l'ayant vu, recommença à dire à ceux qui se trouvaient là : « En voilà un qui est des leurs ! » ⁷⁰ De nouveau, Pierre le niait. Un moment après, ceux qui étaient là lui disaient : « Sûrement tu es l'homme : d'ailleurs, tu es Galiléen. » ⁷¹ Alors il se mit à jurer en appelant sur lui la malédiction : « Je ne connais pas l'homme dont vous parlez. » ⁷² Et aussitôt, un coq chanta pour la seconde fois. Alors Pierre se souvint de la parole de Jésus : « Avant que le coq chante deux fois, tu m'auras renié trois fois. » Et il se mit à pleurer.

Chez le gouverneur : procès, condamnation et outrages.

Mt 27, 1-31 ; Lc 23, 1-25 ; Jn 18, 28 – 19, 16

15 ¹ Dès le matin, les chefs des prêtres convoquèrent les anciens et les scribes, et tout le grand conseil. Puis ils enchaînèrent Jésus et l'emmenèrent pour le livrer à Pilate.

² Celui-ci l'interrogea : « Es-tu le roi des Juifs ? » Jésus répond : « C'est toi qui le dis. » ³ Les chefs des prêtres multipliaient contre lui les accusations. ⁴ Pilate lui demandait à nouveau : « Tu ne réponds rien ?

Vois toutes les accusations qu'ils portent contre toi.» ⁵ Mais Jésus ne répondit plus rien, si bien que Pilate s'en étonnait.

⁶ A chaque fête de Pâque, il relâchait un prisonnier, celui que la foule demandait. ⁷ Or, il y avait en prison un dénommé Barabbas, arrêté avec des émeutiers pour avoir tué un homme lors de l'émeute. ⁸ La foule monta donc, et se mit à demander à Pilate la grâce qu'il accordait d'habitude. ⁹ Pilate leur répondit : « Voulez-vous que je vous relâche le roi des Juifs ? » ¹⁰ (Il se rendait bien compte que c'était par jalousie que les chefs des prêtres l'avaient livré.) ¹¹ Ces derniers excitèrent la foule à demander plutôt la grâce de Barabbas. ¹² Et comme Pilate reprenait : « Que ferai-je donc de celui que vous appelez le roi des Juifs ? », ¹³ ils crièrent de nouveau : « Crucifie-le ! » ¹⁴ Pilate leur disait : « Qu'a-t-il donc fait de mal ? » Mais ils crièrent encore plus fort : « Crucifie-le ! »

¹⁵ Pilate, voulant contenter la foule, relâcha Barabbas, et après avoir fait flageller Jésus, il le livra pour qu'il soit crucifié.

¹⁶ Les soldats l'emmenèrent à l'intérieur du Prétoire, c'est-à-dire dans le palais du gouverneur. Ils appellent toute la garde, ¹⁷ ils lui mettent un manteau rouge, et lui posent sur la tête une couronne d'épines qu'ils ont tressée. ¹⁸ Puis ils se mirent à lui faire des révérences : « Salut, roi des Juifs ! » ¹⁹ Ils lui frappaient la tête avec un roseau, crachaient sur lui, s'agenouillaient pour lui rendre hommage. ²⁰ Quand ils se furent bien moqués de lui, ils lui ôtèrent le manteau rouge, et lui remirent ses vêtements.

Crucifixion et mort de Jésus, Fils de Dieu.

Mt 27, 27-54 ; Lc 23, 26-48 ; Jn 19, 16-37

Puis ils l'emmenèrent pour le crucifier, ²¹ et ils réquisitionnent, pour porter la croix, un passant, Simon de Cyrène, le père d'Alexandre et de Rufus, qui revenait des champs. ²² Et ils amènent Jésus à l'endroit appelé Golgotha, c'est-à-dire : Lieu-du-Crâne, ou Calvaire. ²³ Ils lui offraient du vin aromatisé de myrrhe ; mais il n'en prit pas. ²⁴ Alors ils le crucifient, puis se partagent ses vêtements, en tirant au sort pour savoir la part de chacun. ²⁵ Il était neuf heures lorsqu'on le crucifia. ²⁶ L'inscription indiquant le motif de sa condamnation portait ces mots : « Le roi des Juifs ». ²⁷ Avec lui on crucifie deux bandits, l'un à sa droite, l'autre à sa gauche.

²⁹ Les passants l'injuriaient en hochant la tête : « Hé ! toi qui détruis le Temple et le rebâtis en trois jours, ³⁰ sauve-toi toi-même, descends de la croix ! » ³¹ De même, les chefs des prêtres se moquaient de lui avec les scribes, en disant entre

eux : « Il en a sauvé d'autres, et il ne peut pas se sauver lui-même ! ³²Que le Messie, le roi d'Israël, descende maintenant de la croix ; alors nous verrons et nous croirons. » Même ceux qui étaient crucifiés avec lui l'insultaient.

³³Quand arriva l'heure de midi, il y eut des ténèbres sur toute la terre jusque vers trois heures. ³⁴Et à trois heures, Jésus cria d'une voix forte : « *Eloï, Eloï, lama sabactani ?* », ce qui veut dire : « *Mon Dieu, mon Dieu, pourquoi m'as-tu abandonné ?* » ³⁵Quelques-uns de ceux qui étaient là disaient en l'entendant : « Voilà qu'il appelle le prophète Élie ! » ³⁶L'un d'eux courut tremper une éponge dans une boisson vinaigrée, il la mit au bout d'un roseau, et il lui donnait à boire, en disant : « Attendez ! Nous verrons bien si Élie vient le descendre de là ! » ³⁷Mais Jésus, poussant un grand cri, expira. ³⁸Le rideau du Temple se déchira en deux, depuis le haut jusqu'en bas. ³⁹Le centurion qui était là en face de Jésus, voyant comment il avait expiré, s'écria : « Vraiment, cet homme était le Fils de Dieu ! »

La mise au tombeau : Joseph d'Arimathie et les femmes.

Mt 27, 55-61 ; Lc 23, 49-56 ;
Jn 19, 38-42

⁴⁰Il y avait aussi des femmes, qui regardaient de loin, et parmi elles, Marie Madeleine, Marie, mère de Jacques le petit et de José, et Salomé, ⁴¹qui suivaient Jésus et le servaient quand il était en Galilée, et encore beaucoup d'autres, qui étaient montées avec lui à Jérusalem.

⁴²Déjà le soir était venu ; or, comme c'était la veille du sabbat, le jour où il faut tout préparer, ⁴³Joseph d'Arimathie intervint. C'était un homme influent, membre du Conseil, et il attendait lui aussi le royaume de Dieu. Il eut le courage d'aller chez Pilate pour demander le corps de Jésus. ⁴⁴Pilate, s'étonnant qu'il soit déjà mort, fit appeler le centurion, pour savoir depuis combien de temps Jésus était mort. ⁴⁵Sur le rapport du centurion, il permit à Joseph de prendre le corps. ⁴⁶Joseph acheta donc un linceul, il descendit Jésus de la croix, l'enveloppa dans le linceul et le déposa dans un sépulcre qui était creusé dans le roc. Puis il roula une pierre contre l'entrée du tombeau.

⁴⁷Or, Marie Madeleine et Marie, mère de José, regardaient l'endroit où on l'avait mis.

La résurrection de Jésus annoncée aux femmes.

Mt 28, 1-8 ; Lc 24, 1-11 ;
Jn 20, 1-10

16¹Le sabbat terminé, Marie Madeleine, Marie, mère de Jacques, et Salomé achetèrent des parfums pour aller embaumer le corps de Jésus. ² De grand matin, le premier jour de la semaine, elles se rendent au sépulcre au lever du soleil. ³ Elles se disaient entre elles : « Qui nous roulera la pierre pour dégager l'entrée du tombeau ? »

⁴ Au premier regard, elles s'aperçoivent qu'on a roulé la pierre, qui était pourtant très grande. ⁵ En entrant dans le tombeau, elles virent, assis à droite, un jeune homme vêtu de blanc. Elles furent saisies de peur. ⁶ Mais il leur dit : « N'ayez pas peur ! Vous cherchez Jésus de Nazareth, le Crucifié ? Il est ressuscité : il n'est pas ici. Voici l'endroit où on l'avait déposé. ⁷ Et maintenant, allez dire à ses disciples et à Pierre : 'Il vous précède en Galilée. Là vous le verrez, comme il vous l'a dit.' » ⁸ Elles sortirent et s'enfuirent du tombeau, parce qu'elles étaient toutes tremblantes et hors d'elles-mêmes. Elles ne dirent rien à personne, car elles avaient peur.

Appendice

Les apparitions du Ressuscité et l'Ascension.

⁹ Ressuscité de grand matin, le premier jour de la semaine, Jésus apparut d'abord à Marie Madeleine, de laquelle il avait expulsé sept démons. ¹⁰ Celle-ci partit annoncer la nouvelle à ceux qui, ayant vécu avec lui, s'affligeaient et pleuraient. ¹¹ Quand ils entendirent qu'il

était vivant et qu'elle l'avait vu, ils refusèrent de croire.

¹² Après cela, il se manifesta sous un aspect inhabituel à deux d'entre eux qui étaient en chemin pour aller à la campagne. ¹³ Ceux-ci revinrent l'annoncer aux autres, qui ne les crurent pas non plus.

¹⁴ Enfin, il se manifesta aux Onze eux-mêmes pendant qu'ils étaient à table : il leur reprocha leur incrédulité et leur endurcissement parce qu'ils n'avaient pas cru ceux qui l'avaient vu ressuscité.

¹⁵ Puis il leur dit : « Allez dans le monde entier. Proclamez la Bonne Nouvelle à toute la création. ¹⁶ Celui qui croira et sera baptisé sera sauvé ; celui qui refusera de croire sera condamné. ¹⁷ Voici les signes qui accompagneront ceux qui deviendront croyants : en mon nom, ils chasseront les esprits mauvais ; ils parleront un langage nouveau ; ¹⁸ ils prendront des serpents dans leurs mains, et, s'ils boivent un poison mortel, il ne leur fera pas de mal ; ils imposeront les mains aux malades, et les malades s'en trouveront bien. »

¹⁹ Le Seigneur Jésus, après leur avoir parlé, fut enlevé au ciel et s'assit à la droite de Dieu. ²⁰ Quant à eux, ils s'en allèrent proclamer partout la Bonne Nouvelle. Le Seigneur travaillait avec eux et confirmait la Parole par les signes qui l'accompagnaient.

ÉVANGILE
SELON
SAINT LUC

Prologue.

1 ¹ Plusieurs ont entrepris de composer un récit des événements qui se sont accomplis parmi nous, ² tels que nous les ont transmis ceux qui, dès le début, furent les témoins oculaires et sont devenus les serviteurs de la Parole. ³ C'est pourquoi j'ai décidé, moi aussi, après m'être informé soigneusement de tout depuis les origines, d'en écrire pour toi, cher Théophile, un exposé suivi, ⁴ afin que tu te rendes bien compte de la solidité des enseignements que tu as reçus.

I – JÉSUS ET JEAN BAPTISTE

Naissance et vie cachée du précurseur et du Messie

Annonce à Zacharie.

⁵ Il y avait, au temps d'Hérode le Grand, roi de Judée, un prêtre nommé Zacharie, du groupe d'Abia. Sa femme aussi était descendante d'Aaron ; elle s'appelait Élisabeth. ⁶ Tous les deux vivaient comme des justes devant Dieu : ils suivaient tous les commandements et les préceptes du Seigneur d'une manière irréprochable. ⁷ Ils n'avaient pas d'enfant, car Élisabeth était stérile, et tous deux étaient âgés.

⁸ Or, tandis que Zacharie, au jour fixé pour les prêtres de son groupe, assurait le service du culte devant Dieu, ⁹ il fut désigné par le sort, suivant l'usage liturgique, pour aller offrir l'encens dans le sanctuaire du Seigneur. ¹⁰ Toute l'assemblée du peuple se tenait dehors en prière à l'heure de l'offrande de l'encens. ¹¹ L'ange du Seigneur lui apparut debout à droite de l'autel de l'encens. ¹² En le voyant, Zacharie fut bouleversé et saisi de crainte. ¹³ L'ange lui dit : «Sois sans crainte, Zacharie, car ta supplication a été entendue : ta femme Élisabeth te donnera un fils, et tu le nommeras Jean. ¹⁴ Tu seras dans la joie et l'allégresse, beaucoup d'hommes se réjouiront de sa naissance, ¹⁵ car il sera grand devant le Seigneur. Il ne boira pas de vin ni de boissons fermentées, et il sera rempli de l'Esprit Saint dès avant sa naissance ; ¹⁶ il fera revenir de

nombreux fils d'Israël au Seigneur leur Dieu, ¹⁷ il marchera devant le Seigneur, avec l'esprit et la puissance du prophète Élie, pour faire revenir le cœur des pères vers leurs enfants, convertir les rebelles à la sagesse des hommes droits, et préparer au Seigneur un peuple capable de l'accueillir.»

¹⁸ Mais Zacharie dit à l'ange : «Comment vais-je savoir que cela arrivera ? Moi, je suis un vieil homme, et ma femme aussi est âgée.» ¹⁹ L'ange lui répondit : «Je suis Gabriel ; je me tiens en présence de Dieu, et j'ai été envoyé pour te parler et pour t'annoncer cette bonne nouvelle. ²⁰ Mais voici que tu devras garder le silence, et tu ne pourras plus parler jusqu'au jour où cela se réalisera, parce que tu n'as pas cru à mes paroles : elles s'accompliront lorsque leur temps viendra.»

²¹ Le peuple attendait Zacharie et s'étonnait de voir qu'il restait si longtemps dans le sanctuaire. ²² Quand il sortit, il ne pouvait pas leur parler, et ils comprirent qu'il avait eu une vision dans le sanctuaire. Il leur faisait des signes, car il demeurait muet. ²³ Lorsqu'il eut achevé son temps de service au Temple, il repartit chez lui. ²⁴ Quelque temps plus tard, sa femme Élisabeth devint enceinte. Pendant cinq mois, elle garda le secret. Elle se disait : ²⁵ «Voilà ce que le Seigneur a fait pour moi, lorsqu'il a daigné mettre fin à ce qui faisait ma honte aux yeux des hommes.»

Annonce à Marie.

²⁶ Le sixième mois, l'ange Gabriel fut envoyé par Dieu dans une ville de Galilée, appelée Nazareth, ²⁷ à une jeune fille, une vierge, accordée en mariage à un homme de la maison de David, appelé Joseph ; et le nom de la jeune fille était Marie.

²⁸ L'ange entra chez elle et dit : «Je te salue, Comblée-de-grâce, le Seigneur est avec toi.» ²⁹ A cette parole, elle fut toute bouleversée, et elle se demandait ce que pouvait signifier cette salutation. ³⁰ L'ange lui dit alors : «Sois sans crainte, Marie, car tu as trouvé grâce auprès de Dieu. ³¹ Voici que tu vas concevoir et enfanter un fils ; tu lui donneras le nom de Jésus. ³² Il sera grand, il sera appelé Fils du Très-Haut ; le Seigneur Dieu lui donnera le trône de David son père ; ³³ il régnera pour toujours sur la maison de Jacob, et son règne n'aura pas de fin.»

³⁴ Marie dit à l'ange : «Comment cela va-t-il se faire, puisque je suis vierge ?» ³⁵ L'ange lui répondit : «L'Esprit Saint viendra sur toi, et la puissance du Très-Haut te prendra sous son ombre ; c'est pourquoi celui qui va naître sera saint, et il sera appelé Fils de Dieu. ³⁶ Et voici qu'Élisabeth, ta cousine, a conçu, elle

aussi, un fils dans sa vieillesse, et elle en est à son sixième mois, alors qu'on l'appelait : 'la femme stérile'. [37] Car rien n'est impossible à Dieu. » [38] Marie dit alors : « Voici la servante du Seigneur ; que tout se passe pour moi selon ta parole. »

Alors l'ange la quitta.

Rencontre de la mère du Messie et de la mère du Précurseur – Action de grâce de Marie.

[39] En ces jours-là, Marie se mit en route rapidement vers une ville de la montagne de Judée. [40] Elle entra dans la maison de Zacharie et salua Élisabeth. [41] Or, quand Élisabeth entendit la salutation de Marie, l'enfant tressaillit en elle. Alors, Élisabeth fut remplie de l'Esprit Saint, [42] et s'écria d'une voix forte : « Tu es bénie entre toutes les femmes, et le fruit de tes entrailles est béni. [43] Comment ai-je ce bonheur que la mère de mon Seigneur vienne jusqu'à moi ? [44] Car, lorsque j'ai entendu tes paroles de salutation, l'enfant a tressailli d'allégresse audedans de moi. [45] Heureuse celle qui a cru à l'accomplissement des paroles qui lui furent dites de la part du Seigneur. »

[46] Marie dit alors :

« Mon âme exalte le Seigneur, [47] mon esprit exulte en Dieu mon Sauveur.

[48] Il s'est penché sur son humble servante ; désormais tous les âges me diront bienheureuse.

[49] Le Puissant fit pour moi des merveilles ; Saint est son nom !

[50] Son amour s'étend d'âge en âge sur ceux qui le craignent.

[51] Déployant la force de son bras, il disperse les superbes.

[52] Il renverse les puissants de leurs trônes, il élève les humbles.

[53] Il comble de bien les affamés, renvoie les riches les mains vides.

[54] Il relève Israël son serviteur, il se souvient de son amour,

[55] de la promesse faite à nos pères, en faveur d'Abraham et de sa race à jamais. »

[56] Marie demeura avec Élisabeth environ trois mois, puis elle s'en retourna chez elle.

Naissance de Jean Baptiste et visite des voisins.

[57] Quand arriva le moment où Élisabeth devait enfanter, elle mit au monde un fils. [58] Ses voisins et sa famille apprirent que le Seigneur lui avait prodigué sa miséricorde, et ils se réjouissaient avec elle.

Circoncision de Jean Baptiste – Action de grâce de Zacharie.

[59] Le huitième jour, ils vinrent pour la circoncision de l'enfant. Ils voulaient le nommer Zacharie comme son père. [60] Mais sa mère déclara : « Non, il s'appellera Jean. » [61] On lui répondit : « Personne dans ta famille ne porte ce nom-là ! » [62] On demandait par signes au

père comment il voulait l'appeler. [63] Il se fit donner une tablette sur laquelle il écrivit : « Son nom est Jean. » Et tout le monde en fut étonné. [64] A l'instant même, sa bouche s'ouvrit, sa langue se délia : il parlait et il bénissait Dieu. [65] La crainte saisit alors les gens du voisinage, et dans toute la montagne de Judée on racontait tous ces événements. [66] Tous ceux qui les apprenaient en étaient frappés et disaient : « Que sera donc cet enfant ? » En effet, la main du Seigneur était avec lui.

[67] Zacharie, son père, fut rempli de l'Esprit Saint et prononça ces paroles prophétiques :

[68] « Béni soit le Seigneur, le Dieu d'Israël, parce qu'il a visité son peuple pour accomplir sa libération.

[69] Dans la maison de David, son serviteur, il a fait se lever une force qui nous sauve.

[70] C'est ce qu'il avait annoncé autrefois par la bouche de ses saints prophètes :

[71] le salut qui nous délivre de nos adversaires, des mains de tous nos ennemis.

[72] Il a montré sa miséricorde envers nos pères, il s'est rappelé son Alliance sainte :

[73] il avait juré à notre père Abraham

[74] qu'il nous arracherait aux mains de nos ennemis,

[75] et nous donnerait de célébrer sans crainte notre culte devant lui, dans la piété et la

justice, tout au long de nos jours.

[76] Et toi, petit enfant, on t'appellera prophète du Très-Haut,
car tu marcheras devant le Seigneur pour lui préparer le chemin,

[77] pour révéler à son peuple qu'il est sauvé, que ses péchés sont pardonnés.

[78] Telle est la tendresse du cœur de notre Dieu ;
grâce à elle, du haut des cieux, un astre est venu nous visiter ;

[79] il est apparu à ceux qui demeuraient dans les ténèbres et dans l'ombre de la mort, pour guider nos pas sur le chemin de la paix. »

Enfance et vie cachée de Jean Baptiste.

[80] L'enfant grandit et son esprit se fortifiait. Il alla vivre au désert jusqu'au jour où il devait être manifesté à Israël.

Naissance de Jésus et visite des bergers.

2 [1] En ces jours-là, parut un édit de l'empereur Auguste, ordonnant de recenser toute la terre – [2] ce premier recensement eut lieu lorsque Quirinius était gouverneur de Syrie. – [3] Et chacun allait se faire inscrire dans sa ville d'origine.

[4] Joseph, lui aussi, quitta la ville de Nazareth en Galilée, pour monter en Judée, à la ville de David appelée Bethléem, car il était de la maison et de la descendance de David. [5] Il venait se faire

inscrire avec Marie, son épouse, qui était enceinte. ⁶ Or, pendant qu'ils étaient là, arrivèrent les jours où elle devait enfanter. ⁷ Et elle mit au monde son fils premier-né ; elle l'emmaillota et le coucha dans une mangeoire, car il n'y avait pas de place pour eux dans la salle commune.

⁸ Dans les environs se trouvaient des bergers qui passaient la nuit dans les champs pour garder leurs troupeaux. ⁹ L'ange du Seigneur s'approcha, et la gloire du Seigneur les enveloppa de sa lumière. Ils furent saisis d'une grande crainte, ¹⁰ mais l'ange leur dit : « Ne craignez pas, car voici que je viens vous annoncer une bonne nouvelle, une grande joie pour tout le peuple : ¹¹ Aujourd'hui vous est né un Sauveur, dans la ville de David. Il est le Messie, le Seigneur. ¹² Et voilà le signe qui vous est donné : vous trouverez un nouveau-né emmailloté et couché dans une mangeoire. » ¹³ Et soudain, il y eut avec l'ange une troupe céleste innombrable, qui louait Dieu en disant :

¹⁴ « Gloire à Dieu au plus haut des cieux, et paix sur la terre aux hommes qu'il aime. »

¹⁵ Lorsque les anges eurent quitté les bergers pour le ciel, ceux-ci se disaient entre eux : « Allons jusqu'à Bethléem pour voir ce qui est arrivé, et que le Seigneur nous a fait connaître. » ¹⁶ Ils se hâtèrent d'y aller,

et ils découvrirent Marie et Joseph, avec le nouveau-né couché dans la mangeoire. ¹⁷ Après l'avoir vu, ils racontèrent ce qui leur avait été annoncé au sujet de cet enfant. ¹⁸ Et tout le monde s'étonnait de ce que racontaient les bergers.

¹⁹ Marie, cependant, retenait tous ces événements et les méditait dans son cœur.

²⁰ Les bergers repartirent ; ils glorifiaient et louaient Dieu pour tout ce qu'ils avaient entendu et vu selon ce qui leur avait été annoncé.

Circoncision de Jésus.

²¹ Quand fut arrivé le huitième jour, celui de la circoncision, l'enfant reçut le nom de Jésus, le nom que l'ange lui avait donné avant sa conception.

Présentation de Jésus au Temple et rencontres prophétiques.

²² Quand arriva le jour fixé par la loi de Moïse pour la purification, les parents de Jésus le portèrent à Jérusalem pour le présenter au Seigneur, ²³ selon ce qui est écrit dans la Loi : *Tout premier-né de sexe masculin sera consacré au Seigneur.* ²⁴ Ils venaient aussi présenter en offrande le sacrifice prescrit par la loi du Seigneur : *un couple de tourterelles ou deux petites colombes.*

²⁵ Or, il y avait à Jérusalem un homme appelé Syméon. C'était un homme juste et religieux, qui attendait la Conso-

lation d'Israël, et l'Esprit Saint était sur lui. ²⁶ L'Esprit lui avait révélé qu'il ne verrait pas la mort avant d'avoir vu le Messie du Seigneur. ²⁷ Poussé par l'Esprit, Syméon vint au Temple. Les parents y entraient avec l'enfant Jésus pour accomplir les rites de la Loi qui le concernaient. ²⁸ Syméon prit l'enfant dans ses bras, et il bénit Dieu en disant :

²⁹ « Maintenant, ô Maître, tu peux laisser ton serviteur s'en aller dans la paix, selon ta parole.

³⁰ Car mes yeux ont vu ton salut,

³¹ que tu as préparé à la face de tous les peuples :

³² lumière pour éclairer les nations païennes,

et gloire d'Israël ton peuple. »

³³ Le père et la mère de l'enfant s'étonnaient de ce qu'on disait de lui.

³⁴ Syméon les bénit, puis il dit à Marie sa mère : « Vois, ton fils qui est là provoquera la chute et le relèvement de beaucoup en Israël. Il sera un signe de division. ³⁵ — Et toi-même, ton cœur sera transpercé par une épée. – Ainsi seront dévoilées les pensées secrètes d'un grand nombre. »

³⁶ Il y avait là une femme qui était prophète, Anne, fille de Phanuel, de la tribu d'Aser. ³⁷ Demeurée veuve après sept ans de mariage, elle avait atteint l'âge de quatre-vingt-quatre ans. Elle ne s'éloignait

pas du Temple, servant Dieu jour et nuit dans le jeûne et la prière. ³⁸ S'approchant d'eux à ce moment, elle proclamait les louanges de Dieu et parlait de l'enfant à tous ceux qui attendaient la délivrance de Jérusalem.

Enfance de Jésus.

³⁹ Lorsqu'ils eurent accompli tout ce que prescrivait la loi du Seigneur, ils retournèrent en Galilée, dans leur ville de Nazareth.

⁴⁰ L'enfant grandissait et se fortifiait, tout rempli de sagesse, et la grâce de Dieu était sur lui.

Jésus au Temple chez son Père.

⁴¹ Chaque année, les parents de Jésus allaient à Jérusalem pour la fête de la Pâque. ⁴² Quand il eut douze ans, ils firent le pèlerinage suivant la coutume. ⁴³ Comme ils s'en retournaient à la fin de la semaine, le jeune Jésus resta à Jérusalem sans que ses parents s'en aperçoivent. ⁴⁴ Pensant qu'il était avec leurs compagnons de route, ils firent une journée de chemin avant de le chercher parmi leurs parents et connaissances. ⁴⁵ Ne le trouvant pas, ils revinrent à Jérusalem en continuant à le chercher.

⁴⁶ C'est au bout de trois jours qu'ils le trouvèrent dans le Temple, assis au milieu des docteurs de la Loi : il les écoutait et leur posait des questions, ⁴⁷ et tous ceux qui l'en-

tendaient s'extasiaient sur son intelligence et sur ses réponses. [48] En le voyant, ses parents furent stupéfaits, et sa mère lui dit : « Mon enfant, pourquoi nous as-tu fait cela ? Vois comme nous avons souffert en te cherchant, ton père et moi ! » [49] Il leur dit : « Comment se fait-il que vous m'ayez cherché ? Ne le saviez-vous pas ? C'est chez mon Père que je dois être. » [50] Mais ils ne comprirent pas ce qu'il leur disait.

[51] Il descendit avec eux pour rentrer à Nazareth, et il leur était soumis. Sa mère gardait dans son cœur tous ces événements. [52] Quant à Jésus, il grandissait en sagesse, en taille et en grâce, sous le regard de Dieu et des hommes.

Le temps du désert

Prédication de Jean Baptiste.

> Mt 3, 1-12 ; 14, 3 ;
> Mc 1, 1-8 ; 6, 17

3 [1] L'an quinze du règne de l'empereur Tibère, Ponce Pilate étant gouverneur de la Judée, Hérode prince de Galilée, son frère Philippe prince du pays d'Iturée et de Traconitide, Lysanias prince d'Abilène, [2] les grands prêtres étant Anne et Caïphe, la parole de Dieu fut adressée dans le désert à Jean, fils de Zacharie.

[3] Il parcourut toute la région du Jourdain ; il proclamait un baptême de conversion pour le pardon des péchés, [4] comme il est écrit dans le livre du prophète Isaïe :

A travers le désert, une voix crie :

Préparez le chemin du Seigneur,

aplanissez sa route. [5] *Tout ravin sera comblé,*

toute montagne et toute colline seront abaissées ;

les passages tortueux deviendront droits,

les routes déformées seront aplanies ;

[6] *et tout homme verra le salut de Dieu.*

[7] Jean disait aux foules qui arrivaient pour se faire baptiser par lui : « Engeance de vipères ! Qui vous a appris à fuir la colère qui vient ? [8] Produisez donc des fruits qui expriment votre conversion, et ne vous mettez pas à dire en vous-mêmes : 'Nous avons Abraham pour père.' Car je vous le dis : avec les pierres que voici, Dieu peut faire surgir des enfants à Abraham. [9] Déjà la cognée se trouve à la racine des arbres : tout arbre qui ne produit pas de bons fruits va être coupé et jeté au feu. »

[10] Les foules lui demandaient : « Que devons-nous faire ? » [11] Jean leur répondait : « Celui qui a deux vêtements, qu'il partage avec celui qui n'en a pas ; et celui qui a de quoi manger, qu'il fasse de même ! » [12] Des publicains (collecteurs d'impôts) vinrent aussi se faire baptiser et lui dirent : « Maître, que devons-nous faire ? » [13] Il leur répondit : « N'exigez rien de plus que ce

qui vous est fixé.» ¹⁴A leur tour, des soldats lui demandaient : «Et nous, que devons-nous faire?» Il leur répondit : «Ne faites ni violence ni tort à personne ; et contentez-vous de votre solde.»

¹⁵Or, le peuple était en attente, et tous se demandaient en eux-mêmes si Jean n'était pas le Messie. ¹⁶Jean s'adressa alors à tous : «Moi, je vous baptise avec de l'eau ; mais il vient, celui qui est plus puissant que moi. Je ne suis pas digne de défaire la courroie de ses sandales. Lui vous baptisera dans l'Esprit Saint et dans le feu. ¹⁷Il tient à la main la pelle à vanner pour nettoyer son aire à battre le blé, et il amassera le grain dans son grenier ; quant à la paille, il la brûlera dans un feu qui ne s'éteint pas.»

¹⁸Par ces exhortations et bien d'autres encore, il annonçait au peuple la Bonne Nouvelle.

¹⁹Hérode, prince de Galilée, avait reçu des reproches de Jean au sujet d'Hérodiade, la femme de son frère, et au sujet de tout ce que lui, Hérode, avait fait de mal. ²⁰A tout le reste il ajouta encore ceci : il fit enfermer Jean Baptiste en prison.

Le Père et l'Esprit Saint se manifestent après le baptême de Jésus.

Mt 3, 13-17 ; Mc 1, 9-11

²¹Comme tout le peuple se faisait baptiser et que Jésus priait, après avoir été baptisé lui aussi, alors le ciel s'ouvrit.

²²L'Esprit Saint descendit sur Jésus, sous une apparence corporelle, comme une colombe. Du ciel une voix se fit entendre : «C'est toi mon Fils : moi, aujourd'hui, je t'ai engendré.»

Généalogie de Jésus : de Joseph à Adam.

Mt 1, 1-16

²³Au moment de ce début, Jésus avait environ trente ans ; il était considéré comme fils de Joseph, fils d'Éli, ²⁴fils de Matthate, fils de Lévi, fils de Melki, fils de Jannaï, fils de Joseph, ²⁵fils de Mattathias, fils d'Amos, fils de Nahoum, fils de Hesli, fils de Naggaï, ²⁶fils de Maath, fils de Matthathias, fils de Séméine, fils de Josek, fils de Joda, ²⁷fils de Joanane, fils de Résa, fils de Zorobabel, fils de Salathiel, fils de Néri, ²⁸fils de Melki, fils d'Addi, fils de Kosam, fils d'Elmadam, fils d'Er, ²⁹fils de Jésus, fils d'Éliézer, fils de Jorim, fils de Matthate, fils de Lévi, ³⁰fils de Syméon, fils de Juda, fils de Joseph, fils de Jonam, fils d'Éliakim, ³¹fils de Méléa, fils de Menna, fils de Mattatha, fils de Natham, fils de David,

³²fils de Jessé, fils de Jobed, fils de Booz, fils de Sala, fils de Naassone, ³³fils d'Aminadab, fils d'Admine, fils d'Arni, fils d'Esrom, fils de Pharès, fils de Juda, ³⁴fils de Jacob, fils d'Isaac, fils d'Abraham, fils de Thara, fils de Nakor, ³⁵fils de Sérouk, fils de

Ragaou, fils de Phalek, fils d'Éber, fils de Sala, ³⁶fils de Kaïnam, fils d'Arphaxad, fils de Sem, fils de Noé, fils de Lamek, ³⁷fils de Mathusalem, fils de Hénok, fils de Jareth, fils de Maléléel, fils de Kaïnam, ³⁸fils d'Énos, fils de Seth, fils d'Adam, fils de Dieu.

Jésus résiste au Tentateur.

Mt **4**, 1-11 ; Mc **1**, 12-13

4 ¹Jésus, rempli de l'Esprit Saint, quitta les bords du Jourdain ; il fut conduit par l'Esprit à travers le désert ²où, pendant quarante jours, il fut mis à l'épreuve par le démon. Il ne mangea rien durant ces jours-là, et, quand ce temps fut écoulé, il eut faim.

³Le démon lui dit alors : « Si tu es le Fils de Dieu, ordonne à cette pierre de devenir du pain. » ⁴Jésus répondit : « Il est écrit : *Ce n'est pas seulement de pain que l'homme doit vivre.* »

⁵Le démon l'emmena alors plus haut, et lui fit voir d'un seul regard tous les royaumes de la terre. ⁶Il lui dit : « Je te donnerai tout ce pouvoir, et la gloire de ces royaumes, car cela m'appartient et je le donne à qui je veux. ⁷Toi donc, si tu te prosternes devant moi, tu auras tout cela. » ⁸Jésus lui répondit : « Il est écrit : *Tu te prosterneras devant le Seigneur ton Dieu, et c'est lui seul que tu adoreras.* »

⁹Puis le démon le conduisit à Jérusalem, il le plaça au sommet du Temple et lui dit : « Si tu es le Fils de Dieu, jette-toi en bas ; ¹⁰car il est écrit : *Il donnera pour toi à ses anges l'ordre de te garder ;* ¹¹et encore : *Ils te porteront sur leurs mains, de peur que ton pied ne heurte une pierre.* » ¹²Jésus répondit : « Il est dit : *Tu ne mettras pas à l'épreuve le Seigneur ton Dieu.* »

¹³Ayant ainsi épuisé toutes les formes de tentations, le démon s'éloigna de Jésus jusqu'au moment fixé.

II – LA MISSION INITIALE EN GALILÉE

Dans la synagogue de Nazareth, Jésus inaugure sa mission universelle.

Mt **13**, 54-58 ; Mc **6**, 1-6

¹⁴Lorsque Jésus, avec la puissance de l'Esprit, revint en Galilée, sa renommée se répandit dans toute la région. ¹⁵Il enseignait dans les synagogues des Juifs, et tout le monde faisait son éloge. ¹⁶Il vint à Nazareth, où il avait grandi. Comme il en avait l'habitude, il entra dans la synagogue le jour du sabbat, et il se leva pour faire la lecture. ¹⁷On lui présenta le livre du prophète Isaïe. Il ouvrit le livre et trouva le passage où il est écrit :

¹⁸*L'Esprit du Seigneur est sur moi*

parce que le Seigneur m'a consacré par l'onction.

Il m'a envoyé porter la Bonne Nouvelle aux pauvres,

annoncer aux prisonniers qu'ils sont libres,

et aux aveugles qu'ils verront la lumière,

apporter aux opprimés la libération,

¹⁹ *annoncer une année de bienfaits accordée par le Seigneur.*

²⁰ Jésus referma le livre, le rendit au servant et s'assit. Tous, dans la synagogue, avaient les yeux fixés sur lui. ²¹ Alors il se mit à leur dire : «Cette parole de l'Écriture, que vous venez d'entendre, c'est aujourd'hui qu'elle s'accomplit.» ²² Tous lui rendaient témoignage ; et ils s'étonnaient du message de grâce qui sortait de sa bouche. Ils se demandaient : «N'est-ce pas là le fils de Joseph?»

²³ Mais il leur dit : «Sûrement vous allez me citer le dicton : 'Médecin, guéris-toi toi-même. Nous avons appris tout ce qui s'est passé à Capharnaüm : fais donc de même ici dans ton pays!'» ²⁴ Puis il ajouta : «Amen, je vous le dis : aucun prophète n'est bien accueilli dans son pays. ²⁵ En toute vérité, je vous le déclare : Au temps du prophète Élie, lorsque la sécheresse et la famine ont sévi pendant trois ans et demi, il y avait beaucoup de veuves en Israël ; ²⁶ pourtant Élie n'a été envoyé vers aucune d'entre elles, mais bien à une veuve étrangère, de la ville de Sarepta, dans le pays de Sidon. ²⁷ Au temps du prophète Élisée, il y avait beaucoup de lépreux en Israël ; pourtant aucun d'eux n'a été purifié, mais bien Naaman, un Syrien.»

²⁸ A ces mots, dans la synagogue, tous devinrent furieux. ²⁹ Ils se levèrent, poussèrent Jésus hors de la ville, et le menèrent jusqu'à un escarpement de la colline où la ville est construite, pour le précipiter en bas. ³⁰ Mais lui, passant au milieu d'eux, allait son chemin.

Jésus enseigne et guérit.
Mt 7, 28-29 ; 8, 14-17 ;
Mc 1, 21-39

³¹ Jésus descendit à Capharnaüm, ville de Galilée, et il y enseignait, le jour du sabbat. ³² On était frappé par son enseignement parce que sa parole était pleine d'autorité.

³³ Or, il y avait dans la synagogue un homme possédé par un esprit démoniaque, ³⁴ qui se mit à crier d'une voix forte : «Ah! que nous veux-tu, Jésus de Nazareth? Es-tu venu pour nous perdre? Je sais fort bien qui tu es : le Saint, le Saint de Dieu!» ³⁵ Jésus l'interpella vivement : «Silence! Sors de cet homme!» Alors le démon le jeta par terre devant tout le monde et sortit de lui sans lui faire aucun mal. ³⁶ Tous furent effrayés, et ils se disaient entre eux : «Quelle est cette parole? Car il commande avec autorité et puissance aux esprits mauvais, et ils sortent!» ³⁷ Et la réputation de Jésus se propagea dans toute la région.

³⁸ En quittant la synagogue, Jésus entra chez Simon. Or, la belle-mère de Simon était oppressée par une forte fièvre,

et on implora Jésus en sa faveur. [39] Il se pencha sur elle, interpella vivement la fièvre, et celle-ci quitta la malade. A l'instant même, elle se leva, et elle les servait.

[40] Au coucher du soleil, tous ceux qui avaient des infirmes atteints de diverses maladies les lui amenèrent. Et Jésus, imposant les mains à chacun d'eux, les guérissait. [41] Des esprits mauvais sortaient de beaucoup d'entre eux en criant : «Tu es le Fils de Dieu ! » Mais Jésus les interpellait vivement et leur interdisait de parler parce qu'ils savaient, eux, qu'il était le Messie.

[42] Quand il fit jour, il sortit et se retira dans un endroit désert. Les foules le cherchaient ; elles arrivèrent jusqu'à lui, et elles le retenaient pour l'empêcher de les quitter. [43] Mais il leur dit : «Il faut que j'aille aussi dans les autres villes pour leur annoncer la Bonne Nouvelle du règne de Dieu, car c'est pour cela que j'ai été envoyé. » [44] Et il se rendait dans les synagogues de Judée pour y proclamer la Bonne Nouvelle.

Pêche miraculeuse :
appel de Simon-Pierre, et de ses
compagnons.
Jn **21**, 4-11

5 [1] Un jour, Jésus se trouvait sur le bord du lac de Génésareth ; la foule se pressait autour de lui pour écouter la parole de Dieu. [2] Il vit deux barques amarrées au bord du lac ; les pêcheurs en étaient descendus et lavaient leurs filets. [3] Jésus monta dans une des barques, qui appartenait à Simon, et lui demanda de s'éloigner un peu du rivage. Puis il s'assit et, de la barque, il enseignait la foule.

[4] Quand il eut fini de parler, il dit à Simon : «Avance au large, et jetez les filets pour prendre du poisson. » [5] Simon lui répondit : «Maître, nous avons peiné toute la nuit sans rien prendre ; mais, sur ton ordre, je vais jeter les filets. » [6] Ils le firent, et ils prirent une telle quantité de poissons que leurs filets se déchiraient. [7] Ils firent signe à leurs compagnons de l'autre barque de venir les aider. Ceux-ci vinrent, et ils remplirent les deux barques, à tel point qu'elles enfonçaient. [8] A cette vue, Simon-Pierre tomba aux pieds de Jésus, en disant : «Seigneur, éloigne-toi de moi, car je suis un homme pécheur. » [9] L'effroi, en effet, l'avait saisi, lui et ceux qui étaient avec lui, devant la quantité de poissons qu'ils avaient prise ; [10] et de même Jacques et Jean, fils de Zébédée, ses compagnons. Jésus dit à Simon : «Sois sans crainte, désormais ce sont des hommes que tu prendras. » [11] Alors ils ramenèrent les barques au rivage et, laissant tout, ils le suivirent.

Purification d'un lépreux.
Mt **8**, 1-4 ; Mc **1**, 40-45

[12] Jésus était dans une ville quand survint un homme cou-

vert de lèpre; celui-ci, en voyant Jésus, tomba la face contre terre et lui demanda: «Seigneur, si tu le veux, tu peux me purifier.» [13] Jésus étendit la main, le toucha et lui dit: «Je le veux, sois purifié.» A l'instant même, sa lèpre le quitta. [14] Alors Jésus lui ordonna de ne le dire à personne: «Va plutôt te montrer au prêtre et donne pour ta purification ce que Moïse a prescrit; ta guérison sera pour les gens un témoignage.»

[15] On parlait de lui de plus en plus. De grandes foules accouraient pour l'entendre et se faire guérir de leurs maladies. [16] Mais lui se retirait dans les endroits déserts, et il priait.

Guérison d'un paralytique: le pardon des péchés.

Mt 9, 1-8; Mc 2, 1-12

[17] Un jour que Jésus enseignait, il y avait dans l'assistance des pharisiens et des docteurs de la Loi, venus de tous les villages de Galilée et de Judée, ainsi que de Jérusalem; et la puissance du Seigneur était à l'œuvre pour lui faire opérer des guérisons. [18] Arrivent des gens, portant sur une civière un homme qui était paralysé; ils cherchaient à le faire entrer pour le placer devant Jésus. [19] Mais, ne voyant pas comment faire à cause de la foule, ils montèrent sur le toit et, en écartant les tuiles, ils le firent descendre avec sa civière en plein milieu devant Jésus. [20] Voyant leur foi, il dit: «Tes péchés te sont pardonnés.» [21] Les scribes et les pharisiens se mirent à penser: «Quel est cet homme qui dit des blasphèmes? Qui donc peut pardonner les péchés, sinon Dieu seul?» [22] Mais Jésus, saisissant leurs raisonnements, leur répondit: «Pourquoi tenir ces raisonnements? [23] Qu'est-ce qui est le plus facile? de dire: 'Tes péchés te sont pardonnés', ou bien de dire: 'Lève-toi et marche'? [24] Eh bien! pour que vous sachiez que le Fils de l'homme a sur terre le pouvoir de pardonner les péchés, je te l'ordonne, dit-il au paralysé: lève-toi, prends ta civière et retourne chez toi.» [25] A l'instant même, celui-ci se leva devant eux, il prit ce qui lui servait de lit et s'en alla chez lui en rendant gloire à Dieu. [26] Tous furent saisis de stupeur et ils rendaient gloire à Dieu. Remplis de crainte, ils disaient: «Aujourd'hui nous avons vu des choses extraordinaires!»

A quatre reprises, Jésus répond aux critiques des pharisiens.

Mt 9, 9-17; 12, 1-14; Mc 2, 13 – 3, 6

[27] Après cela, il sortit et il remarqua un publicain (collecteur d'impôts) du nom de Lévi assis à son bureau de publicain. Il lui dit: «Suis-moi.»

²⁸ Abandonnant tout, l'homme se leva et se mit à le suivre.

²⁹ Lévi lui offrit un grand festin dans sa maison ; il y avait une grande foule de publicains et d'autres gens attablés avec eux. ³⁰ Les pharisiens et les scribes de leur parti récriminaient en disant à ses disciples : « Pourquoi mangez-vous et buvez-vous avec les publicains et les pécheurs ? » ³¹ Jésus leur répondit : « Ce ne sont pas les gens en bonne santé qui ont besoin du médecin, mais les malades. ³² Je suis venu appeler non pas les justes mais les pécheurs, pour qu'ils se convertissent. »

³³ On disait un jour à Jésus : « Les disciples de Jean jeûnent souvent et font des prières ; de même ceux des pharisiens. Au contraire, tes disciples mangent et boivent ! » ³⁴ Jésus leur dit : « Est-ce que vous pouvez faire jeûner les invités de la noce, pendant que l'Époux est avec eux ? ³⁵ Mais un temps viendra où l'Époux leur sera enlevé : ces jours-là, ils jeûneront. »

³⁶ Et il dit pour eux une parabole : « Personne ne déchire un morceau à un vêtement neuf pour le coudre sur un vieux vêtement. Autrement, on aura déchiré le neuf, et le morceau ajouté, qui vient du neuf, ne s'accordera pas avec le vieux. ³⁷ Et personne ne met du vin nouveau dans de vieilles outres ; autrement, le vin nouveau fera éclater les outres, il se répandra et les outres seront perdues. ³⁸ Mais il faut mettre le vin nouveau dans des outres neuves. ³⁹ Jamais celui qui a bu du vieux ne désire du nouveau. Car il dit : 'C'est le vieux qui est bon.' »

6 ¹ Un jour de sabbat, Jésus traversait des champs de blé ; ses disciples arrachaient et mangeaient des épis, après les avoir froissés dans leurs mains. ² Des pharisiens lui dirent : « Pourquoi faites-vous ce qui n'est pas permis le jour du sabbat ? » ³ Jésus leur répondit : « N'avez-vous pas lu ce que fit David un jour qu'il eut faim, lui et ses compagnons ? ⁴ Il entra dans la maison de Dieu, prit les pains de l'offrande, en mangea, et en donna à ses compagnons, alors que les prêtres seuls ont la permission d'en manger. » ⁵ Jésus leur disait encore : « Le Fils de l'homme est maître du sabbat. »

⁶ Un autre jour de sabbat, Jésus était entré dans la synagogue et enseignait. Il y avait là un homme dont la main droite était paralysée. ⁷ Les scribes et les pharisiens observaient Jésus afin de voir s'il ferait une guérison le jour du sabbat ; ils auraient ainsi un motif pour l'accuser. ⁸ Mais il connaissait leurs pensées, et dit à l'homme qui avait la main paralysée : « Lève-toi, et reste debout devant tout le monde. » L'homme se leva et se tint debout. ⁹ Jésus leur dit : « Je vous le demande : Est-il permis, le jour du sabbat, de

faire le bien, ou de faire le mal ? de sauver une vie, ou de la perdre ? » ¹⁰ Alors, promenant son regard sur eux tous, il dit à l'homme : « Étends ta main. » Il le fit, et sa main redevint normale.

¹¹ Quant à eux, ils furent remplis de fureur et ils discutaient entre eux sur ce qu'ils allaient faire à Jésus.

Choix des Douze.

Mt **10**, 1-4 ; Mc **3**, 13-19

¹² En ces jours-là, Jésus s'en alla dans la montagne pour prier, et il passa la nuit à prier Dieu. ¹³ Le jour venu, il appela ses disciples, en choisit douze, et leur donna le nom d'Apôtres : ¹⁴ Simon, auquel il donna le nom de Pierre, André son frère, Jacques, Jean, Philippe, Barthélemy, ¹⁵ Matthieu, Thomas, Jacques fils d'Alphée, Simon appelé le Zélote, ¹⁶ Jude fils de Jacques, et Judas Iscariote, celui qui fut le traître.

Discours dans la plaine.

Mt **5 – 7**

¹⁷ Jésus descendit de la montagne avec les douze Apôtres et s'arrêta dans la plaine. Il y avait là un grand nombre de ses disciples, et une foule de gens venus de toute la Judée, de Jérusalem, et du littoral de Tyr et de Sidon, ¹⁸ qui étaient venus l'entendre et se faire guérir de leurs maladies. Ceux qui étaient tourmentés par des esprits mauvais en étaient déli-

vrés. ¹⁹ Et toute la foule cherchait à le toucher, parce qu'une force sortait de lui et les guérissait tous.

²⁰ Regardant alors ses disciples, Jésus dit :

« Heureux, vous les pauvres : le royaume de Dieu est à vous !

²¹ Heureux, vous qui avez faim maintenant : vous serez rassasiés !

Heureux, vous qui pleurez maintenant : vous rirez !

²² Heureux êtes-vous quand les hommes vous haïssent et vous repoussent, quand ils insultent et rejettent votre nom comme méprisable, à cause du Fils de l'homme.

²³ Ce jour-là, soyez heureux et sautez de joie, car votre récompense est grande dans le ciel : c'est ainsi que leurs pères traitaient les prophètes.

²⁴ Mais malheureux, vous les riches : vous avez votre consolation !

²⁵ Malheureux, vous qui êtes repus maintenant : vous aurez faim !

Malheureux, vous qui riez maintenant : vous serez dans le deuil et vous pleurerez !

²⁶ Malheureux êtes-vous quand tous les hommes disent du bien de vous : c'est ainsi que leurs pères traitaient les faux prophètes.

²⁷ Je vous le dis, à vous qui m'écoutez : Aimez vos ennemis, faites du bien à ceux qui vous haïssent. ²⁸ Souhaitez du bien à ceux qui vous maudis-

sent, priez pour ceux qui vous calomnient. ²⁹ A celui qui te frappe sur une joue, présente l'autre. A celui qui te prend ton manteau, laisse prendre aussi ta tunique. ³⁰ Donne à quiconque te demande, et ne réclame pas à celui qui te vole. ³¹ Ce que vous voulez que les autres fassent pour vous, faites-le aussi pour eux. ³² Si vous aimez ceux qui vous aiment, quelle reconnaissance pouvez-vous attendre? Même les pécheurs aiment ceux qui les aiment. ³³ Si vous faites du bien à ceux qui vous en font, quelle reconnaissance pouvez-vous attendre? Même les pécheurs en font autant. ³⁴ Si vous prêtez quand vous êtes sûrs qu'on vous rendra, quelle reconnaissance pouvez-vous attendre? Même les pécheurs prêtent aux pécheurs pour qu'on leur rende l'équivalent. ³⁵ Au contraire, aimez vos ennemis, faites du bien et prêtez sans rien espérer en retour. Alors votre récompense sera grande, et vous serez les fils du Dieu très-haut, car il est bon, lui, pour les ingrats et les méchants.

³⁶ Soyez miséricordieux comme votre Père est miséricordieux. ³⁷ Ne jugez pas, et vous ne serez pas jugés; ne condamnez pas, et vous ne serez pas condamnés. Pardonnez, et vous serez pardonnés. ³⁸ Donnez, et vous recevrez: une mesure bien pleine, tassée, secouée, débordante, qui sera versée dans votre tablier; car la mesure dont vous vous servez pour les autres servira aussi pour vous.»

³⁹ Il leur dit encore en paraboles: «Un aveugle peut-il guider un autre aveugle? Ne tomberont-ils pas tous deux dans un trou? ⁴⁰ Le disciple n'est pas au-dessus du maître; mais celui qui est bien formé sera comme son maître.

⁴¹ Qu'as-tu à regarder la paille dans l'œil de ton frère, alors que la poutre qui est dans ton œil à toi, tu ne la remarques pas? ⁴² Comment peux-tu dire à ton frère: 'Frère, laisse-moi retirer la paille qui est dans ton œil', alors que tu ne vois pas la poutre qui est dans le tien? Esprit faux! enlève d'abord la poutre de ton œil; alors tu verras clair pour retirer la paille qui est dans l'œil de ton frère.

⁴³ Jamais un bon arbre ne donne de mauvais fruits; jamais non plus un arbre mauvais ne donne de bons fruits. ⁴⁴ Chaque arbre se reconnaît à son fruit: on ne cueille pas des figues sur des épines; on ne vendange pas non plus du raisin sur des ronces. ⁴⁵ L'homme bon tire le bien du trésor de son cœur qui est bon; et l'homme mauvais tire le mal de son cœur qui est mauvais: car ce que dit la bouche, c'est ce qui déborde du cœur.

⁴⁶ Et pourquoi m'appelez-vous en disant: 'Seigneur! Seigneur!' et ne faites-vous pas ce que je dis? ⁴⁷ Tout

homme qui vient à moi, qui écoute mes paroles et qui les met en pratique, je vais vous montrer à qui il ressemble. [48] Il ressemble à un homme qui bâtit une maison. Il a creusé très profond, et il a posé les fondations sur le roc. Quand est venue l'inondation, le torrent s'est précipité sur cette maison, mais il n'a pas pu l'ébranler parce qu'elle était bien bâtie.

[49] Mais celui qui a écouté sans mettre en pratique ressemble à l'homme qui a bâti sa maison à même le sol, sans fondations. Le torrent s'est précipité sur elle, et aussitôt elle s'est effondrée ; la destruction de cette maison a été complète. »

La foi du centurion.
Mt 8, 5-13

7 [1] Lorsque Jésus eut achevé de faire entendre au peuple toutes ses paroles, il entra dans Capharnaüm. [2] Un centurion de l'armée romaine avait un esclave auquel il tenait beaucoup ; celui-ci était malade, sur le point de mourir. [3] Le centurion avait entendu parler de Jésus ; alors il lui envoya quelques notables juifs pour le prier de venir sauver son esclave. [4] Arrivés près de Jésus, ceux-ci le suppliaient : « Il mérite que tu lui accordes cette guérison. [5] Il aime notre nation : c'est lui qui nous a construit la synagogue. »

[6] Jésus était en route avec eux, et déjà il n'était plus loin de la maison, quand le centurion lui fit dire par des amis : « Seigneur, ne prends pas cette peine, car je ne suis pas digne que tu entres sous mon toit. [7] Moi-même, je ne me suis pas senti le droit de venir te trouver. Mais dis seulement un mot, et mon serviteur sera guéri. [8] Moi qui suis un subalterne, j'ai des soldats sous mes ordres ; à l'un, je dis : 'Va', et il va ; à l'autre : 'Viens', et il vient ; et à mon esclave : 'Fais ceci', et il le fait. »

[9] Entendant cela, Jésus fut dans l'admiration. Il se tourna vers la foule qui le suivait : « Je vous le dis, même en Israël, je n'ai pas trouvé une telle foi ! » [10] De retour à la maison, les envoyés trouvèrent l'esclave en bonne santé.

Résurrection du fils unique d'une veuve.

[11] Jésus se rendait dans une ville appelée Naïm. Ses disciples faisaient route avec lui, ainsi qu'une grande foule. [12] Il arriva près de la porte de la ville au moment où l'on transportait un mort pour l'enterrer ; c'était un fils unique, et sa mère était veuve. Une foule considérable accompagnait cette femme. [13] En la voyant, le Seigneur fut saisi de pitié pour elle, et lui dit : « Ne pleure pas. » [14] Il s'avança et toucha la civière ; les porteurs s'arrêtèrent, et Jésus dit : « Jeune

homme, je te l'ordonne, lève-toi.» ¹⁵Alors la mort se redressa, s'assit et se mit à parler. Et Jésus le rendit à sa mère.

¹⁶La crainte s'empara de tous, et ils rendaient gloire à Dieu : «Un grand prophète s'est levé parmi nous, et Dieu a visité son peuple.» ¹⁷Et cette parole se répandit dans toute la Judée et dans les pays voisins.

Jésus et Jean Baptiste.
Mt 11, 2-19

¹⁸Les disciples de Jean rapportèrent tout cela à leur maître. Alors il appela deux d'entre eux, ¹⁹et les envoya demander au Seigneur : «Es-tu celui qui doit venir, ou devons-nous en attendre un autre?» ²⁰Arrivés près de Jésus, ils lui dirent : «Jean Baptiste nous a envoyés te demander : Es-tu celui qui doit venir, ou devons-nous en attendre un autre?» ²¹A ce moment-là, Jésus guérit beaucoup de malades, d'infirmes et de possédés, et il rendit la vue à beaucoup d'aveugles. ²²Puis il répondit aux envoyés : «Allez rapporter à Jean ce que vous avez vu et entendu : les aveugles voient, les boiteux marchent, les lépreux sont purifiés, les sourds entendent, les morts ressuscitent, la Bonne Nouvelle est annoncée aux pauvres. ²³Heureux celui qui ne tombera pas à cause de moi!»

²⁴Après le départ des envoyés de Jean Baptiste, Jésus se mit à parler de lui aux foules : «Qu'êtes-vous allés voir au désert? Un roseau agité par le vent?... ²⁵Alors, qu'êtes-vous allés voir? Un homme aux vêtements luxueux? Mais ceux qui portent des vêtements magnifiques et mènent une vie de plaisir sont dans les palais des rois. ²⁶Alors, qu'êtes-vous allés voir? Un prophète? Oui, je vous le dis ; et bien plus qu'un prophète! ²⁷C'est de lui qu'il est écrit : *Voici que j'envoie mon messager en avant de toi, pour qu'il prépare le chemin devant toi* ²⁸Je vous le dis : Parmi les hommes, aucun n'est plus grand que Jean ; et cependant le plus petit dans le royaume de Dieu est plus grand que lui. ²⁹Tout le peuple qui a écouté Jean, y compris les publicains, a reconnu la justice de Dieu en recevant le baptême de Jean. ³⁰Mais les pharisiens et les docteurs de la Loi, en ne recevant pas ce baptême, ont rejeté le dessein que Dieu avait sur eux.

³¹A qui donc vais-je comparer les hommes de cette génération? A qui ressemblent-ils? ³²Ils ressemblent à des gamins assis sur la place, qui s'interpellent entre eux :

'Nous avons joué de la flûte, et vous n'avez pas dansé.
Nous avons entonné des chants de deuil, et vous n'avez pas pleuré.'

³³Jean Baptiste est venu, en effet ; il ne mange pas de pain, il ne boit pas de vin, et vous

dites : 'C'est un possédé !' ³⁴ Le Fils de l'homme est venu ; il mange et il boit, et vous dites : 'C'est un glouton et un ivrogne, un ami des publicains et des pécheurs.' ³⁵ Mais la sagesse de Dieu se révèle juste auprès de tous ses enfants. »

Chez un pharisien, Jésus pardonne à une pécheresse.

³⁶ Un pharisien avait invité Jésus à manger avec lui. Jésus entra chez lui et prit place à table. ³⁷ Survint une femme de la ville, une pécheresse. Elle avait appris que Jésus mangeait chez le pharisien, et elle apportait un vase précieux plein de parfum. ³⁸ Tout en pleurs, elle se tenait derrière lui, à ses pieds, et ses larmes mouillaient les pieds de Jésus. Elle les essuyait avec ses cheveux, les couvrait de baisers et y versait le parfum.

³⁹ En voyant cela, le pharisien qui avait invité Jésus se dit en lui-même : « Si cet homme était prophète, il saurait qui est cette femme qui le touche, et ce qu'elle est : une pécheresse. » ⁴⁰ Jésus prit la parole : « Simon, j'ai quelque chose à te dire. – Parle, Maître. » ⁴¹ Jésus reprit : « Un créancier avait deux débiteurs ; le premier lui devait cinq cents pièces d'argent, l'autre cinquante. ⁴² Comme ni l'un ni l'autre ne pouvait rembourser, il remit à tous deux leur dette. Lequel des deux l'aimera davantage ? » ⁴³ Simon répondit : « C'est celui à qui il a remis davantage, il me semble. – Tu as raison », lui dit Jésus.

⁴⁴ Il se tourna vers la femme, en disant à Simon : « Tu vois cette femme ? Je suis entré chez toi, et tu ne m'as pas versé d'eau sur les pieds ; elle, elle les a mouillés de ses larmes et essuyés avec ses cheveux. ⁴⁵ Tu ne m'as pas embrassé ; elle, depuis son entrée, elle n'a pas cessé d'embrasser mes pieds. ⁴⁶ Tu ne m'as pas versé de parfum sur la tête ; elle, elle m'a versé un parfum précieux sur les pieds. ⁴⁷ Je te le dis : si ses péchés, ses nombreux péchés, sont pardonnés, c'est à cause de son grand amour. Mais celui à qui on pardonne peu montre peu d'amour. »

⁴⁸ Puis il s'adressa à la femme : « Tes péchés sont pardonnés. » ⁴⁹ Les invités se dirent : « Qui est cet homme, qui va jusqu'à pardonner les péchés ? » ⁵⁰ Jésus dit alors à la femme : « Ta foi t'a sauvée. Va en paix ! »

Les femmes qui accompagnent Jésus.

8 ¹ Ensuite Jésus passait à travers villes et villages, proclamant la Bonne Nouvelle du règne de Dieu. Les Douze l'accompagnaient, ² ainsi que des femmes qu'il avait délivrées d'esprits mauvais et guéries de leurs maladies : Marie, appelée Madeleine (qui avait été libérée de sept démons),

³ Jeanne, femme de Kouza, l'intendant d'Hérode, Suzanne, et beaucoup d'autres, qui les aidaient de leurs ressources.

Entendre la Parole et la mettre en pratique.

Mt **13**, 1-23 ; **5**, 15 ; **12**, 46-50 ;
  Mc **4**, 1-25 ; **3**, 31-35

⁴ Comme une grande foule se rassemblait, et que de toutes les villes on venait vers Jésus, il dit en parabole : ⁵ « Le semeur est sorti pour semer la semence. Comme il semait, du grain est tombé au bord du chemin, les passants l'ont piétiné, et les oiseaux du ciel ont tout mangé. ⁶ Du grain est tombé aussi dans les pierres, il a poussé, et il a séché parce qu'il n'avait pas d'humidité. ⁷ Du grain est tombé aussi au milieu des ronces, et, en poussant, les ronces l'ont étouffé. ⁸ Enfin, du grain est tombé dans la bonne terre, il a poussé, et il a porté du fruit au centuple. » En disant cela, il élevait la voix : « Celui qui a des oreilles pour entendre, qu'il entende ! »

⁹ Ses disciples lui demandaient quel était le sens de cette parabole. ¹⁰ Il leur déclara : « A vous il est donné de connaître les mystères du royaume de Dieu, mais les autres n'ont que les paraboles, afin que se réalise la prophétie : *Ils regarderont sans regarder, ils écouteront sans comprendre.*

¹¹ Voici le sens de la parabole. La semence, c'est la parole de Dieu. ¹² Ceux qui sont au bord du chemin, ce sont ceux qui ont entendu ; puis le démon survient et il enlève de leur cœur la Parole, pour les empêcher de croire et d'être sauvés. ¹³ Ceux qui sont dans les pierres, lorsqu'ils entendent, ils accueillent la Parole avec joie ; mais ils n'ont pas de racines, ils croient pour un moment, et, au moment de l'épreuve, ils abandonnent. ¹⁴ Ce qui est tombé dans les ronces, ce sont ceux qui ont entendu, mais qui sont étouffés, chemin faisant, par les soucis, la richesse et les plaisirs de la vie, et ne parviennent pas à maturité. ¹⁵ Et ce qui est tombé dans la bonne terre, ce sont ceux qui, ayant entendu la Parole dans un cœur bon et généreux, la retiennent, et portent du fruit par leur persévérance.

¹⁶ Personne, après avoir allumé une lampe, ne la cache sous un couvercle ou ne la met en dessous du lit ; on la met sur le lampadaire pour que ceux qui entrent voient la lumière. ¹⁷ Car rien n'est caché qui ne doive paraître au grand jour ; rien n'est secret qui ne doive être connu et venir au grand jour.

¹⁸ Faites attention à la manière dont vous écoutez. Car celui qui a recevra encore, et celui qui n'a rien se fera enlever même ce qu'il paraît avoir. »

¹⁹ Sa mère et ses frères vinrent le trouver, mais ils ne

pouvaient pas arriver jusqu'à lui à cause de la foule. ²⁰On le fit savoir à Jésus : «Ta mère et tes frères sont là dehors, qui veulent te voir.» ²¹Il leur répondit : «Ma mère et mes frères, ce sont ceux qui entendent la parole de Dieu, et qui la mettent en pratique.»

Quatre grands miracles de Jésus.
    Mt **8**, 23-34 ; **9**, 18-26 ;
      Mc **4**, 35 – **5**, 43

²²Un jour, Jésus monta en barque avec ses disciples, et il leur dit : «Passons sur l'autre rive du lac.» Et ils prirent le large. ²³Pendant qu'ils naviguaient, Jésus s'endormit. Une tempête s'abattit sur le lac. Ils étaient submergés et en grand péril. ²⁴Ses compagnons s'approchèrent et le réveillèrent en disant : «Maître, maître ! Nous sommes perdus !» Et lui, réveillé, interpella avec vivacité le vent et le déferlement des flots. Ils s'apaisèrent et le calme se fit.

²⁵Alors Jésus leur dit : «Où est donc votre foi ?» Remplis de crainte, ils furent saisis d'étonnement et se disaient entre eux : «Qui est-il donc ? Car il commande même aux vents et aux flots, et ceux-ci lui obéissent !»

²⁶Ils abordèrent au pays des Géraséniens, qui est en face de la Galilée. ²⁷Comme Jésus descendait à terre, un homme de la ville, qui était possédé par des démons, sortit à sa rencontre. Depuis longtemps il n'avait pas mis de vêtements ;

il n'habitait pas dans une maison, mais dans les tombeaux. ²⁸Voyant Jésus, il poussa des cris, tomba à ses pieds, et dit d'une voix forte : «Que me veux-tu, Jésus, Fils du Dieu très-haut ? Je t'en prie, ne me fais pas souffrir.» ²⁹En effet, Jésus commandait à l'esprit mauvais de sortir de cet homme. Car bien des fois l'esprit s'était emparé de lui. On le gardait attaché avec des chaînes et avec des fers aux pieds, mais il rompait ses liens et le démon l'entraînait vers les endroits déserts. ³⁰Jésus lui demanda : «Quel est ton nom ?» L'homme répondit : «Légion», car beaucoup de démons étaient entrés en lui. ³¹Et ces démons suppliaient Jésus de ne pas leur ordonner de s'en aller dans l'abîme. ³²Or, il y avait là un important troupeau de porcs, qui cherchaient leur nourriture sur la colline. Les démons supplièrent Jésus de leur permettre d'entrer dans ces porcs, et il le leur permit. ³³Ils sortirent de l'homme et entrèrent dans les porcs. Du haut de la falaise, le troupeau se précipita dans le lac, et il s'y étouffa.

³⁴Les gardiens, voyant cela, prirent la fuite ; ils annoncèrent la nouvelle dans la ville et dans la campagne, ³⁵et les gens sortirent pour voir ce qui s'était passé. Arrivés auprès de Jésus, ils trouvèrent assis à ses pieds l'homme que les démons avaient quitté, habillé et devenu

raisonnable, et ils furent saisis de crainte. [36] Les témoins leur annoncèrent comment le possédé avait été sauvé. [37] Alors toute la population du territoire des Géraséniens demanda à Jésus de partir de chez eux, parce qu'ils étaient en proie à une grande crainte. Jésus remonta dans la barque, et s'en retourna.

[38] L'homme que les démons avaient quitté lui demandait de le garder avec lui. Mais Jésus le renvoya en disant : [39] « Retourne chez toi, et raconte tout ce que Dieu a fait pour toi. » Alors cet homme partit proclamer dans toute la ville tout ce que Jésus avait fait pour lui.

[40] Quand Jésus revint, il fut accueilli par la foule, car tous l'attendaient. [41] Et voici qu'arriva un homme du nom de Jaïre ; c'était le chef de la synagogue. Tombant aux pieds de Jésus, il le suppliait de venir dans sa maison, [42] parce qu'il avait une fille unique, d'environ douze ans, qui était en train de mourir.

Et tandis que Jésus s'y rendait, la foule le pressait à l'étouffer. [43] Or, une femme qui avait des pertes de sang depuis douze ans, et que personne n'avait pu guérir, [44] s'approcha par derrière et toucha la frange de son vêtement. A l'instant même, sa perte de sang s'arrêta. [45] Mais Jésus dit : « Qui est-ce qui m'a touché ? » Comme tous s'en défendaient, Pierre lui dit : « Maître, la foule t'écrase de tous côtés. » [46] Mais

Jésus reprit : « Quelqu'un m'a touché. Car je me suis rendu compte qu'une force était sortie de moi. » [47] La femme, se voyant découverte, vint, toute tremblante, se jeter à ses pieds ; elle raconta devant tout le peuple pourquoi elle l'avait touché, et comment elle avait été guérie à l'instant même. [48] Jésus lui dit : « Ma fille, ta foi t'a sauvée. Va en paix. »

[49] Comme il parlait encore, quelqu'un arrive de la maison de Jaïre pour lui dire : « Ta fille est morte. Ne dérange plus le maître. » [50] Jésus, qui avait entendu, répondit : « Ne crains pas. Crois seulement, et elle sera sauvée. » [51] En arrivant à la maison, il ne laissa personne entrer avec lui, sinon Pierre, Jean et Jacques, ainsi que le père et la mère de l'enfant. [52] Tous pleuraient sa mort en se frappant la poitrine. Mais Jésus dit : « Ne pleurez pas ; elle n'est pas morte : elle dort. » [53] Mais on se moquait de lui, en voyant qu'elle venait de mourir. [54] Quant à lui, saisissant sa main, il dit d'une voix forte : « Mon enfant, lève-toi ! » [55] L'esprit lui revint, à l'instant même elle se mit debout, et Jésus ordonna de lui donner à manger. [56] Ses parents furent bouleversés, mais Jésus leur commanda de ne dire à personne ce qui était arrivé.

Envoi des Douze en mission.
Mt 10, 1…14 ; Mc 6, 7-13

9 [1] Jésus convoqua les Douze, et il leur donna pouvoir et autorité pour dominer tous les esprits mauvais et guérir les maladies; ²il les envoya proclamer le règne de Dieu et faire des guérisons. ³Il leur dit: «N'emportez rien pour la route, ni bâton, ni sac, ni pain, ni argent; n'ayez pas chacun une tunique de rechange. ⁴Si vous trouvez l'hospitalité dans une maison, restez-y; c'est de là que vous repartirez. ⁵Et si les gens refusent de vous accueillir, sortez de la ville en secouant la poussière de vos pieds: ce sera pour eux un témoignage.» ⁶Ils partirent, et ils allaient de village en village, annonçant la Bonne Nouvelle et faisant partout des guérisons.

Hérode cherche à savoir qui est Jésus.

Mt **14**, 1-2; Mc **6**, 14-16

⁷Hérode, prince de Galilée, apprit tout ce qui se passait, et il ne savait que penser, parce que certains disaient que Jean le Baptiste était ressuscité d'entre les morts. ⁸D'autres disaient: «C'est le prophète Élie qui est apparu.» D'autres encore: «C'est un prophète d'autrefois qui est ressuscité.» ⁹Quant à Hérode, il disait: «Jean, je l'ai fait décapiter; mais qui est cet homme dont j'entends tellement parler?» Et il cherchait à le voir.

La multiplication des pains.

Mt **14**, 13-21;
Mc **6**, 30-44; **6**, 1-13

¹⁰Quand les Apôtres revinrent, ils racontèrent à Jésus tout ce qu'ils avaient fait. Alors Jésus, les prenant avec lui, partit à l'écart dans une ville appelée Bethsaïde. ¹¹La foule s'en aperçut et le suivit. Il leur fit bon accueil; il leur parlait du règne de Dieu, et il guérissait ceux qui en avaient besoin. ¹²Le jour commençait à baisser. Les Douze s'approchèrent de lui et lui dirent: «Renvoie cette foule, ils pourront aller dans les villages et les fermes des environs pour y loger et trouver de quoi manger: ici nous sommes dans un endroit désert.» ¹³Mais il leur dit: «Donnez-leur vous-mêmes à manger.» Ils répondirent: «Nous n'avons pas plus de cinq pains et deux poissons... à moins d'aller nous-mêmes acheter de la nourriture pour tout ce monde.» ¹⁴Il y avait bien cinq mille hommes. Jésus dit à ses disciples: «Faites-les asseoir par groupes de cinquante.» ¹⁵Ils obéirent et firent asseoir tout le monde. ¹⁶Jésus prit les cinq pains et les deux poissons, et, levant les yeux au ciel, il les bénit, les rompit et les donna à ses disciples pour qu'ils distribuent à tout le monde. ¹⁷Tous mangèrent à leur faim, et l'on ramassa les morceaux qui restaient: cela remplit douze paniers.

Confession de foi de Pierre, première annonce de la Passion, appel au renoncement.

Mt **16**, 13-28; Mc **8**, 27 - **9**, 1

¹⁸Un jour, Jésus priait à l'écart. Comme ses disciples

étaient là, il les interrogea : « Pour la foule, qui suis-je ? » [19] Ils répondirent : « Jean Baptiste ; pour d'autres, Élie ; pour d'autres, un prophète d'autrefois qui serait ressuscité. » [20] Jésus leur dit : « Et vous, que dites-vous ? Pour vous, qui suis-je ? » Pierre prit la parole et répondit : « Le Messie de Dieu. »

[21] Et Jésus leur défendit vivement de le révéler à personne, [22] en expliquant : « Il faut que le Fils de l'homme souffre beaucoup, qu'il soit rejeté par les anciens, les chefs des prêtres et les scribes, qu'il soit tué, et que, le troisième jour, il ressuscite. »

[23] Il leur disait à tous : « Celui qui veut marcher à ma suite, qu'il renonce à lui-même, qu'il prenne sa croix chaque jour, et qu'il me suive. [24] Car celui qui veut sauver sa vie la perdra ; mais celui qui perdra sa vie pour moi la sauvera. [25] Quel avantage un homme aura-t-il à gagner le monde entier, si c'est en se perdant lui-même et en le payant de sa propre existence ? [26] Si quelqu'un a honte de moi et de mes paroles, le Fils de l'homme aura honte de lui, quand il viendra dans sa gloire et dans celle du Père et des anges.

[27] Je vous le dis en vérité : parmi ceux qui sont ici, certains ne connaîtront pas la mort avant d'avoir vu le règne de Dieu. »

La Transfiguration.

Mt 17, 1-8 ; Mc 9, 2-8

[28] Et voici qu'environ huit jours après avoir prononcé ces paroles, Jésus prit avec lui Pierre, Jean et Jacques, et il alla sur la montagne pour prier. [29] Pendant qu'il priait, son visage apparut tout autre, ses vêtements devinrent d'une blancheur éclatante. [30] Et deux hommes s'entretenaient avec lui : c'étaient Moïse et Élie, [31] apparus dans la gloire. Ils parlaient de son départ qui allait se réaliser à Jérusalem. [32] Pierre et ses compagnons étaient accablés de sommeil ; mais, se réveillant, ils virent la gloire de Jésus, et les deux hommes à ses côtés. [33] Ces derniers s'en allaient, quand Pierre dit à Jésus : « Maître, il est heureux que nous soyons ici ! Dressons donc trois tentes : une pour toi, une pour Moïse, et une pour Élie. » Il ne savait pas ce qu'il disait.

[34] Pierre n'avait pas fini de parler, qu'une nuée survint et les couvrit de son ombre ; ils furent saisis de frayeur lorsqu'ils y pénétrèrent. [35] Et, de la nuée, une voix se fit entendre : « Celui-ci est mon Fils, celui que j'ai choisi, écoutez-le. » [36] Quand la voix eut retenti, on ne vit plus que Jésus seul.

Les disciples gardèrent le silence et, de ce qu'ils avaient vu, ils ne dirent rien à personne à ce moment-là.

Délivrance de l'épileptique.

Mt 17, 14-18 ; Mc 9, 14-27

[37] Le lendemain, quand ils descendirent de la montagne, une grande foule vint à la ren-

contre de Jésus. [38] Et voilà qu'un homme, dans la foule, se mit à crier : « Maître, je t'en supplie, regarde mon enfant, c'est mon fils unique ! [39] Voilà ce qui se passe : un esprit s'en empare, et soudain il pousse des cris et il le secoue en le faisant écumer ; il met longtemps à le quitter quand il le maltraite. [40] J'ai supplié tes disciples d'expulser cet esprit, mais ils n'ont pas pu. » [41] Jésus leur dit : « Génération incroyante et dévoyée, combien de temps devrai-je rester auprès de vous et vous supporter ? Fais avancer ton fils jusqu'ici. » [42] A peine l'enfant arrivait-il que le démon le jeta par terre et le secoua violemment. Jésus menaça l'esprit mauvais, guérit l'enfant et le rendit à son père. [43] Et tous étaient frappés d'étonnement devant la grandeur de Dieu.

Deuxième annonce
de la Passion : appel à l'humilité
et à la tolérance.
Mt 17, 22-23 ; 18, 1-5 ;
Mc 9, 30-41

Comme tout le monde était dans l'admiration devant tout ce que faisait Jésus, il dit à ses disciples : [44] « Mettez-vous bien en tête ce que je vous dis là : le Fils de l'homme va être livré aux mains des hommes. » [45] Mais les disciples ne comprenaient pas ces paroles, elles restaient voilées pour eux, si bien qu'ils n'en saisissaient pas

le sens, et ils avaient peur de l'interroger sur ces paroles.

[46] Une discussion s'éleva entre les disciples pour savoir qui était le plus grand parmi eux. [47] Mais Jésus, connaissant la discussion qui occupait leur pensée, prit un enfant, le plaça à côté de lui [48] et leur dit : « Celui qui accueille en mon nom cet enfant, c'est moi qu'il accueille. Et celui qui m'accueille accueille aussi celui qui m'a envoyé. Et celui d'entre vous tous qui est le plus petit, c'est celui-là qui est grand. »

[49] Jean, l'un des Douze dit à Jésus : « Maître, nous avons vu quelqu'un chasser les esprits mauvais en ton nom, et nous avons voulu l'en empêcher, car il n'est pas avec nous pour te suivre. » [50] Jésus lui répondit : « Ne l'empêchez pas : celui qui n'est pas contre vous est pour vous. »

III – MONTÉE VERS JÉRUSALEM

Le grand départ de Jésus.

[51] Comme le temps approchait où Jésus allait être enlevé de ce monde, il prit avec courage la route de Jérusalem.

Les disciples et Jésus face
à l'opposition des Samaritains.

[52] Il envoya des messagers devant lui ; ceux-ci se mirent en route et entrèrent dans un village de Samaritains pour préparer sa venue. [53] Mais on refusa de le recevoir, parce qu'il se dirigeait vers Jérusa-

lem. ⁵⁴ Devant ce refus, les disciples Jacques et Jean intervinrent : « Seigneur, veux-tu que nous ordonnions que le feu tombe du ciel pour les détruire ? » ⁵⁵ Mais Jésus se retourna et les interpella vivement. ⁵⁶ Et ils partirent pour un autre village. »

Exigences de Jésus envers
ceux qui veulent le suivre.

Mt **18**, 19-22

⁵⁷ En cours de route, un homme dit à Jésus : « Je te suivrai partout où tu iras. » ⁵⁸ Jésus lui déclara : « Les renards ont des terriers, les oiseaux du ciel ont des nids ; mais le Fils de l'homme n'a pas d'endroit où reposer la tête. »

⁵⁹ Il dit à un autre : « Suis-moi. » L'homme répondit : « Permets-moi d'aller d'abord enterrer mon père. » ⁶⁰ Mais Jésus répliqua : « Laisse les morts enterrer leurs morts. Toi, va annoncer le règne de Dieu. »

⁶¹ Un autre encore lui dit : « Je te suivrai, Seigneur ; mais laisse-moi d'abord faire mes adieux aux gens de ma maison. » ⁶² Jésus lui répondit : « Celui qui met la main à la charrue et regarde en arrière n'est pas fait pour le royaume de Dieu. »

Mission des soixante-douze.

Mt **9**, 37-38 ; **10**, 7-16 ;
11, 21-23 ; **11**, 25-27 ;
13, 16-17 ; Mc **6**, 8-11

10 ¹ Après cela, le Seigneur en désigna encore soixante-douze, et il les envoya deux par deux devant lui dans toutes les villes et localités où lui-même devait aller. ² Il leur dit : « La moisson est abondante, mais les ouvriers sont peu nombreux. Priez donc le maître de la moisson d'envoyer des ouvriers pour sa moisson. ³ Allez ! Je vous envoie comme des agneaux au milieu des loups. ⁴ N'emportez ni argent, ni sac, ni sandales, et ne vous attardez pas en salutations sur la route.

⁵ Dans toute maison où vous entrerez, dites d'abord : 'Paix à cette maison.' ⁶ S'il y a là un ami de la paix, votre paix ira reposer sur lui ; sinon, elle reviendra sur vous. ⁷ Restez dans cette maison, mangeant et buvant ce que l'on vous servira ; car le travailleur mérite son salaire. Ne passez pas de maison en maison.

⁸ Dans toute ville où vous entrerez et où vous serez accueillis, mangez ce qu'on vous offrira. ⁹ Là, guérissez les malades, et dites aux habitants : 'Le règne de Dieu est tout proche de vous.' ¹⁰ Mais dans toute ville où vous entrerez et où vous ne serez pas accueillis, sortez sur les places et dites : ¹¹ 'Même la poussière de votre ville, collée à nos pieds, nous la secouons pour vous la laisser. Pourtant sachez-le : le règne de Dieu est tout proche.' ¹² Je vous le déclare : au jour du Jugement, Sodome sera traitée moins sévèrement que cette ville.

[13] Malheureuse es-tu, Corazine! Malheureuse es-tu, Bethsaïde! Car, si les miracles qui ont eu lieu chez vous avaient eu lieu à Tyr et à Sidon, il y a longtemps que les gens y auraient pris le vêtement de deuil, et se seraient assis dans la cendre en signe de pénitence. [14] En tout cas, Tyr et Sidon seront traitées moins sévèrement que vous lors du Jugement. [15] Et toi, Capharnaüm, seras-tu donc élevée jusqu'au ciel? Non, tu descendras jusqu'au séjour des morts!

[16] Celui qui vous écoute m'écoute; celui qui vous rejette me rejette; et celui qui me rejette rejette celui qui m'a envoyé.»

[17] Les soixante-douze disciples revinrent tout joyeux. Ils racontaient: «Seigneur, même les esprits mauvais nous sont soumis en ton nom.» [18] Jésus leur dit: «Je voyais Satan tomber du ciel comme l'éclair. [19] Vous, je vous ai donné pouvoir d'écraser serpents et scorpions, et pouvoir sur toute la puissance de l'Ennemi; et rien ne pourra vous faire du mal. [20] Cependant, ne vous réjouissez pas parce que les esprits vous sont soumis; mais réjouissez-vous parce que vos noms sont inscrits dans les cieux.»

[21] A ce moment, Jésus exulta de joie sous l'action de l'Esprit Saint, et il dit: «Père, Seigneur du ciel et de la terre, je proclame ta louange: ce que tu as caché aux sages et aux savants, tu l'as révélé aux tout-petits. Oui, Père, tu l'as voulu ainsi dans ta bonté. [22] Tout m'a été confié par mon Père; personne ne connaît qui est le Fils, sinon le Père, et personne ne connaît qui est le Père, sinon le Fils et celui à qui le Fils veut le révéler.»

[23] Puis il se tourna vers ses disciples et leur dit en particulier: «Heureux les yeux qui voient ce que vous voyez! [24] Car, je vous le déclare: beaucoup de prophètes et de rois ont voulu voir ce que vous voyez, et ne l'ont pas vu, entendre ce que vous entendez, et ne l'ont pas entendu.»

Le grand commandement: le bon Samaritain. Marthe et Marie.

Mt 22, 34-40; Mc **12**, 28-31

[25] Pour mettre Jésus à l'épreuve, un docteur de la Loi lui posa cette question: «Maître, que dois-je faire pour avoir part à la vie éternelle?» [26] Jésus lui demanda: «Dans la Loi, qu'y a-t-il d'écrit? Que lis-tu?» [27] L'autre répondit: «*Tu aimeras le Seigneur ton Dieu de tout ton cœur, de toute ton âme, de toute ta force et de tout ton esprit, et ton prochain comme toi-même.*» [28] Jésus lui dit: «Tu as bien répondu. Fais ainsi et tu auras la vie.»

[29] Mais lui, voulant montrer qu'il était un homme juste, dit à Jésus: «Et qui donc est mon prochain?» [30] Jésus reprit: «Un

homme descendait de Jérusalem à Jéricho, et il tomba sur des bandits; ceux-ci, après l'avoir dépouillé, roué de coups, s'en allèrent en le laissant à moitié mort. ³¹ Par hasard, un prêtre descendait par ce chemin; il le vit et passa de l'autre côté. ³² De même un lévite arriva à cet endroit; il le vit et passa de l'autre côté. ³³ Mais un Samaritain, qui était en voyage, arriva près de lui; il le vit et fut saisi de pitié. ³⁴ Il s'approcha, pansa ses plaies en y versant de l'huile et du vin; puis il le chargea sur sa propre monture, le conduisit dans une auberge et prit soin de lui. ³⁵ Le lendemain, il sortit deux pièces d'argent, et les donna à l'aubergiste, en lui disant: 'Prends soin de lui; tout ce que tu auras dépensé en plus, je te le rendrai quand je repasserai.' ³⁶ Lequel des trois, à ton avis, a été le prochain de l'homme qui était tombé entre les mains des bandits? » ³⁷ Le docteur de la Loi répond: « Celui qui a fait preuve de bonté envers lui. » Jésus lui dit: « Va, et toi aussi fais de même. »

³⁸ Alors qu'il était en route avec ses disciples, Jésus entra dans un village. Une femme appelée Marthe le reçut dans sa maison. ³⁹ Elle avait une sœur nommée Marie qui, se tenant assise aux pieds du Seigneur, écoutait sa parole. ⁴⁰ Marthe était accaparée par les multiples occupations du service. Elle intervint et dit: « Seigneur, cela ne te fait rien? Ma sœur me laisse seule à faire le service. Dis-lui donc de m'aider. » ⁴¹ Le Seigneur lui répondit: « Marthe, Marthe, tu t'inquiètes et tu t'agites pour bien des choses. ⁴² Une seule est nécessaire. Marie a choisi la meilleure part: elle ne lui sera pas enlevée. »

Enseignements sur la prière.

Mt **6**, 9-13 ; 7, 7-11

11

¹ Un jour, quelque part, Jésus était en prière. Quand il eut terminé, un de ses disciples lui demanda: « Seigneur, apprends-nous à prier, comme Jean Baptiste l'a appris à ses disciples. »

² Il leur répondit: « Quand vous priez, dites:

'Père, que ton nom soit sanctifié, que ton règne vienne.

³ Donne-nous le pain dont nous avons besoin pour chaque jour.

⁴ Pardonne-nous nos péchés, car nous-mêmes nous pardonnons à tous ceux qui ont des torts envers nous.

Et ne nous soumets pas à la tentation.' »

⁵ Jésus leur dit encore: « Supposons que l'un de vous ait un ami et aille le trouver en pleine nuit pour lui demander: 'Mon ami, prête-moi trois pains: ⁶ un de mes amis arrive de voyage, et je n'ai rien à lui offrir.' ⁷ Et si, de l'intérieur, l'autre lui répond: 'Ne viens pas me tourmenter! Maintenant, la porte est fermée; mes enfants et moi, nous

sommes couchés. Je ne puis pas me lever pour te donner du pain », ⁸moi, je vous l'affirme : même s'il ne se lève pas pour les donner par amitié, il se lèvera à cause du sans-gêne de cet ami, et il lui donnera tout ce qu'il lui faut.

⁹Eh bien, moi, je vous dis : Demandez, vous obtiendrez ; cherchez, vous trouverez ; frappez, la porte vous sera ouverte. ¹⁰Celui qui demande reçoit ; celui qui cherche trouve ; et pour celui qui frappe, la porte s'ouvre. ¹¹Quel père parmi vous donnerait un serpent à son fils qui lui demande un poisson ? ¹²ou un scorpion, quand il demande un œuf ? ¹³Si donc vous, qui êtes mauvais, vous savez donner de bonnes choses à vos enfants, combien plus le Père céleste donnera-t-il l'Esprit Saint à ceux qui le lui demandent ! »

Ceux qui refusent Jésus
et ceux qui l'accueillent.

Mt **12**, 22...45 ; **5**, 15 ; **6**, 22-23 ;
    Mc **3**, 22-27 ; **8**, 12 ; **4**, 21

¹⁴Jésus expulsait un démon qui rendait un homme muet. Lorsque le démon fut sorti, le muet se mit à parler, et la foule fut dans l'admiration. ¹⁵Mais certains se mirent à dire : « C'est par Béelzéboul, le chef des démons, qu'il expulse les démons. » ¹⁶D'autres, pour le mettre à l'épreuve, lui réclamaient un signe venant du ciel.

¹⁷Jésus, connaissait leurs intentions, leur dit : « Tout

royaume divisé devient un désert, ses maisons s'écroulent les unes sur les autres. ¹⁸Si Satan, lui aussi, est divisé, comment son royaume tiendra-t-il ? Vous dites que c'est par Béelzéboul que j'expulse les démons. ¹⁹Et si c'est par Béelzéboul que moi, je les expulse, vos disciples, par qui les expulsent-ils ? C'est pourquoi ils seront eux-mêmes vos juges. ²⁰Mais si c'est par le doigt de Dieu que j'expulse les démons, c'est donc que le règne de Dieu est survenu pour vous. ²¹Quand l'homme fort et bien armé garde son palais, tout ce qui lui appartient est en sécurité. ²²Mais si un plus fort intervient et triomphe de lui, il lui enlève l'équipement de combat qui lui donnait confiance, et il distribue tout ce qu'il lui a pris. ²³Celui qui n'est pas avec moi est contre moi ; celui qui ne rassemble pas avec moi disperse.

²⁴Quand l'esprit mauvais est sorti d'un homme, il parcourt les terres desséchées en cherchant un lieu de repos. Et comme il n'en trouve pas, il se dit : 'Je vais retourner dans ma maison, d'où je suis sorti.' ²⁵En arrivant, il la trouve balayée et bien rangée. ²⁶Alors, il s'en va, et il prend sept autres esprits encore plus mauvais que lui, ils y entrent, et ils s'y installent. Ainsi, l'état de cet homme est pire à la fin qu'au début. »

²⁷Comme Jésus était en train de parler, une femme éleva la

voix au milieu de la foule pour lui dire : « Heureuse la mère qui t'a porté dans ses entrailles, et qui t'a nourri de son lait ! » ²⁸ Alors Jésus lui déclara : « Heureux plutôt ceux qui entendent la parole de Dieu, et qui la gardent ! »

²⁹ Comme la foule s'amassait, Jésus se mit à dire : « Cette génération est une génération mauvaise : elle demande un signe, mais en fait de signe il ne lui sera donné que celui de Jonas. ³⁰ Car Jonas a été un signe pour les habitants de Ninive ; il en sera de même avec le Fils de l'homme pour cette génération.

³¹ Lors du Jugement, la reine de Saba se dressera en même temps que les hommes de cette génération, et elle les condamnera. En effet, elle est venue de l'extrémité du monde pour écouter la sagesse de Salomon, et il y a ici bien plus que Salomon ³² Lors du Jugement, les habitants de Ninive se lèveront en même temps que cette génération, et ils la condamneront ; en effet, ils se sont convertis en réponse à la proclamation faite par Jonas, et il y a ici bien plus que Jonas.

³³ Personne, après avoir allumé une lampe, ne la met dans une cachette ou bien sous le boisseau : on la met sur le lampadaire pour que ceux qui entrent voient la clarté.

³⁴ La lampe de ton corps, c'est ton œil. Quand ton œil est vraiment clair, ton corps tout entier est aussi dans la lumière ; mais quand ton œil est mauvais, ton corps aussi est plongé dans les ténèbres. ³⁵ Examine donc si la lumière qui est en toi n'est pas ténèbres ; ³⁶ alors si ton corps tout entier est dans la lumière sans aucune part de ténèbres, il sera tout entier dans la lumière, comme lorsque la lampe t'illumine de son éclat. »

Contre les pharisiens
et les docteurs de la Loi.

Mt **23**, 4...36

³⁷ Comme Jésus parlait, un pharisien l'invita pour le repas de midi. Jésus entra chez lui et se mit à table. ³⁸ Le pharisien fut étonné en voyant qu'il n'avait pas d'abord fait son ablution avant le repas.

³⁹ Le Seigneur lui dit : « Bien sûr, vous les pharisiens, vous purifiez l'extérieur de la coupe et du plat, mais à l'intérieur vous êtes remplis de cupidité et de méchanceté. ⁴⁰ Insensés ! Celui qui a fait l'extérieur n'a-t-il pas fait aussi l'intérieur ? ⁴¹ Donnez plutôt en aumônes ce que vous avez, et alors tout sera pur pour vous.

⁴² Malheureux êtes-vous, pharisiens, parce que vous payez la dîme sur toutes les plantes du jardin, comme la menthe ou la rue, et vous laissez de côté la justice et l'amour de Dieu. Voilà ce qu'il fallait pratiquer, sans abandonner le reste.

⁴³Malheureux êtes-vous, pharisiens, parce que vous aimez les premiers rangs dans les synagogues, et les salutations sur les places publiques.
⁴⁴Malheureux êtes-vous, parce que vous êtes comme ces tombeaux qu'on ne voit pas et sur lesquels on marche sans le savoir.»

⁴⁵Alors un docteur de la Loi prit la parole: «Maître, en parlant ainsi, c'est nous aussi que tu insultes.» ⁴⁶Jésus reprit: «Vous aussi, les docteurs de la Loi, malheureux êtes-vous, parce que vous chargez les gens de fardeaux impossibles à porter, et vous-mêmes, vous ne touchez même pas ces fardeaux d'un seul doigt.

⁴⁷Malheureux êtes-vous, parce que vous bâtissez les tombeaux des prophètes, alors que vos pères les ont tués. ⁴⁸Ainsi vous témoignez que vous approuvez les actes de vos pères, puisque eux, ils ont tué les prophètes, et vous, vous bâtissez leurs tombeaux. ⁴⁹C'est pourquoi la Sagesse de Dieu elle-même a dit: Je leur enverrai des prophètes et des apôtres, ils tueront les uns et en persécuteront d'autres. ⁵⁰Ainsi cette génération devra rendre compte du sang de tous les prophètes qui a été versé depuis la création du monde, ⁵¹depuis le sang d'Abel jusqu'au sang de Zacharie, qui a péri entre l'autel et le sanctuaire. Oui, je vous le déclare: cette génération devra en rendre compte.

⁵²Malheureux êtes-vous, docteurs de la Loi, parce que vous avez enlevé la clé de la connaissance; vous-mêmes n'êtes pas entrés, et ceux qui essayaient d'entrer, vous les en avez empêchés.»

⁵³Après que Jésus fut parti de là, les scribes et les pharisiens se mirent à lui en vouloir terriblement, et ils le harcelaient de questions; ⁵⁴ils étaient à l'affût pour s'emparer d'une de ses paroles.

Se tenir prêts pour le retour du Seigneur et le Jugement.

Mt 10, 19...36; **12**, 32; **6**, 19...34; **24**, 43-51; Mc **3**, 29; **13**, 11.34-37

12 ¹Comme la foule s'était rassemblée par dizaines de milliers, au point qu'on s'écrasait, Jésus se mit à dire, en s'adressant d'abord à ses disciples: «Méfiez-vous bien à cause du levain des pharisiens, c'est-à-dire de leur hypocrisie. ²Tout ce qui est voilé sera dévoilé, tout ce qui est caché sera connu. ³Aussi tout ce que vous aurez dit dans l'ombre sera entendu au grand jour, ce que vous aurez dit à l'oreille dans le fond de la maison sera proclamé sur les toits.

⁴Je vous le dis, à vous mes amis: ne craignez pas ceux qui tuent le corps, et après cela ne peuvent rien faire de plus. ⁵Je vais vous montrer qui vous devez craindre: craignez celui qui, après avoir tué, a le pouvoir d'envoyer dans la géhenne.

Oui, je vous le dis : c'est celui-là que vous devez craindre. ⁶Est-ce qu'on ne vend pas cinq moineaux pour deux sous ? et pas un seul n'est indifférent aux yeux de Dieu. ⁷Quant à vous, même vos cheveux sont tous comptés. Soyez sans crainte : vous valez plus que tous les moineaux du monde. ⁸Je vous le déclare : Celui qui se sera prononcé pour moi devant les hommes, le Fils de l'homme se prononcera aussi pour lui devant les anges de Dieu. ⁹Mais celui qui m'aura renié en face des hommes sera renié en face des anges de Dieu. ¹⁰Et celui qui dira une parole contre le Fils de l'homme, cela lui sera pardonné ; mais si quelqu'un blasphème contre l'Esprit Saint, cela ne lui sera pas pardonné. ¹¹Quand on vous traduira devant les synagogues, les puissances et les autorités, ne vous tourmentez pas pour savoir comment vous défendre ou comment parler. ¹²Car l'Esprit Saint vous enseignera à cette heure même ce qu'il faudra dire. »

¹³Du milieu de la foule, un homme demanda à Jésus : « Maître, dis à mon frère de partager avec moi notre héritage. » ¹⁴Jésus lui répondit : « Qui m'a établi pour être votre juge ou pour faire vos partages ? » ¹⁵Puis, s'adressant à la foule : « Gardez-vous bien de toute âpreté au gain ; car la vie d'un homme, fût-il dans l'abondance, ne dépend pas de ses richesses. »

¹⁶Et il leur dit cette parabole : « Il y avait un homme riche, dont les terres avaient beaucoup rapporté. ¹⁷Il se demandait : 'Que vais-je faire ? Je ne sais pas où mettre ma récolte.' ¹⁸Puis il se dit : 'Voici ce que je vais faire : je vais démolir mes greniers, j'en construirai de plus grands et j'y entasserai tout mon blé et tout ce que je possède. ¹⁹Alors je me dirai à moi-même : Te voilà avec des réserves en abondance pour de nombreuses années. Repose-toi, mange, bois, jouis de l'existence.' ²⁰Mais Dieu lui dit : 'Tu es fou : cette nuit même, on te redemande ta vie. Et ce que tu auras mis de côté, qui l'aura ?' ²¹Voilà ce qui arrive à celui qui amasse pour lui-même, au lieu d'être riche en vue de Dieu. »

²²Puis il dit à ses disciples : « C'est pourquoi, je vous le dis : Ne vous faites pas tant de souci pour votre vie au sujet de la nourriture, ni pour votre corps au sujet des vêtements. ²³La vie vaut plus que la nourriture, et le corps plus que le vêtement. ²⁴Voyez les corbeaux : ils ne font ni semailles ni moisson, ils n'ont ni greniers ni magasins, et Dieu les nourrit. Vous valez tellement plus que les oiseaux ! ²⁵D'ailleurs qui d'entre vous, à force de souci, peut prolonger tant soit peu son existence ? ²⁶Si donc vous ne pouvez rien pour une si petite chose, pourquoi vous faire du souci pour tout le reste ? ²⁷Voyez les lis : ils

ne filent pas, ils ne tissent pas. Or je vous dis que Salomon lui-même, dans toute sa gloire, n'était pas habillé comme l'un d'eux. [28] Si Dieu habille ainsi l'herbe dans les champs, elle qui est là aujourd'hui et qui demain sera jetée au feu, il fera tellement plus pour vous, hommes de peu de foi! [29] Quant à vous, ne cherchez pas ce que vous pourrez manger et boire; ne soyez pas inquiets. [30] Tout cela, les païens de ce monde le recherchent. Mais votre Père sait que vous en avez besoin. [31] Cherchez plutôt son Royaume, et tout cela vous sera donné par-dessus le marché. [32] Sois sans crainte, petit troupeau, car votre Père a trouvé bon de vous donner le Royaume.

[33] Vendez ce que vous avez et donnez-le en aumône. Faites-vous une bourse qui ne s'use pas, un trésor inépuisable dans les cieux, là où le voleur n'approche pas, où la mite ne ronge pas. [34] Car là où est votre trésor, là aussi sera votre cœur.

[35] Restez en tenue de service, et gardez vos lampes allumées. [36] Soyez comme des gens qui attendent leur maître à son retour des noces, pour lui ouvrir dès qu'il arrivera et frappera à la porte. [37] Heureux les serviteurs que le maître, à son arrivée, trouvera en train de veiller. Amen, je vous le dis: il prendra la tenue de service, les fera passer à table et les servira chacun à son tour. [38] S'il revient vers minuit ou plus tard encore et qu'il les trouve ainsi, heureux sont-ils! [39] Vous le savez bien: si le maître de maison connaissait l'heure où le voleur doit venir, il ne laisserait pas percer le mur de sa maison. [40] Vous aussi, tenez-vous prêts: c'est à l'heure où vous n'y penserez pas que le Fils de l'homme viendra. »

[41] Pierre dit alors: « Seigneur, cette parabole s'adresse-t-elle à nous, ou à tout le monde? » [42] Le Seigneur répond: « Quel est donc l'intendant fidèle et sensé à qui le maître confiera la charge de ses domestiques pour leur donner, en temps voulu, leur part de blé? [43] Heureux serviteur, que son maître, en arrivant, trouvera à son travail. [44] Vraiment, je vous le déclare: il lui confiera la charge de tous ses biens. [45] Mais si le même serviteur se dit: 'Mon maître tarde à venir', et s'il se met à frapper serviteurs et servantes, à manger, à boire et à s'enivrer, [46] son maître viendra le jour où il ne l'attend pas et à l'heure qu'il n'a pas prévue; il se séparera de lui et le mettra parmi les infidèles. [47] Le serviteur qui, connaissant la volonté de son maître, n'a pourtant rien préparé, ni accompli cette volonté, recevra un grand nombre de coups. [48] Mais celui qui ne la connaissait pas, et qui a mérité des coups pour sa conduite, n'en recevra qu'un petit nombre. A qui l'on a beaucoup donné, on deman-

dera beaucoup ; à qui l'on a beaucoup confié, on réclamera davantage.

⁴⁹ Je suis venu apporter un feu sur la terre, et comme je voudrais qu'il soit déjà allumé ! ⁵⁰ Je dois recevoir un baptême, et comme il m'en coûte d'attendre qu'il soit accompli ! ⁵¹ Pensez-vous que je sois venu mettre la paix dans le monde ? Non, je vous le dis, mais plutôt la division. ⁵² Car désormais cinq personnes de la même famille seront divisées : trois contre deux et deux contre trois ; ⁵³ ils se diviseront : le père contre le fils et le fils contre le père, la mère contre la fille et la fille contre la mère, la belle-mère contre la belle-fille et la belle-fille contre la belle-mère. »

Reconnaître dans les événements l'appel de Dieu à la conversion.
Mt **16**, 2-3 ; **5**, 25-26

⁵⁴ Jésus disait encore à la foule : « Quand vous voyez un nuage monter au couchant, vous dites aussitôt qu'il va pleuvoir, et c'est ce qui arrive. ⁵⁵ Et quand vous voyez souffler le vent du sud, vous dites qu'il fera très chaud, et cela arrive. ⁵⁶ Esprits faux ! L'aspect de la terre et du ciel, vous savez le juger ; mais le temps où nous sommes, pourquoi ne savez-vous pas le juger ?

⁵⁷ Et pourquoi aussi ne jugez-vous pas par vous-mêmes ce qui est juste ? ⁵⁸ Ainsi, quand tu vas avec ton adversaire devant le magistrat, pendant que tu es en chemin efforce-toi de te libérer envers lui, pour éviter qu'il ne te traîne devant le juge, que le juge ne te livre au percepteur des amendes, et que celui-ci ne te jette en prison. ⁵⁹ Je te le dis : tu n'en sortiras pas avant d'avoir payé jusqu'au dernier centime. »

13 ¹ A ce moment, des gens vinrent rapporter à Jésus l'affaire des Galiléens que Pilate avait fait massacrer pendant qu'ils offraient un sacrifice. ² Jésus leur répondit : « Pensez-vous que ces Galiléens étaient de plus grands pécheurs que tous les autres Galiléens, pour avoir subi un tel sort ? ³ Eh bien non, je vous le dis ; et si vous ne vous convertissez pas, vous périrez tous comme eux. ⁴ Et ces dix-huit personnes tuées par la chute de la tour de Siloé, pensez-vous qu'elles étaient plus coupables que tous les autres habitants de Jérusalem ? ⁵ Eh bien non, je vous le dis ; et si vous ne vous convertissez pas, vous périrez tous de la même manière. »

⁶ Jésus leur disait encore cette parabole : « Un homme avait un figuier planté dans sa vigne. Il vint chercher du fruit sur ce figuier, et n'en trouva pas. ⁷ Il dit alors à son vigneron : 'Voilà trois ans que je viens chercher du fruit sur ce figuier, et je n'en trouve pas. Coupe-le. A quoi bon le laisser épuiser le sol ?' ⁸ Mais le vigneron lui

répondit : 'Seigneur, laisse-le encore cette année, le temps que je bêche autour pour y mettre du fumier. ⁹Peut-être donnera-t-il du fruit à l'avenir. Sinon, tu le couperas.' »

Guérison un jour de sabbat.

¹⁰Jésus était en train d'enseigner dans une synagogue, le jour du sabbat. ¹¹Il y avait là une femme, possédée par un esprit mauvais qui la rendait infirme depuis dix-huit ans ; elle était toute courbée et absolument incapable de se redresser. ¹²Quand Jésus la vit, il l'interpella : « Femme, te voilà délivrée de ton infirmité. » ¹³Puis, il lui imposa les mains ; à l'instant même elle se trouva toute droite, et elle rendait gloire à Dieu.

¹⁴Le chef de la synagogue fut indigné de voir Jésus faire une guérison le jour du sabbat. Il prit la parole pour dire à la foule : « Il y a six jours pour travailler ; venez donc vous faire guérir ces jours-là, et non pas le jour du sabbat. » ¹⁵Le Seigneur lui répliqua : « Esprits faux que vous êtes ! N'est-il pas vrai que le jour du sabbat chacun de vous détache de la mangeoire son bœuf ou son âne pour le mener boire ? ¹⁶Et cette femme, une fille d'Abraham, que Satan avait liée il y a dix-huit ans, n'est-il pas vrai que le jour du sabbat il fallait la délivrer de ce lien ? » ¹⁷Ces paroles de Jésus couvraient de honte tous ses adversaires, et toute la foule était dans la joie

à cause de toutes les actions éclatantes qu'il faisait.

Deux paraboles du Royaume.
Mt **13**, 31-33 ; Mc **4**, 30-32

¹⁸Jésus disait : « A quoi le règne de Dieu est-il comparable, à quoi vais-je le comparer ? ¹⁹Il est comparable à une graine de moutarde qu'un homme a jetée dans son jardin. Elle a poussé, elle est devenue un arbre, et les oiseaux du ciel ont fait leur nid dans ses branches. »

²⁰Il dit encore : « A quoi vais-je comparer le règne de Dieu ? ²¹Il est comparable à du levain qu'une femme enfouit dans trois grandes mesures de farine, jusqu'à ce que toute la pâte ait levé. »

La route de Jésus.

²²Dans sa marche vers Jérusalem, Jésus passait par les villes et les villages en enseignant.

Rejet des Juifs et appel des païens.
Mt 7, 13 ; **8**, 11-12 ; **19**, 30

²³Quelqu'un lui demanda : « Seigneur, n'y aura-t-il que peu de gens à être sauvés ? » Jésus leur dit : ²⁴« Efforcez-vous d'entrer par la porte étroite, car, je vous le déclare, beaucoup chercheront à entrer et ne le pourront pas.

²⁵Quand le maître de la maison se sera levé et aura fermé la porte, si vous, du dehors, vous vous mettez à frapper à la

porte, en disant : 'Seigneur, ouvre-nous', il vous répondra : 'Je ne sais pas d'où vous êtes.' ²⁶ Alors vous vous mettrez à dire : 'Nous avons mangé et bu en ta présence, et tu as enseigné sur nos places.' ²⁷ Il vous répondra : 'Je ne sais pas d'où vous êtes. *Eloignez-vous de moi, vous tous qui faites le mal.*' ²⁸ Il y aura des pleurs et des grincements de dents quand vous verrez Abraham, Isaac et Jacob et tous les prophètes dans le royaume de Dieu, et que vous serez jetés dehors. ²⁹ Alors on viendra de l'orient et de l'occident, du nord et du midi, prendre place au festin dans le royaume de Dieu. ³⁰ Oui, il y a des derniers qui seront premiers, et des premiers qui seront derniers. »

Jésus devant sa mort prochaine.
Mt 23, 37-39

³¹ A ce moment-là, quelques pharisiens s'approchèrent de Jésus pour lui dire : « Va-t'en, pars d'ici : Hérode veut te faire mourir. » ³² Il leur répliqua : « Allez dire à ce renard : Aujourd'hui et demain, je chasse les démons et je fais des guérisons ; le troisième jour, je suis au but. ³³ Mais il faut que je continue ma route aujourd'hui, demain et le jour suivant, car il n'est pas possible qu'un prophète meure en dehors de Jérusalem. ³⁴ Jérusalem, Jérusalem, toi qui tues les prophètes, toi qui lapides ceux qui te sont

envoyés, combien de fois j'ai voulu rassembler tes enfants comme la poule rassemble ses poussins sous ses ailes, et vous n'avez pas voulu ! ³⁵ Maintenant, Dieu abandonne votre Temple entre vos mains. Je vous le déclare : vous ne me verrez plus jusqu'au jour où vous direz : *Béni soit celui qui vient au nom du Seigneur !* »

Repas chez un pharisien.
Mt 22, 1-10

14 ¹ Un jour de sabbat, Jésus était entré chez un chef des pharisiens pour y prendre son repas, et on l'observait. ² Justement, un homme atteint d'hydropisie était là devant lui. ³ Jésus s'adressa aux docteurs de la Loi et aux pharisiens pour leur demander : « Est-il permis, oui ou non, de faire une guérison le jour du sabbat ? » ⁴ Ils gardèrent le silence. Jésus saisit alors le malade, le guérit et le renvoya. ⁵ Puis il leur dit : « Si l'un de vous a son fils ou son bœuf qui tombe dans un puits, ne va-t-il pas l'en retirer aussitôt, le jour même du sabbat ? » ⁶ Et ils furent incapables de trouver une réponse.

⁷ Remarquant que les invités choisissaient les premières places, il leur dit cette parabole : ⁸ « Quand tu es invité à des noces, ne va pas te mettre à la première place, car on peut avoir invité quelqu'un de plus important que toi. ⁹ Alors, celui qui vous a invités,

toi et lui, viendrait te dire : 'Cède-lui ta place', [10] et tu irais, plein de honte, prendre la dernière place. Au contraire, quand tu es invité, va te mettre à la dernière place. Alors, quand viendra celui qui t'a invité, il te dira : 'Mon ami, avance plus haut', et ce sera pour toi un honneur aux yeux de tous ceux qui sont à table avec toi. [11] Qui s'élève sera abaissé ; qui s'abaisse sera élevé. »

[12] Jésus disait aussi à celui qui l'avait invité : « Quand tu donnes un déjeuner ou un dîner, n'invite pas tes amis, ni tes frères, ni tes parents, ni de riches voisins ; sinon, eux aussi t'inviteraient en retour, et la politesse te serait rendue. [13] Au contraire, quand tu donnes un festin, invite des pauvres, des estropiés, des boiteux, des aveugles ; [14] et tu seras heureux, parce qu'ils n'ont rien à te rendre : cela te sera rendu à la résurrection des justes. »

[15] En entendant parler Jésus, un des convives lui dit : « Heureux celui qui participera au repas dans le royaume de Dieu ! » [16] Jésus lui dit : « Un homme donnait un grand dîner, et il avait invité beaucoup de monde. [17] A l'heure du dîner, il envoya son serviteur dire aux invités : 'Venez, maintenant le repas est prêt.' [18] Mais tous se mirent à s'excuser de la même façon. Le premier lui dit : 'J'ai acheté un champ, et je suis obligé d'aller le voir ; je t'en prie, excuse-moi.' [19] Un

autre dit : 'J'ai acheté cinq paires de bœufs, et je pars les essayer ; je t'en prie, excuse-moi.' [20] Un troisième dit : 'Je viens de me marier, et, pour cette raison, je ne peux pas venir.' [21] A son retour, le serviteur rapporta ces paroles à son maître. Plein de colère, le maître de maison dit à son serviteur : 'Dépêche-toi d'aller sur les places et dans les rues de la ville, et amène ici les pauvres, les estropiés, les aveugles et les boiteux.' [22] Le serviteur revint lui dire : 'Maître, ce que tu as ordonné est fait, et il reste de la place.' [23] Le maître dit alors au serviteur : 'Va sur les routes et dans les sentiers, et insiste pour faire entrer les gens, afin que ma maison soit remplie. [24] Car, je vous le dis, aucun de ces hommes qui avaient été invités ne profitera de mon dîner.' »

Appel au renoncement.

Mt 10, 37-38 ; 5, 13 ; Mc 9, 50

[25] De grandes foules faisaient route avec Jésus ; il se retourna et leur dit : [26] « Si quelqu'un vient à moi sans me préférer à son père, sa mère, sa femme, ses enfants, ses frères et sœurs, et même à sa propre vie, il ne peut pas être mon disciple. [27] Celui qui ne porte pas sa croix pour marcher derrière moi ne peut pas être mon disciple.

[28] Quel est celui d'entre vous qui veut bâtir une tour, et qui ne commence pas par s'asseoir

pour calculer la dépense et voir s'il a de quoi aller jusqu'au bout ? ²⁹ Car, s'il pose les fondations et ne peut pas achever, tous ceux qui le verront se moqueront de lui : ³⁰ 'Voilà un homme qui commence à bâtir et qui ne peut pas achever !' ³¹ Et quel est le roi qui part en guerre contre un autre roi, et qui ne commence pas par s'asseoir pour voir s'il peut, avec dix mille hommes, affronter l'autre qui vient l'attaquer avec vingt mille ? ³² S'il ne le peut pas, il envoie, pendant que l'autre est encore loin, une délégation pour demander la paix. ³³ De même, celui d'entre vous qui ne renonce pas à tout ce qui lui appartient ne peut pas être mon disciple.

³⁴ C'est une bonne chose que le sel ; mais si le sel lui-même se dénature, avec quoi lui rendra-t-on sa force ? ³⁵ Il ne peut servir ni pour la terre, ni pour le fumier : on le jette dehors ! Celui qui a des oreilles pour entendre, qu'il entende ! »

Paraboles de la miséricorde.

Mt 18, 12-14

15 ¹ Les publicains et les pécheurs venaient tous à Jésus pour l'écouter. ² Les pharisiens et les scribes récriminaient contre lui : « Cet homme fait bon accueil aux pécheurs, et il mange avec eux ! »

³ Alors Jésus leur dit cette parabole : ⁴ « Si l'un de vous a cent brebis et en perd une, ne laisse-t-il pas les quatre-vingt-dix-neuf autres dans le désert pour aller chercher celle qui est perdue, jusqu'à ce qu'il la retrouve ? ⁵ Quand il l'a retrouvée, tout joyeux, il la prend sur ses épaules, ⁶ et, de retour chez lui, il réunit ses amis et ses voisins ; il leur dit : 'Réjouissez-vous avec moi, car j'ai retrouvé ma brebis, celle qui était perdue !' ⁷ Je vous le dis : C'est ainsi qu'il y aura de la joie dans le ciel pour un seul pécheur qui se convertit, plus que pour quatre-vingt-dix-neuf justes qui n'ont pas besoin de conversion.

⁸ Ou encore, si une femme a dix pièces d'argent et en perd une, ne va-t-elle pas allumer une lampe, balayer la maison, et chercher avec soin jusqu'à ce qu'elle la retrouve ? ⁹ Quand elle l'a retrouvée, elle réunit ses amies et ses voisines et leur dit : 'Réjouissez-vous avec moi, car j'ai retrouvé la pièce d'argent que j'avais perdue !' ¹⁰ De même, je vous le dis : Il y a de la joie chez les anges de Dieu pour un seul pécheur qui se convertit. »

¹¹ Jésus dit encore : « Un homme avait deux fils. ¹² Le plus jeune dit à son père : 'Père, donne-moi la part d'héritage qui me revient.' Et le père fit le partage de ses biens. ¹³ Peu de jours après, le plus jeune rassembla tout ce qu'il avait, et partit pour un pays lointain où il gaspilla sa fortune en menant une vie de

désordre. ¹⁴Quand il eut tout dépensé, une grande famine survint dans cette région, et il commença à se trouver dans la misère. ¹⁵Il alla s'embaucher chez un homme du pays qui l'envoya dans ses champs garder les porcs. ¹⁶Il aurait bien voulu se remplir le ventre avec les gousses que mangeaient les porcs, mais personne ne lui donnait rien. ¹⁷Alors il réfléchit : 'Tant d'ouvriers chez mon père ont du pain en abondance, et moi, ici, je meurs de faim ! ¹⁸Je vais retourner chez mon père, et je lui dirai : Père, j'ai péché contre le ciel et contre toi. ¹⁹Je ne mérite plus d'être appelé ton fils. Prends-moi comme l'un de tes ouvriers.'

²⁰Il partit donc pour aller chez son père. Comme il était encore loin, son père l'aperçut et fut saisi de pitié ; il courut se jeter à son cou et le couvrit de baisers. ²¹Le fils lui dit : 'Père, j'ai péché contre le ciel et contre toi. Je ne mérite plus d'être appelé ton fils...' ²²Mais le père dit à ses domestiques : 'Vite, apportez le plus beau vêtement pour l'habiller. Mettez-lui une bague au doigt et des sandales aux pieds. ²³Allez chercher le veau gras, tuez-le ; mangeons et festoyons. ²⁴Car mon fils que voilà était mort, et il est revenu à la vie ; il était perdu, et il est retrouvé.' Et ils commencèrent la fête.

²⁵Le fils aîné était aux champs. A son retour, quand il fut près de la maison, il entendit la musique et les danses. ²⁶Appelant un des domestiques, il demanda ce qui se passait. ²⁷Celui-ci répondit : 'C'est ton frère qui est de retour. Et ton père a tué le veau gras, parce qu'il a vu revenir son fils en bonne santé.' ²⁸Alors le fils aîné se mit en colère, et il refusait d'entrer. Son père, qui était sorti, le suppliait. ²⁹Mais il répliqua : 'Il y a tant d'années que je suis à ton service sans avoir jamais désobéi à tes ordres, et jamais tu ne m'as donné un chevreau pour festoyer avec mes amis. ³⁰Mais, quand ton fils que voilà est arrivé après avoir dépensé ton bien avec des filles, tu as fait tuer pour lui le veau gras !' ³¹Le père répondit : 'Toi, mon enfant, tu es toujours avec moi, et tout ce qui est à moi est à toi. ³²Il fallait bien festoyer et se réjouir ; car ton frère que voilà était mort, et il est revenu à la vie ; il était perdu, et il est retrouvé !'»

Parabole de l'économe habile – Réflexions sur l'argent.

Mt 6, 24

16 ¹Jésus disait encore à ses disciples : « Un homme riche avait un gérant qui lui fut dénoncé parce qu'il gaspillait ses biens. ²Il le convoqua et lui dit : 'Qu'est-ce que j'entends dire de toi ? Rends-moi les comptes de ta gestion, car désormais tu ne pourras plus gérer mes affaires.' ³Le gérant pensa : 'Que vais-je faire, puisque mon maître me retire la gérance ? Travailler la terre ? Je n'ai pas la force. Mendier ? J'aurais honte. ⁴Je sais ce que je vais faire, pour qu'une fois renvoyé de ma gérance, je trouve des gens pour m'accueillir.'

⁵Il fit alors venir, un par un, ceux qui avaient des dettes envers son maître. Il demanda au premier : 'Combien dois-tu à mon maître ? – ⁶Cent barils d'huile.' Le gérant lui dit : 'Voici ton reçu ; vite, assieds-toi et écris cinquante.' ⁷Puis il demanda à un autre : 'Et toi, combien dois-tu ? – Cent sacs de blé.' Le gérant lui dit : 'Voici ton reçu, écris quatre-vingts.' ⁸Ce gérant trompeur, le maître fit son éloge : effectivement, il s'était montré habile, car les fils de ce monde sont plus habiles entre eux que les fils de la lumière.

⁹Eh bien moi, je vous le dis : Faites-vous des amis avec l'Argent trompeur, afin que, le jour où il ne sera plus là, ces amis vous accueillent dans les demeures éternelles. ¹⁰Celui qui est digne de confiance dans une toute petite affaire est digne de confiance aussi dans une grande. Celui qui est trompeur dans une petite affaire est trompeur aussi dans une grande. ¹¹Si vous n'avez pas été dignes de confiance avec l'Argent trompeur, qui vous confiera le bien véritable ? ¹²Et si vous n'avez pas été

dignes de confiance pour des biens étrangers, le vôtre, qui vous le donnera ?

¹³Aucun domestique ne peut servir deux maîtres : ou bien il détestera le premier, et aimera le second ; ou bien il s'attachera au premier, et méprisera le second. Vous ne pouvez pas servir à la fois Dieu et l'Argent. »

Paroles diverses.
Mt 11, 12-13 ; 5, 18 ; 5, 32 ;
Mc 10, 11-12

¹⁴Les pharisiens, eux qui aimaient l'argent, entendaient tout cela, et ils ricanaient à son sujet. ¹⁵Il leur dit alors : « Vous êtes, vous, ceux qui se présentent comme des justes aux yeux des hommes, mais Dieu connaît vos cœurs, car ce qui est prestigieux chez les hommes est une chose abominable aux yeux de Dieu.

¹⁶Jusqu'à Jean Baptiste, il y a eu la Loi et les Prophètes ; depuis lors, le royaume de Dieu est annoncé, et chacun emploie toute sa force pour y entrer.

¹⁷Plus facilement disparaîtront le ciel et la terre que ne tombera un seul petit trait de la Loi.

¹⁸Tout homme qui renvoie sa femme pour en épouser une autre commet l'adultère ; et celui qui épouse une femme renvoyée par son mari commet l'adultère.

Parabole de Lazare et du riche.

¹⁹« Il y avait un homme riche, qui portait des vêtements de

luxe et faisait chaque jour des festins somptueux. ²⁰Un pauvre, nommé Lazare, était couché devant le portail, couvert de plaies. ²¹Il aurait bien voulu se rassasier de ce qui tombait de la table du riche; mais c'étaient plutôt les chiens qui venaient lécher ses plaies.

²²Or le pauvre mourut, et les anges l'emportèrent auprès d'Abraham. Le riche mourut aussi, et on l'enterra. ²³Au séjour des morts, il était en proie à la torture; il leva les yeux et vit de loin Abraham avec Lazare tout près de lui. ²⁴Alors il cria: 'Abraham, mon père, prends pitié de moi et envoie Lazare tremper dans l'eau le bout de son doigt pour me rafraîchir la langue, car je souffre terriblement dans cette fournaise. — ²⁵Mon enfant, répondit Abraham, rappelle-toi: Tu as reçu le bonheur pendant ta vie, et Lazare, le malheur. Maintenant il trouve ici la consolation, et toi, c'est ton tour de souffrir. ²⁶De plus, un grand abîme a été mis entre vous et nous, pour que ceux qui voudraient aller vers vous ne le puissent pas, et que, de là-bas non plus, on ne vienne pas vers nous.'

²⁷Le riche répliqua: 'Eh bien! père, je te prie d'envoyer Lazare dans la maison de mon père. ²⁸J'ai cinq frères: qu'il les avertisse pour qu'ils ne viennent pas, eux aussi, dans ce lieu de torture!' ²⁹Abraham lui dit: 'Ils ont Moïse et les Prophètes: qu'ils les écoutent!

³⁰Non, père Abraham, dit le riche, mais si quelqu'un de chez les morts vient les trouver, ils se convertiront.' ³¹Abraham répondit: 'S'ils n'écoutent pas Moïse ni les Prophètes, quelqu'un pourra bien ressusciter d'entre les morts: ils ne seront pas convaincus.' »

La vie fraternelle.

Mt **18**, 6-7.15; Mc **9**, 42

17 ¹Jésus disait à ses disciples: «Il est inévitable qu'il arrive des scandales qui entraînent au péché, mais malheureux celui par qui ils arrivent. ²Si on lui attachait au cou une meule de moulin et qu'on le précipite à la mer, ce serait mieux pour lui que d'entraîner au péché un seul de ces petits. ³Tenez-vous sur vos gardes! Si ton frère a commis une faute contre toi, fais-lui de vifs reproches, et, s'il se repent, pardonne-lui. ⁴Même si sept fois par jour il commet une faute contre toi, et que sept fois de suite il revienne à toi en disant: 'Je me repens', tu lui pardonneras. »

Puissance de la foi.

Mt **17**, 20; Mc **11**, 22-23

⁵Les Apôtres dirent au Seigneur: «Augmente en nous la foi!» ⁶Le Seigneur répondit: «La foi, si vous en aviez gros comme une graine de moutarde, vous diriez au grand arbre que voici: 'Déracine-toi

et va te planter dans la mer', et il vous obéirait.

Simples serviteurs du Seigneur.

[7] « Lequel d'entre vous, quand son serviteur vient de labourer ou de garder les bêtes, lui dira à son retour des champs : 'Viens vite à table' ? [8] Ne lui dira-t-il pas plutôt : 'Prépare-moi à dîner, mets-toi en tenue pour me servir, le temps que je mange et que je boive. Ensuite tu pourras manger et boire à ton tour.' [9] Sera-t-il reconnaissant envers ce serviteur d'avoir exécuté ses ordres ? [10] De même vous aussi, quand vous aurez fait tout ce que Dieu vous a commandé, dites-vous : 'Nous sommes des serviteurs quelconques : nous n'avons fait que notre devoir.' »

Les étapes de Jésus.

[11] Jésus, marchant vers Jérusalem, traversait la Samarie et la Galilée.

Reconnaissance de l'étranger guéri.

[12] Comme il entrait dans un village, dix lépreux vinrent à sa rencontre. Ils s'arrêtèrent à distance [13] et lui crièrent : « Jésus, maître, prends pitié de nous. » [14] En les voyant, Jésus leur dit : « Allez vous montrer aux prêtres. »

En cours de route, ils furent purifiés. [15] L'un d'eux, voyant qu'il était guéri, revint sur ses pas, en glorifiant Dieu à pleine voix. [16] Il se jeta la face contre terre aux pieds de Jésus en lui rendant grâce. Or, c'était un Samaritain. [17] Alors Jésus demanda : « Est-ce que tous les dix n'ont pas été purifiés ? Et les neuf autres, où sont-ils ? [18] On ne les a pas vus revenir pour rendre gloire à Dieu ; il n'y a que cet étranger ! » [19] Jésus lui dit : « Relève-toi et va : ta foi t'a sauvé. »

Le jour du Fils de l'homme.

Mt **24**, 17...41 ; **16**, 25 ;
Mc **13**, 15...21 ; **8**, 35

[20] Comme les pharisiens demandaient à Jésus quand viendrait le règne de Dieu, il leur répondit : « Le règne de Dieu ne vient pas d'une manière visible. [21] On ne dira pas : 'Le voilà, il est ici !' ou bien : 'Il est là !' En effet, voilà que le règne de Dieu est au milieu de vous. » [22] Et il dit aux disciples : « Des jours viendront où vous désirerez voir un seul des jours du Fils de l'homme, et vous ne le verrez pas.

[23] On vous dira : 'Le voilà, il est ici ! il est là !' N'y allez pas, n'y courez pas. [24] En effet, comme l'éclair qui jaillit illumine l'horizon d'un bout à l'autre, ainsi le Fils de l'homme, quand son Jour sera là. [25] Mais auparavant, il faut qu'il souffre beaucoup et qu'il soit rejeté par cette génération.

[26] Ce qui se passera dans les jours du Fils de l'homme ressemblera à ce qui est arrivé dans les jours de Noé. [27] On mangeait, on buvait, on se mariait, jusqu'au jour où Noé

entra dans l'arche. Puis le déluge arriva, qui les a tous fait mourir. ²⁸Ce sera aussi comme dans les jours de Loth : on mangeait, on buvait, on achetait, on vendait, on plantait, on bâtissait ; ²⁹mais le jour où Loth sortit de Sodome, Dieu fit tomber du ciel une pluie de feu et de soufre qui les a tous fait mourir ; ³⁰il en sera de même le jour où le Fils de l'homme se révéla.

³¹Ce jour-là, celui qui sera sur sa terrasse, et qui aura ses affaires dans sa maison, qu'il ne descende pas pour les emporter ; et de même celui qui sera dans son champ, qu'il ne retourne pas en arrière. ³²Rappelez-vous la femme de Loth.

³³Qui cherchera à conserver sa vie la perdra. Et qui la perdra la sauvegardera. ³⁴Je vous le dis : Cette nuit-là, deux personnes seront dans le même lit : l'une sera prise, l'autre laissée. ³⁵Deux femmes seront ensemble en train de moudre du grain : l'une sera prise, l'autre laissée. »

³⁷Les disciples lui demandèrent : « Où donc, Seigneur ? » Il leur répondit : « Là où il y a un corps, là aussi se rassembleront les vautours. »

18 ¹Jésus dit encore une parabole pour montrer à ses disciples qu'il faut toujours prier sans se décourager : ²« Il y avait dans une ville un juge qui ne respectait pas Dieu et se moquait des hommes. ³Dans cette même ville, il y avait une veuve qui venait lui demander : 'Rends-moi justice contre mon adversaire.' ⁴Longtemps il refusa ; puis il se dit : 'Je ne respecte pas Dieu, et je me moque des hommes, mais cette femme commence à m'ennuyer ; ⁵je vais lui rendre justice pour qu'elle ne vienne plus sans cesse me casser la tête.' »

⁶Le Seigneur ajouta : « Écoutez bien ce que dit ce juge sans justice ! ⁷Dieu ne fera-t-il pas justice à ses élus, qui crient vers lui jour et nuit ? Est-ce qu'il les fait attendre ? ⁸Je vous le déclare : sans tarder, il leur fera justice. Mais le Fils de l'homme, quand il viendra, trouvera-t-il la foi sur terre ? »

*Le royaume de Dieu
est pour les petits :
Le pharisien et le publicain.*

Mt **19**, 13-15 ; **18**, 3 ;
Mc **10**, 13-16

⁹Jésus dit une parabole pour certains hommes qui étaient convaincus d'être justes et qui méprisaient tous les autres : ¹⁰« Deux hommes montèrent au Temple pour prier. L'un était pharisien, et l'autre, publicain. ¹¹Le pharisien se tenait là et priait en lui-même : 'Mon Dieu, je te rends grâce parce que je ne suis pas comme les autres hommes : voleurs, injustes, adultères, ou encore comme ce publicain. ¹²Je jeûne deux fois par semaine et je

verse le dixième de tout ce que je gagne.» [13] Le publicain, lui, se tenait à distance et n'osait même pas lever les yeux vers le ciel; mais il se frappait la poitrine, en disant: 'Mon Dieu, prends pitié du pécheur que je suis!' [14] Quand ce dernier rentra chez lui, c'est lui, je vous le déclare, qui était devenu juste, et non pas l'autre. Qui s'élève sera abaissé; qui s'abaisse sera élevé.»

[15] On présentait à Jésus même les nourrissons, afin qu'il les touche. En voyant cela, les disciples les écartaient vivement. [16] Mais Jésus les appela en disant: «Laissez les enfants venir à moi, ne les empêchez pas, car le royaume de Dieu est à ceux qui leur ressemblent. [17] Amen, je vous le dis: celui qui n'accueille pas le royaume de Dieu à la manière d'un enfant n'y entrera pas.»

Richesse et détachement.

Mt **19**, 16-29; Mc **10**, 17-30

[18] Un chef lui demanda: «Bon maître, que dois-je faire pour avoir en héritage la vie éternelle?» [19] Jésus lui dit: «Pourquoi m'appelles-tu bon? Personne n'est bon, sinon Dieu seul. [20] Tu connais les commandements: *Ne commets pas d'adultère, ne commets pas de meurtre, ne commets pas de vol, ne porte pas de faux témoignage, honore ton père et ta mère.»* [21] L'homme répondit· «Tout cela, je l'ai observé depuis ma jeunesse.» [22] A ces mots Jésus

lui dit: «Une seule chose te fait encore défaut: Vends tout ce que tu as, distribue-le aux pauvres et tu auras un trésor dans les cieux. Puis viens, suis-moi.» [23] Mais en entendant ces paroles, l'homme devint profondément triste, car il était très riche.

[24] En le voyant, Jésus dit: «Comme il sera difficile à ceux qui possèdent des richesses de pénétrer dans le royaume de Dieu! [25] Car il est plus facile à un chameau de passer par un trou d'aiguille qu'à un riche d'entrer dans le royaume de Dieu.» [26] Ceux qui l'entendaient lui demandèrent: «Mais alors, qui peut être sauvé?» [27] Jésus répondit: «Ce qui est impossible pour les hommes est possible pour Dieu.»

[28] Alors Pierre lui dit: «Voilà que nous, en quittant tout ce qui nous appartenait, nous t'avons suivi.» [29] Jésus déclara: «Amen, je vous le dis: personne n'aura quitté à cause du royaume de Dieu une maison, une femme, des frères, des parents, des enfants, [30] sans qu'il reçoive en ce temps-ci bien davantage et, dans le monde à venir, la vie éternelle.»

Troisième annonce de la Passion.

Mt **20**, 17-19; Mc **10**, 32-34

[31] Prenant les Douze avec lui, il leur dit: «Voici que nous montons à Jérusalem, et tout ce qui a été écrit par les prophètes sur le Fils de l'homme s'ac-

complira. ³²En effet, il sera livré aux païens, on se moquera de lui, on le maltraitera, on crachera sur lui ; ³³après l'avoir flagellé, on le tuera et, le troisième jour, il ressuscitera. »

³⁴Mais eux n'y comprirent rien, le sens de cette parole leur restait caché, et ils ne voyaient pas de quoi Jésus parlait.

Guérison de l'aveugle de Jéricho.
Mt **20**, 29-34 ; Mc **10**, 46-52

³⁵Comme Jésus approchait de Jéricho, un aveugle qui mendiait était assis au bord de la route. ³⁶Entendant une foule arriver, il demanda ce qu'il y avait. ³⁷On lui apprit que c'était Jésus le Nazaréen qui passait. ³⁸Il s'écria : « Jésus, fils de David, aie pitié de moi ! » ³⁹Ceux qui marchaient en tête l'interpellaient pour le faire taire. Mais lui criait de plus belle : « Fils de David, aie pitié de moi ! » ⁴⁰Jésus s'arrêta et ordonna qu'on le lui amène. Quand il se fut approché, Jésus lui demanda : ⁴¹« Que veux-tu que je fasse pour toi ? – Seigneur, que je voie ! » ⁴²Et Jésus lui dit : « Vois. Ta foi t'a sauvé. » ⁴³A l'instant même, l'homme se mit à voir, et il suivait Jésus en rendant gloire à Dieu. Et tout le peuple, voyant cela, adressa ses louanges à Dieu.

Conversion de Zachée.

19 ¹Jésus traversait la ville de Jéricho. ²Or, il y avait un homme du nom de Zachée ; il était le chef des collecteurs d'impôts, et c'était quelqu'un de riche. ³Il cherchait à voir qui était Jésus, mais il n'y arrivait pas à cause de la foule, car il était de petite taille. ⁴Il courut donc en avant et grimpa sur un sycomore pour voir Jésus qui devait passer par là. ⁵Arrivé à cet endroit, Jésus leva les yeux et l'interpella : « Zachée, descends vite : aujourd'hui il faut que j'aille demeurer dans ta maison. » ⁶Vite, il descendit, et reçut Jésus avec joie.

⁷Voyant cela, tous récriminaient : « Il est allé loger chez un pécheur. » ⁸Mais Zachée, s'avançant, dit au Seigneur : « Voilà, Seigneur : je fais don aux pauvres de la moitié de mes biens, et si j'ai fait du tort à quelqu'un, je vais lui rendre quatre fois plus. » ⁹Alors Jésus dit à son sujet : « Aujourd'hui, le salut est arrivé pour cette maison, car lui aussi est un fils d'Abraham. ¹⁰En effet, le Fils de l'homme est venu chercher et sauver ce qui était perdu. »

Parabole des dix pièces d'or.
Mt **25**, 14-30

¹¹Comme on écoutait Jésus, il ajouta une parabole, parce qu'il était près de Jérusalem et que ses auditeurs pensaient voir le royaume de Dieu se manifester à l'instant même. ¹²Voici donc ce qu'il dit : « Un homme de la grande noblesse partit dans un pays lointain pour se faire nommer roi et rentrer ensuite chez lui. ¹³Il

appela dix de ses serviteurs, leur distribua dix pièces d'or et leur dit : 'Faites-les fructifier pendant mon voyage.' [14] Mais ses concitoyens le détestaient, et ils envoyèrent derrière lui une délégation chargée de dire : 'Nous ne voulons pas qu'il règne sur nous.'

[15] Mais quand il revint après avoir été nommé roi, il convoqua les serviteurs auxquels il avait distribué l'argent, afin de savoir comment chacun l'avait fait fructifier. [16] Le premier se présenta et dit : 'Seigneur, ta pièce d'or en a rapporté dix.' [17] Le roi lui dit : 'Très bien, bon serviteur ! Puisque tu as été fidèle en si peu de chose, reçois l'autorité sur dix villes.' [18] Le second vint dire : 'Ta pièce d'or, Seigneur, en a rapporté cinq.' [19] A celui-là, le roi dit encore : 'Toi, tu seras gouverneur de cinq villes.'

[20] Un autre encore vint dire : 'Seigneur, voici ta pièce d'or, je l'avais mise de côté dans un linge. [21] En effet, j'avais peur de toi : tu es un homme exigeant, tu retires ce que tu n'as pas déposé, tu moissonnes ce que tu n'as pas semé.' [22] Le roi lui dit : 'Je vais te juger d'après tes propres paroles, serviteur mauvais : tu savais que je suis un homme exigeant, que je retire ce que je n'ai pas déposé, que je moissonne ce que je n'ai pas semé ; [23] alors pourquoi n'as-tu pas mis mon argent à la banque ? A mon arrivée, je l'aurais repris avec les intérêts.' [24] Et le roi dit à ceux qui étaient là :

'Retirez-lui la pièce d'or et donnez-la à celui qui en a dix.' [25] On lui dit : 'Seigneur, il en a déjà dix ! – [26] Je vous le déclare : celui qui a recevra encore ; celui qui n'a rien se fera enlever même ce qu'il a. [27] Quant à mes ennemis, ceux qui n'ont pas voulu que je règne sur eux, amenez-les ici et mettez-les à mort devant moi.'»

Cortège messianique et lamentation sur Jérusalem.

Mt **21**, 1-9 ; Mc **11**, 1-10 ; Jn **12**, 12-15

[28] Après avoir dit ces paroles, Jésus marchait en avant de ses disciples pour monter à Jérusalem. [29] A l'approche de Bethphagé et de Béthanie, sur les pentes du mont des Oliviers, il envoya deux disciples : [30] «Allez au village qui est en face. A l'entrée, vous trouverez un petit âne attaché : personne ne l'a encore monté. Détachez-le et amenez-le. [31] Si l'on vous demande : 'Pourquoi le détachez-vous ?' vous répondrez : 'Le Seigneur en a besoin.'» [32] Les disciples partirent et trouvèrent tout comme Jésus leur avait dit. [33] Au moment où ils détachaient le petit âne, ses maîtres demandèrent : «Pourquoi détachez-vous cet âne ?» [34] Ils répondirent : «Le Seigneur en a besoin.»

[35] Ils amenèrent l'âne à Jésus, jetèrent leurs vêtements dessus, et firent monter Jésus [36] A mesure qu'il avançait, les gens étendaient leurs vêtements sur

le chemin. ³⁷ Déjà Jésus arrivait à la descente du mont des Oliviers, quand toute la foule des disciples, remplie de joie, se mit à louer Dieu à pleine voix pour tous les miracles qu'ils avaient vus : ³⁸ « *Béni soit celui qui vient*, lui, notre Roi, *au nom du Seigneur*. Paix dans le ciel et gloire au plus haut des cieux ! »

³⁹ Quelques pharisiens, qui se trouvaient dans la foule, dirent à Jésus : « Maître, arrête tes disciples ! » ⁴⁰ Mais il leur répondit : « Je vous le dis : s'ils se taisent, les pierres crieront. »

⁴¹ Quand Jésus fut près de Jérusalem, en voyant la ville, il pleura sur elle ; il disait : ⁴² « Si toi aussi, tu avais reconnu en ce jour ce qui peut te donner la paix ! Mais hélas, cela est resté caché à tes yeux. ⁴³ Oui, il arrivera pour toi des jours où tes ennemis viendront mettre le siège devant toi, t'encercleront et te presseront de tous côtés ; ⁴⁴ ils te jetteront à terre, toi et tes enfants qui sont chez toi, et ils ne laisseront pas chez toi pierre sur pierre, parce que tu n'as pas reconnu le moment où Dieu te visitait. »

IV – JÉSUS À JÉRUSALEM – PASSION ET RÉSURRECTION

Controverses et rupture avec les autorités du judaïsme.

Mt **21**, 12-27.33-46 ;
22, 15-33.41-45 ; **23**, 6-7 ;
Mc **11**, 15 – 12, 44 ; 2, 14-16

⁴⁵ Jésus entra dans le Temple, et se mit à expulser les marchands. Il leur déclarait : ⁴⁶ « L'Écriture dit : *Ma maison sera une maison de prière*. De vous, vous en avez fait *une caverne de bandits*. »

⁴⁷ Il était chaque jour dans le Temple pour enseigner. Les chefs des prêtres et les scribes, ainsi que les notables, cherchaient à le faire mourir, ⁴⁸ mais ils ne trouvaient pas le moyen d'y arriver ; en effet, le peuple tout entier était suspendu à ses lèvres.

20 ¹ Un jour où Jésus, dans le Temple, instruisait le peuple et proclamait la Bonne Nouvelle, survinrent les chefs des prêtres et les scribes avec les anciens. ² Ils lui demandèrent : « Dis-nous par quelle autorité tu fais cela, ou bien qui est celui qui t'a donné cette autorité ? » ³ Il leur répliqua : « Moi aussi, je vais vous poser une question. Dites-moi : ⁴ Le baptême de Jean venait-il du ciel, ou des hommes ? » ⁵ Ils firent en eux-mêmes ce raisonnement : « Si nous disons : 'Du ciel', il va dire : 'Pourquoi n'avez-vous pas cru à sa parole ?' ⁶ Si nous disons : 'Des hommes', tout le peuple va nous lapider, car il est persuadé que Jean est un prophète. » ⁷ Et ils répondirent qu'ils ne savaient pas d'où il venait. ⁸ Alors Jésus leur dit : « Moi non plus, je ne vous dirai pas par quelle autorité je fais cela. »

⁹ Il se mit à dire au peuple la parabole que voici : « Un

homme planta une vigne, il la donna en fermage à des vignerons et partit en voyage pour très longtemps. ¹⁰Le moment venu, il envoya son serviteur auprès des vignerons afin que ceux-ci lui remettent ce qui lui revenait du produit de la vigne. Mais les vignerons renvoyèrent le serviteur, après l'avoir frappé, sans rien lui donner. ¹¹Le maître recommença, en envoyant un autre serviteur; celui-ci aussi, après l'avoir frappé et insulté, ils le renvoyèrent sans rien lui donner. ¹²Le maître recommença, en envoyant un troisième serviteur; mais après l'avoir blessé, ils le jetèrent dehors. ¹³Le maître de la vigne dit alors: 'Que vais-je faire? J'enverrai mon fils bien-aimé: peut-être le respecteront-ils!' ¹⁴En le voyant, les vignerons firent entre eux ce raisonnement: 'Voici l'héritier. Tuons-le, pour que l'héritage soit à nous.' ¹⁵Et, après l'avoir jeté hors de la vigne, ils le tuèrent. Qu'est-ce que le maître de la vigne fera donc à ces gens? ¹⁶Il viendra, fera périr ces vignerons et donnera la vigne à d'autres.»

Les auditeurs dirent à Jésus: «Jamais de la vie!» ¹⁷Mais lui, posant son regard sur eux, leur dit: «Que signifie donc ce qui est écrit? *La pierre qu'ont rejetée les bâtisseurs est devenue la pierre angulaire.* ¹⁸*Tout homme qui tombera sur cette pierre sera brisé; celui sur qui elle tombera, elle le pulvérisera!*»

¹⁹Les scribes et les chefs des prêtres cherchaient à mettre la main sur Jésus à l'instant même; mais ils eurent peur du peuple. (Ils avaient bien compris que c'était pour eux qu'il avait dit cette parabole.)

²⁰Ils se mirent alors à le guetter et lui envoyèrent des espions. Ceux-ci jouaient le rôle d'hommes justes pour le prendre en défaut en le faisant parler, afin de le livrer au pouvoir et à la justice du gouverneur. ²¹Ils l'interrogèrent ainsi: «Maître, nous le savons: tu parles et tu enseignes avec droiture, et tu ne fais pas de différence entre les hommes, mais tu enseignes le vrai chemin de Dieu. ²²Nous est-il permis, oui ou non, de payer l'impôt à l'empereur?»

²³Mais Jésus, pénétrant leur fourberie, leur dit: ²⁴«Montrez-moi une pièce d'argent. De qui porte-t-elle l'effigie et la légende? – De l'empereur César», répondirent-ils. ²⁵Il leur dit: «Alors rendez à César ce qui est à César, et à Dieu ce qui est à Dieu.» ²⁶Ils furent incapables de le prendre en défaut devant le peuple en le faisant parler, et, tout étonnés de sa réponse, ils gardèrent le silence.

²⁷Des sadducéens – ceux qui prétendent qu'il n'y a pas de résurrection – vinrent trouver Jésus, ²⁸et ils l'interrogèrent: «Maître, Moïse nous a donné cette loi: *Si un homme a un frère marié mais qui meurt sans*

enfant, qu'il épouse la veuve pour donner une descendance à son frère. ²⁹Or, il y avait sept frères : le premier se maria et mourut sans enfant ; ³⁰le deuxième, ³¹puis le troisième épousèrent la veuve, et ainsi tous les sept : ils moururent sans laisser d'enfants. ³²Finalement la femme mourut aussi. ³³Eh bien, à la résurrection, cette femme, de qui sera-t-elle l'épouse, puisque les sept l'ont eue pour femme ? » ³⁴Jésus répond : « Les enfants de ce monde se marient. ³⁵Mais ceux qui ont été jugés dignes d'avoir part au monde à venir et à la résurrection d'entre les morts ne se marient pas, ³⁶car ils ne peuvent plus mourir : ils sont semblables aux anges, ils sont fils de Dieu, en étant héritiers de la résurrection. ³⁷Quant à dire que les morts doivent ressusciter, Moïse lui-même le fait comprendre dans le récit du buisson ardent, quand il appelle le Seigneur : *le Dieu d'Abraham, le Dieu d'Isaac, le Dieu de Jacob.* ³⁸Il n'est pas le Dieu des morts, mais des vivants ; tous vivent en effet pour lui. »

³⁹Alors certains scribes prirent la parole pour dire : « Maître, tu as bien parlé. » ⁴⁰Et ils n'osaient plus l'interroger sur quoi que ce soit.

⁴¹Jésus leur dit : « Comment peut-on dire que le Messie est fils de David ? ⁴²David lui-même écrit, dans le livre des Psaumes : *Le Seigneur a dit à mon Seigneur : Siège à ma droite* ⁴³*jusqu'à ce que j'aie mis tes ennemis comme un escabeau sous tes pieds.* ⁴⁴David l'appelle donc Seigneur. Comment peut-il être également son fils ? »

⁴⁵Comme tout le peuple l'écoutait, il dit à ses disciples : ⁴⁶« Méfiez-vous des scribes qui tiennent à sortir en robes solennelles et qui aiment les salutations sur les places publiques, les premiers rangs dans les synagogues et les places d'honneur dans les dîners. ⁴⁷Ils dévorent les biens des veuves et affectent de prier longuement : ils seront d'autant plus sévèrement condamnés. »

21 ¹Levant les yeux, il vit les gens riches qui mettaient leurs offrandes dans le tronc du trésor. ²Il vit aussi une veuve misérable y déposer deux piécettes. ³Alors il déclara : « En vérité, je vous le dis : cette pauvre veuve a mis plus que tout le monde. ⁴Car tous ceux-là ont pris sur leur superflu pour faire leur offrande, mais elle, elle a pris sur son indigence : elle a donné tout ce qu'elle avait pour vivre. »

Discours sur la ruine de Jérusalem et la venue du Fils de l'homme.
Mt 24, 1-35 ; 10, 17-22 ;
Mc 13, 1-31

⁵Certains parlaient du Temple, admirant la beauté des pierres et les dons des

fidèles. Jésus leur dit : ⁶ « Ce que vous contemplez, des jours viendront où il n'en restera pas pierre sur pierre : tout sera détruit. »

⁷ Ils lui demandèrent : « Maître, quand cela arrivera-t-il, et quel sera le signe que cela va se réaliser ? » ⁸ Jésus répondit : « Prenez garde de ne pas vous laisser égarer, car beaucoup viendront sous mon nom en disant : 'C'est moi', ou encore : 'Le moment est tout proche.' Ne marchez pas derrière eux ! ⁹ Quand vous entendrez parler de guerres et de soulèvements, ne vous effrayez pas : il faut que cela arrive d'abord, mais ce ne sera pas tout de suite la fin. » ¹⁰ Alors Jésus ajouta : « On se dressera nation contre nation, royaume contre royaume. ¹¹ Il y aura de grands tremblements de terre, et çà et là des épidémies de peste et des famines ; des faits terrifiants surviendront, et de grands signes dans le ciel.

¹² Mais avant tout cela, on portera la main sur vous et l'on vous persécutera ; on vous livrera aux synagogues, on vous jettera en prison, on vous fera comparaître devant des rois et des gouverneurs, à cause de mon Nom. ¹³ Ce sera pour vous l'occasion de rendre témoignage. ¹⁴ Mettez-vous dans la tête que vous n'avez pas à vous soucier de votre défense. ¹⁵ Moi-même, je vous inspirerai un langage et une sagesse à laquelle tous vos adversaires ne pourront opposer ni résistance ni contradiction. ¹⁶ Vous serez livrés même par vos parents, vos frères, votre famille et vos amis, et ils feront mettre à mort certains d'entre vous. ¹⁷ Vous serez détestés de tous, à cause de mon Nom. ¹⁸ Mais pas un cheveu de votre tête ne sera perdu. ¹⁹ C'est par votre persévérance que vous obtiendrez la vie.

²⁰ Lorsque vous verrez Jérusalem encerclée par des armées, sachez alors que sa dévastation est toute proche. ²¹ Alors, ceux qui seront en Judée, qu'ils s'enfuient dans la montagne ; ceux qui seront à l'intérieur de la ville, qu'ils s'en éloignent ; ceux qui seront à la campagne, qu'ils ne rentrent pas en ville, ²² car ce seront des jours où Dieu fera justice pour accomplir toute l'Écriture. ²³ Malheureuses les femmes qui seront enceintes et celles qui allaiteront en ces jours-là, car il y aura une grande misère dans le pays, une grande colère contre ce peuple. ²⁴ Ils tomberont sous le tranchant de l'épée, ils seront emmenés en captivité chez toutes les nations païennes ; Jérusalem sera piétinée par les païens, jusqu'à ce que le temps des païens soit achevé.

²⁵ Il y aura des signes dans le soleil, la lune et les étoiles. Sur terre, les nations seront affolées par le fracas de la mer et de la tempête. ²⁶ Les hommes mourront de peur dans la crainte des

malheurs arrivent sur le monde, car les puissances des cieux seront ébranlées. ²⁷Alors, on verra le Fils de l'homme venir dans la nuée, avec grande puissance et grande gloire. ²⁸Quand ces événements commenceront, redressez-vous et relevez la tête, car votre rédemption approche. »

²⁹Et il leur dit cette parabole : « Voyez le figuier et tous les autres arbres. ³⁰Dès qu'ils bourgeonnent, vous n'avez qu'à les regarder pour savoir que l'été est déjà proche. ³¹De même, vous aussi, lorsque vous verrez arriver cela, sachez que le royaume de Dieu est proche. ³²Amen, je vous le dis : cette génération ne passera pas sans que tout arrive. ³³Le ciel et la terre passeront, mes paroles ne passeront pas.

³⁴Tenez-vous sur vos gardes, de crainte que votre cœur ne s'alourdisse dans la débauche, l'ivrognerie et les soucis de la vie, et que ce jour-là ne tombe sur vous à l'improviste. ³⁵Comme un filet, il s'abattra sur tous les hommes de la terre. ³⁶Restez éveillés et priez en tout temps : ainsi vous serez jugés dignes d'échapper à tout ce qui doit arriver, et de paraître debout devant le Fils de l'homme. »

³⁷Le jour, il était dans le Temple et il enseignait. La nuit, il restait hors de la ville, à l'endroit appelé mont des Oliviers. ³⁸Et tout le peuple, dès l'aurore, venait à lui dans le Temple pour l'écouter.

Trahison de Judas.
Mt **26**, 1-5.14-16 ;
Mc **14**, 1-2.10-11

22 ¹La fête des pains sans levain, qu'on appelle la Pâque, était proche ; ²les chefs des prêtres et les scribes cherchaient le moyen de le supprimer, car ils avaient peur du peuple.

³Satan entra en Judas, appelé Iscariote, qui était au nombre des Douze ; ⁴Judas s'en alla parler avec les chefs des prêtres et les officiers de la garde du Temple, pour voir comment il leur livrerait Jésus. ⁵Ils se réjouirent et ils décidèrent de lui donner de l'argent. ⁶Judas fut d'accord, et il cherchait une occasion favorable pour le leur livrer quand il serait en dehors de la foule.

Le repas du Seigneur.
Mt **26**, 17-34 ; Mc **14**, 12-30 ;
1 Co **11**, 23-26

⁷Arriva le jour des pains sans levain, où il fallait immoler l'agneau pascal. ⁸Jésus envoya Pierre et Jean, en leur disant : « Allez faire les préparatifs de notre repas pascal. » ⁹Ils lui dirent : « Où veux-tu que nous les fassions ? » ¹⁰Jésus leur répondit : « Voici : quand vous entrerez en ville, vous y rencontrerez un homme portant une cruche d'eau ; suivez-le dans la maison où il pénétrera, ¹¹et vous direz au propriétaire de la maison : 'Le maître te fait dire : Où est la salle où je pourrai manger la Pâque avec

mes disciples ?' ¹²Cet homme vous montrera, à l'étage, une grande pièce aménagée pour les repas. Faites-y les préparatifs. » ¹³Ils partirent donc ; tout se passa comme Jésus le leur avait dit, et ils préparèrent la Pâque.

¹⁴Quand l'heure fut venue, Jésus se mit à table, et les Apôtres avec lui. ¹⁵Il leur dit : « J'ai ardemment désiré manger cette Pâque avec vous avant de souffrir ! ¹⁶Car je vous le déclare : jamais plus je ne la mangerai jusqu'à ce qu'elle soit pleinement réalisée dans le royaume de Dieu. » ¹⁷Il prit alors une coupe, il rendit grâce et dit : « Prenez, partagez entre vous. ¹⁸Car je vous le déclare : jamais plus désormais je ne boirai du fruit de la vigne jusqu'à ce que vienne le règne de Dieu. »

¹⁹Puis il prit du pain ; après avoir rendu grâce, il le rompit et le leur donna, en disant : « Ceci est mon corps, donné pour vous. Faites cela en mémoire de moi. » ²⁰Et pour la coupe, il fit de même à la fin du repas, en disant : « Cette coupe est la nouvelle Alliance en mon sang répandu pour vous.

²¹Cependant la main de celui qui me livre est là, à côté de moi sur la table. ²²En effet, le Fils de l'homme s'en va selon ce qui a été fixé. Mais malheureux ! l'homme qui le livre ! » ²³Les Apôtres commencèrent à se demander les uns aux autres lequel d'entre eux allait faire cela.

²⁴Ils en arrivèrent à se quereller : lequel d'entre eux, à leur avis, était le plus grand ? ²⁵Mais il leur dit : « Les rois des nations païennes leur commandent en maîtres, et ceux qui exercent le pouvoir sur elles se font appeler bienfaiteurs. ²⁶Pour vous, rien de tel ! Au contraire, le plus grand d'entre vous doit prendre la place du plus jeune, et celui qui commande, la place de celui qui sert. ²⁷Quel est en effet le plus grand : celui qui est à table, ou celui qui sert ? N'est-ce pas celui qui est à table ? Eh bien moi, je suis au milieu de vous comme celui qui sert.

²⁸Vous, vous avez tenu bon avec moi dans mes épreuves. ²⁹Et moi, je dispose pour vous du Royaume, comme mon Père en a disposé pour moi. ³⁰Ainsi vous mangerez et boirez à ma table dans mon Royaume, et vous siégerez sur des trônes pour juger les douze tribus d'Israël.

³¹Simon, Simon, Satan vous a réclamés pour vous passer au crible comme le froment. ³²Mais j'ai prié pour toi, afin que ta foi ne sombre pas. Toi donc, quand tu sera revenu, affermis tes frères. »

³³Pierre lui dit : « Seigneur, avec toi, je suis prêt à aller en prison et à la mort. » ³⁴Jésus reprit : « Je te le déclare, Pierre : le coq ne chantera pas aujourd'hui avant que, par trois fois, tu aies affirmé que tu ne me connais pas. »

³⁵ Puis il leur dit : « Quand je vous ai envoyés sans argent, ni sac, ni sandales, avez-vous manqué de quelque chose ? » ³⁶ Ils lui répondirent : « Mais non. » Jésus leur dit : « Eh bien maintenant, celui qui a de l'argent, qu'il en prenne, de même celui qui a un sac ; et celui qui n'a pas d'épée, qu'il vende son manteau pour en acheter une. ³⁷ Car, je vous le déclare : il faut que s'accomplisse en moi ce texte de l'Écriture : *Il a été compté avec les pécheurs.* De fait, ce qui me concerne va se réaliser. » ³⁸ Ils lui dirent : « Seigneur, voici deux épées. » Il leur répondit : « Cela suffit. »

Au mont des Oliviers : prière, angoisse et arrestation.

Mt **26**, 30-56 ; Mc **14**, 26-52 ; Jn **18**, 1-11

³⁹ Jésus sortit pour se rendre, comme d'habitude, au mont des Oliviers, et ses disciples le suivirent. ⁴⁰ Arrivé là, il leur dit : « Priez, pour ne pas entrer en tentation. » ⁴¹ Puis il s'écarta à la distance d'un jet de pierre environ. Se mettant à genoux, il priait : ⁴² « Père, si tu veux, éloigne de moi cette coupe ; cependant, que ce ne soit pas ma volonté qui se fasse, mais la tienne. » ⁴³ Alors, du ciel, lui apparut un ange qui le réconfortait. ⁴⁴ Dans l'angoisse, Jésus priait avec plus d'insistance ; et sa sueur devint comme des gouttes de sang qui tombaient jusqu'à terre. ⁴⁵ Après cette prière, Jésus se leva et rejoignit

ses disciples qu'il trouva endormis à force de tristesse. ⁴⁶ Il leur dit : « Pourquoi dormez-vous ? Levez-vous et priez, pour ne pas entrer en tentation. »

⁴⁷ Il parlait encore quand parut une foule de gens. Le nommé Judas, l'un des Douze, marchait à leur tête. Il s'approcha de Jésus pour l'embrasser. ⁴⁸ Jésus lui dit : « Judas, c'est par un baiser que tu livres le Fils de l'homme ? »

⁴⁹ Voyant ce qui allait se passer, ceux qui entouraient Jésus lui dirent : « Seigneur, faut-il frapper avec l'épée ? » ⁵⁰ L'un d'eux frappa le serviteur du grand prêtre et lui trancha l'oreille droite. ⁵¹ Jésus répondit : « Laissez donc faire ! » Et, touchant l'oreille de l'homme, il le guérit.

⁵² Jésus dit alors à ceux qui étaient venus l'arrêter, chefs des prêtres, officiers de la garde du Temple et anciens : « Suis-je donc un bandit, pour que vous soyez venus avec des épées et des bâtons ? ⁵³ Chaque jour, j'étais avec vous dans le Temple, et vous ne m'avez pas arrêté. Mais c'est maintenant votre heure, c'est la domination des ténèbres. »

Chez le grand prêtre : reniement de Pierre et interrogatoire de Jésus.

Mt **26**, 57-75 ; Mc **14**, 53-72 ; Jn **18**, 12-27

⁵⁴ Ils se saisirent de Jésus pour l'emmener et ils le firent entrer dans la maison du grand

prêtre. Pierre suivait de loin. ⁵⁵ Ils avaient allumé un feu au milieu de la cour et ils s'étaient tous assis là. Pierre était parmi eux. ⁵⁶ Une servante le vit assis près du feu ; elle le dévisagea et dit : « Celui-là aussi était avec lui. » ⁵⁷ Mais il nia : « Femme, je ne le connais pas. »

⁵⁸ Peu après, un autre dit en le voyant : « Toi aussi, tu en fais partie. » Pierre répondit : « Non, je n'en suis pas. »

⁵⁹ Environ une heure plus tard, un autre insistait : « C'est sûr : celui-là était avec lui, et d'ailleurs il est Galiléen. » ⁶⁰ Pierre répondit : « Je ne vois pas ce que tu veux dire. » Et à l'instant même, comme il parlait encore, un coq chanta.

⁶¹ Le Seigneur, se retournant, posa son regard sur Pierre ; et Pierre se rappela la parole que le Seigneur lui avait dite : « Avant que le coq chante aujourd'hui, tu m'auras renié trois fois. » ⁶² Il sortit et pleura amèrement.

⁶³ Les hommes qui gardaient Jésus se moquaient de lui et le maltraitaient. ⁶⁴ Ils lui avaient voilé le visage, et ils l'interrogeaient : « Fais le prophète ! Qui est-ce qui t'a frappé ? » ⁶⁵ Et ils lançaient contre lui beaucoup d'autres insultes.

⁶⁶ Lorsqu'il fit jour, les anciens du peuple, chefs des prêtres et scribes, se réunirent, et ils l'emmenèrent devant leur grand conseil. ⁶⁷ Ils lui dirent : « Si tu es le Messie, dis-le nous. » Il leur répondit : « Si je

vous le dis, vous ne me croirez pas ; ⁶⁸ et si j'interroge, vous ne répondrez pas. ⁶⁹ Mais désormais le Fils de l'homme *sera assis à la droite du Dieu Puissant.* »

⁷⁰ Tous lui dirent alors : « Tu es donc le Fils de Dieu ? » Il leur répondit : « C'est vous qui dites que je le suis. » ⁷¹ Ils dirent alors : « Pourquoi nous faut-il encore un témoignage ? Nous-mêmes nous l'avons entendu de sa bouche. »

*Chez le gouverneur
et chez Hérode :
procès, condamnation et outrages.*
Mt **27**, 1-31 ; Mc **15**, 1-20 ;
Jn **18**, 28 – **19**, 15

23 ¹ Ils se levèrent tous ensemble et l'emmenèrent chez Pilate. ² Ils se mirent alors à l'accuser : « Nous avons trouvé cet homme en train de semer le désordre dans notre nation : il empêche de payer l'impôt à l'empereur, et se dit le Roi Messie. » ³ Pilate l'interrogea : « Es-tu le roi des Juifs ? » Jésus répondit : « C'est toi qui le dis. » ⁴ Pilate s'adressa aux chefs des prêtres et à la foule : « Je ne trouve chez cet homme aucun motif de condamnation. » ⁵ Mais ils insistaient : « Il soulève le peuple en enseignant dans tout le pays des Juifs, à partir de la Galilée jusqu'ici. »

⁶ A ces mots, Pilate demanda si l'homme était Galiléen. ⁷ Apprenant qu'il relevait de l'autorité d'Hérode, il le ren-

voya à ce dernier, qui se trouvait lui aussi à Jérusalem en ces jours-là. [8] A la vue de Jésus, Hérode éprouva une grande joie : depuis longtemps il désirait le voir à cause de ce qu'il entendait dire de lui, et il espérait lui voir faire un miracle. [9] Il lui posa beaucoup de questions, mais Jésus ne lui répondit rien. [10] Les chefs des prêtres et les scribes étaient là, et l'accusaient avec violence. [11] Hérode, ainsi que ses gardes, le traita avec mépris et se moqua de lui : il le revêtit d'un manteau de couleur éclatante et le renvoya à Pilate. [12] Ce jour-là, Hérode et Pilate devinrent des amis, alors qu'auparavant ils étaient ennemis.

[13] Alors Pilate convoqua les chefs des prêtres, les dirigeants et le peuple. [14] Il leur dit : «Vous m'avez amené cet homme en l'accusant de mettre le désordre dans le peuple. Or, j'ai moi-même instruit l'affaire devant vous, et, parmi les faits dont vous l'accusez, je n'ai trouvé chez cet homme aucun motif de condamnation. [15] D'ailleurs, Hérode non plus, puisqu'il nous l'a renvoyé. En somme, cet homme n'a rien fait qui mérite la mort. [16] Je vais donc le faire châtier et le relâcher.» [18] Ils se mirent à crier tous ensemble : «Mort à cet homme ! Relâche-nous Barabbas.» [19] Ce dernier avait été emprisonné pour un meurtre et pour une émeute survenue dans la ville. [20] Pilate, dans son désir de relâcher Jésus, leur adressa de nouveau la parole. [21] Mais ils criaient : «Crucifie-le ! Crucifie-le !» [22] Pour la troisième fois, il leur dit : «Quel mal a donc fait cet homme ? Je n'ai trouvé en lui aucun motif de condamnation à mort. Je vais donc le faire châtier, puis le relâcher.» [23] Mais eux insistaient à grands cris, réclamant qu'il soit crucifié ; et leurs cris s'amplifiaient. [24] Alors Pilate décida de satisfaire leur demande. [25] Il relâcha le prisonnier condamné pour émeute et pour meurtre, celui qu'ils réclamaient, et il livra Jésus à leur bon plaisir.

Marche vers le supplice,
crucifixion et mort de Jésus.

Mt 27, 32-56 ; Mc 15, 21-41 ;
Jn 19, 16-37

[26] Pendant qu'ils l'emmenaient, ils prirent un certain Simon de Cyrène, qui revenait des champs, et ils le chargèrent de la croix pour qu'il la porte derrière Jésus.

[27] Le peuple, en grande foule, le suivait, ainsi que des femmes qui se frappaient la poitrine et se lamentaient sur Jésus. [28] Il se retourna et leur dit : «Femmes de Jérusalem, ne pleurez pas sur moi ! Pleurez sur vous-mêmes et sur vos enfants ! [29] Voici venir des jours où l'on dira : 'Heureuses les femmes stériles, celles qui n'ont pas enfanté, celles qui n'ont pas allaité !' [30] *Alors on dira aux montagnes : 'Tombez sur*

nous', et aux collines: 'Cachez-nous'. ³¹Car si l'on traite ainsi l'arbre vert, que deviendra l'arbre sec?»

³²On emmenait encore avec Jésus deux autres, des malfaiteurs, pour les exécuter. ³³Lorsqu'on fut arrivé au lieu dit: Le Crâne, ou Calvaire, on mit Jésus en croix, avec les deux malfaiteurs, l'un à droite et l'autre à gauche. ³⁴Jésus disait: «Père, pardonne-leur: ils ne savent pas ce qu'ils font.» Ils partagèrent ses vêtements et les tirèrent au sort.

³⁵Le peuple restait là à regarder. Les chefs ricanaient en disant: «Il en a sauvé d'autres: qu'il se sauve lui-même, s'il est le Messie de Dieu, l'Élu!» ³⁶Les soldats aussi se moquaient de lui. S'approchant pour lui donner de la boisson vinaigrée, ³⁷ils lui disaient: «Si tu es le roi des Juifs, sauve-toi toi-même!» ³⁸Une inscription était placée au-dessus de sa tête: «Celui-ci est le roi des Juifs.»

³⁹L'un des malfaiteurs suspendus à la croix l'injuriait: «N'es-tu pas le Messie? Sauve-toi toi-même, et nous avec!» ⁴⁰Mais l'autre lui fit de vifs reproches: «Tu n'as donc aucune crainte de Dieu! Tu es pourtant un condamné, toi aussi! ⁴¹Et puis, pour nous, c'est juste: après ce que nous avons fait, nous avons ce que nous méritons. Mais lui, il n'a rien fait de mal.» ⁴²Et il disait: «Jésus, souviens-toi de moi

quand tu viendras inaugurer ton Règne.» ⁴³Jésus lui répondit: «Amen, je te le déclare: aujourd'hui, avec moi, tu seras dans le Paradis.»

⁴⁴Il était déjà presque midi; l'obscurité se fit dans tout le pays jusqu'à trois heures, car le soleil s'était caché. ⁴⁵Le rideau du Temple se déchira par le milieu. ⁴⁶Alors, Jésus poussa un grand cri: «Père, *entre tes mains je remets mon esprit.*» Et après avoir dit cela, il expira.

⁴⁷A la vue de ce qui s'était passé, le centurion rendait gloire à Dieu: «Sûrement, cet homme, c'était un juste.» ⁴⁸Et tous les gens qui s'étaient rassemblés pour ce spectacle, voyant ce qui était arrivé, s'en retournaient en se frappant la poitrine.

La mise au tombeau: Joseph d'Arimathie et les femmes.

Mt 27, 57-61 ; Mc 15, 42-47 ; Jn 19, 38-42

⁴⁹Tous ses amis se tenaient à distance, ainsi que les femmes qui le suivaient depuis la Galilée, et qui regardaient.

⁵⁰Alors arriva un membre du conseil, nommé Joseph; c'était un homme bon et juste. ⁵¹Il n'avait donné son accord ni à leur délibération, ni à leurs actes. Il était d'Arimathie, ville de Judée, et il attendait le royaume de Dieu. ⁵²Il alla trouver Pilate et demanda le corps de Jésus. ⁵³Puis il le descendit de la croix, l'enveloppa dans un linceul et le mit dans

un sépulcre taillé dans le roc, où personne encore n'avait été déposé. ⁵⁴C'était le vendredi, et déjà brillaient les lumières du sabbat.

⁵⁵Les femmes qui accompagnaient Jésus depuis la Galilée suivirent Joseph. Elles regardèrent le tombeau pour voir comment le corps avait été placé. ⁵⁶Puis elles s'en retournèrent et préparèrent aromates et parfums. Et, durant le sabbat, elles observèrent le repos prescrit.

La résurrection de Jésus
annoncée aux femmes.
Pierre au tombeau.
Mt **28,** 1-8 ; Mc **16,** 1-8 ;
Jn **20,** 1-10

24 ¹Le premier jour de la semaine, de grand matin, les femmes se rendirent au sépulcre, portant les aromates qu'elles avaient préparés. ²Elles trouvèrent la pierre roulée sur le côté du tombeau. ³Elles entrèrent, mais ne trouvèrent pas le corps du Seigneur Jésus.

⁴Elles ne savaient que penser, lorsque deux hommes se présentèrent à elles, avec un vêtement éblouissant. ⁵Saisies de crainte, elles baissaient le visage vers le sol. Ils leur dirent : « Pourquoi cherchez-vous le Vivant parmi les morts ? ⁶Il n'est pas ici, il est ressuscité. Rappelez-vous ce qu'il vous a dit quand il était encore en Galilée : ⁷Il faut que le Fils de l'homme soit livré

aux mains des pécheurs, qu'il soit crucifié et que, le troisième jour, il ressuscite.' » ⁸Alors elles se rappelèrent ses paroles.

⁹Revenues du tombeau, elles rapportèrent tout cela aux Onze et à tous les autres. ¹⁰C'étaient Marie Madeleine, Jeanne, et Marie mère de Jacques ; les autres femmes qui les accompagnaient disaient la même chose aux Apôtres. ¹¹Mais ces propos leur semblèrent délirants, et ils ne les croyaient pas.

¹²Pierre cependant courut au tombeau ; mais en se penchant, il ne vit que le linceul. Il s'en retourna chez lui, tout étonné de ce qui lui était arrivé.

Apparitions du Ressuscité
et Ascension.

¹³Le même jour, deux disciples faisaient route vers un village appelé Emmaüs, à deux heures de marche de Jérusalem, ¹⁴et ils parlaient ensemble de tout ce qui s'était passé.

¹⁵Or, tandis qu'ils parlaient et discutaient, Jésus lui-même s'approcha, et il marchait avec eux. ¹⁶Mais leurs yeux étaient aveuglés, et ils ne le reconnaissaient pas. ¹⁷Jésus leur dit : « De quoi causiez-vous donc, tout en marchant ? » Alors, ils s'arrêtèrent, tout tristes. ¹⁸L'un des deux, nommé Cléophas, répondit : « Tu es bien le seul de tous ceux qui étaient à

Jérusalem à ignorer les événements de ces jours-ci. » ¹⁹ Il leur dit : « Quels événements ? » Ils lui répondirent : « Ce qui est arrivé à Jésus de Nazareth : cet homme était un prophète puissant par ses actes et ses paroles devant Dieu et devant tout le peuple. ²⁰ Les chefs des prêtres et nos dirigeants l'ont livré, ils l'ont fait condamner à mort et ils l'ont crucifié. ²¹ Et nous qui espérions qu'il serait le libérateur d'Israël ! Avec tout cela, voici déjà le troisième jour qui passe depuis que c'est arrivé. ²² A vrai dire, nous avons été bouleversés par quelques femmes de notre groupe. Elles sont allées au tombeau de très bonne heure, ²³ et elles n'ont pas trouvé son corps ; elles sont même venues nous dire qu'elles avaient eu une apparition : des anges, qui disaient qu'il est vivant. ²⁴ Quelques-uns de nos compagnons sont allés au tombeau, et ils ont trouvé les choses comme les femmes l'avaient dit ; mais lui, ils ne l'ont pas vu. »

²⁵ Il leur dit alors : « Vous n'avez donc pas compris ! Comme votre cœur est lent à croire tout ce qu'ont dit les prophètes ! ²⁶ Ne fallait-il pas que le Messie souffrît tout cela pour entrer dans sa gloire ? » ²⁷ Et, en partant de Moïse et de tous les Prophètes, il leur expliqua, dans toute l'Écriture, ce qui le concernait.

²⁸ Quand ils approchèrent du village où ils se rendaient, Jésus fit semblant d'aller plus loin. ²⁹ Mais ils s'efforcèrent de le retenir : « Reste avec nous : le soir approche et déjà le jour baisse. » Il entra donc pour rester avec eux. ³⁰ Quand il fut à table avec eux, il prit le pain, dit la bénédiction, le rompit et le leur donna. ³¹ Alors leurs yeux s'ouvrirent, et ils le reconnurent, mais il disparut à leurs regards. ³² Alors ils se dirent l'un à l'autre : « Notre cœur n'était-il pas brûlant en nous, tandis qu'il nous parlait sur la route, et qu'il nous faisait comprendre les Écritures ? »

³³ A l'instant même, ils se levèrent et retournèrent à Jérusalem. Ils y trouvèrent réunis les onze Apôtres et leurs compagnons, qui leur dirent : ³⁴ « C'est vrai ! le Seigneur est ressuscité : il est apparu à Simon-Pierre. » ³⁵ A leur tour, ils racontaient ce qui s'était passé sur la route, et comment ils l'avaient reconnu quand il avait rompu le pain.

³⁶ Comme ils en parlaient encore, lui-même était là au milieu d'eux, et il leur dit : « La paix soit avec vous ! » ³⁷ Frappés de stupeur et de crainte, ils croyaient voir un esprit. ³⁸ Jésus leur dit : « Pourquoi êtes-vous bouleversés ? Et pourquoi ces pensées qui surgissent en vous ? ³⁹ Voyez mes mains et mes pieds : c'est bien moi ! Touchez-moi, regardez : un esprit n'a pas de chair ni d'os, et vous constatez que j'en ai. » ⁴⁰ Après cette parole, il leur montra ses mains et ses pieds.

⁴¹Dans leur joie, ils n'osaient pas encore y croire, et restaient saisis d'étonnement.

Jésus leur dit : « Avez-vous ici quelque chose à manger ? » ⁴²Ils lui offrirent un morceau de poisson grillé. ⁴³Il le prit et le mangea devant eux.

⁴⁴Puis il déclara : « Rappelez-vous les paroles que je vous ai dites quand j'étais encore avec vous : Il fallait que s'accomplisse tout ce qui a été écrit de moi dans la loi de Moïse, les Prophètes et les Psaumes. » ⁴⁵Alors il leur ouvrit l'esprit à l'intelligence des Écritures. ⁴⁶Il conclut : « C'est bien ce qui était annoncé par l'Écriture : les souffrances du Messie, sa résurrection d'entre les morts le troisième jour, ⁴⁷et la conversion proclamée en son nom pour le pardon des péchés à toutes les nations, en commençant par Jérusalem. ⁴⁸C'est vous qui en êtes les témoins. ⁴⁹Et moi, je vais envoyer sur vous ce que mon Père a promis. Quant à vous, demeurez dans la ville jusqu'à ce que vous soyez revêtus d'une force venue d'en haut. »

⁵⁰Puis il les emmena jusque vers Béthanie et, levant les mains, il les bénit. ⁵¹Tandis qu'il les bénissait, il se sépara d'eux et fut emporté au ciel. ⁵²Ils se prosternèrent devant lui, puis ils retournèrent à Jérusalem, remplis de joie. ⁵³Et ils étaient sans cesse dans le Temple à bénir Dieu.

ÉVANGILE
SELON
SAINT JEAN

I – LE FILS DE DIEU ET JEAN BAPTISTE

« Le Verbe s'est fait chair. »

1 ¹Au commencement était le Verbe, la Parole de Dieu, et le Verbe était auprès de Dieu, et le Verbe était Dieu.

²Il était au commencement auprès de Dieu.

³Par lui, tout s'est fait, et rien de ce qui s'est fait ne s'est fait sans lui.

⁴En lui était la vie, et la vie était la lumière des hommes ;

⁵la lumière brille dans les ténèbres, et les ténèbres ne l'ont pas arrêtée.

⁶Il y eut un homme envoyé par Dieu. Son nom était Jean.

⁷Il était venu comme témoin, pour rendre témoignage à la Lumière, afin que tous croient par lui.

⁸Cet homme n'était pas la Lumière, mais il était là pour lui rendre témoignage.

⁹Le Verbe était la vraie Lumière, qui éclaire tout homme en venant dans le monde.

¹⁰Il était dans le monde, lui par qui le monde s'était fait, mais le monde ne l'a pas reconnu.

¹¹Il est venu chez les siens, et les siens ne l'ont pas reçu.

¹²Mais tous ceux qui l'ont reçu, ceux qui croient en son nom, il leur a donné de pouvoir devenir enfants de Dieu.

¹³Ils ne sont pas nés de la chair et du sang, ni d'une volonté charnelle, ni d'une volonté d'homme : ils sont nés de Dieu.

¹⁴Et le Verbe s'est fait chair, il a habité parmi nous, et nous avons vu sa gloire, la gloire qu'il tient de son Père comme Fils unique, plein de grâce et de vérité.

¹⁵Jean Baptiste lui rend témoignage en proclamant : «Voici celui dont j'ai dit : Lui qui vient derrière moi, il a pris place devant moi, car avant moi il était. » ¹⁶Tous nous avons eu part à sa plénitude, nous avons reçu grâce après grâce : ¹⁷après la Loi communiquée par Moïse, la grâce et la vérité sont venues par Jésus Christ. ¹⁸Dieu, personne ne l'a jamais vu ; le Fils unique, qui est dans le sein du Père, c'est lui qui a conduit à le connaître.

Le témoignage de Jean.
Mt 3, 1...17 ; Mc 1, 2...11 ;
Lc 3, 1...22

[19] Et voici quel fut le témoignage de Jean, quand les Juifs lui envoyèrent de Jérusalem des prêtres et des lévites pour lui demander : « Qui es-tu ? » [20] Il le reconnut ouvertement, il déclara : « Je ne suis pas le Messie. » [21] Ils lui demandèrent : « Qui es-tu donc ? Es-tu le prophète Élie ? » Il répondit : « Non. – Alors es-tu le grand Prophète ? » Il répondit : « Ce n'est pas moi. » [22] Alors ils lui dirent : « Qui es-tu ? Il faut que nous donnions une réponse à ceux qui nous ont envoyés. Que dis-tu sur toi-même ? » [23] Il répondit : « Je suis *la voix qui crie à travers le désert : Aplanissez le chemin du Seigneur,* comme a dit le prophète Isaïe. » [24] Or, certains des envoyés étaient des pharisiens. [25] Ils lui posèrent encore cette question : « Si tu n'es ni le Messie, ni Élie, ni le grand Prophète, pourquoi baptises-tu ? » [26] Jean leur répondit : « Moi, je baptise dans l'eau. Mais au milieu de vous se tient celui que vous ne connaissez pas ; [27] c'est lui qui vient derrière moi, et je ne suis même pas digne de défaire la courroie de sa sandale. » [28] Tout cela s'est passé à Béthanie-de-Transjordanie, à l'endroit où Jean baptisait.

[29] Le lendemain, comme Jean Baptiste voyait Jésus venir vers lui, il dit : « Voici l'Agneau de Dieu, qui enlève le péché du monde ; [30] c'est de lui que j'ai dit : Derrière moi vient un homme qui a sa place devant moi, car avant moi il était. [31] Je ne le connaissais pas ; mais, si je suis venu baptiser dans l'eau, c'est pour qu'il soit manifesté au peuple d'Israël. »

[32] Alors Jean rendit ce témoignage : « J'ai vu l'Esprit descendre du ciel comme une colombe et demeurer sur lui. [33] Je ne le connaissais pas, mais celui qui m'a envoyé baptiser dans l'eau m'a dit : 'L'homme sur qui tu verras l'Esprit descendre et demeurer, c'est celui-là qui baptise dans l'Esprit Saint.' [34] Oui, j'ai vu, et je rends ce témoignage : c'est lui le Fils de Dieu. »

L'appel des premiers disciples.

[35] Le lendemain, Jean Baptiste se trouvait de nouveau avec deux de ses disciples. [36] Posant son regard sur Jésus qui allait et venait, il dit : « Voici l'Agneau de Dieu. » [37] Les deux disciples entendirent cette parole, et ils suivirent Jésus. [38] Celui-ci se retourna, vit qu'ils le suivaient, et leur dit : « Que cherchez-vous ? » Ils lui répondirent : « Rabbi (c'est-à-dire : Maître), où demeures-tu ? » [39] Il leur dit : « Venez, et vous verrez. » Ils l'accompagnèrent, ils virent où il demeurait, et ils restèrent auprès de lui ce jour-là. C'était vers quatre heures du soir.

[40] André, le frère de Simon-Pierre, était l'un des deux dis-

ciples qui avaient entendu Jean Baptiste et qui avaient suivi Jésus. ⁴¹ Il trouve d'abord son frère Simon et lui dit : « Nous avons trouvé le Messie (autrement dit : le Christ). ⁴² André amena son frère à Jésus. Jésus posa son regard sur lui et dit : « Tu es Simon, fils de Jean ; tu t'appelleras Képha » (ce qui veut dire : pierre).

⁴³ Le lendemain, Jésus décida de partir pour la Galilée. Il rencontre Philippe, et lui dit : « Suis-moi. » ⁴⁴ (Philippe était de Bethsaïde, comme André et Pierre.) ⁴⁵ Philippe rencontre Nathanaël et lui dit : « Celui dont parlent la loi de Moïse et les Prophètes, nous l'avons trouvé : c'est Jésus fils de Joseph, de Nazareth. » ⁴⁶ Nathanaël répliqua : « De Nazareth ! Peut-il sortir de là quelque chose de bon ? » Philippe répond : « Viens, et tu verras. » ⁴⁷ Lorsque Jésus voit Nathanaël venir à lui, il déclare : « Voici un véritable fils d'Israël, un homme qui ne sait pas mentir. » ⁴⁸ Nathanaël lui demande : « Comment me connais-tu ? » Jésus lui répond : « Avant que Philippe te parle, quand tu étais sous le figuier, je t'ai vu. » ⁴⁹ Nathanaël lui dit : « Rabbi, c'est toi le Fils de Dieu ! C'est toi le roi d'Israël ! » ⁵⁰ Jésus reprend : « Je te dis que je t'ai vu sous le figuier, et c'est pour cela que tu crois ! Tu verras des choses plus grandes encore. » ⁵¹ Et il ajoute : « Amen, amen, je vous le dis : vous verrez les cieux ouverts, avec les anges de Dieu qui montent et descendent au-dessus du Fils de l'homme. »

II – PREMIÈRE RÉVÉLATION DU MYSTÈRE DE LA NOUVELLE ALLIANCE

Le signe accompli aux noces de Cana.

2 ¹ Trois jours plus tard, il y avait un mariage à Cana en Galilée. La mère de Jésus était là. ² Jésus aussi avait été invité au repas de noces avec ses disciples. ³ Or, on manqua de vin ; la mère de Jésus lui dit : « Ils n'ont pas de vin. » ⁴ Jésus lui répond : « Femme, que me veux-tu ? Mon heure n'est pas encore venue. » ⁵ Sa mère dit aux serviteurs : « Faites tout ce qu'il vous dira. » ⁶ Or, il y avait là six cuves de pierre pour les ablutions rituelles des Juifs ; chacune contenait environ cent litres. ⁷ Jésus dit aux serviteurs : « Remplissez d'eau les cuves. » Et ils les remplirent jusqu'au bord. ⁸ Il leur dit : « Maintenant, puisez, et portez-en au maître du repas. » Ils lui en portèrent. ⁹ Le maître du repas goûta l'eau changée en vin. Il ne savait pas d'où venait ce vin, mais les serviteurs le savaient, eux qui avaient puisé l'eau. ¹⁰ Alors le maître du repas interpelle le marié et lui dit : « Tout le monde sert le bon vin en premier, et, lorsque les gens ont bien bu, on apporte le moins bon. Mais

toi, tu as gardé le bon vin jusqu'à maintenant. »

¹¹ Tel fut le commencement des signes que Jésus accomplit. C'était à Cana en Galilée. Il manifesta sa gloire, et ses disciples crurent en lui. ¹² Après cela, il descendit à Capharnaüm avec sa mère, ses frères et ses disciples, et ils y restèrent quelques jours.

*Le signe du Temple
(première Pâque).*

Mt 21, 12-17 ; Mc 11, 15-17 ;
Lc 19, 45-46

¹³ Comme la Pâque des Juifs approchait, Jésus monta à Jérusalem. ¹⁴ Il trouva installés dans le Temple les marchands de bœufs, de brebis et de colombes, et les changeurs. ¹⁵ Il fit un fouet avec des cordes, et les chassa tous du Temple ainsi que leurs brebis et leurs bœufs ; il jeta par terre la monnaie des changeurs, renversa leurs comptoirs, ¹⁶ et dit aux marchands de colombes : « Enlevez cela d'ici. Ne faites pas de la maison de mon Père une maison de trafic. » ¹⁷ Ses disciples se rappelèrent cette parole de l'Écriture : *L'amour de ta maison fera mon tourment.* ¹⁸ Les Juifs l'interpellèrent : « Quel signe peux-tu nous·donner pour justifier ce que tu fais là ? » ¹⁹ Jésus leur répondit : « Détruisez ce Temple, et en trois jours je le relèverai. » ²⁰ Les Juifs lui répliquèrent : « Il a fallu quarante-six ans pour bâtir ce Temple, et toi, en trois jours tu le relèverais ! »

²¹ Mais le Temple dont il parlait, c'était son corps.

²² Aussi, quand il ressuscita d'entre les morts, ses disciples se rappelèrent qu'il avait dit cela ; ils crurent aux prophéties de l'Écriture et à la parole que Jésus avait dite.

III – LA RÉVÉLATION ACCUEILLIE EN JUDÉE, EN SAMARIE ET EN GALILÉE

*Jésus sans illusion sur la foi
de la foule de Jérusalem.*

²³ Pendant qu'il était à Jérusalem pour la fête de la Pâque, beaucoup crurent en lui, à la vue des signes qu'il accomplissait. ²⁴ Mais Jésus n'avait pas confiance en eux, parce qu'il les connaissait tous ²⁵ et n'avait besoin d'aucun témoignage sur l'homme : il connaissait par lui-même ce qu'il y a dans l'homme.

*Entretien avec Nicodème
sur la vie nouvelle et le Jugement.*

3 ¹ Il y avait un pharisien nommé Nicodème ; c'était un notable parmi les Juifs. ² Il vint trouver Jésus pendant la nuit. Il lui dit : « Rabbi, nous le savons bien, c'est de la part de Dieu que tu es venu nous instruire, car aucun homme ne peut accomplir les signes que tu accomplis si Dieu n'est pas avec lui. » ³ Jésus lui répondit : « Amen, amen, je te le dis : personne, à moins de renaître, ne peut voir le règne de Dieu. » ⁴ Nicodème lui répliqua : « Comment est-il possible de

naître quand on est déjà vieux? Est-ce qu'on peut rentrer dans le sein de sa mère pour naître une seconde fois?» [5] Jésus répondit : «Amen, amen, je te le dis : personne, à moins de naître de l'eau et de l'Esprit, ne peut entrer dans le royaume de Dieu. [6] Ce qui est né de la chair n'est que chair; ce qui est né de l'Esprit est esprit. [7] Ne sois pas étonné si je t'ai dit qu'il vous faut renaître. [8] Le vent souffle où il veut : tu entends le bruit qu'il fait, mais tu ne sais pas d'où il vient ni où il va. Il en est ainsi de tout homme qui est né du souffle de l'Esprit.»

[9] Nicodème reprit : «Comment cela peut-il se faire?» [10] Jésus lui répondit : «Toi, tu es chargé d'instruire Israël, et tu ne connais pas ces choses-là? [11] Amen, amen, je te le dis : nous parlons de ce que nous savons, nous témoignons de ce que nous avons vu, et vous n'acceptez pas notre témoignage. [12] Si vous ne croyez pas lorsque je vous parle des choses de la terre, comment croirez-vous quand je vous parlerai des choses du ciel? [13] Car nul n'est monté au ciel sinon celui qui est descendu du ciel, le Fils de l'homme. [14] De même que le serpent de bronze fut élevé par Moïse dans le désert, ainsi faut-il que le Fils de l'homme soit élevé, [15] afin que tout homme qui croit obtienne par lui la vie éternelle.

[16] Car Dieu a tant aimé le monde qu'il a donné son Fils unique : ainsi tout homme qui croit en lui ne périra pas, mais il obtiendra la vie éternelle. [17] Car Dieu a envoyé son Fils dans le monde, non pas pour juger le monde, mais pour que, par lui, le monde soit sauvé. [18] Celui qui croit en lui échappe au Jugement, celui qui ne veut pas croire est déjà jugé, parce qu'il n'a pas cru au nom du Fils unique de Dieu. [19] Et le Jugement, le voici : quand la lumière est venue dans le monde, les hommes ont préféré les ténèbres à la lumière, parce que leurs œuvres étaient mauvaises. [20] En effet, tout homme qui fait le mal déteste la lumière : il ne vient pas à la lumière, de peur que ses œuvres ne lui soient reprochées; [21] mais celui qui agit selon la vérité vient à la lumière, afin que ses œuvres soient reconnues comme des œuvres de Dieu.»

Jean Baptiste s'efface devant Jésus

[22] Après cela, Jésus se rendit en Judée, accompagné de ses disciples; il y séjourna avec eux, et il baptisait. [23] Jean, de son côté, baptisait à Aïnone, près de Salim, où l'eau était abondante. On venait là pour se faire baptiser. [24] En effet, Jean n'avait pas encore été mis en prison.

[25] Or, les disciples de Jean s'étaient mis à discuter avec un Juif à propos des bains de purification. [26] Ils allèrent donc trouver Jean et lui dirent :

« Rabbi, celui qui était avec toi de l'autre côté du Jourdain, celui à qui tu as rendu témoignage, le voilà qui baptise, et tous vont à lui ! » [27] Jean répondit : « Un homme ne peut rien s'attribuer, sauf ce qu'il a reçu du Ciel. [28] Vous-mêmes pouvez témoigner que j'ai dit : Je ne suis pas le Messie, je suis celui qui a été envoyé devant lui. [29] L'époux, c'est celui à qui l'épouse appartient ; quant à l'ami de l'époux, il se tient là, il entend la voix de l'époux, et il en est tout joyeux. C'est ma joie, et j'en suis comblé. [30] Lui, il faut qu'il grandisse ; et moi, que je diminue. [31] Celui qui vient d'en haut est au-dessus de tout. Celui qui est de la terre est terrestre, et il parle de façon terrestre. [32] Celui qui vient du ciel rend témoignage de ce qu'il a vu et entendu, et personne n'accepte son témoignage. [33] Mais celui qui accepte son témoignage certifie par là que Dieu dit la vérité. [34] En effet, celui que Dieu a envoyé dit les paroles de Dieu, car Dieu lui donne l'Esprit sans compter. [35] Le Père aime le Fils et a tout remis dans sa main. [36] Celui qui croit au Fils a la vie éternelle ; celui qui refuse de croire en lui ne verra pas la vie, mais la colère de Dieu demeure sur lui. »

Jésus se révèle à la Samaritaine et à ses compatriotes comme Messie et Sauveur du monde.

4 [1] Les pharisiens avaient entendu dire que Jésus faisait plus de disciples que Jean et baptisait plus que lui. [2] (A vrai dire, ce n'était pas Jésus lui-même, c'était ses disciples qui baptisaient.) [3] Quand Jésus apprit cela, il quitta la Judée pour retourner en Galilée ; [4] il devait donc traverser la Samarie.

[5] Il arrive ainsi à une ville de Samarie, appelée Sykar, près du terrain que Jacob avait donné à son fils Joseph, [6] et où se trouve le puits de Jacob. Jésus, fatigué par la route, s'était assis là, au bord du puits. Il était environ midi. [7] Arrive une femme de Samarie, qui venait puiser de l'eau. Jésus lui dit : « Donne-moi à boire. » [8] (En effet, ses disciples étaient partis à la ville pour acheter de quoi manger.) [9] La Samaritaine lui dit : « Comment ! Toi qui es Juif, tu me demandes à boire, à moi, une Samaritaine ? » (En effet, les Juifs ne veulent rien avoir en commun avec les Samaritains.) [10] Jésus lui répondit : « Si tu savais le don de Dieu, si tu connaissais celui qui te dit : 'Donne-moi à boire', c'est toi qui lui aurais demandé, et il t'aurait donné de l'eau vive. » [11] Elle lui dit : « Seigneur, tu n'as rien pour puiser, et le puits est profond ; avec quoi prendrais-tu l'eau vive ? [12] Serais-tu plus grand que notre père Jacob qui nous a donné ce puits, et qui en a bu lui-même, avec ses fils et ses bêtes ? » [13] Jésus lui répondit : « Tout homme qui

boit de cette eau aura encore soif; [14]mais celui qui boira de l'eau que moi je lui donnerai n'aura plus jamais soif; et l'eau que je lui donnerai deviendra en lui source jaillissante pour la vie éternelle.» [15]La femme lui dit: «Seigneur, donne-la-moi, cette eau: que je n'aie plus soif, et que je n'aie plus à venir ici pour puiser.»

[16]Jésus lui dit: «Va, appelle ton mari, et reviens.» [17]La femme répliqua: «Je n'ai pas de mari.» Jésus reprit: «Tu as raison de dire que tu n'as pas de mari, [18]car tu en as eu cinq, et celui que tu as maintenant n'est pas ton mari: là, tu dis vrai.»

[19]La femme lui dit: «Seigneur, je le vois, tu es un prophète. Alors, explique-moi: [20]nos pères ont adoré Dieu sur la montagne qui est là, et vous, les Juifs, vous dites que le lieu où il faut l'adorer est à Jérusalem.» [21]Jésus lui dit: «Femme, crois-moi: l'heure vient où vous n'irez plus ni sur cette montagne ni à Jérusalem pour adorer le Père. [22]Vous adorez ce que vous ne connaissez pas; nous adorons, nous, celui que nous connaissons, car le salut vient des Juifs. [23]Mais l'heure vient – et c'est maintenant – où les vrais adorateurs adoreront le Père en esprit et vérité: tels sont les adorateurs que recherche le Père. [24]Dieu est esprit, et ceux qui l'adorent, c'est en esprit et vérité qu'ils doivent l'adorer.»

[25]La femme lui dit: «Je sais qu'il vient, le Messie, celui qu'on appelle Christ. Quand il viendra, c'est lui qui nous fera connaître toutes choses.» [26]Jésus lui dit: «Moi qui te parle, je le suis.»

[27]Là-dessus, ses disciples arrivèrent; ils étaient surpris de le voir parler avec une femme. Pourtant, aucun ne lui dit: «Que demandes-tu?» ou: «Pourquoi parles-tu avec elle?» [28]La femme, laissant là sa cruche, revint à la ville et dit aux gens: [29]«Venez voir un homme qui m'a dit tout ce que j'ai fait. Ne serait-il pas le Messie?» [30]Ils sortirent de la ville, et ils se dirigeaient vers Jésus.

[31]Pendant ce temps, les disciples l'appelaient: «Rabbi, viens manger.» [32]Mais il répondit: «Pour moi, j'ai de quoi manger: c'est une nourriture que vous ne connaissez pas.» [33]Les disciples se demandaient: «Quelqu'un lui aurait-il apporté à manger?» [34]Jésus leur dit: «Ma nourriture, c'est de faire la volonté de celui qui m'a envoyé et d'accomplir son œuvre. [35]Ne dites-vous pas: 'Encore quatre mois et ce sera la moisson'? Et moi je vous dis: Levez les yeux et regardez les champs qui se dorent pour la moisson. [36]Dès maintenant, le moissonneur reçoit son salaire: il récolte du fruit pour la vie éternelle, si bien que le semeur se réjouit avec le moissonneur. [37]Il est bien vrai, le proverbe: 'L'un sème, l'autre

moissonne.' ³⁸ Je vous ai envoyés moissonner là où vous n'avez pas pris de peine, d'autres ont pris de la peine, et vous, vous profitez de leurs travaux. »

³⁹ Beaucoup de Samaritains de cette ville crurent en Jésus, à cause des paroles de la femme qui avait rendu ce témoignage : « Il m'a dit tout ce que j'ai fait. » ⁴⁰ Lorsqu'ils arrivèrent auprès de lui, ils l'invitèrent à demeurer chez lui. Il y resta deux jours. ⁴¹ Ils furent encore beaucoup plus nombreux à croire à cause de ses propres paroles, ⁴² et ils disaient à la femme : « Ce n'est plus à cause de ce que tu nous as dit que nous croyons maintenant ; nous l'avons entendu par nous-mêmes, et nous savons que c'est vraiment lui le Sauveur du monde. »

Guérison à Cana en Galilée.

⁴³ Jésus, après ces deux jours chez les Samaritains, partit pour la Galilée. ⁴⁴ (Lui-même avait attesté qu'un prophète n'est pas honoré dans son propre pays.) ⁴⁵ Il arriva donc en Galilée ; les Galiléens lui firent bon accueil, car ils avaient vu tout ce qu'il avait fait à Jérusalem pendant la fête de la Pâque, puisqu'ils étaient allés eux aussi à cette fête.

⁴⁶ Ainsi donc Jésus revint à Cana en Galilée, où il avait changé l'eau en vin. Or, il y avait un fonctionnaire royal, dont le fils était malade à Capharnaüm. ⁴⁷ Ayant appris que Jésus arrivait de Judée en Galilée, il alla le trouver ; il lui demandait de descendre à Capharnaüm pour guérir son fils qui était mourant. ⁴⁸ Jésus lui dit : « Vous ne pourrez donc pas croire à moins d'avoir vu des signes et des prodiges ? » ⁴⁹ Le fonctionnaire royal lui dit : « Seigneur, descends, avant que mon enfant ne meure ! » ⁵⁰ Jésus lui répond : « Va, ton fils est vivant. » L'homme crut à la parole que Jésus lui avait dite et il partit.

⁵¹ Pendant qu'il descendait, ses serviteurs arrivèrent à sa rencontre et lui dirent que son enfant était vivant. ⁵² Il voulut savoir à quelle heure il s'était trouvé mieux. Ils lui dirent : « C'est hier, au début de l'après-midi, que la fièvre l'a quitté. » ⁵³ Le père se rendit compte que c'était justement l'heure où Jésus lui avait dit : « Ton fils est vivant. » Alors il crut, avec tous les gens de sa maison.

⁵⁴ Tel est le second signe que Jésus accomplit lorsqu'il revint de Judée en Galilée.

IV – LA RÉVÉLATION CONTESTÉE

*Guérison d'un paralysé
le jour du sabbat.*

5 ¹ Après cela, à l'occasion d'une fête des Juifs, Jésus monta à Jérusalem. ² Or, à Jérusalem, près de la Porte des Brebis, il existe une piscine qu'on appelle en hébreu Bézatha. Elle a cinq colonnades, ³ sous lesquelles étaient couchés une foule de malades : aveugles, boiteux et paralysés. ⁵ Il y en avait un qui était malade depuis trente-huit ans. ⁶ Jésus, le voyant couché là, et apprenant qu'il était dans cet état depuis longtemps, lui dit : « Est-ce que tu veux retrouver la santé ? » ⁷ Le malade lui répondit : « Seigneur, je n'ai personne pour me plonger dans la piscine au moment où l'eau bouillonne ; et pendant que j'y vais, un autre descend avant moi. » ⁸ Jésus lui dit : « Lève-toi, prends ton brancard, et marche. » ⁹ Et aussitôt l'homme retrouva la santé. Il prit son brancard : il marchait !

Or, ce jour-là était un jour de sabbat. ¹⁰ Les Juifs dirent à cet homme qui avait guéri : « C'est le sabbat ! Tu n'as pas le droit de porter ton brancard. » ¹¹ Il leur répliqua : « Celui qui m'a rendu la santé, c'est lui qui m'a dit : 'Prends ton brancard, et marche !' » ¹² Ils l'interrogèrent : « Quel est l'homme qui t'a dit : 'Prends-le, et marche' ? » ¹³ Mais celui qui avait été guéri ne le savait pas ; en effet, Jésus s'était éloigné, car il y avait foule à cet endroit.

¹⁴ Plus tard, Jésus le retrouva dans le Temple et lui dit : « Te voilà en bonne santé. Ne pèche plus, il pourrait t'arriver pire encore. » ¹⁵ L'homme partit annoncer aux Juifs que c'était Jésus qui lui avait rendu la santé. ¹⁶ Et les Juifs se mirent à poursuivre Jésus parce qu'il avait fait cela le jour du sabbat.

Discours sur l'œuvre du Fils et le témoignage du Père.

¹⁷ Jésus leur déclara : « Mon Père, jusqu'à maintenant, est toujours à l'œuvre, et moi aussi je suis à l'œuvre. » ¹⁸ C'est pourquoi, de plus en plus, les Juifs cherchaient à le faire mourir, car non seulement il violait le repos du sabbat, mais encore il disait que Dieu était son propre Père, et il se faisait ainsi l'égal de Dieu.

¹⁹ Jésus reprit donc la parole. Il leur déclarait : « Amen, amen, je vous le dis : le Fils ne peut rien faire de lui-même, il fait seulement ce qu'il voit faire par le Père ; ce que fait celui-ci, le Fils le fait pareillement. ²⁰ Car le Père aime le Fils et lui montre tout ce qu'il fait. Il lui montrera des œuvres encore plus grandes, si bien que vous serez dans l'étonnement. ²¹ Comme le Père, en effet, relève les morts et leur donne la vie, le Fils, lui aussi, donne la vie à qui il veut. ²² Car le Père ne juge personne : il a donné au Fils tout pouvoir pour juger, ²³ afin que tous honorent le Fils comme ils honorent le Père. Celui qui ne rend pas honneur au Fils ne rend pas non plus honneur au Père, qui l'a envoyé. ²⁴ Amen, amen, je vous le dis : celui qui écoute ma parole et croit au Père qui m'a envoyé, celui-là obtient la vie éternelle et il

échappe au Jugement, car il est déjà passé de la mort à la vie.

²⁵ Amen, amen, je vous le dis : l'heure vient – et c'est maintenant – où les morts vont entendre la voix du Fils de Dieu, et ceux qui l'auront entendue vivront. ²⁶ Comme le Père a la vie en lui-même, ainsi a-t-il donné au Fils d'avoir la vie en lui-même ; ²⁷ et il lui a donné le pouvoir de prononcer le Jugement, parce qu'il est le Fils de l'homme. ²⁸ Ne soyez pas surpris ; l'heure vient où tous ceux qui sont dans les tombeaux vont entendre sa voix, et ils sortiront : ²⁹ ceux qui ont fait le bien, ressuscitant pour entrer dans la vie ; ceux qui ont fait le mal, ressuscitant pour être jugés.

³⁰ Moi, je ne peux rien faire de moi-même ; je rends mon jugement d'après ce que j'entends, et ce jugement est juste, parce que je ne cherche pas à faire ma propre volonté, mais la volonté de celui qui m'a envoyé.

³¹ Si je me rends témoignage à moi-même, mon témoignage ne serait pas vrai ; ³² il y a quelqu'un d'autre qui me rend témoignage, et je sais que le témoignage qu'il me rend est vrai. ³³ Vous avez envoyé une délégation auprès de Jean Baptiste, et il a rendu témoignage à la vérité. ³⁴ Moi, je n'ai pas à recevoir le témoignage d'un homme, mais je parle ainsi pour que vous soyez sauvés. ³⁵ Jean était la lampe qui brûle et qui éclaire, et vous avez

accepté de vous réjouir un moment à sa lumière. ³⁶ Mais j'ai pour moi un témoignage plus grand que celui de Jean : ce sont les œuvres que le Père m'a données à accomplir ; ces œuvres, je les fais, et elles témoignent que le Père m'a envoyé. ³⁷ Et le Père qui m'a envoyé, c'est lui qui m'a rendu témoignage. Vous n'avez jamais écouté sa voix, vous n'avez jamais vu sa face, ³⁸ et sa parole ne demeure pas en vous, puisque vous ne croyez pas en moi, l'envoyé du Père. ³⁹ Vous scrutez les Écritures parce que vous pensez trouver en elles la vie éternelle ; or, ce sont elles qui me rendent témoignage, ⁴⁰ et vous ne voulez pas venir à moi pour avoir la vie !

⁴¹ La gloire, je ne la reçois pas des hommes ; ⁴² d'ailleurs je vous connais : vous n'avez pas en vous l'amour de Dieu. ⁴³ Moi, je suis venu au nom de mon Père, et vous ne me recevez pas ; si un autre vient en son propre nom, celui-là, vous le recevrez ! ⁴⁴ Comment pourriez-vous croire, vous qui recevez votre gloire les uns des autres, et qui ne cherchez pas la gloire qui vient du Dieu unique ? ⁴⁵ Ne pensez pas que c'est moi qui vous accuserai devant le Père. Votre accusateur, c'est Moïse, en qui vous avez mis votre espérance. ⁴⁶ Si vous croyiez en Moïse, vous croiriez aussi en moi, car c'est de moi qu'il a parlé dans l'Écriture.

[47] Mais si vous ne croyez pas ce qu'il a écrit, comment croirez-vous ce que je dis ?

Le Fils donne aux hommes la vie du Père (deuxième Pâque) : multiplication des pains, marche sur la mer, discours sur le pain de vie.

6 [1] Après cela, Jésus passa de l'autre côté du lac de Tibériade (appelé aussi mer de Galilée). [2] Une grande foule le suivait, parce qu'elle avait vu les signes qu'il accomplissait en guérissant les malades. [3] Jésus gagna la montagne, et là, il s'assit avec ses disciples. [4] C'était un peu avant la Pâque, qui est la grande fête des Juifs. [5] Jésus leva les yeux et vit qu'une foule nombreuse venait à lui. Il dit à Philippe : « Où pourrions-nous acheter du pain pour qu'ils aient à manger ? » [6] Il disait cela pour le mettre à l'épreuve, car lui-même savait bien ce qu'il allait faire. [7] Philippe lui répondit : « Le salaire de deux cents journées ne suffirait pas pour que chacun ait un petit morceau de pain. » [8] Un de ses disciples, André, le frère de Simon-Pierre, lui dit : [9] « Il y a là un jeune garçon qui a cinq pains d'orge et deux poissons, mais qu'est-ce que cela pour tant de monde ! » [10] Jésus dit : « Faites-les asseoir. » Il y avait beaucoup d'herbe à cet endroit. Ils s'assirent donc, au nombre d'environ cinq mille hommes. [11] Alors Jésus prit les pains, et, après avoir rendu grâce, les leur distribua ; il leur donna aussi du poisson, autant qu'ils en voulaient. [12] Quand ils eurent mangé à leur faim, il dit à ses disciples : « Ramassez les morceaux qui restent, pour que rien ne soit perdu. » [13] Ils les ramassèrent, et ils remplirent douze paniers avec les morceaux qui restaient des cinq pains d'orge après le repas.

[14] A la vue du signe que Jésus avait accompli, les gens disaient : « C'est vraiment lui le grand Prophète, celui qui vient dans le monde. » [15] Mais Jésus savait qu'ils étaient sur le point de venir le prendre de force et faire de lui leur roi ; alors de nouveau il se retira, tout seul, dans la montagne.

[16] Le soir venu, les disciples de Jésus descendirent au bord du lac. [17] Ils s'embarquèrent pour gagner Capharnaüm, sur l'autre rive. Déjà il faisait nuit, et Jésus ne les avait pas encore rejoints. [18] Un grand vent se mit à souffler, et le lac devint houleux. [19] Les disciples avaient ramé pendant cinq mille mètres environ, lorsqu'ils virent Jésus qui marchait sur la mer et se rapprochait de la barque. Alors, ils furent saisis de crainte. [20] Mais il leur dit : « C'est moi. Soyez sans crainte. » [21] Les disciples voulaient le prendre dans la barque, mais aussitôt, la barque atteignit le rivage à l'endroit où ils se rendaient.

²² Le lendemain, la foule restée sur l'autre rive du lac se rendit compte qu'il n'y avait eu là qu'une seule barque, et que Jésus n'y était pas monté avec ses disciples, qui étaient partis sans lui. ²³ Cependant, d'autres barques, venant de Tibériade, étaient arrivées près de l'endroit où l'on avait mangé le pain après que le Seigneur eut rendu grâce. ²⁴ La foule s'était aperçue que Jésus n'était pas là, ni ses disciples non plus. Alors les gens prirent les barques et se dirigèrent vers Capharnaüm à la recherche de Jésus. ²⁵ L'ayant trouvé sur l'autre rive, ils lui dirent : « Rabbi, quand es-tu arrivé ici ? » ²⁶ Jésus leur répondit : « Amen, amen, je vous le dis : vous me cherchez, non parce que vous avez vu des signes, mais parce que vous avez mangé du pain et que vous avez été rassasiés. ²⁷ Ne travaillez pas pour la nourriture qui se perd, mais pour la nourriture qui se garde jusque dans la vie éternelle, celle que vous donnera le Fils de l'homme, lui que Dieu, le Père, a marqué de son empreinte. » ²⁸ Ils lui dirent alors : « Que faut-il faire pour travailler aux œuvres de Dieu ? » Jésus leur répondit : ²⁹ « L'œuvre de Dieu, c'est que vous croyiez en celui qu'il a envoyé. » ³⁰ Ils lui dirent alors : « Quel signe vas-tu accomplir pour que nous puissions le voir, et te croire ? Quelle œuvre

vas-tu faire ? ³¹ Au désert, nos pères ont mangé la manne ; comme dit l'Écriture : *Il leur a donné à manger le pain venu du ciel.* » ³² Jésus leur répondit : « Amen, amen, je vous le dis : ce n'est pas Moïse qui vous a donné le pain venu du ciel ; c'est mon Père qui vous donne le vrai pain venu du ciel. ³³ Le pain de Dieu, c'est celui qui descend du ciel et qui donne la vie au monde. »

³⁴ Ils lui dirent alors : « Seigneur, donne-nous de ce pain-là, toujours. » ³⁵ Jésus leur répondit : « Moi, je suis le pain de la vie. Celui qui vient à moi n'aura plus jamais faim ; celui qui croit en moi n'aura plus jamais soif. ³⁶ Mais je vous l'ai déjà dit : vous avez vu, et pourtant vous ne croyez pas. ³⁷ Tous ceux que le Père me donne viendront à moi ; et celui qui vient à moi, je ne vais pas le jeter dehors. ³⁸ Car je ne suis pas descendu du ciel pour faire ma volonté, mais pour faire la volonté de celui qui m'a envoyé. ³⁹ Or, la volonté de celui qui m'a envoyé, c'est que je ne perde aucun de ceux qu'il m'a donnés, mais que je les ressuscite tous au dernier jour. ⁴⁰ Car la volonté de mon Père, c'est que tout homme qui voit le Fils et croit en lui obtienne la vie éternelle ; et moi, je le ressusciterai au dernier jour. »

⁴¹ Comme Jésus avait dit : « Moi, je suis le pain qui est descendu du ciel », les Juifs récriminaient contre lui :

⁴²« Cet homme-là n'est-il pas Jésus, fils de Joseph ? Nous connaissons bien son père et sa mère. Alors comment peut-il dire : 'Je suis descendu du ciel' ? » ⁴³ Jésus reprit la parole : « Ne récriminez pas entre vous. ⁴⁴ Personne ne peut venir à moi, si le Père qui m'a envoyé ne l'attire vers moi, et moi, je le ressusciterai au dernier jour. ⁴⁵ Il est écrit dans les prophètes : *Ils seront tous instruits par Dieu lui-même.* Tout homme qui écoute les enseignements du Père vient à moi. ⁴⁶ Certes, personne n'a jamais vu le Père, sinon celui qui vient de Dieu : celui-là seul a vu le Père. ⁴⁷ Amen, amen, je vous le dis : celui qui croit en moi a la vie éternelle. ⁴⁸ Moi, je suis le pain de la vie. ⁴⁹ Au désert, vos pères ont mangé la manne, et ils sont morts ; ⁵⁰ mais ce pain-là, qui descend du ciel, celui qui en mange ne mourra pas.

⁵¹ Moi, je suis le pain vivant, qui est descendu du ciel : si quelqu'un mange de ce pain, il vivra éternellement. Le pain que je donnerai, c'est ma chair, donnée pour que le monde ait la vie. » ⁵² Les Juifs discutaient entre eux : « Comment cet homme-là peut-il nous donner sa chair à manger ? » ⁵³ Jésus leur dit alors : « Amen, amen, je vous le dis : si vous ne mangez pas la chair du Fils de l'homme, et si vous ne buvez pas son sang, vous n'aurez pas la vie en vous. ⁵⁴ Celui qui mange ma chair et

boit mon sang a la vie éternelle ; et moi, je le ressusciterai au dernier jour. ⁵⁵ En effet, ma chair est la vraie nourriture, et mon sang est la vraie boisson. ⁵⁶ Celui qui mange ma chair et boit mon sang demeure en moi, et moi je demeure en lui. ⁵⁷ De même que le Père, qui est vivant, m'a envoyé, et que moi je vis par le Père, de même aussi celui qui me mangera vivra par moi. ⁵⁸ Tel est le pain qui descend du ciel : il n'est pas comme celui que vos pères ont mangé. Eux, ils sont morts ; celui qui mange ce pain vivra éternellement. »

⁵⁹ Voilà ce que Jésus a dit, dans son enseignement à la synagogue de Capharnaüm.

Défections parmi les disciples et confession de foi de Pierre.

⁶⁰ Beaucoup de ses disciples, qui avaient entendu, s'écrièrent : « Ce qu'il dit là est intolérable, on ne peut pas continuer à l'écouter ! » ⁶¹ Jésus connaissait par lui-même ces récriminations des disciples. Il leur dit : « Cela vous heurte ? ⁶² Et quand vous verrez le Fils de l'homme monter là où il était auparavant ?... ⁶³ C'est l'esprit qui fait vivre, la chair n'est capable de rien. Les paroles que je vous ai dites sont esprit et elles sont vie. ⁶⁴ Mais il y en a parmi vous qui ne croient pas. » Jésus savait en effet depuis le commencement qui étaient ceux qui ne croyaient pas, et celui qui le

livrerait. ⁶⁵Il ajouta : « Voilà pourquoi je vous ai dit que personne ne peut venir à moi si cela ne lui est pas donné par le Père. »

⁶⁶A partir de ce moment, beaucoup de ses disciples s'en allèrent et cessèrent de marcher avec lui. ⁶⁷Alors Jésus dit aux Douze : « Voulez-vous partir, vous aussi ? » ⁶⁸Simon-Pierre lui répondit : « Seigneur, vers qui pourrions-nous aller ? Tu as les paroles de la vie éternelle. ⁶⁹Quant à nous, nous croyons, et nous savons que tu es le Saint, le Saint de Dieu. »

⁷⁰Jésus leur dit : « N'est-ce pas moi qui vous ai choisis tous les douze ? Et l'un de vous est un démon ! » ⁷¹Il parlait de Judas, fils de Simon Iscariote, car celui-ci allait le livrer ; et pourtant, c'était l'un des Douze.

La fête des Tentes :
débat sur le Messie.

7 ¹Après cela, Jésus parcourait la Galilée : il ne voulait pas parcourir la Judée parce que les Juifs cherchaient à le faire mourir. ²La fête juive des Tentes approchait. ³Alors les frères de Jésus lui dirent : « Ne reste pas ici, va en Judée pour que les disciples que tu as là-bas voient eux aussi les œuvres que tu fais. ⁴On n'agit pas en secret quand on veut être connu. Puisque tu fais de telles choses, manifeste-toi au monde. » ⁵(En effet, les frères de Jésus eux-mêmes ne

croyaient pas en lui.) ⁶Jésus leur dit alors : « Pour moi, le moment n'est pas encore venu ; pour vous, c'est toujours le moment favorable. ⁷Le monde ne peut pas avoir de haine contre vous ; mais il a de la haine contre moi parce que je témoigne que ses œuvres sont mauvaises. ⁸Vous autres, montez à la fête ; moi, je ne monte pas à cette fête parce que le moment pour moi n'est pas encore arrivé. » ⁹Cela dit, il demeura en Galilée. ¹⁰Lorsque les frères de Jésus furent montés à Jérusalem pour la fête, il y monta lui aussi, non pas ostensiblement, mais en secret.

¹¹Les Juifs le cherchaient pendant la fête, en disant : « Où est donc cet homme ? » ¹²On discutait beaucoup à son sujet dans la foule. Les uns disaient : « C'est un homme de bien. » D'autres répliquaient : « Non, il égare la foule. » ¹³Toutefois, personne ne parlait ouvertement de lui, par crainte des Juifs.

¹⁴La semaine de la fête était déjà à moitié passée quand Jésus monta au Temple et se mit à enseigner. ¹⁵Dans leur étonnement, les Juifs disaient : « Comment cet homme connaît-il tant de choses sans avoir fait d'études ? » ¹⁶Jésus leur répondit : « Mon enseignement n'est pas le mien : c'est l'enseignement de celui qui m'a envoyé. ¹⁷Celui qui veut faire la volonté de Dieu saura si cet enseignement vient de

Dieu, ou si je ne parle qu'en mon nom. ¹⁸ Si quelqu'un ne parle qu'en son nom, il cherche sa propre gloire ; mais si quelqu'un cherche la gloire de celui qui l'a envoyé, il est dans le vrai, et il n'y a en lui rien de mal. ¹⁹ N'est-ce pas Moïse qui vous a donné la Loi ? Or, aucun de vous n'agit selon la Loi. Pourquoi cherchez-vous à me faire mourir ? » ²⁰ La foule répondit : « Tu es un possédé. Qui donc cherche à te faire mourir ? » ²¹ Jésus leur répondit : « Pour une seule œuvre que j'ai faite, vous voilà tous dans l'étonnement. ²² Moïse vous a prescrit la circoncision (en fait elle ne vient pas de Moïse, mais des patriarches), et vous la pratiquez même le jour du sabbat. ²³ Eh bien ! Si le jour du sabbat, un être humain peut recevoir la circoncision afin que la loi de Moïse soit respectée, pourquoi vous mettez-vous en colère contre moi parce que j'ai guéri un être humain tout entier le jour du sabbat ? ²⁴ Ne jugez pas d'après l'apparence, mais selon la justice. »

²⁵ Quelques habitants de Jérusalem disaient alors : « N'est-ce pas lui qu'on cherche à faire mourir ? ²⁶ Le voilà qui parle ouvertement, et personne ne lui dit rien ! Les chefs du peuple auraient-ils vraiment reconnu que c'est lui le Messie ? ²⁷ Mais lui, nous savons d'où il est. Or, lorsque le Messie viendra, personne ne saura d'où il est. » ²⁸ Jésus, qui enseignait dans le Temple, s'écria : « Vous me connaissez ? Et vous savez d'où je suis ? Je ne suis pas venu de moi-même : mais celui qui m'a envoyé dit la vérité, lui que vous ne connaissez pas. ²⁹ Moi, je connais parce que je viens d'auprès de lui, et c'est lui qui m'a envoyé. »

³⁰ On cherchait à l'arrêter, mais personne ne mit la main sur lui parce que son heure n'était pas encore venue. ³¹ Dans la foule beaucoup crurent en lui, et ils disaient : « Le Messie, quand il viendra, accomplira-t-il plus de signes que celui-ci n'en a fait ? »

³² Les pharisiens apprirent que la foule discutait ainsi à son propos. Alors les chefs des prêtres et les pharisiens envoyèrent des gardes pour l'arrêter. ³³ Jésus déclara : « Je suis encore avec vous, mais pour peu de temps ; et je m'en vais auprès de celui qui m'a envoyé. ³⁴ Vous me chercherez, et vous ne me trouverez pas ; et là où je suis, vous ne pouvez pas venir. » ³⁵ Les Juifs se dirent alors entre eux : « Où va-t-il bien partir pour que nous ne le trouvions pas ? Va-t-il partir chez les Juifs dispersés dans le monde grec afin d'instruire les Grecs ? ³⁶ Que signifie cette parole qu'il a dite : 'Vous me chercherez, et vous ne me trouverez pas, et là où je suis, vous ne pouvez pas venir' ? »

³⁷ Au jour solennel où se terminait la fête, Jésus, debout,

s'écria : « Si quelqu'un a soif, qu'il vienne à moi, et qu'il boive, [38] celui qui croit en moi ! Comme dit l'Écriture : *Des fleuves d'eau vive jailliront de son cœur.* » [39] En effet, il parlait de l'Esprit Saint, l'Esprit que devaient recevoir ceux qui croiraient en Jésus. En effet, l'Esprit Saint n'avait pas encore été donné, parce que Jésus n'avait pas encore été glorifié par le Père.

[40] Dans la foule, on avait entendu ses paroles, et les uns disaient : « C'est vraiment lui, le grand Prophète ! » [41] D'autres disaient : « C'est lui le Messie ! » Mais d'autres encore demandaient : « Est-ce que le Messie peut venir de Galilée ? [42] L'Écriture dit pourtant qu'il doit venir de la descendance de David et de Bethléem, le village où habitait David ! » [43] C'est ainsi que la foule se divisa à son sujet. [44] Quelques-uns d'entre eux voulaient l'arrêter, mais personne ne mit la main sur lui.

[45] Voyant revenir les gardes qu'ils avaient envoyés arrêter Jésus, les chefs des prêtres et les pharisiens leur demandèrent : « Pourquoi ne l'avez-vous pas ramené ? » [46] Les gardes répondirent : « Jamais un homme n'a parlé comme cet homme ! » [47] Les pharisiens leur répliquèrent : « Alors, vous aussi, vous êtes laissé égarer ? [48] Parmi les chefs du peuple et les pharisiens, y en a-t-il un seul qui ait cru en lui ? [49] Quant à cette foule qui ne sait rien de la Loi, ce sont des maudits ! » [50] Parmi les pharisiens, il y avait Nicodème, qui était allé précédemment trouver Jésus ; il leur dit : [51] « Est-ce que notre Loi permet de condamner un homme sans l'entendre d'abord pour savoir ce qu'il a fait ? » [52] Ils lui répondirent : « Alors, toi aussi, tu es de Galilée ? Cherche bien, et tu verras que jamais aucun prophète ne surgit de Galilée ! » [53] Puis ils rentrèrent chacun chez soi.

Épisode de la femme adultère.

8 [1] Jésus s'était rendu au mont des Oliviers ; [2] de bon matin, il retourna au Temple. Comme tout le peuple venait à lui, il s'assit et se mit à enseigner. [3] Les scribes et les pharisiens lui amènent une femme qu'on avait surprise en train de commettre l'adultère. Ils la font avancer, [4] et disent à Jésus : « Maître, cette femme a été prise en flagrant délit d'adultère. [5] Or, dans la Loi, Moïse nous a ordonné de lapider ces femmes-là. Et toi, qu'en dis-tu ? » [6] Ils parlaient ainsi pour le mettre à l'épreuve, afin de pouvoir l'accuser. Mais Jésus s'était baissé et, du doigt, il traçait des traits sur le sol. [7] Comme on persistait à l'interroger, il se redressa et leur dit : « Celui d'entre vous qui est sans péché, qu'il soit le premier à lui jeter la pierre. » [8] Et il se baissa de nouveau pour tracer des traits sur le sol. [9] Quant à eux, sur cette réponse, ils s'en allaient l'un après l'autre, en commençant par les plus âgés. Jésus resta seul avec la femme en face de lui.

¹⁰ Il se redressa et lui demanda : « Femme, où sont-ils donc ? Alors, personne ne t'a condamnée ? » ¹¹ Elle répondit : « Personne, Seigneur. » Et Jésus lui dit : « Moi non plus, je ne te condamne pas. Va, et désormais ne pèche plus. »

*Reprise du débat : témoignage
de Jésus sur lui-même.*

¹² De nouveau, Jésus parla aux Juifs : « Moi, je suis la lumière du monde. Celui qui me suit ne marchera pas dans les ténèbres, il aura la lumière de la vie. » ¹³ Les pharisiens lui dirent alors : « Tu te rends témoignage à toi-même, ce n'est donc pas un vrai témoignage. » ¹⁴ Jésus leur répondit : « Oui, moi, je me rends témoignage à moi-même, et pourtant c'est un vrai témoignage, car je sais d'où je suis venu, et où je m'en vais ; mais vous, vous ne savez ni d'où je viens, ni où je m'en vais. ¹⁵ Vous, vous jugez de façon purement humaine. Moi, je ne juge personne. ¹⁶ Et, s'il m'arrive de juger, mon jugement est vrai parce que je ne suis pas seul : j'ai avec moi le Père, qui m'a envoyé. ¹⁷ Or, il est écrit dans votre Loi que, s'il y a deux témoins, c'est un vrai témoignage. ¹⁸ Moi, je me rends témoignage à moi-même, et le Père, qui m'a envoyé, témoigne aussi pour moi. » ¹⁹ Les pharisiens lui disaient : « Où est-il, ton père ? » Jésus répondit : « Vous ne connaissez ni moi ni mon Père ; si vous me connaissiez, vous connaîtriez aussi mon Père. »

²⁰ Il prononça ces paroles alors qu'il enseignait au Temple, du côté du Trésor. Et personne ne l'arrêta, parce que son heure n'était pas encore venue.

²¹ Jésus leur dit encore : « Je m'en vais ; vous me chercherez, et vous mourrez dans votre péché. Là où moi je m'en vais, vous ne pouvez pas y aller. » ²² Les Juifs disaient : « Veut-il donc se suicider, puisqu'il dit : 'Là où moi je m'en vais, vous ne pouvez pas y aller' ? » ²³ Il leur répondit : « Vous, vous êtes d'en bas ; moi, je suis d'en haut. Vous êtes de ce monde ; moi, je ne suis pas de ce monde. ²⁴ C'est pourquoi je vous ai dit que vous mourrez dans vos péchés. Si, en effet, vous ne croyez pas que moi, JE SUIS, vous mourrez dans vos péchés. » ²⁵ Ils lui demandaient : « Qui es-tu donc ? » Jésus leur répondit : « Je n'ai pas cessé de vous le dire. ²⁶ J'ai beaucoup à dire sur vous, et beaucoup à condamner. D'ailleurs celui qui m'a envoyé dit la vérité, et c'est de lui que j'ai entendu ce que je dis pour le monde. » ²⁷ Ils ne comprirent pas qu'il leur parlait du Père.

²⁸ Jésus leur déclara : « Quand vous aurez élevé le Fils de l'homme, alors vous comprendrez que moi, JE SUIS, et que je ne fais rien par moi-même, mais tout ce que je dis, c'est le Père qui me l'a enseigné. ²⁹ Celui qui m'a envoyé est avec moi ; il ne m'a pas laissé seul parce que je fais toujours ce qui lui plaît. » ³⁰ Sur ces paroles de Jésus, beaucoup crurent en lui.

Suite du débat : *Jésus et Abraham.*

³¹ Jésus disait à des Juifs qui maintenant croyaient en lui : ³² « Si vous demeurez fidèles à ma parole, vous êtes vraiment mes disciples ; alors vous connaîtrez la vérité, et la vérité vous rendra libres. » ³³ Ils lui répliquèrent : « Nous sommes les descendants d'Abraham, et nous n'avons jamais été esclaves de personne. Comment peux-tu dire : 'Vous deviendrez libres' ? » ³⁴ Jésus leur répondit : « Amen, amen, je vous le dis : tout homme qui commet le péché est esclave du péché. ³⁵ L'esclave ne demeure pas pour toujours dans la maison ; le fils, lui, y demeure pour toujours. ³⁶ Donc, si c'est le Fils qui vous rend libres, vous serez vraiment libres. ³⁷ Je sais bien que vous êtes les descendants d'Abraham, et pourtant vous cherchez à me faire mourir, parce que ma parole n'a pas de prise sur vous. ³⁸ Je dis ce que moi, j'ai vu auprès de mon Père, et vous, vous faites aussi ce que vous avez entendu chez votre père. » ³⁹ Ils lui répliquèrent : « Notre père, c'est Abraham. » Jésus leur dit : « Si vous êtes les enfants d'Abraham, vous devriez agir comme Abraham. ⁴⁰ Et en fait vous cherchez à me faire mourir, moi qui vous ai dit la vérité que j'ai entendue de Dieu. Abraham n'a pas agi ainsi. ⁴¹ Mais vous, vous agissez comme votre père. »

Ils lui dirent : « Nous ne sommes pas des enfants illégitimes ! Nous n'avons qu'un seul Père, qui est Dieu. » ⁴² Jésus leur dit : « Si Dieu était votre Père, vous m'aimeriez, car c'est de Dieu que je suis sorti et que je viens. Je ne suis pas venu de moi-même ; c'est lui qui m'a envoyé. ⁴³ Et pourquoi ne comprenez-vous pas mon langage ? – C'est parce que vous n'êtes pas capables d'écouter ma parole. ⁴⁴ Vous venez du démon, qui est votre père, et vous cherchez à réaliser les désirs de votre père. Celui-ci, dès le commencement, a voulu la mort de l'homme. Il n'a jamais été dans la vérité, parce qu'il n'y a pas en lui de vérité. Quand il dit le mensonge, il parle selon sa nature propre, parce qu'il est menteur et père du mensonge. ⁴⁵ Mais moi, parce que je dis la vérité, vous ne me croyez pas. ⁴⁶ Qui d'entre vous peut m'accuser de péché ? Si je dis la vérité, pourquoi ne me croyez-vous pas ? ⁴⁷ Celui qui vient de Dieu écoute les paroles de Dieu. Et vous, vous n'écoutez pas, parce que vous ne venez pas de Dieu. »

⁴⁸ Les Juifs répliquèrent : « N'avons-nous pas raison de dire que tu es un Samaritain et un possédé ? » ⁴⁹ Jésus répondit : « Je ne suis pas un possédé. Au contraire, j'honore mon Père, tandis que vous, vous refusez de m'honorer. ⁵⁰ Ce n'est pas moi qui recherche ma gloire, il y a quelqu'un qui la recherche, et qui rend justice. ⁵¹ Amen, amen, je vous le dis : si quelqu'un reste fidèle à ma parole, il ne verra jamais la mort. » ⁵² Les Juifs lui dirent : « Nous voyons bien maintenant que tu es un possédé. Abraham est mort, les prophètes aussi, et toi, tu dis : 'Si quelqu'un reste fidèle à ma parole, jamais il ne connaîtra la mort.' ⁵³ Es-tu donc plus grand que notre père Abraham ? Il est mort, et les prophètes aussi. Qui donc prétends-tu être ? » ⁵⁴ Jésus répondit : « Si je me glorifie moi-même, ma gloire n'est rien ; c'est mon Père qui me glorifie, lui que vous appelez votre Dieu, ⁵⁵ alors que vous ne le connaissez pas. Mais moi, je le connais, et, si je dis que je ne le connais pas, je serai un menteur, comme vous. Mais je le connais, et je reste fidèle à sa parole. ⁵⁶ Abraham votre père a tressailli d'allégresse dans l'espoir de voir mon Jour. Il l'a vu, et il a été dans la joie. »

⁵⁷ Les Juifs lui dirent alors : « Toi qui n'as pas cinquante ans, tu as vu Abraham ! » ⁵⁸ Jésus leur répondit : « Amen, amen, je vous le dis : avant qu'Abraham ait existé, moi, JE SUIS. » ⁵⁹ Alors ils ramassèrent des pierres pour les lui jeter. Mais Jésus, en se cachant, sortit du Temple.

Jésus, lumière du monde, guérit un aveugle de naissance.

9 ¹ Jésus vit sur son passage un homme qui était aveugle de naissance. ² Ses disciples l'interrogèrent : « Rabbi, pourquoi cet homme est-il né aveugle ? Est-ce lui qui a péché, ou bien ses parents ? » ³ Jésus répondit : « Ni lui, ni ses parents. Mais l'action de Dieu devait se manifester en lui. ⁴ Il nous faut réaliser l'action de celui qui m'a envoyé ; pendant qu'il fait encore jour ; déjà la nuit approche, et personne ne pourra plus agir. ⁵ Tant que je suis dans le monde, je suis la lumière du monde. » ⁶ Cela dit, il cracha sur le sol et, avec la salive, il fit de la boue qu'il appliqua sur les yeux de l'aveugle, ⁷ et il lui dit : « Va te laver à la piscine de Siloé » (ce nom signifie : Envoyé). L'aveugle y alla donc, et il se lava ; quand il revint, il voyait.

⁸ Ses voisins, et ceux qui étaient habitués à le rencontrer – car il était mendiant – dirent alors : « N'est-ce pas celui qui se tenait là pour mendier ? » ⁹ Les uns disaient : « C'est lui. »

Les autres disaient: «Pas du tout, c'est quelqu'un qui lui ressemble.» Mais lui affirmait: «C'est bien moi.» [10] Et on lui demandait: «Alors, comment tes yeux se sont-il ouverts?» [11] Il répondit: «L'homme qu'on appelle Jésus a fait de la boue, il m'en a frotté les yeux et il m'a dit: 'Va te laver à la piscine de Siloé.' J'y suis donc allé et je me suis lavé; alors, j'ai vu.» [12] Ils lui dirent: «Et lui, où est-il?» Il répondit: «Je ne sais pas.»

[13] On amène aux pharisiens cet homme qui avait été aveugle. [14] Or, c'était un jour de sabbat que Jésus avait fait de la boue et lui avait ouvert les yeux. [15] A leur tour, les pharisiens lui demandèrent: «Comment se fait-il que tu voies?» Il leur répondit: «Il m'a mis de la boue sur les yeux, je me suis lavé, et maintenant je vois.» [16] Certains pharisiens disaient: «Celui-là ne vient pas de Dieu, puisqu'il n'observe pas le repos du sabbat.» D'autres répliquaient: «Comment un homme pécheur pourrait-il accomplir des signes pareils?» Ainsi donc ils étaient divisés.

[17] Alors ils s'adressent de nouveau à l'aveugle: «Et toi, que dis-tu de lui, puisqu'il t'a ouvert les yeux?» Il dit: «C'est un prophète.» [18] Les Juifs ne voulaient pas croire que cet homme, qui maintenant voyait, avait été aveugle. C'est pourquoi ils convoquèrent ses parents [19] et leur demandèrent: «Cet homme est bien votre fils, et vous dites qu'il est né aveugle? Comment se fait-il qu'il voie maintenant?» [20] Les parents répondirent: «Nous savons que c'est bien notre fils, et qu'il est né aveugle. [21] Mais comment peut-il voir à présent, nous ne le savons pas; et qui lui a ouvert les yeux, nous ne le savons pas non plus. Interrogez-le, il est assez grand pour s'expliquer.» [22] Ses parents parlaient ainsi parce qu'ils avaient peur des Juifs. En effet, les Juifs s'étaient déjà mis d'accord pour exclure de la synagogue tous ceux qui déclareraient que Jésus est le Messie. [23] Voilà pourquoi les parents avaient dit: «Il est assez grand, interrogez-le!»

[24] Pour la seconde fois, les pharisiens convoquèrent l'homme qui avait été aveugle, et ils lui dirent: «Rends gloire à Dieu! Nous savons, nous, que cet homme est un pécheur.» [25] Il répondit: «Est-ce un pécheur? Je n'en sais rien; mais il y a une chose que je sais: j'étais aveugle, et maintenant je vois.» [26] Ils lui dirent alors: «Comment a-t-il fait pour t'ouvrir les yeux?» [27] Il leur répondit: «Je vous l'ai déjà dit, et vous n'avez pas écouté. Pourquoi voulez-vous m'entendre encore une fois? Serait-ce que vous aussi vous voulez devenir ses disciples?» [28] Ils se mirent à l'injurier: «C'est toi qui es son disciple;

nous, c'est de Moïse que nous sommes les disciples. ²⁹Moïse, nous savons que Dieu lui a parlé; quant à celui-là, nous ne savons pas d'où il est.» ³⁰L'homme leur répondit: «Voilà bien ce qui est étonnant! Vous ne savez pas d'où il est, et pourtant il m'a ouvert les yeux. ³¹Comme chacun sait, Dieu n'exauce pas les pécheurs, mais si quelqu'un l'honore et fait sa volonté, il l'exauce. ³²Jamais encore on n'avait entendu dire qu'un homme ait ouvert les yeux à un aveugle de naissance. ³³Si cet homme-là ne venait pas de Dieu, il ne pourrait rien faire.» ³⁴Ils répliquèrent: «Tu es tout entier plongé dans le péché depuis ta naissance, et tu nous fais la leçon?» Et ils le jetèrent dehors.

³⁵Jésus apprit qu'ils l'avaient expulsé. Alors il vint le trouver et lui dit: «Crois-tu au Fils de l'homme?» ³⁶Il répondit: «Et qui est-il, Seigneur, pour que je croie en lui?» ³⁷Jésus lui dit: «Tu le vois, et c'est lui qui te parle.» ³⁸Il dit: «Je crois, Seigneur!», et il se prosterna devant lui.

³⁹Jésus dit alors: «Je suis venu en ce monde pour une remise en question: pour que ceux qui ne voient pas puissent voir, et que ceux qui voient deviennent aveugles.» ⁴⁰Des pharisiens qui se trouvaient avec lui entendirent ces paroles et lui dirent: «Serions-nous des aveugles, nous

aussi?» ⁴¹Jésus leur répondit: «Si vous étiez des aveugles, vous n'auriez pas de péché; mais du moment que vous dites: 'Nous voyons!' votre péché demeure.

Le bon pasteur.

10 ¹«Amen, amen, je vous le dis: celui qui entre dans la bergerie sans passer par la porte, mais qui escalade par un autre endroit, celui-là est un voleur et un bandit. ²Celui qui entre par la porte, c'est lui le pasteur, le berger des brebis. ³Le portier lui ouvre, et les brebis écoutent sa voix. Ses brebis à lui, il les appelle chacune par son nom, et il les fait sortir. ⁴Quand il a conduit dehors toutes ses brebis, il marche à leur tête, et elles le suivent, car elles connaissent sa voix. ⁵Jamais elles ne suivront un inconnu, elles s'enfuiront loin de lui, car elles ne reconnaissent pas la voix des inconnus.»

⁶Jésus employa cette parabole en s'adressant aux pharisiens, mais ils ne comprirent pas ce qu'il voulait leur dire. ⁷C'est pourquoi Jésus reprit la parole: «Amen, amen, je vous le dis: je suis la porte des brebis. ⁸Ceux qui sont intervenus avant moi sont tous des voleurs et des bandits; mais les brebis ne les ont pas écoutés. ⁹Moi, je suis la porte. Si quelqu'un entre en passant par moi, il sera sauvé; il pourra aller et venir, et il trouvera un

pâturage. ¹⁰Le voleur ne vient que pour voler, égorger et détruire. Moi je suis venu pour que les hommes aient la vie, pour qu'ils l'aient en abondance.

¹¹Je suis le bon pasteur, le vrai berger. Le vrai berger donne sa vie pour ses brebis. ¹²Le berger mercenaire, lui, n'est pas le pasteur, car les brebis ne lui appartiennent pas : s'il voit venir le loup, il abandonne les brebis et s'enfuit ; le loup s'en empare et les disperse. ¹³Ce berger n'est qu'un mercenaire, et les brebis ne comptent pas vraiment pour lui. ¹⁴Moi, je suis le bon pasteur ; je connais mes brebis, et mes brebis me connaissent, ¹⁵comme le Père me connaît, et que je connais le Père ; et je donne ma vie pour mes brebis.

¹⁶J'ai encore d'autres brebis, qui ne sont pas de cette bergerie : celles-là aussi, il faut que je les conduise. Elles écouteront ma voix : il y aura un seul troupeau et un seul pasteur. ¹⁷Le Père m'aime parce que je donne ma vie pour la reprendre ensuite. ¹⁸Personne n'a pu me l'enlever : je la donne de moi-même. J'ai le pouvoir de la donner, et le pouvoir de la reprendre : voilà le commandement que j'ai reçu de mon Père. »

¹⁹De nouveau les Juifs se divisèrent à cause de ces paroles. ²⁰Beaucoup d'entre eux disaient : « C'est un possédé, il est fou. Pourquoi l'écoutez-vous ? » ²¹D'autres disaient : « On ne parle pas ainsi quand on est possédé du démon. Est-ce qu'un démon pourrait ouvrir les yeux à des aveugles ? »

Fête de la Dédicace : Jésus se déclare Fils de Dieu.

²²On célébrait à Jérusalem l'anniversaire de la dédicace du Temple. C'était l'hiver. ²³Jésus allait et venait dans le Temple, sous la colonnade de Salomon. ²⁴Les Juifs se groupèrent autour de lui ; ils lui disaient : « Combien de temps vas-tu nous laisser dans le doute ? Si tu es le Messie, dis-le nous ouvertement ! » ²⁵Jésus leur répondit : « Je vous l'ai dit, et vous ne croyez pas. Les œuvres que je fais au nom de mon Père, voilà ce qui me rend témoignage. ²⁶Mais vous ne croyez pas, parce que vous n'êtes pas de mes brebis. ²⁷Mes brebis écoutent ma voix ; moi, je les connais, et elles me suivent. ²⁸Je leur donne la vie éternelle : jamais elles ne périront, personne ne les arrachera de ma main. ²⁹Mon Père, qui me les a données, est plus grand que tout, et personne ne peut rien arracher de la main du Père. ³⁰Le Père et moi, nous sommes UN. »

³¹Les Juifs allèrent de nouveau chercher des pierres pour lapider Jésus. ³²Celui-ci prit la parole : « J'ai multiplié sous vos yeux les œuvres bonnes de la

part du Père. Pour laquelle voulez-vous me lapider ? » ³³ Les Juifs lui répondirent : « Ce n'est pas pour une œuvre bonne que nous voulons te lapider, c'est parce que tu blasphèmes : tu n'es qu'un homme, et tu prétends être Dieu. » ³⁴ Jésus leur répliqua : « Il est écrit dans votre Loi : *J'ai dit : Vous êtes des dieux.* ³⁵ Donc, ceux à qui la parole de Dieu s'adressait, la Loi les appelle des dieux ; et l'Écriture ne peut pas être abolie. ³⁶ Or, celui que le Père a consacré et envoyé dans le monde, vous lui dites : 'Tu blasphèmes', parce que j'ai dit : Je suis le Fils de Dieu. ³⁷ Si je n'accomplis pas les œuvres de mon Père, continuez à ne pas me croire. ³⁸ Mais si je les accomplis, quand bien même vous refuseriez de me croire, croyez les œuvres. Ainsi vous reconnaîtrez, et de plus en plus, que le Père est en moi, et moi dans le Père. » ³⁹ Les Juifs cherchaient de nouveau à l'arrêter, mais il leur échappa.

⁴⁰ Il repartit pour la Transjordanie, à l'endroit où Jean avait commencé à baptiser. Et il y demeura. ⁴¹ Beaucoup vinrent à lui en déclarant : « Jean n'a pas accompli de signe ; mais tout ce qu'il a dit au sujet de celui-ci était vrai. » ⁴² Et à cet endroit beaucoup crurent en lui.

Résurrection de Lazare.

11 ¹ Un homme était tombé malade. C'était Lazare, de Béthanie, le village de Marie et de sa sœur Marthe. ² (Marie est celle qui versa du parfum sur le Seigneur et lui essuya les pieds avec ses cheveux. Lazare, le malade, était son frère.) ³ Donc, les deux sœurs envoyèrent dire à Jésus : « Seigneur, celui que tu aimes est malade. » ⁴ En apprenant cela, Jésus dit : « Cette maladie ne conduit pas à la mort, elle est pour la gloire de Dieu, afin que par elle le Fils de Dieu soit glorifié. » ⁵ Jésus aimait Marthe et sa sœur, ainsi que Lazare. ⁶ Quand il apprit que celui-ci était malade, il demeura pourtant deux jours à l'endroit où il se trouvait ; ⁷ alors seulement il dit aux disciples : « Revenons en Judée. » ⁸ Les disciples lui dirent : « Rabbi, tout récemment, les Juifs cherchaient à te lapider, et tu retournes là-bas ? » ⁹ Jésus répondit : « Ne fait-il pas jour pendant douze heures ? Celui qui marche pendant le jour ne trébuche pas, parce qu'il voit la lumière de ce monde ; ¹⁰ mais celui qui marche pendant la nuit trébuche, parce que la lumière n'est pas en lui. » ¹¹ Après ces paroles, il ajouta : « Lazare, notre ami, s'est endormi ; mais je m'en vais le tirer de ce sommeil. » ¹² Les disciples lui dirent alors : « Seigneur, s'il s'est endormi, il sera sauvé. » ¹³ Car ils pensaient que Jésus voulait parler du sommeil, tandis qu'il parlait de la mort. ¹⁴ Alors il leur dit clairement : « Lazare est mort, ¹⁵ et je me réjouis de n'avoir pas été là, à cause de vous, pour que vous croyiez. Mais allons auprès de lui ! » ¹⁶ Thomas (dont le nom signifie : Jumeau) dit aux autres disciples : « Allons-y nous aussi, pour mourir avec lui ! »

¹⁷ Quand Jésus arriva, il trouva Lazare au tombeau depuis quatre jours déjà. ¹⁸ Comme Béthanie était tout près de Jérusalem – à une demi-heure de marche environ – ¹⁹ beaucoup de Juifs étaient venus manifester leur sympathie à Marthe et à Marie, dans leur deuil. ²⁰ Lorsque Marthe apprit l'arrivée de Jésus, elle partit à sa rencontre, tandis que Marie restait à la maison. ²¹ Marthe dit à Jésus : « Seigneur, si tu avais été là, mon frère ne serait pas mort. ²² Mais je sais que, maintenant encore, Dieu t'accordera tout ce que tu lui demanderas. » ²³ Jésus lui dit : « Ton frère ressuscitera. » ²⁴ Marthe reprit : « Je sais qu'il ressuscitera au dernier jour, à la résurrection. » ²⁵ Jésus lui dit : « Moi, je suis la résurrection et la vie. Celui qui croit en moi, même s'il meurt, vivra ; ²⁶ et tout homme qui vit et qui croit en moi ne mourra jamais. Crois-tu cela ? » ²⁷ Elle répondit : « Oui, Seigneur, tu es le Messie, je le crois ; tu es le Fils de Dieu, celui qui vient dans le monde. »

²⁸ Ayant dit cela, elle s'en alla appeler sa sœur Marie, et lui dit tout bas : « Le Maître est là, il t'appelle. » ²⁹ Marie, dès qu'elle l'entendit, se leva aussitôt et partit rejoindre Jésus. ³⁰ Il n'était pas encore entré dans le village ; il se trouvait toujours à l'endroit où Marthe l'avait rencontré. ³¹ Les Juifs qui étaient à la maison avec Marie, et lui manifestaient leur sympathie, quand ils la virent se lever et sortir si vite, la suivirent, pensant qu'elle allait au tombeau pour y pleurer. ³² Elle arriva à l'endroit où se trouvait Jésus ; dès qu'elle le vit, elle se jeta à ses pieds et lui dit : « Seigneur, si tu avais été là, mon frère ne serait pas mort. »

³³ Quand il vit qu'elle pleurait, et que les Juifs venus avec elle pleuraient aussi, Jésus fut bouleversé d'une émotion profonde. ³⁴ Il demanda : « Où l'avez-vous déposé ? » Ils lui répondirent : « Viens voir, Seigneur. » ³⁵ Alors Jésus pleura. ³⁶ Les Juifs se dirent : « Voyez comme il l'aimait ! » ³⁷ Mais certains d'entre eux disaient : « Lui qui a ouvert les yeux de l'aveugle, ne pouvait-il pas empêcher Lazare de mourir ? »

³⁸ Jésus, repris par l'émotion, arriva au tombeau. C'était une grotte fermée par une pierre. ³⁹ Jésus dit : « Enlevez la pierre. » Marthe, la sœur du mort, lui dit : « Mais, Seigneur, il sent déjà ; voilà quatre jours qu'il est là. » ⁴⁰ Alors Jésus dit à Marthe : « Ne te l'ai-je pas dit ?

Si tu crois, tu verras la gloire de Dieu. » ⁴¹On enleva donc la pierre. Alors Jésus leva les yeux au ciel et dit : « Père, je te rends grâce parce que tu m'as exaucé. ⁴²Je savais bien, moi, que tu m'exauces toujours ; mais si j'ai parlé, c'est pour cette foule qui est autour de moi, afin qu'ils croient que tu m'as envoyé. » ⁴³Après cela, il cria d'une voix forte : « Lazare, viens dehors ! » ⁴⁴Et le mort sortit, les pieds et les mains attachés, le visage enveloppé d'un suaire. Jésus leur dit : « Déliez-le, et laissez-le aller. »

⁴⁵Les nombreux Juifs, qui étaient venus entourer Marie et avaient donc vu ce que faisait Jésus, crurent en lui.

Les Juifs décident la mort de Jésus.

⁴⁶Mais quelques-uns allèrent trouver les pharisiens pour leur raconter ce qu'il avait fait. ⁴⁷Les chefs des prêtres et les pharisiens convoquèrent donc le grand conseil ; ils disaient : « Qu'allons-nous faire ? Cet homme accomplit un grand nombre de signes. ⁴⁸Si nous continuons à le laisser agir, tout le monde va croire en lui, et les Romains viendront détruire notre Lieu saint et notre nation. » ⁴⁹Alors, l'un d'entre eux, Caïphe, qui était grand prêtre cette année-là, leur dit : « Vous n'y comprenez rien ; ⁵⁰nous ne voyez pas que est votre intérêt : il vaut mieux qu'un seul homme meure pour le peuple, et que l'en-

semble de la nation ne périsse pas. » ⁵¹Ce qu'il disait là ne venait pas de lui-même ; mais, comme il était grand prêtre cette année-là, il fut prophète en révélant que Jésus allait mourir pour la nation. ⁵²Or, ce n'était pas seulement pour la nation, c'était afin de rassembler dans l'unité les enfants de Dieu dispersés.

⁵³A partir de ce jour-là, le grand conseil fut décidé à le faire mourir. ⁵⁴C'est pourquoi Jésus ne circulait plus ouvertement parmi les Juifs ; il partit pour la région proche du désert, dans la ville d'Éphraïm où il séjourna avec ses disciples.

⁵⁵Or, la Pâque des Juifs approchait, et beaucoup montèrent de la campagne à Jérusalem pour se purifier avant la fête. ⁵⁶Ils cherchaient Jésus et, dans le Temple, ils se disaient entre eux : « Qu'en pensez-vous ? Il ne viendra sûrement pas à la fête ! » ⁵⁷Les chefs des prêtres et les pharisiens avaient donné des ordres : quiconque saurait où il était devait le dénoncer, pour qu'on puisse l'arrêter.

L'approche de la dernière Pâque : onction à Béthanie.

Mt **26**, 6-13 ; Mc **14**, 3-9

12 ¹Six jours avant la Pâque, Jésus vint à Béthanie où habitait Lazare, celui qu'il avait ressuscité d'entre les morts. ²On donna un repas en l'honneur de Jésus. Marthe faisait le service,

Lazare était avec Jésus parmi les convives.

³Or, Marie avait pris une livre d'un parfum très pur et de très grande valeur ; elle versa le parfum sur les pieds de Jésus, qu'elle essuya avec ses cheveux ; la maison fut remplie par l'odeur du parfum. ⁴Judas Iscariote, l'un des disciples, celui qui allait le livrer, dit alors : ⁵«Pourquoi n'a-t-on pas vendu ce parfum pour trois cents pièces d'argent, que l'on aurait données à des pauvres?» ⁶Il parla ainsi, non parce qu'il se préoccupait des pauvres, mais parce que c'était un voleur : comme il tenait la bourse commune, il prenait pour lui ce que l'on y mettait. ⁷Jésus lui dit : «Laisse-la ! Il fallait qu'elle garde ce parfum pour le jour de mon ensevelissement. ⁸Des pauvres, vous en aurez toujours avec vous, mais moi, vous ne m'aurez pas toujours.»

⁹Or, une grande foule de Juifs apprit que Jésus était là, et ils arrivèrent, non seulement à cause de Jésus, mais aussi pour voir ce Lazare qu'il avait ressuscité d'entre les morts. ¹⁰Les chefs des prêtres décidèrent alors de faire mourir aussi Lazare, ¹¹parce que beaucoup de Juifs, à cause de lui, s'en allaient, et croyaient en Jésus.

L'approche de la dernière Pâque :
entrée messianique à Jérusalem.
Mt **21**, 1-11 ; Mc **11**, 1-10 ;
Lc **19**, 28-40

¹²Le lendemain, la grande foule qui était venue pour la fête, apprenant que Jésus arrivait à Jérusalem, ¹³prit des branches de palmier et sortit à sa rencontre. Les gens criaient : «Hosanna ! *Béni soit celui qui vient au nom du Seigneur !* Béni soit le roi d'Israël !» ¹⁴Jésus, trouvant un petit âne, monta dessus. Il accomplissait ainsi l'Écriture : ¹⁵*N'aie pas peur, fille de Sion. Voici ton roi qui vient, monté sur le petit d'une ânesse.* ¹⁶Les disciples de Jésus ne comprirent pas sur le moment ; mais, quand il eut été glorifié, ils se rappelèrent que l'Écriture disait cela de lui, et que c'était bien ce qu'on avait fait pour lui.

¹⁷Ainsi Jésus recevait le témoignage de la foule, qui était avec lui quand il avait appelé Lazare hors du tombeau et l'avait ressuscité d'entre les morts. ¹⁸Et voilà pourquoi la foule vint à sa rencontre ; elle avait entendu parler du signe qu'il avait accompli. ¹⁹Les pharisiens se dirent alors entre eux : «Vous voyez bien que vous n'arrivez à rien : voilà que tout le monde marche derrière lui.»

L'approche de la dernière Pâque :
Jésus annonce la venue
de son Heure.

²⁰Parmi les Grecs qui étaient montés à Jérusalem pour adorer Dieu durant la Pâque, ²¹quelques-uns abordèrent Philippe, qui était de Bethsaïde en Galilée. Ils lui firent cette demande : «Nous voudrions

voir Jésus. » [22]Philippe va le dire à André ; et tous deux vont le dire à Jésus. [23]Alors Jésus leur déclare : « L'heure est venue pour le Fils de l'homme d'être glorifié. [24]Amen, amen, je vous le dis : si le grain de blé tombé en terre ne meurt pas, il reste seul ; mais s'il meurt, il donne beaucoup de fruit. [25]Celui qui aime sa vie la perd ; celui qui s'en détache en ce monde la garde pour la vie éternelle. [26]Si quelqu'un veut me servir, qu'il me suive ; et là où je suis, là aussi sera mon serviteur. Si quelqu'un me sert, mon Père l'honorera. »

[27]Maintenant je suis bouleversé. Que puis-je dire ? Dirai-je : Père, délivre-moi de cette heure ? – Mais non ! C'est pour cela que je suis parvenu à cette heure-ci ! [28]Père, glorifie ton nom ! » Alors, du ciel vint une voix qui disait : « Je l'ai glorifié et je le glorifierai encore. » [29]En l'entendant, la foule qui se tenait là disait que c'était un coup de tonnerre ; d'autres disaient : « C'est un ange qui lui a parlé. » [30]Mais Jésus leur répondit : « Ce n'est pas pour moi que cette voix s'est fait entendre, c'est pour vous. [31]Voici maintenant que ce monde est jugé ; voici maintenant que le prince de ce monde va être jeté dehors ; [32]et moi, quand j'aurai été élevé de terre, j'attirerai à moi tous les hommes. » [33]Il signifiait par là de quel genre de mort il allait mourir.

[34]La foule lui répliqua : « Nous avons appris dans la Loi que le Messie demeure pour toujours.

Alors comment peux-tu dire : 'Il faut que le Fils de l'homme soit élevé' ? Qui est donc ce Fils de l'homme ? » [35]Jésus leur déclara : « La lumière est encore avec vous, mais pour peu de temps ; marchez tant que vous avez la lumière, avant d'être arrêtés par les ténèbres ; celui qui marche dans les ténèbres ne sait pas où il va. [36]Pendant que vous avez la lumière, croyez en la lumière : vous serez alors des hommes de lumière. » Ainsi parla Jésus. Puis il les quitta et se cacha loin d'eux.

Conclusion :
l'incrédulité des Juifs.

[37]Malgré tous les signes qu'il avait accomplis devant eux, les Juifs ne croyaient pas en lui. [38]Ainsi se réalisait cette parole dite par le prophète Isaïe : *Seigneur, qui a cru ce que nous avons entendu ? A qui la puissance du Seigneur a-t-elle été révélée ?* [39]Et s'ils ne pouvaient pas croire, c'est qu'Isaïe a dit encore :

[40]*Il a rendu aveugles leurs yeux,*

il a endurci leur cœur,

pour empêcher leurs yeux de voir,

pour empêcher leur cœur de comprendre ;

sinon, ils se tourneraient vers moi, et je les guérirais.

[41]Ces paroles, Isaïe les a prononcées parce qu'il avait vu la gloire de Jésus, et c'est de lui qu'il a parlé. [42]Cependant, parmi les chefs du peuple eux-mêmes, beaucoup se mirent à

croire en lui ; mais, à cause des pharisiens, ils ne le déclaraient pas pour ne pas se faire exclure de la synagogue. ⁴³En effet, ils aimaient la gloire qui vient des hommes plus que la gloire qui vient de Dieu.

⁴⁴Jésus, lui, affirmait avec force : « Celui qui croit en moi, ce n'est pas en moi qu'il croit, mais en celui qui m'a envoyé ; ⁴⁵et celui qui me voit voit celui qui m'a envoyé. ⁴⁶Moi qui suis la lumière, je suis venu dans le monde pour que celui qui croit en moi ne demeure pas dans les ténèbres. ⁴⁷Si quelqu'un entend mes paroles et n'y reste pas fidèle, moi, je ne le jugerai pas, car je ne suis pas venu juger le monde, mais le sauver. ⁴⁸Celui qui me rejette et n'accueille pas mes paroles aura un juge pour le condamner. La parole que j'ai prononcée, elle le condamnera au dernier jour. ⁴⁹Car ce que j'ai dit ne vient pas de moi : le Père lui-même, qui m'a envoyé, m'a donné son commandement sur ce que je dois dire et déclarer ; ⁵⁰et je sais que son commandement est vie éternelle. Donc, ce que je déclare, je le déclare comme le Père me l'a dit. »

V – L'HEURE DE JÉSUS, PÂQUE DE LA NOUVELLE ALLIANCE

Le dernier repas

Jésus se fait serviteur pour donner l'exemple à ses disciples.

13 ¹Avant la fête de la Pâque, sachant que l'heure était venue pour lui de passer de ce monde à son Père, Jésus, ayant aimé les siens qui étaient dans le monde, les aima jusqu'au bout. ²Au cours du repas, alors que le démon a déjà inspiré à Judas Iscariote, fils de Simon, l'intention de le livrer, ³Jésus, sachant que le Père a tout remis entre ses mains, qu'il est venu de Dieu et qu'il retourne à Dieu, ⁴se lève de table, quitte son vêtement, et prend un linge qu'il se noue à la ceinture ; ⁵puis il verse de l'eau dans un bassin, il se met à laver les pieds des disciples et à les essuyer avec le linge qu'il avait à la ceinture.

⁶Il arrive ainsi devant Simon-Pierre. Et Pierre lui dit : « Toi, Seigneur, tu veux me laver les pieds ! » ⁷Jésus lui déclara : « Ce que je veux faire, tu ne le sais pas maintenant ; plus tard tu comprendras. » ⁸Pierre lui dit : « Tu ne me laveras pas les pieds ; non, jamais ! » Jésus lui répondit : « Si je ne te lave pas, tu n'auras point de part avec moi. » ⁹Simon-Pierre lui dit : « Alors, Seigneur, pas seulement les pieds, mais aussi les mains et la tête ! » ¹⁰Jésus lui dit : « Quand on vient de prendre un bain, on n'a pas besoin de se laver : on est pur tout entier. Vous-mêmes, vous êtes purs,... mais non pas tous. » ¹¹Il savait bien qui allait le livrer ; et c'est pourquoi il disait : « Vous n'êtes pas tous purs. »

¹²Après leur avoir lavé les pieds, il reprit son vêtement et

se remit à table. Il leur dit alors : « Comprenez-vous ce que je viens de faire ? ¹³Vous m'appelez 'Maître' et 'Seigneur', et vous avez raison, car vraiment je le suis. ¹⁴Si donc moi, le Seigneur et le Maître, je vous ai lavé les pieds, vous aussi vous devez vous laver les pieds les uns aux autres. ¹⁵C'est un exemple que je vous ai donné afin que vous fassiez, vous aussi, comme j'ai fait pour vous. ¹⁶Amen, amen, je vous le dis : le serviteur n'est pas plus grand que son maître, le messager n'est pas plus grand que celui qui l'envoie. ¹⁷Si vous savez cela, heureux êtes-vous, pourvu que vous le mettiez en pratique. ¹⁸Je ne parle pas pour vous tous. Moi, je sais quels sont ceux que j'ai choisis, mais il faut que s'accomplisse la parole de l'Écriture : *Celui qui partageait mon pain a voulu me faire tomber.* ¹⁹Je vous dis ces choses dès maintenant, avant qu'elles n'arrivent ; ainsi, lorsqu'elles arriveront, vous croirez que moi, JE SUIS. ²⁰Amen, amen, je vous le dis : recevoir celui que j'envoie, c'est me recevoir moi-même ; et me recevoir, c'est recevoir celui qui m'envoie. »

La trahison de Judas.
Mt **26**, 20-25 ; Mc **14**, 17-21 ; Lc **22**, 21-23

²¹Après avoir ainsi parlé, Jésus fut bouleversé au plus profond de lui-même, et il attesta : « Amen, amen, je vous le dis : l'un de vous me livrera. » ²²Les disciples se regardaient les uns les autres, sans parvenir à comprendre de qui Jésus parlait.

²³Comme il y avait à table, tout contre Jésus, l'un de ses disciples, celui que Jésus aimait, ²⁴Simon-Pierre lui fait signe de demander à Jésus de qui il veut parler. ²⁵Le disciple se penche donc sur la poitrine de Jésus et lui dit : « Seigneur, qui est-ce ? » ²⁶Jésus lui répond : « C'est celui à qui j'offrirai la bouchée que je vais tremper dans le plat. » Il trempe la bouchée, et la donne à Judas, fils de Simon l'Iscariote. ²⁷Et, quand Judas eut pris la bouchée, Satan entra en lui.

Jésus lui dit alors : « Ce que tu fais, fais-le vite. » ²⁸Mais aucun des convives ne comprit le sens de cette parole. ²⁹Comme Judas tenait la bourse commune, certains pensèrent que Jésus voulait lui dire d'acheter ce qu'il fallait pour la fête, ou de donner quelque chose aux pauvres. ³⁰Quand Judas eut pris la bouchée, il sortit aussitôt ; il faisait nuit.

Derniers entretiens de Jésus : la vie de l'Église après le départ du Seigneur.

³¹Quand il fut sorti, Jésus déclara : « Maintenant le Fils de l'homme est glorifié, et Dieu est glorifié en lui. ³²Si Dieu est glorifié en lui, Dieu

en retour lui donnera sa propre gloire; et il la lui donnera bientôt.

³³ Mes petits enfants, je suis encore avec vous, mais pour peu de temps, et vous me chercherez. J'ai dit aux Juifs: Là où je m'en vais, vous ne pouvez pas y aller. Je vous le dis maintenant à vous aussi. ³⁴ Je vous donne un commandement nouveau: c'est de vous aimer les uns les autres. Comme je vous ai aimés, vous aussi aimez-vous les uns les autres. ³⁵ Ce qui montrera à tous les hommes que vous êtes mes disciples, c'est l'amour que vous aurez les uns pour les autres.»

³⁶ Simon-Pierre lui dit: «Seigneur, où vas-tu?» Jésus lui répondit: «Là où je m'en vais, tu ne peux pas me suivre pour l'instant; tu me suivras plus tard.» ³⁷ Pierre lui dit: «Seigneur, pourquoi ne puis-je pas te suivre maintenant? Je donnerai ma vie pour toi!» ³⁸ Jésus réplique: «Tu donneras ta vie pour moi? Amen, amen, je te le dis: le coq ne chantera pas avant que tu m'aies renié trois fois.

14 ¹ Ne soyez donc pas bouleversés: vous croyez en Dieu, croyez aussi en moi. ² Dans la maison de mon Père, beaucoup peuvent trouver leur demeure; sinon, est-ce que je vous aurais dit: Je pars vous préparer une place? ³ Quand je serai allé vous la préparer, je reviendrai vous prendre avec moi; et là où je suis, vous y serez aussi. ⁴ Pour aller où je m'en vais, vous savez le chemin.»

⁵ Thomas lui dit: «Seigneur, nous ne savons même pas où tu vas; comment pourrions-nous savoir le chemin?» ⁶ Jésus lui répond: «Moi, je suis le Chemin, la Vérité et la Vie; personne ne va vers le Père sans passer par moi. ⁷ Puisque vous me connaissez, vous connaîtrez aussi mon Père. Dès maintenant vous le connaissez, et vous l'avez vu.»

⁸ Philippe lui dit: «Seigneur, montre-nous le Père; cela nous suffit.» ⁹ Jésus lui répond: «Il y a si longtemps que je suis avec vous, et tu ne me connais pas, Philippe! Celui qui m'a vu a vu le Père. ¹⁰ Comment peux-tu dire: 'Montre-nous le Père'? Tu ne crois donc pas que je suis dans le Père et que le Père est en moi! Les paroles que je vous dis, je ne les dis pas de moi-même; mais c'est le Père qui demeure en moi, et qui accomplit ses propres œuvres. ¹¹ Croyez ce que je vous dis: je suis dans le Père, et le Père est en moi; si vous ne croyez pas ma parole, croyez au moins à cause des œuvres. ¹² Amen, amen, je vous le dis: celui qui croit en moi accomplira les mêmes œuvres que moi. Il en accomplira même de plus grandes, puisque je pars vers le Père.

¹³ Tout ce que vous demanderez en invoquant mon nom, je

le ferai, afin que le Père soit glorifié dans le Fils. ¹⁴Si vous me demandez quelque chose en invoquant mon nom, moi, je le ferai.

¹⁵Si vous m'aimez, vous resterez fidèles à mes commandements. ¹⁶Moi, je prierai le Père, et il vous donnera un autre Défenseur qui sera pour toujours avec vous : ¹⁷c'est l'Esprit de vérité. Le monde est incapable de le recevoir, parce qu'il ne le voit pas et ne le connaît pas ; mais vous, vous le connaissez, ¹⁸parce qu'il demeure auprès de vous, et qu'il est en vous. Je ne vous laisserai pas orphelins, je reviens vers vous. ¹⁹D'ici peu de temps, le monde ne me verra plus, mais vous, vous me verrez vivant, et vous vivrez aussi. ²⁰En ce jour-là, vous reconnaîtrez que je suis en mon Père, que vous êtes en moi, et moi en vous. ²¹Celui qui a reçu mes commandements et y reste fidèle, c'est celui-là qui m'aime ; et celui qui m'aime sera aimé de mon Père ; moi aussi je l'aimerai, et je me manifesterai à lui.

²²Jude lui demanda : « Seigneur, pour quelle raison vas-tu te manifester à nous, et non pas au monde ? » ²³Jésus lui répondit : « Si quelqu'un m'aime, il restera fidèle à ma parole ; mon Père l'aimera, nous viendrons chez lui, nous irons demeurer auprès de lui. ²⁴Celui qui ne m'aime pas ne restera pas fidèle à mes paroles. Or, la parole que vous entendez n'est pas de moi : elle est du Père, qui m'a envoyé. ²⁵Je vous dis tout cela pendant que je demeure encore avec vous ; ²⁶mais le Défenseur, l'Esprit Saint que le Père enverra en mon nom, lui, vous enseignera tout, et il vous fera souvenir de tout ce que je vous ai dit.

²⁷C'est la paix que je vous laisse, c'est ma paix que je vous donne ; ce n'est pas à la manière du monde que je vous la donne. Ne soyez donc pas bouleversés et effrayés. ²⁸Vous avez entendu ce que je vous ai dit : Je m'en vais, et je reviens vers vous. Si vous m'aimiez, vous seriez dans la joie puisque je pars vers le Père, car le Père est plus grand que moi. ²⁹Je vous ai dit toutes ces choses maintenant, avant qu'elles n'arrivent ; ainsi, lorsqu'elles arriveront, vous croirez.

³⁰Désormais, je ne parlerai plus beaucoup avec vous, car le prince du monde va venir. Certes, il n'y a rien en moi qui puisse lui donner prise, ³¹mais il faut que le monde sache que j'aime mon Père, et que je fais tout ce que mon Père m'a commandé.

Levez-vous, partons d'ici.

15 ¹Moi, je suis la vraie vigne, et mon Père est le vigneron. ²Tout sarment qui est en moi, mais qui ne porte pas de fruit, mon Père l'enlève ; tout sarment qui donne du fruit, il le nettoie, pour qu'il en donne davantage. ³Mais vous, déjà vous voici nets et purifiés grâce à la parole que je vous ai dite : ⁴Demeurez en moi, comme moi en vous. De même que le sarment ne peut pas porter du fruit par lui-même s'il ne demeure pas sur la vigne, de même vous non plus, si vous ne demeurez pas en moi.

⁵Moi, je suis la vigne, et vous, les sarments. Celui qui demeure en moi et en qui je demeure, celui-là donne beaucoup de fruit, car, en dehors de moi, vous ne pouvez rien faire. ⁶Si quelqu'un ne demeure pas en moi, il est comme un sarment qu'on a jeté dehors, et qui se dessèche. Les sarments secs, on les ramasse, on les jette au feu, et ils brûlent. ⁷Si vous demeurez en moi, et que mes paroles demeurent en vous, demandez tout ce que vous voudrez, et vous l'obtiendrez. ⁸Ce qui fait la gloire de mon Père, c'est que vous donniez beaucoup de fruit : ainsi, vous serez pour moi des disciples.

⁹Comme le Père m'a aimé, moi aussi je vous ai aimés. Demeurez dans mon amour. ¹⁰Si vous êtes fidèles à mes commandements, vous demeurerez dans mon amour, comme moi, j'ai gardé fidèlement les commandements de mon Père, et je demeure dans son amour. ¹¹Je vous ai dit cela pour que ma joie soit en vous, et que vous soyez comblés de joie.

¹²Mon commandement, le voici : Aimez-vous les uns les autres comme je vous ai aimés. ¹³Il n'y a pas de plus grand amour que de donner sa vie pour ses amis. ¹⁴Vous êtes mes amis si vous faites ce que je vous commande. ¹⁵Je ne vous appelle plus serviteurs, car le serviteur ignore ce que veut faire son maître ; maintenant, je vous appelle mes amis, car tout ce que j'ai appris de mon Père, je vous l'ai fait connaître.

¹⁶Ce n'est pas vous qui m'avez choisi, c'est moi qui vous ai choisis et établis afin que vous partiez, que vous donniez du fruit, et que votre fruit demeure. Alors, tout ce que vous demanderez au Père en mon nom, il vous l'accordera. ¹⁷Ce que je vous commande, c'est de vous aimer les uns les autres.

¹⁸Si le monde a de la haine contre vous, sachez qu'il en a eu d'abord contre moi. ¹⁹Si vous apparteniez au monde, le monde vous aimerait, car vous seriez à lui. Mais vous n'appartenez pas au monde, puisque je vous ai choisis en vous prenant dans le monde ; voilà pourquoi le monde a de la haine contre vous. ²⁰Rappelez-vous la parole que je vous ai dite : Le serviteur n'est pas plus grand que son maître. Si l'on m'a persécuté, on vous persécutera, vous aussi. Si l'on a observé ma parole, on observera aussi la vôtre. ²¹Les gens vous traiteront ainsi à cause de

moi, parce qu'ils ne connaissent pas celui qui m'a envoyé.

²² Si je n'étais pas venu, si je ne leur avais pas parlé, ils n'auraient pas eu de péché, mais à présent leur péché est sans excuse. ²³ Celui qui a de la haine contre moi a de la haine aussi contre mon Père. ²⁴ Si je n'avais pas fait parmi eux ces œuvres que personne d'autre n'a faites, ils n'auraient pas eu de péché. Mais à présent ils ont vu, et cependant ils sont pleins de haine contre moi et contre mon Père. ²⁵ Ainsi s'est accomplie cette parole écrite dans leur Loi: *Ils m'ont haï sans raison.*

²⁶ Quand viendra le Défenseur, que je vous enverrai d'auprès du Père, lui, l'Esprit de vérité qui procède du Père, il rendra témoignage en ma faveur. ²⁷ Et vous aussi, vous rendrez témoignage, vous qui êtes avec moi depuis le commencement.

16 ¹ Je vous dis tout cela pour que vous ne risquiez pas de tomber. ² On vous exclura de la synagogue. Et même, l'heure vient où tous ceux qui vous tueront s'imagineront offrir ainsi un sacrifice à Dieu. ³ Ils le feront parce qu'ils ne connaissent ni le Père ni moi. ⁴ Mais voici pourquoi je vous dis tout cela: quand cette heure sera venue, vous vous souviendrez que je vous l'avais dit. Je ne vous l'ai pas dit dès le commencement, parce que j'étais avec vous.

⁵ Je m'en vais maintenant auprès de celui qui m'a envoyé, et aucun de vous ne me demande : 'Où vas-tu ?' ⁶ Mais, parce que je vous ai parlé ainsi, votre cœur est plein de tristesse. ⁷ Pourtant, je vous dis la vérité: c'est votre intérêt que je m'en aille, car, si je ne m'en vais pas, le Défenseur ne viendra pas à vous; mais si je pars, je vous l'enverrai. ⁸ Quand il viendra, il dénoncera l'erreur du monde sur le péché, sur le bon droit, et sur la condamnation. ⁹ Il montrera où est le péché, car l'on ne croit pas en moi. ¹⁰ Il montrera où est le bon droit, car je m'en vais auprès du Père, et vous ne me verrez plus. ¹¹ Il montrera où est la condamnation, car le prince de ce monde est déjà condamné.

¹² J'aurais encore beaucoup de choses à vous dire, mais pour l'instant vous n'avez pas la force de les porter. ¹³ Quand il viendra, lui, l'Esprit de vérité, il vous guidera vers la vérité tout entière. En effet, ce qu'il dira ne viendra pas de lui-même : il redira tout ce qu'il aura entendu ; et ce qui va venir, il vous le fera connaître. ¹⁴ Il me glorifiera, car il reprendra ce qui vient de moi pour vous le faire connaître. ¹⁵ Tout ce qui appartient au Père est à moi ; voilà pourquoi je vous ai dit : Il reprend ce qui vient de moi pour vous le faire connaître. ¹⁶ D'ici peu, vous ne me verrez plus ; et, encore un peu après, vous me reverrez. »

¹⁷ Alors, certains de ses disciples se dirent entre eux: «Que signifie ce qu'il nous dit là: 'D'ici peu, vous ne me verrez plus'; et, encore un peu après, vous me reverrez.' Et cette autre parole: 'Je m'en vais auprès du Père'?» ¹⁸ Ils disaient donc: «Que signifie ce peu de temps? Nous ne savons pas de quoi il parle.» ¹⁹ Jésus comprit qu'ils voulaient l'interroger, et il leur dit: «Vous discutez entre vous parce que j'ai dit: D'ici peu, vous ne me verrez plus; et, encore un peu après, vous me reverrez. ²⁰ Amen, amen, je vous le dis: vous allez pleurer et vous lamenter, tandis que le monde se réjouira. Vous serez dans la peine, mais votre peine se changera en joie. ²¹ La femme qui enfante est dans la peine parce que son heure est arrivée. Mais, quand l'enfant est né, elle ne se souvient plus de son angoisse, dans la joie qu'elle éprouve du fait qu'un être humain est né dans le monde. ²² Vous aussi, maintenant, vous êtes dans la peine, mais je vous reverrai, et votre cœur se réjouira; et votre joie, personne ne vous l'enlèvera. ²³ En ce jour-là, vous n'aurez plus à m'interroger.

Amen, amen, je vous le dis: si vous demandez quelque chose à mon Père en invoquant mon nom, il vous le donnera. ²⁴ Jusqu'ici vous n'avez rien demandé en invoquant mon nom; demandez,

et vous recevrez: ainsi vous serez comblés de joie.

²⁵ J'ai employé des paraboles pour vous parler de tout cela. L'heure vient où, sans employer de paraboles, je vous annoncerai ouvertement tout ce qui concerne le Père. ²⁶ En ce jour-là, vous demanderez en invoquant mon nom; or, je ne vous dis pas que c'est moi qui prierai le Père pour vous, ²⁷ car le Père lui-même vous aime, parce que vraiment vous m'aimez, et vous croyez que je suis venu d'auprès de Dieu. ²⁸ Je suis sorti du Père, et je suis venu dans le monde; maintenant, je quitte le monde, et je pars vers le Père.»

²⁹ Ses disciples lui disent alors: «Voici que tu parles ouvertement, sans employer de paraboles. ³⁰ Maintenant nous savons que tu sais toutes choses, et qu'il n'y a pas besoin de t'interroger: voilà pourquoi nous croyons que tu es venu de Dieu.» ³¹ Jésus leur répondit: «C'est maintenant que vous croyez! ³² L'heure vient – et même elle est venue – où vous serez dispersés chacun de son côté, et vous me laisserez seul; pourtant je ne suis pas seul, puisque le Père est avec moi. ³³ Je vous ai dit tout cela pour que vous trouviez en moi la paix. Dans le monde, vous trouverez la détresse, mais ayez confiance: moi, je suis vainqueur du monde.»

Suprême prière de Jésus
pour les siens.

17 [1]Ainsi parla Jésus. Puis il leva les yeux au ciel et pria ainsi : « Père, l'heure est venue. Glorifie ton Fils, afin que le Fils te glorifie. [2]Ainsi, comme tu lui as donné autorité sur tout être vivant, il donnera la vie éternelle à tous ceux que tu lui as donnés. [3]Or, la vie éternelle, c'est de te connaître, toi, le seul Dieu, le vrai Dieu, et de connaître celui que tu as envoyé, Jésus Christ.

[4]Moi, je t'ai glorifié sur la terre en accomplissant l'œuvre que tu m'avais confiée. [5]Toi, Père, glorifie-moi maintenant auprès de toi : donne-moi la gloire que j'avais auprès de toi avant le commencement du monde. [6]J'ai fait connaître ton nom aux hommes que tu as pris dans le monde pour me les donner. Ils étaient à toi, tu me les as donnés, et ils ont gardé fidèlement ta parole. [7]Maintenant, ils ont reconnu que tout ce que tu m'as donné vient de toi, [8]car je leur ai donné les paroles que tu m'avais données : ils les ont reçues, ils ont vraiment reconnu que je suis venu d'auprès de toi, et ils ont cru que c'était toi qui m'avais envoyé.

[9]Je prie pour eux ; ce n'est pas pour le monde que je prie, mais pour ceux que tu m'as donnés : ils sont à toi, [10]et tout ce qui est à moi est à toi, comme tout ce qui est à toi est à moi, et je trouve ma gloire en eux. [11]Désormais, je ne suis plus dans le monde ; eux, ils sont dans le monde, et moi, je viens vers toi.

Père saint, garde mes disciples dans la fidélité à ton nom que tu m'as donné en partage, pour qu'ils soient un, comme nous-mêmes. [12]Quand j'étais avec eux, je les gardais dans la fidélité à ton nom que tu m'as donné. J'ai veillé sur eux, et aucun ne s'est perdu, sauf celui qui s'en va à sa perte pour que l'Écriture soit accomplie. [13]Et maintenant que je viens à toi, je parle ainsi, en ce monde, pour qu'ils aient en eux ma joie, et qu'ils en soient comblés. [14]Je leur ai fait don de ta parole, et le monde les a pris en haine parce qu'ils ne sont pas du monde, de même que moi je ne suis pas du monde. [15]Je ne demande pas que tu les retires du monde, mais que tu les gardes du Mauvais. [16]Ils ne sont pas du monde, comme moi je ne suis pas du monde. [17]Consacre-les par la vérité : ta parole est vérité. [18]De même que tu m'as envoyé dans le monde, moi aussi, je les ai envoyés dans le monde. [19]Et pour eux je me consacre moi-même, afin qu'ils soient, eux aussi, consacrés par la vérité.

[20]Je ne prie pas seulement pour ceux qui sont là, mais encore pour ceux qui accueilleront leur parole et croiront en moi. [21]Que tous, ils soient un, comme toi, Père, tu es en moi,

et moi en toi. Qu'ils soient un en nous, eux aussi, pour que le monde croie que tu m'as envoyé. [22] Et moi, je leur ai donné la gloire que tu m'as donnée, pour qu'ils soient un comme nous sommes un : [23] moi en eux, et toi en moi. Que leur unité soit parfaite ; ainsi, le monde saura que tu m'as envoyé, et que tu les as aimés comme tu m'as aimé.

[24] Père, ceux que tu m'as donnés, je veux que là où je suis, eux aussi soient avec moi, et qu'ils contemplent ma gloire, celle que tu m'as donnée parce que tu m'as aimé avant même la création du monde. [25] Père juste, le monde ne t'a pas connu, mais moi je t'ai connu, et ils ont reconnu, eux aussi, que tu m'as envoyé. [26] Je leur ai fait connaître ton nom, et je le ferai connaître encore, pour qu'ils aient en eux l'amour dont tu m'as aimé, et que moi aussi, je sois en eux. »

Passion et Résurrection

Arrestation de Jésus.

Mt 26, 47-56 ; Mc 14, 43-50 ;
Lc 22, 47-53

18 [1] Après avoir ainsi parlé, Jésus sortit avec ses disciples et traversa le torrent du Cédron ; il y avait là un jardin, dans lequel il entra avec ses disciples. [2] Judas, qui le livrait, connaissait l'endroit, lui aussi, car Jésus y avait souvent réuni ses disciples. [3] Judas prit donc avec lui un détachement de soldats, et des gardes envoyés par les chefs des prêtres et les pharisiens. Ils avaient des lanternes, des torches et des armes.

[4] Alors Jésus, sachant tout ce qui allait lui arriver, s'avança et leur dit : « Qui cherchez-vous ? » [5] Ils lui répondirent : « Jésus le Nazaréen. » Il leur dit : « C'est moi. » Judas, qui le livrait, était au milieu d'eux. [6] Quand Jésus leur répondit : « C'est moi », ils reculèrent, et ils tombèrent par terre.

[7] Il leur demanda de nouveau : « Qui cherchez-vous ? » Ils dirent : « Jésus le Nazaréen. » [8] Jésus répondit : « Je vous l'ai dit : c'est moi. Si c'est bien moi que vous cherchez, ceux-là, laissez-les partir. » [9] (Ainsi s'accomplissait la parole qu'il avait dite : « Je n'ai perdu aucun de ceux que tu m'as donnés ».)

[10] Alors Simon-Pierre, qui avait une épée, la tira du fourreau ; il frappa le serviteur du grand prêtre et lui coupa l'oreille droite. Le nom de ce serviteur était Malcus. [11] Jésus dit à Pierre : « Remets ton épée au fourreau. Est-ce que je vais refuser la coupe que le Père m'a donnée à boire ? »

*Chez les grands prêtres :
interrogatoire de Jésus
et reniement de Pierre.*

Mt 26, 57-75 ; Mc 14, 53-72 ;
Lc 22, 54-71

[12] Alors les soldats, le commandant et les gardes juifs se saisissent de Jésus et l'enchaî-

nent. [13] Ils l'emmenèrent d'abord chez Anne, beau-père de Caïphe, le grand prêtre de cette année-là. [14] (C'est Caïphe qui avait donné aux Juifs cet avis : « Il vaut mieux qu'un seul homme meure pour tout le peuple. »)

[15] Simon-Pierre et un autre disciple suivaient Jésus. Comme ce disciple était connu du grand prêtre, il entra avec Jésus dans la cour de la maison du grand prêtre, [16] mais Pierre était resté dehors, près de la porte. Alors l'autre disciple – celui qui était connu du grand prêtre – sortit, dit un mot à la jeune servante qui gardait la porte, et fit entrer Pierre. [17] La servante dit alors à Pierre : « N'es-tu pas, toi aussi, un des disciples de cet homme-là ? » Il répondit : « Non, je n'en suis pas ! » [18] Les serviteurs et les gardes étaient là ; comme il faisait froid, ils avaient allumé un feu pour se réchauffer. Pierre était avec eux, et se chauffait lui aussi.

[19] Or, le grand prêtre questionnait Jésus sur ses disciples et sur sa doctrine. [20] Jésus lui répondit : « J'ai parlé au monde ouvertement. J'ai toujours enseigné dans les synagogues et dans le Temple, là où tous les Juifs se réunissent, et je n'ai jamais parlé en cachette. [21] Pourquoi me questionnes-tu ? Ce que j'ai dit, demande-le à ceux qui sont venus m'entendre. Eux savent ce que j'ai dit. » [22] À cette réponse, un des gardes, qui était à côté de Jésus, lui donna une gifle en disant : « C'est ainsi que tu réponds au grand prêtre ! » [23] Jésus lui répliqua : « Si j'ai mal parlé, montre ce que j'ai dit de mal ; mais si j'ai bien parlé, pourquoi me frappes-tu ? » [24] Anne l'envoya, toujours enchaîné, au grand prêtre Caïphe.

[25] Simon-Pierre était donc en train de se chauffer ; on lui dit : « N'es-tu pas un de ses disciples, toi aussi ? » Il répondit : « Non, je n'en suis pas ! » [26] Un des serviteurs du grand prêtre, parent de celui à qui Pierre avait coupé l'oreille, insista : « Est-ce que je ne t'ai pas vu moi-même dans le jardin avec lui ? » [27] Encore une fois, Pierre nia. À l'instant le coq chanta.

Chez le gouverneur :
sous la pression des Juifs,
Pilate condamne Jésus.

Mt 27, 1-31 ; Mc 15, 1-20 ;
Lc 23, 1-25

[28] Alors on emmène Jésus de chez Caïphe au palais du gouverneur. C'était le matin. Les Juifs n'entrèrent pas eux-mêmes dans le palais, car ils voulaient éviter une souillure qui les aurait empêchés de manger l'agneau pascal.

[29] Pilate vint au dehors pour leur parler : « Quelle accusation portez-vous contre cet homme ? » Ils lui répondirent : [30] « S'il ne s'agissait pas d'un malfaiteur, nous ne te l'aurions pas livré. » [31] Pilate leur

dit : «Reprenez-le, et vous le jugerez vous-mêmes suivant votre loi.» Les Juifs lui dirent : «Nous n'avons pas le droit de mettre quelqu'un à mort.» ³²Ainsi s'accomplissait la parole que Jésus avait dite pour signifier de quel genre de mort il allait mourir.

³³Alors Pilate rentra dans son palais, appela Jésus et lui dit : «Es-tu le roi des Juifs?» ³⁴Jésus lui demanda : «Dis-tu cela de toi-même, ou bien parce que d'autres te l'ont dit?» ³⁵Pilate répondit : «Est-ce que je suis Juif, moi? Ta nation et les chefs des prêtres t'ont livré à moi : qu'as-tu donc fait?» ³⁶Jésus déclara : «Ma royauté ne vient pas de ce monde; si ma royauté venait de ce monde, j'aurais des gardes qui se seraient battus pour que je ne sois pas livré aux Juifs. Non, ma royauté ne vient pas d'ici.» ³⁷Pilate lui dit : «Alors, tu es roi?» Jésus répondit : «C'est toi qui dis que je suis roi. Je suis né, je suis venu dans le monde pour ceci : rendre témoignage à la vérité. Tout homme qui appartient à la vérité écoute ma voix.» ³⁸Pilate lui dit : «Qu'est-ce que la vérité?»

Après cela, il sortit de nouveau pour aller vers les Juifs, et il leur dit : «Moi, je ne trouve en lui aucun motif de condamnation. ³⁹Mais c'est la coutume chez vous que je relâche quelqu'un pour la Pâque : voulez-vous que je vous relâche le roi des Juifs?» ⁴⁰Mais ils se

mirent à crier : «Pas lui! Barabbas!» (Ce Barabbas était un bandit.)

19 ¹Alors Pilate ordonna d'emmener Jésus pour le flageller. ²Les soldats tressèrent une couronne avec des épines, et la lui mirent sur la tête; puis ils le revêtirent d'un manteau de pourpre. ³Ils s'avançaient vers lui et ils disaient : «Honneur à toi, roi des Juifs!» Et ils le giflaient.

⁴Pilate sortit de nouveau pour dire aux Juifs : «Voyez, je vous l'amène dehors pour que vous sachiez que je ne trouve en lui aucun motif de condamnation.» ⁵Alors Jésus sortit, portant la couronne d'épines et le manteau de pourpre. Et Pilate leur dit : «Voici l'homme.» ⁶Quand ils le virent, les chefs des prêtres et les gardes se mirent à crier : «Crucifie-le! Crucifie-le!» Pilate leur dit : «Reprenez-le, et crucifiez-le vous-mêmes; moi, je ne trouve en lui aucun motif de condamnation.» ⁷Les Juifs lui répondirent : «Nous avons une Loi, et suivant la Loi il doit mourir, parce qu'il s'est prétendu Fils de Dieu.»

⁸Quand Pilate entendit ces paroles, il redoubla de crainte. ⁹Il rentra dans son palais, et dit à Jésus : «D'où es-tu?» Jésus ne lui fit aucune réponse. ¹⁰Pilate lui dit alors : «Tu refuses de me parler, à moi? Ne sais-tu pas que j'ai le pouvoir de te relâcher, et le pouvoir de te crucifier?» ¹¹Jésus

répondit : « Tu n'aurais aucun pouvoir sur moi si tu ne l'avais reçu d'en haut ; ainsi, celui qui m'a livré à toi est chargé d'un péché plus grave. »

¹² Dès lors, Pilate cherchait à le relâcher ; mais les Juifs se mirent à crier : « Si tu le relâches, tu n'es pas ami de l'empereur. Quiconque se fait roi s'oppose à l'empereur. » ¹³ En entendant ces paroles, Pilate amena Jésus au-dehors ; il le fit asseoir sur une estrade à l'endroit qu'on appelle le Dallage (en hébreu : Gabbatha). ¹⁴ C'était un vendredi, la veille de la Pâque, vers midi. Pilate dit aux Juifs : « Voici votre roi. » ¹⁵ Alors ils crièrent : « A mort ! A mort ! Crucifie-le ! » Pilate leur dit : « Vais-je crucifier votre roi ? » Les chefs des prêtres répondirent : « Nous n'avons pas d'autre roi que l'empereur. » ¹⁶ Alors, il leur livra Jésus pour qu'il soit crucifié, et ils se saisirent de lui.

Crucifixion et mort de Jésus.
Mt **27**, 37-56 ; Mc **15**, 21-41 ;
Lc **23**, 26-49

¹⁷ Jésus, portant lui-même sa croix, sortit en direction du lieu dit : Le Crâne, ou Calvaire, en hébreu : Golgotha. ¹⁸ Là, ils le crucifièrent, et avec lui deux autres, un de chaque côté, et Jésus au milieu.

¹⁹ Pilate avait rédigé un écriteau qu'il fit placer sur la croix, avec cette inscription : « Jésus le Nazaréen, roi des Juifs. » ²⁰ Comme on avait cru-cifié Jésus dans un endroit proche de la ville, beaucoup de Juifs lurent cet écriteau, qui était libellé en hébreu, en latin et en grec. ²¹ Alors les prêtres des Juifs dirent à Pilate : « Il ne fallait pas écrire : 'Roi des Juifs' ; il fallait écrire : 'Cet homme a dit : Je suis le roi des Juifs'. » ²² Pilate répondit : « Ce que j'ai écrit, je l'ai écrit. »

²³ Quand les soldats eurent crucifié Jésus, ils prirent ses habits ; ils en firent quatre parts, une pour chacun. Restait la tunique ; c'était une tunique sans couture, tissée tout d'une pièce de haut en bas. ²⁴ Alors ils se dirent entre eux : « Ne la déchirons pas, tirons au sort celui qui l'aura. » Ainsi s'accomplissait la parole de l'Écriture : *Ils se sont partagé mes habits ; ils ont tiré au sort mon vêtement.* C'est bien ce que firent les soldats.

²⁵ Or, près de la croix de Jésus se tenait sa mère, avec la sœur de sa mère, Marie femme de Cléophas, et Marie Madeleine. ²⁶ Jésus, voyant sa mère, et près d'elle le disciple qu'il aimait, dit à sa mère : « Femme, voici ton fils. » ²⁷ Puis il dit au disciple : « Voici ta mère. » Et à partir de cette heure-là, le disciple la prit chez lui.

²⁸ Après cela, sachant que désormais toutes choses étaient accomplies, et pour que l'Écriture s'accomplisse jusqu'au bout, Jésus dit : « J'ai soif. » ²⁹ Il y avait là un récipient plein d'une boisson vinaigrée. On fixa donc

une éponge remplie de ce vinaigre à une branche d'hysope, et on l'approcha de sa bouche. ³⁰ Quand il eut pris de vinaigre, Jésus dit : « Tout est accompli. » Puis, inclinant la tête, il remit l'esprit.

³¹ Comme c'était le vendredi, il ne fallait pas laisser des corps en croix durant le sabbat (d'autant plus que ce sabbat était le grand jour de la Pâque). Aussi les Juifs demandèrent à Pilate qu'on enlève les corps après leur avoir brisé les jambes. ³² Des soldats allèrent donc briser les jambes du premier, puis du deuxième des condamnés que l'on avait crucifiés avec Jésus. ³³ Quand ils arrivèrent à celui-ci, voyant qu'il était déjà mort, ils ne lui brisèrent pas les jambes, ³⁴ mais un des soldats avec sa lance lui perça le côté ; et aussitôt, il en sortit du sang et de l'eau. ³⁵ Celui qui a vu rend témoignage, afin que vous croyiez vous aussi. (Son témoignage est véridique et le Seigneur sait qu'il dit vrai.) ³⁶ Tout cela est arrivé afin que cette parole de l'Écriture s'accomplisse : *Aucun de ses os ne sera brisé.* ³⁷ Et un autre passage dit encore : *Ils lèveront les yeux vers celui qu'ils ont transpercé.*

Mise au tombeau : Joseph d'Arimathie et Nicodème.

Mt **27**, 57-61 ; Mc **15**, 42-47 ; Lc **23**, 50-56

³⁸ Après cela, Joseph d'Arimathie, qui était disciple de Jésus, mais en secret par peur des Juifs, demanda à Pilate de pouvoir enlever le corps de Jésus. Et Pilate le permit. Joseph vint donc enlever le corps de Jésus. ³⁹ Nicodème (celui qui la première fois était venu trouver Jésus pendant la nuit) vint lui aussi ; il apportait un mélange de myrrhe et d'aloès pesant environ cent livres. ⁴⁰ Ils prirent le corps de Jésus, et ils l'enveloppèrent d'un linceul, en employant les aromates selon la manière juive d'ensevelir les morts. ⁴¹ Près du lieu où Jésus avait été crucifié, il y avait un jardin, et dans ce jardin, un tombeau neuf dans lequel on n'avait encore mis personne. ⁴² Comme le sabbat des Juifs allait commencer, et que ce tombeau était proche, c'est là qu'ils déposèrent Jésus.

Marie Madeleine et les deux disciples auprès du tombeau vide – Première apparition du Ressuscité.

Mt **28**, 1-10 ; Mc **16**, 1-8 ; Lc **24**, 1-11

20 ¹ Le premier jour de la semaine, Marie Madeleine se rend au tombeau de grand matin, alors qu'il fait encore sombre. Elle voit que la pierre a été enlevée du tombeau. ² Elle court donc trouver Simon-Pierre et l'autre disciple, celui que Jésus aimait, et elle leur dit : « On a enlevé le Seigneur de son tombeau, et nous ne savons pas où on l'a mis. »

³ Pierre partit donc avec l'autre disciple pour se rendre au tombeau. ⁴ Ils couraient tous les deux ensemble, mais l'autre disciple courut plus vite que Pierre et arriva le premier au tombeau. ⁵ En se penchant, il voit que le linceul est resté là ; cependant il n'entre pas. ⁶ Simon-Pierre, qui le suivait, arrive à son tour. Il entre dans le tombeau, et il regarde le linceul resté là, ⁷ et le linge qui avait recouvert la tête, non pas posé avec le linceul, mais roulé à part à sa place.

⁸ C'est alors qu'entra l'autre disciple, lui qui était arrivé le premier au tombeau. Il vit, et il crut. ⁹ Jusque-là, en effet, les disciples n'avaient pas vu que, d'après l'Écriture, il fallait que Jésus ressuscite d'entre les morts. ¹⁰ Ensuite, les deux disciples retournèrent chez eux.

¹¹ Marie Madeleine restait là dehors, à pleurer devant le tombeau. Elle se penche vers l'intérieur, tout en larmes, ¹² et, à l'endroit où le corps de Jésus avait été déposé, elle aperçoit deux anges vêtus de blanc, assis l'un à la tête et l'autre aux pieds. ¹³ Ils lui demandent : « Femme, pourquoi pleures-tu ? » Elle leur répond : « On a enlevé le Seigneur mon Maître, et je ne sais pas où on l'a mis. »

¹⁴ Tout en disant cela, elle se retourne et aperçoit Jésus qui était là, mais elle ne savait pas que c'était Jésus. ¹⁵ Jésus lui demande : « Femme, pourquoi pleures-tu ? Qui cherches-tu ? » Le prenant pour le gardien, elle lui répond : « Si c'est toi qui l'as emporté, dis-moi où tu l'as mis, et moi, j'irai le reprendre. »

¹⁶ Jésus lui dit alors : « Marie ! » Elle se tourne vers lui et lui dit : « Rabbouni ! » ce qui veut dire : « Maître » dans la langue des Juifs. ¹⁷ Jésus reprend : « Cesse de me tenir, je ne suis pas encore monté vers le Père. Va plutôt trouver mes frères pour leur dire que je monte vers mon Père et votre Père, vers mon Dieu et votre Dieu. »

¹⁸ Marie Madeleine s'en va donc annoncer aux disciples : « J'ai vu le Seigneur, et voilà ce qu'il m'a dit. »

Double apparition aux disciples :
don de l'Esprit et confession
de foi de Thomas.

¹⁹ Ce même soir, le premier jour de la semaine, les disciples avaient verrouillé les portes du lieu où ils étaient, car ils avaient peur des Juifs. Jésus vint, et il était là au milieu d'eux. Il leur dit : « La paix soit avec vous ! »

²⁰ Après cette parole, il leur montra ses mains et son côté. Les disciples furent remplis de joie en voyant le Seigneur. ²¹ Jésus leur dit de nouveau : « La paix soit avec vous ! De même que le Père m'a envoyé, moi aussi, je vous envoie. »

²²Ayant ainsi parlé, il répandit sur eux son souffle et il leur dit : «Recevez l'Esprit Saint. ²³Tout homme à qui vous remettrez ses péchés, ils lui seront remis ; tout homme à qui vous maintiendrez ses péchés, ils lui seront maintenus.»

²⁴Or, l'un des Douze, Thomas (dont le nom signifie : Jumeau), n'était pas avec eux quand Jésus était venu. ²⁵Les autres disciples lui disaient : «Nous avons vu le Seigneur!» Mais il leur déclara : «Si je ne vois pas dans ses mains la marque des clous, si je ne mets pas mon doigt à l'endroit des clous, si je ne mets pas la main dans son côté, non, je ne croirai pas!»

²⁶Huit jours plus tard, les disciples se trouvaient de nouveau dans la maison, et Thomas était avec eux. Jésus vient, alors que les portes étaient verrouillées, et il était là au milieu d'eux. Il dit : «La paix soit avec vous!» ²⁷Puis il dit à Thomas : «Avance ton doigt ici, et vois mes mains ; avance ta main, et mets-la dans mon côté : cesse d'être incrédule, sois croyant.»

²⁸Thomas lui dit alors : «Mon Seigneur et mon Dieu!» ²⁹Jésus lui dit : «Parce que tu m'as vu, tu crois. Heureux ceux qui croient sans avoir vu.»

Conclusion : le but de l'Évangile.

³⁰Il y a encore beaucoup d'autres signes que Jésus a faits en présence des disciples et qui ne sont pas mis par écrit dans ce livre. ³¹Mais ceux-là y ont été mis afin que vous croyiez que Jésus est le Messie, le Fils de Dieu, et afin que, par votre foi, vous ayez la vie en son nom.

VI – APPENDICE

Jésus ressuscité se manifeste par une pêche miraculeuse et prend un repas avec ses disciples.

Lc 5, 1-11

21

¹Après cela, Jésus se manifesta encore aux disciples sur le bord du lac de Tibériade, et voici comment. ²Il y avait là Simon-Pierre, avec Thomas (dont le nom signifie : Jumeau), Nathanaël, de Cana en Galilée, les fils de Zébédée, et deux autres disciples. ³Simon-Pierre leur dit : «Je m'en vais à la pêche.» Ils lui répondent : «Nous allons avec toi.» Ils partirent et montèrent dans la barque ; or, ils passèrent la nuit sans rien prendre.

⁴Au lever du jour, Jésus était là, sur le rivage, mais les disciples ne savaient pas que c'était lui. ⁵Jésus les appelle : «Les enfants, auriez-vous un peu de poisson?» Ils lui répondent : «Non.» ⁶Il leur dit : «Jetez le filet à droite de la barque, et vous trouverez.» Ils jetèrent donc le filet, et cette fois ils n'arrivaient pas à le ramener, tellement il y avait de poisson. ⁷Alors, le disciple que

Jésus aimait dit à Pierre : « C'est le Seigneur ! » Quand Simon-Pierre l'entendit déclarer que c'était le Seigneur, il passa un vêtement, car il n'avait rien sur lui, et il se jeta à l'eau. [8] Les autres disciples arrivent en barque, tirant le filet plein de poissons ; la terre n'était qu'à une centaine de mètres.

[9] En débarquant sur le rivage, ils voient un feu de braise avec du poisson posé dessus, et du pain. [10] Jésus leur dit : « Apportez donc de ce poisson que vous venez de prendre. » [11] Simon-Pierre monta dans la barque et amena jusqu'à terre le filet plein de gros poissons : il y en avait cent cinquante-trois. Et, malgré cette quantité, le filet ne s'était pas déchiré. [12] Jésus dit alors : « Venez déjeuner. » Aucun des disciples n'osait lui demander : « Qui es-tu ? » Ils savaient que c'était le Seigneur. [13] Jésus s'approche, prend le pain et le leur donne, ainsi que le poisson.

[14] C'était la troisième fois que Jésus ressuscité d'entre les morts se manifestait à ses disciples.

L'avenir de Pierre,
pasteur de l'Église,
et l'avenir du disciple bien aimé.

[15] Quand ils eurent déjeuné, Jésus dit à Simon-Pierre : « Simon, fils de Jean, m'aimes-tu plus que ceux-ci ? » Il lui répond : « Oui, Seigneur, je t'aime, tu le sais. » Jésus lui dit : « Sois le berger de mes agneaux. » [16] Il lui dit une deuxième fois : « Simon, fils de Jean, m'aimes-tu ? » Il lui répond : « Oui, Seigneur, je t'aime, tu le sais. » Jésus lui dit : « Sois le pasteur de mes brebis. » [17] Il lui dit, pour la troisième fois : « Simon, fils de Jean, est-ce que tu m'aimes ? » Pierre fut peiné parce que, pour la troisième fois, il lui demandait : « Est-ce que tu m'aimes ? » et il répondit : « Seigneur, tu sais tout : tu sais bien que je t'aime. » Jésus lui dit : « Sois le berger de mes brebis. [18] Amen, amen, je te le dis : quand tu étais jeune, tu mettais ta ceinture toi-même pour aller là où tu voulais ; quand tu seras vieux, tu étendras les mains, et c'est un autre qui te mettra ta ceinture, pour t'emmener là où tu ne voudrais pas aller. » [19] Jésus disait cela pour signifier par quel genre de mort Pierre rendrait gloire à Dieu. Puis il lui dit encore : « Suis-moi. »

[20] En se retournant, Pierre aperçoit, marchant à leur suite, le disciple que Jésus aimait. (C'est lui qui, pendant le repas, s'était penché sur la poitrine de Jésus pour lui dire : « Seigneur, quel est celui qui va te livrer ? ») [21] Pierre, voyant ce disciple, dit à Jésus : « Et lui, Seigneur, que lui arrivera-t-il ? » [22] Jésus lui répond : « Si je veux qu'il reste jusqu'à ce que je vienne, est-ce ton affaire ? Mais toi, suis-moi. » [23] Ainsi se répandit parmi les frères l'idée que ce disciple ne mourrait

pas. Or, Jésus n'avait pas dit à Pierre : « Il ne mourra pas », mais : « Si je veux qu'il reste jusqu'à ce que je vienne, est-ce ton affaire ? »

Épilogue.

²⁴ C'est lui, le disciple qui rend témoignage de tout cela, et qui l'a rapporté par écrit, et nous savons que son témoignage est vrai. ²⁵ Il y a encore beaucoup d'autres choses que Jésus a faites ; et s'il fallait rapporter chacune d'elles, je pense que le monde entier ne suffirait pas pour contenir les livres que l'on écrirait ainsi.

LES ACTES
DES APÔTRES

I – La naissance de l'Église

Jésus ressuscité annonce aux Apôtres leur mission et disparaît à leurs yeux.

1 ¹ Mon cher Théophile, dans mon premier livre j'ai parlé de tout ce que Jésus a fait et enseigné depuis le commencement, ² jusqu'au jour où il fut enlevé au ciel après avoir, dans l'Esprit Saint, donné ses instructions aux Apôtres qu'il avait choisis. ³ C'est à eux qu'il s'était montré vivant après sa Passion : il leur en avait donné bien des preuves, puisque, pendant quarante jours, il leur était apparu, et leur avait parlé du royaume de Dieu.

⁴ Au cours d'un repas qu'il prenait avec eux, il leur donna l'ordre de ne pas quitter Jérusalem, mais d'y attendre ce que le Père avait promis. Il leur disait : « C'est la promesse que vous avez entendue de ma bouche. ⁵ Jean a baptisé avec de l'eau ; mais vous, c'est dans l'Esprit Saint que vous serez baptisés d'ici quelques jours. »

⁶ Réunis autour de lui, les Apôtres lui demandaient : « Seigneur, est-ce maintenant que tu vas rétablir la royauté en Israël ? » ⁷ Jésus leur répondit : « Il ne vous appartient pas de connaître les délais et les dates que le Père a fixés dans sa liberté souveraine. ⁸ Mais vous allez recevoir une force, celle du Saint-Esprit, qui viendra sur vous. Alors vous serez mes témoins à Jérusalem, dans toute la Judée et la Samarie, et jusqu'aux extrémités de la terre. »

⁹ Après ces paroles, ils le virent s'élever et disparaître à leurs yeux dans une nuée. ¹⁰ Et comme ils fixaient encore le ciel où Jésus s'en allait, voici que deux hommes en vêtements blancs se tenaient devant eux et disaient : ¹¹ « Galiléens, pourquoi restez-vous là à regarder le ciel ? Jésus, qui a été enlevé du milieu de vous, reviendra de la même manière que vous l'avez vu s'en aller vers le ciel. »

Dans l'attente de l'Esprit Saint : la prière des Apôtres et l'élection de Matthias.

¹² Alors, ils retournèrent du mont des Oliviers à Jérusalem,

qui n'est pas loin. (La distance ne dépasse pas ce qui est permis le jour du sabbat.) [13] Arrivés dans la ville, ils montèrent à l'étage de la maison ; c'est là qu'ils se tenaient tous : Pierre, Jean, Jacques et André, Philippe et Thomas, Barthélemy et Matthieu, Jacques fils d'Alphée, Simon le Zélote, et Jude fils de Jacques. [14] D'un seul cœur, ils participaient fidèlement à la prière, avec quelques femmes dont Marie, mère de Jésus, et avec ses frères.

[15] En ces jours-là, les frères étaient réunis au nombre d'environ cent vingt. Pierre se leva au milieu de l'assemblée et dit : [16] « Frères, il fallait que l'Écriture s'accomplisse : par la bouche de David, l'Esprit Saint avait d'avance parlé de Judas, qui en est venu à servir de guide aux gens qui ont arrêté Jésus, [17] ce Judas qui pourtant était l'un de nous et avait reçu sa part de notre ministère. [18] Or, celui-ci avait acquis un champ avec le salaire de la trahison ; il tomba la tête la première, son ventre éclata, et toutes ses entrailles se répandirent. [19] Tous les habitants de Jérusalem en furent informés, si bien que ce champ fut appelé dans leur langue *Hakeldama*, c'est-à-dire champ du sang. [20] Car il est écrit au livre des Psaumes :

Que son domaine devienne un désert, et que personne n'y habite,
  et encore :

Que sa charge passe à un autre.

[21] Voici donc ce qu'il faut faire : il y a des hommes qui nous ont accompagnés durant tout le temps où le Seigneur Jésus a vécu parmi nous, [22] depuis son baptême par Jean jusqu'au jour où il nous a été enlevé. Il faut donc que l'un d'entre eux devienne avec nous témoin de sa résurrection. »

[23] On en présenta deux : Joseph Barsabbas, surnommé Justus, et Matthias. [24] Puis l'assemblée fit cette prière : « Toi, Seigneur, qui connais le cœur de tous les hommes, montre-nous lequel des deux tu as choisi [25] pour prendre place dans le ministère des Apôtres, que Judas a déserté en partant vers son destin. »

[26] On tira au sort, et le sort tomba sur Matthias, qui fut dès lors associé aux onze Apôtres.

La Pentecôte : venue de l'Esprit, annonce de la Bonne Nouvelle par Pierre et premiers baptêmes.

2 [1] Quand arriva la Pentecôte (le cinquantième jour après Pâques), ils se trouvaient réunis tous ensemble. [2] Soudain il vint du ciel un bruit pareil à celui d'un violent coup de vent : toute la maison où ils se tenaient en fut remplie. [3] Ils virent apparaître comme une sorte de feu qui se partageait en langues et qui se posa sur chacun d'eux. [4] Alors

ils furent tous remplis de l'Esprit Saint : ils se mirent à parler en d'autres langues, et chacun s'exprimait selon le don de l'Esprit.

⁵ Or, il y avait, séjournant à Jérusalem, des Juifs fervents, issus de toutes les nations qui sont sous le ciel. ⁶ Lorsque les gens entendirent le bruit, ils se rassemblèrent en foule. Ils étaient dans la stupéfaction parce que chacun d'eux les entendait parler sa propre langue. ⁷ Déconcertés, émerveillés, ils disaient : « Ces hommes qui parlent ne sont-ils pas tous des Galiléens ? ⁸ Comment se fait-il que chacun de nous les entende dans sa langue maternelle ? ⁹ Parthes, Mèdes et Élamites, habitants de la Mésopotamie, de la Judée et de la Cappadoce, des bords de la mer Noire, de la province d'Asie, ¹⁰ de la Phrygie, de la Pamphylie, de l'Égypte et de la Libye proche de Cyrène, Romains résidant ici, ¹¹ Juifs de naissance et convertis, Crétois et Arabes, tous nous les entendons proclamer dans nos langues les merveilles de Dieu. » ¹² Ils étaient tous déconcertés ; dans leur désarroi, ils se disaient les uns aux autres : « Qu'est-ce que cela veut dire ? » ¹³ D'autres disaient en riant : « Ils sont pleins de vin doux ! »

¹⁴ Alors Pierre, debout avec les onze autres Apôtres, prit la parole ; il dit d'une voix forte : « Habitants de la Judée, et vous tous qui séjournez à Jérusalem, comprenez ce qui se passe aujourd'hui, écoutez bien ce que je vais vous dire. ¹⁵ Non, ces gens-là ne sont pas ivres comme vous le supposez, car il n'est que neuf heures du matin. ¹⁶ Mais ce qui arrive, c'est ce que Dieu avait dit par le prophète Joël :

¹⁷ *Il arrivera dans les derniers jours, dit Dieu,*

que je répandrai mon Esprit sur toute créature :

vos fils et vos filles deviendront prophètes,

vos jeunes gens auront des visions,

et vos anciens auront des songes.

¹⁸ *Même sur mes serviteurs et sur mes servantes,*

je répandrai mon Esprit en ces jours-là,

et ils seront prophètes.

¹⁹ *Je ferai des prodiges en haut dans le ciel,*

et des signes en bas sur la terre,

du sang, du feu, une colonne de fumée.

²⁰ *Le soleil se changera en ténèbres,*

et la lune sera couleur de sang,

avant que vienne le jour du Seigneur,

grand et manifeste.

²¹ *Alors, tous ceux qui invoqueront le Nom du Seigneur seront sauvés.*

²² Hommes d'Israël, écoutez ce message. Il s'agit de Jésus le Nazaréen, cet homme dont Dieu avait fait connaître la

mission en accomplissant par lui des miracles, des prodiges et des signes au milieu de vous, comme vous le savez bien. ²³ Cet homme, livré selon le plan et la volonté de Dieu, vous l'avez fait mourir en le faisant clouer à la croix par la main des païens. ²⁴ Or, Dieu l'a ressuscité en mettant fin aux douleurs de la mort, car il n'était pas possible qu'elle le retienne en son pouvoir.

²⁵ En effet, c'est de lui que parle le psaume de David :

Je regardais le Seigneur sans relâche,

s'il est à mon côté, je ne tombe pas.

²⁶ *Oui, mon cœur est dans l'allégresse,*

ma langue chante de joie ;

ma chair elle-même reposera dans l'espérance :

²⁷ *tu ne peux pas m'abandonner à la mort*

ni laisser ton fidèle connaître la corruption.

²⁸ *Tu m'as montré le chemin de la vie,*

tu me rempliras d'allégresse par ta présence.

²⁹ Frères, au sujet de David notre père, on peut vous dire avec assurance qu'il est mort, qu'il a été enterré, et que son tombeau est encore aujourd'hui chez nous. ³⁰ Mais il était prophète, il savait que Dieu lui avait juré de *faire asseoir sur son trône un de ses descendants.* ³¹ Il a vu d'avance la résurrection du Christ, dont il a parlé ainsi : *Il n'a pas été abandonné à la mort,* *et sa chair n'a pas connu la corruption.* ³² Ce Jésus, Dieu l'a ressuscité ; nous tous, nous en sommes témoins. ³³ Élevé dans la gloire par la puissance de Dieu, il a reçu de son Père l'Esprit Saint qui était promis, et il l'a répandu sur nous : c'est cela que vous voyez et que vous entendez. ³⁴ David, lui, n'est pas monté au ciel, bien que le psaume parle ainsi :

Le Seigneur a dit à mon Seigneur :

Siège à ma droite,

³⁵ *tes ennemis, j'en ferai ton marchepied.*

³⁶ Que tout le peuple d'Israël en ait la certitude : ce même Jésus que vous avez crucifié, Dieu a fait de lui le Seigneur et le Christ. »

³⁷ Ceux qui l'entendaient furent remués jusqu'au fond d'eux-mêmes ; ils dirent à Pierre et aux autres Apôtres : « Frères, que devons-nous faire ? » ³⁸ Pierre leur répondit : « Convertissez-vous, et que chacun de vous se fasse baptiser au nom de Jésus Christ pour obtenir le pardon de ses péchés. Vous recevrez alors le don du Saint-Esprit. ³⁹ C'est pour vous que Dieu a fait cette promesse, pour vos enfants et pour tous ceux qui sont loin, tous ceux que le Seigneur notre Dieu appellera. » ⁴⁰ Pierre trouva encore beaucoup d'autres paroles pour les adjurer, et il les exhortait ainsi : « Détournez-vous de cette génération égarée, et vous serez sauvés. »

[41] Alors, ceux qui avaient accueilli la parole de Pierre se firent baptiser. La communauté s'augmenta ce jour-là d'environ trois mille personnes.

II – La communauté de Jérusalem

*La première Église :
la vie communautaire.*

[42] Ils étaient fidèles à écouter l'enseignement des Apôtres et à vivre en communion fraternelle, à rompre le pain et à participer aux prières. [43] La crainte de Dieu était dans tous les cœurs ; beaucoup de prodiges et de signes s'accomplissaient par les Apôtres. [44] Tous ceux qui étaient devenus croyants vivaient ensemble, et ils mettaient tout en commun ; [45] ils vendaient leurs propriétés et leurs biens, pour en partager le prix entre tous selon les besoins de chacun. [46] Chaque jour, d'un seul cœur, ils allaient fidèlement au Temple, ils rompaient le pain dans leurs maisons, ils prenaient leurs repas avec allégresse et simplicité. [47] Ils louaient Dieu et trouvaient un bon accueil auprès de tout le peuple. Tous les jours, le Seigneur faisait entrer dans la communauté ceux qui étaient appelés au salut.

Premier miracle et premier procès.

3 [1] À l'heure de la prière de l'après-midi, Pierre et Jean montaient au Temple. [2] On y amenait justement un homme qui était infirme depuis sa naissance ; on l'installait chaque jour au Temple, à la « Belle-Porte » pour demander l'aumône à ceux qui entraient. [3] Voyant Pierre et Jean qui allaient pénétrer dans le Temple, il leur demanda l'aumône. [4] Alors Pierre fixa les yeux sur lui, ainsi que Jean, et il lui dit : « Regarde-nous bien ! » [5] L'homme les observait, s'attendant à recevoir quelque chose. [6] Pierre lui dit : « Je n'ai pas d'or ni d'argent ; mais ce que j'ai, je te le donne : au nom de Jésus Christ le Nazaréen, lève-toi et marche. » [7] Le prenant par la main droite, il le releva, et, à l'instant même, ses pieds et ses chevilles devinrent solides. [8] D'un bond, il fut debout, et il marchait. Il entra avec eux dans le Temple : il marchait, bondissait, et louait Dieu. [9] Et tout le peuple le vit marcher et louer Dieu. [10] On le reconnaissait : c'est bien lui qui se tenait, pour mendier, à la « Belle-Porte » du Temple. Et les gens étaient complètement stupéfaits et désorientés de ce qui lui était arrivé.

[11] L'homme ne lâchait plus Pierre et Jean. Tout le peuple accourut vers eux à l'endroit appelé colonnade de Salomon. Les gens étaient stupéfaits ; [12] voyant cela, Pierre s'adressa au peuple : « Hommes d'Israël, pourquoi vous étonner ? Pourquoi fixer les yeux sur

nous, comme si nous avions fait marcher cet homme par notre puissance ou notre sainteté personnelles ?

¹³ Le Dieu d'Abraham, d'Isaac et de Jacob, le Dieu de nos pères, a donné sa gloire à son serviteur Jésus, alors que vous, vous l'aviez livré ; devant Pilate, qui était d'avis de le relâcher, vous l'aviez rejeté. ¹⁴ Lui, le saint et le juste, vous l'avez rejeté, et vous avez demandé qu'on vous accorde la grâce d'un meurtrier. ¹⁵ Lui, le Chef des vivants, vous l'avez tué ; mais Dieu l'a ressuscité d'entre les morts, nous en sommes témoins. ¹⁶ Tout repose sur la foi au nom de Jésus : c'est ce nom qui a donné la force à cet homme, que vous voyez et que vous connaissez ; oui, la foi qui vient de Jésus a rendu à cet homme une parfaite santé en votre présence à tous.

¹⁷ D'ailleurs, frères, je sais bien que vous avez agi dans l'ignorance, vous et vos chefs. ¹⁸ Mais Dieu qui, par la bouche de tous les prophètes, avait annoncé que son Messie souffrirait, accomplissait ainsi sa parole. ¹⁹ Convertissez-vous donc et revenez à Dieu pour que vos péchés soient effacés. ²⁰ Ainsi viendra, de la part du Seigneur, le temps du repos : il enverra Jésus, le Messie choisi d'avance pour vous, ²¹ et il faut que Jésus demeure au ciel jusqu'à l'époque où tout sera rétabli, comme Dieu l'avait annoncé autrefois par la voix de ses saints prophètes.

²² Moïse a déclaré : *Le Seigneur votre Dieu fera se lever pour vous, au milieu de vos frères, un prophète comme moi : vous écouterez tout ce qu'il vous dira.* ²³ *Si quelqu'un n'écoute pas les paroles de ce prophète, il sera éliminé du peuple.* ²⁴ Ensuite, tous les prophètes qui ont parlé depuis Samuel et ses successeurs ont annoncé eux aussi les jours où nous sommes. ²⁵ C'est vous qui êtes les fils des prophètes, les héritiers de l'Alliance que Dieu a conclue avec vos pères, quand il disait à Abraham : *En ta descendance seront bénies toutes les familles de la terre.* ²⁶ C'est pour vous d'abord que Dieu a fait se lever son Serviteur, et il l'a envoyé vous bénir, en détournant chacun de vous de ses actions mauvaises. »

4 ¹ Comme Pierre et Jean parlaient encore au peuple, les prêtres intervinrent, avec le commandant de la garde du Temple et les sadducéens. ² Ils ne pouvaient souffrir de les voir enseigner leur doctrine au peuple et annoncer, dans la personne de Jésus, la résurrection. ³ Ils les firent arrêter et mettre au cachot jusqu'au lendemain, car il était déjà tard. ⁴ Or, beaucoup de ceux qui avaient entendu la Parole devinrent croyants ; à ne compter que les hommes, il y en avait environ cinq mille.

⁵ Le lendemain il y eut une réunion des chefs du peuple, des anciens et des scribes à

Jérusalem. [6] Il y avait là Anne le grand prêtre, Caïphe, Jean, Alexandre, et tous ceux qui appartenaient aux familles des grands prêtres. [7] Ils firent comparaître Pierre et Jean et se mirent à les interroger : « Par quelle puissance, par le nom de qui, avez-vous fait cette guérison ? »

[8] Alors Pierre, rempli de l'Esprit Saint, leur déclara : « Chefs du peuple et anciens, [9] nous sommes interrogés aujourd'hui pour avoir fait du bien à un infirme, et l'on nous demande comment cet homme a été sauvé. [10] Sachez-le donc, vous tous, ainsi que tout le peuple d'Israël : c'est grâce au nom de Jésus le Nazaréen, crucifié par vous, ressuscité par Dieu, c'est grâce à lui que cet homme se trouve là devant vous, guéri. [11] Ce Jésus, il est *la pierre que vous aviez rejetée, vous les bâtisseurs, et il est devenu la pierre d'angle.* [12] En dehors de lui, il n'y a pas de salut. Et son Nom, donné aux hommes, est le seul qui puisse nous sauver. »

[13] Ils étaient surpris en voyant l'assurance de Pierre et de Jean, et en constatant que c'étaient des hommes quelconques et sans instruction. Ils reconnaissaient en eux des compagnons de Jésus, [14] ils regardaient debout près d'eux l'homme qui avait été guéri, et ils ne trouvaient rien à dire contre eux. [15] Après leur avoir ordonné de quitter la salle du conseil, ils se mirent à délibé-rer : [16] « Qu'allons-nous faire de ces gens-là ? Certes, un miracle notoire a été opéré par eux, c'est évident pour tous les habitants de Jérusalem, et nous ne pouvons pas le nier. [17] Mais il faut en limiter les conséquences dans le peuple ; nous allons donc les menacer pour qu'ils ne prononcent plus ce nom devant personne. »

[18] Ayant rappelé Pierre et Jean, ils leur interdirent formellement de proclamer ou d'enseigner le nom de Jésus. [19] Ceux-ci leur répliquèrent : « Est-il juste devant Dieu de vous écouter, plutôt que d'écouter Dieu ? À vous de juger. [20] Quant à nous, il nous est impossible de ne pas dire ce que nous avons vu et entendu. » [21] Après de nouvelles menaces, on les relâcha ; en effet, à cause du peuple, on ne voyait pas comment les punir, car tout le monde rendait gloire à Dieu pour ce qui était arrivé. [22] L'homme pour qui avait été opéré ce miracle de guérison avait en effet plus de quarante ans.

[23] Lorsque Pierre et Jean eurent été relâchés, ils rejoignirent les frères et rapportèrent tout ce qu'on leur avait dit. [24] Après ce récit, tous, d'un seul cœur, adressèrent à Dieu cette prière : « Maître, c'est toi qui as fait le ciel, la terre et la mer, et tout ce qu'ils contiennent. [25] C'est toi qui, par l'Esprit Saint, as mis dans la bouche de notre père David,

ton serviteur, les paroles que voici :

Pourquoi ces nations en tumulte,

ces peuples aux projets stupides,
²⁶ *ces rois de la terre qui se groupent,*

ces grands qui conspirent entre eux contre le Seigneur et son Messie ?

²⁷ Et c'est vrai : on a conspiré dans cette ville contre Jésus, ton Saint, ton Serviteur, que tu as consacré comme Messie. Hérode et Ponce Pilate, avec les païens et le peuple d'Israël, ²⁸ ont accompli tout ce que tu avais décidé d'avance dans ta puissance et ta sagesse. ²⁹ Et maintenant, Seigneur, sois attentif à leurs menaces : donne à ceux qui te servent d'annoncer ta parole avec une parfaite assurance. ³⁰ Étends donc ta main pour guérir les malades, accomplis des signes et des prodiges, par le nom de Jésus, ton Saint, ton Serviteur. »

³¹ Comme leur prière se terminait, le lieu où ils étaient réunis se mit à trembler, ils furent tous remplis de l'Esprit Saint et ils annonçaient la parole de Dieu avec assurance.

La première Église : le partage des biens.

³² La multitude de ceux qui avaient adhéré à la foi avait un seul cœur et une seule âme ; et personne ne se disait propriétaire de ce qu'il possédait, mais on mettait tout en commun. ³³ C'est avec une grande force que les Apôtres portaient témoignage de la résurrection du Seigneur Jésus, et la puissance de la grâce était sur eux tous. ³⁴ Aucun d'entre eux n'était dans la misère, car tous ceux qui possédaient des champs ou des maisons les vendaient, ³⁵ et ils en apportaient le prix pour le mettre à la disposition des Apôtres. On en redistribuait une part à chacun des frères au fur et à mesure de ses besoins.

³⁶ Joseph, que les Apôtres avaient surnommé Barnabé (ce qui veut dire : l'homme du réconfort), était un lévite originaire de Chypre. ³⁷ Il avait une terre, il la vendit et en apporta l'argent qu'il déposa aux pieds des Apôtres.

Premières difficultés : Ananie et Saphire refusent le partage.

5 ¹ Un homme du nom d'Ananie, avec Saphire sa femme, vendit une propriété ; ² il détourna de l'argent avec la complicité de sa femme, et il n'en mit qu'une partie à la disposition des Apôtres. ³ Pierre lui dit : « Ananie, pourquoi Satan a-t-il pris toute la place dans ton cœur, pour que tu mentes à l'Esprit Saint et que tu détournes l'argent du terrain ? ⁴ Quand tu l'avais, il était bien à toi, et après la vente, tu pouvais disposer de la somme, n'est-ce pas ? Alors, pourquoi t'es-tu mis cette idée dans la tête ? Tu n'as pas menti aux hommes, mais à Dieu. » ⁵ En entendant ces paroles, Ananie tomba, et il expira. Une grande crainte saisit tous ceux qui apprenaient la nouvelle. ⁶ Les jeunes gens vinrent envelopper le corps, et ils l'emportèrent pour l'enterrer.

⁷ Il se passa environ trois heures, puis sa femme entra sans savoir ce qui était arrivé. ⁸ Pierre lui adressa la parole : « Dis-moi : le terrain, c'est bien à ce prix que vous l'avez cédé ? » Elle dit : « Oui, c'est ce prix-là. » ⁹ Pierre reprit : « Pourquoi cet accord entre vous pour mettre à l'épreuve l'Esprit du Seigneur ? Voilà que ceux qui ont enterré ton mari arrivent à la porte : ils vont t'emporter ! » ¹⁰ Aussitôt, elle tomba à ses pieds, et elle expira. Les jeunes gens, qui rentraient, la trouvèrent morte, et ils l'emportèrent pour l'enterrer auprès de son mari. ¹¹ Une grande crainte saisit toute l'Église et tous ceux qui apprenaient cette nouvelle.

La première Église : les miracles des Apôtres.

¹² Par les mains des Apôtres, beaucoup de signes et de prodiges se réalisaient dans le peuple. Tous les croyants, d'un seul cœur, se tenaient sous la colonnade de Salomon. ¹³ Personne d'autre n'osait se joindre à eux ; cependant tout le peuple faisait leur éloge, ¹⁴ et des hommes et des femmes de plus en plus nombreux adhéraient au Seigneur par la foi. ¹⁵ On allait jusqu'à sortir les malades

sur les places, en les mettant sur des lits et des brancards : ainsi, quand Pierre passerait, il toucherait l'un ou l'autre de son ombre. ¹⁶ Et même, une foule venue des villages voisins de Jérusalem amenait des gens malades ou tourmentés par des esprits mauvais. Et tous, ils étaient guéris.

Nouveau procès : les Apôtres arrêtés et relâchés.

¹⁷ Le grand prêtre et tout son entourage, c'est-à-dire le parti des sadducéens, étaient remplis de fureur contre les Apôtres : ¹⁸ ils les firent arrêter et jeter publiquement en prison. ¹⁹ Mais, pendant la nuit, l'ange du Seigneur ouvrit les portes de la cellule et les fit sortir en disant : ²⁰ « Partez d'ici, tenez-vous dans le Temple et là, annoncez au peuple toutes les paroles de vie. » ²¹ Ils obéirent et, de bon matin, ils entrèrent dans le Temple et se mirent à enseigner.

En arrivant, le grand prêtre et son entourage convoquèrent le grand conseil, tout le sénat des fils d'Israël, et ils envoyèrent chercher les Apôtres à la prison. ²² En arrivant, les gardes ne les trouvèrent pas dans la cellule. Ils revinrent donc avec cette nouvelle : ²³ « Nous avons trouvé la prison parfaitement verrouillée, et les gardiens en faction devant les portes ; mais, quand nous avons ouvert, nous n'avons trouvé personne à l'intérieur. » ²⁴ En entendant ce rapport, le commandant de la garde du Temple et les chefs des prêtres, en plein désarroi, se demandaient ce qui se passait. ²⁵ Là-dessus, quelqu'un arriva avec cette nouvelle : « Les hommes que vous aviez mis en prison, les voilà qui se tiennent dans le Temple, et ils instruisent le peuple ! » ²⁶ Alors, le commandant partit avec les gardes, pour ramener les Apôtres, mais sans violence, parce qu'ils redoutaient que le peuple ne leur jette des pierres.

²⁷ Il amena les Apôtres devant le grand conseil, et le grand prêtre les interrogea : ²⁸ « Nous vous avions formellement interdit d'enseigner le nom de cet homme-là, et voilà que vous remplissez Jérusalem de votre enseignement. Voulez-vous donc faire retomber sur nous le sang de cet homme ? » ²⁹ Pierre, avec les Apôtres, répondit alors : « Il faut obéir à Dieu plutôt qu'aux hommes. ³⁰ Le Dieu de nos pères a ressuscité Jésus, que vous aviez exécuté en le pendant au bois du supplice. ³¹ C'est lui que Dieu, par sa puissance, a élevé en faisant de lui le Chef, le Sauveur, pour apporter à Israël la conversion et le pardon des péchés. ³² Quant à nous, nous sommes les témoins de tout cela, avec l'Esprit Saint, que Dieu a donné à ceux qui lui obéissent. »

³³ En entendant les Apôtres parler ainsi, les membres du grand conseil, exaspérés, projetaient de les faire mourir.

³⁴ Mais un membre du grand conseil se leva ; c'était un pharisien nommé Gamaliel, docteur de la Loi honoré de tout le peuple. Il ordonna de faire sortir les Apôtres un instant, ³⁵ puis il dit : « Hommes d'Israël, faites bien attention à la décision que vous allez prendre envers ces hommes. ³⁶ Il y a quelque temps, on a vu surgir Theudas ; il prétendait être quelqu'un, et quatre cents hommes environ s'étaient ralliés à lui ; il a été tué, et tous ses partisans ont été mis en déroute et réduits à rien. ³⁷ Après lui, à l'époque du recensement, on a vu surgir Judas le Galiléen qui a entraîné derrière lui une foule de gens. Il a péri lui aussi, et tous ses partisans ont été dispersés. ³⁸ Eh bien, dans la circonstance présente, je vous le dis : ne vous occupez plus de ces gens-là, laissez-les. Car si leur intention ou leur action vient des hommes, elle tombera. ³⁹ Mais si elle vient de Dieu, vous ne pourrez pas les faire tomber. Ne risquez donc pas de vous trouver en guerre contre Dieu. »

Le conseil se laissa convaincre. ⁴⁰ On convoqua alors les Apôtres, et, après les avoir fouettés, on leur interdit de parler au nom de Jésus, puis on les relâcha. ⁴¹ Mais eux, en sortant du grand conseil, repartaient tout joyeux d'avoir été jugés dignes de subir des humiliations pour le nom de Jésus. ⁴² Tous les jours, au Temple et dans leurs maisons, sans cesse, ils enseignaient cette Bonne Nouvelle : Jésus est le Messie.

Nouvelles difficultés pour le partage : institution des Sept.

6 ¹En ces jours-là, comme le nombre des disciples augmentait, les frères de langue grecque récriminèrent contre ceux de langue hébraïque : ils trouvaient que, dans les secours distribués quotidiennement, les veuves de leur groupe étaient désavantagées. ²Les Douze convoquèrent alors l'assemblée des disciples et ils leur dirent : «Il n'est pas normal que nous délaissions la parole de Dieu pour le service des repas. ³Cherchez plutôt, frères, sept d'entre vous, qui soient des hommes estimés de tous, remplis d'Esprit Saint et de sagesse, et nous leur confierons cette tâche. ⁴Pour notre part, nous resterons fidèles à la prière et au service de la Parole.» ⁵La proposition plut à tout le monde, et l'on choisit : Étienne, homme rempli de foi et d'Esprit Saint, Philippe, Procore, Nicanor, Timon, Parménas et Nicolas, un païen originaire d'Antioche converti au judaïsme. ⁶On les présenta aux Apôtres, et ceux-ci, après avoir prié, leur imposèrent les mains.

⁷La parole du Seigneur était féconde, le nombre des disciples se multipliait fortement à Jérusalem, et une grande foule de prêtres juifs accueillaient la foi.

Ministère, procès et mort d'Étienne, le premier martyr.

⁸Étienne, qui était plein de la grâce et de la puissance de Dieu, accomplissait parmi le peuple des prodiges et des signes éclatants. ⁹Un jour, on vit intervenir les gens d'une synagogue (la synagogue dite des esclaves affranchis, des Cyrénéens et des Alexandrins) et aussi des gens originaires de Cilicie et de la province d'Asie. Ils se mirent à discuter avec Étienne, ¹⁰mais sans pouvoir tenir tête à la sagesse et à l'Esprit Saint qui inspiraient ses paroles. ¹¹Alors ils soudoyèrent des hommes pour qu'ils disent : «Nous l'avons entendu prononcer des paroles blasphématoires contre Moïse et contre Dieu.» ¹²Ils ameutèrent le peuple, les anciens et les scribes, ils allèrent se saisir d'Étienne, et l'amenèrent devant le grand conseil. ¹³Ils présentèrent de faux témoins, qui disaient : «Cet individu ne cesse pas de parler contre le Lieu saint et contre la Loi. ¹⁴Nous l'avons entendu affirmer que ce Jésus, le Nazaréen, détruira le Lieu saint et changera les lois que Moïse nous a transmises.» Tous ceux qui siégeaient au grand conseil avaient les yeux fixés sur Étienne, et son visage leur apparut comme celui d'un ange.

7 ¹Le grand prêtre demanda : «Cela est-il bien vrai ?» ²Étienne dit alors : «Frères et pères, écoutez ! Dieu dans sa gloire est apparu à notre père Abraham, quand il était en Mésopotamie avant de venir habiter Harrane, ³ et il lui dit : *Pars de ton pays, laisse ta famille, et va dans le pays que je te montrerai.* ⁴ Alors, partant du pays des Chaldéens, il vint habiter Harrane ; et de là, après la mort de son père, Dieu l'envoya habiter dans le pays où vous-mêmes habitez maintenant. ⁵ Il ne lui en donna rien en partage, pas même de quoi poser le pied. Il promit cependant de donner ce pays en possession à lui et à sa descendance après lui, alors qu'il n'avait pas d'enfant. ⁶ Dieu lui déclara que ses descendants séjourneraient en terre étrangère : *On les réduira en esclavage et on les maltraitera pendant quatre cents ans ; ⁷ mais la nation dont ils seront esclaves, moi, je la jugerai, dit Dieu, et après cela ils sortiront et ils me rendront un culte en ce lieu.* ⁸ Et il lui donna l'alliance de la circoncision. Alors Abraham engendra Isaac, et il le circoncit le huitième jour. Isaac fit de même pour Jacob, et Jacob pour les douze patriarches.

⁹ Les patriarches, jaloux de Joseph, le vendirent pour être mené en Égypte. Mais Dieu était avec lui, ¹⁰ et il le tira de toutes ses détresses. Il lui fit obtenir par sa sagesse la faveur du Pharaon, roi d'Égypte, et celui-ci le mit à la tête de l'Égypte et de toute la maison royale. ¹¹ Puis il arriva sur toute l'Égypte et sur Canaan une

famine et une grande détresse : nos pères ne trouvaient plus aucun ravitaillement. ¹² Alors Jacob apprit qu'il y avait du blé en Égypte, et il y envoya une première fois nos pères. ¹³ À la deuxième fois, Joseph se fit reconnaître par ses frères, et Pharaon découvrit ainsi la famille de Joseph. ¹⁴ Joseph envoya chercher son père Jacob et toute sa famille : soixante-quinze personnes. ¹⁵ Et Jacob descendit en Égypte ; il y mourut ainsi que nos pères. ¹⁶ On les transporta à Sichem, et on les mit dans le tombeau qu'Abraham avait acheté à prix d'argent aux fils d'Emmor, à Sichem.

¹⁷ Comme approchait le temps que Dieu avait solennellement promis à Abraham, le peuple devint fécond et se multiplia en Égypte, ¹⁸ jusqu'à l'arrivée au pouvoir en Égypte d'un autre roi qui n'avait pas connu Joseph. ¹⁹ Celui-ci prit des dispositions pour maltraiter nos pères, au point de leur faire abandonner leurs nouveaux-nés pour qu'ils ne puissent pas vivre. ²⁰ C'est à ce moment que Moïse vint au monde ; il était beau sous le regard de Dieu. Élevé pendant trois mois dans la maison de son père, ²¹ il fut ensuite abandonné. La fille de Pharaon le retira de là, et l'éleva comme son propre fils. ²² Moïse fut instruit de toute la sagesse des Égyptiens ; il était puissant par ses paroles et ses actes. ²³ Comme il arrivait à l'âge de quarante ans, l'idée lui

vint d'aller voir ses frères les fils d'Israël. ²⁴Voyant qu'on faisait du mal à l'un d'eux, il prit sa défense et frappa l'Égyptien pour venger l'opprimé. ²⁵Il pensait que ses frères comprendraient que par lui Dieu leur apportait le salut ; mais eux ne comprirent pas. ²⁶Le lendemain, il se fit voir à eux pendant qu'ils se battaient, et il essayait de rétablir la paix entre eux en leur disant : «Mes amis, vous êtes frères : pourquoi vous faire du mal les uns aux autres ?» ²⁷Mais celui qui faisait du mal à son compagnon le repoussa en disant : *Qui t'a institué chef et juge sur nous ?* ²⁸*Veux-tu me tuer comme tu as tué hier l'Égyptien ?* ²⁹À ces mots, Moïse s'enfuit, et vint séjourner dans le pays de Madiane, où il eut deux fils.

³⁰Au bout de quarante ans, au désert du mont Sinaï, un ange lui apparut dans la flamme d'un buisson en feu. ³¹Moïse était étonné de ce qu'il voyait, et lorsqu'il s'approcha pour regarder, la voix du Seigneur se fit entendre : ³²*Je suis le Dieu de tes pères, le Dieu d'Abraham, d'Isaac et de Jacob.* Moïse se mit à trembler, et il n'osait pas regarder.

³³Le Seigneur lui dit : *Retire tes sandales, car le lieu où tu te tiens est une terre sainte.* ³⁴*J'ai vu, oui, j'ai vu la misère de mon peuple qui est en Égypte ; j'ai entendu leurs gémissements et je suis descendu pour les délivrer. Et maintenant, va ! Je veux t'envoyer en Égypte.*

³⁵Ce Moïse qu'ils avaient rejeté en disant : *Qui t'a institué chef et juge ?*, Dieu l'a envoyé comme chef et libérateur, avec l'aide de l'ange qui lui était apparu dans le buisson. ³⁶C'est lui qui les a fait sortir en faisant des prodiges et des signes dans le pays d'Égypte, à la mer Rouge, et dans le désert pendant quarante ans. ³⁷C'est ce Moïse qui a dit aux fils d'Israël : *Au milieu de vos frères, Dieu fera se lever un prophète comme moi.* ³⁸C'est lui qui était là dans l'assemblée au désert, avec l'ange qui lui parlait sur le mont Sinaï et avec nos pères : il reçut des paroles de vie pour nous les donner, ³⁹mais nos pères n'ont pas voulu lui obéir ; ils le repoussèrent et, leur cœur déjà retourné en Égypte, ⁴⁰ils dirent à Aaron : *Fabrique-nous des dieux qui marcheront devant nous. Car ce Moïse, cet homme qui nous a fait sortir du pays d'Égypte, nous ne savons pas ce qui lui est arrivé.* ⁴¹Et en ces jours-là, ils firent un veau ; ils offrirent un sacrifice à leur idole : ils mettaient leur joie dans cet objet sorti de leurs mains ! ⁴²Alors Dieu se détourna et les laissa rendre un culte à l'armée du ciel, comme il est écrit dans le livre des prophètes : *M'avez-vous donc offert des victimes et des sacrifices pendant quarante ans au désert, maison d'Israël ?* ⁴³*Vous avez plutôt porté la tente de Molok et l'étoile de votre dieu Réphane, ces images que vous avez fabriquées pour les adorer. Je*

vous enverrai habiter au-delà de Babylone !

44 Nos pères, dans le désert, avaient la tente de la charte de l'Alliance. Ils l'avaient faite d'après les ordres de Celui qui parlait à Moïse et qui lui en avait montré le modèle. 45 Ils se la transmirent d'une génération à l'autre et, avec Josué, nos pères la firent entrer dans la terre promise, quand ils dépossédèrent les nations que Dieu avait chassées devant eux. Cela dura jusqu'au temps de David. 46 Celui-ci trouva grâce devant Dieu et il pria pour trouver une demeure au Dieu de Jacob. 47 Mais ce fut Salomon qui lui construisit une maison. 48 Pourtant, le Très-Haut n'habite pas dans des bâtiments faits par l'homme. C'est ce que dit le prophète :

49 *Le ciel est mon trône,*
et la terre mon marchepied.
Quelle maison pourriez-vous me bâtir,
dit le Seigneur,
quel est le lieu où je pourrais me reposer ?
50 *N'est-ce pas ma main qui a tout créé ?*

51 Hommes à la tête dure, votre cœur et vos oreilles ne veulent pas connaître l'Alliance : depuis toujours vous résistez à l'Esprit Saint ; vous êtes bien comme vos pères ! 52 Y a-t-il un prophète que vos pères n'aient pas persécuté ? Ils ont même fait mourir ceux qui annonçaient d'avance la venue du Juste, celui-là que vous venez de livrer et de mettre à mort. 53 Vous qui aviez reçu la loi communiquée par les anges, vous ne l'avez pas observée. »

54 En écoutant cela, ils s'exaspéraient contre lui, et grinçaient des dents. 55 Mais Étienne, rempli de l'Esprit Saint, regardait vers le ciel ; il vit la gloire de Dieu, et Jésus debout à la droite de Dieu. 56 Il déclara : « Voici que je contemple les cieux ouverts : le Fils de l'homme est debout à la droite de Dieu. »

57 Ceux qui étaient là se bouchèrent les oreilles et se mirent à pousser de grands cris ; tous à la fois, ils se précipitèrent sur lui, 58 l'entraînèrent hors de la ville et commencèrent à lui jeter des pierres. Les témoins avaient mis leurs vêtements aux pieds d'un jeune homme appelé Saul. 59 Étienne, pendant qu'on le lapidait, priait ainsi : « Seigneur Jésus, reçois mon esprit. » 60 Puis il se mit à genoux et s'écria d'une voix forte : « Seigneur, ne leur compte pas ce péché. » Et, après cette parole, il s'endormit dans la mort.

8 1 Quant à Saul, lui aussi approuvait ce meurtre.

III – La Parole part de Jérusalem pour atteindre les païens

La persécution entraîne la diffusion de l'Évangile en Judée et en Samarie.

Ce jour-là, éclata une violente persécution contre

l'Église de Jérusalem. Tous se dispersèrent dans les campagnes de Judée et de Samarie, à l'exception des Apôtres. [2] Des hommes religieux ensevelirent Étienne et firent sur lui une grande lamentation. [3] Quant à Saul, il cherchait à détruire l'Église, il pénétrait dans les maisons, en arrachait hommes et femmes, et les mettait en prison.

[4] Ceux qui s'étaient dispersés allèrent répandre partout la Bonne Nouvelle de la Parole. [5] C'est ainsi que Philippe, l'un des Sept, arriva dans une ville de Samarie, et là il proclamait le Christ. [6] Les foules, d'un seul cœur, s'attachaient à ce que disait Philippe, car tous entendaient parler des signes qu'il accomplissait, ou même ils les voyaient. [7] Beaucoup de possédés étaient délivrés des esprits mauvais, qui les quittaient en poussant de grands cris. Beaucoup de paralysés et d'infirmes furent guéris. [8] Et il y eut dans cette ville une grande joie.

[9] Or il y avait déjà dans la ville un homme du nom de Simon ; il pratiquait la magie et éblouissait la population de Samarie, prétendant être un grand personnage. [10] Et tous, du plus petit jusqu'au plus grand, s'attachaient à lui en disant : « Cet homme est la Puissance de Dieu, celle qu'on appelle la Grande Puissance. » [11] Ils s'attachaient à lui du fait que depuis un certain temps il les éblouissait par ses pratiques

magiques. [12] Mais quand ils commencèrent à croire Philippe annonçant la Bonne Nouvelle du règne de Dieu et du nom de Jésus Christ, hommes et femmes se faisaient baptiser. [13] Simon lui-même se mit à croire ; ayant été baptisé, il suivait fidèlement Philippe ; voyant les signes et les actes de grande puissance qui se produisaient, il était ébloui.

[14] Les Apôtres, restés à Jérusalem, apprirent que la Samarie avait accueilli la parole de Dieu. Alors ils leur envoyèrent Pierre et Jean. [15] À leur arrivée, ceux-ci prièrent pour les Samaritains afin qu'ils reçoivent le Saint-Esprit ; [16] en effet, l'Esprit n'était encore venu sur aucun d'entre eux : ils étaient seulement baptisés au nom du Seigneur Jésus. [17] Alors Pierre et Jean leur imposèrent les mains, et ils recevaient le Saint-Esprit.

[18] Simon, voyant que le Saint-Esprit était donné par l'imposition des mains des Apôtres, leur offrit de l'argent en disant : [19] « Donnez-moi, à moi aussi, ce pouvoir : ainsi tous ceux à qui j'imposerai les mains recevront le Saint-Esprit. » [20] Pierre lui dit : « Périsse ton argent, et toi avec, puisque tu as cru pouvoir acheter le don de Dieu à prix d'argent ! [21] Tu n'as droit ici à aucune part, à aucune place, car devant Dieu ton cœur n'est pas droit. [22] Détourne-toi donc de ce mal que tu veux faire, et prie le Seigneur : il te pardonnera peut-être cette idée que tu

as dans le cœur. [23] Car je le vois bien : tu es plein d'aigreur amère, tu es enchaîné dans l'iniquité. » [24] Simon répondit : « Priez vous-mêmes pour moi le Seigneur, afin qu'il ne m'arrive rien de ce que vous avez dit. »

[25] Quant à Pierre et Jean, ayant rendu témoignage et proclamé la parole du Seigneur, ils retournaient à Jérusalem en annonçant l'Évangile à un grand nombre de villages samaritains.

[26] L'ange du Seigneur adressa la parole à Philippe : « Mets-toi en marche vers le midi, prends la route qui descend de Jérusalem à Gaza ; elle est déserte. » [27] Et Philippe se mit en marche. Or, un Éthiopien, un eunuque, haut fonctionnaire de Candace, reine d'Éthiopie, administrateur de tous ses trésors, était venu à Jérusalem pour adorer Dieu. [28] Il en revenait, assis dans son char, et lisait le prophète Isaïe. [29] L'Esprit du Seigneur dit à Philippe : « Avance, et rejoins ce char. »

[30] Philippe s'approcha en courant, et il entendit que l'homme lisait le prophète Isaïe ; alors il lui demanda : « Comprends-tu vraiment ce que tu lis ? » [31] L'autre lui répondit : « Comment pourrais-je comprendre s'il n'y a personne pour me guider ? » Il invita donc Philippe à monter et à s'asseoir à côté de lui. Le passage de l'Écriture qu'il lisait était celui-ci :

[32] *Comme une brebis, on l'a conduit à l'abattoir, comme un agneau muet devant le tondeur, il n'ouvre pas la bouche.*

[33] *A cause de son humiliation, sa condamnation a été levée. Sa destinée, qui la racontera ? Car sa vie a été retranchée de la terre.*

[34] L'eunuque dit à Philippe : « Dis-moi, je te prie : de qui parle-t-il ? De lui-même, ou bien d'un autre ? » [35] Alors Philippe prit la parole, et, à partir de ce passage de l'Écriture, il lui annonça la Bonne Nouvelle de Jésus.

[36] Comme ils poursuivaient leur route, ils arrivèrent à un point d'eau, et l'eunuque dit : « Voici de l'eau : qu'est-ce qui empêche que je reçoive le baptême ? » [38] Il fit arrêter le char, ils descendirent dans l'eau tous les deux, et Philippe baptisa l'eunuque. [39] Quand ils furent remontés de l'eau, l'Esprit du Seigneur emporta Philippe ; l'eunuque ne le voyait plus, mais il poursuivait sa route, tout joyeux. [40] Philippe se retrouva dans la ville d'Ashdod, il annonçait la Bonne Nouvelle dans toutes les villes où il passait jusqu'à son arrivée à Césarée.

Le Seigneur Jésus se manifeste à Saul (Paul), qui commence aussitôt à annoncer l'Évangile.

9 [1] Saul était toujours animé d'une rage meurtrière contre les disciples du Seigneur. Il alla trouver le grand prêtre [2] et lui demanda

des lettres pour les synagogues de Damas, afin de faire prisonniers et de ramener à Jérusalem tous les adeptes de la Voie de Jésus, hommes et femmes, qu'il découvrirait.

[3] Comme il était en route et approchait de Damas, une lumière venant du ciel l'enveloppa soudain de sa clarté. [4] Il tomba par terre, et il entendit une voix qui lui disait : « Saul, Saul, pourquoi me persécuter ? » [5] Il répondit : « Qui es-tu, Seigneur ? – Je suis Jésus, celui que tu persécutes. [6] Relève-toi et entre dans la ville : on te dira ce que tu dois faire. » [7] Ses compagnons de route s'étaient arrêtés, muets de stupeur : ils entendaient la voix, mais ils ne voyaient personne. [8] Saul se releva et, bien qu'il eût les yeux ouverts, il ne voyait rien. Ils le prirent par la main pour le faire entrer à Damas. [9] Pendant trois jours, il fut privé de la vue et il resta sans manger ni boire.

[10] Or, il y avait à Damas un disciple nommé Ananie. Dans une vision, le Seigneur l'appela : « Ananie ! » Il répondit : « Me voici, Seigneur. » [11] Le Seigneur reprit : « Lève-toi, va dans la rue Droite, chez Jude : tu demanderas un homme appelé Saul, de Tarse. Il est en prière, [12] et il a eu cette vision : un homme, du nom d'Ananie, entrait et lui imposait les mains pour lui rendre la vue. » [13] Ananie répondit : « Seigneur, j'ai beaucoup entendu parler

de cet homme, et de tout le mal qu'il a fait à tes fidèles de Jérusalem. [14] S'il est ici, c'est que les chefs des prêtres lui ont donné le pouvoir d'arrêter tous ceux qui invoquent ton Nom. » [15] Mais le Seigneur lui dit : « Va ! cet homme est l'instrument que j'ai choisi pour faire parvenir mon Nom auprès des nations païennes, auprès des rois et des fils d'Israël. [16] Et moi, je lui ferai découvrir tout ce qu'il lui faudra souffrir pour mon Nom. »

[17] Ananie partit donc et entra dans la maison. Il imposa les mains à Saul, en disant : « Saul, mon frère, celui qui m'a envoyé, c'est le Seigneur, c'est Jésus, celui qui s'est montré à toi sur le chemin que tu suivais pour venir ici. Ainsi, tu vas retrouver la vue, et tu seras rempli d'Esprit Saint. » [18] Aussitôt tombèrent de ses yeux comme des écailles, et il retrouva la vue. Il se leva et il reçut le baptême. [19] Puis il prit de la nourriture et les forces lui revinrent.

[20] Il passa quelques jours avec les disciples de Damas et, sans plus attendre, il proclamait Jésus dans les synagogues, affirmant qu'il est le Fils de Dieu. [21] Tous ceux qui l'entendaient étaient déconcertés et disaient : « N'est-ce pas lui qui, à Jérusalem, s'acharnait contre ceux qui invoquent ce nom-là, et qui était venu ici pour les faire prisonniers et les ramener devant les chefs des prêtres ? »

²² Mais Saul, avec une force croissante, réfutait les Juifs de Damas en démontrant que Jésus est le Messie. ²³ Au bout d'un certain nombre de jours, les Juifs tinrent conseil en vue de le faire mourir. ²⁴ Saul fut informé de leur machination. On faisait même garder les portes de la ville de jour et de nuit pour pouvoir le faire mourir. ²⁵ Alors ses disciples le prirent de nuit, et, dans une corbeille, le firent descendre jusqu'en bas de l'autre côté du rempart.

²⁶ Arrivé à Jérusalem, il cherchait à entrer dans le groupe des disciples, mais tous avaient peur de lui, car ils ne pouvaient pas croire que lui aussi était un disciple du Christ. ²⁷ Alors Barnabé le prit avec lui et le présenta aux Apôtres ; il leur raconta ce qui s'était passé : sur la route, Saul avait vu le Seigneur, qui lui avait parlé ; à Damas, il avait prêché avec assurance au nom de Jésus. ²⁸ Dès lors, Saul allait et venait dans Jérusalem avec les Apôtres, prêchant avec assurance au nom du Seigneur. ²⁹ Il parlait aux Juifs de langue grecque, et discutait avec eux. Mais ceux-ci cherchaient à le supprimer. ³⁰ Les frères l'apprirent ; alors ils l'accompagnèrent jusqu'à Césarée, et le firent partir pour Tarse.

Croissance paisible de l'Église.

³¹ L'Église était en paix dans toute la Judée, la Galilée et la Samarie. Dans la crainte du Seigneur, elle se construisait et elle avançait ; elle se multipliait avec l'assistance de l'Esprit Saint.

Ministère de Pierre en Judée : deux miracles chez les fidèles.

³² Or, il arriva que Pierre, parcourant tout le pays, descendit jusqu'à Lod et visita les fidèles de cette ville. ³³ Il y trouva un certain Énéas alité depuis huit ans parce qu'il était paralysé. ³⁴ Pierre lui dit : « Énéas, Jésus Christ te guérit, lève-toi et fais ton lit toi-même. » Et aussitôt il se leva. ³⁵ Tous les habitants de Lod et de la plaine de Saron purent voir cet homme, et ils se convertirent au Seigneur.

³⁶ Il y avait aussi à Jaffa une femme disciple du Seigneur, appelée Tabitha (ce nom veut dire : Gazelle). Toute sa vie se passait en bonnes actions et en aumônes. ³⁷ Or, il arriva en ces jours-là qu'elle tomba malade et qu'elle mourut. Après la toilette funèbre, on la déposa dans la chambre du haut. ³⁸ Comme Lod est près de Jaffa, les disciples, apprenant que Pierre s'y trouvait, lui envoyèrent deux hommes avec cet appel : « Viens chez nous sans tarder. » ³⁹ Pierre se mit en route avec eux. À son arrivée on le fit monter à la chambre du haut, où il trouva toutes les veuves en larmes : elles lui montraient les tuniques et les manteaux que Tabitha faisait quand elle était avec elles.

⁴⁰Pierre fit sortir tout le monde, se mit à genoux et pria, puis il se tourna vers le corps, et il dit : « Tabitha, lève-toi ! » Elle ouvrit les yeux et, voyant Pierre, elle se redressa et s'assit. ⁴¹Pierre, lui donnant la main, la fit lever. Puis il appela les fidèles et les veuves et la leur présenta vivante. ⁴²Toute la ville de Jaffa en fut informée, et beaucoup crurent au Seigneur. ⁴³Pierre resta à Jaffa un certain nombre de jours, chez un nommé Simon, qui travaillait le cuir.

Ministère de Pierre en Judée :
Corneille et les siens
sont les premiers païens à recevoir
l'Esprit Saint et le baptême.

10 ¹Il y avait à Césarée un homme du nom de Corneille, centurion de la cohorte dite « cohorte italique ». ²C'était un homme religieux ; avec tous les gens de sa maison, il adorait le vrai Dieu, il donnait de larges aumônes au peuple juif et priait Dieu sans cesse. ³Vers trois heures de l'après-midi, il eut la vision très claire d'un ange qui entrait chez lui et lui disait : « Corneille ! » ⁴Celui-ci le regarda et, saisi de crainte, il dit : « Qu'y a-t-il, Seigneur ? » Il répondit : « Tes prières et tes aumônes sont montées devant Dieu pour qu'il se souvienne de toi. ⁵Et maintenant, envoie des hommes à Jaffa et convoque un certain Simon surnommé Pierre : ⁶il loge chez un autre Simon qui habite au bord de la mer et qui travaille le cuir. » ⁷Après le départ de l'ange qui lui avait parlé, il appela deux de ses serviteurs et un soldat, un homme religieux, un de ceux qui lui étaient attachés. ⁸Leur ayant tout expliqué, il les envoya à Jaffa.

⁹Le lendemain, tandis qu'ils étaient en route et s'approchaient de la ville, Pierre monta sur la terrasse de la maison pour prier vers midi. ¹⁰Il se mit à avoir faim et voulut prendre quelque chose. Pendant qu'on lui préparait à manger, il tomba en extase. ¹¹Il vit le ciel ouvert et un objet qui descendait : on aurait dit une grande toile, et cela se posait sur la terre par les quatre coins. ¹²Il y avait dedans tous les quadrupèdes et tous les reptiles de la terre et tous les oiseaux du ciel. ¹³Et une voix s'adressa à lui : « Allons, Pierre, immole ces bêtes, et mange-les ! » ¹⁴Pierre dit : « Certainement pas, Seigneur ! Je n'ai jamais mangé aucun aliment interdit ou impur ! » ¹⁵Une deuxième fois, la voix s'adressa à lui : « Ce que Dieu a déclaré pur, toi, ne le déclare pas interdit. » ¹⁶Cela recommença une troisième fois, puis aussitôt l'objet fut emporté au ciel.

¹⁷Comme Pierre n'arrivait pas à comprendre ce que pouvait bien être la vision qu'il avait eue, voilà que les hommes

envoyés par Corneille, s'étant renseignés sur la maison de Simon, survinrent à la porte. [18] Ils appelèrent pour demander : « Est-ce que Simon surnommé Pierre loge ici ? » [19] Comme Pierre réfléchissait encore à sa vision, l'Esprit lui dit : « Voilà trois hommes qui te cherchent. [20] Allons, descends et pars avec eux sans te faire de scrupule, car c'est moi qui les ai envoyés. » [21] Pierre descendit trouver les hommes et leur dit : « Me voilà, je suis celui que vous cherchez. Pour quelle raison êtes-vous là ? » [22] Ils répondirent : « Le centurion Corneille, un homme juste, qui adore le vrai Dieu, estimé de toute la population juive, a été averti par un ange saint de te convoquer chez lui et d'écouter tes paroles. » [23] Il les fit entrer et leur donna l'hospitalité.

Le lendemain, il se mit en route avec eux ; quelques frères de Jaffa l'accompagnèrent. [24] Le jour suivant, il fit son entrée à Césarée. Corneille les attendait, et avait rassemblé sa famille et ses meilleurs amis. [25] Comme Pierre arrivait, Corneille vint à sa rencontre, et se jetant à ses pieds, il se prosterna. [26] Mais Pierre le releva et lui dit : « Reste debout. Je ne suis qu'un homme, moi aussi. » [27] Tout en parlant avec lui, il entra et il trouva tous ces gens réunis. [28] Il leur dit : « Vous savez à quel point il est interdit à un Juif de fréquenter un païen ou d'entrer chez lui. Mais à moi, Dieu

m'a montré à ne déclarer aucun homme interdit ou impur. [29] C'est pourquoi j'ai répondu à votre convocation sans aucune objection. Je vous demande donc pour quelle raison vous m'avez convoqué. » [30] Corneille dit alors : « Il y a maintenant trois jours, à trois heures de l'après-midi, j'étais en train de prier chez moi, quand un homme au vêtement éclatant se tint devant moi, [31] et me dit : 'Corneille, ta prière a été entendue, et Dieu s'est souvenu de tes aumônes. [32] Envoie donc quelqu'un à Jaffa pour faire venir Simon surnommé Pierre, qui loge au bord de la mer chez un autre Simon qui travaille le cuir.' [33] Je t'ai donc aussitôt envoyé chercher, et toi, tu as bien fait de venir ici. Maintenant donc, nous sommes tous là devant Dieu pour écouter tout ce que le Seigneur t'a chargé de nous dire. »

[34] Alors Pierre prit la parole : « En vérité, je le comprends : Dieu ne fait pas de différence entre les hommes ; [35] mais, quelle que soit leur race, il accueille les hommes qui l'adorent et font ce qui est juste. [36] Il a envoyé la Parole aux fils d'Israël, pour leur annoncer la paix par Jésus Christ : c'est lui, Jésus, qui est le Seigneur de tous.

[37] Vous savez ce qui s'est passé à travers tout le pays des Juifs, depuis les débuts en Galilée, après le baptême proclamé par Jean : [38] Jésus de

Nazareth, Dieu l'a consacré par l'Esprit Saint et rempli de sa force. Là où il passait, il faisait le bien, et il guérissait tous ceux qui étaient sous le pouvoir du démon. Car Dieu était avec lui. [39] Et nous, nous sommes témoins de tout ce qu'il a fait dans le pays des Juifs et à Jérusalem. Ils l'ont fait mourir en le pendant au bois du supplice. [40] Et voici que Dieu l'a ressuscité le troisième jour. [41] Il lui a donné de se montrer, non pas à tout le peuple, mais seulement aux témoins que Dieu avait choisis d'avance, à nous qui avons mangé et bu avec lui après sa résurrection d'entre les morts. [42] Il nous a chargés d'annoncer au peuple et de témoigner que Dieu l'a choisi comme Juge des vivants et des morts. [43] C'est à lui que tous les prophètes rendent ce témoignage : Tout homme qui croit en lui reçoit par lui le pardon de ses péchés. »

[44] Pierre parlait encore quand l'Esprit Saint s'empara de tous ceux qui écoutaient la Parole. [45] Tous les croyants qui accompagnaient Pierre furent stupéfaits, eux qui étaient Juifs, de voir que même les païens avaient reçu à profusion le don de l'Esprit Saint. [46] Car on les entendait dire des paroles mystérieuses et chanter la grandeur de Dieu. Pierre dit alors : [47] « Pourrait-on refuser l'eau du baptême à ces gens qui ont reçu l'Esprit Saint tout comme nous ? » [48] Et il donna

l'ordre de les baptiser au nom de Jésus Christ. Alors ils lui demandèrent de rester quelques jours avec eux.

11 [1] Les Apôtres et les frères qui étaient en Judée avaient appris que les nations païennes elles aussi avaient reçu la parole de Dieu. [2] Lorsque Pierre fut de retour à Jérusalem, ceux qui venaient du judaïsme se mirent à discuter avec lui ; [3] « Tu es entré chez des hommes qui n'ont pas la circoncision, et tu as mangé avec eux ! »

[4] Alors Pierre reprit l'affaire depuis le début et leur exposa tout en détail ; [5] « J'étais dans la ville de Jaffa, en train de prier, et voici la vision que j'ai eue dans une extase : c'était un objet qui descendait. On aurait dit une grande toile ; venant du ciel jusqu'à moi, elle se posait par les quatre coins. [6] Fixant les yeux sur elle, je l'examinai et je vis les quadrupèdes de la terre, les bêtes sauvages, les reptiles et les oiseaux du ciel. [7] J'entendis une voix qui me disait : 'Allons, Pierre, immole ces bêtes et mange-les !' [8] Je répondis : 'Certainement pas, Seigneur ! Jamais aucun aliment interdit ou impur n'est entré dans ma bouche'. [9] Une deuxième fois, du haut du ciel la voix reprit : 'Ce que Dieu a déclaré pur, toi, ne le déclare pas interdit'. [10] Cela recommença une troisième fois, puis tout fut remonté au ciel.

[11] Et voilà qu'à l'instant même, devant la maison où j'étais, survinrent trois hommes qui m'étaient envoyés de Césarée. [12] L'Esprit me dit d'aller avec eux sans me faire de scrupule. Les six frères qui sont ici m'ont accompagné, et nous sommes entrés chez le centurion Corneille. [13] Il nous raconta comment il avait vu dans sa maison l'ange qui venait lui dire : 'Envoie quelqu'un à Jaffa pour convoquer Simon surnommé Pierre. [14] Il t'adressera des paroles par lesquelles tu seras sauvé, toi et toute ta maison.'

[15] Au moment où je prenais la parole, l'Esprit Saint s'empara de ceux qui étaient là, comme il l'avait fait au commencement pour nous. [16] Alors je me suis rappelé la parole que le Seigneur avait dite : 'Jean a baptisé avec de l'eau, mais vous, c'est dans l'Esprit Saint que vous serez baptisés.' [17] S'ils ont reçu de Dieu le même don que nous, en croyant au Seigneur Jésus Christ, qui étais-je, moi, pour empêcher l'action de Dieu ? »

[18] En entendant ces paroles, ils se calmèrent et ils rendirent gloire à Dieu, en disant : « Voici que les païens eux-mêmes ont reçu de Dieu la conversion qui fait entrer dans la vie. »

Fondation de l'Église d'Antioche.

[19] Le violent mouvement soulevé contre Étienne avait provoqué la dispersion des frères. Ils allèrent jusqu'en Phénicie, à Chypre et à Antioche. Ils annonçaient la Parole exclusivement aux Juifs. [20] Et pourtant, il y avait parmi eux des hommes, originaires de Chypre et de Cyrénaïque, qui, en arrivant à Antioche, s'adressaient aussi aux Grecs pour leur annoncer cette Bonne Nouvelle : Jésus est le Seigneur. [21] La puissance du Seigneur était avec eux : un grand nombre de gens devinrent croyants et se convertirent au Seigneur.

[22] L'Église de Jérusalem entendit parler de tout cela, et l'on envoya Barnabé jusqu'à Antioche. [23] A son arrivée, voyant les effets de la grâce de Dieu, il fut dans la joie. [24] Il les exhortait tous à rester d'un cœur ferme attachés au Seigneur ; c'était un homme de valeur, rempli d'Esprit Saint et de foi. Une foule considérable adhéra au Seigneur. [25] Barnabé repartit pour aller à Tarse chercher Saul. Il le trouva et le ramena à Antioche. [26] Pendant toute une année, ils furent ensemble les hôtes de l'Église, ils instruisirent une foule considérable ; et c'est à Antioche que, pour la première fois, les disciples reçurent le nom de « chrétiens ».

[27] En ces jours-là, des prophètes descendirent de Jérusalem à Antioche. [28] L'un d'eux, nommé Agabus, se mit à parler sous l'action de l'Esprit ; il annonça qu'il y

aurait une grande famine sur toute la terre. Elle se produisit effectivement sous le règne de l'empereur Claude. ²⁹ Alors les disciples décidèrent d'envoyer des secours, chacun selon ses moyens, aux frères qui habitaient en Judée. ³⁰ C'est ce qu'ils firent : ils envoyèrent leurs dons aux Anciens de l'Église, par l'intermédiaire de Barnabé et de Saul.

Nouvelle persécution à Jérusalem : martyre de Jacques, délivrance miraculeuse de Pierre.

12 ¹ À cette époque, le roi Hérode Agrippa se mit à maltraiter certains membres de l'Église. ² Il supprima Jacques, frère de Jean, en le faisant décapiter. ³ Voyant que cette mesure était bien vue des Juifs, il décida une nouvelle arrestation, celle de Pierre. On était dans la semaine de la Pâque. ⁴ Il le fit saisir, emprisonner, et placer sous la garde de quatre escouades de quatre soldats ; il avait l'intention de le faire comparaître en présence du peuple après la fête. ⁵ Tandis que Pierre était ainsi détenu, l'Église priait pour lui devant Dieu avec insistance.

⁶ Hérode allait le faire comparaître ; la nuit précédente, Pierre dormait entre deux soldats, il était attaché avec deux chaînes et, devant sa porte, des sentinelles montaient la garde. ⁷ Tout à coup surgit l'ange du Seigneur, et une lumière brilla dans la cellule. L'ange secoua

Pierre, le réveilla et lui dit : « Lève-toi vite. » Les chaînes tombèrent de ses mains. ⁸ Alors l'ange lui dit : « Mets ta ceinture et tes sandales. » Pierre obéit, et l'ange ajouta : « Mets ton manteau et suis-moi. » ⁹ Il sortit derrière lui, mais, ce qui lui arrivait grâce à l'ange, il ne se rendait pas compte que c'était vrai, il s'imaginait que c'était une vision. ¹⁰ Passant devant un premier poste de garde, puis devant un second, ils arrivèrent à la porte en fer donnant sur la ville. Elle s'ouvrit toute seule devant eux. Une fois dehors, ils marchèrent dans une rue, puis, brusquement, l'ange le quitta.

¹¹ Alors Pierre revint à lui, et il dit : « Maintenant je me rends compte que c'est vrai : le Seigneur a envoyé son ange, et il m'a arraché aux mains d'Hérode et au sort que me souhaitait le peuple juif. »

¹² S'étant repéré, il arriva à la maison de Marie, la mère de Jean surnommé Marc, où se trouvaient réunies un certain nombre de personnes qui priaient. ¹³ Il frappa à la porte d'entrée, et une jeune servante nommée Rhodè s'avança pour répondre. ¹⁴ Ayant bien reconnu la voix de Pierre, elle en fut si joyeuse qu'au lieu d'ouvrir la porte, elle rentra en courant et annonça que Pierre était là devant la porte. ¹⁵ « Tu es folle ! » lui dit-on. Mais elle insistait : « C'est bien vrai ! » Et

eux disaient : « C'est son ange. » [16] Cependant Pierre continuait à frapper ; alors ils ouvrirent, ils le virent, et ils n'en revenaient pas. [17] Il leur fit un signe de la main pour les faire taire, et il leur raconta comment le Seigneur l'avait fait sortir de prison ; puis il leur dit : « Annoncez-le à Jacques et aux frères. » Il sortit, et s'en alla vers un autre lieu.

[18] Au lever du jour, il y eut une belle agitation chez les soldats : qu'était donc devenu Pierre ? [19] Hérode le fit rechercher sans réussir à le trouver. Ayant fait comparaître les gardes, il donna l'ordre de les emmener. Il quitta alors la Judée et descendit séjourner à Césarée.

Mort d'Hérode Agrippa, châtié par le Seigneur.

[20] Hérode était dans une grande colère contre les gens de Tyr et de Sidon. Ceux-ci vinrent tous ensemble le trouver. Ayant gagné à leur cause Blastus, l'officier de la chambre du roi, ils sollicitaient une solution pacifique, car leur pays s'approvisionnait dans celui du roi. [21] A la date fixée, Hérode, ayant revêtu ses habits royaux et siégeant sur son estrade, prononçait devant eux un grand discours. [22] Le peuple l'acclamait à grands cris : « C'est la voix d'un dieu, et non d'un homme ! » [23] Subitement, l'ange du Seigneur le frappa, parce qu'il n'avait pas rendu gloire à Dieu. Rongé par les vers, il expira.

D'Antioche, Barnabé et Paul sont envoyés en mission.

[24] La parole de Dieu était féconde et se multipliait. [25] Barnabé et Saul, ayant accompli leur service en faveur de Jérusalem, s'en retournèrent à Antioche, en prenant avec eux Jean surnommé Marc.

13 [1] Or il y avait dans cette Église d'Antioche des prophètes et des hommes chargés d'enseigner : Barnabé, Syméon surnommé Niger, Lucius de Cyrène, Manahène, ami d'enfance du prince Hérode, et Saul. [2] Un jour qu'ils célébraient le culte du Seigneur et qu'ils observaient un jeûne, l'Esprit Saint leur dit : « Détachez pour moi Barnabé et Saul en vue de l'œuvre à laquelle je les ai appelés. » [3] Alors, après avoir jeûné et prié, et leur avoir imposé les mains, ils les laissèrent partir.

Paul et Barnabé à Chypre : accueil et rejet de la Parole.

[4] Quant à eux, ainsi envoyés en mission par le Saint-Esprit, ils descendirent jusqu'à Séleucie, et de là prirent un bateau pour l'île de Chypre ; [5] arrivés à Salamine, ils annonçaient la parole de Dieu dans les synagogues. Ils avaient Jean-Marc pour les seconder.

[6] Ayant traversé toute l'île jusqu'à Paphos, ils rencontrè-

rent un magicien juif, soi-disant prophète, du nom de Barjésus, [7] qui vivait auprès du proconsul Sergius Paulus, un homme intelligent. Celui-ci fit venir Barnabé et Saul et manifesta le désir d'entendre la parole de Dieu. [8] Ils rencontrèrent l'opposition du magicien Élymas (car ainsi se traduit son nom), qui cherchait à détourner le proconsul de la foi. [9] Mais Saul, appelé aussi Paul, rempli de l'Esprit Saint, le dévisagea et dit : [10] « Individu plein de toute sorte de fausseté et de méchanceté, fils du diable, ennemi de tout ce qui est juste, n'en finiras-tu pas de rendre tortueuses les voies du Seigneur qui sont droites ? [11] Voilà maintenant que la main du Seigneur est sur toi : tu vas être aveugle, tu ne verras plus le soleil jusqu'à nouvel ordre. » Et subitement tombèrent sur ses yeux brouillard et ténèbres ; il tournait en rond, cherchant des gens pour le conduire par la main. [12] Alors le proconsul, voyant ce qui s'était passé, devint croyant, vivement frappé par l'enseignement du Seigneur.

A Antioche de Pisidie, Paul et Barnabé sont rejetés par les Juifs et s'adressent aux païens.

[13] Paul et ses compagnons s'embarquèrent à Paphos, et arrivèrent à Pergé en Pamphylie. Mais Jean-Marc les quitta et s'en retourna à Jérusalem. [14] Quant à eux, ils poursuivirent leur voyage au-delà de Pergé, et arrivèrent à Antioche de Pisidie.

Le jour du sabbat, ils entrèrent à la synagogue et y prirent place. [15] Après la lecture de la Loi et des Prophètes, les chefs de la synagogue envoyèrent quelqu'un pour leur dire : « Frères, si vous avez un mot d'exhortation pour le peuple, prenez la parole. »

[16] Paul se leva, fit un signe de la main et dit : « Hommes d'Israël, et vous aussi qui adorez notre Dieu, écoutez : [17] Le Dieu d'Israël a choisi nos pères ; il a fait grandir son peuple pendant le séjour en Égypte et, par la vigueur de son bras, il l'en a fait sortir. [18] Pendant une quarantaine d'années, il les a nourris au désert [19] et, après avoir exterminé sept nations païennes au pays de Canaan, il leur en a distribué le territoire en héritage. [20] Tout cela avait duré environ quatre cent cinquante ans. Après cela, il leur a donné des juges, jusqu'au prophète Samuel. [21] Puis ils demandèrent un roi, et Dieu leur a donné Saül, fils de Kish, un homme de la tribu de Benjamin, qui régna quarante ans. [22] Après l'avoir rejeté, Dieu a suscité David pour le faire roi, et il lui a rendu ce témoignage : *J'ai trouvé David, fils de Jessé, c'est un homme selon mon cœur ; il accomplira toutes mes volontés.* [23] Et, comme il l'avait promis, Dieu a fait sortir de sa descendance un sauveur pour Israël :

c'est Jésus, ²⁴ dont Jean Baptiste a préparé la venue en proclamant avant lui un baptême de conversion pour tout le peuple d'Israël. ²⁵ Au moment d'achever sa route, Jean disait: 'Celui auquel vous pensez, ce n'est pas moi. Mais le voici qui vient après moi, et je ne suis pas digne de lui défaire ses sandales.'

²⁶ Fils de la race d'Abraham, et vous qui adorez notre Dieu, frères, c'est à nous tous que ce message de salut a été envoyé. ²⁷ En effet, les habitants de Jérusalem et leurs chefs n'avaient pas su reconnaître Jésus, ni comprendre les paroles des prophètes qu'on lit chaque sabbat; et pourtant ils ont accompli ces mêmes paroles quand ils l'ont jugé. ²⁸ Sans avoir trouvé en lui aucun motif de condamnation à mort, ils ont réclamé à Pilate son exécution. ²⁹ Et, après avoir réalisé tout ce qui était écrit de lui, ils l'ont descendu de la croix et mis au tombeau. ³⁰ Mais Dieu l'a ressuscité d'entre les morts. ³¹ Il est apparu pendant plusieurs jours à ceux qui étaient montés avec lui de Galilée à Jérusalem, et qui sont maintenant ses témoins devant le peuple.

³² Et nous, nous vous annonçons cette Bonne Nouvelle: la promesse que Dieu avait faite à nos pères, ³³ il l'a entièrement accomplie pour nous, leurs enfants, en ressuscitant

Jésus; c'est ce qui est écrit au psaume deuxième: *Tu es mon fils, aujourd'hui je t'ai engendré.* ³⁴ Oui, Dieu l'a ressuscité des morts sans retour possible à la corruption, comme il l'avait annoncé en disant: *Je vous donnerai la véritable sainteté annoncée à David.* ³⁵ Et c'est celui-ci qui dit dans un autre psaume: *Tu donneras à ton ami de ne pas connaître la corruption.* ³⁶ En effet David, après avoir, en son temps, servi le plan de Dieu, est mort, il a été enterré avec ses ancêtres, et il a connu la corruption. ³⁷ Mais celui que Dieu a ressuscité n'a pas connu la corruption. ³⁸ Sachez-le donc, frères, c'est grâce à Jésus que le pardon des péchés vous est annoncé et, alors que, par la loi de Moïse, vous ne pouvez pas être délivrés de vos péchés et devenir justes, ³⁹ par Jésus, tout homme qui croit devient juste. ⁴⁰ Prenez donc garde pour ne pas être atteints par cette parole du Seigneur au livre des prophètes: ⁴¹ *Regardez, vous les arrogants, étonnez-vous, disparaissez! Moi, je vais accomplir une action en votre temps, une action telle que vous n'y croiriez pas si on vous la racontait.*»

⁴² À leur sortie, les gens les invitaient à leur parler encore de tout cela le sabbat suivant. ⁴³ Quand l'assemblée se sépara, beaucoup de Juifs et de convertis au judaïsme les suivirent. Paul et Barnabé, parlant

avec eux, les encourageaient à rester fidèles à la grâce de Dieu.

⁴⁴ Le sabbat suivant, presque toute la ville se rassembla pour entendre la parole du Seigneur. ⁴⁵ Quand les Juifs virent tant de monde, ils furent remplis de fureur ; ils repoussaient les affirmations de Paul avec des injures. ⁴⁶ Paul et Barnabé leur déclarèrent avec assurance : « C'est à vous d'abord qu'il fallait adresser la parole de Dieu. Puisque vous la rejetez et que vous-mêmes ne vous jugez pas dignes de la vie éternelle, eh bien ! nous nous tournons vers les païens. ⁴⁷ C'est le commandement que le Seigneur nous a donné : *J'ai fait de toi la lumière des nations pour que, grâce à toi, le salut parvienne jusqu'aux extrémités de la terre.* »

⁴⁸ En entendant cela, les païens étaient dans la joie et rendaient gloire à la parole du Seigneur ; tous ceux que Dieu avait préparés pour la vie éternelle devinrent croyants. ⁴⁹ Ainsi la parole du Seigneur se répandait dans toute la région. ⁵⁰ Mais les Juifs entraînèrent les dames influentes converties au judaïsme, ainsi que les notables de la ville ; ils provoquèrent des poursuites contre Paul et Barnabé, et les expulsèrent de leur territoire. ⁵¹ Ceux-ci secouèrent contre eux la poussière de leurs pieds et se rendirent à Iconium, ⁵² tandis que les disciples étaient pleins de joie dans l'Esprit Saint.

Succès et échecs de la mission en Asie mineure ; retour à Antioche.

14 ¹ A Iconium, il arriva encore la même chose. Ils entrèrent dans la synagogue des Juifs, et parlèrent de telle façon qu'un grand nombre de Juifs et de païens devinrent croyants. ² Mais les Juifs qui refusèrent se mirent à exciter les païens et à les monter contre les frères. ³ Pourtant, Paul et Barnabé séjournèrent là un certain temps, mettant leur assurance dans le Seigneur, qui rendait témoignage à l'annonce de sa grâce en faisant s'accomplir par leurs mains des signes et des prodiges. ⁴ La population de la ville se trouva divisée : les uns étaient avec les Juifs, les autres avec les Apôtres. ⁵ Il y eut un mouvement chez les païens et les Juifs avec leurs chefs pour maltraiter Paul et Barnabé et les lapider. ⁶ Lorsque ceux-ci s'en rendirent compte, ils se réfugièrent en Lycaonie dans les villes de Lystres et de Derbé et leurs environs. ⁷ Là encore, ils se mirent à annoncer la Bonne Nouvelle.

⁸ Or, à Lystres, se trouvait un homme qui ne pouvait pas se tenir sur ses pieds. Étant infirme de naissance, il n'avait jamais pu marcher. ⁹ Cet homme écoutait les paroles de Paul, qui fixa les yeux sur lui ;

voyant qu'il avait la foi pour être sauvé, ¹⁰ Paul lui dit d'une voix forte : « Lève-toi, tiens-toi droit sur tes pieds. » D'un bond, l'homme se mit à marcher.

¹¹ En voyant ce que Paul venait de faire, la foule s'écria en lycaonien : « Les dieux se sont faits pareils aux hommes, et ils sont descendus chez nous ! » ¹² Ils prenaient Barnabé pour Zeus, et Paul pour Hermès, puisque c'était lui le porte-parole. ¹³ Le prêtre du temple de Zeus-hors-les-murs fit amener aux portes de la ville des taureaux et des guirlandes. D'accord avec la foule, il voulait offrir un sacrifice.

¹⁴ Devant tout cela, les Apôtres Barnabé et Paul déchirèrent leurs vêtements et se précipitèrent vers la foule en criant : ¹⁵ « Malheureux, pourquoi faites-vous cela ? Nous ne sommes que des hommes, tout comme vous. Nous vous annonçons la Bonne Nouvelle : détournez-vous des faux dieux, et convertissez-vous au Dieu vivant, lui qui a fait le ciel, la terre, la mer, et tout ce qu'ils contiennent. ¹⁶ Dans les générations passées, il a laissé toutes les nations suivre leurs chemins. ¹⁷ Pourtant, il n'a pas manqué de donner le témoignage de ses bienfaits, puisqu'il vous a envoyé du ciel la pluie et le temps des récoltes pour vous combler de nourriture et de bien-être. »

¹⁸ En parlant ainsi, ils réussirent, mais non sans peine, à détourner la foule de leur offrir un sacrifice.

¹⁹ Alors des Juifs arrivèrent d'Antioche de Pisidie et d'Iconium, et ils parvinrent à retourner la foule ; Paul fut lapidé, puis on le traîna hors de la ville en pensant qu'il était mort. ²⁰ Mais, quand les disciples se groupèrent autour de lui, il se releva et rentra dans la ville. Le lendemain, avec Barnabé, il partit pour Derbé ; ²¹ dans cette ville, ils annoncèrent la Bonne Nouvelle et firent de nombreux disciples.

Puis ils revinrent à Lystres, à Iconium et à Antioche de Pisidie. ²² Ils affermissaient le courage des disciples ; ils les exhortaient à persévérer dans la foi, en disant : « Il nous faut passer par bien des épreuves pour entrer dans le royaume de Dieu. » ²³ Ils désignèrent des Anciens pour chacune de leurs Églises et, après avoir prié et jeûné, ils conférèrent au Seigneur ces hommes qui avaient mis leur foi en lui.

²⁴ Ils traversèrent la Pisidie et se rendirent en Pamphylie. ²⁵ Après avoir annoncé la Parole aux gens de Pergé, ils descendirent vers Attalia, ²⁶ et prirent le bateau jusqu'à Antioche de Syrie, d'où ils étaient partis ; c'est là qu'ils avaient été remis à la grâce de Dieu pour l'œuvre qu'ils venaient maintenant d'accomplir. ²⁷ A leur arrivée, ayant

réuni les membres de l'Église, ils leur racontaient tout ce que Dieu avait fait avec eux, et comment il avait ouvert aux nations païennes la porte de la foi.

²⁸ Ils demeurèrent alors un certain temps avec les disciples.

L'assemblée de Jérusalem consacre l'entrée des païens dans l'Église.

15 ¹ Certaines gens venus de Judée voulaient endoctriner les frères de l'Église d'Antioche en leur disant : « Si vous ne recevez pas la circoncision selon la loi de Moïse, vous ne pouvez pas être sauvés. » ² Cela provoqua un conflit et des discussions assez graves entre ces gens-là et Paul et Barnabé. Alors on décida que Paul et Barnabé, avec quelques autres frères, monteraient à Jérusalem auprès des Apôtres et des Anciens pour discuter de cette question. ³ L'Église d'Antioche pourvut à leur voyage. Ils traversèrent la Phénicie et la Samarie en racontant la conversion des païens, ce qui remplissait de joie tous les frères. ⁴ A leur arrivée à Jérusalem, ils furent accueillis par l'Église, les Apôtres et les Anciens, et ils rapportèrent tout ce que Dieu avait fait avec eux.

⁵ On vit alors intervenir certains membres du parti des pharisiens qui étaient devenus croyants. Ils disaient : « Il faut obliger ces gens à recevoir la circoncision, et à observer la loi de Moïse. » ⁶ Les Apôtres et les Anciens se réunirent pour examiner cette affaire.

⁷ Comme cela provoquait des discussions assez graves, Pierre se leva et leur dit : « Frères, vous savez bien comment Dieu a manifesté son choix parmi vous dès les premiers temps : c'est par moi que les païens ont entendu la parole de l'Évangile et sont venus à la foi. ⁸ Dieu, qui connaît le cœur des hommes, leur a rendu témoignage en leur donnant l'Esprit Saint tout comme à nous ; ⁹ sans faire aucune distinction entre eux et nous, il a purifié leurs cœurs par la foi. ¹⁰ Alors, pourquoi mettez-vous Dieu à l'épreuve en plaçant sur les épaules des disciples un joug que nos pères et nous-mêmes n'avons pas été capables de porter ? ¹¹ Oui, c'est par la grâce du Seigneur Jésus, nous le croyons, que nous avons été sauvés, de la même manière qu'eux. »

¹² Toute l'assemblée garda le silence, puis on écouta Barnabé et Paul rapporter tous les signes et les prodiges que Dieu avait accomplis par eux chez les païens.

¹³ Quand ils eurent terminé, Jacques prit la parole : « Frères, écoutez-moi. ¹⁴ Simon-Pierre vous a rapporté comment, dès le début, Dieu a voulu prendre chez les nations païennes un peuple qui serait marqué de

son nom. ¹⁵C'est ce que confirment les paroles des prophètes, puisqu'il est écrit : ¹⁶*Après cela, je reviendrai pour reconstruire la demeure de David, qui s'est écroulée ; je reconstruirai ce qui était en ruines, je le relèverai ; ¹⁷alors, le reste des hommes cherchera le Seigneur, ainsi que les nations païennes sur lesquelles mon nom a été prononcé. Voilà ce que dit le Seigneur. Il réalise ainsi ses projets,* ¹⁸qui sont connus depuis toujours.

¹⁹Je suis donc d'avis de ne pas surcharger ceux des païens qui se convertissent à Dieu, ²⁰mais de leur écrire qu'ils doivent s'abstenir des souillures de l'idolâtrie, des unions illégitimes, de la viande non saignée et du sang. ²¹En effet, depuis les temps les plus anciens Moïse a, dans chaque ville, des gens qui proclament sa Loi, puisqu'on en fait la lecture chaque sabbat dans les synagogues. »

²²Alors les Apôtres et les Anciens décidèrent avec toute l'Église de choisir parmi eux des hommes qu'ils enverraient à Antioche avec Paul et Barnabé. C'étaient des hommes qui avaient de l'autorité parmi les frères : Jude (appelé aussi Barsabbas) et Silas.

²³Voici la lettre qu'ils leur confièrent : « Les Apôtres et les Anciens saluent fraternellement les païens convertis, leurs frères, qui résident à Antioche, en Syrie et en Cilicie. ²⁴Nous avons appris que quelques-uns des nôtres, sans aucun mandat de notre part, sont allés tenir des propos qui ont jeté chez vous le trouble et le désarroi. ²⁵Nous avons décidé à l'unanimité de choisir des hommes que nous enverrions chez vous, avec nos frères bien-aimés Barnabé et Paul ²⁶qui ont consacré leur vie à la cause de notre Seigneur Jésus Christ. ²⁷Nous vous envoyons donc Jude et Silas, qui vous confirmeront de vive voix ce qui suit : ²⁸l'Esprit Saint et nous-mêmes avons décidé de ne pas faire peser sur vous d'autres obligations que celles-ci, qui s'imposent : ²⁹vous abstenir de manger des aliments offerts aux idoles, du sang, ou de la viande non saignée, et vous abstenir des unions illégitimes. En évitant tout cela, vous agirez bien. Courage ! »

³⁰Alors on invita les messagers à se mettre en route, et ils se rendirent à Antioche. Ayant réuni l'assemblée des fidèles, ils communiquèrent la lettre. ³¹A sa lecture, tous se réjouirent de l'encouragement qu'elle apportait. ³²Jude et Silas, qui étaient aussi prophètes, parlèrent longuement aux frères pour les réconforter et les affermir ; ³³après quelque temps, les frères les laissèrent repartir vers ceux qui les avaient envoyés et leur souhaitèrent la paix. ³⁵Paul et Barnabé, eux, séjournaient à Antioche : ils enseignaient et,

avec beaucoup d'autres, ils annonçaient la Bonne Nouvelle de la parole du Seigneur.

*Paul et Barnabé s'opposent
et se séparent.*

³⁶ Au bout de quelques jours, Paul dit à Barnabé : « Retournons donc visiter les frères de toutes les villes où nous avons annoncé la parole du Seigneur, pour voir où ils en sont. » ³⁷ Barnabé voulait emmener aussi Jean appelé Marc. ³⁸ Mais Paul ne souhaitait pas emmener cet homme, qui s'était séparé d'eux depuis la Pamphylie et qui ne les avait plus accompagnés pour le travail. ³⁹ Il y eut un grand emportement, à tel point qu'ils se séparèrent les uns des autres. Barnabé emmena Marc et prit le bateau pour Chypre.

IV – La mission de Paul jusqu'au bout du monde

*Paul passe en Europe
après avoir affermi les Églises
d'Asie mineure.*

⁴⁰ Paul, lui, choisit pour compagnon Silas et s'en alla, remis par les frères à la grâce du Seigneur. ⁴¹ Il traversait la Syrie et la Cilicie, en affermissant les Églises.

16 ¹ Il arriva ensuite à Derbé, puis à Lystres. Il y avait là un disciple nommé Timothée ; sa mère était une juive devenue croyante, et son père était païen. ² A Lystres et à Iconium, il était estimé des frères. ³ Paul désirait l'emmener, et il le prit avec lui. Il le soumit à la circoncision, pour tenir compte des Juifs de la région, car ils savaient tous que son père était païen.

⁴ Dans les villes où Paul et ses compagnons passaient, ils transmettaient les décisions prises par les Apôtres et les Anciens de Jérusalem, pour qu'elles entrent en vigueur. ⁵ Les Églises s'affermissaient dans la foi et le nombre de leurs fidèles augmentait chaque jour.

⁶ Paul et ses compagnons traversèrent la Phrygie et le pays des Galates, car le Saint-Esprit les avait empêchés d'annoncer la Parole dans la province d'Asie. ⁷ Arrivés en Mysie, ils essayèrent d'atteindre la Bithynie, mais l'Esprit de Jésus s'y opposa. ⁸ Ils traversèrent alors la Mysie et rejoignirent la côte à Troas. ⁹ Or, Paul eut une vision pendant la nuit : un Macédonien était là debout, et l'appelait : « Traverse la mer pour venir en Macédoine à notre secours. » ¹⁰ Après cette vision de Paul, nous avons cherché à partir immédiatement pour la Macédoine, car nous étions certains que Dieu venait de nous appeler à y porter la Bonne Nouvelle.

*Les débuts mouvementés
de l'Église de Philippes.*

¹¹ Nous avons pris le bateau à Troas, et nous avons gagné directement l'île de Samothra-

ce, puis le lendemain Néapolis, [12] et ensuite Philippes, qui est une cité romaine, la première de cette région de Macédoine. Nous avons passé là quelques jours [13] et, le jour du sabbat, nous sommes allés hors de la ville, au bord de la rivière : nous pensions y trouver l'endroit où les Juifs venaient prier. Nous nous sommes assis, et nous avons parlé aux femmes qui étaient réunies. [14] Il y avait parmi elles une certaine Lydia, une commerçante en tissus de pourpre, originaire de la ville de Thyatire, qui adorait le vrai Dieu. Elle nous écoutait, car le Seigneur lui avait ouvert l'esprit pour la rendre attentive à ce que disait Paul. [15] Elle se fit baptiser avec tous les gens de sa maison, et elle nous adressa cette invitation : « Puisque vous avez reconnu ma foi au Seigneur, venez donc loger dans ma maison. » Et nous avons été forcés d'accepter.

[16] Comme nous allions à la prière, voilà que vint à notre rencontre une jeune servante qui avait en elle un esprit de voyance ; elle rapportait de gros bénéfices à ses maîtres par sa divination. [17] Elle se mit à nous suivre, Paul et nous, et elle criait : « Ces hommes sont des serviteurs du Dieu très-haut ; ils vous annoncent le chemin du salut. » [18] Elle faisait cela depuis plusieurs jours quand Paul, excédé, se retourna et dit à l'esprit : « Au nom de Jésus Christ, je te l'or-

donne : va-t'en de cette femme ! » Et à l'instant même il s'en alla. [19] Les maîtres, voyant s'en aller l'espoir de leurs bénéfices, se saisirent de Paul et de Silas et les traînèrent sur la place publique devant les autorités. [20] Ils les amenèrent aux magistrats en disant : « Ces gens bouleversent notre cité : ils sont Juifs, [21] et ils annoncent des règles de conduite que nous n'avons pas le droit d'accueillir ni de pratiquer, nous qui sommes citoyens romains. »

[22] Alors, la foule se souleva contre Paul et Silas ; les magistrats ordonnèrent de les dépouiller de leurs vêtements pour leur donner la bastonnade. [23] Après les avoir roués de coups, on les jeta en prison, en donnant au gardien la consigne de les surveiller de près. [24] Pour appliquer cette consigne, il les mit tout au fond de la prison, avec les pieds coincés dans des blocs de bois.

[25] Vers le milieu de la nuit, Paul et Silas priaient et chantaient les louanges de Dieu, et les autres détenus les écoutaient. [26] Tout à coup, il y eut un violent tremblement de terre, qui secoua les fondations de la prison : à l'instant même, toutes les portes s'ouvrirent, et les entraves de tous les détenus sautèrent. [27] Le gardien, tiré de son sommeil, vit que les portes de la prison étaient ouvertes ; croyant que les détenus

s'étaient évadés, il dégaina son épée et il allait se donner la mort. ²⁸ Mais Paul se mit à crier : « Ne va pas te faire de mal, nous sommes tous là. » ²⁹ Le gardien réclama de la lumière ; tout tremblant, il accourut et se jeta aux pieds de Paul et de Silas. ³⁰ Puis il les emmena dehors et leur demanda : « Que dois-je faire pour être sauvé, mes seigneurs ? » ³¹ Ils lui répondirent : « Crois au Seigneur Jésus ; alors tu seras sauvé, toi et toute ta maison. » ³² Ils lui annoncèrent la parole du Seigneur, ainsi qu'à tous ceux qui vivaient dans sa maison. ³³ A l'heure même, en pleine nuit, le gardien les emmena pour laver leurs plaies. A l'instant même, il reçut le baptême avec tous les siens. ³⁴ Puis il invita Paul et Silas à monter chez lui, fit préparer la table et, avec toute sa maison, il laissa déborder sa joie de croire en Dieu.

³⁵ Quand il fit jour, les magistrats envoyèrent les licteurs dire au gardien : « Relâche ces gens ! » ³⁶ Le gardien rapporta ces paroles à Paul : « Les magistrats ont envoyé l'ordre de vous relâcher ; allez-vous-en donc et partez en paix. » ³⁷ Mais Paul dit aux licteurs : « Ils nous ont fait battre en public sans jugement alors que nous sommes citoyens romains, ils nous ont jetés en prison, et maintenant ils nous renvoient en cachette ! Il n'en

est pas question : qu'ils viennent eux-mêmes nous faire sortir ! » ³⁸ Les licteurs rapportèrent ces paroles aux magistrats. Ceux-ci furent pris de peur en apprenant que c'étaient des citoyens romains. ³⁹ Ils vinrent donc leur faire des excuses ; après les avoir fait sortir, ils leur demandaient de quitter la ville. ⁴⁰ Paul et Silas s'en allèrent donc de la prison et entrèrent chez Lydia. Ils virent les frères et les encouragèrent, puis ils s'en allèrent.

Paul fonde les Églises de Thessalonique et Bérée malgré l'opposition des Juifs.

17 ¹ Ayant traversé Amphipolis et Apollonie, ils arrivèrent à Thessalonique, où il y avait une synagogue des Juifs. ² Selon la coutume, Paul y entra, et pendant trois sabbats il s'entretenait avec eux à partir des Écritures. ³ Il leur faisait comprendre et leur exposait que le Messie devait souffrir et ressusciter d'entre les morts : « Le Messie, disait-il, c'est ce Jésus que je vous annonce. » ⁴ Quelques-uns d'entre eux se laissèrent convaincre et s'attachèrent à Paul et Silas, avec une grande multitude de Grecs qui adoraient le vrai Dieu et un bon nombre de femmes de notables. ⁵ Mais les Juifs, pris de jalousie, ayant ramassé sur la place publique quelques vauriens et ameuté la foule, semaient le trouble dans la ville. Se présentant à la maison de Jason, ils recherchaient Paul et Silas pour les faire comparaître devant l'assemblée du peuple. ⁶Ne les trouvant pas, ils traînèrent Jason et quelques frères devant les magistrats, en criant: «Ces gens qui ont semé le désordre dans le monde entier, voilà qu'ils sont ici, ⁷ et Jason les accueille! Ils contreviennent aux édits de l'empereur en disant qu'il y a un autre roi: Jésus.» ⁸Ils bouleversèrent ainsi la foule et les magistrats, qui entendaient cela; ⁹on fit payer une caution à Jason et aux autres avant de les relâcher.

¹⁰Aussitôt, les frères firent partir de nuit Paul et Silas vers Bérée; à leur arrivée, ils se rendirent à la synagogue des Juifs. ¹¹Ceux-ci avaient de meilleurs sentiments que ceux de Thessalonique, et ils accueillirent la Parole de tout leur cœur, examinant chaque jour les Écritures pour voir si cela était bien vrai. ¹²Beaucoup d'entre eux devinrent donc croyants, ainsi que des femmes grecques influentes et un bon nombre d'hommes. ¹³Mais quand les Juifs de Thessalonique apprirent qu'à Bérée aussi la parole de Dieu était annoncée par Paul, ils vinrent encore pour secouer et bouleverser les foules. ¹⁴Alors aussitôt les frères firent partir Paul jusqu'à la mer, tandis que Silas et Timothée restaient là.

Paul à Athènes:
discours à l'Aréopage.

¹⁵Les frères qui escortaient Paul l'accompagnèrent jusqu'à Athènes. Quand ils s'en retournèrent, Paul les chargea de dire à Silas et à Timothée de le rejoindre le plus tôt possible.

¹⁶Pendant que Paul les attendait à Athènes, son esprit était tourmenté en voyant la ville livrée aux idoles. ¹⁷Il discutait donc à la synagogue avec les Juifs et ceux qui adoraient le vrai Dieu, et sur l'Agora chaque jour avec les passants. ¹⁸Quelques philosophes épicuriens et stoïciens venaient aussi parler avec lui. Certains disaient: «Ce perroquet, que peut-il bien vouloir dire?» Et d'autres: «On dirait un prêcheur de divinités étrangères»; ils disaient cela parce que son Évangile parlait de "Jésus" et de "Résurrection". ¹⁹Ils vinrent le prendre pour le conduire à l'Aréopage en lui disant: «Pouvons-nous savoir quelle est cette nouvelle doctrine que tu exposes? ²⁰Tu nous emplis les oreilles de choses déroutantes; nous voulons donc savoir ce que cela veut dire.» ²¹Car tous les Athéniens, ainsi que les étrangers qui résidaient dans la ville, ne trouvaient le temps de rien faire d'autre que de dire et d'écouter la dernière nouveauté.

²²Alors Paul, debout au milieu de l'Aréopage, fit ce discours: «Citoyens d'Athènes, je constate que vous êtes, en toutes choses, des hommes particulièrement religieux.

²³ En effet, en parcourant la ville, et en observant vos monuments sacrés, j'y ai trouvé, en particulier, un autel portant cette inscription : 'Au dieu inconnu'. Or, ce que vous vénérez sans le connaître, voilà ce que, moi, je viens vous annoncer. ²⁴ Le Dieu qui a fait le monde et tout ce qu'il contient, lui qui est le Seigneur du ciel et de la terre, n'habite pas les temples construits par l'homme, ²⁵ et ne se fait pas servir par la main des hommes. Il n'a besoin de rien, lui qui donne à tous la vie, le souffle et tout le reste.

²⁶ A partir d'un seul homme, il a fait tous les peuples pour qu'ils habitent sur toute la surface de la terre, fixant la durée de leur histoire et les limites de leur habitat ; ²⁷ il les a faits pour qu'ils cherchent Dieu et qu'ils essaient d'entrer en contact avec lui et de le trouver, lui qui, en vérité, n'est pas loin de chacun de nous. ²⁸ En effet, c'est en lui qu'il nous est donné de vivre, de nous mouvoir, d'exister ; c'est bien ce que disent certains de vos poètes : *Oui, nous sommes de sa race.*

²⁹ Si donc nous sommes de la race de Dieu, nous ne devons pas penser que la divinité ressemble à l'or, à l'argent ou à la pierre travaillés par l'art et l'imagination de l'homme.

³⁰ Et voici que Dieu, sans tenir compte des temps où les hommes l'ont ignoré, leur annonce maintenant qu'ils ont tous, partout, à se convertir. ³¹ En effet, il a fixé le jour où il va juger l'univers avec justice, par un homme qu'il a désigné ; il en a donné la garantie à tous en ressuscitant cet homme d'entre les morts. »

³² Quand ils entendirent parler de résurrection des morts, les uns riaient, et les autres déclarèrent : « Sur cette question nous t'écouterons une autre fois. »

³³ C'est ainsi que Paul les quitta. ³⁴ Cependant quelques hommes s'attachèrent à lui et devinrent croyants. Parmi eux, il y avait Denis, membre de l'Aréopage ; il y eut aussi une femme nommée Damaris, et d'autres avec eux.

Fondation de l'Église de Corinthe.

18 ¹ Après cela, Paul partit d'Athènes pour se rendre à Corinthe. ² Un Juif nommé Aquila, originaire des bords de la mer Noire, était récemment arrivé d'Italie avec sa femme Priscille, à la suite du décret de l'empereur Claude expulsant tous les Juifs de Rome. Les ayant rencontrés, Paul entra en relations avec eux. ³ Comme ils avaient le même métier, celui de fabricant de tentes, il s'installa chez eux, et il y travaillait. ⁴ Chaque sabbat, Paul prenait la parole à la synagogue et s'efforçait de convaincre à la fois les Juifs et les païens.

⁵ Quand Silas et Timothée furent arrivés de Macédoine, Paul consacra tout son temps à la Parole, attestant aux Juifs que Jésus est le Messie. ⁶ Devant leur opposition et leurs injures, Paul secoua ses vêtements et leur dit : « Si cela entraîne votre perte, c'est vous qui serez responsables ; moi, je n'ai rien à me reprocher. Désormais, j'irai vers les païens. » ⁷ Quittant la synagogue, il alla chez un certain Titius Justus, qui adorait le vrai Dieu, et dont la maison était tout à côté de la synagogue. ⁸ Quant au chef de la synagogue, Crispus, il crut au Seigneur, avec toute sa maison. Beaucoup de Corinthiens, en écoutant Paul, devenaient croyants et se faisaient baptiser. ⁹ Une nuit, Paul eut une vision ; le Seigneur lui disait : « Sois sans crainte, continue à parler, ne reste pas muet. ¹⁰ Je suis avec toi, et personne n'essaiera de te maltraiter, car dans cette ville j'ai à moi un peuple nombreux. »

¹¹ Paul demeura un an et demi à Corinthe ; il enseignait aux gens la parole de Dieu. ¹² Pendant que Gallion était proconsul en Grèce, les Juifs tous ensemble se soulevèrent contre Paul et le conduisirent au tribunal ¹³ en disant : « Le culte de Dieu auquel cet individu veut amener les gens est contraire à la Loi. » ¹⁴ Au moment où Paul allait ouvrir la bouche, Gallion déclara aux Juifs : « S'il s'agissait d'un délit ou d'un méfait grave, je recevrais votre plainte comme il se doit ; ¹⁵ mais puisqu'il s'agit de discussions concernant la doctrine, les appellations et la Loi qui vous sont propres, cela vous regarde. Moi, je ne veux pas être juge de ces affaires. » ¹⁶ Et il les renvoya du tribunal. ¹⁷ Alors, ils se saisirent tous de Sosthène, le chef de la synagogue, et se mirent à le frapper devant le tribunal, tandis que Gallion demeurait indifférent.

*Par Éphèse, Paul rejoint
sa communauté d'Antioche
avant un nouveau voyage.*

¹⁸ Paul resta encore un certain temps à Corinthe, puis il fit ses adieux aux frères et prit le bateau pour la Syrie ; il emmenait Priscille et Aquila ; à Cencrées, il s'était fait raser la tête, car le vœu qui le lui interdisait venait d'expirer. ¹⁹ Ils arrivèrent à Éphèse ; il laissa là ses compagnons, mais lui, entrant à la synagogue, se mit à discuter avec les Juifs. ²⁰ Comme ils lui demandaient de rester plus longtemps, il n'accepta pas ; ²¹ en faisant ses adieux, il dit : « Je reviendrai encore chez vous, si Dieu le veut ", et quittant Éphèse il reprit la mer. ²² Ayant débarqué à Césarée, il monta saluer l'Église de Jérusalem et descendit vers Antioche.

²³ Après avoir passé quelque temps, Paul repartit ; il parcourut successivement le pays

galate et la Phrygie, en affermissant tous les disciples.

Apollos à Éphèse.

²⁴ Or, un Juif nommé Apollos, originaire d'Alexandrie, venait d'arriver à Éphèse. C'était un homme éloquent, possédant bien les Écritures. ²⁵ Il avait été instruit de la Voie du Seigneur ; plein d'enthousiasme, il annonçait et enseignait avec exactitude ce qui concerne Jésus, mais il ne connaissait, comme baptême, que celui de Jean. ²⁶ Il se mit donc à parler avec assurance à la synagogue. Mais, quand Priscille et Aquila l'entendirent, ils le prirent à part et lui exposèrent avec plus d'exactitude la Voie de Dieu. ²⁷ Comme il voulait se rendre en Grèce, les frères l'y encouragèrent, et écrivirent aux disciples de lui faire bon accueil. Quand il fut arrivé, il rendit de grands services aux croyants, par la grâce de Dieu ; ²⁸ en effet, il réfutait vigoureusement les Juifs en public, en démontrant par les Écritures que Jésus est le Messie.

Paul passe deux ans à Éphèse : fécondité de la Parole malgré de violents conflits.

19 ¹ Pendant qu'Apollos était à Corinthe, Paul traversait le haut pays ; il arriva à Éphèse, où il trouva quelques disciples. ² Il leur demanda : « Quand vous êtes devenus croyants, avez-vous reçu le Saint-Esprit ? » Ils lui répondirent : « Nous n'avons même pas appris qu'il y a le Saint-Esprit. » ³ Paul reprit : « Quel baptême avez-vous donc reçu ? » Ils répondirent : « Celui de Jean Baptiste. » ⁴ Alors Paul leur expliqua : « Jean donnait un baptême de conversion ; et il disait au peuple de croire en celui qui devait venir après lui, c'est-à-dire en Jésus. »

⁵ Après ces explications, ils se firent baptiser au nom du Seigneur Jésus. ⁶ Et quand Paul leur eut imposé les mains, le Saint-Esprit vint sur eux, et ils se mirent à dire des paroles mystérieuses et à parler comme des prophètes. ⁷ Ils étaient une douzaine d'hommes au total.

⁸ Ensuite, Paul se rendit à la synagogue ; et là, pendant trois mois, dans ses entretiens, il s'efforçait de convaincre en parlant avec assurance du royaume de Dieu. ⁹ Certains s'endurcissaient et refusaient, décriant la Voie de Jésus devant toute la foule. Alors Paul se sépara d'eux et prit les disciples à part ; il s'entretenait chaque jour avec eux dans l'école de Tyrannos. ¹⁰ Cela dura deux ans, si bien que tous les habitants de la province d'Asie, Juifs et Grecs, entendirent la parole du Seigneur.

¹¹ Dieu faisait par les mains de Paul des miracles extraordinaires, ¹² à tel point que si l'on prenait sur lui des linges ou des mouchoirs pour en toucher les infirmes, les maladies

disparaissaient et les esprits mauvais s'en allaient.

[13] Certains exorcistes juifs itinérants tentèrent de prononcer le nom de Jésus sur ceux qui avaient en eux les esprits mauvais, en leur disant : « Je vous adjure par ce Jésus que Paul proclame. » [14] Or un certain Scéva, un chef des prêtres juifs, avait sept fils qui agissaient ainsi. [15] Et l'esprit mauvais leur répondit : « Jésus, je le connais ; Paul, je sais qui c'est ; mais vous, qui êtes-vous ? » [16] Et, bondissant sur eux, l'homme en qui était l'esprit mauvais les maîtrisa tous et leur fit sentir sa force, si bien qu'ils s'enfuirent de la maison tout nus et couverts de blessures. [17] Tous les Juifs et les Grecs habitant Éphèse en furent informés ; ils furent tous saisis de crainte, et l'on exaltait le nom du Seigneur Jésus.

[18] Beaucoup de ceux qui étaient devenus croyants venaient confesser et déclarer ce qu'ils avaient fait. [19] Une quantité de gens qui avaient pratiqué la magie avaient rassemblé leurs livres et les brûlaient devant tout le peuple ; on évalua le prix : cela faisait cinquante mille pièces d'argent. [20] Ainsi, grâce à la puissance du Seigneur, la Parole était féconde et prenait de la force.

[21] Après ces événements, Paul se mit dans l'esprit le projet de parcourir la Macédoine et toute la Grèce, puis d'aller à Jérusalem, en disant : « Quand j'aurai été là-bas, il faudra que j'aille aussi voir Rome. » [22] Puis il envoya en Macédoine deux de ses collaborateurs, Timothée et Éraste, mais lui resta un certain temps dans la province d'Asie.

[23] Il y eut vers ce temps-là une agitation considérable à propos de la Voie de Jésus. [24] Un nommé Démétrius, orfèvre, qui fabriquait des temples d'Artémis en argent, procurait des bénéfices considérables aux artisans. [25] Il les réunit, avec ceux qui faisaient des travaux analogues, et il leur dit : « Mes amis, vous savez bien que ces bénéfices sont la source de notre prospérité. [26] Or vous le voyez bien, vous l'entendez dire : non seulement à Éphèse mais dans presque toute la province d'Asie, ce Paul a gagné et détourné toute une foule de gens, en disant que les dieux faits de main d'homme ne sont pas des dieux. [27] Or cela risque non seulement de causer du tort à notre activité, mais encore de faire compter pour rien le sanctuaire d'Artémis, la grande déesse, et bientôt de la priver de son prestige, elle qui est adorée par l'Asie et le monde entier. » [28] Les auditeurs, remplis de fureur, poussaient des cris : « Gloire à l'Artémis d'Éphèse ! » [29] Toute la ville fut gagnée par le désordre, et les gens se précipitèrent tous ensemble au

théâtre, en y entraînant avec eux les Macédoniens Gaïus et Aristarque, compagnons de voyage de Paul. [30] Or Paul voulait rejoindre l'assemblée du peuple, mais les disciples ne le laissaient pas faire, [31] et quelques personnages importants, qui étaient ses amis, lui envoyaient un message pour l'exhorter à ne pas se montrer au théâtre. [32] Les gens criaient tous des choses différentes : en effet l'assemblée était en plein désordre, et la plupart ne savaient même pas pourquoi ils étaient réunis. [33] Des gens dans la foule exposèrent l'affaire à Alexandre, que les Juifs poussaient en avant. Celui-ci, faisant un geste de la main, voulait s'expliquer devant l'assemblée. [34] Mais quand on sut qu'il était juif, une clameur unanime s'éleva de toute la foule pendant près de deux heures : « Gloire à l'Artémis d'Éphèse ! » [35] Le chancelier de la ville, ayant réussi à calmer la foule, prit la parole : « Citoyens d'Éphèse, qui donc dans le monde ignore que la ville d'Éphèse est la gardienne du temple de la grande Artémis et de sa statue venue du ciel ? [36] Tout cela est indiscutable. Il vous faut donc garder votre calme, et éviter toute action inconsidérée. [37] Vous avez amené ici ces hommes, qui n'ont commis ni sacrilège, ni blasphème contre notre déesse. [38] Si donc Démétrius et les artisans qui l'accompagnent

ont à se plaindre de quelqu'un, il y a des jours d'audience, il y a des proconsuls : qu'ils portent leur débat devant eux. [39] Et si vous revendiquez encore autre chose, on en décidera à l'assemblée prévue par la loi. [40] En effet, avec l'affaire d'aujourd'hui, nous risquons d'être accusés de révolte, car il n'y a aucun motif que nous pourrions alléguer pour rendre compte de ce rassemblement. » Ayant ainsi parlé, il mit fin à l'assemblée.

20 [1] Quand les troubles eurent cessé, Paul convoqua les disciples. Il les encouragea et leur fit ses adieux, puis il se mit en route pour la Macédoine.

Paul en Grèce et Macédoine : célébration communautaire et miracle à Troas.

[2] Ayant traversé la région et adressé aux gens de nombreuses paroles d'encouragement, il arriva en Grèce [3] et y passa trois mois. Les Juifs complotèrent contre lui au moment où il allait embarquer pour la Syrie ; il décida alors de revenir par la Macédoine. [4] Il était accompagné par Sopatros, fils de Pyrrhus de Bérée, Aristarque et Secundus de Thessalonique, Gaïus de Derbé, Timothée, ainsi que Tychique et Trophime de la province d'Asie. [5] Ceux-ci étaient partis en avant et nous attendaient à Troas. [6] Quant à nous, nous avions pris le

bateau à Philippes après la Pâque ; et nous les avons rejoints au bout de cinq jours à Troas, où nous avons passé sept jours.

⁷ Le premier jour de la semaine, nous étions rassemblés pour rompre le pain, et Paul, qui devait partir le lendemain, s'entretenait avec les gens. Il prolongea son discours jusqu'à minuit ; ⁸ il y avait quantité de lampes dans la salle du haut où nous étions rassemblés. ⁹ Un jeune garçon nommé Eutyque, assis sur le rebord de la fenêtre, fut gagné par un profond sommeil pendant le long discours de Paul ; accablé par le sommeil, il tomba du troisième étage et on le ramassa mort. ¹⁰ Paul descendit, se jeta sur lui et le prit dans ses bras en disant : « Ne vous agitez pas ainsi : il est encore en vie ! » ¹¹ Il remonta, rompit le pain et mangea ; puis il parla encore longuement avec eux jusqu'à l'aube, et ensuite il s'en alla. ¹² On emmena le garçon bien vivant, et ce fut un immense réconfort.

Adieux de Paul aux Anciens de l'Église d'Éphèse : testament pastoral.

¹³ Pour nous, étant partis les premiers, nous avons embarqué pour Assos, où nous devions prendre Paul ; celui-ci en effet devait y aller par la route, comme il l'avait décidé. ¹⁴ Lorsqu'il nous a rejoints à Assos, nous l'avons pris pour aller jusqu'à Mitylène. ¹⁵ Partant de là, nous sommes arrivés le lendemain en face de Chio ; le jour suivant, nous parvenions à Samos, et le jour d'après nous sommes allés jusqu'à Milet. ¹⁶ En effet, Paul avait pris la décision de passer au large d'Éphèse pour ne pas avoir à rester trop longtemps dans la province d'Asie, car il se hâtait pour être si possible à Jérusalem le jour de la Pentecôte.

¹⁷ De Milet, il envoya un message à Éphèse pour convoquer les Anciens de cette Église. ¹⁸ Quand ils furent auprès de lui, il leur adressa la parole : « Vous savez comment je me suis comporté tout le temps où j'étais avec vous, depuis le jour de mon arrivée dans ce pays d'Asie. ¹⁹ J'ai servi le Seigneur en toute humilité, dans les larmes, et au milieu des épreuves provoquées par les complots des Juifs. ²⁰ Vous savez que je n'ai rien négligé de ce qui pouvait vous être utile ; au contraire, j'ai prêché, je vous ai instruits en public ou dans vos maisons. ²¹ J'adjurais les Juifs et les païens de se convertir à Dieu et de croire en notre Seigneur Jésus.

²² Et maintenant, me voici contraint par l'Esprit de me rendre à Jérusalem, sans savoir ce que je vais y trouver. ²³ Je sais seulement que l'Esprit Saint, dans chaque ville où je passe, témoigne que la prison

et les épreuves m'attendent. ²⁴ Mais pour moi la vie ne compte pas, pourvu que je tienne jusqu'au bout de ma course et que j'achève le ministère que j'ai reçu du Seigneur Jésus : rendre témoignage à la Bonne Nouvelle de la grâce de Dieu.

²⁵ Et maintenant, je sais que vous ne reverrez plus mon visage, vous tous chez qui je suis passé en proclamant le Royaume. ²⁶ J'en témoigne donc aujourd'hui devant vous : on ne peut pas me reprocher de vous avoir menés à votre perte, ²⁷ car je n'ai rien négligé pour vous annoncer le plan de Dieu tout entier.

²⁸ Veillez sur vous-mêmes, et sur tout le troupeau où l'Esprit Saint vous a placés comme responsables, pour être les pasteurs de l'Église de Dieu, qui lui appartient grâce au sang qu'a versé son propre Fils. ²⁹ Pour moi, je sais que des loups féroces s'introduiront chez vous quand je ne serai plus là, et le troupeau ne sera pas épargné. ³⁰ Même parmi vous, surgiront des hommes qui tiendront des discours mensongers pour entraîner les disciples à leur suite. ³¹ Soyez donc vigilants, et souvenez-vous des avertissements que, pendant trois années, je n'ai cessé de donner à chacun de vous, nuit et jour, jusqu'à en pleurer.

³² Et maintenant, je vous confie à Dieu et à son message de grâce, qui a le pouvoir de construire l'édifice et de faire participer les hommes à l'héritage de ceux qui ont été sanctifiés. ³³ Argent, or ou vêtements, je n'ai rien attendu de personne. ³⁴ Vous le savez bien vous-mêmes : les mains que voici ont pourvu à mes besoins et à ceux de mes compagnons. ³⁵ Je vous ai toujours montré qu'il faut travailler ainsi pour secourir les faibles, en nous rappelant les paroles du Seigneur Jésus, car lui-même a dit : *Il y a plus de bonheur à donner qu'à recevoir.* »

³⁶ Quand Paul eut ainsi parlé, il se mit à genoux et il pria avec eux tous. ³⁷ Ils se mirent tous à pleurer ; ils se jetaient au cou de Paul pour l'embrasser ; ³⁸ ce qui les attristait le plus, c'est la parole qu'il avait dite : « Vous ne verrez plus mon visage. » Puis ils l'accompagna jusqu'au bateau.

Malgré les objurgations des frères, Paul monte à Jérusalem, vers sa passion.

21 ¹ Nous étant donc arrachés à eux, nous avons embarqué et cinglé droit sur Cos, le lendemain sur Rhodes, et de là sur Patara. ² Puis, ayant trouvé un bateau qui faisait la traversée vers la Phénicie, nous avons embarqué et sommes partis vers le large. ³ Arrivés en vue de Chypre, nous l'avons laissée sur notre gauche ; nous avons fait route vers la Syrie et nous avons débarqué à Tyr : c'était là en effet que le bateau déchargeait sa cargaison. ⁴Ayant trouvé les disciples, nous sommes restés sept jours avec eux ; poussés par l'Esprit, ils disaient à Paul de ne pas monter à Jérusalem. ⁵Mais quand notre séjour a été achevé, nous sommes partis, et nous reprenions la route, escortés par tout le monde avec les femmes et les enfants jusqu'en dehors de la ville. Nous nous sommes mis à genoux sur le rivage, nous avons prié, ⁶nous nous sommes arrachés les uns aux autres, et nous avons pris le bateau, tandis qu'eux retournaient chez eux. ⁷Quant à nous, achevant notre voyage maritime, de Tyr nous sommes arrivés à Ptolémaïs ; ayant salué les frères, nous avons passé une journée chez eux.

⁸Partis le lendemain, nous sommes allés à Césarée, nous sommes entrés dans la maison de Philippe l'évangéliste, l'un des Sept, et nous sommes restés chez lui. ⁹Il avait quatre filles vierges, qui étaient prophètes. ¹⁰Comme nous restions là plusieurs jours, un prophète nommé Agabus descendit de Judée. ¹¹Il vint vers nous, prit la ceinture de Paul, s'attacha les mains et les pieds, et dit : « Voici ce que dit l'Esprit Saint : L'homme à qui appartient cette ceinture, les Juifs l'attacheront comme cela à Jérusalem et le livreront aux mains des païens. » ¹²Quand nous avons entendu cela, nous et ceux de l'endroit, nous l'ex-

hortions à ne pas monter à Jérusalem. ¹³Alors Paul répondit : « Que faites-vous là à pleurer et à me briser le cœur ? Moi je suis prêt, non seulement à me laisser attacher, mais encore à mourir à Jérusalem pour le nom du Seigneur Jésus. » ¹⁴N'ayant pu le persuader, nous nous sommes calmés, et nous avons dit : « Que la volonté du Seigneur soit faite. »

¹⁵A la fin du séjour, nous faisions nos bagages et nous montions à Jérusalem. ¹⁶Quelques disciples de Césarée nous accompagnèrent et nous conduisirent chez quelqu'un qui pouvait nous héberger, un certain Mnason de Chypre, un disciple des premiers jours.

Paul est accueilli par les frères de Jérusalem et arrêté dans le Temple.

¹⁷A notre arrivée à Jérusalem, les frères nous firent très bon accueil. ¹⁸Le lendemain, Paul allait avec nous chez Jacques, où tous les Anciens vinrent également. ¹⁹Il le salua, et leur expliquait en détail ce que Dieu avait fait chez les païens par son ministère. ²⁰L'ayant écouté, ils glorifiaient Dieu, et ils lui dirent : « Tu vois, frère, combien de dizaines de milliers de Juifs sont devenus croyants, et ils ont tous une ardeur jalouse pour la Loi. ²¹Or voici les bruits qu'ils ont entendus à ton sujet : chez les Juifs qui vivent en pays païen, tu ensei-

gnerais la défection à l'égard de Moïse, en leur disant de ne pas soumettre les enfants à la circoncision et de ne pas vivre selon les coutumes. ²²Que faut-il donc faire? De toute façon, ils apprendront ton arrivée. ²³Fais donc ce que nous allons te dire. Nous avons ici quatre hommes qui sont tenus par un vœu. ²⁴Prends-les avec toi, accomplis la purification en même temps qu'eux, et paie ce qu'il faut pour qu'ils se fassent raser la tête. Alors tout le monde saura qu'il n'y a rien de vrai dans les bruits qui courent sur toi, mais que dans toute ta conduite tu observes la Loi. ²⁵Quant aux païens qui sont devenus croyants, nous leur avons écrit nos décisions: ils doivent se garder des aliments offerts aux idoles, du sang, de la viande non saignée, et des unions illégitimes. » ²⁶Alors Paul, le lendemain, prit ces hommes avec lui, accomplit la purification en même temps qu'eux, et il allait au Temple pour faire savoir à quelle date, le temps de la purification étant achevé, l'offrande serait présentée pour chacun d'eux.

²⁷Les sept jours allaient s'achever, quand les Juifs venus de la province d'Asie, voyant Paul dans le Temple, semèrent le désordre dans toute la foule et mirent la main sur lui, ²⁸en s'écriant: «Hommes d'Israël, au secours! Voilà l'homme qui répand partout, auprès de tout le monde, son enseignement contre le peuple, contre la Loi, contre ce Lieu saint! Et encore, il a fait entrer des Grecs dans le Temple, il a souillé ce Lieu saint!» ²⁹En effet, ils avaient vu auparavant Trophime d'Éphèse dans la ville avec lui, et ils pensaient que Paul l'avait fait entrer dans le Temple. ³⁰La ville tout entière s'agita, le peuple accourut de toutes parts, on se saisit de Paul et on l'entraîna hors du Temple, dont on ferma aussitôt les portes. ³¹Tandis qu'on cherchait à le tuer, le commandant de la cohorte romaine fut informé que tout Jérusalem était en plein désordre. ³²Il prit immédiatement avec lui des soldats et des centurions, et se précipita vers les manifestants. Ceux-ci, voyant le commandant et les soldats, cessèrent de frapper Paul. ³³Alors le commandant, s'approchant, se saisit de lui et ordonna de l'attacher avec deux chaînes; et il demandait qui c'était et ce qu'il avait fait. ³⁴Dans la foule tous criaient des choses différentes. N'arrivant pas à savoir quoi que ce soit de précis à cause du tumulte, il le fit emmener à la forteresse. ³⁵En arrivant à l'escalier, on dut le faire porter par les soldats à cause de la violence de la foule, ³⁶car le peuple le suivait en masse en criant: «Mort à cet homme!»

Face à la foule juive,
Paul rend témoignage au
Seigneur qui l'a appelé.

[37] Comme on allait le faire entrer dans la forteresse, Paul dit au commandant: «Me permets-tu de te dire quelque chose?» Il répliqua: «Tu sais le grec?» [38] Tu n'es donc pas l'Égyptien qui, il y a quelques jours, a soulevé et entraîné au désert les quatre mille terroristes?» [39] Paul dit: «Moi, je suis un Juif, de Tarse en Cilicie, citoyen d'une ville qui n'est pas insignifiante! Je t'en prie, permets-moi de parler au peuple.» [40] Il le lui permit. Alors Paul, debout sur l'escalier, fit signe de la main au peuple. Un grand silence s'établit, et il prit la parole en araméen:

22

[1] «Frères et pères, écoutez ce que j'ai à vous dire maintenant pour ma défense.» [2] En l'entendant s'adresser à eux en araméen, ils se calmèrent encore plus. Il leur dit: [3] «Je suis Juif: né à Tarse, en Cilicie, mais élevé ici dans cette ville, j'ai reçu, à l'école de Gamaliel, un enseignement strictement conforme à la Loi de nos pères; je défendais la cause de Dieu avec une ardeur jalouse, comme vous le faites tous aujourd'hui. [4] J'ai persécuté à mort les adeptes de la Voie que je suis aujourd'hui; je les arrêtais et les jetais en prison, hommes et femmes; [5] le grand prêtre et tout le conseil des Anciens

peuvent en témoigner. Eux-mêmes m'avaient donné des lettres pour nos frères et j'étais en route vers Damas: je devais faire prisonniers ceux qui étaient là-bas et les ramener à Jérusalem pour qu'ils subissent leur châtiment. [6] Donc, comme j'étais en route et que j'approchais de Damas, vers midi, une grande lumière venant du ciel m'enveloppa soudain. [7] Je tombai sur le sol, et j'entendis une voix qui me disait: 'Saul, Saul, pourquoi me persécuter?' [8] Et moi je répondis: 'Qui es-tu, Seigneur?' – Je suis Jésus le Nazaréen, celui que tu persécutes.' [9] Mes compagnons voyaient la lumière, mais ils n'entendaient pas la voix de celui qui me parlait, et je dis: 'Que dois-je faire, Seigneur?' [10] Le Seigneur me répondit: 'Relève-toi, va jusqu'à Damas, et là on t'indiquera tout ce qu'il t'est prescrit de faire.' [11] Comme je n'y voyais plus, à cause de l'éclat de cette lumière, mes compagnons me prirent par la main, et c'est ainsi que j'arrivai à Damas. [12] Or, Ananie, un homme religieux et fidèle à la Loi, estimé de tous les Juifs habitant la ville, [13] vint me trouver et, arrivé auprès de moi, il me dit: 'Saul, mon frère, retrouve la vue.' Et moi, au même instant, je retrouvai la vue, et je le vis. [14] Il me dit encore: 'Le Dieu de nos pères t'a destiné à connaître sa volonté, à voir celui qui est le Juste et à entendre la parole qui sort de sa bouche. ¹⁵ Car tu seras pour lui, devant tous les hommes, le témoin de ce que tu as vu et entendu. ¹⁶ Et maintenant, pourquoi hésiter ? Lève-toi et reçois le baptême, sois lavé de tes péchés en invoquant le nom de Jésus.'

¹⁷ Revenu à Jérusalem, j'étais en prière dans le Temple quand je tombai en extase. ¹⁸ Je Le vis qui me disait : 'Hâte-toi de sortir de Jérusalem, car ils n'accueilleront pas ton témoignage à mon sujet.' ¹⁹ Et moi je répondis : 'Seigneur, ces gens le savent bien : c'est moi qui allais d'une synagogue à l'autre pour mettre en prison et pour battre ceux qui croyaient en toi ; ²⁰ et quand on versait le sang d'Étienne ton témoin, je me tenais là moi aussi ; j'étais d'accord, et je gardais les vêtements de ses meurtriers.' Il me dit alors : 'Va, car moi je vais t'envoyer au loin, vers les nations païennes.' »

²² Jusque-là, les gens l'écoutaient. Mais alors, ils se mirent à élever la voix : « Qu'on fasse disparaître de la terre cet individu, il ne doit pas rester en vie ! » ²³ Ils poussaient des cris, arrachaient leurs vêtements, jetaient la poussière en l'air. ²⁴ Alors le commandant ordonna de le faire entrer dans la forteresse. Il dit de le torturer à coups de fouet, afin de savoir pour quel motif on criait contre lui de cette manière.

Paul citoyen romain.

²⁵ Comme on l'étendait pour le fouetter, Paul dit au centurion qui était là : « Un citoyen romain, qui n'a même pas été jugé, avez-vous le droit de lui donner le fouet ? » ²⁶ Quand il entendit cela, le centurion alla trouver le commandant pour le mettre au courant : « Qu'allais-tu faire ? Cet homme est citoyen romain ! » ²⁷ Le commandant alla trouver Paul et lui demanda : « Dis-moi : tu es citoyen romain ? – Oui, répondit-il ". ²⁸ Le commandant reprit : « Moi, j'ai dû payer très cher pour obtenir la citoyenneté. » Paul répliqua : « Moi, je l'ai eue de naissance. » ²⁹ Aussitôt, ceux qui allaient le torturer se retirèrent ; et le commandant fut pris de peur en se rendant compte que c'était un citoyen romain et qu'il l'avait fait attacher.

Paul devant le grand conseil d'Israël.

³⁰ Le lendemain, le commandant romain voulut savoir à quoi s'en tenir sur les accusations des Juifs contre lui. Il lui fit donc enlever ses chaînes, puis il convoqua les chefs des prêtres et tout le grand conseil, et fit descendre Paul pour l'amener devant eux.

23 ¹ Fixant les yeux sur le grand conseil, Paul déclara : « Frères, c'est en toute bonne conscience que j'ai mené ma vie devant Dieu jusqu'à ce jour. » ² Le grand prêtre

Ananias ordonna à ceux qui étaient auprès de lui de le frapper sur la bouche. ³ Alors Paul lui dit : « C'est Dieu qui va te frapper, hypocrite ! Tu sièges ici pour me juger conformément à la Loi, et contrairement à la Loi tu donnes l'ordre de me frapper ! » ⁴ Ceux qui étaient auprès de lui dirent : « Tu insultes le grand prêtre de Dieu ? » ⁵ Paul reprit : « Je ne savais pas, frères, que c'était le grand prêtre. Car il est écrit : *Tu ne diras pas de mal d'un chef de ton peuple.* »

⁶ Paul se rendit compte qu'il y avait là le parti des sadducéens et celui des pharisiens. Alors, devant le conseil, il déclara d'une voix forte : « Moi, frères, je suis un pharisien, fils de pharisiens. C'est à cause de notre espérance en la résurrection des morts que je passe en jugement. » ⁷ A peine eut-il dit cela qu'une dispute éclata entre pharisiens et sadducéens, et l'assemblée se divisa. ⁸ En effet, les sadducéens prétendent qu'il n'y a ni résurrection, ni ange, ni esprit, tandis que les pharisiens y croient. ⁹ Cela fit un grand vacarme. Quelques scribes du parti pharisien intervinrent pour protester vigoureusement : « Nous ne trouvons rien de mal chez cet homme. Un esprit ou un ange lui a peut-être parlé. » ¹⁰ La dispute devint très violente, et le commandant craignit que Paul ne se fasse écharper. Il ordonna à la troupe de descendre pour l'arracher à la mêlée et le ramener dans la forteresse.

¹¹ La nuit suivante, le Seigneur vint auprès de Paul et lui dit : « Courage ! Le témoignage que tu m'as rendu à Jérusalem, il faut que tu le rendes aussi à Rome. »

Complot des Juifs et transfert de Paul à Césarée.

¹² Lorsqu'il fit jour, les Juifs organisèrent un rassemblement où ils se jurèrent solennellement de ne plus manger ni boire tant qu'ils n'auraient pas tué Paul. ¹³ Les auteurs de cette conjuration étaient plus de quarante. ¹⁴ Ils vinrent trouver les chefs des prêtres et les anciens pour leur dire : « Nous nous sommes juré de façon solennelle de ne prendre aucune nourriture tant que nous n'aurons pas tué Paul. ¹⁵ Alors vous, d'accord avec le grand conseil, faites savoir au commandant qu'il doit le faire comparaître devant vous sous prétexte d'une enquête plus approfondie sur son cas. Nous nous tenons prêts pour le supprimer avant qu'il n'arrive. » ¹⁶ Or le fils de la sœur de Paul avait eu connaissance du complot ; il se présenta à la forteresse et y entra pour avertir Paul. ¹⁷ Alors Paul appela l'un des centurions et lui dit : « Emmène ce garçon chez le commandant : il doit l'avertir de quelque chose. » ¹⁸ L'homme le prit avec lui et le mena chez le commandant ; il lui dit : « Le prisonnier Paul m'a

appelé pour me demander de t'amener ce jeune garçon qui a quelque chose à te dire. » [19] Le commandant le prit par la main ; se mettant à l'écart, il l'interrogeait en particulier : « De quoi dois-tu m'avertir ? » [20] Il répondit : « Les Juifs ont convenu de te demander de faire comparaître Paul demain devant le grand conseil sous prétexte d'une information plus approfondie sur son cas. [21] Mais toi, ne leur fais pas confiance ; en effet, parmi eux plus de quarante hommes complotent contre lui : ils se sont fait le serment solennel de ne plus manger ni boire tant qu'ils ne l'auront pas supprimé. Et maintenant, ils se tiennent prêts en attendant ton accord. » [22] Le commandant congédia le jeune homme en lui donnant cette consigne : « Ne raconte à personne que tu m'as fait savoir tout cela. »

[23] Il appela alors deux centurions et leur dit : « Que deux cents soldats, soixante-dix cavaliers et deux cents auxiliaires se tiennent prêts à prendre la route de Césarée à partir de neuf heures du soir ; [24] qu'on prépare aussi des montures pour conduire Paul en toute sécurité au gouverneur Félix. » [25] Il écrivit une lettre dont voici le contenu : [26] « Claudius Lysias à Son Excellence le gouverneur Félix, salut. [27] Cet homme avait été arrêté par les Juifs, et il allait être supprimé par eux. Je suis alors intervenu avec la troupe pour le leur arracher, ayant appris qu'il était citoyen romain. [28] Voulant mieux connaître les motifs pour lesquels ils l'accusaient, je l'ai fait comparaître devant leur grand conseil. [29] J'ai constaté qu'il était accusé pour des discussions relatives à leur Loi, sans qu'il y ait aucune accusation méritant la mort ou la prison. [30] Averti qu'il y aurait une embuscade contre l'homme, je te l'ai envoyé immédiatement, en donnant également aux accusateurs la consigne de te faire savoir ce qu'ils ont contre lui. »

[31] Les soldats prirent donc Paul conformément aux ordres reçus, et ils le conduisirent de nuit à Antipatris. [32] Le lendemain, ils regagnèrent la forteresse, laissant partir avec lui les cavaliers. [33] Arrivés à Césarée, ceux-ci remirent la lettre au gouverneur et lui présentèrent également Paul. [34] Il lut la lettre et demanda de quelle province il était ; apprenant qu'il était de Cilicie, [35] il dit : « Je t'entendrai quand tes accusateurs se présenteront eux aussi. » Et il ordonna de l'incarcérer au prétoire d'Hérode.

Paul et le gouverneur Félix :
procès officiel
et rencontres personnelles.

24 [1] Cinq jours plus tard, le grand prêtre Ananias descendit à Césarée avec quelques anciens et un avocat, un certain Tertullus. Ils portè-

rent plainte devant le gouverneur contre Paul. ²On fit comparaître celui-ci, et Tertullus entama ainsi son accusation : «Nous qui jouissons d'une grande paix grâce à toi et aux réformes dont ta prévoyance a fait bénéficier cette nation, ³nous accueillons de toute manière et en tout lieu ce qui nous vient de Ton Excellence, ô Félix, avec une immense reconnaissance. ⁴Mais pour ne pas t'importuner plus longtemps, je te prie de nous écouter un instant avec toute ta sérénité. ⁵Nous avons constaté que cet homme est une peste ; il sème la révolte chez tous les Juifs du monde entier, étant le chef de la secte des Nazoréens. ⁶Il a même tenté de profaner le Temple ; alors nous l'avons arrêté. ⁸En l'interrogeant lui-même, tu pourras mieux connaître tout ce dont nous l'accusons.» ⁹Les Juifs l'appuyèrent en affirmant qu'il en était bien ainsi.

¹⁰Le gouverneur lui ayant fait signe de parler, Paul répliqua : «Sachant que cette nation t'a pour juge depuis des années, c'est avec confiance que je présente la défense de ma cause. ¹¹Tu peux vérifier qu'il n'y a pas plus de douze jours que je suis monté à Jérusalem pour adorer le Seigneur. ¹²On ne m'a pas trouvé dans le Temple en train de discuter avec qui que ce soit, ni dans les synagogues ou en ville en train d'ameuter la foule, ¹³et ils n'ont aucune preuve à te pré-

senter pour ce dont ils m'accusent maintenant. ¹⁴Ce que je reconnais devant toi, c'est que je sers le Dieu de nos pères selon la Voie qu'ils appellent une secte. Je crois à tout ce qu'il y a dans la Loi et à tout ce qui est écrit dans les prophètes. ¹⁵Mon espérance en Dieu, et ce qu'ils attendent eux-mêmes, c'est qu'il va y avoir une résurrection pour les justes et pour les pécheurs. ¹⁶C'est pourquoi moi aussi je m'efforce de garder une conscience irréprochable en toute chose devant Dieu et devant les hommes. ¹⁷Au bout de plusieurs années, j'étais venu apporter de l'argent collecté pour mon peuple, et offrir des sacrifices. ¹⁸C'est à cette occasion qu'on m'a trouvé dans le Temple après une cérémonie de purification, sans mouvement de foule ni tumulte : ¹⁹il y avait là des Juifs venus de la province d'Asie, qui devraient se présenter devant toi et m'accuser s'ils avaient quelque chose contre moi. ²⁰Ou bien alors, que ceux qui sont là disent quel délit ils ont constaté quand j'ai comparu devant le grand conseil. ²¹A moins qu'il ne s'agisse de cette seule parole que j'ai criée debout devant eux : C'est à cause de la résurrection des morts que je passe aujourd'hui en jugement devant vous.»

²²Félix, qui avait une connaissance approfondie de ce qui concerne la Voie de Jésus, les ajourna en disant :

« Quand le commandant Lysias descendra de Jérusalem, je rendrai une sentence sur votre affaire. » [23] Il ordonna au centurion de le garder en détention, mais dans des conditions moins strictes, et sans empêcher les siens de lui rendre des services.

[24] Quelques jours plus tard, Félix vint avec sa femme Drusille, qui était juive. Il envoya chercher Paul et l'écouta parler de la foi au Christ Jésus. [25] Mais quand l'entretien porta sur la justice, la maîtrise des instincts, et le jugement à venir, Félix fut pris de peur et déclara : « Pour l'instant, retire-toi ; quand j'aurai le temps, je te rappellerai. » [26] Il n'en espérait pas moins que Paul lui donnerait de l'argent ; c'est pourquoi il l'envoyait souvent chercher pour parler avec lui. [27] Au bout de deux ans, Félix reçut comme successeur Porcius Festus. Voulant faire plaisir aux Juifs, Félix laissa Paul en prison.

Paul et le gouverneur Festus : nouveau procès et appel à l'empereur.

25 [1] Trois jours après avoir rejoint sa province, Festus monta de Césarée à Jérusalem. [2] Les chefs des prêtres et les notables juifs portèrent plainte devant lui contre Paul ; avec insistance, [3] ils demandaient comme une faveur le transfert de Paul à Jérusalem ; en fait, ils complo-taient pour le supprimer en chemin. [4] Festus répondit que Paul était détenu à Césarée, et que lui-même allait repartir incessamment. [5] « Que les personnes qualifiées parmi vous descendent avec moi, dit-il ; s'il y a quelque chose à reprocher à cet homme, qu'elles présentent leur accusation. »

[6] Ayant passé chez eux huit à dix jours au plus, il redescendit à Césarée. Le lendemain, il siégea au tribunal, et ordonna d'amener Paul. [7] Quand il fut là, les Juifs descendus de Jérusalem l'entourèrent et portèrent contre lui une quantité d'accusations graves, dont ils ne pouvaient pas fournir la preuve, [8] alors que Paul se défendait : « Je n'ai commis aucune faute contre la loi des Juifs, ni contre le Temple, ni contre l'empereur. » [9] Festus, voulant faire plaisir aux Juifs, s'adressa à Paul : « Veux-tu monter à Jérusalem pour y être jugé sur cette affaire en ma présence ? » [10] Paul répondit : « Je suis ici devant le tribunal de l'empereur : c'est là que je dois être jugé. Je ne suis coupable de rien contre les Juifs, comme toi-même tu t'en rends fort bien compte. [11] Si donc je suis coupable, et si j'ai fait quelque chose qui mérite la mort, je ne refuse pas de mourir. Mais s'il ne reste rien des accusations qu'ils portent contre moi, personne ne peut me livrer à eux. J'en appelle à l'empereur. » [12] Alors Festus, en ayant conféré avec son conseil,

déclara : « Tu en as appelé à l'empereur, tu iras devant l'empereur. »

Témoignage de Paul devant le roi Agrippa et nouveau récit de la conversion.

¹³ Quelques jours plus tard, le roi Agrippa et sa sœur Bérénice vinrent à Césarée saluer le gouverneur Festus. ¹⁴ Comme ils passaient là plusieurs jours, Festus exposa au roi la situation de Paul : « Il y a ici un homme que mon prédécesseur Félix a laissé en prison. ¹⁵ Quand je suis allé à Jérusalem, les chefs des prêtres et les anciens des Juifs ont porté plainte contre lui en réclamant sa condamnation. ¹⁶ J'ai répondu que la loi romaine ne permet pas de livrer un accusé sans l'avoir d'abord confronté avec ses accusateurs, et lui avoir donné la possibilité de présenter sa défense. ¹⁷ Ils sont alors venus ici, et sans aucun délai, le lendemain même, j'ai siégé au tribunal et j'ai fait comparaître cet homme. ¹⁸ Mis en sa présence, les accusateurs ne lui reprochaient aucun des crimes que, pour ma part, j'aurais imaginés. ¹⁹ Ils avaient seulement avec lui certaines discussions au sujet de leur religion à eux, et au sujet d'un certain Jésus qui est mort, mais que Paul déclarait toujours vivant. ²⁰ Quant à moi, ne sachant vraiment pas quelle suite donner à l'instruction, j'ai deman-

dé à Paul s'il voulait aller à Jérusalem pour y être jugé sur cette affaire. ²¹ Mais Paul a fait appel pour que son cas soit réservé à la juridiction impériale. J'ai donc ordonné de le garder en prison jusqu'à son transfert devant l'empereur. » ²² Agrippa dit à Festus : « Je voudrais bien, moi aussi, entendre cet homme. – Dès demain, tu l'entendras », répondit-il.

²³ Le lendemain, Agrippa et Bérénice arrivèrent donc en grand apparat et firent leur entrée dans la salle d'audience, escortés par les officiers supérieurs et les principaux personnages de la ville ; Festus fit comparaître Paul. ²⁴ Festus prit la parole : « Roi Agrippa, et vous tous qui êtes là avec nous, vous voyez devant vous l'homme au sujet duquel toute la masse des Juifs est intervenue auprès de moi, tant à Jérusalem qu'ici même, en criant qu'il ne devait pas rester en vie. ²⁵ Or moi, j'ai compris qu'il n'avait rien fait qui mérite la mort ; mais comme lui-même en a appelé à l'empereur, j'ai décidé de le lui envoyer. ²⁶ Je n'ai rien de précis à écrire à Sa Majesté sur son compte ; c'est pourquoi je l'ai fait comparaître devant vous, et surtout devant toi, roi Agrippa, afin qu'après cet interrogatoire j'aie quelque chose à écrire. ²⁷ En effet, il ne me semble pas raisonnable d'envoyer un prisonnier sans

signaler quelles sont les accusations portées contre lui. »

26 ¹Alors Agrippa s'adressa à Paul : « Tu es autorisé à plaider ta cause. »

Paul, levant la main, présentait ainsi sa défense : ²« Sur tous les points dont je suis accusé par les Juifs, je m'estime bienheureux, roi Agrippa, d'avoir à présenter ma défense aujourd'hui devant toi, ³d'autant plus que tu es un connaisseur de toutes les coutumes et de toutes les discussions qui existent chez les Juifs. Voilà pourquoi je te prie de m'écouter avec patience.

⁴La vie que j'ai menée dès ma jeunesse, et qui s'est déroulée depuis le début dans le cadre de ma nation et à Jérusalem, tous les Juifs en sont informés. ⁵Ils me connaissent depuis longtemps, et ils témoigneront, s'ils le veulent bien, que j'ai vécu selon la tendance la plus stricte de notre religion : en pharisien. ⁶Et maintenant, si je suis traduit en justice, c'est parce que j'espère en la promesse faite par Dieu à nos pères, ⁷cette promesse dont nos douze tribus espèrent la réalisation, elles qui rendent un culte à Dieu jour et nuit avec persévérance. C'est pour cette espérance que je suis accusé par les Juifs, ô roi. ⁸Pourquoi chez vous juge-t-on incroyable que Dieu ressuscite les morts ?

⁹Pour moi, j'ai cru que je devais tout faire pour m'opposer au nom de Jésus de Nazareth, ¹⁰et je l'ai fait à Jérusalem : j'ai moi-même mis en prison beaucoup de fidèles, en vertu des pouvoirs reçus des chefs des prêtres ; et quand on les tuait, j'ai apporté mon suffrage. ¹¹Souvent, je passais dans toutes les synagogues, en leur faisant subir des sévices pour les forcer à blasphémer. J'en étais arrivé à une telle folie contre eux que je les poursuivais jusque dans les villes étrangères.

¹²C'est ainsi qu'allant à Damas muni de pouvoirs et de délégations des chefs des prêtres, ¹³en plein midi, sur la route, j'ai vu, ô roi, venant du ciel, une lumière plus éclatante que le soleil, qui m'enveloppa de son éclat ainsi que ceux qui m'accompagnaient. ¹⁴Comme nous étions tous tombés par terre, j'entendis une voix qui me disait en araméen : 'Saul, Saul, pourquoi me persécuter ? Il est dur pour toi de regimber contre l'aiguillon.' ¹⁵Et moi je dis : 'Qui es-tu, Seigneur ?' Le Seigneur répondit : 'Je suis Jésus, celui que tu persécutes. ¹⁶Mais relève-toi, et tiens-toi debout ; si je te suis apparu, c'est pour te destiner à être serviteur et témoin de ce moment où tu m'as vu, et de ceux où je t'apparaîtrai encore. ¹⁷Je te délivre de ton peuple et des nations païennes vers lesquelles je t'envoie ¹⁸pour leur ouvrir les yeux, pour les ramener des ténèbres vers la

lumière et du pouvoir de Satan vers Dieu, afin qu'ils reçoivent le pardon des péchés et une part d'héritage avec ceux qui ont été sanctifiés, grâce à la foi en moi.'

¹⁹ Alors, roi Agrippa, je n'ai pas voulu résister à la vision que j'avais reçue du ciel. ²⁰ J'ai parlé aux gens de Damas d'abord, puis à ceux de Jérusalem, à tout le pays de Judée et aux nations païennes; je les exhortais à se convertir et à se tourner vers Dieu, en menant une vie qui exprime leur conversion. ²¹ Voilà pourquoi les Juifs se sont emparés de moi dans le Temple, et ils essayaient de me tuer. ²² Mais Dieu m'a envoyé du secours, si bien que j'ai tenu bon jusqu'à ce jour pour rendre témoignage devant petits et grands. Je ne disais rien d'autre que ce qui avait été prédit par les prophètes et par Moïse, ²³ à savoir que le Messie devait souffrir, et qu'il devait ressusciter le premier d'entre les morts pour annoncer la lumière à notre peuple et aux nations païennes.»

²⁴ Il en était là de sa défense, quand Festus lui cria: «Tu es fou, Paul! Avec toutes tes études, tu tournes à la folie!» ²⁵ Mais Paul répliqua: «Je ne suis pas fou, Excellence! Mais je parle un langage de vérité et de bon sens. ²⁶ Le roi, à qui je m'adresse en toute confiance, est au courant de ces événements; je suis convaincu qu'aucun d'eux ne lui a échappé, car ce n'est pas arrivé dans un coin perdu. ²⁷ Roi Agrippa, crois-tu aux prophètes? Oui, je sais que tu y crois.» ²⁸ Agrippa dit alors à Paul: «Encore un peu, et tu vas me persuader que tu as fait un chrétien!» ²⁹ Paul répliqua: «Encore un peu ou encore beaucoup, je voudrais prier Dieu pour que non seulement toi, mais encore tous ceux qui m'écoutent aujourd'hui, deviennent exactement ce que je suis... sauf les chaînes que voici!»

³⁰ Le roi se leva, ainsi que le gouverneur, Bérénice, et ceux qui étaient avec eux. ³¹ En se retirant, ils se disaient entre eux: «Cet homme ne fait rien qui mérite la mort ou la prison.» ³² Et Agrippa dit à Festus: «Cet homme aurait pu être relâché, s'il n'en avait pas appelé à l'empereur.»

Voyage vers Rome:
tempête et naufrage.

27 ¹ Quand notre départ pour l'Italie a été décidé, on a confié Paul et quelques autres prisonniers à un centurion nommé Julius, de la cohorte Augusta. ² Montés à bord d'un bateau d'Adramyttium en partance pour les ports de la province d'Asie, nous avons pris la mer, ayant avec nous Aristarque, Macédonien de Thessalonique. ³ Le lendemain, nous avons abordé à Sidon; et Julius, qui traitait Paul de manière très humaine, lui a permis d'aller voir ses amis et de profiter de leur accueil. ⁴ De là, nous avons repris la mer et nous sommes passés le long de Chypre pour nous abriter des vents contraires. ⁵ Nous sommes passés par la mer qui borde la Cilicie et la Pamphylie, et nous avons débarqué à Myre en Lycie. ⁶ Là, le centurion a trouvé un bateau d'Alexandrie en partance pour l'Italie, et nous y a fait embarquer. ⁷ Pendant plusieurs jours, la navigation a été ralentie, et nous sommes arrivés avec peine en face de Cnide, où le vent ne nous a pas permis d'aborder. Nous sommes alors passés le long de la Crète en face du cap Salmoné, ⁸ que nous avons doublé avec peine, et nous sommes arrivés à un endroit appelé "Bons Ports", près de la ville de Lasaïa.

⁹ Nous avions perdu beaucoup de temps, et la navigation était déjà dangereuse, puisque la date du Grand Pardon était déjà passée, si bien que Paul leur faisait cette exhortation : ¹⁰ « Mes amis, je vois bien que la navigation ne se ferait pas sans dégâts et sans beaucoup de pertes, non seulement pour la cargaison et pour le bateau, mais encore pour nos vies. » ¹¹ Mais le centurion faisait plus confiance au capitaine et à l'armateur qu'aux paroles de Paul. ¹² Et comme le port n'était pas équipé pour y passer l'hiver, la majorité a été d'avis de reprendre la mer, en

espérant qu'on pourrait arriver à Phénix, un port de Crète tourné vers le sud-ouest et le nord-ouest, et y passer l'hiver.

¹³ Comme un léger vent du sud se mettait à souffler, ils se sont imaginés que leur projet se réalisait ; ayant donc levé l'ancre, ils essayaient de longer les côtes de Crète. ¹⁴ Mais peu après s'est déchaîné, venant de l'île, le vent d'ouragan qu'on appelle euraquilon. ¹⁵ Le bateau a été emporté, et il ne pouvait pas tenir tête au vent : nous sommes donc partis à la dérive. ¹⁶ En passant à l'abri d'une petite île appelée Cauda, nous avons réussi, non sans peine, à nous rendre maîtres du canot de sauvetage. ¹⁷ L'ayant remonté, on employait les moyens de secours en ceinturant le bateau : craignant d'aller échouer sur la Syrte, on a lâché l'ancre flottante, et ainsi on continuait à dériver. ¹⁸ Le lendemain, comme la tempête nous secouait avec violence, on délestait le navire. ¹⁹ Le troisième jour, les matelots, de leurs propres mains, ont arraché le gréement du bateau. ²⁰ Depuis bien des jours, on n'avait pas vu le soleil ni les étoiles, et une tempête extraordinaire continuait à sévir : tout espoir était désormais perdu pour nous d'être sauvés.

²¹ Les gens étaient à jeun depuis longtemps. Alors Paul, debout au milieu d'eux, a pris la parole : « Mes amis, il aurait

fallu m'obéir et ne pas quitter la Crête : cela aurait épargné tant de dégâts et de pertes ! [22] Mais maintenant, je vous exhorte à prendre courage : aucun de vous n'y laissera la vie, seul le bateau sera perdu. [23] En effet, cette nuit s'est présenté à moi un ange du Dieu à qui j'appartiens et à qui je rends un culte. [24] Il m'a dit : 'Sois sans crainte, Paul, il faut que tu te présentes devant l'empereur, et voici que Dieu t'accorde la vie de tous ceux qui sont sur le bateau avec toi.' [25] Alors, prenez courage, mes amis : ma foi en Dieu m'assure que tout se passera comme il m'a été dit. [26] Nous devons échouer sur une île. »

[27] C'était la quatorzième nuit que nous dérivions sur la mer Ionienne ; or vers minuit, les marins pressentaient l'approche d'une terre. [28] Ils ont jeté la sonde et ont trouvé vingt brasses ; un peu plus loin, ils l'ont jetée de nouveau et ont trouvé quinze brasses. [29] Craignant que nous n'allions échouer sur des rochers, ils ont jeté quatre ancres à l'arrière, et ils attendaient le jour avec impatience. [30] Puis les marins ont cherché à s'enfuir du bateau, et ils ont mis le canot à la mer sous prétexte d'aller jeter des ancres à l'avant. [31] Paul s'est adressé au centurion et aux soldats : « Si ces gens ne restent pas sur le bateau, c'est vous qui ne pouvez pas être sauvés. » [32] Alors soldats ont coupé les

cordes du canot et l'ont laissé s'échouer.

[33] En attendant que le jour se lève, Paul invitait tout le monde à prendre de la nourriture : « Voilà aujourd'hui le quatorzième jour que vous passez à jeun, dans l'expectative, sans rien prendre. [34] Je vous invite donc à prendre de la nourriture ; il y va de votre salut : en effet, aucun de vous ne perdra un cheveu de sa tête. » [35] Ayant dit cela, il a pris du pain, il a rendu grâce à Dieu devant eux tous, il l'a rompu, et il s'est mis à manger. [36] Alors tous, retrouvant leur courage, ont eux aussi pris de la nourriture. [37] Nous étions en tout deux cent soixante-seize personnes sur le bateau. [38] Une fois rassasiés, on allégeait le bateau en jetant le blé à la mer.

[39] Quand il fit jour, les marins ne reconnaissaient pas la terre, mais ils apercevaient une baie avec une plage, sur laquelle ils voulaient si possible faire aborder le bateau. [40] Ils ont alors décroché les ancres, les abandonnant à la mer, détaché les câbles des gouvernails, hissé une voile au vent, et on se laissait porter vers la plage. [41] Mais ils sont tombés sur un banc de sable, et ils y ont fait échouer le navire. La proue, qui s'était enfoncée, restait immobile, tandis que la poupe se disloquait sous la violence des vagues. [42] Les soldats ont eu alors le projet de tuer les pri-

sonniers pour éviter que l'un d'eux s'enfuie à la nage. [43] Mais le centurion, voulant sauver Paul, les a empêchés de réaliser leur projet ; il a ordonné aux gens de gagner la terre : ceux qui savaient nager, en se jetant à l'eau les premiers, [44] les autres sur des planches ou des débris du bateau. C'est ainsi que tous se sont retrouvés à terre sains et saufs.

Paul à Malte : nombreux signes du Seigneur.

28 [1] Une fois sauvés, nous avons découvert que l'île s'appelait Malte. [2] Les indigènes se sont montrés envers nous remarquablement humains. Ils avaient allumé un grand feu, et ils nous ont tous pris avec eux, car la pluie s'était mise à tomber et il faisait froid. [3] Or comme Paul avait ramassé une brassée de bois mort et l'avait jetée dans le feu, la chaleur a fait sortir une vipère qui s'est accrochée à sa main. [4] En voyant la bête suspendue à sa main, les indigènes se disaient entre eux : « Cet homme est sûrement un meurtrier : il est sorti de la mer sain et sauf, mais la justice divine n'a pas voulu le laisser en vie. » [5] Or lui a secoué la bête, qui est tombée dans le feu, et il n'a eu aucun mal, [6] alors que les gens s'attendaient à le voir enfler ou tomber raide mort. Après avoir attendu un bon moment, ils

ont vu qu'il ne lui arrivait rien d'anormal. Tout retournés, ils disaient que c'était un dieu.

[7] Il y avait là une propriété appartenant à Publius, le premier magistrat de l'île ; il nous a accueillis avec amitié et nous a donné l'hospitalité pendant trois jours. [8] Or son père était au lit, atteint de fièvre et de dysenterie. Paul est allé le voir ; après avoir prié, il lui a imposé les mains et l'a guéri. [9] A la suite de cet événement, tous les autres malades de l'île venaient se faire soigner. [10] Ils nous ont comblés d'honneurs et, à notre départ, ils nous ont fourni tout ce dont nous avions besoin.

Paul parvient à Rome ; rejeté par les Juifs, le témoin du Seigneur Jésus se tourne vers les païens.

[11] Au bout de trois mois, nous avions repris la mer à bord d'un navire d'Alexandrie, le « Castor-et-Pollux », qui avait passé l'hiver dans l'île. [12] Nous avons abordé à Syracuse et nous y avons passé trois jours. [13] En suivant la côte, nous sommes parvenus à Reggio. Le lendemain, le vent du sud s'est levé, et en deux jours nous avons atteint Pouzzoles. [14] Nous y avons trouvé des frères qui nous ont invités à passer la semaine chez eux. Voilà comment nous avons gagné Rome.

[15] De la ville, les frères, qui avaient entendu parler de nous, sont venus à notre rencontre

jusqu'aux villages du Marché-d'Appius et des Trois-Tavernes. En les voyant, Paul rendit grâce à Dieu, et il reprit courage. [16] A notre arrivée à Rome, il reçut l'autorisation d'habiter en ville avec le soldat qui le gardait.

[17] Trois jours après, il fit appeler les notables de la communauté juive. Quand ils arrivèrent, il leur dit : « Frères, sans avoir rien fait contre notre peuple et les règles reçues de nos pères, j'arrive de Jérusalem comme prisonnier livré aux Romains. [18] Après m'avoir interrogé, ceux-ci voulaient me relâcher, puisqu'il n'y avait dans mon cas aucun motif de condamnation à mort. [19] Mais, devant l'opposition des Juifs, j'ai été obligé de faire appel à l'empereur, sans vouloir pour autant accuser ma nation. [20] C'est donc pour ce motif que j'ai demandé à vous voir et à vous parler, car c'est à cause de l'espérance d'Israël que je porte ces chaînes. » [21] Ils lui répondirent : « En ce qui nous concerne, nous n'avons reçu ni lettre de Judée à ton sujet, ni visite d'un de nos frères rapportant ou disant du mal de toi. [22] Nous souhaitons pourtant apprendre de toi ce que tu penses ; car nous avons été informés que cette secte est contestée partout. »

[23] Lui ayant donc fixé une date, ils vinrent le voir en plus grand nombre là où il logeait.

Du matin jusqu'au soir, il exposait son témoignage sur le royaume de Dieu, et il s'efforçait de les convaincre au sujet de Jésus, en partant de la loi de Moïse et des livres des Prophètes. [24] Les uns se laissaient convaincre par ce qu'il disait, les autres refusaient de croire. [25] Comme ils n'arrivaient pas à se mettre d'accord, ils s'en allaient, quand Paul leur adressa cette unique parole : « Il a bien parlé, l'Esprit Saint, quand il a dit à vos pères par le prophète Isaïe :

[26] *Va dire à ce peuple : Vous aurez beau écouter, vous ne comprendrez pas. Vous aurez beau regarder, vous ne verrez pas.* [27] *Le cœur de ce peuple s'est alourdi : ils sont devenus durs d'oreille, ils se sont bouché les yeux, pour que leurs yeux ne voient pas, que leurs oreilles n'entendent pas, que leur cœur ne comprenne pas, et qu'ils ne se convertissent pas. Sinon, je les aurais guéris.*

[28] Sachez-le bien : c'est aux païens que le salut de Dieu a été envoyé. Eux, ils écouteront. »

[30] Paul demeura deux années entières dans le logement qu'il avait loué ; il accueillait tous ceux qui venaient chez lui ; [31] il annonçait le règne de Dieu et il enseignait ce qui concerne le Seigneur Jésus Christ avec une assurance totale, et sans rencontrer aucun obstacle.

LETTRE
AUX ROMAINS

*Paul salue les chrétiens de Rome
au nom du Christ dont
il proclame la Bonne Nouvelle.*

1 ¹Moi Paul, serviteur de
Jésus Christ, appelé par
Dieu pour être Apôtre, mis à
part pour annoncer la Bonne
Nouvelle ²que Dieu avait déjà
promise par ses prophètes
dans les saintes Écritures, je
m'adresse à vous, bien-aimés
de Dieu qui êtes à Rome.

³Cette Bonne Nouvelle
concerne son Fils : selon la
chair, il est né de la race de
David ; ⁴selon l'Esprit qui
sanctifie, il a été établi dans sa
puissance de Fils de Dieu par
sa résurrection d'entre les
morts, lui, Jésus Christ, notre
Seigneur.

⁵Pour que son nom soit
honoré, nous avons reçu par
lui grâce et mission d'Apôtre
afin d'amener à l'obéissance
de la foi toutes les nations
païennes, ⁶dont vous faites
partie, vous aussi que Jésus
Christ a appelés.

⁷Vous les fidèles qui êtes, par
appel de Dieu, le peuple saint,
que la grâce et la paix soient
avec vous tous, de la part de
Dieu notre Père et de Jésus
Christ le Seigneur.

⁸Tout d'abord, je rends grâce
à mon Dieu par Jésus Christ
pour vous tous, puisque la
nouvelle de votre foi se répand
dans le monde entier. ⁹Car ce
Dieu à qui je rends un culte
spirituel en annonçant l'Évangile de son Fils, il est témoin
que je fais sans cesse mention
de vous ; ¹⁰à tout instant, je
demande dans mes prières que
la volonté de Dieu me donne
bientôt la chance de venir
enfin chez vous. ¹¹J'ai en effet
un très vif désir de vous voir,
pour vous communiquer un
don de l'Esprit, afin de vous
rendre forts, – ¹²je veux dire,
afin de nous réconforter
ensemble chez vous, moi par
votre foi et vous par la mienne.
¹³Je ne veux pas vous le laisser
ignorer, frères : j'ai bien souvent eu l'intention de venir
chez vous, et j'en ai été empêché jusqu'à maintenant ; je
pensais obtenir chez vous
quelque succès comme chez
les autres nations païennes.
¹⁴J'ai des devoirs envers tous :
civilisés et non civilisés,

savants et ignorants ; [15]de là mon envie de vous annoncer l'Évangile à vous aussi qui êtes à Rome.

I – La foi qui nous rend justes et qui nous sauve

Introduction : le salut par la foi.

[16]En effet, je n'ai pas honte d'être au service de l'Évangile, car il est la puissance de Dieu pour le salut de tout homme qui est devenu croyant, d'abord le Juif, et aussi le païen. [17]Cet Évangile révèle la justice de Dieu qui sauve par la foi, du commencement à la fin, comme le dit l'Écriture : *C'est par la foi que le juste vivra.*

Tous, païens et Juifs, séparés de Dieu par leur péché.

[18]Or la colère de Dieu se révèle du haut du ciel contre tout refus de Dieu, et contre toute injustice par laquelle les hommes font obstacle à la vérité. [19]En effet, ce qu'on peut connaître de Dieu est clair pour eux, car Dieu lui-même le leur a montré clairement. [20]Depuis la création du monde, les hommes, avec leur intelligence, peuvent voir, à travers les œuvres de Dieu, ce qui est invisible : sa puissance éternelle et sa divinité. Ils n'ont donc pas d'excuse, [21]puisqu'ils ont connu Dieu sans lui rendre la gloire et l'action de grâce que l'on doit à Dieu. Ils se sont laissé aller à

des raisonnements qui ne mènent à rien, et les ténèbres ont rempli leurs cœurs sans intelligence. [22]Ces soi-disant sages sont devenus fous ; [23]ils ont échangé la gloire du Dieu immortel contre des idoles représentant l'homme mortel ou des oiseaux, des bestiaux et des serpents.

[24]Voilà pourquoi, à cause des désirs de leur cœur, Dieu les a livrés à l'impureté, de sorte qu'ils déshonorent eux-mêmes leur corps. [25]Ils ont échangé la vérité de Dieu contre le mensonge ; ils ont adoré et servi les créatures au lieu du Créateur, lui qui est béni éternellement. Amen.

[26]C'est pourquoi Dieu les a livrés à des passions déshonorantes. Chez eux, les femmes ont échangé les rapports naturels pour des rapports contre nature. [27]De même, les hommes ont abandonné les rapports naturels avec les femmes pour brûler de désir les uns pour les autres ; les hommes font avec les hommes des choses infâmes, et ils reçoivent en retour dans leur propre personne ce qui devait leur arriver pour leur égarement. [28]Et comme ils n'ont pas jugé bon de garder la vraie connaissance de Dieu, Dieu les a livrés à une façon de penser dépourvue de jugement. Ils font ce qu'ils ne devraient pas, [29]remplis de toutes sortes d'injustice, de perversité, d'appétit de jouissance, de méchanceté,

pleins de rivalités, de meurtres, de querelles, de ruses, de dépravations; ils calomnient, ³⁰ils médisent, ils ont la haine de Dieu, ils sont orgueilleux, arrogants, fanfarons, ingénieux à faire le mal, révoltés contre leurs parents, ³¹sans intelligence, sans loyauté, sans affection, sans pitié. ³²Ils savent bien que, d'après la décision de Dieu, ceux qui font de telles choses méritent la mort; et eux, non seulement ils les font, mais encore ils approuvent ceux qui les font.

2 ¹Toi, l'homme qui juges les païens, tu n'as pas d'excuse non plus: quand tu juges les autres alors que tu fais comme eux, tu te condamnes toi-même en les jugeant. ²Or, nous savons que Dieu jugera selon la vérité ceux qui font de telles choses. ³Et toi, l'homme qui juges ceux qui font de telles choses, et qui les fais toi-même, penses-tu échapper au jugement de Dieu? ⁴Ou bien méprises-tu ses trésors de bonté, de patience et de générosité, en refusant de reconnaître que cette bonté de Dieu te pousse à la conversion? ⁵Avec ton cœur endurci, qui ne veut pas se convertir, tu accumules la colère contre toi pour le jour de la colère, où sera révélé le juste jugement de Dieu, ⁶lui qui rendra à chacun selon ses œuvres: ⁷pour ceux qui tont le bien avec persévérance et recherchent ainsi la gloire, l'honneur et la vie

impérissable, ce sera la vie éternelle; ⁸mais pour les partisans de la révolte, qui se refusent à la vérité pour se donner à l'injustice, ce sera la colère et l'indignation.

⁹Oui, détresse et angoisse pour tout homme qui fait le mal, d'abord le Juif, et aussi le païen, ¹⁰mais gloire, honneur et paix pour tout homme qui fait le bien, d'abord le Juif, et aussi le païen. ¹¹Car Dieu ne fait pas de différence entre les hommes.

¹²En effet, tous ceux qui ont péché sans la Loi périront aussi sans la Loi; et tous ceux qui ont péché en ayant la Loi seront jugés au moyen de la Loi. ¹³Car ce n'est pas en ayant écouté la Loi qu'on sera juste devant Dieu; c'est en ayant pratiqué la Loi qu'on sera justifié. ¹⁴Quand des païens qui n'ont pas la Loi pratiquent spontanément ce que prescrit la Loi, ils sont à eux-mêmes leur propre loi, bien qu'ils n'aient pas la Loi. ¹⁵Ils montrent ainsi que la façon d'agir ordonnée par la Loi est inscrite dans leur cœur, et leur conscience en témoigne, ainsi que leurs arguments pour se condamner ou s'approuver les uns les autres. ¹⁶On le verra bien le jour où Dieu jugera ce qui est caché dans les hommes, conformément à l'Évangile que j'annonce, par Jésus Christ. ¹⁷Mais toi qui portes le nom de Juif, qui te reposes sur la Loi, qui mets ton orgueil en Dieu,

¹⁸toi qui connais sa volonté et qui discernes l'essentiel parce que tu t'es mis à l'école de la Loi, ¹⁹toi qui es convaincu d'être le guide des aveugles, la lumière de ceux qui sont dans les ténèbres, ²⁰l'éducateur des ignorants, le maître des simples, et de posséder dans la Loi l'expression même de la connaissance et de la vérité, ²¹toi donc qui instruis les autres, tu ne t'instruis pas toi-même ! toi qui proclames qu'il ne faut pas voler, tu voles ! ²²toi qui dis de ne pas commettre l'adultère, tu le commets ! toi qui as horreur des idoles, tu pilles leurs temples ! ²³toi qui mets ton orgueil dans la Loi, tu déconsidères Dieu par ta désobéissance à la Loi, ²⁴car il est écrit : *A cause de vous, le nom de Dieu est insulté chez les païens.*

²⁵Sans doute, la circoncision est utile si tu observes la Loi ; mais si tu es dans la désobéissance, avec ta circoncision tu es redevenu incirconcis. ²⁶Et si l'incirconcis garde les préceptes de la Loi, ne sera-t-il pas considéré par Dieu comme s'il était circoncis ? ²⁷Celui qui n'est pas circoncis dans son corps mais qui accomplit la Loi te jugera, toi qui es dans la désobéissance tout en ayant la lettre de la Loi et la circoncision. ²⁸Ce n'est pas ce qui est visible qui fait le Juif ; ce n'est pas la marque visible dans la chair qui fait la circoncision ; ²⁹mais c'est ce qui est caché qui fait le Juif : sa circoncision est celle du cœur, selon l'Esprit et non selon la lettre, et sa louange ne vient pas des hommes, mais de Dieu.

3 ¹Mais alors, le Juif a-t-il quelque chose de plus ? Et sa circoncision est-elle utile ? ²Bien sûr, et à bien des égards ! Et d'abord, parce que les paroles de Dieu lui ont été confiées. ³Mais que dire ? Si certains ont refusé de croire, leur infidélité va-t-elle empêcher Dieu d'être fidèle ? ⁴Jamais de la vie ! Il faut que Dieu soit reconnu véridique et tout homme menteur, comme il est écrit : *Il faut que tu montres ta justice lorsque tu parles, que tu montres ta victoire lorsqu'on te met en jugement.*

⁵Mais si c'est notre injustice qui manifeste la justice de Dieu, que dirons-nous ? Dieu serait-il injuste en déchaînant sa colère ? (Je parle de manière humaine.) ⁶Jamais de la vie ! Sinon, comment Dieu pourra-t-il juger le monde ? ⁷Et si enfin la vérité de Dieu éclate pour sa gloire grâce à mon mensonge, pourquoi suis-je encore condamné comme pécheur ? ⁸Pourquoi ne ferions-nous pas le mal pour qu'en sorte le bien, comme certains nous accusent injurieusement de le dire ? Ceux-là méritent bien leur condamnation.

⁹Alors ? Avons-nous une supériorité ? Pas en toute chose ! Nous avons déjà montré que les Juifs et les païens sont tous sous la domination du péché. ¹⁰Voici en effet ce qui est écrit :

*Il n'y a pas un juste, pas même
un seul,*

[11] *il n'y en a pas un de sensé,
pas un qui cherche Dieu ;*

[12] *Tous ils sont dévoyés, tous
ensemble pervertis ;
pas un homme de bien, pas un
seul.*

[13] *Leur gosier est un sépulcre
béant,
et leur langue leur sert pour
tromper.
Leurs lèvres sont chargées de
venin de vipère.*

[14] *Leur bouche est pleine de
malédiction et d'aigreur.*

[15] *Leurs pieds sont agiles pour
aller répandre le sang.*

[16] *Ruine et misère sont sur leurs
chemins,*

[17] *et ils n'ont pas connu le chemin de la paix.*

[18] *Leurs yeux ne voient pas que
Dieu est terrible.*

*Par la foi en Jésus Christ,
païens et Juifs
peuvent devenir des justes.*

[19] Or nous le savons : tout ce
que dit la Loi, elle le déclare
pour ceux qui sont sujets de la
Loi, afin que toutes les
bouches soient réduites au
silence, et que le monde entier
soit reconnu coupable devant
Dieu. [20] Ainsi, ce n'est pas en
observant la Loi que quelqu'un devient juste devant
Dieu. En effet, la Loi fait seulement connaître le péché.

[21] Mais aujourd'hui, indépendamment de la Loi, Dieu a
manifesté sa justice qui nous
sauve : la Loi et les prophètes
en sont déjà témoins. [22] Et

cette justice de Dieu, donnée
par la foi en Jésus Christ, elle
est pour tous ceux qui croient.
En effet, il n'y a pas de différence : [23] tous les hommes sont
pécheurs, ils sont tous privés
de la gloire de Dieu, [24] lui qui
leur donne d'être des justes
par sa seule grâce, en vertu de
la rédemption accomplie dans
le Christ Jésus.

[25] Car Dieu a exposé le Christ
sur la croix afin que, par l'offrande de son sang, il soit le
pardon pour ceux qui croient
en lui. Ainsi Dieu voulait
manifester sa justice : lui qui,
au temps de sa patience, effaçait déjà les péchés d'autrefois,
[26] il voulait manifester, au
temps présent, ce qu'est sa justice qui sauve. Telle est sa
manière d'être juste et de
rendre juste celui qui met sa
foi en Jésus.

[27] Alors, y a-t-il de quoi s'enorgueillir ? Absolument pas.
Au nom de quoi le ferions-
nous ? Est-ce au nom d'une loi
que nous pratiquerions ? Pas
du tout. C'est au nom de la
foi. [28] En effet, nous estimons
que l'homme devient juste par
la foi, indépendamment des
actes prescrits par la loi de
Moïse. [29] Ou alors, Dieu serait-
il seulement le Dieu des Juifs ?
N'est-il pas aussi le Dieu des
païens ? Bien sûr, il est aussi le
Dieu des païens, [30] puisqu'il
n'y a qu'un seul Dieu : ceux
qui ont reçu la circoncision, il
va les rendre justes par la foi ;
et les autres, qui ne l'ont pas

reçue, il les justifiera aussi au moyen de la foi. [31] Sommes-nous en train d'éliminer la Loi au moyen de la foi? Absolument pas! Au contraire, nous la confirmons.

La foi d'Abraham le juste,
père des croyants.

4 [1] Que dire alors d'Abraham, l'ancêtre de notre race, et de ce qu'il a obtenu? [2] Si Abraham était devenu un homme juste par les actions qu'il avait accomplies, il aurait pu en tirer orgueil, mais Dieu juge autrement. [3] L'Écriture dit en effet : *Abraham eut foi en Dieu et de ce fait, Dieu estima qu'il était juste.* [4] Si un homme a accompli un travail, on estime que son salaire n'est pas une grâce, mais un dû. [5] Au contraire, si quelqu'un, sans rien accomplir, a foi en ce Dieu qui rend juste l'homme coupable, Dieu estime qu'une telle foi fait de lui un juste. [6] C'est ainsi que le psaume de David proclame heureux l'homme que Dieu a estimé juste, indépendamment de ce qu'il a accompli :

[7] *Heureux ceux dont les fautes ont été remises, et les péchés pardonnés.*

[8] *Heureux l'homme que le Seigneur n'estime plus pécheur.*

[9] Ces béatitudes concernent-elles ceux qui ont la circoncision, ou ceux qui ne l'ont pas? Nous lisons : *C'est pour sa foi que Dieu a estimé qu'Abraham était juste.* [10] Quand cela lui est-il arrivé : quand il était circoncis, ou quand il ne l'était pas encore? Non pas quand il l'était, mais avant. [11] Et il reçut le signe de la circoncision comme la marque de la justice obtenue par la foi. Il devint ainsi le père de tous ceux qui croient sans avoir la circoncision, pour qu'ils soient eux aussi estimés justes. [12] Il est également père du peuple de la circoncision : c'est pour ceux qui non seulement ont la circoncision, mais qui marchent aussi sur les traces de la foi de notre père Abraham avant sa circoncision.

[13] Car Dieu a promis à Abraham et à sa descendance qu'ils recevraient le monde en héritage, non pas en accomplissant la Loi mais en devenant des justes par la foi. [14] En effet, si l'on devient héritiers par la Loi, alors la foi est sans aucun objet, et la promesse est détruite. [15] Car la Loi aboutit à la colère de Dieu, tandis que là où il n'y a pas de Loi, il n'y a pas de désobéissance. [16] C'est donc par la foi qu'on devient héritier ; ainsi, c'est un don gratuit, et la promesse demeure valable pour tous ceux qui sont descendants d'Abraham, non seulement parce qu'ils font partie du peuple de la Loi, mais parce qu'ils partagent la foi d'Abraham, notre père à tous. [17] C'est bien ce qui est écrit : *J'ai fait de toi le père d'un grand nombre de peuples.* Il est notre père devant Dieu en qui il a cru,

Dieu qui donne la vie aux morts et qui appelle à l'existence ce qui n'existait pas. [18] Espérant contre toute espérance, il a cru, et ainsi il est devenu le père d'un grand nombre de peuples, selon la parole du Seigneur : *Vois quelle descendance tu auras !*

[19] Il n'a pas faibli dans la foi : cet homme presque centenaire savait bien que Sara et lui étaient trop vieux pour avoir des enfants ; [20] mais, devant la promesse de Dieu, il ne tomba pas dans le doute et l'incrédulité : il trouva sa force dans la foi et rendit gloire à Dieu, [21] car il était pleinement convaincu que Dieu a la puissance d'accomplir ce qu'il a promis. [22] Et, comme le dit l'Écriture : *En raison de sa foi, Dieu a estimé qu'il était juste.*

[23] En parlant ainsi de la foi d'Abraham, l'Écriture ne parle pas seulement de lui, mais aussi de nous ; [24] car Dieu nous estimera justes, puisque nous croyons en lui, qui a ressuscité d'entre les morts Jésus notre Seigneur, [25] livré pour nos fautes et ressuscité pour notre justification.

Réconciliés avec Dieu, nous sommes en marche vers le salut.

5 [1] Dieu a donc fait de nous des justes par la foi ; nous sommes ainsi en paix avec Dieu par notre Seigneur Jésus Christ, [2] qui nous a donné, par la foi, l'accès au monde de la grâce dans lequel nous sommes établis ; et notre orgueil à nous, c'est d'espérer avoir part à la gloire de Dieu. [3] Mais ce n'est pas tout : la détresse elle-même fait notre orgueil, puisque la détresse, nous le savons, produit la persévérance ; [4] la persévérance produit la valeur éprouvée ; la valeur éprouvée produit l'espérance ; [5] et l'espérance ne trompe pas, puisque l'amour de Dieu a été répandu dans nos cœurs par l'Esprit Saint qui nous a été donné.

[6] Alors que nous n'étions encore capables de rien, le Christ, au temps fixé par Dieu, est mort pour les coupables que nous étions. – [7] Accepter de mourir pour un homme juste, c'est déjà difficile ; peut-être donnerait-on sa vie pour un homme de bien. [8] Or, la preuve que Dieu nous aime, c'est que le Christ est mort pour nous alors que nous étions encore pécheurs. [9] A plus forte raison, maintenant que le sang du Christ nous a fait devenir des justes, nous serons sauvés par lui de la colère de Dieu. [10] En effet, si Dieu nous a réconciliés avec lui par la mort de son Fils quand nous étions encore ses ennemis, à plus forte raison, maintenant que nous sommes réconciliés, nous serons sauvés par la vie du Christ ressuscité. [11] Bien plus, nous mettons notre orgueil en Dieu, grâce à Jésus Christ notre Seigneur, qui nous a réconciliés avec Dieu.

*Tous privés de la vie à cause
d'Adam, nous retrouvons
bien davantage
à cause de Jésus Christ.*

¹²Par un seul homme, Adam, le péché est entré dans le monde, et par le péché est venue la mort ; et ainsi, la mort est passée en tous les hommes, du fait que tous ont péché. ¹³Avant la loi de Moïse, le péché était déjà dans le monde. Certes, on dit que le péché ne peut être sanctionné quand il n'y a pas de loi ; ¹⁴mais pourtant, depuis Adam jusqu'à Moïse, la mort a régné, même sur ceux qui n'avaient pas péché par désobéissance à la manière d'Adam. Or, Adam préfigurait celui qui devait venir. ¹⁵Mais le don gratuit de Dieu et la faute n'ont pas la même mesure. En effet, si la mort a frappé la multitude des hommes par la faute d'un seul, combien plus la grâce de Dieu a-t-elle comblé la multitude, cette grâce qui est donnée en un seul homme, Jésus Christ.

¹⁶Le don de Dieu et les conséquences du péché d'un seul n'ont pas la même mesure non plus : d'une part, en effet, pour la faute d'un seul, le jugement a conduit à la condamnation ; d'autre part, pour une multitude de fautes, le don gratuit de Dieu conduit à la justification. ¹⁷En effet, si, à cause d'un seul homme, par la faute d'un seul homme, la mort a régné, combien plus, à cause de Jésus Christ et de lui seul, régneront-ils dans la vie, ceux qui reçoivent en plénitude le don de la grâce qui les rend justes.

¹⁸Bref, de même que la faute commise par un seul a conduit tous les hommes à la condamnation, de même l'accomplissement de la justice par un seul a conduit tous les hommes à la justification qui donne la vie. ¹⁹En effet, de même que tous sont devenus pécheurs parce qu'un seul homme a désobéi, de même tous deviendront justes parce qu'un seul homme a obéi. ²⁰Quant à la loi de Moïse, elle est intervenue pour que se multiplie la faute ; mais là où le péché s'était multiplié, la grâce a surabondé.

²¹Ainsi donc, de même que le péché a établi son règne de mort, de même la grâce, source de justice, devait établir son règne pour donner la vie éternelle par Jésus Christ notre Seigneur.

*Morts avec Jésus Christ
par le baptême, nous ne devons
pas retomber sous l'esclavage
du péché.*

6 ¹Que dire alors ? Nous faut-il demeurer dans le péché pour que la grâce se multiplie ? ²Absolument pas. Puisque nous sommes morts au péché, comment pourrions nous vivre encore dans le péché ? ³Ne le savez-vous donc pas : nous tous, qui avons été baptisés en Jésus Christ, c'est dans sa mort que nous avons été baptisés. **4** Si, par le baptême dans sa mort, nous avons été mis au tombeau avec lui, c'est pour que nous menions une vie nouvelle, nous aussi, de même que le Christ, par la toute-puissance du Père, est ressuscité d'entre les morts. **5** Car, si nous sommes déjà en communion avec lui par une mort qui ressemble à la sienne, nous le serons encore par une résurrection qui ressemblera à la sienne. **6** Nous le savons : l'homme ancien qui est en nous a été fixé à la croix avec lui pour que cet être de péché soit réduit à l'impuissance, et qu'ainsi nous ne soyons plus esclaves du péché. **7** Car celui qui est mort est affranchi du péché.

8 Et si nous sommes passés par la mort avec le Christ, nous croyons que nous vivrons aussi avec lui. **9** Nous le savons en effet : ressuscité d'entre les morts, le Christ ne meurt plus ; sur lui la mort n'a plus aucun pouvoir. **10** Car lui qui est mort, c'est au péché qu'il est mort une fois pour toutes ; lui qui est vivant, c'est pour Dieu qu'il est vivant. **11** De même vous aussi : pensez que vous êtes morts au péché, et vivants pour Dieu en Jésus Christ.

12 Il ne faut donc pas que le péché règne dans votre corps mortel et vous fasse obéir à ses désirs. **13** Ne mettez pas les membres de votre corps au service du péché pour mener le combat du mal : mettez-vous au contraire au service de Dieu comme des vivants revenus de la mort, et offrez à Dieu vos membres pour le combat de sa justice. **14** Car le péché n'aura plus sur vous aucun pouvoir : en effet, vous n'êtes plus sujets de la Loi, vous êtes sujets de la grâce de Dieu.

15 Alors ? Puisque nous ne sommes pas sujets de la Loi, mais de la grâce, allons-nous recommencer à pécher ? Absolument pas. **16** Vous le savez bien : en vous mettant au service de quelqu'un pour lui obéir comme esclaves, vous voilà esclaves de celui à qui vous obéissez : soit du péché, qui est un chemin de mort ; soit de l'obéissance à Dieu, qui est un chemin de justice. **17** Mais rendons grâce à Dieu : vous qui étiez esclaves du péché, vous avez maintenant obéi de tout votre cœur à l'enseignement de base auquel Dieu vous a soumis. **18** Vous avez été libérés du péché, vous êtes devenus les esclaves de la justice.

19 J'emploie ici un langage humain, adapté à votre faiblesse. Auparavant, vous aviez mis tout votre corps au service de l'impureté et du désordre, qui ne mènent qu'au désordre ; de la même manière, mettez-les à présent au service de la justice, qui mène à la sainteté. **20** Quand vous étiez esclaves du péché, vous étiez libres par rapport aux exigences de la justice. ²¹ Qu'avez-vous récolté alors, à commettre des actes que vous regrettez maintenant ? En effet, ces actes mènent à la mort. ²² Mais maintenant que vous avez été libérés du péché et que vous êtes devenus les esclaves de Dieu, vous y récoltez la sainteté, et cela aboutit à la vie éternelle. ²³ Car le salaire du péché, c'est la mort ; mais le don gratuit de Dieu, c'est la vie éternelle dans le Christ Jésus notre Seigneur.

Le chrétien libéré de la Loi,
qui révélait le péché.

7 ¹ Ne le savez-vous pas, frères – je parle à des gens qui s'y connaissent en matière de loi – : la loi n'a de pouvoir sur les personnes que durant leur vie. ² Ainsi, la femme mariée est liée par la loi à son mari s'il est vivant ; mais si le mari est mort, elle est affranchie de la loi du mari. ³ Donc, du vivant de son mari, on la traitera d'adultère si elle appartient à un autre homme ; mais si le mari est mort, elle est libre à l'égard de la loi, si bien qu'elle ne sera pas adultère en appartenant à un autre. ⁴ De même, mes frères, vous aussi, le corps crucifié du Christ vous a fait mourir à la Loi, pour que vous apparteniez à un autre, Celui qui est ressuscité d'entre les morts, afin que nous portions des fruits pour Dieu. ⁵ En effet, quand nous étions encore des

êtres charnels, les passions coupables excitées par la Loi agissaient dans tout notre corps, pour nous faire porter des fruits de mort. ⁶ Mais maintenant, nous avons été affranchis de la Loi, étant morts à ce qui nous entravait ; ainsi, nous pouvons assurer un service nouveau, celui de l'Esprit, au lieu du service ancien, celui de la lettre de la Loi.

⁷ Que dire alors ? Que la Loi, c'est le péché ? Absolument pas : je n'aurais pas connu le péché s'il n'y avait pas eu la Loi ; en effet, j'aurais ignoré la convoitise si la Loi n'avait pas dit : *Tu ne convoiteras pas.*

⁸ Mais le péché a saisi l'occasion et, par le commandement, il a produit en moi toutes sortes de convoitises, car sans la Loi le péché est chose morte. ⁹ Et moi, jadis, sans la Loi, j'étais en vie ; mais quand le commandement est venu, le péché est devenu vivant, ¹⁰ et pour moi ce fut la mort. Et le commandement, qui était principe de vie, s'est trouvé être pour moi principe de mort. ¹¹ En effet, le péché a saisi l'occasion et, par le commandement, il m'a séduit ; par lui, il m'a tué. ¹² Finalement, la Loi est sainte ; le commandement est saint, juste et bon. ¹³ Alors, c'est quelque chose de bon qui a été pour moi la mort ? Absolument pas : c'est le péché ! Pour qu'on voie bien qu'il est le péché, il s'est servi de quelque chose de bon pour

causer ma mort ; ainsi, par le commandement, le péché est devenu pleinement péché.

L'homme partagé
entre le bien et le mal.

[14] Nous savons bien que la Loi est une réalité spirituelle : mais moi, je suis un homme charnel, vendu au péché. [15] En effet, je ne comprends pas ce que j'accomplis, car ce que je voudrais faire, ce n'est pas ce que je réalise ; mais ce que je déteste, c'est cela que je fais. [16] Or, si je fais ce que je ne voudrais pas, je suis d'accord avec la Loi : je reconnais qu'elle est bonne. [17] Mais en fait, ce n'est plus moi qui accomplis tout cela, c'est le péché, lui qui habite en moi.

[18] Je sais que le bien n'habite pas en moi, je veux dire dans l'être de chair que je suis. En effet, ce qui est à ma portée, c'est d'avoir envie de faire le bien, mais non pas de l'accomplir. [19] Je ne réalise pas le bien que je voudrais, mais je fais le mal que je ne voudrais pas. [20] Si je fais ce que je ne voudrais pas, alors ce n'est plus moi qui accomplis tout cela, c'est le péché, lui qui habite en moi. [21] Moi qui voudrais faire le bien, je constate donc en moi cette loi : ce qui est à ma portée, c'est le mal. [22] Au plus profond de moi-même, je prends plaisir à la loi de Dieu. [23] Mais, dans tout mon corps, je découvre une autre loi, qui combat contre la loi que suit ma raison et me rend prison-nier de la loi du péché qui est dans mon corps. [24] Quel homme malheureux je suis ! Qui me délivrera de ce corps qui appartient à la mort ? [25] Et pourtant, il faut rendre grâce à Dieu par Jésus Christ notre Seigneur.

Ainsi, moi, je suis à la fois, par ma raison, serviteur de la loi de Dieu, et, par ma nature charnelle, serviteur de la loi du péché.

L'Esprit nous libère du péché
et nous fait enfants de Dieu.

8 [1] Ainsi, pour ceux qui sont dans le Christ Jésus, il n'y a plus de condamnation. [2] Car en me faisant passer sous sa loi, l'Esprit qui donne la vie dans le Christ Jésus m'a libéré, moi qui étais sous la loi du péché et de la mort. [3] En effet, quand Dieu a envoyé son propre Fils dans notre condi-tion humaine de pécheurs pour vaincre le péché, il a fait ce que la loi de Moïse ne pou-vait pas faire à cause de la fai-blesse humaine : il a détruit le péché dans l'homme charnel. [4] Il voulait ainsi que les exi-gences de la Loi se réalisent en nous, qui ne vivons pas sous l'emprise de la chair mais de l'Esprit.

[5] En effet, sous l'emprise de la chair, on tend vers ce qui est charnel ; sous l'emprise de l'Esprit, on tend vers ce qui est spirituel ; [6] et la chair tend vers la mort, mais l'Esprit tend vers la vie et la paix. [7] Car la chair tend à se révolter contre Dieu,

elle ne se soumet pas à loi de Dieu, elle n'en est même pas capable. [8] Sous l'emprise de la chair, on ne peut pas plaire à Dieu. [9] Or, vous, vous n'êtes pas sous l'emprise de la chair, mais sous l'emprise de l'Esprit, puisque l'Esprit de Dieu habite en vous. Celui qui n'a pas l'Esprit du Christ ne lui appartient pas. [10] Mais si le Christ est en vous, votre corps a beau être voué à la mort à cause du péché, l'Esprit est votre vie, parce que vous êtes devenus des justes. [11] Et si l'Esprit de celui qui a ressuscité Jésus d'entre les morts habite en vous, celui qui a ressuscité Jésus d'entre les morts donnera aussi la vie à vos corps mortels par son Esprit qui habite en vous.

[12] Ainsi donc, frères, nous avons une dette, mais ce n'est pas envers la chair ; nous n'avons pas à vivre sous l'emprise de la chair. [13] Car si vous vivez sous l'emprise de la chair, vous devez mourir ; mais si, par l'Esprit, vous tuez les désordres de l'homme pécheur, vous vivrez.

[14] En effet, tous ceux qui se laissent conduire par l'Esprit de Dieu, ceux-là sont fils de Dieu. [15] L'Esprit que vous avez reçu ne fait pas de vous des esclaves, des gens qui ont encore peur ; c'est un Esprit qui fait de vous des fils ; poussés par cet Esprit, nous crions vers le Père en l'appelant : « Abba ! »

[16] C'est donc l'Esprit Saint lui-même qui affirme à notre esprit que nous sommes enfants de Dieu. [17] Puisque nous sommes ses enfants, nous sommes aussi ses héritiers ; héritiers de Dieu, héritiers avec le Christ, si nous souffrons avec lui pour être avec lui dans la gloire.

L'amour de Dieu renouvellera la création et l'humanité pour les conduire à la gloire.

[18] J'estime donc qu'il n'y a pas de commune mesure entre les souffrances du temps présent et la gloire que Dieu va bientôt révéler en nous. [19] En effet, la création aspire de toutes ses forces à voir cette révélation des fils de Dieu. [20] Car la création a été livrée au pouvoir du néant, non parce qu'elle l'a voulu, mais à cause de celui qui l'a livrée à ce pouvoir. Pourtant, elle a gardé l'espérance [21] d'être, elle aussi, libérée de l'esclavage, de la dégradation inévitable, pour connaître la liberté, la gloire des enfants de Dieu. [22] Nous le savons bien, la création tout entière crie sa souffrance, elle passe par les douleurs d'un enfantement qui dure encore. [23] Et elle n'est pas seule. Nous aussi, nous crions en nous-mêmes notre souffrance, nous avons commencé par recevoir le Saint-Esprit, mais nous attendons notre adoption et la délivrance de notre corps. [24] Car nous avons été sauvés,

mais c'est en espérance ; voir ce qu'on espère, ce n'est plus espérer : ce que l'on voit, comment peut-on l'espérer encore ? ²⁵ Mais nous, qui espérons ce que nous ne voyons pas, nous l'attendons avec persévérance.

²⁶ Bien plus, l'Esprit Saint vient au secours de notre faiblesse, car nous ne savons pas prier comme il faut. L'Esprit lui-même intervient pour nous par des cris inexprimables. ²⁷ Et Dieu, qui voit le fond des cœurs, connaît les intentions de l'Esprit : il sait qu'en intervenant pour les fidèles, l'Esprit veut ce que Dieu veut. ²⁸ Nous le savons, quand les hommes aiment Dieu, lui-même fait tout contribuer à leur bien, puisqu'ils sont appelés selon le dessein de son amour. ²⁹ Ceux qu'il connaissait par avance, il les a aussi destinés à être l'image de son Fils, pour faire de ce Fils l'aîné d'une multitude de frères. ³⁰ Ceux qu'il destinait à cette ressemblance, il les a aussi appelés ; ceux qu'il a appelés, il en a fait des justes ; et ceux qu'il a justifiés, il leur a donné sa gloire.

³¹ Il n'y a rien à dire de plus. Si Dieu est pour nous, qui sera contre nous ? ³² Il n'a pas refusé son propre Fils, il l'a livré pour nous tous : comment pourrait-il avec lui ne pas nous donner tout ? ³³ Qui accusera ceux que Dieu a choisis ? puisque c'est Dieu qui justifie. ³⁴ Qui pourra condam-

ner ? puisque Jésus Christ est mort ; plus encore : il est ressuscité, il est à la droite de Dieu, et il intercède pour nous.

³⁵ Qui pourra nous séparer de l'amour du Christ ? la détresse ? l'angoisse ? la persécution ? la faim ? le dénuement ? le danger ? le supplice ? ³⁶ L'Écriture dit en effet : *C'est pour toi qu'on nous massacre sans arrêt, on nous prend pour des moutons d'abattoir.* ³⁷ Oui, en tout cela nous sommes les grands vainqueurs grâce à celui qui nous a aimés. ³⁸ J'en ai la certitude : ni la mort ni la vie, ni les esprits ni les puissances, ni le présent ni l'avenir, ³⁹ ni les astres, ni les cieux, ni les abîmes, ni aucune autre créature, rien ne pourra nous séparer de l'amour de Dieu qui est en Jésus Christ notre Seigneur.

Paul tourmenté par le salut du peuple des promesses.

9 ¹ J'affirme ceci dans le Christ, car c'est la vérité, je ne mens pas, et ma conscience m'en rend témoignage dans l'Esprit Saint. ² J'ai dans le cœur une grande tristesse, une douleur incessante. ³ Pour les Juifs, mes frères de race, je souhaiterais même être maudit, séparé du Christ : ⁴ ils sont en effet les fils d'Israël, ayant pour eux l'adoption, la gloire, les alliances, la Loi, le culte, les promesses de Dieu ; ⁵ ils ont les patriarches, et c'est de leur race que le Christ est né, lui

qui est au-dessus de tout, Dieu béni éternellement. Amen.

Dieu est fidèle, mais libre à l'égard de tous.

⁶ On ne peut donc pas dire que la parole de Dieu a été mise en échec, car ceux qui sont nés d'Israël ne sont pas tous Israël. ⁷ Ce n'est pas parce qu'ils sont la descendance d'Abraham qu'ils sont tous ses enfants, mais, comme dit l'Écriture : *C'est la descendance d'Isaac qui portera ton nom.* ⁸ Autrement dit, ce ne sont pas les enfants de la chair qui sont enfants de Dieu, mais ce sont les enfants de la promesse qui sont comptés comme descendance. ⁹ Car telle est la parole de la promesse : *A la même époque, je reviendrai chez toi, et Sara aura un fils.*

¹⁰ Et ce n'est pas tout ; il y a aussi Rébecca, qui n'avait connu qu'un seul homme, Isaac notre père. ¹¹ Ses enfants n'étaient pas encore nés, et donc n'avaient rien fait de bien ni de mal ; c'est alors que, pour maintenir le dessein de Dieu, qui relève de son choix ¹² et ne vient pas des œuvres mais de celui qui appelle, il fut dit à cette femme : *L'aîné sera assujetti au plus jeune,* ¹³ comme il est écrit : *J'ai aimé Jacob, je n'ai pas aimé Esaü.*

¹⁴ Que dire alors ? Y a-t-il de l'injustice en Dieu ? Jamais de la vie ! ¹⁵ En effet, il dit à Moïse : *Je ferai miséricorde à qui je veux, je montrerai ma tendresse à qui je veux.* ¹⁶ Il ne s'agit donc pas de la volonté de l'homme ou de sa course acharnée, mais de la miséricorde de Dieu. ¹⁷ En effet, l'Écriture dit au Pharaon : *Si je t'ai suscité, c'est pour montrer en toi ma puissance, et pour que mon Nom soit proclamé sur toute la terre.* ¹⁸ Ainsi donc, il fait miséricorde à qui il veut, et il endurcit qui il veut.

¹⁹ Alors on va me dire : « Pourquoi Dieu adresse-t-il encore des reproches ? Qui donc a jamais pu s'opposer à sa volonté ? » ²⁰ Toi, homme, qui es-tu au juste pour entrer en contestation avec Dieu ? L'œuvre va-t-elle dire à l'ouvrier : « Pourquoi m'as-tu faite ainsi ? » ²¹ Le potier n'est-il pas maître de son argile, pour faire avec la même pâte un objet pour un usage honorable et un autre pour un usage vulgaire ? ²² Dieu lui, tout en voulant manifester sa colère et faire connaître sa puissance, a supporté avec beaucoup de patience des objets de colère faits pour la perdition ; ²³ il l'a fait aussi pour faire connaître la richesse de sa gloire en faveur des objets de miséricorde qu'il a préparés d'avance pour la gloire, ²⁴ c'est-à-dire nous, qu'il a appelés non seulement d'entre les Juifs, mais encore d'entre les païens. ²⁵ C'est ce qui est dit dans le livre d'Osée : *Celui qu'on appelait « Pas-mon-peuple », je l'ap-*

pellerai «Mon-peuple», j'aimerai celle qu'on appelait «Non-aimée». ²⁶ Et, là même où Dieu leur avait dit : «Vous n'êtes pas mon peuple», là ils seront appelés «fils du Dieu vivant». ²⁷ Isaïe aussi s'écrie au sujet d'Israël : Même si le nombre des fils d'Israël était comme le sable de la mer, seul le petit reste sera sauvé, ²⁸ car le Seigneur accomplira pleinement et promptement sa parole sur la terre. ²⁹ Et comme le disait auparavant Isaïe : Si le Seigneur de l'univers ne nous avait pas laissé un germe, nous serions devenus comme Sodome, nous serions semblables à Gomorrhe.

³⁰ Que dire alors ? Que des païens qui n'avaient pas pour but de devenir justes ont obtenu de le devenir, mais c'était la justice qui vient de la foi, ³¹ tandis qu'Israël, qui avait pour but une Loi donnant la justice, n'a pas atteint son but. ³² Pourquoi ? Parce qu'au lieu de la foi, ils pensaient l'obtenir par les œuvres. Ils ont buté sur la pierre ³³ dont il est dit dans l'Écriture : Voici que je pose en Sion une pierre sur laquelle on bute, un rocher qui fait tomber. Celui qui lui donne sa foi ne connaîtra pas la honte.

C'est la parole de l'Évangile qui sauve les hommes ; le peuple des promesses ne l'a pas accueillie.

10

¹ Frères, le vœu de mon cœur et ma prière à Dieu pour eux, c'est qu'ils obtiennent le salut. ² Car je peux témoigner de leur zèle pour Dieu, mais il leur manque la vraie connaissance. ³ En ne reconnaissant pas la justice qui vient de Dieu, et en cherchant à instaurer leur propre justice, ils ne se sont pas soumis à la justice de Dieu. ⁴ Car l'aboutissement de la Loi, c'est le Christ, pour que soit donnée la justice à tout homme qui croit. ⁵ Or Moïse écrit au sujet de la justice qui vient de la Loi : L'homme qui pratiquera ces commandements vivra par eux. ⁶ Mais la justice qui vient de la foi parle ainsi : Ne dis pas dans ton cœur : «Qui va monter aux cieux ? » (c'est-à-dire faire descendre le Christ), ⁷ ou bien : «Qui va descendre au fond de l'abîme ? » (c'est-à-dire faire remonter le Christ de chez les morts).

⁸ Mais que dit ensuite cette justice ? La Parole est près de toi, elle est dans ta bouche et dans ton cœur. Cette Parole, c'est le message de la foi que nous proclamons. ⁹ Donc, si tu affirmes de ta bouche que Jésus est Seigneur, si tu crois dans ton cœur que Dieu l'a ressuscité d'entre les morts, alors tu seras sauvé. ¹⁰ Celui qui croit du fond de son cœur devient juste ; celui qui, de sa bouche, affirme sa foi parvient au salut. ¹¹ En effet, l'Écriture dit : Lors du jugement, aucun de ceux qui croient en lui n'aura à le regretter.

¹²Ainsi, entre les Juifs et les païens, il n'y a pas de différence : tous ont le même Seigneur, généreux envers tous ceux qui l'invoquent. ¹³En effet, *tous ceux qui invoqueront le nom du Seigneur seront sauvés.* ¹⁴Or, comment invoquer le Seigneur sans avoir d'abord cru en lui ? Comment croire en lui sans avoir entendu sa parole ? Comment entendre sa parole si personne ne l'a proclamée ? ¹⁵Comment proclamer sans être envoyé ? C'est que dit l'Écriture : *Comme il est beau de voir courir les messagers de la Bonne Nouvelle !*

¹⁶Et pourtant tous n'ont pas obéi à la Bonne Nouvelle ; le prophète Isaïe demandait : *Seigneur, qui a cru en nous entendant parler ?* ¹⁷C'est donc que la foi naît de ce qu'on entend ; et ce qu'on entend, c'est l'annonce de la parole du Christ. ¹⁸Alors, je pose la question : n'aurait-on pas entendu ? Mais si, bien sûr ! Un psaume le dit : *Leur cri a retenti par toute la terre, et leur parole, jusqu'au bout du monde.* ¹⁹Je pose encore la question : Israël n'aurait-il pas compris ? Moïse le premier dit : *Je vais vous rendre jaloux par ce qui n'est pas une nation, par une nation stupide je vais vous exaspérer.* ²⁰Et Isaïe a l'audace de dire : *J'ai été trouvé par ceux qui ne me cherchaient pas, je me suis manifesté à ceux qui ne me demandaient rien.* ¹Il dit encore à Israël : *Tout le* *[jo]ur, j'ai tendu les mains vers un [p]euple qui refuse et s'oppose.*

Tous sont greffés sur Israël, dont le retour couronnera l'œuvre de Dieu.

11 ¹Je pose donc la question : Dieu aurait-il rejeté son peuple ? Non, bien sûr ! J'en suis moi-même une preuve : je suis fils d'Israël, de la descendance d'Abraham, de la tribu de Benjamin. ²Dieu n'a pas rejeté son peuple, que depuis toujours il a connu. Ne savez-vous pas ce que dit l'Écriture dans l'histoire d'Élie lorsqu'il en appelle à Dieu contre Israël ? ³*Seigneur, dit-il, ils ont tué tes prophètes et renversé tes autels ; je suis le seul à être resté, et ils cherchent à me tuer.* ⁴Mais quelle réponse reçoit-il ? *J'ai fait en sorte qu'il reste* pour moi *sept mille hommes qui ne se sont pas mis à genoux devant Baal.* ⁵De même il y a donc dans le temps présent un reste choisi par grâce ; ⁶et si c'est par grâce, ce n'est pas par les œuvres, car alors la grâce ne serait plus la grâce.

⁷Que dire alors ? Ce qu'Israël recherche, il ne l'a pas obtenu ; mais les élus l'ont obtenu, tandis que les autres ont été endurcis, ⁸comme le dit l'Écriture : *Dieu leur a donné un esprit de torpeur : ils ont des yeux pour ne pas voir et des oreilles pour ne pas entendre, jusqu'à ce jour.* ⁹David dit aussi : *Que leur repas devienne pour eux un piège,* une trappe, *une occasion de chute, un juste châtiment ;* ¹⁰*que leurs yeux s'obscurcissent pour qu'ils ne*

voient plus, fais-leur sans cesse courber le dos.

¹¹ Je pose encore une question : Israël a-t-il trébuché pour ne plus se relever ? Non, bien sûr ! Mais c'est à sa faute que les païens doivent le salut ; Dieu voulait le rendre jaloux. ¹² Or, si la faute des fils d'Israël a été un enrichissement pour le monde, si leur échec a été un enrichissement pour les païens, que dire alors du jour où l'ensemble d'Israël sera là ?

¹³ Je vous le dis à vous, qui étiez païens : dans la mesure même où je suis apôtre des païens, ce serait la gloire de mon ministère ¹⁴ de rendre un jour jaloux mes frères de race, et d'en sauver quelques-uns. ¹⁵ En effet le monde a été réconcilié avec Dieu quand ils ont été mis à l'écart, qu'arrivera-t-il quand ils seront réintégrés ? Ce sera la vie pour ceux qui étaient morts ! ¹⁶ Si un peu de pâte est consacrée à Dieu, toute la pâte devient sainte ; si la racine de l'arbre est sainte, les branches le sont aussi. ¹⁷ De ces branches, quelques-unes ont été coupées, alors que toi, qui es une branche d'olivier sauvage, tu as été greffé parmi elles, et tu as part désormais à l'huile que donne la racine de l'olivier. ¹⁸ Alors, ne sois pas plein d'orgueil envers les autres branches ; malgré tout ton orgueil, ¹⁹ ce n'est pas toi qui portes la racine, c'est la racine qui te porte. Tu vas me dire : « Des branches ont été coupées pour que moi, je sois greffé ! » ²⁰ Fort bien ! Mais c'est à cause de leur manque de foi qu'elles ont été coupées ; et toi, c'est à cause de ta foi que tu tiens. Ne fais pas le fanfaron, sois plutôt dans la crainte. ²¹ Car si Dieu n'a pas épargné les branches d'origine, il ne t'épargnera pas non plus. ²² Observe donc la bonté et la sévérité de Dieu : sévérité pour ceux qui sont tombés, et bonté pour toi si tu demeures dans cette bonté ; autrement, toi aussi tu seras retranché. ²³ Et eux, s'ils ne demeurent pas dans leur manque de foi, ils seront greffés : car Dieu est capable de les greffer de nouveau. ²⁴ En effet, toi qui étais par ton origine une branche d'olivier sauvage, tu as été greffé, malgré ton origine, sur un olivier cultivé ; à plus forte raison ceux-ci, qui sont d'origine, seront greffés sur leur propre olivier.

²⁵ Frères, pour vous éviter de vous fier à votre propre jugement, je ne veux pas vous laisser dans l'ignorance de ce mystère : l'endurcissement actuel d'une partie d'Israël durera jusqu'à l'entrée de l'ensemble des païens ; ²⁶ c'est ainsi qu'Israël tout entier sera sauvé, comme dit l'Écriture : *Le libérateur viendra de Sion, d'Israël il fera disparaître l'impiété.* ²⁷ *Voilà ce que sera mon Alliance avec eux lorsque j'enlèverai leur péché.*

²⁸ L'annonce de l'Évangile en a fait des ennemis de Dieu, et c'est à cause de vous ; mais le choix de Dieu en a fait des bien-aimés, et c'est à cause de leurs pères. ²⁹ Les dons de Dieu et son appel sont irrévocables. ³⁰ Jadis, en effet, vous avez désobéi à Dieu, et maintenant, à cause de la désobéissance des fils d'Israël, vous avez obtenu miséricorde ; ³¹ de même eux aussi, maintenant ils ont désobéi à cause de la miséricorde que vous avez obtenue, mais c'est pour que maintenant, eux aussi, ils obtiennent miséricorde. ³² Dieu, en effet, a enfermé tous les hommes dans la désobéissance pour faire miséricorde à tous les hommes.

Hymne à la sagesse insondable du Dieu sauveur.

³³ Quelle profondeur dans la richesse, la sagesse et la science de Dieu ! Ses décisions sont insondables, ses chemins sont impénétrables ! ³⁴ Qui a connu la pensée du Seigneur ? Qui a été son conseiller ? ³⁵ Qui lui a donné en premier, et mériterait de recevoir en retour ? ³⁶ Car tout est de lui, et par lui, et pour lui. A lui la gloire pour l'éternité ! Amen.

II – La vie de la communauté chrétienne

Le vrai culte rendu à Dieu : humilité et charité.

12 ¹ Je vous exhorte, mes frères, par la tendresse de Dieu, à lui offrir votre personne et votre vie en sacrifice saint, capable de plaire à Dieu : c'est là pour vous l'adoration véritable. ² Ne prenez pas pour modèle le monde présent, mais transformez-vous en renouvelant votre façon de penser pour savoir reconnaître quelle est la volonté de Dieu : ce qui est bon, ce qui est capable de lui plaire, ce qui est parfait.

³ En vertu de la grâce qui m'a été donnée, je dis à chacun d'entre vous : n'ayez pas de prétentions déraisonnables, soyez assez raisonnables pour n'être pas prétentieux, chacun en proportion de la foi que Dieu lui a donnée en partage. ⁴ Prenons une comparaison : notre corps forme un tout, et pourtant nous avons plusieurs membres, qui n'ont pas tous la même fonction ; ⁵ de même, dans le Christ, tous, tant que nous sommes, nous formons un seul corps ; tous et chacun, nous sommes membres les uns des autres. ⁶ Et selon la grâce que Dieu nous a donnée, nous avons reçu des dons qui sont différents. Si c'est le don de prophétie, il faut se régler sur la foi ; ⁷ si c'est le don de servir, il faut servir ; si l'on est fait pour enseigner, que l'on enseigne ; ⁸ pour encourager, que l'on encourage. Celui qui donne, qu'il soit simple ; celui qui dirige, qu'il soit actif ; celui qui se dévoue aux malheureux, qu'il ait le sourire.

⁹ Que votre amour soit sans hypocrisie. Fuyez le mal avec horreur, attachez-vous au bien. ¹⁰ Soyez unis les uns aux autres par l'affection fraternelle, rivalisez de respect les uns pour les autres. ¹¹ Ne brisez pas l'élan de votre générosité, mais laissez jaillir l'Esprit ; soyez les serviteurs du Seigneur. ¹² Aux jours d'espérance, soyez dans la joie ; aux jours d'épreuve, tenez bon ; priez avec persévérance. ¹³ Partagez avec les fidèles qui sont dans le besoin, et que votre maison soit toujours accueillante. ¹⁴ Bénissez ceux qui vous persécutent ; souhaitez leur du bien, et non pas du mal. ¹⁵ Soyez joyeux avec ceux qui sont dans la joie, pleurez avec ceux qui pleurent. ¹⁶ Soyez bien d'accord entre vous ; n'ayez pas le goût des grandeurs, mais laissez-vous attirer par ce qui est simple. Ne vous fiez pas à votre propre jugement. ¹⁷ Ne rendez à personne le mal pour le mal, appliquez-vous à bien agir aux yeux de tous les hommes. ¹⁸ Autant que possible, pour ce qui dépend de vous, vivez en paix avec tous les hommes. ¹⁹ Ne vous faites pas justice vous-mêmes, mes bien-aimés, mais laissez agir la colère de Dieu. Car l'Écriture dit : *C'est à moi de faire justice, c'est moi qui rendrai à chacun ce qui lui revient*, dit le Seigneur. ²⁰ Mais *si ton ennemi a faim, donne-lui à manger ; s'il a soif, donne-lui à boire : ce sera comme si tu entassais sur sa tête des charbons ardents.* ²¹ Ne te laisse pas vaincre par le mal, mais sois vainqueur du mal par le bien.

Les autorités humaines sont au service du dessein de Dieu.

13 ¹ Il faut que tout être humain soit soumis aux autorités qui sont au-dessus de lui, car il n'y a d'autorité qu'en dépendance de Dieu, et celles qui existent sont établies sous la dépendance de Dieu ; ² si bien qu'en se dressant contre l'autorité on est contre l'ordre des choses établi par Dieu, et en prenant cette position on attire sur soi la condamnation. ³ En effet, les représentants du pouvoir ne sont pas à craindre quand on agit bien, mais quand on agit mal. Si tu ne veux pas avoir à craindre l'autorité, fais ce qui est bien, et l'autorité reconnaîtra tes mérites. ⁴ Car elle est au service de Dieu pour promouvoir le bien ; mais si tu fais le mal, alors, vis dans la crainte. En effet, ce n'est pas pour rien que l'autorité tient le glaive. Car elle est au service de Dieu : en punissant, elle montre la colère de Dieu envers celui qui fait le mal.

⁵ C'est donc une nécessité d'être soumis, non seulement pour éviter la colère, mais encore pour obéir à la conscience. ⁶ C'est bien pour cela que vous devez payer des impôts : ceux qui les perçoivent sont les ministres de Dieu quand ils remplissent cette tâche. ⁷ Rendez à chacun ce

qui lui est dû : les impôts et les taxes à qui vous les devez, la crainte et le respect à qui vous les devez.

Vivant dans l'amour,
soyons prêts à accueillir
le Jour du Seigneur.

⁸ Ne gardez aucune dette envers personne, sauf la dette de l'amour mutuel, car celui qui aime les autres a parfaitement accompli la Loi. ⁹ Ce que dit la Loi : *Tu ne commettras pas d'adultère, tu ne commettras pas de meurtre, tu ne commettras pas de vol, tu ne convoiteras rien ;* ces commandements et tous les autres se résument dans cette parole : *Tu aimeras ton prochain comme toi-même.* ¹⁰ L'amour ne fait rien de mal au prochain. Donc, l'accomplissement parfait de la Loi, c'est l'amour.

¹¹ Vous le savez : c'est le moment, l'heure est venue de sortir de votre sommeil. Car le salut est plus près de nous maintenant qu'à l'époque où nous sommes devenus croyants. ¹² La nuit est bientôt finie, le jour est tout proche. Rejetons les activités des ténèbres, revêtons-nous pour le combat de la lumière. ¹³ Conduisons-nous honnêtement, comme on le fait en plein jour, sans ripailles ni beuveries, sans orgies ni débauches, sans dispute ni jalousie, ¹⁴ mais revêtez le Seigneur Jésus Christ ; ne vous abandonnez pas aux préoccupations de la chair pour satisfaire ses tendances égoïstes.

Forts ou faibles, vivons
les uns pour les autres
et pour le Seigneur.

14 ¹ Accueillez celui qui est faible dans la foi, sans critiquer ses raisonnements. ² L'un a une foi qui lui permet de manger de tout, l'autre, étant faible, ne mange que des légumes. ³ Que celui qui mange ne méprise pas celui qui ne mange pas, et que celui qui ne mange pas ne juge pas celui qui mange, car Dieu l'a accueilli. ⁴ Toi, qui es-tu pour juger le serviteur d'un autre ? Qu'il tienne debout ou qu'il tombe, cela regarde le Seigneur son maître. Mais il sera debout, car le Seigneur a le pouvoir de le faire tenir debout. ⁵ L'un juge qu'il faut faire des différences entre les jours, l'autre juge qu'ils se valent tous : que chacun soit pleinement convaincu de son point de vue. ⁶ Celui qui se préoccupe des jours le fait pour le Seigneur, et celui qui mange de tout le fait pour le Seigneur, car il rend grâce à Dieu ; et celui qui ne mange pas de tout le fait pour le Seigneur : il rend grâce à Dieu aussi. ⁷ En effet, aucun d'entre nous ne vit pour soi-même, et aucun ne meurt pour soi-même : ⁸ si nous vivons, nous vivons pour le Seigneur ; si nous mourons, nous mourons pour le Seigneur. Dans notre vie comme dans notre mort, nous appartenons au Seigneur. ⁹ Car, si le Christ a connu la mort, puis la vie, c'est pour devenir le Seigneur et des morts et des vivants.

¹⁰ Alors toi, pourquoi juger ton frère ? Toi, pourquoi mépriser ton frère ? Tous nous comparaîtrons devant le tribunal de Dieu. ¹¹ Car il est écrit : *Aussi vrai que je suis vivant, dit le Seigneur, toute créature tombera à genoux devant moi, et toute langue acclamera Dieu.* ¹² Ainsi chacun de nous devra rendre compte à Dieu pour soi-même.

¹³ Cessons donc de nous juger les uns les autres ; mais jugez plutôt qu'il ne faut rien mettre devant les pas d'un frère qui le fasse buter ou tomber. ¹⁴ Je le sais, et j'en suis persuadé dans le Seigneur Jésus : aucune chose n'est impure en elle-même, mais elle ne l'est que pour celui qui la considère comme impure. ¹⁵ Car si ton frère a de la peine à cause de ce que tu manges, ta conduite n'est plus conforme à l'amour. Ne va pas faire périr par ce que tu manges celui pour qui le Christ est mort. ¹⁶ Ce qui est bien pour vous ne doit pas vous exposer au dénigrement. ¹⁷ En effet, le royaume de Dieu ne consiste pas en des questions de nourriture ou de boisson ; il est justice, paix et joie dans l'Esprit Saint. ¹⁸ Celui qui sert le Christ de cette manière-là plaît à Dieu, et il est approuvé par les hommes. ¹⁹ Recher-chons donc ce qui contribue à la paix, et ce qui nous associe les uns aux autres en vue de la même construction.

²⁰ Ne va pas détruire l'œuvre de Dieu pour une question de nourriture. Toutes les choses sont pures, mais c'est mal qu'un homme, à cause de ce qu'il mange, en fasse tomber un autre. ²¹ C'est bien de ne pas manger de viande, de ne pas boire de vin, bref de ne rien faire qui fasse tomber ton frère. ²² La conviction que donne la foi, garde-la en toi devant Dieu. Heureux celui qui ne se condamne pas lors-qu'il se décide. ²³ Mais celui qui a des doutes est condamné s'il mange quand même, car il ne le fait pas par conviction de foi. Or tout ce qui ne vient pas de la foi est péché.

15 ¹ Nous les forts, nous devons prendre sur nous la fragilité des faibles, et non pas agir selon notre conve-nance. ² Que chacun de nous cherche à faire ce qui convient à son prochain en vue d'un bien vraiment constructif. ³ Car le Christ non plus n'a pas agi selon sa convenance, mais il a subi ce que dit l'Écriture : *On t'insulte, et l'insulte retombe sur moi.*

L'espérance offerte par l'Écriture s'étend à toutes les nations.

⁴ Or, tout ce que les livres saints ont dit avant nous est écrit pour nous instruire, afin que nous possédions l'espé-rance grâce à la persévérance et

au courage que donne l'Écriture. ⁵Que le Dieu de la persévérance et du courage vous donne d'être d'accord entre vous selon l'esprit du Christ Jésus. ⁶Ainsi, d'un même cœur, d'une même voix, vous rendrez gloire à Dieu, le Père de notre Seigneur Jésus Christ.

⁷Accueillez-vous donc les uns les autres comme le Christ vous a accueillis pour la gloire de Dieu, vous qui étiez païens. ⁸Si le Christ s'est fait le serviteur des Juifs, c'est en raison de la fidélité de Dieu, pour garantir les promesses faites à nos pères; mais, je vous le déclare, ⁹c'est en raison de la miséricorde de Dieu que les nations païennes peuvent lui rendre gloire; comme le dit l'Écriture: *Je te louerai parmi les nations, je chanterai ton nom.* ¹⁰Elle dit encore: *Nations, soyez dans l'allégresse avec son peuple,* ¹¹et encore: *Louez le Seigneur, toutes les nations; qu'ils le fêtent, tous les peuples.* ¹²Et Isaïe dit encore: *Il se dressera, le rejeton de Jessé, père de David, celui qui se lève pour commander aux nations; en lui les nations mettront leur espérance.*

¹³Que le Dieu de l'espérance vous remplisse, vous qui croyez, de joie et de paix parfaites, afin que vous débordiez d'espérance par la puissance de l'Esprit Saint.

Paul ministre du Christ Jésus pour les nations païennes.

¹⁴Je suis convaincu, mes frères, que vous êtes très bien disposés, remplis d'une haute connaissance de Dieu, et capables aussi de vous reprendre les uns les autres. ¹⁵Si, malgré cela, dans cette lettre, je me suis permis sur certains points de raviver votre mémoire, c'est en vertu de la grâce que Dieu m'a donnée. ¹⁶Cette grâce, c'est d'être ministre de Jésus Christ pour les nations païennes, avec la fonction sacrée d'annoncer l'Évangile de Dieu, pour que les païens deviennent une offrande acceptée par Dieu, sanctifiée par l'Esprit Saint. ¹⁷En Jésus Christ, j'ai donc de quoi m'enorgueillir pour ce qui est du service de Dieu. ¹⁸Car je n'oserais pas parler, s'il ne s'agissait pas de ce que le Seigneur a mis en œuvre par moi pour amener les païens à l'obéissance de la foi: la parole et les actes, ¹⁹la puissance des signes et des prodiges, la puissance de l'Esprit Saint.

L'apostolat de Paul: d'hier à demain.

Ainsi, depuis Jérusalem en rayonnant jusqu'à la Dalmatie, j'ai mené à bien l'annonce de l'Évangile du Christ; ²⁰j'ai mis cependant mon honneur à n'évangéliser que là où le nom du Christ n'avait pas encore été prononcé, car je ne voulais pas bâtir sur les fondations posées par un autre, ²¹mais je voulais me conformer à cette parole de l'Écriture: *Ceux à qui on ne l'avait jamais annoncé, ils verront ; ceux qui n'en avaient jamais entendu parler, ils comprendront.* ²²Voilà encore ce qui m'a empêché tant de fois d'aller chez vous. ²³Mais maintenant je n'ai plus de champ d'action dans ces régions-ci, et j'ai depuis des années le désir d'aller chez vous ²⁴quand je me rendrai en Espagne. En effet, j'espère bien que je vous verrai en passant, et que vous m'aiderez pour me rendre là-bas quand j'aurai d'abord un peu profité de cette rencontre avec vous. ²⁵Mais pour l'instant, je m'en vais à Jérusalem pour le service des fidèles. ²⁶Car la Macédoine, avec toute la Grèce, a décidé un partage fraternel pour les pauvres que sont les fidèles de Jérusalem. ²⁷Elles l'ont décidé en effet, car elles ont une dette envers eux : si les nations païennes ont reçu d'eux en partage les biens spirituels, c'est pour elles une dette de leur apporter aussi une aide matérielle. ²⁸Quand donc j'aurai terminé cela, et que j'aurai remis en bonne et due forme le fruit de cette collecte, j'irai en Espagne en passant par chez vous. ²⁹Et je sais bien que ma venue chez vous sera comblée de la bénédiction du Christ.

³⁰Je vous exhorte, frères, par notre Seigneur Jésus Christ et par l'amour de l'Esprit, à soutenir mon combat en priant Dieu pour moi, ³¹afin que j'échappe à ceux qui, en Judée, refusent l'Évangile, et que le service que je vais accomplir à Jérusalem soit agréé par les fidèles. ³²Alors je pourrai, si Dieu le veut, arriver chez vous dans la joie et prendre du repos au milieu de vous.

³³Que le Dieu de la paix soit avec vous tous. Amen.

Salut de Paul aux collaborateurs de son ministère apostolique.

16 ¹Je vous recommande Phébée notre sœur, ministre de l'Église qui est à Cencrées ; ²accueillez-la dans le Seigneur comme il convient à des fidèles ; aidez-la en toute affaire où elle aurait besoin de vous, car elle a pris soin de beaucoup de gens, et de moi aussi. ³Saluez de ma part Prisca et Aquilas, mes compagnons de travail en Jésus Christ, ⁴eux qui ont risqué leur tête pour me sauver la vie ; je ne suis d'ailleurs pas seul à leur avoir de la reconnaissance, toutes les Églises du monde païen en ont aussi. ⁵Saluez l'Église qui se rassemble chez eux. Saluez mon ami Épénète, qui fut le premier à croire au Christ dans la province d'Asie. ⁶Saluez Marie, qui s'est donné beaucoup de peine pour vous. ⁷Saluez Andronique et Junias, mes compatriotes, qui ont été en prison avec moi. Ce sont des apôtres bien connus ; ils ont même appartenu au Christ avant moi. ⁸Saluez Ampliat, mon ami dans le Seigneur. ⁹Saluez Urbain, notre compagnon de travail dans le

Christ, et mon ami Stakys. [10] Saluez Apellès, qui a fait ses preuves dans le Christ. Saluez les gens de la maison d'Aristobule. [11] Saluez Hérodion mon compatriote. Saluez ceux de la maison de Narcisse qui croient au Seigneur. [12] Saluez Tryphène et Tryphose, elles qui se donnent de la peine dans le Seigneur. Saluez la chère Persis, qui s'est donné beaucoup de peine dans le Seigneur. [13] Saluez Rufus, choisi par le Seigneur, et sa mère qui est aussi la mienne. [14] Saluez Asyncrite, Phlégon, Hermès, Patrobas, Hermas, et les frères qui sont avec eux. [15] Saluez Philologue et Julie, Nérée et sa sœur, et Olympas, et tous les fidèles qui sont avec eux. [16] Saluez-vous les uns les autres en échangeant le baiser de paix. Toutes les Églises du Christ vous saluent.

[17] Je vous exhorte, frères, à faire attention à ceux qui provoquent des divisions et des scandales malgré l'enseignement que vous avez reçu : évitez-les ! [18] Car ces gens-là ne sont pas au service de notre Seigneur le Christ, mais de leurs propres appétits ; par leurs belles paroles et leurs flatteries, ils séduisent les cœurs sans malice. [19] Votre obéissance est maintenant connue de tout le monde, et je m'en réjouis pour vous ; mais je veux que vous soyez avisés pour le bien, et sans compromission avec le mal. [20] Alors le Dieu de la paix écrasera rapidement Satan sous vos pieds.

Que la grâce de notre Seigneur Jésus soit avec vous. [21] Timothée, mon compagnon de travail, vous salue, ainsi que Lucius, Jason et Sosipatros, mes compatriotes.

[22] Et moi, Tertius, à qui cette lettre a été dictée, je vous salue dans le Seigneur. [23] Gaïus vous salue, lui qui m'a ouvert sa maison, à moi et à toute l'Église. Éraste, le trésorier municipal, et notre frère Quartus vous saluent.

*Hymne à Dieu qui nous
a révélé son dessein de salut.*

[25] Gloire à Dieu, qui a le pouvoir de vous rendre forts conformément à l'Évangile que je proclame en annonçant Jésus Christ. Oui, voilà le mystère qui est maintenant révélé : il était resté dans le silence depuis toujours, [26] mais aujourd'hui il est manifesté. Par ordre du Dieu éternel, et grâce aux écrits des prophètes, ce mystère est porté à la connaissance de toutes les nations pour les amener à l'obéissance de la foi. [27] Gloire à Dieu, le seul sage, par Jésus Christ et pour les siècles des siècles. Amen.

PREMIÈRE LETTRE
AUX CORINTHIENS

*Paul salue les Corinthiens
et rend grâce à Dieu pour les
dons qu'il leur a faits.*

1 ¹ Moi, Paul, appelé par la volonté de Dieu pour être Apôtre du Christ Jésus, avec Sosthène notre frère, je m'adresse à vous ² qui êtes, à Corinthe, l'Église de Dieu, vous qui avez été sanctifiés dans le Christ Jésus, vous les fidèles qui êtes, par appel de Dieu, le peuple saint, avec tous ceux qui, en tout lieu, invoquent le nom de notre Seigneur Jésus Christ, leur Seigneur et le nôtre. ³ Que la grâce et la paix soient avec vous, de la part de Dieu notre Père et de Jésus Christ le Seigneur.

⁴ Je ne cesse de rendre grâce à Dieu à votre sujet, pour la grâce qu'il vous a donnée dans le Christ Jésus ; ⁵ en lui vous avez reçu toutes les richesses, toutes celles de la Parole et toutes celles de la connaissance de Dieu. ⁶ Car le témoignage rendu au Christ s'est implanté solidement parmi vous. ⁷ Ainsi, aucun don spirituel ne vous manque, à vous qui attendez de voir se révéler notre Seigneur Jésus Christ. ⁸ C'est lui qui vous fera tenir solidement jusqu'au bout, et vous serez sans reproche au jour de notre Seigneur Jésus Christ. ⁹ Car Dieu est fidèle, lui qui vous a appelés à vivre en communion avec son Fils, Jésus Christ notre Seigneur.

I – Les clans
dans la communauté

La communauté est divisée, faute de comprendre la vraie sagesse du Christ crucifié, toute différente des idéologies du monde.

¹⁰ Frères, je vous exhorte au nom de notre Seigneur Jésus Christ à être tous vraiment d'accord ; qu'il n'y ait pas de division entre vous, soyez en parfaite harmonie de pensées et de sentiments.

¹¹ J'ai entendu parler de vous, mes frères, par les gens de chez Cloé : on dit qu'il y a des disputes entre vous. ¹² Je m'explique. Chacun de vous prend parti en disant : « Moi, j'appartiens à Paul », ou bien : « J'appartiens à Apollos », ou bien :

«J'appartiens à Pierre», ou bien : «J'appartiens au Christ». [13] Le Christ est-il donc divisé ? Est-ce donc Paul qui a été crucifié pour vous ? Est-ce au nom de Paul que vous avez été baptisés ? [14] Je remercie Dieu de n'avoir baptisé aucun de vous, sauf Crispus et Gaïus : [15] ainsi on ne pourra pas dire que vous avez été baptisés en mon nom. [16] De fait, j'ai encore baptisé Stéphanas et les gens de sa maison ; pour le reste, je ne sais pas si j'ai baptisé quelqu'un d'autre. [17] D'ailleurs, le Christ ne m'a pas envoyé pour baptiser, mais pour annoncer l'Évangile, et sans avoir recours à la sagesse du langage humain, ce qui viderait de son sens la croix du Christ.

[18] Car le langage de la croix est folie pour ceux qui vont vers leur perte, mais pour ceux qui vont vers leur salut, pour nous, il est puissance de Dieu. [19] L'Écriture dit en effet : *La sagesse des sages, je la mènerai à sa perte, et je rejetterai l'intelligence des intelligents.* [20] Que reste-t-il donc des sages ? Que reste-t-il des scribes et des raisonneurs d'ici-bas ? La sagesse du monde, Dieu ne l'a-t-il pas rendue folle ? [21] Puisque le monde, avec toute sa sagesse, n'a pas su reconnaître Dieu à travers les œuvres de la sagesse de Dieu, il a plu à Dieu de sauver les croyants par cette folie qu'est la proclamation de l'Évangile. [22] Alors que les Juifs réclament les signes du Mes-sie, et que le monde grec recherche une sagesse, [23] nous, nous proclamons un Messie crucifié, scandale pour les Juifs, folie pour les peuples païens. [24] Mais pour ceux que Dieu appelle, qu'ils soient Juifs ou Grecs, ce Messie est puissance de Dieu et sagesse de Dieu. [25] Car la folie de Dieu est plus sage que l'homme, et la faiblesse de Dieu est plus forte que l'homme.

[26] Frères, vous qui avez été appelés par Dieu, regardez bien : parmi vous, il n'y a pas beaucoup de sages aux yeux des hommes, ni de gens puissants ou de haute naissance. [27] Au contraire, ce qu'il y a de fou dans le monde, voilà ce que Dieu a choisi pour couvrir de confusion les sages ; ce qu'il y a de faible dans le monde, voilà ce que Dieu a choisi pour couvrir de confusion ce qui est fort ; [28] ce qui est d'origine modeste, méprisé dans le monde, ce qui n'est rien, voilà ce que Dieu a choisi pour détruire ce qui est quelque chose, [29] afin que personne ne puisse s'enorgueillir devant Dieu. [30] C'est grâce à Dieu, en effet, que vous êtes, dans le Christ Jésus, qui a été envoyé par lui pour être notre sagesse, pour être notre justice, notre sanctification, notre rédemption. [31] Ainsi, comme il est écrit : *Celui qui veut s'enorgueillir, qu'il mette son orgueil dans le Seigneur.*

2 [1] Frères, quand je suis venu chez vous, je ne suis pas venu vous annoncer le mystère de Dieu avec le prestige du langage humain ou de la sagesse. [2] Parmi vous, je n'ai rien voulu connaître d'autre que Jésus Christ, ce Messie crucifié. [3] Et c'est dans la faiblesse, craintif et tout tremblant, que je suis arrivé chez vous. [4] Mon langage, ma proclamation de l'Evangile, n'avaient rien à voir avec le langage d'une sagesse qui veut convaincre ; mais c'est l'Esprit et sa puissance qui se manifestaient, [5] pour que votre foi ne repose pas sur la sagesse des hommes, mais sur la puissance de Dieu.

[6] Pourtant, c'est bien une sagesse que nous proclamons devant ceux qui sont adultes dans la foi, mais ce n'est pas la sagesse de ce monde, la sagesse de ceux qui dominent le monde et qui déjà se détruisent. [7] Au contraire, nous proclamons la sagesse du mystère de Dieu, sagesse tenue cachée, prévue par lui dès avant les siècles, pour nous donner la gloire. [8] Aucun de ceux qui dominent ce monde ne l'a connue, car, s'ils l'avaient connue, ils n'auraient jamais crucifié le Seigneur de gloire.

[9] Mais ce que nous proclamons, c'est, comme dit l'Ecriture : *ce que personne n'avait vu de ses yeux ni entendu de ses oreilles, ce que le cœur de l'homme n'avait pas imaginé, cela qui a avait été préparé pour ceux qui aiment Dieu.* [10] Et c'est à nous que Dieu, par l'Esprit, a révélé cette sagesse. Car l'Esprit voit le fond de toutes choses, et même les profondeurs de Dieu. [11] Qui donc, parmi les hommes, sait ce qu'il y a dans l'homme ? Seul l'esprit de l'homme le sait, lui qui est dans l'homme. De même, personne ne connaît ce qu'il y a en Dieu, sinon l'Esprit de Dieu. [12] Et nous, l'esprit que nous avons reçu, ce n'est pas celui du monde, c'est celui qui vient de Dieu, et ainsi nous avons conscience des dons que Dieu nous a faits. [13] Et nous proclamons cela avec un langage que nous n'apprenons pas de la sagesse humaine, mais de l'Esprit, et nous interprétons de manière spirituelle ce qui vient de l'Esprit. [14] L'homme qui n'a que ses forces d'homme ne peut pas saisir ce qui vient de l'Esprit de Dieu ; pour lui ce n'est que folie, et il ne peut pas comprendre, car c'est par l'Esprit qu'on en juge. [15] Mais l'homme qui est animé par l'Esprit juge de tout, et lui ne peut être jugé par personne. [16] L'Ecriture demandait : *Qui a connu la pensée du Seigneur ? Qui lui donnera des conseils ?* Eh bien ! la pensée du Christ, c'est nous qui l'avons !

Les divisions révèlent l'immaturité des Corinthiens.

3 [1] Frères, quand je me suis adressé à vous, je n'ai pas pu vous parler comme à des spirituels, mais seulement comme à de faibles êtres de chair, comme à des enfants dans le Christ. [2] C'est du lait que je vous ai donné, et non de la nourriture solide ; vous n'auriez pas pu en manger, et encore maintenant vous ne le pouvez pas, ³ car vous êtes encore des êtres de chair. Puisqu'il y a entre vous des jalousies et des disputes, n'êtes-vous pas toujours des êtres de chair, et n'avez-vous pas une conduite tout humaine ? ⁴ Quand l'un de vous dit : « Moi, j'appartiens à Paul », et un autre : « J'appartiens à Apollos », n'est-ce pas un langage tout humain ?

La communauté est divisée, faute de comprendre le vrai rôle de ceux qui l'évangélisent.

⁵ En fait, qui est Apollos ? et qui est Paul ? Rien que des ministres de Dieu, par qui vous êtes devenus croyants, et qui ont agi selon les dons du Seigneur à chacun d'eux. ⁶ Moi, j'ai planté, Apollos a arrosé ; mais c'est Dieu qui donnait la croissance. ⁷ Donc celui qui plante ne compte pas, ni celui qui arrose ; seul compte celui qui donne la croissance : Dieu. ⁸ Entre celui qui plante et celui qui arrose, il n'y a pas de différence, mais chacun recevra son salaire suivant la peine qu'il se sera donnée. ⁹ Nous sommes les collaborateurs de Dieu, et vous êtes le champ de Dieu, vous êtes la maison que Dieu construit. ¹⁰ Comme un bon architecte, avec la grâce que Dieu m'a donnée, j'ai posé les fondations. D'autres poursuivent la construction ; mais que chacun prenne garde à la façon dont il construit. ¹¹ Les fondations, personne ne peut en poser d'autres que celles qui existent déjà : ces fondations, c'est Jésus Christ. ¹² On peut poursuivre la construction avec de l'or, de l'argent ou de la belle pierre, avec du bois, de l'herbe ou du chaume, ¹³ mais l'ouvrage de chacun sera mis en pleine lumière au jour du jugement. Car cette révélation se fera par le feu, et c'est le feu qui permettra d'apprécier la qualité de l'ouvrage de chacun. ¹⁴ Si l'ouvrage construit par quelqu'un résiste, celui-ci recevra un salaire ; ¹⁵ s'il est détruit par le feu, il perdra son salaire. Et lui-même sera sauvé, mais comme s'il était passé à travers un feu.

¹⁶ N'oubliez pas que vous êtes le temple de Dieu, et que l'Esprit de Dieu habite en vous. ¹⁷ Si quelqu'un détruit le temple de Dieu, Dieu le détruira ; car le temple de Dieu est sacré, et ce temple, c'est vous.

¹⁸ Que personne ne s'y trompe : si quelqu'un parmi vous pense être un sage à la manière d'ici-bas, qu'il devienne fou pour devenir sage. ¹⁹ Car la sagesse de ce monde est folie devant Dieu. L'Écriture le dit : *C'est lui qui prend les sages au piège de leur propre habileté.* ²⁰ Elle dit encore : *Le Seigneur connaît les raisonnements des sages : ce n'est que du vent !*

²¹ Ainsi, il ne faut pas mettre son orgueil en des hommes

dont on se réclame. Car tout vous appartient, ²²Paul et Apollos et Pierre, le monde et la vie et la mort, le présent et l'avenir : tout est à vous, ²³mais vous, vous êtes au Christ, et le Christ est à Dieu.

Grandeurs et misères
du ministère apostolique.

4 ¹Il faut donc que l'on nous regarde seulement comme les serviteurs du Christ et les intendants des mystères de Dieu. ²Et ce que l'on demande aux intendants, c'est en somme de mériter confiance. ³Pour ma part, je me soucie fort peu de votre jugement sur moi, ou de celui que prononceraient les hommes ; d'ailleurs, je ne me juge même pas moi-même. ⁴Ma conscience ne me reproche rien, mais ce n'est pas pour cela que je suis juste : celui qui me juge, c'est le Seigneur. ⁵Alors, ne portez pas de jugement prématuré, mais attendez la venue du Seigneur, car il mettra en lumière ce qui est caché dans les ténèbres, et il fera paraître les intentions secrètes. Alors, la louange qui revient à chacun lui sera donnée par Dieu.

⁶Frères, j'ai pris ces comparaisons pour parler d'Apollos et de moi-même ; ainsi, vous pourrez comprendre le proverbe : « Rien de plus que ce qui est écrit », afin qu'aucun de vous n'aille se gonfler d'orgueil en prenant le parti de l'un contre l'autre. ⁷Qui donc t'a

mis à part ? As-tu quelque chose sans l'avoir reçu ? Et si tu as tout reçu, pourquoi t'enorgueillir comme si tu ne l'avais pas reçu ? ⁸Vous voilà déjà comblés, vous voilà riches, vous voilà devenus rois sans nous ! Ah ! si seulement vous étiez rois, pour que nous aussi nous le soyons avec vous !

⁹Mais nous, les Apôtres, il me semble que Dieu a fait de nous les derniers de tous, comme on expose des condamnés à mort, livrés en spectacle au monde entier, aux anges et aux hommes. ¹⁰Nous passons pour des fous à cause du Christ, et vous, pour des gens sensés dans le Christ ; nous sommes faibles, et vous êtes forts ; vous êtes à l'honneur, et nous, dans le mépris. ¹¹Maintenant encore, nous avons faim, nous avons soif, nous n'avons pas de vêtements, nous sommes maltraités, nous n'avons pas de domicile, ¹²nous peinons dur à travailler de nos mains. Les gens nous insultent, nous les bénissons. Ils nous persécutent, nous supportons. ¹³Ils nous calomnient, nous avons des paroles d'apaisement. Jusqu'à maintenant, nous sommes pour ainsi dire les balayures du monde, le rebut de l'humanité.

L'Apôtre : un père et un pasteur.

¹⁴Je ne vous écris pas cela pour vous faire honte, mais pour vous reprendre comme mes enfants bien-aimés. ¹⁵Car

vous auriez beau avoir dix mille surveillants pour vous mener dans le Christ, vous n'avez pas plusieurs pères : c'est moi qui, par l'annonce de l'Évangile, vous ai fait naître à la vie du Christ Jésus. [16] Je vous le demande donc : prenez-moi pour modèle. [17] C'est pour cela que je vous ai envoyé Timothée, qui est mon enfant bienaimé et fidèle dans le Seigneur ; il vous rappellera les voies que je trace dans le Christ Jésus, telles que je les enseigne partout dans toutes les Églises. [18] Pensant que je n'allais pas venir chez vous, quelques-uns se sont enflés d'orgueil. [19] Je viendrai bientôt chez vous, si le Seigneur le veut, et je prendrai connaissance, non pas des discours de ces gens remplis d'orgueil, mais des actes dont ils sont capables. [20] Car le royaume de Dieu ne consiste pas en discours, mais en actes. [21] Que préférez-vous : que je vienne chez vous avec un bâton, ou avec amour et en esprit de douceur ?

II – Un scandale dans la communauté

La communauté doit se purifier selon les exigences du mystère pascal.

5 [1] On entend dire partout qu'il y a chez vous un scandale, et un scandale tel qu'on n'en voit même pas chez les païens : il s'agit d'un homme qui vit avec la femme de son père. [2] Et, malgré cela, vous êtes encore gonflés d'orgueil au lieu d'en pleurer et de chasser de votre communauté l'homme qui fait cela. [3] Quant à moi, qui suis absent physiquement mais présent moralement, j'ai déjà jugé, comme si j'étais présent, l'homme qui agit ainsi : [4] au nom du Seigneur Jésus, lors d'une assemblée où je serai moralement avec vous, et avec la puissance de notre Seigneur Jésus, [5] vous livrerez cet individu au pouvoir de Satan, et son être de chair sera détruit, mais c'est pour que son esprit soit sauvé au jour du Seigneur.

[6] Vraiment, il n'y a pas de quoi vous enorgueillir : vous savez bien qu'un peu de levain suffit pour que toute la pâte fermente. [7] Purifiez-vous donc des vieux ferments, et vous serez une pâte nouvelle, vous qui êtes comme le pain de la Pâque, celui qui n'a pas fermenté. Voici que le Christ, notre agneau pascal, a été immolé. [8] Célébrons donc la Fête, non pas avec de vieux ferments : la perversité et le vice, mais avec du pain non fermenté : la droiture et la vérité.

[9] Je vous ai écrit dans ma lettre de ne pas fréquenter les débauchés : [10] non pas en général les débauchés qui sont dans ce monde, ou bien les profiteurs et les escrocs ou les idolâtres ; dans ce cas, vous seriez obligés de sortir du monde ! [11] En fait, je voulais dire de ne pas fréquenter quelqu'un qui porte le nom de

frère, mais qui est débauché, ou profiteur, ou idolâtre, ou diffamateur, ou ivrogne, ou escroc : il ne faut même pas manger avec un homme comme celui-là. ¹²Est-ce à moi de juger ceux du dehors ? Ceux du dedans, n'est-ce pas à vous de les juger ? ¹³Et ceux du dehors, c'est Dieu qui les jugera. *Éliminez du milieu de vous l'homme mauvais.*

III – Le recours aux tribunaux

Réflexions sur les conflits entre ceux que le Christ a sanctifiés.

6 ¹Lorsque vous avez un désaccord entre vous, comment se fait-il que vous alliez en procès devant des juges païens au lieu de vous adresser aux membres du peuple saint ? ²Ne savez-vous pas que le peuple saint jugera le monde ? Et si c'est vous qui devez juger le monde, seriez-vous indignes de juger des affaires de moindre importance ? ³Ne savez-vous pas que nous jugerons les anges de Satan ? A plus forte raison les affaires d'ici-bas ! ⁴Quand vous avez des affaires de ce genre, pourquoi allez-vous prendre comme juges des gens que l'Église compte pour rien ? ⁵Je vous dis cela pour vous faire honte. N'y aurait-il parmi vous aucun homme assez sage pour servir d'arbitre entre ses frères ? ⁶Mais un frère est en procès avec son frère, et cela devant des juges qui ne sont pas croyants !

⁷C'est déjà un échec pour vous d'avoir des litiges entre vous. Ne vaudrait-il pas mieux supporter l'injustice ? Ne vaudrait-il pas mieux vous laisser voler ? ⁸Au contraire, c'est vous qui pratiquez l'injustice et le vol, et cela vous le faites à des frères ! ⁹Ne savez-vous pas que ceux qui commettent l'injustice ne recevront pas le royaume de Dieu en héritage ? Ne vous y trompez pas : les débauchés, les idolâtres, les adultères, les dépravés et les pédérastes, ¹⁰les voleurs et les profiteurs, les ivrognes, les diffamateurs et les escrocs, ne recevront pas le royaume de Dieu en héritage. ¹¹Voilà ce qu'étaient certains d'entre vous. Mais au nom du Seigneur Jésus Christ et par l'Esprit de notre Dieu, vous avez été lavés, vous avez été sanctifiés, vous êtes devenus des justes.

IV – L'impureté

Fuir l'impureté qui profane la sainteté du corps.

¹²« Tout est en mon pouvoir », dit-on, mais tout n'est pas valable. Tout est en mon pouvoir, mais je ne me laisserai livrer à aucun pouvoir. ¹³Les aliments sont pour le ventre, et le ventre pour les aliments ; et Dieu détruira et ceux-ci et celui-là. Le corps est, non pas pour la débauche, mais pour le Seigneur Jésus, et le Seigneur

est pour le corps ; [14]et Dieu, par sa puissance, a ressuscité le Seigneur et nous ressuscitera nous aussi.

[15]Ne le savez-vous pas ? Vos corps sont les membres du Christ. Vais-je donc prendre les membres du Christ pour en faire les membres d'une femme de débauche ? Absolument pas. [16]Ne le savez-vous pas ? Quand on s'unit à la débauchée, cela ne fait qu'un seul corps. Car il est dit : *Tous deux ne feront plus qu'un.* [17]Quand on s'unit au Seigneur, cela ne fait qu'un seul esprit. [18]Fuyez la débauche. Tous les péchés que l'homme peut commettre sont extérieurs à son corps ; mais la débauche est un péché contre le corps lui-même.

[19]Ne le savez-vous pas ? Votre corps est le temple de l'Esprit Saint, qui est en vous et que vous avez reçu de Dieu ; vous ne vous appartenez plus à vous-mêmes, [20]car le Seigneur a payé le prix de votre rachat. Rendez donc gloire à Dieu dans votre corps.

V – Mariage et célibat

Hommes et femmes appelés par le Seigneur dans un monde qui passe.

7 [1]Au sujet de ce que vous dites dans votre lettre, admettons qu'il soit bon pour l'homme de ne pas toucher la femme. [2]Cependant, étant données les occasions de débauche, que chacun ait sa femme, et que chacune ait son mari à elle. [3]Que le mari remplisse son devoir d'époux envers sa femme, et de même la femme envers son mari. [4]Ce n'est pas la femme qui dispose de son propre corps, c'est son mari ; et de même, ce n'est pas le mari qui dispose de son propre corps, c'est sa femme. [5]Ne vous refusez pas l'un à l'autre, sinon temporairement et en plein accord, pour prendre le temps de prier et vous retrouver ensuite ; autrement vous ne sauriez pas vous maîtriser, et Satan vous tenterait. [6]Ce que je dis là est une concession, et non un ordre. [7]Je voudrais bien que tout le monde soit comme moi-même, mais chacun a reçu de Dieu un don qui lui est personnel : l'un celui-ci, l'autre celui-là.

[8]A ceux qui sont seuls et aux veuves, je déclare qu'il est bon pour eux de rester comme je suis. [9]Mais s'ils ne peuvent pas se maîtriser, qu'ils se marient, car mieux vaut se marier que brûler de désir. [10]A ceux qui sont mariés, je donne cet ordre – il ne vient pas de moi, mais du Seigneur – : que la femme ne se sépare pas de son mari ; [11]si elle s'est séparée, qu'elle reste seule, ou qu'elle se réconcilie avec son mari ; et que le mari ne renvoie pas sa femme.

[12]Aux autres, je déclare ceci – moi-même et non le Seigneur – : si un de nos frères a une femme non croyante, et que celle-ci soit d'accord pour

vivre avec lui, qu'il ne la renvoie pas. ¹³ Et si une femme a un mari non croyant, et que celui-ci soit d'accord pour vivre avec elle, qu'elle ne renvoie pas son mari. ¹⁴ En effet le mari non croyant se trouve sanctifié par sa femme, et la femme non croyante se trouve sanctifiée par son mari croyant. Autrement, vos enfants ne seraient pas purifiés, et en fait ils sont saints. ¹⁵ Mais si le non croyant se sépare, qu'il le fasse : nos frères ou nos sœurs ne doivent pas se sentir esclaves d'une telle situation ; c'est pour vivre dans la paix que Dieu vous a appelés. ¹⁶ Toi la femme, comment savoir si tu sauveras ton mari ? Et toi l'homme, comment savoir si tu sauveras ta femme ? ¹⁷ Pourtant, chacun doit continuer à vivre dans la situation que le Seigneur lui a donnée en partage, et où il était quand Dieu l'a appelé. C'est la règle que j'impose dans toutes les Églises. ¹⁸ Celui qui avait la circoncision quand il a été appelé, qu'il ne la fasse pas disparaître ; celui qui n'avait pas la circoncision quand il a été appelé, qu'il ne se l'impose pas. ¹⁹ Avoir la circoncision, ce n'est rien ; ne pas l'avoir, ce n'est rien : il s'agit d'être fidèles aux commandements de Dieu. ²⁰ Chacun doit rester dans la situation où il a été appelé. ²¹ Toi qui étais esclave quand tu as été appelé, ne t'en inquiète pas ; même si tu as la possibilité de devenir libre, mets plutôt à profit ta situation. ²² En effet, l'esclave qui a été appelé par le Seigneur est un affranchi du Seigneur ; de même l'homme libre qui a été appelé est un esclave du Christ. ²³ Le Seigneur a payé le prix de votre rachat, ne devenez pas esclaves des hommes. ²⁴ Frères, chacun doit rester devant Dieu dans la situation où il a été appelé.

²⁵ Au sujet du célibat, je n'ai pas reçu d'ordre spécial du Seigneur, mais je donne mon avis, moi qui suis devenu digne de confiance grâce au pardon du Seigneur. ²⁶ Je pense que le célibat est une chose bonne, étant donné les événements redoutables qui nous attendent ; oui, c'est une chose bonne de vivre ainsi. ²⁷ Tu es marié ? ne cherche pas à te séparer de ta femme. Tu n'as pas de femme ? ne cherche pas à te marier. ²⁸ Si cependant tu te maries, ce n'est pas un péché ; et si une jeune fille se marie, ce n'est pas un péché. Mais ceux qui choisissent cette vie y trouveront des épreuves, et c'est cela que moi, je voudrais vous éviter.

²⁹ Frères, je dois vous le dire : le temps est limité. Dès lors, que ceux qui ont une femme soient comme s'ils n'avaient pas de femme, ³⁰ ceux qui pleurent, comme s'ils ne pleuraient pas, ceux qui sont heureux, comme s'ils n'étaient pas heureux, ceux qui font des achats, comme s'ils ne possédaient

rien, [31] ceux qui tirent profit de ce monde, comme s'ils n'en profitaient pas. Car ce monde tel que nous le voyons est en train de passer.

[32] J'aimerais vous voir libres de tout souci. Celui qui n'est pas marié a le souci des affaires du Seigneur, il cherche comment plaire au Seigneur. [33] Celui qui est marié a le souci des affaires de cette vie, il cherche comment plaire à sa femme, et il se trouve divisé. [34] La femme sans mari, ou celle qui reste vierge, a le souci des affaires du Seigneur; elle veut lui consacrer son corps et son esprit. Celle qui est mariée a le souci des affaires de cette vie, elle cherche comment plaire à son mari. [35] En disant cela, c'est votre intérêt à vous que je cherche; je ne veux pas vous prendre au piège, mais vous proposer ce qui est bien, pour que vous soyez attachés au Seigneur sans partage.

[36] Si un garçon pense qu'il ne se conduit pas bien envers la jeune fille qu'il aime, s'il est plein d'ardeur et s'il doit en arriver là, qu'il fasse ce qu'il veut, ce n'est pas un péché: ils peuvent se marier. [37] Mais celui qui est capable de tenir solidement, s'il ne subit aucune contrainte, s'il est maître de sa propre volonté et a pris dans son cœur la décision de garder vierge sa fiancée, celui-là fera bien. [38] Ainsi, celui qui épouse sa fiancée fait bien, et celui qui

ne l'épouse pas fera mieux encore.

[39] La femme reste liée aussi longtemps que son mari est en vie. Mais si son mari meurt, elle est libre d'épouser qui elle veut, mais seulement un croyant. [40] Pourtant elle sera plus heureuse si elle reste comme elle est; c'est là mon opinion, et je pense avoir moi aussi l'Esprit de Dieu.

VI – La nourriture offerte aux idoles

Les idoles ne sont rien,
mais il faut respecter
les consciences faibles et inquiètes.

8 [1] Au sujet de la nourriture qui a été offerte aux idoles, je sais bien que nous avons tous la connaissance nécessaire; mais cette connaissance nous gonfle d'orgueil, tandis que l'amour fait œuvre constructive. [2] Celui qui croit connaître quelque chose ne connaît pas encore comme il faudrait; [3] mais celui qui aime Dieu, celui-là est vraiment connu de Dieu.

[4] Allons-nous donc manger de cette viande offerte aux idoles? Nous savons que les idoles ne sont rien du tout; il n'y a pas de dieu sauf le Dieu unique. [5] Bien qu'il y ait en effet, au ciel et sur la terre, des êtres qu'on appelle des dieux – et il y a une quantité de «dieux» et de «seigneurs» – [6] pour nous, en tout cas, il n'y a qu'un seul Dieu, le Père, de

qui tout vient et vers qui nous allons ; et il n'y a qu'un seul Seigneur, Jésus Christ, par qui tout existe et par qui nous existons. ⁷ Mais tout le monde n'a pas cette connaissance de Dieu : certains ont été jusqu'ici habitués aux idoles, et ils croient faire un geste d'idolâtrie en mangeant de cette viande ; comme leur conscience est faible, ils se sentent coupables. ⁸ Ce n'est pas un aliment qui nous rapprochera de Dieu. Si nous n'en mangeons pas, nous n'avons rien de moins, et si nous en mangeons, nous n'avons rien de plus. ⁹ Mais prenez garde que l'usage de vos droits ne soit une occasion de chute pour les faibles. ¹⁰ En effet, si l'un d'eux te voit attablé dans le temple d'une idole, toi qui as cette connaissance, est-ce un exemple constructif pour cet homme qui a la conscience faible ? Ne vas-tu pas le pousser à manger de la viande offerte aux idoles ? ¹¹ Et la connaissance que tu as va faire périr le faible, ce frère pour qui le Christ est mort.

¹² Ainsi, en péchant contre vos frères, et en blessant leur conscience qui est faible, vous péchez contre le Christ lui-même. ¹³ C'est pourquoi, si une question d'aliments doit faire tomber mon frère, je ne mangerai plus jamais de viande, pour ne pas faire tomber mon frère.

Dans son combat pour l'Évangile,
Paul sait renoncer à sa liberté
par charité pour les faibles.

9 ¹ Ne suis-je pas libre ? Ne suis-je pas apôtre ? N'ai-je pas vu Jésus notre Seigneur ? Et vous, n'êtes-vous pas mon œuvre dans le Seigneur ? ² Si pour d'autres je ne suis pas apôtre, pour vous en tout cas je le suis ; le sceau qui authentifie mon apostolat, c'est vous, dans le Seigneur. ³ Ma défense devant ceux qui enquêtent sur mon compte, la voici. ⁴ N'aurions-nous pas le droit de manger et de boire ? ⁵ N'aurions-nous pas le droit d'emmener avec nous une femme croyante, comme les autres apôtres, les frères du Seigneur et Pierre. ⁶ Ou bien serais-je le seul avec Barnabé à ne pas avoir le droit de ne pas travailler ? ⁷ Arrive-t-il qu'on serve dans l'armée à ses propres frais ? qu'on plante une vigne sans manger de ses fruits ? qu'on garde un troupeau sans boire du lait de ce troupeau ? ⁸ Est-ce que je parle seulement de conduites humaines ? ⁹ La Loi ne dit-elle pas la même chose ? En effet, dans la loi de Moïse il est écrit : *Ne mets pas une muselière au bœuf qui foule le grain.* Dieu s'inquiète-t-il des bœufs, ¹⁰ ou bien le dit-il en réalité à cause de nous ? En effet, c'est pour nous que cela a été écrit, puisque le laboureur doit labourer avec un espoir, et celui qui foule le grain avec l'espoir d'en avoir sa part. ¹¹ Si nous avons semé pour vous les biens spirituels, serait-ce trop de vouloir récolter vos biens matériels ? ¹² Si d'autres ont leur part de droits sur vous, ne l'avons-nous pas encore plus qu'eux ? Mais nous n'avons pas fait usage de ce droit ; au contraire, nous supportons tout pour ne pas créer d'obstacle à l'Évangile du Christ. ¹³ Ne le savez-vous pas ? Ceux qui assurent le culte du temple sont nourris par le temple ; ceux qui servent à l'autel ont leur part de ce qui est offert. ¹⁴ De même aussi le Seigneur a prescrit à ceux qui annoncent l'Évangile de vivre de l'Évangile. ¹⁵ Mais moi, je n'ai jamais fait usage d'aucun de ces droits. Et je n'écris pas cela pour en profiter. Plutôt mourir ! Personne ne me dépouillera de ce motif d'orgueil.

¹⁶ En effet, annoncer l'Évangile, ce n'est pas là mon motif d'orgueil, c'est une nécessité qui s'impose à moi ; malheur à moi si je n'annonçais pas l'Évangile ! ¹⁷ Certes, si je le faisais de moi-même, je recevrais une récompense du Seigneur. Mais je ne le fais pas de moi-même, je m'acquitte de la charge que Dieu m'a confiée. ¹⁸ Alors, pourquoi recevrai-je une récompense ? Parce que j'annonce l'Évangile sans rechercher aucun avantage matériel, ni faire valoir mes droits de prédicateur de l'Évangile. ¹⁹ Oui, libre à l'égard de tous,

je me suis fait le serviteur de tous afin d'en gagner le plus grand nombre possible. ²⁰ Et avec les Juifs, j'ai été comme un Juif, pour gagner les Juifs. Avec ceux qui sont sujets de la Loi, j'ai été comme un sujet de la Loi, moi qui ne le suis pas, pour gagner les sujets de la Loi. ²¹ Avec les sans-loi, j'ai été comme un sans-loi, moi qui ne suis pas sans loi de Dieu, mais sous la loi du Christ, pour gagner les sans-loi. ²² Avec les faibles, j'ai été faible, pour gagner les faibles. Je me suis fait tout à tous pour en sauver à tout prix quelques-uns. ²³ Et tout cela, je le fais à cause de l'Évangile, pour bénéficier, moi aussi, du salut.

²⁴ Vous savez bien que, dans les courses du stade, tous les coureurs prennent le départ, mais un seul gagne le prix. Alors, vous, courez de manière à l'emporter. ²⁵ Tous les athlètes à l'entraînement s'imposent une discipline sévère ; ils le font pour gagner une couronne de laurier qui va se faner, et nous, pour une couronne qui ne se fane pas. ²⁶ Moi, je cours, ce n'est pas sans fixer le but ; si je fais de la lutte, ce n'est pas en frappant dans le vide. ²⁷ Mais je traite durement mon corps, et je le réduis en esclavage, pour ne pas être moi-même disqualifié après avoir annoncé aux autres la Bonne Nouvelle.

*Ne nous croyons pas plus forts
que les Hébreux
qui ont péché au désert.*

10

¹Frères, je ne voudrais pas vous laisser ignorer ce qui s'est passé lors de la sortie d'Égypte. Nos ancêtres ont tous été sous la protection de la colonne de nuée, et tous ils ont passé la mer Rouge. ²Tous, ils ont été pour ainsi dire baptisés en Moïse, dans la nuée et dans la mer ; ³tous, ils ont mangé la même nourriture, qui était spirituelle ; ⁴tous, ils ont bu à la même source, qui était spirituelle ; car ils buvaient à un rocher qui les accompagnait, et ce rocher, c'était déjà le Christ. ⁵Cependant, la plupart n'ont fait que déplaire à Dieu, et ils sont tombés au désert. ⁶Ces événements étaient destinés à nous servir d'exemple, pour nous empêcher de désirer le mal comme l'ont fait nos pères. ⁷Ne devenez pas idolâtres, comme certains d'entre eux, ainsi qu'il est écrit : *Le peuple s'est assis pour manger et pour boire, et ils se sont levés pour s'amuser.* ⁸Ne nous livrons pas à la débauche, comme l'ont fait certains d'entre eux : il en est tombé vingt-trois mille en un seul jour. ⁹Ne mettons pas le Christ à l'épreuve, comme l'ont fait certains d'entre eux : ils ont péri mordus par les serpents. ¹⁰Cessez de récriminer contre Dieu comme l'ont fait certains d'entre eux : ils ont été exterminés. ¹¹Leur histoire devait servir d'exemple, et l'Écriture l'a racontée pour nous avertir, nous qui voyons arriver la fin des temps. ¹²Ainsi donc, celui qui se croit solide, qu'il fasse attention à ne pas tomber.

¹³Quand vous avez été mis à l'épreuve, ce ne fut jamais au-delà des forces humaines. Et Dieu est fidèle : il ne permettra pas que vous soyez éprouvés au-delà de ce qui est possible pour vous. Mais avec l'épreuve il vous donnera le moyen d'en sortir et la possibilité de la supporter.

*Communier au Christ
ou communier aux idoles ?*

¹⁴Mes bien-aimés, fuyez le culte des idoles. ¹⁵Je vous parle comme à des gens réfléchis ; jugez vous-mêmes de ce que je dis. ¹⁶La coupe d'action de grâce que nous bénissons, n'est-elle pas communion au sang du Christ ? Le pain que nous rompons, n'est-il pas communion au corps du Christ ? ¹⁷Puisqu'il y a un seul pain, la multitude que nous sommes est un seul corps, car nous avons tous part à un seul pain.

¹⁸Voyez ce qui se passe chez les Israélites : ceux qui mangent les victimes offertes sur l'autel de Dieu sont en communion avec Dieu. ¹⁹Je ne prétends pas que la viande offerte aux idoles ait une valeur, ou que les idoles elles-mêmes aient une valeur. ²⁰J'affirme au

contraire que les sacrifices des païens sont offerts aux esprits mauvais, et non à Dieu, et je ne veux pas que vous soyez en communion avec les esprits mauvais. ²¹ Vous ne pouvez pas en même temps boire à la coupe du Seigneur et à celle des esprits mauvais ; vous ne pouvez pas en même temps prendre part à la table du Seigneur et à celle des esprits mauvais. — ²² Voudrions-nous provoquer la jalousie du Seigneur ? Sommes-nous donc plus forts que lui ?

Conclusion : prendre nos décisions en fonction de la gloire de Dieu et du salut de tous les frères.

²³ « Tout est en notre pouvoir », dit-on, mais tout n'est pas valable. Tout est en notre pouvoir, certes, mais tout n'est pas constructif. ²⁴ Que personne ne cherche son propre intérêt, mais celui d'autrui.

²⁵ Tout ce qui se vend au marché, mangez-en sans poser de questions par motif de conscience. ²⁶ En effet, comme dit le psaume : *Au Seigneur, la terre et tout ce qui la remplit.* ²⁷ Si vous êtes invités par quelqu'un qui n'est pas croyant, et que vous vouliez y aller, mangez tout ce qu'on vous sert sans poser de questions par motif de conscience. ²⁸ Mais si quelqu'un vous dit : « C'est de la viande offerte en sacrifice », n'en mangez pas, à cause de celui qui vous a prévenus et de la conscience ; ²⁹ je ne parle pas de votre conscience à vous, mais de celle d'autrui. Pourquoi en effet ma liberté serait-elle jugée par la conscience d'un autre ? ³⁰ Si je participe à un repas en rendant grâce, pourquoi me blâmer pour cette nourriture dont je rends grâce ?

³¹ Tout ce que vous faites : manger, boire, ou n'importe quoi d'autre, faites-le pour la gloire de Dieu. ³² Ne soyez un obstacle pour personne, ni pour les Juifs, ni pour les païens, ni pour l'Église de Dieu. ³³ Faites comme moi : en toutes circonstances je tâche de m'adapter à tout le monde ; je ne cherche pas mon intérêt personnel, mais celui de la multitude des hommes, pour qu'ils soient sauvés.

11 ¹ Prenez-moi pour modèle ; mon modèle à moi, c'est le Christ.

VII – Hommes et femmes

Complémentaires dans le Christ.

² Je vous félicite de vous souvenir si bien de moi, et de garder les traditions que je vous ai transmises. ³ Mais je veux que vous le sachiez : la tête de tout homme, c'est le Christ ; la tête de la femme, c'est l'homme ; la tête du Christ, c'est Dieu. ⁴ Tout homme qui prie ou prophétise la tête couverte fait honte à sa tête. ⁵ Toute femme qui prie ou prophétise la tête dévoilée fait honte à sa tête, car c'est exac-

tement comme si elle était rasée. [6] En effet, si elle ne se voile pas, qu'elle se fasse tondre ; et si c'est une honte pour la femme d'être tondue ou rasée, qu'elle se voile. [7] L'homme, lui, ne doit pas se voiler la tête, puisqu'il est l'image et le reflet de Dieu ; or la femme est le reflet de l'homme. [8] En effet, l'homme n'a pas été tiré de la femme, c'est la femme qui a été tirée de l'homme, [9] car l'homme n'a pas été créé à cause de la femme, mais c'est la femme qui a été créée à cause de l'homme. [10] C'est pourquoi la femme doit avoir sur la tête un signe de sa dignité, à cause des anges. [11] D'ailleurs dans le Seigneur la femme n'existe pas sans l'homme, ni l'homme sans la femme. [12] En effet, de même que la femme a été tirée de l'homme, de même l'homme vient au monde par la femme, et tout cela vient de Dieu. [13] Jugez-en par vous-mêmes : est-il convenable qu'une femme prie Dieu sans être voilée ? [14] La nature nous enseigne, n'est-ce pas, que pour un homme c'est déshonorant d'avoir les cheveux longs, [15] et que pour une femme c'est une gloire, car la chevelure lui a été donnée pour s'en draper. [16] Et si quelqu'un croit devoir ergoter, nous n'avons pas cette manière de faire, et les Églises de Dieu non plus.

VIII – Le repas du Seigneur

Sans repas fraternel,
on n'est pas dans la logique
de l'Eucharistie.

Mt **26**, 20-29 ; Mc **14**, 17-25 ;
Lc **22**, 14-23

[17] Puisque j'ai commencé à vous faire des critiques, je ne vous félicite pas pour vos réunions : elles vous font plus de mal que de bien. [18] Tout d'abord, quand votre Église se réunit, il paraît qu'il subsiste parmi vous des divisions, et je crois que c'est assez vrai, [19] car il faut bien qu'il y ait parmi vous des groupes qui s'opposent, pour qu'on reconnaisse ceux d'entre vous qui ont une valeur éprouvée.

[20] Donc, quand vous vous réunissez tous ensemble, ce n'est plus le repas du Seigneur que vous prenez : [21] en effet, chacun se précipite pour prendre son propre repas ; alors l'un reste affamé, tandis que l'autre a trop bu. [22] N'avez-vous donc pas de maisons pour manger et pour boire ? Méprisez-vous l'Église de Dieu au point d'humilier ceux qui n'ont rien ? Que puis-je vous dire ? vous féliciter ? Non, pour cela je ne vous félicite pas !

[23] Je vous ai pourtant transmis, moi, ce que j'ai reçu de la tradition qui vient du Seigneur : la nuit même où il était livré, le Seigneur Jésus prit du pain, [24] puis, ayant rendu grâce, il le rompit, et

dit : « Ceci est mon corps, qui est pour vous. Faites cela en mémoire de moi. » [25] Après le repas, il fit de même avec la coupe, en disant : « Cette coupe est la nouvelle Alliance en mon sang. Chaque fois que vous en boirez, faites cela en mémoire de moi. »

[26] Ainsi donc, chaque fois que vous mangez ce pain et que vous buvez à cette coupe, vous proclamez la mort du Seigneur, jusqu'à ce qu'il vienne. [27] Et celui qui mangera le pain ou boira la coupe du Seigneur sans savoir ce qu'il fait aura à répondre du corps et du sang du Seigneur. [28] On doit donc s'examiner soi-même avant de manger de ce pain et boire à cette coupe. [29] Celui qui mange et qui boit mange et boit son propre jugement s'il ne discerne pas le corps. [30] C'est pour cela qu'il y a chez vous beaucoup de malades et d'infirmes et qu'un certain nombre sont morts. [31] Si nous avions du discernement envers nous-mêmes, nous ne serions pas jugés. [32] Mais les jugements du Seigneur sont pour nous une leçon, afin que nous ne soyons pas condamnés avec le monde.

[33] Ainsi donc, mes frères, quand vous vous réunissez pour ce repas, ayez soin de vous attendre les uns les autres ; [34] si quelqu'un a faim, qu'il mange à la maison, pour que vos réunions ne vous attirent pas le jugement du Sei-

gneur. Quant au reste, je le réglerai quand je viendrai.

Je vous le demande donc, mes frères : quand vous vous réunissez pour ce repas, ayez soin de vous attendre les uns les autres.

IX – Les manifestations de l'Esprit Saint

Les dons de Dieu organisent dans l'unité l'Église, Corps du Christ.

12 [1] Frères, au sujet des phénomènes spirituels, je ne veux pas vous laisser dans l'ignorance. [2] Vous le savez bien : quand vous étiez païens, vous étiez entraînés sans contrôle vers les idoles muettes. [3] C'est pourquoi je vous le rappelle : Si l'on parle sous l'action de l'Esprit de Dieu, personne ne dit : « Jésus est un maudit » ; et personne n'est capable de dire : « Jésus est le Seigneur » sans l'action de l'Esprit Saint.

[4] Les dons de la grâce sont variés, mais c'est toujours le même Esprit. [5] Les fonctions dans l'Église sont variées, mais c'est toujours le même Seigneur. [6] Les activités sont variées, mais c'est toujours le même Dieu qui agit en tous. [7] Chacun reçoit le don de manifester l'Esprit en vue du bien de tous. [8] A celui-ci est donné, grâce à l'Esprit, le langage de la sagesse de Dieu ; à un autre, toujours par l'Esprit, le langage de la connaissance de Dieu ; [9] un autre reçoit,

dans l'Esprit, le don de la foi; un autre encore, des pouvoirs de guérison dans l'unique Esprit; [10] un autre peut faire des miracles, un autre est un prophète, un autre sait reconnaître ce qui vient vraiment de l'Esprit; l'un reçoit le don de dire toutes sortes de paroles mystérieuses, l'autre le don de les interpréter. [11] Mais celui qui agit en tout cela, c'est le même et unique Esprit: il distribue ses dons à chacun, selon sa volonté.

[12] Prenons une comparaison: notre corps forme un tout, il a pourtant plusieurs membres; et tous les membres, malgré leur nombre, ne forment qu'un seul corps. Il en est ainsi pour le Christ. [13] Tous, Juifs ou païens, esclaves ou hommes libres, nous avons été baptisés dans l'unique Esprit pour former un seul corps. Tous nous avons été désaltérés par l'unique Esprit.

[14] Le corps humain se compose de plusieurs membres, et non pas d'un seul. [15] Le pied aura beau dire: «Je ne suis pas la main, donc je ne fais pas partie du corps», il fait toujours partie du corps. [16] L'oreille aura beau dire: «Je ne suis pas l'œil, donc je ne fais pas partie du corps», elle fait toujours partie du corps. [17] Si, dans le corps, il n'y avait que les yeux, comment pourrait-on entendre? S'il n'y avait que les oreilles, comment pourrait-on sentir les odeurs? [18] Mais, dans le corps, Dieu a disposé les différents membres comme il l'a voulu. [19] S'il n'y en avait qu'un seul, comment cela ferait-il un corps? [20] Il y a donc à la fois plusieurs membres, et un seul corps. [21] L'œil ne peut pas dire à la main: «Je n'ai pas besoin de toi»; la tête ne peut pas dire aux pieds: «Je n'ai pas besoin de vous».

[22] Bien plus, les parties du corps qui paraissent les plus délicates sont indispensables. [23] Et celles qui passent pour moins respectables, c'est elles que nous traitons avec plus de respect; celles qui sont moins décentes, nous les traitons plus décemment; [24] pour celles qui sont décentes, ce n'est pas nécessaire. Dieu a organisé le corps de telle façon qu'on porte plus de respect à ce qui en est le plus dépourvu; [25] il a voulu qu'il n'y ait pas de division dans le corps, mais que les différents membres aient tous le souci les uns des autres. [26] Si un membre souffre, tous les membres partagent sa souffrance; si un membre est à l'honneur, tous partagent sa joie.

[27] Or, vous êtes le corps du Christ et, chacun pour votre part, vous êtes les membres de ce corps. [28] Parmi ceux que Dieu a placés ainsi dans l'Église, il y a premièrement des apôtres, deuxièmement des prophètes, troisièmement ceux qui sont chargés d'enseigner, puis ceux qui font des

miracles, ceux qui ont le don de guérir, ceux qui ont la charge d'assister leurs frères ou de les guider, ceux qui disent des paroles mystérieuses. ²⁹Tout le monde évidemment n'est pas apôtre, tout le monde n'est pas prophète, ni chargé d'enseigner ; tout le monde n'a pas à faire des miracles, ³⁰à guérir, à dire des paroles mystérieuses, ou à les interpréter.

Hymne à la charité, don de Dieu par excellence.

³¹Parmi les dons de Dieu, vous cherchez à obtenir ce qu'il y a de meilleur. Eh bien, je vais vous indiquer une voie supérieure à toutes les autres.

13 ¹J'aurais beau parler toutes les langues de la terre et du ciel, si je n'ai pas la charité, s'il me manque l'amour, je ne suis qu'un cuivre qui résonne, une cymbale retentissante. ²J'aurais beau être prophète, avoir toute la science des mystères et toute la connaissance de Dieu, et toute la foi jusqu'à transporter les montagnes, s'il me manque l'amour, je ne suis rien. ³J'aurais beau distribuer toute ma fortune aux affamés, j'aurais beau me faire brûler vif, s'il me manque l'amour, cela ne me sert à rien.

⁴L'amour prend patience ; l'amour rend service ; l'amour ne jalouse pas ; il ne se vante pas, ne se gonfle pas d'orgueil ; ⁵il ne fait rien de malhonnête ;

il ne cherche pas son intérêt ; il ne s'emporte pas ; il n'entretient pas de rancune ; ⁶il ne se réjouit pas de ce qui est mal, mais il trouve sa joie dans ce qui est vrai ; ⁷il supporte tout, il fait confiance en tout, il espère tout, il endure tout.

⁸L'amour ne passera jamais. Un jour, les prophéties disparaîtront, le don des langues cessera, la connaissance que nous avons de Dieu disparaîtra. ⁹En effet, notre connaissance est partielle, nos prophéties sont partielles. ¹⁰Quand viendra l'achèvement, ce qui est partiel disparaîtra. ¹¹Quand j'étais un enfant, je parlais comme un enfant, je pensais comme un enfant, je raisonnais comme un enfant. Maintenant que je suis un homme, j'ai fait disparaître ce qui faisait de moi un enfant. ¹²Nous voyons actuellement une image obscure dans un miroir ; ce jour-là, nous verrons face à face. Actuellement, ma connaissance est partielle ; ce jour-là, je connaîtrai vraiment, comme Dieu m'a connu. ¹³Ce qui demeure aujourd'hui, c'est la foi, l'espérance et la charité ; mais la plus grande des trois, c'est la charité.

Les phénomènes charismatiques dans les assemblées doivent être au service de la construction de l'Église.

14 ¹Faites tout pour avoir la charité. Recherchez les phénomènes spirituels, surtout le don de prophétie. [2] Celui qui parle en langues ne parle pas pour les hommes, mais pour Dieu ; personne ne saisit, car, sous le coup de l'inspiration, il dit des choses mystérieuses. [3] Mais celui qui a le don de prophète parle pour les hommes : il construit, il réconforte, il encourage. [4] Celui qui parle en langues ne le fait que pour sa construction personnelle, tandis que celui qui prophétise construit l'Église.

[5] Je souhaite que vous parliez tous en langues, mais surtout que vous ayez le don de prophétie. Car prophétiser vaut mieux que parler en langues, à moins qu'on n'interprète ce qu'on dit en langues : ainsi, on aide à la construction de l'Église. [6] Eh bien, frères, si j'arrive chez vous pour parler en langues, en quoi vous rendrai-je service si ma parole ne vous apporte ni révélation, ni connaissance de Dieu, ni prophétie, ni enseignement ? [7] Ainsi, quand des objets inanimés comme la flûte ou la cithare produisent des sons, s'ils ne donnent pas des notes distinctes, comment reconnaître l'air joué par l'instrument ? [8] Et si la trompette produit des sons confus, qui pourra se préparer au combat ? [9] Vous de même, si par votre langue vous ne produisez pas un message intelligible, comment reconnaître ce qui est dit ? Vous ne serez que des gens qui parlent pour le vent. [10] Il y a dans le monde je ne sais combien d'espèces de mots, et aucune n'est sans signification. [11] Or si je ne connais pas la valeur du mot, je serai un barbare pour celui qui parle et il le sera pour moi. [12] Alors, vous, puisque vous recherchez les phénomènes spirituels, recherchez-les en vue de construire l'Église, de manière à progresser.

[13] Et donc, celui qui parle en langues, qu'il prie pour être capable d'interpréter. [14] Si je prie dans une langue inconnue, mon esprit a beau être en prière, mon intelligence ne produit rien. [15] Que vais-je donc faire ? Je vais prier avec mon esprit, mais aussi avec mon intelligence, chanter avec mon esprit, mais aussi avec mon intelligence. [16] En effet, si tu dis une prière de bénédiction avec ton esprit seulement, alors celui qui est là et n'y connaît rien, comment va-t-il répondre « Amen » à ton action de grâce, puisqu'il ne sait pas ce que tu dis ? [17] Toi, bien sûr, tu fais une belle action de grâce, mais ce n'est pas constructif pour l'autre. [18] Je parle en langues plus que vous tous, et j'en rends grâce à Dieu ; [19] mais, quand l'Église est rassemblée, je préfère dire cinq paroles avec mon intelligence de manière à instruire les autres, plutôt que d'en dire dix mille en langues. [20] Frères, pour le bon sens, ne soyez pas des enfants ; oui, pour le mal, soyez des petits enfants, mais

pour le bon sens, soyez des adultes. [21] Dans la Loi, il est écrit ceci : *C'est par des hommes de langue étrangère, par des lèvres d'étrangers, que je parlerai à ce peuple ; et même ainsi ils ne m'écouteront pas, dit le Seigneur.*

[22] Cela veut dire que les langues sont un signe qui rend manifestes non pas ceux qui croient, mais ceux qui ne veulent pas croire, alors que la prophétie rend manifestes non ceux qui ne veulent pas croire, mais ceux qui croient. [23] Quand donc l'Église tout entière est rassemblée, si tous parlent en langues, et qu'il arrive des gens qui n'y connaissent rien ou des incroyants, ne vont-ils pas dire que vous êtes fous ? [24] Si au contraire tous prophétisent, et qu'il arrive un incroyant ou un homme qui n'y connaît rien, il se sent dénoncé par tous, jugé par tous, [25] ses pensées secrètes sont mises au grand jour : il tombera la face contre terre pour adorer Dieu, en proclamant : « C'est vrai que Dieu est parmi vous ! »

[26] Alors, frères, quand vous vous réunissez, chacun apporte un cantique, ou un enseignement, ou une révélation, ou une intervention en langue, ou une interprétation ; mais il faut que tout cela serve à la construction de l'Église. [27] Si on parle en langue, qu'il y en ait deux à chaque réunion, ou trois au plus, et chacun à son tour, et qu'il y en ait un pour interpréter. [28] Mais s'il n'y a pas d'interprète, qu'on se taise dans l'assemblée de l'Église, qu'on se parle à soi-même et à Dieu. [29] Quant aux prophètes, que deux ou trois prennent la parole, et que les autres discernent ce qui vient de l'Esprit. [30] Mais si quelqu'un d'autre dans l'assistance reçoit une révélation, que le premier se taise. [31] Vous pouvez tous prophétiser, l'un après l'autre, pour que tous en retirent instruction et réconfort. [32] Les inspirations des prophètes sont sous le contrôle des prophètes, [33] car Dieu n'est pas un Dieu de désordre, mais de paix.

Comme cela se fait dans toutes nos Églises, [34] que les femmes gardent le silence dans les assemblées, car elles n'ont pas la permission de parler ; mais qu'elles restent dans la soumission, comme le dit la Loi. [35] Et si elles veulent se faire instruire, qu'elles interrogent leur mari à la maison. Car pour une femme c'est une honte de parler dans l'assemblée. [36] La parole de Dieu serait-elle venue de chez vous ? Ne serait-elle arrivée que chez vous ?

[37] Si quelqu'un croit être prophète ou inspiré par l'Esprit, qu'il reconnaisse en ce que je vous écris un commandement du Seigneur. [38] S'il ne le reconnaît pas, il n'est pas reconnu.

[39] Ainsi, mes frères, recherchez le don de prophétie, et n'empêchez pas de parler en

langues, ⁴⁰ mais que tout se passe dans la dignité et dans l'ordre.

X – La résurrection des morts

Au cœur de la foi de l'Église :
le Christ mort et ressuscité.

15 ¹ Frères, je vous rappelle la Bonne Nouvelle que je vous ai annoncée ; cet Évangile, vous l'avez reçu, et vous y restez attachés, ² vous serez sauvés par lui si vous le gardez tel que je vous l'ai annoncé ; autrement, c'est pour rien que vous êtes devenus croyants. ³ Avant tout, je vous ai transmis ceci, que j'ai moi-même reçu : le Christ est mort pour nos péchés conformément aux Écritures, ⁴ et il a été mis au tombeau ; il est ressuscité le troisième jour conformément aux Écritures, ⁵ et il est apparu à Pierre, puis aux Douze ; ⁶ ensuite il est apparu à plus de cinq cents frères à la fois – la plupart sont encore vivants, et quelques-uns sont morts – ⁷ ensuite il est apparu à Jacques, puis à tous les Apôtres. ⁸ Et en tout dernier lieu, il est même apparu à l'avorton que je suis.

⁹ Car moi, je suis le plus petit des Apôtres, je ne suis pas digne d'être appelé Apôtre, puisque j'ai persécuté l'Église de Dieu. ¹⁰ Mais ce que je suis, je le suis par la grâce de Dieu, et la grâce dont il m'a comblé n'a pas été stérile. Je me suis donné de la peine plus que tous les autres ; à vrai dire, ce n'est pas moi, c'est la grâce de Dieu avec moi.

¹¹ Bref, qu'il s'agisse de moi ou des autres, voilà notre message, et voilà votre foi.

La résurrection du Christ
et notre propre résurrection
sont inséparables.

¹² Nous proclamons que le Christ est ressuscité d'entre les morts ; alors, comment certains d'entre vous peuvent-ils affirmer qu'il n'y a pas de résurrection des morts ? ¹³ Mais, s'il n'y a pas de résurrection des morts, le Christ, lui non plus, n'est pas ressuscité. ¹⁴ Et si le Christ n'est pas ressuscité, notre message est sans objet, et votre foi est sans objet ; ¹⁵ nous voilà reconnus comme de faux témoins de Dieu, pour avoir témoigné en contradiction avec Dieu en disant qu'il a ressuscité le Christ, alors qu'il ne l'a pas ressuscité s'il est vrai que les morts ne ressuscitent pas. ¹⁶ Si les morts ne ressuscitent pas, le Christ non plus n'est pas ressuscité. ¹⁷ Et si le Christ n'est pas ressuscité, votre foi ne mène à rien, vous n'êtes pas libérés de vos péchés ; ¹⁸ et puis, ceux qui sont morts dans le Christ sont perdus. ¹⁹ Si nous avons mis notre espoir dans le Christ pour cette vie seulement, nous sommes les plus à plaindre de tous les hommes.

²⁰ Mais non ! le Christ est ressuscité d'entre les morts, pour

être parmi les morts le premier ressuscité. ²¹ Car, la mort étant venue par un homme, c'est par un homme aussi que vient la résurrection. ²² En effet, c'est en Adam que meurent tous les hommes ; c'est dans le Christ que tous revivront, ²³ mais chacun à son rang : en premier, le Christ ; et ensuite, ceux qui seront au Christ lorsqu'il reviendra. ²⁴ Alors, tout sera achevé, quand le Christ remettra son pouvoir royal à Dieu le Père, après avoir détruit toutes les puissances du mal. ²⁵ C'est lui en effet qui doit régner jusqu'au jour où *il aura mis sous ses pieds tous ses ennemis.* ²⁶ Et le dernier ennemi qu'il détruira, c'est la mort, ²⁷ car *il a tout mis sous ses pieds.* Mais quand il dira : «Tout est soumis désormais», c'est évidemment à l'exclusion de Celui qui lui a soumis toutes choses. ²⁸ Alors, quand tout sera sous le pouvoir du Fils, il se mettra lui-même sous le pouvoir du Père qui lui aura tout soumis, et ainsi, Dieu sera tout en tous.

²⁹ Autrement, que pourraient obtenir ceux qui se font baptiser pour les morts ? Si vraiment les morts ne ressuscitent pas, pourquoi se faire baptiser pour eux ? ³⁰ Et pourquoi nous aussi courons-nous des dangers à chaque instant ? ³¹ Chaque jour ma mort est là, aussi vrai que vous, frères, vous êtes mon orgueil dans le Christ Jésus notre Seigneur. ³² S'il n'y avait eu que de l'humain dans mon combat contre les bêtes à Éphèse, à quoi cela m'aurait-il servi ? Si les morts ne ressuscitent pas, *mangeons et buvons, car demain nous mourrons.* ³³ Ne vous y trompez pas : *Les mauvaises compagnies corrompent les bonnes mœurs.* ³⁴ Reprenez vos esprits, et cessez de pécher : en effet, certains d'entre vous ont une fausse connaissance de Dieu. Je vous dis cela pour vous faire honte.

La transformation glorieuse de nos corps par la résurrection.

³⁵ L'un de vous peut demander : «Comment les morts ressuscitent-ils ? avec quelle sorte de corps reviennent-ils ?» – ³⁶ Réfléchis donc ! Quand tu sèmes une graine, elle ne peut pas donner vie sans mourir d'abord ; ³⁷ et tu ne sèmes pas le corps de la plante qui va pousser, tu sèmes une graine toute nue : du blé ou autre chose. ³⁸ Et Dieu lui donne un corps comme il le veut : à chaque semence un corps particulier. ³⁹ Les espèces de chair sont différentes : il y a celle des hommes, celle des bestiaux, celle des oiseaux, celle des poissons. ⁴⁰ Il y a des corps célestes et des corps terrestres, mais autre est l'éclat des célestes, autre celui des terrestres ; ⁴¹ il y a l'éclat du soleil, celui de la lune, celui des étoiles ; et les étoiles ont les unes et les autres un éclat différent. ⁴² Il en sera de même quand les morts ressusciteront. Ce qui est semé dans la

terre est périssable, ce qui ressuscite est impérissable ; ⁴³ce qui est semé n'a plus de valeur, ce qui ressuscite est plein de gloire ; ce qui est semé est faible, ⁴⁴ce qui ressuscite est puissant ; ce qui est semé est un corps humain, ce qui ressuscite est un corps spirituel ; puisqu'il existe un corps humain, il existe aussi un corps spirituel.

⁴⁵L'Écriture dit : *Le premier Adam était un être humain qui avait reçu la vie ;* le dernier Adam – le Christ – est devenu l'être spirituel qui donne la vie. ⁴⁶Ce qui est apparu d'abord, ce n'est pas l'être spirituel, c'est l'être humain, et ensuite seulement, le spirituel. ⁴⁷Pétri de terre, le premier homme vient de la terre ; le deuxième homme, lui, vient du ciel. ⁴⁸Puisque Adam est pétri de terre, comme lui les hommes appartiennent à la terre ; puisque le Christ est venu du ciel, comme lui les hommes appartiennent au ciel. ⁴⁹Et de même que nous sommes à l'image de celui qui est pétri de terre, de même nous serons à l'image de celui qui vient du ciel.

⁵⁰Je le déclare, frères : la chair et le sang ne sont pas capables d'avoir part au royaume de Dieu, et ce qui est périssable n'a point part au monde impérissable.

⁵¹C'est une chose mystérieuse que je vous annonce : même si nous ne mourons pas tous, nous serons tous trans-formés, ⁵²et cela instantanément, en un clin d'œil, quand retentira le signal au dernier jour. Il retentira, en effet, et les morts ressusciteront, impérissables, et nous serons transformés.

⁵³Car il faut que ce qui est périssable en nous devienne impérissable ; il faut que ce qui est mortel revête l'immortalité. ⁵⁴Et quand ce qui est périssable en nous deviendra impérissable, quand ce qui est mortel revêtira l'immortalité, alors se réalisera la parole de l'Écriture : *La mort a été engloutie dans la victoire.* ⁵⁵ *O Mort, où est ta victoire ? O Mort, où est ton dard venimeux ?* ⁵⁶Le dard de la mort, c'est le péché ; ce qui renforce le péché, c'est la Loi.

⁵⁷Rendons grâce à Dieu qui nous donne la victoire par Jésus Christ notre Seigneur. ⁵⁸Ainsi, mes frères bien-aimés, soyez fermes, soyez inébranlables, prenez une part toujours plus active à l'œuvre du Seigneur, car vous savez que, dans le Seigneur, la peine que vous vous donnez ne sera pas stérile.

XI – Pour la vie des Églises

La collecte pour Jérusalem.

16 ¹Au sujet de la collecte pour les fidèles de Jérusalem, suivez, vous aussi, les règles que j'ai établies pour les Églises du pays galate. ²Le premier jour de la semaine, chacun mettra de côté ce qu'il a réussi à épargner ; ainsi, quand je viendrai, on pourra en faire la collecte. ³ Quand je serai là, ce sont des personnes jugées aptes par vous que j'enverrai avec des lettres porter à Jérusalem votre don généreux. ⁴ S'il vaut la peine que j'y aille aussi, ils iront avec moi.

Projets de Paul.

⁵ Je viendrai chez vous après avoir traversé la Macédoine, car je dois la traverser. ⁶ Je séjournerai peut être chez vous, ou même j'y passerai l'hiver, afin que vous, vous m'aidiez pour me rendre où je voudrai aller. ⁷ Car je ne veux pas cette fois vous voir seulement en passant, et j'espère rester quelque temps chez vous si le Seigneur le permet. ⁸ Mais je resterai à Éphèse jusqu'à la Pentecôte, ⁹ car une porte s'est ouverte toute grande pour moi en vue d'un travail efficace, et les adversaires sont nombreux.

¹⁰ Si Timothée vient, veillez à ce qu'il n'ait rien à craindre chez vous, car il travaille à l'œuvre du Seigneur tout comme moi. ¹¹ Que personne donc ne le méprise. Aidez-le pour qu'il reparte en paix vers moi, car je l'attends avec les frères. ¹² Au sujet d'Apollos notre frère, je l'ai fortement exhorté à venir chez vous avec les frères ; mais il n'y avait absolument pas l'accord nécessaire pour qu'il vienne

maintenant. Il viendra donc quand ce sera le bon moment.

Exhortations et salutations.

¹³ Veillez, tenez bon dans la foi, soyez des hommes, soyez forts. ¹⁴ Que tout chez vous se passe dans l'amour.

¹⁵ Frères, voici encore une exhortation. Vous savez que Stéphanas et les gens de sa maison ont été dans votre province les premiers à croire, et se sont engagés au service des fidèles : ¹⁶ à votre tour, soyez soumis à de tels hommes et à tous ceux qui collaborent et peinent avec eux. ¹⁷ Je suis heureux de la présence de Stéphanas, de Fortunatus et d'Achaïcus, eux qui ont compensé votre absence ; ¹⁸ en effet, ils ont tranquillisé mon esprit et le vôtre. Sachez donc apprécier de tels hommes.

¹⁹ Les Églises de la province d'Asie vous saluent. Aquilas et Prisca vous saluent bien dans le Seigneur, avec l'Église qui se rassemble chez eux. ²⁰ Tous les frères vous saluent. Saluez-vous les uns les autres en échangeant le baiser de paix.

²¹ La salutation est de ma propre main à moi Paul. ²² Si quelqu'un n'aime pas le Seigneur, qu'il soit exclu. « Maranatha ! » (notre Seigneur, viens !) ²³ Que la grâce du Seigneur Jésus soit avec vous. ²⁴ Mon amour avec vous tous dans le Christ Jésus.

SECONDE LETTRE

AUX

CORINTHIENS

Paul salue les Corinthiens et bénit Dieu qui réconforte l'Apôtre pour qu'il puisse réconforter les autres.

1 ¹Moi, Paul, Apôtre du Christ Jésus par la volonté de Dieu, avec Timothée notre frère, je m'adresse à vous qui êtes à Corinthe l'Église de Dieu, ainsi qu'aux fidèles qui sont par toute la Grèce. ²Que la grâce et la paix soient avec vous, de la part de Dieu notre Père et de Jésus Christ le Seigneur.

³Béni soit Dieu, le Père de notre Seigneur Jésus Christ, le Père plein de tendresse, le Dieu de qui vient tout réconfort. ⁴Dans toutes nos détresses, il nous réconforte ; ainsi, nous pouvons réconforter tous ceux qui sont dans la détresse, grâce au réconfort que nous recevons nous-mêmes de Dieu. ⁵De même que nous avons largement part aux souffrances du Christ, de même, par le Christ, nous sommes largement réconfortés. ⁶Quand nous sommes dans la détresse, c'est pour que vous obteniez le réconfort et le salut ; quand nous sommes réconfortés, c'est encore pour que vous obteniez le réconfort, et cela vous permet de supporter avec persévérance les mêmes souffrances que nous. ⁷En ce qui vous concerne, nous avons de solides raisons d'espérer, car nous le savons : puisque vous connaissez comme nous la souffrance, vous obtiendrez comme nous le réconfort.

⁸Nous ne voulons pas vous le laisser ignorer, frères : la détresse où nous nous sommes trouvés dans la province d'Asie nous a accablés excessivement au-delà de nos forces, au point de ne même plus savoir si nous resterions en vie. ⁹Mais nous avions accueilli en nous-mêmes cet arrêt de mort, si bien que notre confiance n'était plus en nous-mêmes, mais en Dieu qui ressuscite les morts. ¹⁰C'est lui qui nous a arrachés d'une mort si terrible et qui nous en arrachera ; en lui nous avons mis notre espérance : il nous en arrachera encore, ¹¹avec l'aide que vous nous apportez en priant pour nous ; ainsi, par l'intervention d'un grand nombre de per-

sonnes, la grâce que nous avons reçue permettra à beaucoup de rendre grâce pour nous.

I – Le ministère apostolique

Paul défend sa mission, justifie son absence, pardonne à son offenseur.

[12] Ce qui fait notre orgueil, c'est le témoignage de notre conscience ; nous avons vécu en ce monde, et particulièrement avec vous, dans la simplicité et la sincérité qui viennent de Dieu, non pas selon une sagesse purement humaine, mais selon la grâce de Dieu.

[13] Nos lettres ne contiennent vraiment rien d'autre que ce que vous pouvez lire et comprendre. J'espère que vous comprendrez entièrement, [14] puisque vous avez déjà partiellement compris ce que nous voulons dire : c'est nous qui sommes votre orgueil comme vous serez le nôtre au jour du Seigneur Jésus.

[15] Fort de cette assurance, je voulais d'abord aller chez vous pour que vous receviez une nouvelle grâce, [16] puis par chez vous me rendre en Macédoine, revenir de Macédoine chez vous, et recevoir votre aide pour gagner la Judée. [17] Vouloir cela, était-ce faire preuve de légèreté ? Ou bien mes projets ne sont-ils que des projets purement humains, si bien qu'il y aurait chez moi en même temps « oui, oui » et

« non, non » ? [18] J'en prends à témoin le Dieu fidèle : le langage que nous vous parlons n'est pas à la fois « oui » et « non ». [19] Le Fils de Dieu, le Christ Jésus, que nous avons annoncé parmi vous, Silvain, Timothée et moi, n'a pas été à la fois « oui » et « non » ; il n'a jamais été que « oui ». [20] Et toutes les promesses de Dieu ont trouvé leur « oui » dans sa personne. Aussi est-ce par le Christ que nous disons « amen », notre « oui », pour la gloire de Dieu. [21] Celui qui nous rend solides pour le Christ dans nos relations avec vous, celui qui nous a consacrés, c'est Dieu ; [22] il a mis sa marque sur nous, et il nous a fait une première avance sur ses dons : l'Esprit qui habite nos cœurs.

[23] Quant à moi, j'en prends Dieu à témoin sur ma vie : c'est pour vous ménager que je ne suis pas revenu à Corinthe. [24] Il ne s'agit pas d'exercer un pouvoir sur votre foi, mais de collaborer à votre joie, car pour la foi vous tenez bon.

[2] [1] J'ai pris la décision de ne pas retourner chez vous dans un climat de contrariété. [2] Car si moi je vous contrarie, qui me mettra le cœur en fête ? Celui que j'aurai contrarié ? [3] C'est bien ce que je vous ai écrit, pour éviter qu'en arrivant je reçoive de la contrariété de ceux qui auraient dû me donner de la joie ; car je suis convaincu par rapport à

vous tous que ma joie est celle de vous tous. [4]Ainsi, c'est le cœur plein de détresse et d'angoisse que je vous ai écrit, et en versant beaucoup de larmes, non pas pour que vous soyez contrariés, mais pour que vous sachiez quel immense amour j'ai pour vous. [5]Si quelqu'un cause de la contrariété, ce n'est pas à moi qu'il la cause, mais pour une part, sans vouloir exagérer, c'est à vous tous. [6]Pour un tel individu, la sanction infligée par la majorité doit suffire, [7]si bien qu'au contraire vous devez plutôt lui faire grâce et le réconforter, pour éviter que cet homme soit englouti par un excès de contrariété. [8]Je vous exhorte donc à opter pour l'amour. [9]Car en vous écrivant, je voulais vérifier si votre obéissance était totale. [10]Si vous faites grâce, moi aussi; et moi, quand j'ai fait grâce, si je l'ai fait c'était à cause de vous sous le regard du Christ, [11]pour ne pas nous laisser vaincre par Satan, dont nous connaissons bien les intentions.

[12]En arrivant à Troas pour annoncer l'Évangile du Christ, j'ai trouvé la porte grande ouverte dans le Seigneur; [13]mais je n'ai pas pu avoir l'esprit tranquille, car je n'avais pas retrouvé Tite mon frère; alors j'ai fait mes adieux, et je suis parti pour la Macédoine.

[14]Rendons grâce à Dieu qui nous entraîne sans cesse dans son cortège triomphal dans le Christ, et qui répand par nous en tous lieux le parfum de sa connaissance. [15]Car nous sommes pour Dieu la bonne odeur du Christ, pour ceux qui vont vers leur salut comme pour ceux qui vont vers leur perte; [16]pour les uns, c'est un parfum qui de la mort conduit vers la mort; pour les autres, de la vie vers la vie. Et qui a donc capacité pour cela? [17]En effet, nous ne sommes pas comme tous ces gens qui font du trafic avec la parole de Dieu; au contraire, c'est avec sincérité, c'est de la part de Dieu, devant Dieu, dans le Christ, que nous proclamons la Parole.

Faibles, mais pleins d'assurance, les Apôtres sont les ministres de la nouvelle Alliance, bien plus glorieuse que l'ancienne.

3 [1]Sommes-nous encore en train de nous recommander nous-mêmes? Ou bien avons-nous besoin pour cela, comme certaines personnes, d'un document écrit qu'il faudrait vous présenter ou vous demander? [2]C'est vous-mêmes qui êtes ce document écrit dans nos cœurs, et que tous les hommes peuvent lire et connaître. [3]De toute évidence, vous êtes ce document venant du Christ, confié à notre ministère, écrit non pas avec de l'encre, mais avec l'Esprit du Dieu vivant, non pas, comme la Loi, sur des tables de pierre, mais dans des cœurs de chair. [4]Et si nous avons tant d'assurance devant Dieu grâce au Christ, ⁵ ce n'est pas à cause d'une capacité personnelle dont nous pourrions nous attribuer le mérite. ⁶ Notre capacité vient de Dieu : c'est lui qui nous a rendus capables d'être les ministres d'une Alliance nouvelle, une Alliance qui n'est pas celle de la lettre de la Loi, mais celle de l'Esprit du Dieu vivant ; car la lettre tue, mais l'Esprit donne la vie.

⁷ Pourtant le ministère de la Loi gravée dans la pierre, ce ministère de mort, avait déjà une telle gloire que les fils d'Israël ne pouvaient pas fixer le visage de Moïse rayonnant d'une gloire dont l'éclat ne durait pas ; ⁸ alors, quelle gloire bien plus grande aura le ministère de l'Esprit ! ⁹ Ce qui allait vers la condamnation avait déjà un ministère rayonnant de gloire ; alors, ce qui fait de nous des justes aura un ministère infiniment plus glorieux ! ¹⁰ Non, vraiment, ce qui a été si glorieux ne l'est plus du tout, parce qu'il y a maintenant une gloire qui dépasse tout. ¹¹ Ce qui ne durait pas rayonnait déjà de gloire ; alors, ce qui demeure aura infiniment plus de gloire.

¹² Et donc, puisque nous avons une telle espérance, nous sommes pleins d'assurance ; ¹³ nous ne sommes pas comme Moïse qui mettait un voile sur son visage pour empêcher les fils d'Israël de voir disparaître ce rayonne-ment qui ne durait pas. ¹⁴ Mais leurs pensées se sont endur-cies. Car jusqu'à ce jour le même voile demeure pour la lecture des livres de l'ancienne Alliance ; il n'est pas enlevé parce que c'est en Christ qu'il disparaît ; ¹⁵ et aujourd'hui encore, quand les fils d'Israël lisent les livres de Moïse, un voile leur recouvre le cœur. ¹⁶ Quand on se convertit au Seigneur, le voile tombe. ¹⁷ Or, le Seigneur, c'est l'Esprit, et là où l'Esprit du Seigneur est présent, là est la liberté. ¹⁸ Et nous, les Apôtres, qui n'avons pas, comme Moïse, un voile sur ¹e visage, nous reflétons tous la gloire du Seigneur, et nous sommes transfigurés en son image avec une gloire de plus en plus grande, par l'ac-tion du Seigneur qui est Esprit.

4 ¹ C'est pourquoi nous ne perdons pas courage, puisque Dieu, dans sa miséri-corde, nous a confié un si grand ministère ; ² et même, comme nous n'avons aucun motif de honte, nous ne vou-lons rien cacher ; nous n'em-ployons pas n'importe quel procédé, et nous ne falsifions pas la parole de Dieu. Au contraire, c'est en manifestant la vérité que nous cherchons à gagner la confiance de tous les hommes en présence de Dieu. ³ Et si la Bonne Nouvelle que nous annonçons reste encore voilée, elle n'est voilée que pour ceux qui vont à leur

perte, [4]pour les incrédules dont l'intelligence a été aveuglée par le dieu de ce monde (Satan) : il les empêche de voir resplendir dans l'Évangile la gloire du Christ, lui qui est l'image de Dieu. [5]En effet ce que nous proclamons, ce n'est pas nous-mêmes ; c'est ceci : Jésus Christ est Seigneur, et nous sommes vos serviteurs, à cause de Jésus. [6]Car le Dieu qui a dit : *La lumière brillera au milieu des ténèbres*, a lui-même brillé dans nos cœurs pour faire resplendir la connaissance de sa gloire qui rayonne sur le visage du Christ.

[7]Mais ce trésor, nous, les Apôtres, nous le portons en nous comme dans des poteries sans valeur : ainsi, on voit bien que cette puissance extraordinaire ne vient pas de nous, mais de Dieu. [8]A tout moment, nous subissons l'épreuve, mais nous ne sommes pas écrasés ; nous sommes désorientés, mais non pas désemparés ; [9]nous sommes pourchassés, mais non pas abandonnés ; terrassés, mais non pas anéantis. [10]Partout et toujours, nous subissons dans notre corps la mort de Jésus, afin que la vie de Jésus, elle aussi, soit manifestée dans notre corps. [11]En effet, nous, les vivants, nous sommes continuellement livrés à la mort à cause de Jésus, afin que la vie de Jésus, elle aussi, soit manifestée dans notre existence mortelle. [12]Ainsi la mort fait son œuvre en nous, et la vie en vous.

[13]L'Écriture dit : *J'ai cru, c'est pourquoi j'ai parlé*. Et nous, les Apôtres, animés de cette même foi, nous croyons, nous aussi, et c'est pourquoi nous parlons. [14]Car, nous le savons, celui qui a ressuscité le Seigneur Jésus nous ressuscitera, nous aussi, avec Jésus, et il nous placera près de lui avec vous. [15]Et tout ce qui nous arrive, c'est pour vous, afin que la grâce plus abondante, en vous rendant plus nombreux, fasse monter une immense action de grâce pour la gloire de Dieu.

[16]C'est pourquoi nous ne perdons pas courage, et même si en nous l'homme extérieur va vers sa ruine, l'homme intérieur se renouvelle de jour en jour. [17]Car nos épreuves du moment présent sont légères par rapport au poids extraordinaire de gloire éternelle qu'elles nous préparent. [18]Et notre regard ne s'attache pas à ce qui se voit, mais à ce qui ne se voit pas ; car ce qui se voit est provisoire, mais ce qui ne se voit pas est éternel.

5 [1]Nous le savons, en effet, le corps, qui est notre demeure sur la terre, doit être détruit, mais Dieu construit pour nous dans les cieux une demeure éternelle qui n'est pas l'œuvre des hommes. [2]En effet, actuellement nous crions notre souffrance, à cause de notre ardent désir de revêtir notre demeure céleste par-dessus l'autre, ³ si toutefois le Seigneur doit nous trouver vêtus de notre corps, et non pas dévêtus. ⁴ En effet, nous qui sommes dans cette demeure, nous sommes accablés et nous crions notre souffrance, car nous ne voudrions pas nous dévêtir, mais revêtir un vêtement par-dessus l'autre, pour que notre être mortel soit absorbé par la vie. ⁵ Celui qui nous a faits pour cet avenir-là, c'est Dieu, lui qui nous a donné l'Esprit comme première avance sur ses dons. ⁶ Ainsi, nous avons pleine confiance, tout en sachant que nous sommes en exil loin du Seigneur tant que nous habitons dans ce corps ; ⁷ en effet, nous cheminons dans la foi, nous cheminons sans voir. ⁸ Oui, nous avons confiance, et nous aimerions mieux être en exil loin de ce corps pour habiter chez le Seigneur. ⁹ Que nous soyons chez nous ou en exil, notre ambition, c'est de plaire au Seigneur. ¹⁰ Car il nous faudra tous apparaître à découvert devant le tribunal du Christ, pour que chacun reçoive ce qu'il a mérité, soit en bien soit en mal, pendant qu'il était dans son corps.

Les Apôtres, serviteurs souffrants
de l'amour et de la réconciliation.

¹¹ Sachant donc ce qu'est la crainte du Seigneur, nous cherchons à convaincre les hommes, et nous sommes pleinement à découvert devant Dieu. J'espère bien être aussi pleinement à découvert pour votre conscience. ¹² Il ne s'agit pas de nous recommander à vous une fois de plus, mais de vous donner l'occasion de vous enorgueillir à notre sujet, en ayant de quoi répondre à ceux qui mettent leur orgueil dans les apparences, et non dans la réalité profonde. ¹³ Si nous avons perdu la tête, c'est pour Dieu ; si nous avons été raisonnables, c'est pour vous. ¹⁴ En effet, l'amour du Christ nous saisit quand nous pensons qu'un seul est mort pour tous, et qu'ainsi tous ont passé par la mort. ¹⁵ Car le Christ est mort pour tous, afin que les vivants n'aient plus leur vie centrée sur eux-mêmes, mais sur lui, qui est mort et ressuscité pour eux. ¹⁶ Désormais nous ne connaissons plus personne à la manière humaine : si nous avons compris le Christ à la manière humaine, maintenant nous ne le comprenons plus ainsi. ¹⁷ Si donc quelqu'un est en Jésus Christ, il est une créature nouvelle. Le monde ancien s'en est allé, un monde nouveau est déjà né. ¹⁸ Tout cela vient de Dieu : il nous a réconciliés avec lui par le Christ, et il nous a donné pour ministère de travailler à cette réconciliation. ¹⁹ Car c'est bien Dieu qui, dans le Christ, réconciliait le monde avec lui ; il effaçait pour tous les hommes le compte de leurs

péchés, et il mettait dans notre bouche la parole de la réconciliation. **20** Nous sommes donc les ambassadeurs du Christ, et par nous c'est Dieu lui-même qui, en fait, vous adresse un appel. Au nom du Christ, nous vous le demandons, laissez-vous réconcilier avec Dieu. **21** Celui qui n'a pas connu le péché, Dieu l'a pour nous identifié au péché des hommes, afin que, grâce à lui, nous soyons identifiés à la justice de Dieu.

6 **1** Et puisque nous travaillons avec lui, nous vous invitons encore à ne pas laisser sans effet la grâce reçue de Dieu. **2** Car il dit dans l'Écriture : *Au moment favorable je t'ai exaucé, au jour du salut je suis venu à ton secours.* Or, c'est maintenant le moment favorable, c'est maintenant le jour du salut.

3 Pour que notre ministère ne soit pas exposé à la critique, nous veillons à ne choquer personne en rien, **4** mais au contraire nous nous présentons comme de vrais ministres de Dieu par notre vie entière : toute notre persévérance, les détresses, les difficultés et les angoisses, **5** les coups de bâton, la prison et les émeutes, les fatigues, les nuits sans dormir et les journées sans manger, **6** la chasteté, la connaissance de Dieu, la patience, la bonté, la sainteté de l'esprit, la sincérité de l'amour, **7** la loyauté de la parole, la puissance qui

vient de Dieu ; nous nous présentons avec les armes des justes pour attaquer et pour nous défendre, **8** dans la gloire et le mépris, dans la bonne et la mauvaise réputation. On nous traite de menteurs, et nous disons la vérité ; **9** de gens obscurs, et nous sommes très connus ; on nous croit mourants, et nous sommes bien vivants ; on nous punit, mais sans nous faire mourir ; **10** on nous croit tristes, et nous sommes toujours joyeux ; pauvres, et nous faisons tant de riches ; démunis de tout, et nous possédons tout.

11 Pour vous, Corinthiens, notre bouche s'est exprimée franchement, notre cœur a été grand ouvert ; **12** vous n'êtes pas à l'étroit chez nous, c'est dans vos sentiments que vous êtes à l'étroit. **13** Je vous le demande parce que vous êtes mes enfants : payez-nous de retour, ouvrez votre cœur vous aussi.

Refuser les compromissions.

14 Ne formez pas d'attelage boiteux avec des non-croyants : quel point commun peut-il y avoir entre la fidélité à Dieu et l'impiété ? quelle communion pour la lumière avec les ténèbres ? **15** quel accord du Christ avec Satan ? ou quel partage pour un croyant avec un non-croyant ? **16** quelle entente pour le temple de Dieu avec les idoles ? Car nous sommes, nous, le temple du Dieu vivant, comme Dieu l'a dit lui-même : *Je demeurerai et je marcherai avec eux, je serai leur Dieu et ils seront mon peuple.* ¹⁷ *Sortez donc du milieu de ces gens-là et séparez-vous, dit le Seigneur ; ne touchez à rien d'impur, et moi je vous accueillerai.* ¹⁸ *Je serai pour vous un père, et vous serez pour moi des fils et des filles,* dit le Seigneur tout-puissant.

7 ¹ Ayant reçu de telles promesses, mes bien-aimés, purifions-nous donc de toute souillure de la chair et de l'esprit ; achevons de nous sanctifier dans la crainte de Dieu.

Les nouvelles que Tite apporte de Corinthe rendent à Paul la confiance.

² Accueillez-nous largement : nous n'avons fait de mal à personne, nous n'avons ruiné personne, nous n'avons exploité personne. ³ Je ne le dis pas pour vous condamner : j'ai déjà dit et redit que vous êtes dans nos cœurs à la vie et à la mort. ⁴ Devant vous j'ai une grande assurance, pour vous j'ai un grand sentiment d'orgueil, je me sens pleinement réconforté, je déborde de joie au milieu de toutes nos détresses.

⁵ En fait, à notre arrivée en Macédoine, nous n'avons pu trouver aucune tranquillité, mais c'était à tout moment la détresse : au-dehors, des conflits, et au-dedans, des craintes. ⁶ Pourtant, le Dieu qui réconforte les humbles nous a réconfortés par la venue de Tite, ⁷ et non seulement par sa venue, mais par le réconfort qu'il avait trouvé chez vous : il nous a fait part de votre grand désir de nous revoir, de votre désolation, de votre amour ardent pour moi, et cela m'a donné encore plus de joie.

⁸ En effet, même si je vous ai contrariés par ma lettre, je ne le regrette pas ; et même si j'ai pu le regretter (car je vois bien que cette lettre vous a contrariés, au moins pour un moment), ⁹ je m'en réjouis maintenant, non pas à cause de votre contrariété, mais parce que cette contrariété vous a conduits au repentir. Car c'était une contrariété selon la volonté de Dieu, si bien que vous n'avez rien perdu à cause de nous. ¹⁰ Car une contrariété selon la volonté de Dieu produit un repentir qui mène au salut, et l'on n'a jamais à le regretter ; mais la contrariété engendrée par ce monde ne produit que la mort. ¹¹ Et cette même contrariété selon Dieu, voyez ce qu'elle a produit chez vous comme empressement, comme excuses, comme indignation, comme crainte, comme désir, comme ardeur, comme sévérité envers le coupable. En tout cas, vous avez prouvé que vous étiez innocents dans cette affaire. ¹² Bref, si je vous ai écrit, ce n'est pas à cause de l'offenseur ni à cause de l'offensé, mais pour rendre manifeste à vos yeux devant

Dieu l'empressement que vous avez pour nous. [13] Voilà ce qui fait notre réconfort.

En plus de ce réconfort, nous nous sommes réjouis encore bien davantage à voir la joie de Tite : son esprit a été pleinement tranquillisé par vous tous. [14] Si je lui ai montré combien je mets mon orgueil en vous, je n'en ai pas eu honte ; mais de même que nous vous avons toujours parlé en vérité, de même nous avons été dans la vérité en faisant voir à Tite cet orgueil. [15] Et sa tendresse à votre égard grandit encore quand il se souvient de votre obéissance à tous, et de votre accueil marqué de crainte et de respect. [16] Quelle joie pour moi d'avoir pleine confiance en vous !

II – La collecte pour l'Église de Jérusalem

Donner généreusement à l'imitation du Christ.

8 [1] Frères, nous voulons vous faire connaître la grâce que Dieu a accordée aux Églises de Macédoine. [2] Dans les multiples détresses qui les mettaient à l'épreuve, leur joie a été sans mesure, et leur extrême pauvreté a produit d'abondantes richesses de générosité toute simple. [3] Ils y ont mis tous leurs moyens, et même plus, j'en suis témoin, [4] en nous demandant spontanément, comme une grâce et avec grande insistance, de

s'unir à nous pour venir en aide aux fidèles de Jérusalem. [5] Au-delà même de nos espérances, ils se sont eux-mêmes offerts d'abord au Seigneur, et ensuite à nous, car c'était la volonté de Dieu. [6] C'est pourquoi, puisque Tite avait commencé le travail, nous lui avons demandé avec insistance de vous faire mener jusqu'à son terme cet acte de générosité. [7] Puisque vous avez reçu largement tous les dons : la foi, la Parole et la connaissance de Dieu, cette ardeur et cet amour que vous tenez de nous, que votre geste de générosité soit large, lui aussi. [8] Ce n'est pas un ordre que j'exprime ; mais je vous parle de l'ardeur des autres Églises pour que vous me prouviez l'authenticité de votre charité. [9] Vous connaissez en effet la générosité de notre Seigneur Jésus Christ : lui qui est riche, il est devenu pauvre à cause de vous, pour que vous deveniez riches par sa pauvreté.

[10] Pour cette collecte, je n'ai à vous donner qu'un simple avis : avec vous, il n'en faut pas plus, puisque c'est vous qui avez pris l'initiative non seulement de la réaliser, mais, dès l'an dernier, de la décider. [11] Maintenant, allez jusqu'au bout de la réalisation ; ainsi, comme vous avez mis votre cœur à décider, vous irez jusqu'au bout selon vos possibilités. [12] Quand on y met tout son cœur, on est accepté pour ce

que l'on a ; peu importe ce que l'on n'a pas. ¹³ Il ne s'agit pas de vous mettre dans la gêne en soulageant les autres, il s'agit d'égalité. ¹⁴ En cette occasion, ce que vous avez en trop compensera ce qu'ils ont en moins, pour qu'un jour ce qu'ils auront en trop compense ce que vous aurez en moins, et cela fera l'égalité, ¹⁵ comme dit l'Écriture à propos de la manne : *Celui qui en avait ramassé beaucoup n'a rien eu de plus, et celui qui en avait ramassé peu n'a manqué de rien.*

¹⁶ Je rends grâce à Dieu qui a mis le même empressement à votre égard dans le cœur de Tite : ¹⁷ il a accueilli notre demande insistante, et il a été tellement empressé qu'il est parti chez vous spontanément. ¹⁸ Nous avons envoyé avec lui le frère dont toutes les Églises chantent la louange à cause de son service de l'Évangile ; ¹⁹ bien plus, il nous a également été désigné par les Églises comme compagnon de voyage, dans ce service de générosité que nous accomplissons pour rendre gloire à Dieu et suivre l'élan de notre cœur. ²⁰ Il s'agissait là pour nous d'éviter tout reproche à cause des grosses sommes dont nous assurons le service ; ²¹ en effet nous nous appliquons à bien agir, non seulement aux yeux du Seigneur, mais aux yeux de tous les hommes. ²² Nous avons encore envoyé avec eux notre frère

dont nous avons souvent vérifié en bien des cas l'empressement, un empressement encore plus fort aujourd'hui à cause de la grande confiance qu'il vous fait. ²³ Tite, c'est mon compagnon et mon collaborateur auprès de vous ; et nos frères, ils sont les envoyés des Églises, ils sont la gloire du Christ. ²⁴ Ainsi, à la face des Églises, vous leur donnerez la preuve de votre amour, de ce qui fait mon orgueil à votre sujet.

Les fruits merveilleux de la générosité.

9 ¹ Quant au service en faveur des fidèles de Jérusalem, je n'ai plus besoin de vous écrire, ² car je connais l'élan de vos cœurs, et j'en tire orgueil devant les Macédoniens. Je leur dis que l'Achaïe se tient prête depuis l'an dernier, et votre ardeur a stimulé la plupart d'entre eux. ³ Je vous envoie les frères pour que l'orgueil que je mets en vous ne soit pas vidé de son sens sur ce point. Il faut donc que vous vous teniez prêts comme je le disais ; ⁴ si jamais des Macédoniens arrivaient avec moi et ne vous trouvaient pas prêts, nous serions couverts de honte – sans parler de vous ! – dans une telle circonstance. ⁵ J'ai donc estimé nécessaire d'inviter les frères à nous devancer chez vous, et à organiser d'avance la bienfaisance que vous avez promise depuis longtemps : ainsi, quand elle sera préparée, ce sera une vraie bienfaisance, et non une misérable aumône.

⁶ Rappelez-vous le proverbe : *A semer trop peu, on récolte trop peu ; à semer largement, on récolte largement.* ⁷ Chacun doit donner comme il a décidé dans son cœur, sans regret et sans contrainte ; car *Dieu aime celui qui donne joyeusement.* ⁸ Et Dieu est assez puissant pour vous donner toute grâce en surabondance, afin que vous ayez en toute chose et toujours tout ce qu'il vous faut, et que vous ayez encore du superflu pour faire toute sorte de bien. ⁹ L'Écriture dit en effet : *L'homme qui donne aux pauvres à pleines mains demeure juste pour toujours.*

¹⁰ Dieu, qui fournit la semence au semeur et le pain pour la nourriture, vous fournira la graine ; il la multipliera, il donnera toujours plus de fruit à ce que vous accomplirez dans la justice. ¹¹ Il vous enrichira en tout pour que vous soyez généreux, avec cette simplicité qui, par nous, monte vers Dieu en action de grâce. ¹² Car notre collecte, qui est un ministère, ne doit pas seulement combler les besoins des fidèles de Jérusalem ; elle doit encore susciter envers Dieu une multitude d'actions de grâce. ¹³ Les fidèles apprécieront ce ministère à sa valeur, et ils rendront gloire à Dieu pour cette soumission avec laquelle

vous professez l'Évangile du Christ, et pour votre générosité dans le partage fraternel avec eux et avec tous. ¹⁴ Et, en priant pour vous, ils vous manifesteront leur attachement à cause de la grâce immense que Dieu vous a faite. ¹⁵ Rendons grâce à Dieu pour ses bienfaits extraordinaires.

III – Défense personnelle de Paul

Dans son amour jaloux pour les Corinthiens qui l'attaquent, Paul défend l'authenticité de son ministère.

10 ¹ Moi-même, Paul, je vous exhorte au nom de la douceur et la bonté du Christ, moi qui me fais si petit quand je suis en face de vous, et qui ai tant d'assurance à votre égard quand je ne suis pas là. ² Je demande à ne pas avoir à manifester, quand je serai là, l'assurance et l'audace dont je prétends bien faire preuve contre ceux qui prétendent que nous avons une conduite purement humaine. ³ Notre conduite est bien une conduite d'homme, mais nous ne combattons pas de manière purement humaine. ⁴ En effet les armes de notre combat ne sont pas purement humaines, elles ont, de par Dieu, la puissance qui détruit les forteresses. Nous détruisons les raisonnements fallacieux ⁵ et tout ce qui s'élève de manière hautaine contre la connaissance de Dieu, et nous capturons toute pensée pour la conduire à l'obéissance selon le Christ. [6] Nous sommes prêts à sévir contre toute désobéissance, dès que votre obéissance sera parfaite.

[7] Regardez les choses en face. Si quelqu'un est convaincu d'appartenir au Christ, qu'il se rende compte encore de ceci : si lui, il appartient au Christ, nous aussi. [8] Même si je tire un peu trop d'orgueil du pouvoir que le Seigneur nous a donné sur vous pour construire et non pour détruire, je n'en aurai pas honte. [9] Je ne veux pas avoir l'air de vous effrayer par mes lettres. [10] « Les lettres, dit-on, ont du poids et de la force, mais sa présence physique est sans vigueur, et sa parole est nulle. » [11] Qu'on se rende alors bien compte de ceci : tels nous sommes en paroles par nos lettres quand nous ne sommes pas là, tels nous serons encore en actes quand nous y serons.

[12] Nous n'oserions pas nous égaler ou nous comparer à des gens qui se donnent à eux-mêmes une recommandation. Lorsqu'ils se prennent eux-mêmes comme unité de mesure et se comparent à eux-mêmes, ils sont sans intelligence. [13] Nous, nous n'aurons pas un orgueil démesuré, mais nous garderons la mesure du domaine que Dieu nous a attribué, à savoir de parvenir même jusqu'à vous. [14] En effet nous ne dépassons pas nos limites comme si nous n'avions pas à parvenir chez vous, car chez vous nous sommes arrivés les premiers pour annoncer l'Évangile du Christ. [15] Nous ne tirons pas du labeur des autres un orgueil démesuré, mais, avec la croissance de votre foi, nous avons l'espoir de grandir chez vous de plus en plus en respectant notre domaine, [16] et de porter l'Évangile au-delà de chez vous, sans tirer orgueil de travaux tout faits dans le domaine des autres. [17] *Celui qui veut s'enorgueillir, qu'il mette son orgueil dans le Seigneur.* [18] L'homme dont on reconnaît la mission, ce n'est pas celui qui se donne à lui-même une recommandation, c'est celui que le Seigneur recommande.

11 [1] Pourriez-vous supporter que je sois un peu fou dans mes paroles ? Oui, vous allez le supporter, [2] à cause de mon amour jaloux qui est l'amour même de Dieu pour vous. Car je vous ai fait rencontrer le seul Époux : vous êtes l'épouse vierge et sainte que j'ai présentée au Christ. [3] Mais ne faites pas comme Ève qui s'est laissée séduire par la ruse du serpent ; j'ai bien peur que, de la même façon, votre intelligence des choses ne se corrompe en perdant la simplicité qu'on doit avoir envers le Christ. [4] En effet, si le premier venu vous annonce un autre Jésus, que nous n'avons jamais annoncé; si l'on vous fait recevoir un esprit différent, que vous n'avez jamais reçu; s'il s'agit d'un Évangile différent, que vous n'avez jamais accueilli, vous le supportez fort bien. ⁵ Je ne m'estime pourtant absolument pas inférieur à tous ces super-apôtres. ⁶ Je ne vaux peut-être pas grand-chose pour les discours, mais pour la connaissance de Dieu, c'est différent : nous vous l'avons manifesté en toute occasion devant tout le monde.

⁷ Est-ce que je dois me reprocher de m'être abaissé pour vous élever? de vous avoir annoncé l'Évangile de Dieu gratuitement? ⁸ J'ai appauvri d'autres Églises en recevant d'elles l'argent nécessaire pour me mettre à votre service. ⁹ Quand j'étais chez vous, et que j'ai été dans le besoin, je n'ai été à charge à personne; en effet, pour m'apporter ce dont j'avais besoin, des frères sont venus de Macédoine. Je me suis bien gardé d'être une charge pour vous, et je m'en garderai toujours. ¹⁰ Par la vérité du Christ qui est en moi, on ne m'empêchera pas de proclamer ce motif d'orgueil à travers toute la Grèce. ¹¹ Pourquoi ai-je dit cela? Serait-ce parce que je ne vous aime pas? Mais si! Et Dieu le sait.

¹² Ce que je fais, je le ferai encore, afin d'enlever tout pré- texte à ceux qui en cherchent un pour se faire reconnaître comme nos égaux dans les raisons de s'enorgueillir. ¹³ Ces sortes de gens sont des faux apôtres, des fraudeurs, qui se déguisent en apôtres du Christ. ¹⁴ Cela n'a rien d'étonnant : Satan lui-même se déguise en ange de lumière. ¹⁵ Il n'est donc pas surprenant que ses serviteurs se déguisent en serviteurs de la justice de Dieu; ils auront la fin qui correspond à leur actes.

Face aux faux apôtres, Paul rappelle ses titres de gloire : souffrances, grâces reçues, loyauté... et faiblesses.

¹⁶ Je le dis encore : qu'on ne me prenne pas pour un insensé; sinon, accueillez-moi du moins comme un insensé, pour que moi aussi, je puisse m'enorgueillir un peu. ¹⁷ Ce que je vais dire, je ne le dirai pas de la part du Seigneur, mais comme un insensé, avec les motifs que j'ai de m'enorgueillir.

¹⁸ Puisque tant d'autres ont des motifs d'orgueil purement humains, je vais donner, moi aussi, mes motifs d'orgueil. ¹⁹ Vous supportez avec plaisir les insensés, alors que vous êtes sensés; ²⁰ vous supportez d'être traités en esclaves, d'être dévorés, d'être dépouillés, d'être regardés de haut, d'être frappés au visage. ²¹ J'ai honte de le dire : c'est à croire que nous avons été bien faibles

avec vous. Si les faux apôtres ont de l'audace – je suis insensé de dire cela – moi aussi j'aurai de l'audace. [22] Ils sont Hébreux? Moi aussi. Ils sont Israélites? Moi aussi. Ils sont de la descendance d'Abraham? Moi aussi. [23] Ils sont ministres du Christ? Je le suis plus qu'eux, même si j'ai l'air fou de dire cela. La fatigue, je l'ai connue plus qu'eux; la prison, plus qu'eux; les coups, bien davantage; le danger de mort, très souvent. [24] Cinq fois, j'ai reçu des Juifs les trente-neuf coups de fouet; [25] trois fois, j'ai subi la bastonnade; une fois, j'ai été lapidé; trois fois, j'ai fait naufrage et je suis resté vingt-quatre heures perdu en mer. [26] Souvent à pied sur les routes, avec les dangers des fleuves, les dangers des bandits, les dangers venant des Juifs, les dangers venant des païens, les dangers de la ville, les dangers du désert, les dangers de la mer, les dangers des faux frères. [27] J'ai connu la fatigue et la peine, souvent les nuits sans sommeil, la faim et la soif, les journées sans manger, le froid et le manque de vêtements, [28] sans compter tout le reste: ma préoccupation quotidienne, le souci de toutes les Églises. [29] Si quelqu'un faiblit, je partage sa faiblesse; si quelqu'un vient à tomber, cela me brûle. [30] Alors, s'il faut des motifs d'orgueil, c'est dans les signes de ma faiblesse que je

mettrai mon orgueil. [31] Dieu, le Père du Seigneur Jésus, sait que je ne mens pas, lui qui est béni pour les siècles. [32] A Damas, le représentant du roi Arétas faisait garder la ville pour s'emparer de moi; [33] dans un panier, on m'a fait descendre par une fenêtre de l'autre côté du rempart, et j'ai échappé à ses mains.

12 [1] Il faut donc des motifs d'orgueil! Alors, bien que ce soit inutile, j'en viendrai aux visions et aux révélations reçues du Seigneur. [2] Je connais un fidèle du Christ qui, voici quatorze ans, a été enlevé jusqu'au troisième ciel – je ne sais pas si c'était avec son corps ou si c'était une vision, Dieu seul le sait -. [3] Cet homme que je connais bien a été enlevé jusqu'au paradis – je ne sais pas si c'était avec son corps ou si c'était une vision, Dieu seul le sait – [4] et cet homme a entendu des paroles inexprimables, qu'on n'a pas le droit de redire. [5] Pour cet homme-là, je pourrai m'enorgueillir, mais pour moi-même, je ne mettrai mon orgueil que dans mes faiblesses. [6] Donc, si je voulais m'enorgueillir, ce ne serait pas de la folie, car je ne dirais que la vérité. Mais j'évite de le faire, pour qu'on n'ait pas sur mon compte une idée plus favorable qu'en me voyant ou en m'écoutant.

[7] Et les révélations que j'ai reçues sont tellement exceptionnelles que, pour m'empêcher de me surestimer, j'ai dans

ma chair une écharde, un envoyé de Satan qui est là pour me gifler, pour m'empêcher de me surestimer. [8] Par trois fois, j'ai prié le Seigneur de l'écarter de moi. [9] Mais il m'a déclaré : « Ma grâce te suffit : ma puissance donne toute sa mesure dans la faiblesse. » Je n'hésiterai donc pas à mettre mon orgueil dans mes faiblesses, afin que la puissance du Christ habite en moi. [10] C'est pourquoi j'accepte de grand cœur pour le Christ les faiblesses, les insultes, les contraintes, les persécutions et les situations angoissantes. Car, lorsque je suis faible, c'est alors que je suis fort.

[11] Me voilà devenu insensé : c'est vous qui m'y avez forcé. J'aurais dû plutôt être recommandé par vous ; en effet je n'ai rien eu de moins que ces super-apôtres, bien que je ne sois rien. [12] Les signes auxquels on reconnaît l'apôtre ont été à l'œuvre chez vous : tant de persévérance, tant de signes, de prodiges et de miracles. [13] Que vous a-t-il manqué par rapport aux autres Églises, sinon que moi, je ne vous ai pas été à charge ? Pardonnez-moi cette injustice.

[14] Me voici prêt à venir chez vous pour la troisième fois, et je ne vous serai pas à charge : ce que je cherche, ce ne sont pas vos biens, c'est vous-mêmes. Car les enfants n'ont pas à amasser pour leurs parents, mais les parents pour leurs enfants. [15] Pour moi, je serai très heureux de dépenser et de me dépenser tout entier pour vous. Si je vous aime davantage, faut-il que je sois moins aimé ? [16] Oui, d'après certains, je n'ai pas été une charge pour vous, mais je ne suis qu'un fourbe, et je vous ai pris par ruse. [17] Ceux que je vous ai envoyés, vous ai-je exploités pour l'un d'eux ? [18] J'ai fait appel à Tite, et j'ai envoyé le frère avec lui : Tite vous a-t-il donc exploités ? N'avons-nous pas marché dans le même esprit ? sur les mêmes traces ?

Paul invite les Corinthiens à s'examiner eux-mêmes.

[19] Depuis un bon moment, vous pensez que nous sommes devant vous à présenter notre défense. C'est devant Dieu, dans le Christ, que nous parlons. Et tout cela, mes bien-aimés, est fait pour vous construire. [20] Car j'ai peur qu'en arrivant je ne vous trouve pas comme je voudrais, et que vous ne me trouviez pas comme vous voudriez ; j'ai peur qu'il n'y ait querelles, jalousie, colère, envie, médisance, commérages, insolence, désordre ; [21] j'ai peur qu'à ma prochaine arrivée mon Dieu ne m'humilie devant vous, et que je n'aie à pleurer sur bien des gens qui ont été naguère dans le péché, et qui ne se sont pas repentis de ce qu'ils ont fait comme impureté, débauche et obscénité.

13 [1] Voici la troisième fois que je vais chez vous.

Toute affaire sera réglée sur la parole de deux ou trois témoins. [2] J'ai déjà prévenu et je préviens encore ceux qui ont péché autrefois et tous les autres, maintenant que je ne suis pas là, comme la deuxième fois quand j'étais là : si je reviens, j'agirai sans ménagement, [3] puisque vous cherchez à vérifier si le Christ parle authentiquement en moi ; lui, il n'est pas faible à votre égard, mais il montre sa puissance parmi vous. [4] Certes, il a été crucifié à cause de sa faiblesse, mais il est vivant à cause de la puissance de Dieu. Et nous, nous sommes faibles en union avec lui. Mais nous serons bien vivants avec lui à cause de la puissance de Dieu à votre égard.

[5] Soumettez-vous donc vous-mêmes à l'épreuve pour savoir si vous êtes dans la foi, vérifiez votre propre authenticité. Mais peut-être ne reconnaissez-vous pas que le Christ Jésus est en vous : alors votre foi n'est pas authentique. [6] Ce n'est pas la nôtre qui n'est pas authentique, j'espère que vous vous en rendrez compte. [7] Dans notre prière, nous demandons que vous ne fassiez le mal en aucune façon : notre but n'est pas de mettre en évidence notre authenticité, c'est que vous fassiez le bien, même si cela devait mettre en cause notre propre authenticité. [8] Car si nous avons quelque pouvoir, ce n'est pas contre la vérité, c'est pour la vérité. [9] En effet, nous nous réjouissons chaque fois que nous sommes faibles, mais que vous êtes forts. Ce que nous demandons dans notre prière, c'est que vous avanciez vers la perfection. [10] Voilà pourquoi je vous écris cela, moi qui ne suis pas là : ainsi, quand je serai là, je n'aurai pas à utiliser avec rigueur le pouvoir que le Seigneur m'a donné pour construire et non pour détruire.

Derniers souhaits et conseils.

[11] En définitive, frères, soyez dans la joie, cherchez la perfection, encouragez-vous, soyez d'accord entre vous, vivez en paix, et le Dieu d'amour et de paix sera avec vous. [12] Exprimez votre amitié en échangeant le baiser de paix. Tous les fidèles vous disent leur amitié.

[13] Que la grâce du Seigneur Jésus Christ, l'amour de Dieu et la communion de l'Esprit Saint soient avec vous tous.

LETTRE
AUX GALATES

*L'Évangile que Paul annonce,
il l'a reçu du Christ lui-même
et l'a confirmé en rencontrant
les autres Apôtres.*

1 [1]Moi, Paul, qui suis Apôtre, envoyé non par les hommes, ni par un intermédiaire humain, mais par Jésus Christ et par Dieu le Père qui l'a ressuscité d'entre les morts : [2]avec tous les frères qui m'accompagnent, je m'adresse à vous, les Églises du pays galate. [3]Que la grâce et la paix soient avec vous de la part de Dieu notre Père et du Seigneur Jésus Christ, [4]qui s'est donné pour nos péchés afin de nous arracher à ce monde mauvais, selon la volonté de Dieu notre Père [5]à qui soit la gloire pour les siècles des siècles. Amen.

[6]Je trouve vraiment étonnant que vous abandonniez si vite celui qui vous a appelés par la grâce du Christ, et que vous passiez à un autre Évangile. [7]En fait, il n'y en a pas d'autre : il y a seulement des gens qui jettent le trouble parmi vous et qui veulent renverser l'Évangile du Christ.

[8]Eh bien ! si un jour quelqu'un, même nous, même un ange du ciel, vient annoncer un Évangile différent de l'Évangile que nous vous avons annoncé, qu'il soit maudit ! [9]Nous l'avons déjà dit, et je le répète encore : si quelqu'un vient vous annoncer un Évangile différent de celui que vous avez reçu, qu'il soit maudit ! [10]Est-ce que, maintenant, je veux me faire approuver par les hommes, ou bien par Dieu ? Est-ce que c'est aux hommes que je cherche à plaire ? Si j'en étais encore à plaire aux hommes, je ne serais pas serviteur du Christ.

[11]Frères, il faut que vous le sachiez, l'Évangile que je proclame n'est pas une invention humaine. [12]Ce n'est pas non plus un homme qui me l'a transmis ou enseigné : mon Évangile vient d'une révélation de Jésus Christ.

[13]Vous avez certainement entendu parler de l'activité que j'avais dans le judaïsme : je menais une persécution effrénée contre l'Église de Dieu, et je cherchais à la détruire. [14]J'al-

lais plus loin dans le judaïsme que la plupart des gens de mon peuple qui avaient mon âge, et, plus que les autres, je défendais avec une ardeur jalouse les traditions de mes pères. ¹⁵ Mais Dieu m'avait mis à part dès le sein de ma mère, dans sa grâce il m'avait appelé, ¹⁶ et, un jour, il a trouvé bon de mettre en moi la révélation de son Fils, pour que moi, je l'annonce parmi les nations païennes. Aussitôt, sans prendre l'avis de personne, ¹⁷ sans même monter à Jérusalem pour y rencontrer ceux qui étaient Apôtres avant moi, je suis parti pour l'Arabie ; de là, je suis revenu à Damas. ¹⁸ Puis, au bout de trois ans, je suis monté à Jérusalem pour faire la connaissance de Pierre, et je suis resté quinze jours avec lui. ¹⁹ Je n'ai vu aucun des autres Apôtres sauf Jacques, le frère du Seigneur. ²⁰ En écrivant cela, je ne mens pas, je vous le déclare devant Dieu. ²¹ Ensuite, je me suis rendu dans les régions de Syrie et de Cilicie. ²² Mais pour les Églises du Christ qui sont en Judée, mon visage restait inconnu ; ²³ elles avaient simplement entendu dire ceci : « L'homme qui nous persécutait naguère annonce aujourd'hui la foi qu'il cherchait alors à détruire. » ²⁴ Et ces Églises rendaient gloire à Dieu à mon sujet.

2 ¹ Au bout de quatorze ans, je suis de nouveau monté à Jérusalem ; j'étais avec Barnabé, et j'avais aussi emmené Tite. ² J'y montais à la suite d'une révélation, et l'Évangile que je proclame au milieu des nations païennes, je l'ai exposé à la communauté, et aussi, en privé, aux personnes les plus importants ; car je ne voulais pas risquer de courir pour rien, ni avoir couru jusqu'à présent pour rien. ³ Eh bien ! Tite, mon compagnon, qui était païen, n'a même pas été obligé de recevoir la circoncision. ⁴ Il y avait pourtant les faux-frères, ces intrus, qui s'étaient infiltrés comme des espions pour voir quelle liberté nous avons dans le Christ Jésus, et nous ramener ainsi à l'esclavage : ⁵ pas un instant nous n'avons accepté de nous soumettre à eux, afin de maintenir pour vous la vérité de l'Évangile. ⁶ Quant aux personnages importants – peu m'importe ce qu'ils étaient, le Seigneur ne fait pas de différence entre les hommes – ces personnages ne m'ont pas ajouté d'obligation, ⁷ mais au contraire, ils constatèrent que Dieu m'avait confié l'annonce de l'Évangile pour les païens, comme il l'avait confiée à Pierre pour les Juifs. ⁸ En effet, si l'action de Dieu a fait de Pierre l'Apôtre des Juifs, elle a fait de moi l'Apôtre des païens. ⁹ Ayant reconnu la grâce qui m'a été donnée, Jacques, Pierre et Jean, qui sont considérés dans l'Église comme les colonnes, nous ont tendu la main, à Barnabé et à moi, en signe de communion : ainsi

nous irions vers les païens, et eux vers les Juifs. [10] Ils nous demandèrent seulement de penser aux pauvres de leur communauté, ce que j'ai toujours fait de mon mieux.

[11] Mais quand Pierre est venu à Antioche, je me suis opposé à lui ouvertement, parce qu'il était dans son tort. [12] En effet, il prenait ses repas avec les frères d'origine païenne jusqu'au moment où arrivèrent de Jérusalem des amis de Jacques. Mais quand ils furent là, Pierre prit l'habitude de se retirer et de se tenir à l'écart, par peur des frères d'origine juive. [13] Tous les autres frères juifs jouèrent la même comédie que lui, si bien que Barnabé lui-même s'y laissa entraîner. [14] Mais alors, quand je vis que ceux-ci ne marchaient pas droit selon la vérité de l'Évangile, je dis à Pierre devant tout le monde : «Toi, tout juif que tu es, il t'arrive de suivre les coutumes des païens et non celles des Juifs ; alors, pourquoi forces-tu les païens à faire comme les Juifs ?»

[15] Nous, nous sommes Juifs de naissance, nous ne sommes pas de ces pécheurs que sont les païens ; [16] cependant nous le savons bien, ce n'est pas en observant la Loi que l'homme devient juste devant Dieu, mais seulement par la foi en Jésus Christ ; c'est pourquoi nous avons cru en Jésus Christ pour devenir des justes par la foi au Christ, mais non par la pratique de la loi de Moïse, car personne ne devient juste en pratiquant la Loi. [17] S'il était vrai qu'en cherchant à être des justes grâce au Christ, nous serions redevenus nous aussi des pécheurs, alors le Christ serait au service du péché. Il n'en est rien, bien sûr ! [18] Au contraire, si je revenais à la Loi que j'ai rejetée, c'est alors que je me mettrais dans la désobéissance. [19] Grâce à la Loi (qui a fait mourir le Christ) j'ai cessé de vivre pour la Loi afin de vivre pour Dieu. Avec le Christ, je suis fixé à la croix : [20] je vis, mais ce n'est plus moi, c'est le Christ qui vit en moi. Ma vie aujourd'hui dans la condition humaine, je la vis dans la foi au Fils de Dieu qui m'a aimé et qui s'est livré pour moi. [21] Il n'est pas question pour moi de rejeter la grâce de Dieu. En effet, si c'était par la Loi qu'on devient juste, alors le Christ serait mort pour rien.

Ce qui nous sauve, ce n'est pas la Loi, mais la foi ; c'est elle qui nous fait tous ensemble fils de Dieu et vraie descendance d'Abraham.

3 [1] Pauvres fous de Galates, qui donc vous a ensorcelés ? Je vous avais pourtant présenté Jésus Christ, le Crucifié. [2] Je n'ai qu'une question à vous poser : l'Esprit Saint, l'avez-vous reçu pour avoir observé la loi de Moïse, ou pour avoir écouté le message de la foi ? [3] Comment pouvez-vous être aussi fous ? Au commencement, vous comptiez sur l'Esprit, allez-vous finir maintenant en comptant sur la chair ? [4] Auriez-vous vécu de si grandes choses pour rien ? Certainement pas pour rien ! [5] Si Dieu vous fait don de l'Esprit, s'il réalise des miracles parmi vous, est-ce parce que vous avez observé la loi de Moïse, ou parce que vous avez écouté le message de la foi ?

[6] *Abraham eut foi en Dieu, et de ce fait, Dieu estima qu'il était juste.* [7] Comprenez-le donc : les vrais fils d'Abraham, ce sont les croyants. [8] D'ailleurs l'Écriture avait prévu, au sujet des nations païennes, que Dieu en ferait des justes par la foi ; c'est pourquoi on y trouve cette bonne nouvelle annoncée à Abraham : *En toi seront bénies toutes les nations.* [9] Ainsi, ceux qui sont croyants sont bénis avec Abraham le croyant. [10] Quant à ceux qui se réclament de l'obéissance à la loi de Moïse, ils sont tous atteints par la malédiction dont parle l'Écriture quand elle dit : *Maudit soit celui qui ne s'attache pas à mettre en pratique tout ce qui est écrit dans le livre de la Loi.* [11] Il est d'ailleurs clair que par la Loi personne ne devient juste auprès de Dieu, puisque l'Écriture dit : *C'est par la foi que le juste vivra.*

[12] La Loi, c'est tout autre chose que la foi, puisque la Loi dit : *Celui qui met en pratique les commandements vivra à cause d'eux.* [13] Quant à cette malédic-tion de la Loi, c'est le Christ qui nous en a rachetés en devenant objet de malédiction, pour nous sauver, car l'Écriture déclare : *Maudit soit celui qui est pendu au bois du supplice.* [14] C'était pour que la bénédiction d'Abraham s'étende aux nations païennes dans le Christ Jésus, et qu'ainsi nous recevions, grâce à la foi, l'Esprit promis par Dieu.

[15] Frères, j'emploie ici un langage humain. Quant un homme a fait un testament en bonne et due forme, personne ne peut l'annuler ou lui ajouter des clauses. [16] Or Abraham a reçu les promesses pour lui et pour sa descendance ; l'Écriture ne dit pas «et à tes descendants», comme pour plusieurs, mais *et à ta descendance,* comme pour un seul, qui est le Christ. [17] Alors je dis ceci : le testament fait par Dieu en bonne et due forme n'est pas révoqué par la Loi intervenue quatre cent trente ans après, ce qui détruirait la promesse. [18] Car si l'héritage s'obtient par la Loi, ce n'est plus par la promesse. Or Abraham, c'est par la promesse que Dieu lui a accordé cette grâce. [19] Alors pourquoi la Loi ? Elle a été ajoutée à cause des désobéissances jusqu'à la venue de la descendance à qui ont été faites les promesses, et elle a été communiquée par des anges avec l'intervention d'un médiateur, Moïse. [20] Or celui-ci n'est pas le médiateur d'un seul, et Dieu, lui, est un seul.

²¹ La Loi est-elle donc contre les promesses ? Absolument pas. Si une Loi avait été donnée pour nous faire vivre, effectivement ce serait la Loi qui rendrait juste ; ²² mais d'après l'Écriture, tout a été enfermé sous la domination du péché, et ainsi c'est l'accomplissement de la promesse qui a été donné aux croyants par la foi en Jésus Christ.

²³ Avant que vienne le temps de la foi, nous étions des prisonniers, enfermés sous la domination de la loi de Moïse, en attendant l'heure où la foi serait révélée. ²⁴ Ainsi, pour que nous devenions des justes par la foi, la Loi, comme un surveillant, nous a menés jusqu'au Christ. ²⁵ Et maintenant qu'est venu le temps de la foi, nous ne sommes plus sous la domination de ce surveillant. ²⁶ Car en Jésus Christ, vous êtes tous fils de Dieu par la foi. ²⁷ En effet, vous tous que le baptême a unis au Christ, vous avez revêtu le Christ ; ²⁸ il n'y a plus ni juif ni païen, il n'y a plus ni esclave ni homme libre, il n'y a plus l'homme et la femme, car tous, vous ne faites plus qu'un dans le Christ Jésus. ²⁹ Et si vous appartenez au Christ, c'est vous que vous êtes la descendance d'Abraham ; et l'héritage que Dieu lui a promis, c'est à vous qu'il revient.

4 ¹ Je m'explique. Tant que l'héritier est un petit enfant, il ne diffère en rien d'un esclave, alors qu'il est le maître de toute la maison ; ² mais il est sous la domination des tuteurs et des gérants jusqu'à la date fixée par le père. ³ De même nous aussi, quand nous étions des petits enfants, nous étions en situation d'esclaves, sous la domination des forces qui régissent le monde. ⁴ Mais lorsque les temps furent accomplis, Dieu a envoyé son Fils ; il est né d'une femme, il a été sous la domination de la loi de Moïse ⁵ pour racheter ceux qui étaient sous la domination de la Loi et pour faire de nous des fils. ⁶ Et voici la preuve que vous êtes des fils : envoyé par Dieu, l'Esprit de son Fils est dans nos cœurs, et il crie vers le Père en l'appelant *« Abba ! »*. ⁷ Ainsi tu n'es plus esclave, mais fils, et comme fils, tu es héritier par la grâce de Dieu.

Ceux que Paul a enfantés dans la foi vont-ils revenir en arrière ?

⁸ Jadis, quand vous ne connaissiez pas Dieu, vous étiez esclaves de ces dieux qui n'en sont pas vraiment. ⁹ Mais maintenant que vous avez connu Dieu – ou plutôt que vous avez été connus par lui – comment pouvez-vous retourner de nouveau vers ces forces inconsistantes et misérables, dont vous voulez encore de nouveau être les esclaves ? ¹⁰ Vous vous pliez à des règles pour les jours, les mois, les temps, les années ? ¹¹ J'ai bien peur de m'être épuisé pour rien avec vous.

¹² Frères, je vous en prie, devenez comme moi, puisque moi

j'étais devenu comme vous étiez. A ce moment-là, vous ne m'avez fait aucun mal. [13] Vous le savez : c'est par suite d'une maladie que je vous ai annoncé l'Évangile pour la première fois ; [14] et l'épreuve qu'était pour vous ce corps malade, vous ne l'avez pas repoussée avec dégoût, mais vous m'avez accueilli comme un ange de Dieu, comme le Christ Jésus lui-même. [15] Où donc est votre joie d'alors ? Je vous en rends témoignage : si vous aviez pu, vous vous seriez arraché les yeux pour me les donner. [16] Suis-je donc devenu votre ennemi pour vous avoir dit la vérité ? [17] Leur attachement pour vous n'est pas bon, mais ils voudraient m'exclure pour que vous vous attachiez à eux. [18] Ce serait bien d'avoir un bon attachement, en permanence, pas seulement quand je suis chez vous. [19] Mes petits enfants, vous que j'enfante à nouveau dans la douleur jusqu'à ce que le Christ ait pris forme chez vous, [20] j'aurais voulu être près de vous dès maintenant et pouvoir changer de ton, car je ne sais comment faire avec vous.

Nous sommes les fils
d'une Alliance de liberté.

[21] Dites-moi, vous qui voulez vous soumettre à la Loi, n'avez-vous pas écouté la Loi ? [22] Il y est écrit en effet qu'Abraham avait deux fils, l'un né d'une esclave, et l'autre d'une femme libre. [23] Le fils d'Agar, l'esclave, eut une origine purement humaine ; celui de Sara, la femme libre, naquit à cause de la promesse de Dieu. [24] Ces événements ont un sens symbolique : les deux femmes sont les deux Alliances. La première Alliance, celle du mont Sinaï, met au monde des enfants esclaves : c'est Agar. [25] Or Agar, c'est le mont Sinaï en Arabie, qui correspond à la Jérusalem actuelle : elle est esclave ainsi que ses enfants, [26] tandis que la Jérusalem d'en haut est libre, et c'est elle notre mère. [27] L'Écriture dit en effet :

Réjouis-toi, femme stérile, toi
qui n'avais pas d'enfants ;
　éclate en cris de joie,
toi qui n'avais pas éprouvé les
douleurs de l'enfantement,
　car la femme abandonnée a
maintenant plus d'enfants
que celle qui avait son mari.

[28] Et vous, frères, comme Isaac, c'est par suite de la promesse de Dieu que vous êtes nés. [29] Mais autrefois l'enfant dont l'origine était purement humaine persécutait celui qui était né selon l'Esprit ; il en est de même aujourd'hui. [30] Or, que dit l'Écriture ? *Renvoie cette esclave et son fils, car le fils de l'esclave ne doit pas partager l'héritage avec le fils de la femme libre.* [31] Par conséquent, frères, nous ne sommes pas les enfants d'une esclave, nous sommes ceux de la femme libre.

La vraie liberté chrétienne
dans la charité ; chair et esprit.

5 [1] Si le Christ nous a libérés, c'est pour que nous soyons

vraiment libres. Alors tenez bon, et ne reprenez pas les chaînes de votre ancien esclavage. ²Moi, Paul, je vous le déclare : Si vous recevez la circoncision, le Christ ne vous servira plus à rien. ³Et je l'atteste encore une fois : tout homme qui reçoit la circoncision est obligé de mettre en pratique la loi de Moïse tout entière. ⁴Vous qui pensez devenir des justes en pratiquant la Loi, vous vous êtes séparés du Christ, vous êtes déchus de la grâce. ⁵Mais c'est par l'Esprit, en vertu de la foi, que nous attendons de voir se réaliser pour nous l'espérance des justes. ⁶En effet, dans le Christ Jésus, peu importe qu'on ait reçu ou non la circoncision : ce qui importe, c'est la foi agissant par la charité.

⁷Votre course partait bien ; qui vous a détournés d'obéir à la vérité ? ⁸Cette influence ne vient pas de Celui qui vous appelle. ⁹Un peu de levain suffit pour que toute la pâte fermente. ¹⁰Mais grâce au Seigneur, j'ai confiance pour vous : vous n'allez pas prendre une autre orientation. Quant à celui qui met le trouble chez vous, il en portera la responsabilité, quel qu'il soit. ¹¹Et moi, frères, si je prêche encore la circoncision, on n'a plus de raison de me persécuter ; alors, cela détruit le scandale de la Croix. ¹²Ils devraient se faire mutiler tout à fait, ceux qui sèment le désordre chez vous.

¹³Or vous, frères, vous avez été appelés à la liberté. Mais que cette liberté ne soit pas un prétexte pour satisfaire votre égoïsme ; au contraire, mettez-vous, par amour, au service les uns des autres. ¹⁴Car toute la Loi atteint sa perfection dans un seul commandement, et le voici : *Tu aimeras ton prochain comme toi-même.* ¹⁵Si vous vous mordez et vous dévorez les uns les autres, prenez garde : vous allez vous détruire les uns les autres. ¹⁶Je vous le dis : vivez sous la conduite de l'Esprit de Dieu ; alors vous n'obéirez pas aux tendances égoïstes de la chair. ¹⁷Car les tendances de la chair s'opposent à l'esprit, et les tendances de l'esprit s'opposent à la chair. En effet, il y a là un affrontement qui vous empêche de faire ce que vous voudriez. ¹⁸Mais en vous laissant conduire par l'Esprit, vous n'êtes plus sujets de la Loi.

¹⁹On sait bien à quelles actions mène la chair : débauche, impureté, obscénité, ²⁰idolâtrie, sorcellerie, haines, querelles, jalousie, colère, envie, divisions, sectarisme, ²¹rivalités, beuveries, gloutonnerie et autres choses du même genre. Je vous préviens, comme je l'ai déjà fait : ceux qui agissent de cette manière ne recevront pas en héritage le royaume de Dieu. ²²Mais voici ce que produit l'Esprit : amour, joie, paix, patience, bonté, bienveillance, foi, ²³humilité et maîtrise de soi. Face à tout cela, il n'y a plus de loi qui tienne. ²⁴Ceux qui sont au Christ Jésus ont

crucifié en eux la chair, avec ses passions et ses tendances égoïstes. ²⁵Puisque l'Esprit nous fait vivre, laissons-nous conduire par l'Esprit.

La loi du Christ au quotidien.

²⁶Ne cédons pas à la vanité : pas de provocation entre nous, pas de rivalité.

6 ¹Frères, si quelqu'un est pris en train de commettre une faute, vous, les spirituels, remettez-le dans le droit chemin en esprit de douceur ; mais prenez garde à vous-mêmes : vous pourriez être tentés vous aussi. ²Portez les fardeaux les uns des autres : ainsi vous accomplirez la loi du Christ. ³Si quelqu'un pense être quelque chose alors qu'il n'est rien, il se fait illusion sur lui-même. ⁴Que chacun examine sa propre action ; ainsi il trouvera ses motifs d'orgueil en lui-même et non pas en se comparant aux autres. ⁵Chacun doit porter le poids de sa propre existence.

⁶Celui qui reçoit la catéchèse, qu'il donne à celui qui la lui transmet une part de tous ses biens.

⁷Ne vous égarez pas : Dieu ne se laisse pas narguer. Ce que l'on a semé, on le récoltera : ⁸des semailles purement humaines aboutissent à une récolte purement humaine, la dégradation définitive ; des semailles spirituelles aboutissent à une récolte spirituelle, la vie éternelle. ⁹Ne nous lassons pas de faire le bien, car, le moment venu, nous récolterons si nous ne nous décourageons pas. ¹⁰Puisque nous tenons le bon moment, travaillons au bien de tous, spécialement dans la famille des croyants.

¹¹Voyez les grosses lettres que je trace pour vous de ma propre main.

La croix du Christ, orgueil du chrétien.

¹²Tous ceux qui veulent se faire bien voir à un plan purement humain, ce sont eux qui veulent vous obliger à la circoncision ; c'est seulement afin d'éviter d'être persécutés pour la croix du Christ. ¹³Car ceux qui reçoivent la circoncision n'observent pas eux-mêmes la Loi ; ils veulent seulement vous imposer la circoncision pour avoir dans votre corps un motif d'orgueil. ¹⁴Mais pour moi, que la croix de notre Seigneur Jésus Christ reste mon seul orgueil. Par elle, le monde est à jamais crucifié pour moi, et moi pour le monde. ¹⁵Ce qui compte, ce n'est pas d'avoir ou de ne pas avoir la circoncision, c'est la création nouvelle. ¹⁶Pour tous ceux qui suivent cette règle de vie et pour le véritable Israël de Dieu, paix et miséricorde. ¹⁷Dès lors, que personne ne vienne me tourmenter. Car moi, je porte dans mon corps la marque des souffrances de Jésus. ¹⁸Frères, que la grâce de notre Seigneur Jésus Christ soit avec votre esprit. Amen.

LETTRE
AUX ÉPHÉSIENS

I – Le mystère du salut universel dans le Christ

Le grand dessein de Dieu : rassembler toute la création dans le Christ, qui est la tête de l'Église.

1 ¹Moi Paul, Apôtre du Christ Jésus par la volonté de Dieu, je m'adresse à vous, les membres du peuple saint qui êtes à Éphèse, vous les fidèles dans le Christ Jésus. ²Que la grâce et la paix soient avec vous de la part de Dieu notre Père et de Jésus Christ le Seigneur.

³Béni soit Dieu, le Père de notre Seigneur Jésus Christ. Dans les cieux, il nous a comblés de sa bénédiction spirituelle en Jésus Christ. ⁴En lui, il nous a choisis avant la création du monde, pour que nous soyons, dans l'amour, saints et irréprochables sous son regard. ⁵Il nous a d'avance destinés à devenir pour lui des fils par Jésus Christ : voilà ce qu'il a voulu dans sa bienveillance, ⁶à la louange de sa gloire, de cette grâce dont il nous a comblés en son Fils bien-aimé, ⁷qui nous obtient par son sang la rédemption, le pardon de nos fautes. Elle est inépuisable, la grâce ⁸par laquelle Dieu nous a remplis de sagesse et d'intelligence ⁹en nous dévoilant le mystère de sa volonté, de ce qu'il prévoyait dans le Christ pour le moment où les temps seraient accomplis ; dans sa bienveillance, ¹⁰il projetait de saisir l'univers entier, ce qui est au ciel et ce qui est sur la terre, en réunissant tout sous un seul chef, le Christ. ¹¹En lui, Dieu nous a d'avance destinés à devenir son peuple ; car lui, qui réalise tout ce qu'il a décidé, ¹²il a voulu que nous soyons ceux qui d'avance avaient espéré dans le Christ, à la louange de sa gloire. ¹³Dans le Christ, vous aussi, vous avez écouté la parole de vérité, la Bonne Nouvelle de votre salut ; en lui, devenus des croyants, vous avez reçu la marque de l'Esprit Saint. Et l'Esprit que Dieu avait promis, ¹⁴c'est la première avance qu'il nous a faite sur l'héritage dont nous prendrons possession au jour de la délivrance finale, à la louange de sa gloire.

¹⁵ Puisque j'ai entendu parler de la foi que vous avez dans le Seigneur Jésus, et de votre amour pour tous les fidèles, ¹⁶ je ne cesse pas de rendre grâce, moi aussi, quand je fais mention de vous dans ma prière : ¹⁷ Que le Dieu de notre Seigneur Jésus Christ, le Père dans sa gloire, vous donne un esprit de sagesse pour le découvrir et le connaître vraiment. ¹⁸ Qu'il ouvre votre cœur à sa lumière, pour vous faire comprendre l'espérance que donne son appel, la gloire sans prix de l'héritage que vous partagez avec les fidèles, ¹⁹ et la puissance infinie qu'il déploie pour nous, les croyants. C'est la force même, le pouvoir, la vigueur, ²⁰ qu'il a mis en œuvre dans le Christ quand il l'a ressuscité d'entre les morts et qu'il l'a fait asseoir à sa droite dans les cieux. ²¹ Il l'a établi au-dessus de toutes les puissances et de tous les êtres qui nous dominent, quel que soit leur nom, aussi bien dans le monde présent que dans le monde à venir. ²² Il lui a tout soumis et, le plaçant plus haut que tout, il a fait de lui la tête de l'Église ²³ qui est son corps, et l'Église est l'accomplissement total du Christ, lui que Dieu comble totalement de sa plénitude.

L'amour de Dieu nous a fait
passer de la mort à la vie
dans le Christ Jésus.

2 ¹ Et vous, autrefois vous étiez des morts, à cause des fautes et des péchés ² dans lesquels vous viviez, soumis au cours de ce monde, soumis au prince du mal qui s'interpose entre le ciel et nous, et qui continue d'inspirer activement ceux qui désobéissent à Dieu. ³ Et nous aussi, nous étions tous de ceux-là, quand nous vivions suivant les tendances égoïstes de notre chair, cédant aux caprices de notre chair et de nos raisonnements ; et nous étions, de nous-mêmes, voués à la colère comme tous les autres.

⁴ Mais Dieu est riche en miséricorde ; à cause du grand amour dont il nous a aimés, ⁵ nous qui étions des morts par suite de nos fautes, il nous a fait revivre avec le Christ : c'est bien par grâce que vous êtes sauvés. ⁶ Avec lui, il nous a ressuscités ; avec lui, il nous a fait régner aux cieux, dans le Christ Jésus. Par sa bonté pour nous dans le Christ Jésus, ⁷ il voulait montrer, au long des âges futurs, la richesse infinie de sa grâce. ⁸ C'est bien par la grâce que vous êtes sauvés, à cause de votre foi. Cela ne vient pas de vous, c'est le don de Dieu. ⁹ Cela ne vient pas de vos actes, il n'y a pas à en tirer orgueil. C'est Dieu qui nous a faits, ¹⁰ il nous a créés en Jésus Christ, pour que nos actes soient vraiment bons, conformes à la voie que Dieu a tracée pour nous et que nous devons suivre.

Le mystère de la réconciliation de tous les hommes en un seul corps par l'Évangile, dont Paul est le ministre.

¹¹ Souvenez-vous donc de ce que vous étiez autrefois, marqués comme païens dans votre corps, traités de «non-circoncis» par ceux qui se disent circoncis à cause d'une opération faite dans leur corps par les hommes. ¹² Souvenez-vous qu'en ce temps-là vous n'aviez pas de Messie à attendre, vous n'aviez pas droit de cité dans le peuple de Dieu, vous étiez étrangers aux alliances et à la promesse, vous n'aviez pas d'espérance, et, dans le monde, vous étiez sans Dieu.

¹³ Mais maintenant, en Jésus Christ, vous qui étiez loin, vous êtes devenus proches par le sang du Christ. ¹⁴ C'est lui, le Christ, qui est notre paix : des deux, Israël et les païens, il a fait un seul peuple ; par sa chair crucifiée, il a fait tomber ce qui les séparait, le mur de la haine, ¹⁵ en supprimant les prescriptions juridiques de la loi de Moïse. Il voulait ainsi rassembler les uns et les autres en faisant la paix, et créer en lui un seul Homme nouveau. ¹⁶ Les uns comme les autres, réunis en un seul corps, il voulait les réconcilier avec Dieu par la croix : en sa personne, il a tué la haine. ¹⁷ Il est venu annoncer *la bonne nouvelle de la paix, la paix pour* vous qui étiez *loin, la paix pour ceux qui étaient proches.*

¹⁸ Par lui, en effet, les uns et les autres, nous avons accès auprès du Père, dans un seul Esprit. ¹⁹ Et donc, vous n'êtes plus des étrangers ni des gens de passage, vous êtes citoyens du peuple saint, membres de la famille de Dieu, ²⁰ car vous avez été intégrés dans la construction qui a pour fondations les Apôtres et ¹es prophètes ; et la pierre angulaire c'est le Christ Jésus lui-même. ²¹ En lui, toute la construction s'élève harmonieusement pour devenir un temple saint dans le Seigneur. ²² En lui, vous êtes, vous aussi, des éléments de la construction pour devenir par l'Esprit Saint la demeure de Dieu.

3 ¹ C'est pourquoi moi, Paul, qui suis en prison à cause du Christ Jésus pour vous, les gens des nations païennes, je tombe à genoux... ² Vous avez appris en quoi consiste la grâce que Dieu m'a donnée pour vous : ³ par révélation, il m'a fait connaître le mystère du Christ, dont je vous ai déjà parlé dans ma lettre. ⁴ En la lisant, vous pouvez vous rendre compte que j'ai l'intelligence du mystère du Christ. ⁵ Ce mystère, il ne l'avait pas fait connaître aux hommes des générations passées, comme il l'a révélé maintenant par l'Esprit à ses saints Apôtres et à ses prophètes. ⁶ Ce mystère, c'est que les païens sont associés au même héritage, au même corps, au partage de la même promesse, dans le Christ Jésus, par l'annonce de l'Évangile.

⁷ De cet Évangile je suis devenu ministre par le don de la grâce que Dieu m'a accordée dans la force de sa puissance. ⁸ Moi qui suis le dernier de tous les fidèles, j'ai reçu la grâce d'annoncer aux nations païennes la richesse insondable du Christ, ⁹ et de mettre en lumière le contenu du mystère tenu caché depuis toujours en Dieu, ¹ᵉ créateur de toutes choses ; ¹⁰ ainsi, désormais, les forces invisibles elles-mêmes connaîtront, grâce à l'Église, les multiples aspects de la Sagesse de Dieu. ¹¹ C'est le projet éternel que Dieu a réalisé dans le Christ Jésus notre Seigneur. ¹² Et c'est notre foi au Christ qui nous donne l'audace d'accéder auprès de Dieu en toute confiance. ¹³ Je vous supplie donc de ne pas perdre courage devant les épreuves que j'endure pour vous : elles sont votre gloire.

¹⁴ C'est pourquoi je tombe à genoux devant le Père, ¹⁵ qui est la source de toute paternité au ciel et sur la terre. ¹⁶ Lui qui est si riche en gloire, qu'il vous donne la puissance par son Esprit, pour rendre fort l'homme intérieur ; ¹⁷ que le Christ habite en vos cœurs par la foi ; restez enracinés dans l'amour, établis dans l'amour. ¹⁸ Ainsi vous serez capables de comprendre avec tous les fidèles quelle est la largeur, la longueur, la hauteur, la pro-

fondeur... ¹⁹ Vous connaîtrez l'amour du Christ qui surpasse tout ce qu'on peut connaître. Alors vous serez comblés jusqu'à entrer dans la plénitude de Dieu. ²⁰ Gloire à celui qui a le pouvoir de réaliser en nous par sa puissance infiniment plus que nous ne pouvons demander ou même imaginer, ²¹ gloire à lui dans l'Église et dans le Christ Jésus pour toutes les générations dans les siècles des siècles. Amen.

II – La vie nouvelle dans l'unité du Christ

Dans la diversité de ses dons, Dieu construit et organise le corps du Christ.

4 ¹ Moi qui suis en prison à cause du Seigneur, je vous encourage à suivre fidèlement l'appel que vous avez reçu de Dieu : ² ayez beaucoup d'humilité, de douceur et de patience, supportez-vous les uns les autres avec amour ; ³ ayez à cœur de garder l'unité dans l'Esprit par le lien de la paix. ⁴ Comme votre vocation vous a tous appelés à une seule espérance, de même il n'y a qu'un seul Corps et un seul Esprit. ⁵ Il n'y a qu'un seul Seigneur, une seule foi, un seul baptême, ⁶ un seul Dieu et Père de tous, qui règne au-dessus de tous, par tous, et en tous.

⁷ Chacun d'entre nous a reçu le don de la grâce comme le Christ nous l'a partagée. ⁸ C'est pourquoi l'Écriture dit :

Il est monté sur la hauteur, emmenant des prisonniers, il a fait des dons aux hommes. ⁹ Que veut dire : *Il est monté ?* – Cela veut dire qu'il était d'abord descendu jusqu'en bas sur la terre. ¹⁰ Et celui qui était descendu est le même qui est monté au plus haut des cieux pour combler tout l'univers. ¹¹ Et les *dons qu'il a faits aux hommes*, ce sont d'abord les Apôtres, puis les prophètes et les missionnaires de l'Évangile, et aussi les pasteurs et ceux qui enseignent. ¹² De cette manière, le peuple saint est organisé pour que les tâches du ministère soient accomplies, et que se construise le corps du Christ. ¹³ Au terme, nous parviendrons tous ensemble à l'unité dans la foi et la vraie connaissance du Fils de Dieu, à l'état de l'Homme parfait, à la plénitude de la stature du Christ.

¹⁴ Alors, nous ne serons plus comme des enfants, nous laissant secouer et mener à la dérive par tous les courants d'idées, au gré des hommes, eux qui emploient leur astuce à nous entraîner dans l'erreur. ¹⁵ Au contraire, en vivant dans la vérité de l'amour, nous grandirons dans le Christ pour nous élever en tout jusqu'à lui, car il est la Tête. ¹⁶ Et par lui, dans l'harmonie et la cohésion, tout le corps poursuit sa croissance, grâce aux connexions internes qui le maintiennent, selon l'activité qui est à la mesure de chaque membre. Ainsi le corps se construit dans l'amour.

L'existence transformée par le baptême.

¹⁷ Je vous le dis, je vous l'affirme au nom du Seigneur : vous ne devez plus vous conduire comme les païens qui se laissent guider par le néant de leur pensée. ¹⁸ Ils ont l'intelligence remplie de ténèbres, ils sont étrangers à la vie de Dieu, à cause de l'ignorance qui est en eux, à cause de l'endurcissement de leur cœur ; ¹⁹ ayant perdu le sens moral, ils se sont livrés à la débauche au point de s'adonner sans retenue à toutes sortes d'impuretés.

²⁰ Lorsque vous êtes devenus disciples du Christ, ce n'est pas cela que vous avez appris, ²¹ si du moins c'est bien lui qu'on vous a annoncé et enseigné, selon la vérité de Jésus lui-même. ²² Il s'agit de vous défaire de votre conduite d'autrefois, de l'homme ancien qui est en vous, corrompu par ses désirs trompeurs. ²³ Laissez-vous guider intérieurement par un esprit renouvelé. ²⁴ Adoptez le comportement de l'homme nouveau, créé saint et juste dans la vérité, à l'image de Dieu.

²⁵ Débarrassez-vous donc du mensonge, et dites tous la vérité à votre prochain, parce que nous sommes membres les uns des autres. ²⁶ *Si vous êtes en colère, ne tombez pas dans le péché ;* avant le coucher du soleil

mettez fin à votre emportement. [27] Ne donnez pas prise au démon. [28] Que le voleur cesse de voler ; qu'il se donne plutôt de la peine pour travailler honnêtement de ses mains, afin d'avoir de quoi partager avec celui qui est dans le besoin. [29] Aucune parole mauvaise ne doit sortir de votre bouche ; mais, s'il en est besoin, dites une parole bonne et constructive, bienveillante pour ceux qui vous écoutent. [30] En vue du jour de votre délivrance, vous avez reçu en vous la marque du Saint Esprit de Dieu : ne le contristez pas. [31] Faites disparaître de votre vie tout ce qui est amertume, emportement, colère, éclats de voix ou insultes, ainsi que toute espèce de méchanceté. [32] Soyez entre vous pleins de générosité et de tendresse. Pardonnez-vous les uns aux autres, comme Dieu vous a pardonné dans le Christ.

5 [1] Oui, cherchez à imiter Dieu, puisque vous êtes ses enfants bien-aimés. [2] Vivez dans l'amour, comme le Christ nous a aimés et s'est livré pour nous en offrant à Dieu le sacrifice qui pouvait lui plaire. [3] Comme il convient à des membres du peuple saint, la débauche, l'impureté sous toutes ses formes et l'appétit de jouissance sont des choses qu'on ne doit même plus évoquer chez vous ; [4] pas davantage de propos grossiers, stupides ou scabreux – tout cela est déplacé – mais plutôt

des actions de grâce. [5] Sachez-le bien : ni les débauchés, ni les dépravés, ni les jouisseurs (qui sont de vrais idolâtres) ne reçoivent d'héritage dans le royaume du Christ et de Dieu ; [6] ne laissez personne vous égarer par des paroles creuses. Tout cela attire la colère de Dieu sur ceux qui désobéissent. [7] N'ayez donc rien en commun avec ces gens-là.

[8] Autrefois, vous étiez ténèbres ; maintenant, dans le Seigneur, vous êtes devenus lumière ; vivez comme des fils de la lumière – [9] or la lumière produit tout ce qui est bonté, justice et vérité – [10] et sachez reconnaître ce qui est capable de plaire au Seigneur. [11] Ne prenez aucune part aux activités des ténèbres, elles ne produisent rien de bon ; démasquez-les plutôt. [12] Ce que ces gens-là font en cachette, on a honte d'en parler. [13] Mais quand ces choses-là sont démasquées, leur réalité apparaît grâce à la lumière, [14] et tout ce qui apparaît ainsi devient lumière. C'est pourquoi l'on chante :

Réveille-toi, ô toi qui dors,
relève-toi d'entre les morts,
et le Christ t'illuminera.

[15] Prenez bien garde à votre conduite : ne vivez pas comme des fous, mais comme des sages. [16] Tirez parti du temps présent, car nous traversons des jours mauvais. [17] Ne soyez donc pas irréfléchis, mais comprenez bien quelle est la

volonté du Seigneur. ¹⁸ Ne vous enivrez pas, car le vin porte à la débauche. Laissez-vous plutôt remplir par l'Esprit Saint. ¹⁹ Dites entre vous des psaumes, des hymnes et des libres louanges, chantez le Seigneur et célébrez-le de tout votre cœur. ²⁰ A tout moment et pour toutes choses, rendez grâce à Dieu le Père, au nom de notre Seigneur Jésus Christ.

Les relations humaines à la lumière du mystère du Christ.

²¹ Par respect pour le Christ, soyez soumis les uns aux autres ; ²² les femmes, à leur mari, comme au Seigneur Jésus ; ²³ car, pour la femme, le mari est la tête, tout comme, pour l'Église, le Christ est la tête, lui qui est le Sauveur de son corps. ²⁴ Eh bien ! si l'Église se soumet au Christ, qu'il en soit toujours de même pour les femmes à l'égard de leur mari.

²⁵ Vous, les hommes, aimez votre femme à l'exemple du Christ : il a aimé l'Église, il s'est livré pour elle ; ²⁶ il voulait la rendre sainte en la purifiant par le bain du baptême et la Parole de vie ; ²⁷ il voulait se la présenter à lui-même, cette Église, resplendissante, sans tache, ni ride, ni aucun défaut ; il la voulait sainte et irréprochable. ²⁸ C'est comme cela que le mari doit aimer sa femme : comme son propre corps. Celui qui aime sa femme s'aime soi-même. ²⁹ Jamais personne n'a méprisé son propre corps : au contraire, on le nourrit, on en prend soin. C'est ce que fait le Christ pour l'Église, ³⁰ parce que nous sommes les membres de son corps. Comme dit l'Écriture : ³¹ *A cause de cela, l'homme quittera son père et sa mère, il s'attachera à sa femme, et tous deux ne feront plus qu'un.* ³² Ce mystère est grand : je le dis en pensant au Christ et à l'Église.

³³ Pour en revenir à vous, chacun doit aimer sa propre femme comme lui-même, et la femme doit avoir du respect pour son mari.

6 ¹ Vous, les enfants, obéissez à vos parents dans le Seigneur, c'est cela qui est juste :

² *Honore ton père et ta mère,* c'est le premier commandement assorti d'une promesse : ³ *ainsi tu seras heureux et tu auras longue vie sur la terre.*

⁴ Et vous, les parents, ne poussez pas à bout vos enfants, mais élevez-les en leur donnant une éducation et des avertissements inspirés par le Seigneur.

⁵ Vous, les esclaves, obéissez à vos maîtres d'ici-bas comme au Christ, avec crainte et tremblement, dans la simplicité de votre cœur, ⁶ sans chercher à vous faire remarquer par souci de plaire aux hommes. Au contraire, conduisez-vous comme des esclaves du Christ qui accomplissent la volonté de Dieu de tout leur cœur, ⁷ qui font leur travail d'esclaves

volontiers, pour le Seigneur et non pour les hommes. ⁸ Car vous savez bien que tout homme, esclave ou libre, recevra du Seigneur sa récompense selon ce qu'il aura fait de bien. ⁹ Et vous, les maîtres, agissez de même avec vos esclaves, n'utilisez pas les menaces. Car vous savez bien que, pour eux comme pour vous, il y a un Maître dans le ciel, et qu'il ne fait pas de différence entre les hommes.

*Le combat chrétien.
Salutation finale.*

¹⁰ Enfin, puisez votre énergie dans le Seigneur et dans la vigueur de sa force. ¹¹ Revêtez l'équipement de Dieu pour le combat, afin de pouvoir tenir contre les manœuvres du démon. ¹² Car nous ne luttons pas contre des hommes, mais contre les forces invisibles, les puissances des ténèbres qui dominent le monde, les esprits du mal qui sont au-dessus de nous. ¹³ Pour cela, prenez l'équipement de Dieu pour le combat ; ainsi, quand viendra le jour du malheur, vous pourrez tout mettre en œuvre pour résister et tenir debout. ¹⁴ Tenez donc, ayant autour des reins le ceinturon de la vérité, portant la cuirasse de la justice, ¹⁵ les pieds chaussés de l'ardeur à annoncer l'Évangile de la paix, ¹⁶ et ne quittant jamais le bouclier de la foi, qui vous permettra d'arrêter toutes les flèches enflammées du Mauvais. ¹⁷ Prenez le casque du salut et l'épée de l'Esprit, c'est-à-dire la parole de Dieu.

¹⁸ En toute circonstance, que l'Esprit vous donne de prier et de supplier. Restez éveillés afin de persévérer dans la prière pour tous les fidèles. ¹⁹ Priez aussi pour moi : que Dieu mette la parole dans ma bouche pour que je fasse connaître avec assurance le mystère de l'Évangile ²⁰ dont je suis l'ambassadeur enchaîné. Priez donc afin que je trouve dans l'Évangile l'assurance nécessaire pour parler comme je le dois.

²¹ Et vous, vous saurez ce que je deviens et ce que je fais, car Tychique, le frère bien-aimé, le fidèle ministre dans le Seigneur, vous informera de tout. ²² Je l'envoie spécialement auprès de vous afin que vous ayez de mes nouvelles et qu'il vous réconforte le cœur. ²³ Que Dieu le Père et le Seigneur Jésus Christ donnent à tous les frères la paix et l'amour avec la foi. ²⁴ Que la grâce soit avec tous ceux qui aiment notre Seigneur Jésus Christ d'un amour impérissable.

LETTRE
AUX PHILIPPIENS

*Paul salue les Philippiens,
ses disciples bien-aimés ;
il rend grâce et prie pour eux.*

1 ¹Nous, Paul et Timothée,
serviteurs du Christ Jésus,
nous nous adressons à tous les
fidèles du Christ Jésus qui
vivent à Philippes, en union
avec les responsables et
ministres de l'Église. ²Que la
grâce et la paix soient avec
vous de la part de Dieu notre
Père et du Seigneur Jésus
Christ.

³Je rends toujours grâce à
mon Dieu quand je fais mention de vous : ⁴chaque fois que
je prie pour vous tous, c'est
toujours avec joie, à cause de
ce que vous avez fait pour l'É-
vangile en communion avec
moi, ⁵depuis le premier jour
jusqu'à maintenant. ⁶Et
puisque Dieu a si bien commencé chez vous son travail, je
suis persuadé qu'il le conti-
nuera jusqu'à son achèvement
au jour où viendra le Christ
Jésus. ⁷Il est donc juste que
j'aie de telles dispositions à
votre égard, car je vous porte
dans mon cœur, puisque vous
communiez tous à la grâce qui

m'est faite de justifier et d'affermir l'annonce de l'Évangile
jusque dans ma prison. ⁸Oui,
Dieu est témoin de mon attachement pour vous tous dans
la tendresse du Christ Jésus.

⁹Et, dans ma prière, je
demande que votre amour
vous fasse progresser de plus
en plus dans la connaissance
vraie et la parfaite clairvoyance
¹⁰qui vous feront discerner ce
qui est plus important. Ainsi,
dans la droiture, vous marche-
rez sans trébucher vers le jour
du Christ ; ¹¹et vous aurez en
plénitude la justice obtenue
grâce à Jésus Christ, pour la
gloire et la louange de Dieu.

*Le combat de Paul pour l'Évan-
gile, exemple pour ses disciples.*

¹²Je veux que vous le sachiez,
frères : ce qui m'arrive finit par
tourner plutôt au progrès de
l'Évangile ; ¹³ainsi donc, dans
tout le palais et partout
ailleurs, ma détention manifeste mon lien avec le Christ,
¹⁴et la plupart des frères, à qui
ma détention donne une
ferme confiance dans le Seigneur, trouvent une audace

nouvelle pour annoncer sans crainte la Parole.

¹⁵ Les uns proclament le Christ en esprit de jalousie et de concurrence ; d'autres le font avec une volonté droite. ¹⁶ Ceux-ci annoncent le Christ par amour, sachant que je suis là pour défendre l'Évangile ; ¹⁷ ceux-là le font en intrigants, sans intention pure, pensant aviver ainsi l'épreuve de ma détention. ¹⁸ Qu'importe ! De toute façon le Christ est annoncé, que ce soit avec des arrière-pensées ou avec sincérité : alors je m'en réjouis, et je m'en réjouirai toujours. ¹⁹ Je sais en effet que tout ce qui m'arrive tournera à mon salut, grâce à votre prière et à l'assistance de l'Esprit de Jésus Christ. ²⁰ C'est ce que j'attends avec impatience, et c'est ce que j'espère. Je n'aurai donc rien à regretter ; au contraire, je garde toute mon assurance, maintenant comme toujours ; soit que je vive, soit que je meure, la grandeur du Christ sera manifestée dans mon corps.

²¹ En effet, pour moi, vivre c'est le Christ, et mourir est un avantage. ²² Mais si, en vivant en ce monde, j'arrive à faire un travail utile, je ne sais plus comment choisir. ²³ Je me sens pris entre les deux : je voudrais bien partir pour être avec le Christ, car c'est bien cela le meilleur ; ²⁴ mais, à cause de vous, demeurer en ce monde est encore plus nécessaire. ²⁵ J'en suis fermement convaincu ; je sais donc que je resterai, et que je continuerai à être avec vous tous pour votre progrès et votre joie dans la foi. ²⁶ Ainsi, quand je serai de retour parmi vous, vous aurez en moi un nouveau motif d'orgueil dans le Christ Jésus.

²⁷ Quant à vous, menez une vie digne de l'Évangile du Christ. Soit que je vienne vous voir, soit que de loin j'entende parler de vous, il faut que vous teniez bon dans un seul esprit : luttez ensemble, d'un seul cœur, pour la foi en l'Évangile. ²⁸ Ne vous laissez pas intimider par les adversaires : vous donnerez ainsi la preuve de leur perte et de votre salut. Et tout cela vient de Dieu ²⁹ qui, pour le Christ, vous a fait la grâce non seulement de croire en lui mais aussi de souffrir pour lui. ³⁰ Ce combat que vous soutenez, vous m'avez vu le mener moi aussi, et vous savez que je le mène encore.

Que la communauté vive
à l'image du Christ
dans son mystère pascal.

2 ¹ S'il est vrai que, dans le Christ, on se réconforte les uns les autres, si l'on s'encourage dans l'amour, si l'on est en communion dans l'Esprit, si l'on a de la tendresse et de la pitié, ² alors, pour que ma joie soit complète, ayez les mêmes dispositions, le même amour, les mêmes sentiments ; recherchez l'unité. ³ Ne soyez jamais intrigants ni vantards, mais ayez assez d'humilité pour estimer les autres supérieurs à vous-mêmes. ⁴Que chacun de vous ne soit pas préoccupé de lui-même, mais aussi des autres.

⁵Ayez entre vous les dispositions que l'on doit avoir dans le Christ Jésus : ⁶lui qui était dans la condition de Dieu, il n'a pas jugé bon de revendiquer son droit d'être traité à l'égal de Dieu ; ⁷mais au contraire, il se dépouilla lui-même en prenant la condition de serviteur. Devenu semblable aux hommes et reconnu comme un homme à son comportement, ⁸il s'est abaissé lui-même en devenant obéissant jusqu'à mourir, et à mourir sur une croix. ⁹C'est pourquoi Dieu l'a élevé au-dessus de tout ; il lui a conféré le Nom qui surpasse tous les noms, ¹⁰afin qu'au Nom de Jésus, aux cieux, sur terre et dans l'abîme, tout être vivant tombe à genoux, ¹¹et que toute langue proclame : «Jésus Christ est le Seigneur», pour la gloire de Dieu le Père.

¹²Ainsi, mes bien-aimés, vous qui avez toujours obéi, travaillez à votre salut dans la crainte de Dieu et en tremblant ; ne le faites pas seulement quand je suis là, mais encore bien plus quand je n'y suis pas. ¹³Car c'est l'action de Dieu qui produit en vous la volonté et l'action, parce qu'il veut votre bien. ¹⁴Faites tout

sans récriminer et sans discuter ; ¹⁵ainsi vous serez irréprochables et purs, vous qui êtes des enfants de Dieu sans tache au milieu d'une génération égarée et pervertie où vous brillez comme les astres dans l'univers, ¹⁶en tenant fermement la parole de vie. Alors je pourrai m'enorgueillir quand viendra le jour du Christ : je n'aurai pas couru pour rien ni peiné pour rien. ¹⁷Et si je dois verser mon sang pour l'ajouter au sacrifice que vous offrez à Dieu par votre foi, je m'en réjouis et je partage ma joie avec vous tous. ¹⁸Et vous, de même, réjouissez-vous et partagez votre joie avec moi.

Deux bons serviteurs de l'Église.

¹⁹Confiant dans le Seigneur Jésus, j'espère vous envoyer rapidement Timothée, pour me donner à moi aussi la joie d'avoir de vos nouvelles. ²⁰Je n'ai en effet personne d'autre qui partage véritablement avec moi le souci de ce qui vous concerne. ²¹Car ce qui les préoccupe tous, ce sont leurs affaires à eux, et non celles de Jésus Christ. ²²Lui, au contraire, vous savez que sa valeur est éprouvée : comme un fils avec son père, il s'est mis avec moi au service de l'Évangile. ²³J'espère donc vous l'envoyer dès que je le verrai clair sur ma situation. ²⁴J'ai d'ailleurs la ferme confiance dans le Seigneur que je reviendrai moi-même rapidement.

[25] J'ai aussi jugé nécessaire de vous renvoyer Épaphrodite, mon frère, mon compagnon de travail et de combat. Il était votre envoyé, pour me rendre les services dont j'avais besoin, [26] mais il avait un grand désir de vous revoir tous, et il se tourmentait parce que vous aviez appris sa maladie. [27] Car il a été malade, et bien près de la mort, mais Dieu a eu pitié de lui, et pas seulement de lui, mais aussi de moi, en m'évitant d'avoir un chagrin de plus. [28] Je m'empresse donc de vous le renvoyer : ainsi vous retrouverez votre joie en le voyant, et moi j'aurai moins de chagrin. [29] Dans le Seigneur faites-lui donc un accueil vraiment joyeux, et sachez apprécier les hommes tels que lui : [30] c'est pour l'œuvre du Christ qu'il a failli mourir ; il a risqué sa vie pour me rendre, à votre place, les services que vous ne pouviez me rendre vous-mêmes.

Paul oublie tout ce qui est en arrière pour rejoindre le Christ.

3 [1] Enfin, mes frères, soyez dans la joie du Seigneur. Je vous écris toujours les mêmes choses : pour moi, ce n'est pas pénible, et pour vous c'est plus sûr. [2] Prenez garde à ces chiens, à ces mauvais ouvriers, avec leur fausse circoncision. [3] Car la vraie circoncision, c'est nous qui l'avons reçue, nous qui adorons Dieu selon son Esprit, nous qui mettons notre orgueil dans le Christ Jésus et qui ne plaçons pas notre confiance dans les valeurs charnelles. [4] J'aurais pourtant, moi aussi, des raisons de placer ma confiance dans les valeurs charnelles. Si quelqu'un pense avoir des raisons de le faire, moi, j'en ai bien davantage. [5] J'ai reçu la circoncision quand j'avais huit jours ; je suis de la race d'Israël, de la tribu de Benjamin, Hébreu fils d'Hébreux ; pour la Loi, j'étais un pharisien ; [6] pour l'ardeur jalouse, j'étais un persécuteur de l'Église ; pour la justice que donne la Loi, j'étais irréprochable. [7] Mais tous ces avantages que j'avais, je les ai considérés comme une perte à cause du Christ. [8] Oui, je considère tout cela comme une perte à cause de ce bien qui dépasse tout : la connaissance du Christ Jésus, mon Seigneur. A cause de lui, j'ai tout perdu ; je considère tout comme des balayures, en vue d'un seul avantage, le Christ, [9] en qui Dieu me reconnaîtra comme juste. Cette justice ne vient pas de moi-même – c'est-à-dire de mon obéissance à la loi de Moïse – mais de la foi au Christ : c'est la justice qui vient de Dieu et qui est fondée sur la foi. [10] Il s'agit de connaître le Christ, d'éprouver la puissance de sa résurrection et de communier aux souffrances de sa passion, en reproduisant en moi sa mort, [11] dans l'espoir de parvenir, moi aussi, à ressusciter d'entre les morts. ¹²Certes, je ne suis pas encore arrivé, je ne suis pas encore au bout, mais je poursuis ma course pour saisir tout cela, comme j'ai moi-même été saisi par le Christ Jésus. ¹³Frères, je ne pense pas l'avoir déjà saisi. Une seule chose compte : oubliant ce qui est en arrière, et lancé vers l'avant, ¹⁴je cours vers le but pour remporter le prix auquel Dieu nous appelle là-haut dans le Christ Jésus.

¹⁵Nous tous qui sommes adultes dans la foi, nous devons tendre dans cette direction ; et, si vous tendez dans une autre direction, Dieu vous révélera le vrai but. ¹⁶En tout cas, étant donné le point que nous avons déjà atteint, restons dans la même ligne.

Vivons déjà la vie nouvelle du Christ qui transformera notre corps.

¹⁷Frères, prenez-moi tous pour modèle, et regardez bien ceux qui vivent selon l'exemple que nous vous donnons. ¹⁸Car je vous l'ai souvent dit, et maintenant je le redis en pleurant : beaucoup de gens vivent en ennemis de la croix du Christ. ¹⁹Ils vont tous à leur perte. Leur dieu, c'est leur ventre, et ils mettent leur gloire dans ce qui fait leur honte ; ils ne tendent que vers les choses de la terre. ²⁰Mais nous, nous sommes citoyens des cieux ; c'est à ce titre que nous attendons comme sauveur le Seigneur Jésus Christ, ²¹lui qui transformera nos pauvres corps à l'image de son corps glorieux, avec la puissance qui le rend capable aussi de tout dominer.

4 ¹Ainsi, mes frères bien-aimés que je désire tant revoir, vous, ma joie et ma récompense, tenez bon dans le Seigneur, mes bien-aimés.

²J'exhorte Évodie, et aussi Syntykhé, à se mettre d'accord dans le Seigneur. ³Oui, je te le demande à toi aussi, mon vrai compagnon, viens-leur en aide, à elles qui ont lutté avec moi pour l'annonce de l'Évangile, ainsi que Clément et mes autres collaborateurs, dont les noms sont dans le livre de vie.

Rechercher la joie dans le Seigneur et cultiver les vraies valeurs humaines.

⁴Soyez toujours dans la joie du Seigneur ; laissez-moi vous le redire ; soyez dans la joie. ⁵Que votre sérénité soit connue de tous les hommes. Le Seigneur est proche. ⁶Ne soyez inquiets de rien, mais, en toute circonstance, dans l'action de grâce priez et suppliez pour faire connaître à Dieu vos demandes. ⁷Et la paix de Dieu, qui dépasse tout ce qu'on peut imaginer, gardera votre cœur et votre intelligence dans le Christ Jésus.

⁸Enfin, mes frères, tout ce qui est vrai et noble, tout ce qui est juste et pur, tout ce qui

est digne d'être aimé et honoré, tout ce qui s'appelle vertu et qui mérite des éloges, tout cela, prenez-le à votre compte. ⁹ Ce que vous avez appris et reçu, ce que vous avez vu et entendu de moi, mettez-le en pratique. Et le Dieu de la paix sera avec vous.

Détaché de tout, Paul accepte cependant avec joie l'aide des Philippiens.

¹⁰ J'ai éprouvé une grande joie dans le Seigneur à voir refleurir vos bonnes dispositions pour moi : elles étaient bien vivantes, mais vous n'aviez pas occasion de les montrer. ¹¹ Ce n'est pas le dénuement qui me fait parler ainsi, car j'ai été formé à me contenter de ce que j'ai. ¹² Je sais vivre de peu, je sais aussi avoir tout ce qu'il me faut. Être rassasié et avoir faim, avoir tout ce qu'il me faut et manquer de tout, j'ai appris cela de toutes les façons. ¹³ Je peux tout supporter avec celui qui me donne la force.

¹⁴ Cependant, vous avez bien fait de m'aider tous ensemble quand j'étais dans la gêne.

¹⁵ Vous, les Philippiens, vous le savez : dans les premiers temps où vous avez reçu l'Évangile, au moment où je quittais la Macédoine, je n'ai eu ma part dans les recettes et dépenses d'aucune Église, excepté la vôtre. ¹⁶ A Thessalonique déjà, vous m'avez envoyé, et même deux fois, ce que j'avais besoin. ¹⁷ Je ne recherche pas les dons ; ce que je recherche, c'est le bénéfice qui s'ajoutera à votre compte. ¹⁸ J'ai d'ailleurs tout reçu, j'ai tout ce qu'il me faut, je suis comblé depuis qu'Épaphrodite m'a remis votre envoi : c'est un sacrifice que Dieu trouve agréable et qu'il accepte parce qu'il lui plaît. ¹⁹ Et mon Dieu subviendra magnifiquement à tous vos besoins selon sa richesse, dans le Christ Jésus. ²⁰ Gloire à Dieu notre Père pour les siècles des siècles. Amen.

²¹ Saluez chacun des fidèles dans le Christ Jésus. Les frères qui sont avec moi vous saluent. ²² Tous les fidèles vous saluent, spécialement ceux de l'administration impériale. ²³ La grâce du Seigneur Jésus Christ soit avec votre esprit.

LETTRE

AUX COLOSSIENS

*Paul salue les Colossiens
et rend grâce à Dieu
pour leur foi et leur amour.*

1 ¹Moi, Paul, Apôtre du Christ Jésus par la volonté de Dieu, avec Timothée notre frère, je m'adresse à vous, ²frères dans le Christ qui êtes à Colosses, membres fidèles du peuple saint : que Dieu notre Père vous donne la grâce et la paix.

³Nous rendons grâce à Dieu, le Père de notre Seigneur Jésus Christ, en priant pour vous à tout instant. ⁴Nous avons entendu parler de votre foi dans le Christ Jésus et de l'amour que vous avez pour tous les fidèles ⁵dans l'espérance de ce qui vous attend au ciel ; vous en avez déjà reçu l'annonce par la parole de vérité, ⁶la Bonne Nouvelle qui est parvenue jusqu'à vous. Elle qui porte du fruit et progresse dans le monde entier, elle le fait de même chez vous, depuis le jour où vous avez reçu l'annonce et la connaissance de la grâce de Dieu, dans toute sa vérité, ⁷par l'enseignement d'Épaphras. Lui,

notre compagnon bien-aimé, qui nous représente fidèlement comme ministre du Christ, ⁸il nous a décrit l'amour que vous vivez dans l'Esprit Saint.

*La vocation des croyants a
sa source dans le Christ, sommet
de tout le dessein de Dieu.*

⁹Depuis le jour où nous avons entendu parler de votre vie dans le Christ, nous ne cessons pas de prier pour vous. Nous demandons à Dieu de vous combler de la vraie connaissance de sa volonté, en toute sagesse et intelligence spirituelle.

¹⁰Ainsi votre conduite sera digne du Seigneur, et capable de toujours lui plaire ; par tout ce que vous ferez de bien, vous porterez du fruit et vous progresserez dans la vraie connaissance de Dieu. ¹¹Vous serez puissamment fortifiés par la puissance de sa gloire, qui vous donnera la persévérance et la patience. ¹²Avec joie, vous rendrez grâce à Dieu le Père, qui vous a rendus capables d'avoir part, dans la lumière, à l'héritage du peuple saint. ¹³Il

nous a arrachés au pouvoir des ténèbres, il nous a fait entrer dans le royaume de son Fils bien-aimé, [14] par qui nous sommes rachetés et par qui nos péchés sont pardonnés.

[15] Il est l'image du Dieu invisible,

le premier-né par rapport à toute créature,

[16] car c'est en lui que tout a été créé

dans les cieux et sur la terre,

les êtres visibles

et les puissances invisibles :

tout est créé par lui et pour lui.

[17] Il est avant tous les êtres,

et tout subsiste en lui.

[18] Il est aussi la tête du corps,

c'est-à-dire de l'Église.

Il est le commencement,

le premier-né d'entre les morts,

puisqu'il devait avoir en tout la primauté.

[19] Car Dieu a voulu que dans le Christ

toute chose ait son accomplissement total.

[20] Il a voulu tout réconcilier par lui et pour lui,

sur la terre et dans les cieux,

en faisant la paix par le sang de sa croix.

[21] Et vous, vous étiez jadis étrangers à Dieu, vous étiez même ses ennemis, avec cette mentalité qui vous poussait à faire le mal. [22] Et voilà que, maintenant, Dieu vous a réconciliés avec lui, grâce au corps humain du Christ et par sa mort, pour vous introduire en sa présence, saints, irréprochables et inattaquables. [23] Mais il faut que, par la foi, vous teniez, solides et fermes ; ne vous laissez pas détourner de l'espérance que vous avez reçue en écoutant l'Évangile proclamé à toute créature sous le ciel, Évangile dont moi, Paul, je suis devenu ministre.

Le combat de l'Apôtre
au service du Mystère.

[24] Je trouve la joie dans les souffrances que je supporte pour vous, car ce qu'il reste à souffrir des épreuves du Christ, je l'accomplis dans ma propre chair, pour son corps qui est l'Église. [25] De cette Église, je suis devenu ministre, et la charge que Dieu m'a confiée, c'est d'accomplir pour vous sa parole, [26] le mystère qui était caché depuis toujours à toutes les générations, mais qui maintenant a été manifesté aux membres de son peuple saint. [27] Car Dieu a bien voulu leur faire connaître en quoi consiste, au milieu des nations païennes, la gloire sans prix de ce mystère : le Christ est au milieu de vous, lui, l'espérance de la gloire ! [28] Ce Christ, nous l'annonçons : nous avertissons tout homme, nous instruisons tout homme avec sagesse, afin d'amener tout homme à sa perfection dans le Christ. [29] C'est pour cela que je m'épuise à combattre, avec toute la force du Christ dont la puissance agit en moi.

2 ¹Je veux en effet que vous sachiez quel dur combat je mène pour vous, et aussi pour les fidèles de Laodicée et pour tant d'autres qui ne m'ont jamais rencontré personnellement. ²Je combats pour que leurs cœurs soient remplis de courage et qu'ils soient rassemblés dans l'amour, afin d'acquérir toute la richesse de l'intelligence parfaite, et la vraie connaissance du mystère de Dieu. Ce mystère, c'est le Christ, ³en qui se trouvent cachés tous les trésors de la sagesse et de la connaissance.

Par le baptême, nous passons de la mort à la vie nouvelle dans le Christ.

⁴Je vous dis cela pour que personne ne vous égare par des arguments trop habiles. ⁵Car si je suis absent physiquement, je suis cependant moralement avec vous, et je me réjouis de voir votre bonne tenue et la fermeté de votre foi au Christ. ⁶Continuez donc à vivre dans le Christ Jésus, le Seigneur, tel que vous nous l'avons transmis. ⁷Soyez enracinés en lui, construisez votre vie sur lui ; restez fermes dans la foi telle qu'on vous l'a enseignée, soyez débordants d'action de grâce. ⁸Prenez garde à ceux qui veulent faire de vous leur proie par leur philosophie trompeuse et vide fondée sur la tradition des hommes, sur les forces qui régissent le monde, et non pas sur le Christ. ⁹Car en lui, dans son propre corps, habite la plénitude de la divinité. ¹⁰En lui vous avez tout reçu en plénitude, car il domine toutes les puissances de l'univers.

¹¹C'est en lui que vous avez reçu la vraie circoncision, non pas celle que pratiquent les hommes, mais celle qui enlève les tendances égoïstes de la chair ; telle est la circoncision qui vient du Christ. ¹²Par le baptême, vous avez été mis au tombeau avec lui, avec lui vous avez été ressuscités, parce que vous avez cru en la force de Dieu qui a ressuscité le Christ d'entre les morts. ¹³Vous étiez des morts, parce que vous aviez péché et que vous n'aviez pas reçu de circoncision. Mais Dieu vous a donné la vie avec le Christ : il nous a pardonné tous nos péchés. ¹⁴Il a supprimé le billet de la dette qui nous accablait depuis que les commandements pesaient sur nous : il l'a annulé en le clouant à la croix du Christ. ¹⁵Ainsi, Dieu a dépouillé les puissances de l'univers ; il les a publiquement données en spectacle et les a traînées dans le cortège triomphal de la croix.

¹⁶Alors, que personne ne vous juge pour des questions de nourriture et de boisson, ou à propos de fête, de nouvelle lune ou de sabbat : ¹⁷tout cela n'est que l'ombre de ce qui devait venir, mais la réalité, c'est le Christ. ¹⁸Ne vous lais-

sez pas frustrer de votre récompense par quelqu'un qui veut vous humilier dans un culte des anges, qui s'évade dans des visions, qui se gonfle d'orgueil pour rien dans sa mentalité purement humaine. ¹⁹ Un tel homme n'est pas en union avec la tête, par laquelle tout le corps, et par Dieu, poursuit sa croissance grâce aux connexions internes et aux articulations qui maintiennent sa cohésion.

²⁰ Si vous êtes morts avec le Christ aux forces qui régissent le monde, pourquoi subir des règles comme si votre vie dépendait encore du monde : ²¹ « Ne prends pas ceci, ne goûte pas cela, ne touche pas cela », ²² alors que toutes ces choses sont faites pour disparaître quand on s'en sert ! Ce ne sont là que des commandements et des enseignements humains, ²³ qui ont des airs de sagesse, de religion personnelle, d'humilité et de maîtrise du corps, mais n'ont aucune valeur contre les exigences de la chair.

La vie des croyants à la lumière de la résurrection.

3 ¹ Si donc vous êtes ressuscités avec le Christ, recherchez ¹es réalités d'en haut : c'est là qu'est le Christ, assis à la droite de Dieu. ² Tendez vers les réalités d'en haut, et non pas vers celles de la terre. ³ En effet, vous êtes morts avec le Christ, et votre vie reste cachée avec lui en Dieu.

⁴ Quand paraîtra le Christ, votre vie, alors vous aussi, vous paraîtrez avec lui en pleine gloire.

⁵ Faites donc mourir en vous ce qui appartient encore à la terre : débauche, impureté, passions, désirs mauvais, et cet appétit de jouissance qui est un culte rendu aux idoles. ⁶ Voilà ce qui provoque la colère de Dieu, ⁷ voilà quelle était votre conduite autrefois lorsque vous viviez dans ces désordres. ⁸ Mais maintenant, débarrassez-vous de tout cela : colère, emportement, méchanceté, insultes, propos grossiers. ⁹ Plus de mensonge entre vous ; débarrassez-vous des agissements de l'homme ancien qui est en vous, ¹⁰ et revêtez l'homme nouveau, celui que le Créateur refait toujours neuf à son image pour le conduire à la vraie connaissance. ¹¹ Alors, il n'y a plus de Grec et de Juif, d'Israélite et de païen, il n'y a pas de barbare, de sauvage, d'esclave, d'homme libre, il n'y a que le Christ : en tous, il est tout.

¹² Puisque vous avez été choisis par Dieu, que vous êtes ses fidèles et ses bien-aimés, revêtez votre cœur de tendresse et de bonté, d'humilité, de douceur, de patience. ¹³ Supportez-vous mutuellement, et pardonnez si vous avez des reproches à vous faire. Agissez comme le Seigneur : il vous a pardonné, faites de même. ¹⁴ Par-dessus tout cela, qu'il y ait l'amour :

c'est lui qui fait l'unité dans la perfection. ¹⁵ Et que, dans vos cœurs, règne la paix du Christ à laquelle vous avez été appelés pour former en lui un seul corps.

Vivez dans l'action de grâce. ¹⁶ Que la parole du Christ habite en vous dans toute sa richesse ; instruisez-vous et reprenez-vous les uns les autres avec une vraie sagesse ; par des psaumes, des hymnes et de libres louanges, chantez à Dieu, dans vos cœurs, votre reconnaissance. ¹⁷ Et tout ce que vous dites, tout ce que vous faites, que ce soit toujours au nom du Seigneur Jésus Christ, en offrant par lui votre action de grâce à Dieu le Père.

¹⁸ Vous les femmes, soyez soumises à votre mari ; dans le Seigneur, c'est ce qui convient. ¹⁹ Et vous les hommes, aimez votre femme, ne soyez pas désagréables avec elle.

²⁰ Vous les enfants, en toutes choses écoutez vos parents ; dans le Seigneur, c'est cela qui est beau.

²¹ Et vous les parents, n'exaspérez pas vos enfants ; vous risqueriez de les décourager.

²² Vous les esclaves, obéissez en toute chose à votre maître d'ici-bas, sans chercher à vous faire remarquer par souci de plaire aux hommes, mais dans la simplicité de votre cœur, parce que vous craignez le Seigneur. ²³ Quel que soit votre travail, faites-le de bon cœur,

pour le Seigneur et non pour plaire à des hommes : ²⁴ vous savez bien qu'en retour le Seigneur fera de vous ses héritiers. Le maître, c'est le Christ : vous êtes à son service. ²⁵ Car celui qui fait le mal sera puni en fonction du mal qu'il a fait, et Dieu ne fait pas de différence entre les hommes.

4 ¹ Vous les maîtres, assurez à vos esclaves la justice et l'égalité, sachant que vous aussi vous avez un Maître dans le ciel.

² Soyez fidèles à la prière ; qu'elle vous tienne éveillés dans l'action de grâce. ³ Priez en même temps pour nous, afin que Dieu ouvre la voie à notre parole et que nous annoncions le mystère du Christ, pour lequel je suis en prison : ⁴ que je le publie comme je me dois d'en parler. ⁵ Conduisez-vous avec sagesse devant ceux du dehors, en tirant parti du temps présent. ⁶ Que votre parole soit toujours bienveillante, pleine de force et de sel, sachant répondre à chacun comme il faut.

Nouvelles et messages personnels.

⁷ Vous serez pleinement informés de ce que je deviens par Tychique, le frère bien-aimé, fidèle ministre et compagnon dans le Seigneur. ⁸ Je l'envoie spécialement auprès de vous afin que vous ayez de mes nouvelles et qu'il vous réconforte le cœur, ⁹ ainsi qu'Onésime, le frère fidèle et bien-

aimé, qui est de chez vous; ils vous informeront de tout ce qui se passe ici.

¹⁰ Vous avez les salutations d'Aristarque qui est en prison avec moi, et celles de Marc, le cousin de Barnabé (vous avez reçu des instructions à son sujet: s'il vient chez vous, accueillez-le), ¹¹ et aussi celles de Jésus dit Justus: ils sont tous trois Juifs d'origine et, seuls à travailler avec moi au règne de Dieu, ils ont été pour moi une consolation. ¹² Vous avez les salutations d'Épaphras, qui est de chez vous: un serviteur de Jésus, qui mène sans cesse pour vous le combat de la prière, afin que vous teniez debout, comme des gens parfaits et pleinement accordés à la volonté de Dieu; ¹³ je lui rends ce témoignage qu'il se donne beaucoup de peine pour vous et pour ceux de Laodicée et de Hiérapolis. ¹⁴ Vous avez la salutation de Luc, le médecin bien-aimé, et de Démas.

¹⁵ Saluez tous les frères de Laodicée, et aussi Nympha et l'Église qui se rassemble chez elle. ¹⁶ Et quand on aura lu cette lettre chez vous, faites en sorte qu'on la lise aussi dans l'Église de Laodicée; lisez aussi vous-mêmes celle qui vous viendra de Laodicée. ¹⁷ Enfin dites à Archippe: «Prends garde de bien accomplir le ministère que tu as reçu dans le Seigneur.»

¹⁸ La salutation est de ma main à moi Paul. N'oubliez pas que je suis en prison.

La grâce soit avec vous.

PREMIÈRE LETTRE
AUX THESSALONICIENS

*Paul salue les Thessaloniciens
et rend grâce pour leur conversion.*

1 ¹Nous, Paul, Silvain et Timothée, nous nous adressons à vous, l'Église de Thessalonique qui est en Dieu le Père et en Jésus Christ le Seigneur. Que la grâce et la paix soient avec vous.

²A tout instant, nous rendons grâce à Dieu à cause de vous tous, en faisant mention de vous dans nos prières. ³Sans cesse, nous nous souvenons que votre foi est active, que votre charité se donne de la peine, que votre espérance tient bon en notre Seigneur Jésus Christ, en présence de Dieu notre Père. ⁴Nous le savons, frères bien-aimés de Dieu, vous avez été choisis par lui. ⁵En effet, notre annonce de l'Évangile chez vous n'a pas été simple parole, mais puissance, action de l'Esprit Saint, certitude absolue : vous savez comment nous nous sommes comportés chez vous pour votre bien. ⁶Et vous, vous avez commencé à nous imiter, nous et le Seigneur, en accueillant la Parole au milieu de bien des épreuves avec la joie de l'Esprit Saint. ⁷Ainsi vous êtes devenus un modèle pour tous les croyants de Macédoine et de toute la Grèce. ⁸Et ce n'est pas seulement en Macédoine et dans toute la Grèce qu'à partir de chez vous la parole du Seigneur a retenti, mais la nouvelle de votre foi en Dieu s'est si bien répandue partout que nous n'avons plus rien à en dire.

⁹En effet, quand les gens parlent de nous, ils racontent l'accueil que vous nous avez fait ; ils disent comment vous vous êtes convertis à Dieu en vous détournant des idoles, afin de servir le Dieu vivant et véritable, ¹⁰et afin d'attendre des cieux son Fils qu'il a ressuscité d'entre les morts, Jésus, qui nous délivre de la colère qui vient.

*La transmission de l'Évangile,
œuvre d'amour et de gratuité.*

2 ¹Frères, vous le savez bien vous-mêmes, notre venue chez vous n'a pas été inutile. ²Nous venions de souffrir et d'être insultés à Philippes,

comme vous le savez; nous avons cependant trouvé en notre Dieu l'assurance qu'il fallait pour vous annoncer, au prix de grandes luttes, l'Évangile de Dieu. [3] Et quand père vous exhortions, nous n'étions pas au service de doctrines fausses, nous n'avions pas de motifs impurs, nous n'agissions pas par ruse. [4] En effet, pour nous confier l'Évangile, Dieu a mis à l'épreuve; de même, aujourd'hui, il continue de mettre notre cœur à l'épreuve, si bien que nous parlons pour plaire non pas aux hommes, mais à Dieu. [5] Jamais, vous le savez, nous n'avons eu un mot de flatterie, jamais de motifs intéressés, Dieu en est témoin; [6] jamais nous n'avons recherché les honneurs, ni auprès de vous ni auprès des autres hommes, [7] alors que nous aurions pu nous imposer en qualité d'Apôtres du Christ. Au contraire, avec vous nous avons été pleins de douceur, comme une mère qui entoure de soins ses nourrissons. [8] Ayant pour vous une telle affection, nous voudrions vous donner non seulement l'Évangile de Dieu, mais tout ce que nous sommes, car vous nous êtes devenus très chers. [9] Vous vous rappelez, frères, nos peines et nos fatigues : c'est en travaillant nuit et jour, pour n'être à la charge d'aucun d'entre vous, que nous vous avons annoncé l'Évangile de Dieu. [10] Vous pouvez témoi-

gner, et Dieu aussi, de notre attitude si sainte, si juste et irréprochable envers vous, les croyants. [11] Et vous savez bien que nous avons été pour chacun de vous comme un père pour ses enfants; [12] nous vous avons exhortés et encouragés, nous vous avons suppliés d'avoir une conduite digne de Dieu, lui qui vous appelle à son Royaume et à sa gloire.

[13] Et voici pourquoi nous ne cessons de rendre grâce à Dieu. Quand vous avez reçu de notre bouche la parole de Dieu, vous l'avez accueillie pour ce qu'elle est réellement: non pas une parole d'hommes, mais la parole de Dieu qui est à l'œuvre en vous, les croyants. [14] En effet, frères, vous avez imité les Églises de Dieu qui vivent en Judée dans le Christ Jésus, parce que vous avez souffert de la part de vos compatriotes de la même manière qu'elles ont souffert de la part des Juifs. [15] Ceux-ci ont tué le Seigneur Jésus et les prophètes; ils nous ont persécutés; ils déplaisent à Dieu; ils sont les adversaires de tous les hommes, [16] puisqu'ils nous empêchent de proclamer la Parole aux païens pour qu'ils soient sauvés; ils continuent ainsi à mettre le comble à leurs péchés. Mais la colère de Dieu les a atteints de manière décisive.

Paul se réjouit des bonnes nouvelles qu'apporte Timothée.

[17] Quant à nous, frères, arrachés à votre affection pour un

moment – loin des yeux certes, mais non du cœur – nous avons tout fait pour revoir votre visage, tellement nous en avions le désir. [18] Nous avons donc voulu aller chez vous – moi, Paul, j'ai essayé une fois, et même deux – mais Satan nous en a empêchés. [19] En effet, qu'est-ce qui nous donne l'espérance, la joie, l'orgueil qui sera notre couronne en présence de notre Seigneur Jésus lors de sa venue ? N'est-ce pas vous ? [20] Car vous êtes, vous, notre gloire et notre joie.

3 [1] C'est pourquoi, dans notre impatience, nous avons préféré rester seuls à Athènes, Sylvain et moi, [2] et nous vous avons envoyé Timothée, notre frère, le collaborateur de Dieu pour l'annonce de l'Évangile du Christ. C'était pour vous affermir et vous réconforter dans votre foi, [3] pour qu'aucun de vous ne soit ébranlé dans les détresses actuelles. Car vous savez que nous y sommes destinés. [4] En effet, quand nous étions chez vous, nous vous annoncions la détresse toute proche, et c'est ce qui est arrivé, vous le savez bien. [5] Voilà pourquoi, dans mon impatience, je vous ai envoyé Timothée pour savoir où en était votre foi, de peur que peut-être le Tentateur ne vous ait tentés, et que nous n'ayons pris de la peine pour rien.

[6] Mais il vient de nous arriver de chez vous, et il nous a apporté la bonne nouvelle de votre foi et de votre charité ; il nous a dit que vous nous gardez toujours bien présents dans votre souvenir, et que vous avez le très vif désir de nous revoir comme nous l'avons à votre égard. [7] C'est pourquoi, frères, au milieu de toutes nos difficultés et de notre détresse, les nouvelles reçues à votre sujet nous ont réconfortés à cause de votre foi. [8] Car maintenant nous revivons, puisque vous autres, vous tenez bon dans le Seigneur. [9] Comment pourrions-nous assez rendre grâce à Dieu pour vous ? Nous avons en effet beaucoup de joie à cause de vous devant notre Dieu, [10] et nous le prions avec ardeur, jour et nuit, qu'il nous fasse revoir votre visage pour compléter ce qui manque à votre foi.

Souhaits pour la vie
de la communauté,
et appel à de nouveaux progrès.

[11] Que Dieu lui-même, notre Père, et que notre Seigneur Jésus nous tracent le chemin jusqu'à vous. [12] Que le Seigneur vous donne, entre vous et à l'égard de tous les hommes, un amour de plus en plus intense et débordant, comme celui que nous avons pour vous. [13] Et qu'ainsi il vous établisse fermement dans une sainteté sans reproche devant Dieu notre Père, pour le jour

où notre Seigneur Jésus viendra avec tous les saints.

4 ¹Pour le reste, vous avez appris de nous comment il faut vous conduire pour plaire à Dieu ; et c'est ainsi que vous vous conduisez déjà. Faites donc de nouveaux progrès, nous vous en prions, frères, nous vous le demandons dans le Seigneur Jésus.

²D'ailleurs, vous savez bien quelles instructions nous vous avons données de la part du Seigneur Jésus. ³La volonté de Dieu, c'est que vous viviez dans la sainteté, en vous gardant de la débauche, ⁴et en veillant à vous comporter chacun avec votre femme dans un esprit de sainteté et de respect, ⁵sans vous laisser entraîner par le désir comme font les païens qui ne connaissent pas Dieu. ⁶Dans ce domaine, il ne faut pas agir au détriment de ses frères ni leur causer du tort, car le Seigneur punit tout cela, comme nous vous l'avons déjà dit et affirmé. ⁷En effet, si Dieu nous a appelés, ce n'est pas pour que nous restions dans l'impureté, mais pour que nous vivions dans la sainteté. ⁸Ainsi donc celui qui rejette mes instructions, ce n'est pas un homme qu'il rejette, c'est Dieu lui-même, lui qui vous donne son Esprit Saint.

⁹Pour ce qui est de l'amour fraternel, vous n'avez pas besoin que je vous en parle, car vous avez appris vous-mêmes de Dieu à vous aimer les uns les autres, ¹⁰et c'est ainsi que vous agissez envers tous les frères de la province de Macédoine. Frères, nous vous encourageons à faire encore de nouveaux progrès : ¹¹ayez à cœur de vivre calmement, de faire chacun ce que vous avez à faire et de travailler de vos mains comme nous vous l'avons ordonné. ¹²Ainsi, votre conduite méritera le respect des gens du dehors, et vous n'aurez pas besoin du secours des autres.

La résurrection des morts et l'attente du Jour du Seigneur.

¹³Frères, nous ne voulons pas vous laisser dans l'ignorance au sujet de ceux qui se sont endormis dans la mort ; il ne faut pas que vous soyez abattus comme les autres, qui n'ont pas d'espérance. ¹⁴Jésus, nous le croyons, est mort et ressuscité ; de même, nous le croyons, ceux qui se sont endormis, Dieu, à cause de Jésus, les emmènera avec son Fils.

¹⁵Car, sur la parole du Seigneur, nous vous déclarons ceci : nous les vivants, nous qui sommes encore là pour attendre le retour du Seigneur, nous ne devancerons pas ceux qui se sont endormis. ¹⁶Au signal donné par la voix de l'archange, à l'appel de Dieu, le Seigneur lui-même descendra du ciel, et les morts unis au Christ ressusciteront d'abord. ¹⁷Ensuite, nous les

vivants, nous qui sommes encore là, nous serons emportés sur les nuées du ciel, en même temps qu'eux, à la rencontre du Seigneur. Ainsi, nous serons pour toujours avec le Seigneur. [18] Retenez ce que je viens de dire, et réconfortez-vous les uns les autres.

Dans la joie de l'Esprit, soyons vigilants pour attendre le Jour du Seigneur.

5 [1] Frères, au sujet de la venue du Seigneur, il n'est pas nécessaire qu'on vous parle de délais ou de dates. [2] Vous savez très bien que le jour du Seigneur viendra comme un voleur dans la nuit. [3] Quand les gens diront : « Quelle paix ! quelle tranquillité ! », c'est alors que, tout à coup, la catastrophe s'abattra sur eux, comme les douleurs sur la femme enceinte : ils ne pourront pas y échapper. [4] Mais vous, frères, comme vous n'êtes pas dans les ténèbres, ce jour ne vous surprendra pas comme un voleur. [5] En effet, vous êtes tous des fils de la lumière, des fils du jour ; nous n'appartenons pas à la nuit et aux ténèbres. [6] Alors, ne restons pas endormis comme les autres, mais soyons vigilants et restons sobres. [7] Ceux qui dorment dorment la nuit ; ceux qui s'enivrent sont ivres la nuit. [8] mais nous, qui sommes du jour, restons sobres ; mettons la cuirasse de la foi et de l'amour et le casque de l'espérance du salut. [9] Car Dieu ne nous a pas destinés à sa colère ; il nous a destinés à entrer en possession du salut par notre Seigneur Jésus Christ, [10] mort pour nous afin de nous faire vivre avec lui, que nous soyons encore éveillés ou déjà endormis dans la mort. [11] Ainsi, réconfortez-vous les uns les autres et travaillez à vous construire mutuellement comme vous le faites déjà.

[12] Nous vous demandons, frères, de reconnaître ceux qui se donnent de la peine parmi vous, qui prennent soin de vous dans le Seigneur, qui vous donnent des avertissements ; [13] estimez-les infiniment dans l'amour en raison de leur travail. Vivez en paix entre vous.

[14] Nous vous en prions, frères : avertissez ceux qui vivent dans l'oisiveté, donnez du courage à ceux qui n'en ont pas beaucoup, soutenez les faibles, soyez patients envers tous. [15] Prenez garde que personne ne rende le mal pour le mal, mais recherchez toujours ce qui est bien, entre vous et avec tout le monde.

[16] Soyez toujours dans la joie, [17] priez sans relâche, [18] rendez grâce en toute circonstance : c'est ce que Dieu attend de vous dans le Christ Jésus. [19] N'éteignez pas l'Esprit, [20] ne repoussez pas les prophètes,

²¹ mais discernez la valeur de toute chose. Ce qui est bien, gardez-le ; ²² éloignez-vous de tout ce qui porte la trace du mal.

²³ Que le Dieu de la paix lui-même vous sanctifie tout entiers, et qu'il garde parfaits et sans reproche votre esprit, votre âme et votre corps, pour la venue de notre Seigneur Jésus Christ. ²⁴ Il est fidèle, le Dieu qui vous appelle : tout cela, il l'accomplira.

²⁵ Frères, priez aussi pour nous. ²⁶ Saluez tous les frères en échangeant le baiser de paix. ²⁷ Je vous en conjure au nom du Seigneur : que cette lettre soit lue à tous les frères. ²⁸ La grâce de notre Seigneur Jésus Christ soit avec vous.

DEUXIÈME LETTRE
AUX THESSALONICIENS

*Paul salue les Thessaloniciens
et les invite
à une attente courageuse
de la venue du Seigneur.*

1 ¹ Nous, Paul, Silvain et Timothée, nous nous adressons à vous, l'Église de Thessalonique qui est en Dieu notre Père et en Jésus Christ le Seigneur. ² Que la grâce et la paix soient avec vous de la part de Dieu le Père et du Seigneur Jésus Christ.

³ Frères, à tout instant nous devons rendre grâce à Dieu à cause de vous, et c'est bien juste, étant donné les grands progrès de votre foi, et la croissance de l'amour que chacun d'entre vous a pour tous les autres. ⁴ C'est pourquoi vous êtes notre orgueil au milieu des Églises de Dieu, à cause de votre persévérance et de votre foi dans toutes les persécutions et les détresses que vous supportez. ⁵ Elles sont un signe du juste jugement de Dieu ; ainsi vous deviendrez dignes de son Royaume pour lequel vous souffrez, ⁶ car il est bien juste que Dieu rende la détresse à ceux qui vous l'infligent, ⁷ et à vous qui subissez la détresse, le soulagement avec nous, quand le Seigneur Jésus se révélera du haut du ciel avec les anges messagers de sa puissance, ⁸ dans le feu flamboyant ; il tirera vengeance de ceux qui ne connaissent pas Dieu et de ceux qui n'obéissent pas à l'Évangile de notre Seigneur Jésus. ⁹ Ceux-là subiront comme châtiment la ruine éternelle, loin de la face du Seigneur et de sa force glorieuse, ¹⁰ quand il viendra en ce jour-là pour être glorifié dans ses saints et admiré en tous ceux qui ont cru ; or vous, vous avez cru à notre témoignage.

¹¹ C'est pourquoi nous prions continuellement pour vous, afin que notre Dieu vous trouve dignes de l'appel qu'il vous a adressé ; par sa puissance, qu'il vous donne d'accomplir tout le bien que vous désirez, et qu'il rende active votre foi. ¹² Ainsi, notre Seigneur Jésus aura sa gloire en vous, et vous en lui ; voilà ce que nous réserve la grâce de notre Dieu et du Seigneur Jésus Christ.

*Garder confiance
dans les angoisses annonçant
la venue du Seigneur.*

2 ¹ Frères, nous voulons vous demander une chose, au sujet de la venue de notre Seigneur Jésus Christ et de notre rassemblement auprès de lui : ² si l'on nous attribue une révélation, une parole ou une lettre prétendant que le jour du Seigneur est arrivé, n'allez pas aussitôt perdre la tête, ne vous laissez pas effrayer. ³ Ne laissez personne vous égarer d'aucune manière. Il faut que vienne d'abord l'apostasie, et que se révèle l'homme de l'impiété, le fils de perdition, ⁴ celui qui s'oppose, et qui s'élève contre tout ce qui est appelé Dieu et à qui on rend un culte, allant jusqu'à siéger dans le temple de Dieu en se faisant passer lui-même pour Dieu. ⁵ Ne vous souvenez-vous pas que je vous en ai parlé quand j'étais encore chez vous ? ⁶ Maintenant vous savez ce qui le retient, de manière qu'il se révèle seulement au temps fixé pour lui. ⁷ Car le mystère d'impiété est déjà à l'œuvre ; il suffit que soit écarté celui qui le retient à présent. ⁸ Alors sera révélé l'impie, que le Seigneur Jésus supprimera par le souffle de sa bouche et fera disparaître par la manifestation de sa venue. ⁹ La venue de l'impie, elle, se fera par la force de Satan, des signes et des prodiges trompeurs, ¹⁰ avec toute la séduc-

tion du mal, pour tous ceux qui se perdent du fait qu'ils n'ont pas accueilli l'amour de la vérité qui les aurait sauvés. ¹¹ C'est pourquoi Dieu leur envoie une force d'égarement qui les fait croire au mensonge ; ¹² ainsi seront jugés tous ceux qui n'ont pas cru à la vérité, mais qui se sont complus dans le mal.

*Foi, prière, espérance :
le Seigneur est fidèle.*

¹³ Quant à nous, nous devons toujours rendre grâce à Dieu pour vous, frères bien-aimés du Seigneur, puisque Dieu vous a choisis les premiers pour être sauvés par l'Esprit qui sanctifie et la foi en la vérité. ¹⁴ C'est à cela que Dieu vous a appelés par notre proclamation de l'Évangile, pour que vous entriez en possession de la gloire de notre Seigneur Jésus Christ. ¹⁵ Ainsi donc, frères, tenez bon, et gardez ferme les traditions que nous vous avons enseignées, soit de vive voix, soit par lettre.

¹⁶ Laissez-vous réconforter par notre Seigneur Jésus Christ lui-même et par Dieu notre Père, lui qui nous a aimés et qui, dans sa grâce, nous a pour toujours donné réconfort et joyeuse espérance ; ¹⁷ qu'ils affermissent votre cœur dans tout ce que vous pouvez faire et dire de bien.

3 ¹ Priez aussi pour nous, frères, afin que la parole

du Seigneur poursuive sa course, et qu'on lui rende gloire partout comme chez vous. ²Priez pour que nous échappions à la méchanceté des gens qui nous veulent du mal, car tout le monde n'a pas la foi. ³Le Seigneur, lui, est fidèle : il vous affermira et vous protégera du Mal. ⁴Et, dans le Seigneur, nous avons pleine confiance en vous : vous faites et vous continuerez à faire ce que nous vous ordonnons. ⁵Que le Seigneur vous conduise à l'amour de Dieu et à la persévérance pour attendre le Christ.

La loi du travail ;
salutation finale.

⁶Frères, au nom du Seigneur Jésus Christ, nous vous ordonnons d'éviter tous ceux d'entre vous qui vivent dans l'oisiveté et ne suivent pas la tradition que vous avez reçue de nous. ⁷Vous savez bien, vous, ce qu'il faut faire pour nous imiter. Nous n'avons pas vécu parmi vous dans l'oisiveté ; ⁸et le pain que nous avons mangé, nous n'avons demandé à personne de nous en faire cadeau. Au contraire, dans la fatigue et la peine, nuit et jour, nous avons travaillé pour n'être à la charge d'aucun d'entre vous. ⁹Bien sûr, nous en aurions le droit ;

mais nous avons voulu être pour vous un modèle à imiter. ¹⁰Et quand nous étions chez vous, nous vous donnions cette consigne : si quelqu'un ne veut pas travailler, qu'il ne mange pas non plus. ¹¹Or, nous apprenons que certains parmi vous vivent dans l'oisiveté, affairés sans rien faire. ¹²A ceux-là, nous adressons dans le Seigneur Jésus Christ cet ordre et cet appel : qu'ils travaillent dans le calme pour manger le pain qu'ils auront gagné.

¹³Mais vous, frères, ne vous lassez pas de faire le bien. ¹⁴Si quelqu'un n'obéit pas à ce que nous disons dans cette lettre, signalez-le ; ne le fréquentez pas, pour qu'il soit couvert de confusion ; ¹⁵et ne le considérez pas comme un ennemi, mais avertissez-le comme un frère.

¹⁶Que le Seigneur de la paix vous donne lui-même la paix, en tout temps et de toute manière. Et que le Seigneur soit avec vous tous.

¹⁷La salutation est de ma main à moi, Paul. Je signe de cette façon toutes mes lettres, c'est mon écriture. ¹⁸Que la grâce de notre Seigneur Jésus Christ soit avec vous tous.

PREMIÈRE LETTRE
À TIMOTHÉE

*Paul salue Timothée
et dénonce ceux qui dévient
de l'Évangile.*

1 ¹ Moi, Paul, qui suis Apôtre du Christ Jésus par ordre de Dieu notre Sauveur et du Christ Jésus notre espérance, ² je te souhaite à toi, Timothée, mon véritable enfant dans la foi, grâce, miséricorde et paix de la part de Dieu le Père et du Christ Jésus notre Seigneur.

³ N'oublie pas qu'en partant pour la Macédoine, je t'ai recommandé de rester à Éphèse, pour interdire à certains de dévier dans leur enseignement ⁴ ou de s'attacher à des récits mythologiques et à des généalogies interminables : cela mène à des recherches sans fin, plutôt qu'au dessein de Dieu qui est affaire de foi. ⁵ Le but de cette interdiction, c'est l'amour qui vient d'un cœur pur, d'une conscience droite et d'une foi sincère. ⁶ Certains, pour avoir dévié de ce chemin, n'ont abouti qu'à un bavardage creux ; ⁷ ils veulent passer pour des spécialistes de la Loi, alors qu'ils ne comprennent ni ce qu'ils disent, ni ce dont ils se portent garants. ⁸ Or nous savons que cette Loi est bonne, à condition qu'on l'utilise comme une loi, ⁹ qui est là, on le sait bien, non pas contre le juste, mais contre les ennemis de la loi : insoumis, impies, pécheurs, sacrilèges, profanateurs, parricides, meurtriers, ¹⁰ débauchés, homosexuels, trafiquants d'êtres humains, menteurs, parjures, et contre toute autre activité opposée à l'enseignement solide. ¹¹ Voilà ce qui est conforme à l'Évangile qui m'a été confié, celui de la gloire du Dieu bienheureux.

*Rendant grâce pour sa propre
vocation de pécheur pardonné,
Paul invite Timothée
au bon combat.*

¹² Je suis plein de reconnaissance pour celui qui me donne la force, Jésus Christ notre Seigneur, car il m'a fait confiance en me chargeant du ministère, ¹³ moi qui autrefois ne savais que blasphémer, persécuter, insulter. Mais le Christ m'a pardonné : ce que je faisais,

c'était par ignorance, car je n'avais pas la foi; [14] mais la grâce de notre Seigneur a été encore plus forte, avec la foi et l'amour dans le Christ Jésus.

[15] Voici une parole sûre, et qui mérite d'être accueillie sans réserve : le Christ Jésus est venu dans le monde pour sauver les pécheurs ; et moi le premier, je suis pécheur, [16] mais si le Christ Jésus m'a pardonné, c'est pour que je sois le premier en qui toute sa générosité se manifesterait ; je devais être le premier exemple de ceux qui croiraient en lui pour la vie éternelle.

[17] Honneur et gloire au roi des siècles, au Dieu unique, invisible et immortel, pour les siècles des siècles. Amen.

[18] Voici les consignes que je te transmets, Timothée mon enfant : conformément aux paroles prononcées naguère sur toi par les prophètes, mène le bon combat, [19] appuyé sur la foi et sur la conscience droite ; certains, pour l'avoir rejetée, ont connu le naufrage de leur foi. [20] Tels étaient Hyménaios et Alexandre, que j'ai livrés à Satan pour leur apprendre à ne plus blasphémer.

La prière universelle.

2 [1] J'insiste avant tout pour qu'on fasse des prières de demande, d'intercession et d'action de grâce pour tous les hommes, [2] pour les chefs d'État et tous ceux qui ont des responsabilités, afin que nous puissions mener notre vie dans le calme et la sécurité, en hommes religieux et sérieux. [3] Voilà une vraie prière, que Dieu, notre Sauveur, peut accepter, [4] car il veut que tous les hommes soient sauvés et arrivent à connaître pleinement la vérité.

[5] En effet, il n'y a qu'un seul Dieu, il n'y a qu'un seul médiateur entre Dieu et les hommes : un homme, le Christ Jésus, [6] qui s'est donné lui-même en rançon pour tous les hommes. Au temps fixé, il a rendu ce témoignage [7] pour lequel j'ai reçu la charge de messager et d'Apôtre – je le dis en toute vérité – moi qui enseigne aux nations païennes la foi et la vérité.

Hommes et femmes dans le projet de Dieu.

[8] Je voudrais donc qu'en tout lieu les hommes prient en levant les mains vers le ciel, saintement, sans colère ni mauvaises intentions.

[9] De même les femmes : que leur beauté vienne de leur tenue convenable portée avec pudeur et simplicité, plutôt que de tresses, d'or, de perles ou de vêtements coûteux ; [10] mais qu'elles vivent comme il convient à des femmes fières de leur piété envers Dieu : en faisant le bien. [11] Que la femme reçoive l'instruction dans le calme, en parfaite soumission. [12] Je ne permets pas à une femme d'enseigner, ni de

dominer son mari, mais qu'elle reste dans le calme. ¹³ En effet Adam a été modelé le premier, et Ève ensuite. ¹⁴ Et ce n'est pas Adam qui a été trompé par le serpent, c'est la femme qui s'est laissé tromper, et qui est tombée dans la transgression. ¹⁵ Mais la femme sera sauvée en ayant des enfants, à condition de rester avec modestie dans la foi, la charité et la recherche de la sainteté.

Comment l'Église doit-elle choisir ses ministres ?

3 ¹ Voici une parole sûre : vouloir devenir responsable d'une communauté d'Église, c'est désirer une très belle tâche. ² Un responsable de communauté doit être irréprochable, époux d'une seule femme, homme mesuré, raisonnable et réfléchi, ouvrant sa maison à tous, capable d'enseigner, ³ ni buveur ni violent, mais plein de sérénité, pacifique et désintéressé. ⁴ Il faut qu'il mène bien sa propre famille, qu'il se fasse écouter et respecter par ses enfants. ⁵ Car un homme qui ne sait pas mener sa propre famille, comment pourrait-il prendre en charge une Église de Dieu ? ⁶ Il ne doit pas être un nouveau converti ; sinon il pourrait se gonfler d'orgueil, et tomber sous la même condamnation que le démon. ⁷ Il faut aussi que les gens du dehors portent sur lui un bon témoignage, pour qu'il échappe au mépris

des hommes et aux pièges du démon.

⁸ Les diacres doivent eux aussi mériter le respect, n'avoir qu'une parole, ne pas s'adonner à la boisson, refuser les profits malhonnêtes, ⁹ garder le mystère de la foi dans une conscience pure. ¹⁰ On les mettra d'abord à l'épreuve ; ensuite, s'il n'y a rien à leur reprocher, on les prendra comme diacres. ¹¹ Pour les femmes, c'est la même chose : elles doivent mériter le respect, n'être pas médisantes, mais mesurées et fidèles en tout. ¹² On choisira comme diacre l'époux d'une seule femme, un homme qui mène bien ses enfants et sa propre famille. ¹³ Les diacres qui remplissent bien leur ministère sont très estimables et peuvent avoir beaucoup d'assurance grâce à leur foi au Christ Jésus.

Hymne au Christ ressuscité.

¹⁴ Je t'écris cette lettre avec l'espoir d'aller te voir bientôt. ¹⁵ Mais au cas où je tarderais, je veux que tu saches comment il faut se comporter dans la maison de Dieu, c'est-à-dire dans la communauté, l'Église du Dieu vivant, elle qui est le pilier et le soutien de la vérité. ¹⁶ Assurément, il est grand le mystère de notre religion : c'est le Christ

manifesté dans la chair,
justifié par l'Esprit,
apparu aux anges,
proclamé chez les païens,

accueilli dans le monde par la foi,

enlevé au ciel dans la gloire.

Conseils à Timothée pour sa vie de ministre de l'Église.

4 [1] L'Esprit dit clairement qu'aux derniers temps certains abandonneront la foi, pour s'attacher à des esprits trompeurs, à des enseignements de démons, [2] à des contre-vérités hypocrites tenues par des hommes dont la conscience infâme est marquée au fer rouge; [3] ceux-ci empêchent les gens de se marier, ils disent de s'abstenir d'aliments que Dieu a créés pour qu'ils soient consommés dans l'action de grâce par les croyants, eux qui ont la vraie connaissance de la vérité. [4] Or tout ce que Dieu a créé est bon, et rien n'est à rejeter si on le prend dans l'action de grâce, [5] car c'est sanctifié par la parole de Dieu et la prière.

[6] En exposant cela aux frères, tu seras un bon serviteur du Christ Jésus, nourri des paroles de la foi et du bon enseignement que tu as toujours suivi. [7] Quant aux récits mythologiques, ces racontars irréligieux de vieilles femmes, écarte-les. Cultive plutôt ta vie religieuse. [8] En effet la culture physique n'est pas utile à grand-chose, mais la religion est utile à tout, car elle est promesse de vie pour maintenant et pour l'avenir. [9] Voilà une parole sûre, et qui mérite d'être accueillie sans réserve : [10] si nous nous donnons de la peine, si nous nous battons, c'est parce que nous avons mis notre espérance dans le Dieu vivant, qui est le Sauveur de tous les hommes, surtout des croyants. [11] Voilà ce que tu dois prescrire et enseigner.

[12] Que personne n'ait lieu de te mépriser parce que tu es jeune; au contraire, sois pour les croyants un modèle par ta façon de parler et de vivre, par ton amour et ta foi, par la pureté de ta vie. [13] En attendant que je vienne, appliquetoi à lire l'Écriture aux fidèles, à les encourager et à les instruire. [14] Ne néglige pas le don de Dieu qui est en toi, ce don que tu as reçu grâce à l'intervention des prophètes, quand l'assemblée des Anciens a imposé les mains sur toi. [15] Tu dois prendre à cœur tout cela et t'y donner, afin que tous voient tes progrès. [16] Sois attentif à ta conduite et à ton enseignement; mets-y de la persévérance. En agissant ainsi, tu obtiendras le salut, pour toimême et pour ceux qui t'écoutent.

Une communauté où chacun et chacune tient sa place.

5 [1] Avec un homme âgé, ne sois pas brutal, mais exhorte-le comme un père, les jeunes gens comme des frères, [2] les femmes âgées comme des mères, et les jeunes femmes comme des sœurs, avec un grand respect.

³ Viens en aide aux veuves qui sont vraiment seules. ⁴ Si une veuve a des enfants ou des petits-enfants, ils doivent apprendre que c'est à eux d'abord d'exercer les vertus familiales et de rendre à leurs parents ce qu'ils ont reçu d'eux. Voilà un geste que Dieu peut accepter. ⁵ Mais la véritable veuve, celle qui reste seule, a mis son espérance en Dieu : elle ne cesse de prier et de supplier nuit et jour. ⁶ Quant à celle qui mène une vie de plaisirs, elle a beau vivre, elle est morte.

⁷ Insiste sur tout cela, pour qu'elles ne soient pas exposées aux critiques. ⁸ Et si quelqu'un ne s'occupe pas des siens, surtout des plus proches, il a déjà renié sa foi, il est pire qu'un incroyant.

⁹ Quant aux veuves qui ont une responsabilité dans l'Église, voici les conditions pour qu'une femme soit inscrite dans leur groupe : être âgée d'au moins soixante ans, n'avoir eu qu'un seul mari, ¹⁰ avoir des témoins du bien qu'elle a fait, avoir élevé des enfants, donné l'hospitalité aux voyageurs, humblement servi les fidèles, secouru les malheureux. Bref, il faut que, dans tous les domaines, elle se soit dévouée.

¹¹ Mais les veuves plus jeunes, écarte-les de cette responsabilité. En effet, quand la passion les détourne du Christ, elles veulent se remarier, ¹² et se condamnent ainsi en rejetant l'engagement qu'elles avaient pris. ¹³ Et en même temps, elles s'habituent à ne rien faire, elles courent toutes les maisons, non seulement sans rien faire, mais bavardant, s'occupant de ce qui ne les regarde pas, parlant à tort et à travers. ¹⁴ Je veux donc que les plus jeunes se remarient, qu'elles aient des enfants, qu'elles tiennent leur maison, sans donner aucune prise à l'adversaire qui voudrait nous insulter. ¹⁵ Car déjà quelques-unes se sont détournées pour suivre Satan. ¹⁶ Si une croyante a des veuves dans sa famille, qu'elle les assiste : ainsi l'Église ne sera pas surchargée et pourra assister les veuves qui sont vraiment seules.

¹⁷ Les Anciens qui s'acquittent bien de leur responsabilité méritent qu'on leur attribue une double rémunération, surtout ceux qui se donnent de la peine pour la Parole et l'enseignement. ¹⁸ Car l'Écriture dit : *Tu ne mettras pas de muselière à un bœuf qui foule le grain*, et encore : *Le travailleur mérite son salaire*.

¹⁹ Contre un Ancien n'accepte pas d'accusation, sauf s'il y a deux ou trois témoins. ²⁰ Ceux qui sont pécheurs, dénonce-les devant tout le monde, pour faire peur aux autres. ²¹ Devant Dieu et le Christ Jésus et devant les

anges choisis par Dieu, je te le demande solennellement : observe tout cela sans parti-pris, et ne fais rien par favoritisme. ²² Ne va pas décider trop vite d'imposer les mains à quelqu'un, et te rendre complice des péchés d'autrui : garde-toi pur.

²³ Cesse de ne boire que de l'eau, mais prends un peu de vin, à cause de ton estomac et de tes fréquents malaises.

²⁴ Il y a des gens dont les péchés sautent aux yeux avant même tout jugement ; chez d'autres, ils n'apparaissent que plus tard. De même, ce qu'on fait de bien saute aux yeux, et, s'il en est autrement, cela ne peut rester caché.

6 ¹ Tous ceux qui sont sous le joug de l'esclavage doivent considérer leurs maîtres comme absolument dignes de respect, pour que le nom de Dieu et notre enseignement ne soient pas calomniés. ² Et s'ils ont des maîtres croyants, qu'ils ne les méprisent pas, puisque ce sont des frères ; qu'ils les servent plutôt, étant alors les bienfaiteurs de croyants bien-aimés.

Le combat du ministre
pour une Église
authentiquement évangélique.

Je t'ai dit ce que tu dois enseigner et recommander. ³ Si quelqu'un enseigne autre chose, et ne s'attache pas aux paroles solides, celles de notre Seigneur Jésus Christ, et à l'enseignement vraiment religieux, ⁴ un tel homme est plein de lui-même, il ne sait rien, c'est un malade de la discussion et des querelles de mots. Il ne sort de tout cela que rivalités, discordes, insultes, soupçons malveillants, ⁵ disputes interminables de gens à l'esprit corrompu, qui, coupés de la vérité, ne voient dans la religion qu'une source de profit.

⁶ Certes, il y a un grand profit dans la religion si l'on se contente de ce que l'on a. ⁷ De même que nous n'avons rien apporté dans ce monde, nous ne pourrons rien emporter. ⁸ Si nous avons de quoi manger et nous habiller, sachons nous en contenter. ⁹ Ceux qui veulent s'enrichir tombent dans le piège de la tentation ; ils se laissent prendre par une foule de désirs absurdes et dangereux, qui précipitent les gens dans la ruine et la perdition. ¹⁰ Car la racine de tous les maux, c'est l'amour de l'argent. Pour s'y être livrés, certains se sont égarés loin de la foi et se sont infligé à eux-mêmes des tourments sans nombre.

¹¹ Mais toi, l'homme de Dieu, évite tout cela ; cherche à être juste et religieux, vis dans la foi et l'amour, la persévérance et la douceur. ¹² Continue à bien te battre pour la foi, et tu obtiendras la vie éternelle ; c'est à elle que tu as été appelé, c'est pour elle que tu as été capable d'une si belle

affirmation de ta foi devant de nombreux témoins.

¹³ Et maintenant, en présence de Dieu qui donne vie à toutes choses, et en présence du Christ Jésus qui a témoigné devant Ponce Pilate par une si belle affirmation, voici ce que je t'ordonne : ¹⁴ Garde le commandement du Seigneur, en demeurant irréprochable et droit jusqu'au moment où se manifestera notre Seigneur Jésus Christ. ¹⁵ Celui qui fera paraître le Christ au temps fixé,

c'est le Souverain unique et bienheureux, le Roi des rois, le Seigneur des seigneurs,

¹⁶ le seul qui possède l'immortalité, lui qui habite la lumière inaccessible, lui que personne n'a jamais vu, et que personne ne peut voir. A lui, honneur et puissance éternelle. Amen.

¹⁷ Quant aux riches de ce monde, exhorte-les à ne pas céder à l'orgueil. Qu'ils mettent leur espérance non pas dans des richesses incertaines, mais en Dieu, car il nous procure tout en abondance pour que nous en profitions. ¹⁸ Recommande-leur d'être généreux : que leur richesse soit de faire le bien, qu'ils donnent de bon cœur et sachent partager. ¹⁹ De cette manière, ils amasseront un trésor pour bien construire leur avenir et obtenir la vraie vie.

²⁰ Timothée, tu es le dépositaire de l'Évangile : garde-le bien. Évite les bavardages impies et les contestations de la soi-disant connaissance supérieure : ²¹ en la professant, certains ont dévié par rapport à la foi.

Que la grâce soit avec vous.

SECONDE LETTRE
À TIMOTHÉE

Paul salue Timothée son disciple et l'exhorte à être lui aussi un fidèle ministre de l'Évangile.

1 ¹ Moi, Paul, qui suis, par la volonté de Dieu, Apôtre du Christ Jésus à cause de la promesse de la vie que nous avons en Jésus Christ, ² je te souhaite à toi, Timothée, mon enfant bien-aimé, grâce, miséricorde et paix de la part de Dieu le Père et du Christ Jésus notre Seigneur.

³ Je suis plein de reconnaissance envers Dieu, que j'adore avec une conscience pure comme l'ont fait mes ancêtres ; je le prie sans cesse, nuit et jour, en me souvenant de toi. ⁴ Je n'oublie pas tes larmes, et j'ai un très vif désir de te revoir pour être rempli de joie. ⁵ J'évoque le souvenir de ta foi sincère : c'était celle de Loïs, ta grand-mère, et de ta mère, Eunikè, et je suis convaincu que c'est la même foi qui t'anime aussi. ⁶ Voilà pourquoi je te rappelle que tu dois réveiller en toi le don de Dieu que tu as reçu quand je t'ai imposé les mains. ⁷ Car ce n'est pas un esprit de peur que Dieu nous a donné, mais un esprit de force, d'amour et de raison. ⁸ N'aie pas honte de rendre témoignage à notre Seigneur, et n'aie pas honte de moi, qui suis en prison à cause de lui ; mais, avec la force de Dieu, prends ta part de souffrance pour l'annonce de l'Évangile. ⁹ Car Dieu nous a sauvés, et il nous a donné une vocation sainte, non pas à cause de nos propres actes, mais à cause de son projet à lui et de sa grâce. Cette grâce nous avait été donnée dans le Christ Jésus avant tous les siècles, ¹⁰ et maintenant elle est devenue visible à nos yeux, car notre Sauveur, le Christ Jésus, s'est manifesté en détruisant la mort, et en faisant resplendir la vie et l'immortalité par l'annonce de l'Évangile, ¹¹ pour lequel j'ai reçu la charge de messager, d'apôtre et d'enseignant. ¹² C'est pour cette raison que j'ai encore à souffrir ainsi ; mais je ne le regrette pas, car je sais en qui j'ai mis ma foi, et je suis sûr qu'il est assez puissant pour sauvegarder jusqu'au jour de sa venue l'Évangile dont je suis le dépositaire.

¹³ Règle ta doctrine sur l'enseignement solide que tu as reçu de moi, dans la foi et dans l'amour que nous avons en Jésus Christ. ¹⁴ Tu es le dépositaire de l'Évangile ; garde-le dans toute sa pureté, grâce à l'Esprit Saint qui habite en nous.

¹⁵ Tu sais bien que tous ceux de la province d'Asie se sont détournés de moi, et entre autres Phygèle et Hermogène. ¹⁶ Que le Seigneur fasse miséricorde à la famille d'Onésiphore qui m'a plusieurs fois rendu courage et qui n'a pas eu honte de me savoir en prison. ¹⁷ Arrivé à Rome, il s'est dépêché de me chercher, et il m'a trouvé. ¹⁸ Que le Seigneur lui donne de trouver miséricorde auprès de Dieu au dernier Jour. Et tous les services qu'il m'a rendus à Éphèse, tu les connais mieux que personne.

2 ¹ Trouve donc ta force, mon enfant, dans la grâce qui est en Jésus Christ. ² Ce que tu m'as entendu dire devant de nombreux témoins, transmets-le à des hommes de confiance qui seront capables de l'enseigner aux autres à leur tour. ³ Prends ta part de souffrance comme un bon soldat du Christ Jésus. ⁴ Quand on est dans l'armée, on ne s'embarrasse pas des affaires de la vie ordinaire, afin de satisfaire son chef d'armée. ⁵ Dans une compétition sportive, on ne reçoit le prix que si l'on observe les règles de la compétition. ⁶ Le cultivateur qui se donne de la peine doit être le premier à recevoir une part de la récolte. ⁷ Réfléchis à ce que je dis, car le Seigneur te donnera de tout comprendre.

Le mystère pascal.

⁸ Souviens-toi de Jésus Christ, le descendant de David : il est ressuscité d'entre les morts, voilà mon Évangile. ⁹ C'est pour lui que je souffre, jusqu'à être enchaîné comme un malfaiteur. Mais on n'enchaîne pas la parole de Dieu ! ¹⁰ C'est pourquoi je supporte tout pour ceux que Dieu a choisis, afin qu'ils obtiennent eux aussi le salut par Jésus Christ, avec la gloire éternelle.

¹¹ Voici une parole sûre :
Si nous sommes morts avec lui,
avec lui nous vivrons.
¹² Si nous supportons l'épreuve,
avec lui nous régnerons.
Si nous le rejetons
lui aussi nous rejettera.
¹³ Si nous sommes infidèles,
lui, il restera fidèle,
car il ne peut se rejeter lui-même.

¹⁴ Voilà ce que tu dois rappeler, en déclarant solennellement devant Dieu qu'il faut éviter les querelles de mots : elles ne servent à rien, sinon à démolir ceux qui les écoutent.

Être un bon serviteur du Christ
dans la vérité, la foi,
l'amour et la paix.

¹⁵ Toi-même, efforce-toi de te présenter devant Dieu comme

un homme qui a fait ses preuves, un ouvrier qui n'a pas à regretter ce qu'il a fait et qui trace tout droit le chemin de la parole de vérité. ¹⁶ Fuis les discours vides et irréligieux ; leurs auteurs progressent sans cesse en impiété ¹⁷ et leur parole se propage comme la gangrène. Tels sont Hyménaios et Philète, ¹⁸ qui ont dévié par rapport à la vérité en prétendant que la résurrection est déjà arrivée, et ils bouleversent la foi de certains. ¹⁹ Cependant le fondement solide posé par Dieu tient bon, avec cette inscription qui l'authentifie : *Le Seigneur connaît les siens*, et : *Qu'il se détourne de l'injustice*, tout homme qui prononce le nom du Seigneur. ²⁰ En effet, dans une grande maison, il n'y a pas seulement des instruments d'or et d'argent, mais il y en a aussi en bois et terre cuite, les premiers pour ce qui est honorable, et les autres pour ce qui est vulgaire. ²¹ Si donc quelqu'un se purifie de ces choses-là, il sera un instrument pour ce qui est honorable, sanctifié, utile au Maître, équipé pour faire tout ce qui est bien.

²² Fuis les passions de la jeunesse. Cherche à vivre dans la justice, la foi, l'amour et la paix, avec ceux qui invoquent le Seigneur d'un cœur pur. ²³ Évite les discussions folles et absurdes : tu sais qu'elles finissent par des querelles. ²⁴ Or un scriviteur du Seigneur ne doit pas être querelleur ; il doit être plein de bonté envers tous, capable d'enseigner et de supporter la malveillance ; ²⁵ il doit reprendre avec douceur les opposants, car Dieu leur donnera peut-être de se convertir et de connaître la vérité : ²⁶ ils retrouveront alors leur bon sens, et ils se dégageront des pièges du démon qui les a pris et soumis à sa volonté.

Les moments difficiles des derniers temps.

3 ¹ Sache-le bien : dans les derniers jours surviendront des moments difficiles. ² En effet les hommes seront égoïstes, cupides, prétentieux, orgueilleux, calomniateurs, rebelles à leurs parents, ingrats, sacrilèges, ³ sans cœur, sans pitié, médisants, intempérants, intraitables, ennemis du bien, ⁴ traîtres, emportés, pleins d'eux-mêmes, amis du plaisir plutôt que de Dieu ; ⁵ ils auront les apparences d'une vie religieuse, mais ils rejetteront ce qui en fait la force. Détourne-toi aussi de ces gens-là ! ⁶ Parmi eux, il y en a qui s'introduisent dans les maisons et retiennent captives des bonnes femmes pleines de péchés, entraînées par toutes sortes de désirs, ⁷ toujours en train d'apprendre et jamais capables d'arriver à une vraie connaissance de la vérité. ⁸ De la même façon que Jannès et Jambrès se sont opposés à Moïse, ceux-là aussi s'opposent à la vérité ; ce sont des hommes à l'intelligence faussée, dont la foi n'est pas sûre. ⁹Cependant ils n'iront plus bien loin, car tout le monde constatera qu'ils sont insensés, comme on l'a fait pour les deux autres.

Au soir de sa vie, Paul exprime sa confiance et fait à Timothée ses dernières recommandations.

¹⁰Mais toi, tu as suivi pas à pas mon enseignement, ma manière de vivre et mes projets, ma foi, ma patience, ma charité et ma persévérance, ¹¹les persécutions et les souffrances, tout ce qui m'est arrivé à Antioche, à Iconium et à Lystres, toutes les persécutions que j'ai subies. Et de tout cela le Seigneur m'a délivré. ¹²D'ailleurs, tous ceux qui veulent vivre en hommes religieux dans le Christ Jésus subiront la persécution. ¹³Quant aux hommes mauvais et aux charlatans, ils iront toujours plus loin dans le mal, ils seront à la fois trompeurs et trompés.

¹⁴Mais toi, tu dois en rester à ce qu'on t'a enseigné : tu l'as reconnu comme vrai, sachant bien quels sont les maîtres qui te l'ont enseigné. ¹⁵Depuis ton plus jeune âge, tu connais les textes sacrés : ils ont le pouvoir de te communiquer la sagesse, celle qui conduit au salut par la foi que nous avons en Jésus Christ. ¹⁶Tous les textes de l'Écriture sont inspirés par Dieu ; celle-ci est utile pour enseigner, dénoncer le mal, redresser, éduquer dans la jus-tice ; ¹⁷grâce à elle, l'homme de Dieu sera bien armé, il sera pourvu de tout ce qu'il faut pour faire un bon travail.

4 ¹Devant Dieu, et devant le Christ Jésus qui doit juger les vivants et les morts, je te le demande solennellement, au nom de sa manifestation et de son Règne : ²proclame la Parole, interviens à temps et à contretemps, dénonce le mal, fais des reproches, encourage, mais avec une grande patience et avec le souci d'instruire. ³Un temps viendra où l'on ne supportera plus l'enseignement solide ; mais, au gré de leur caprice, les gens iront chercher une foule de maîtres pour calmer leur démangeaison d'entendre du nouveau. ⁴Ils refuseront d'entendre la vérité pour se tourner vers des récits mythologiques. ⁵Mais toi, en toute chose garde ton bon sens, supporte la souffrance, travaille à l'annonce de l'Évangile, accomplis jusqu'au bout ton ministère.

⁶Car moi, me voici déjà offert en sacrifice, le moment de mon départ est venu. ⁷Je me suis bien battu, j'ai tenu jusqu'au bout de la course, je suis resté fidèle. ⁸Je n'ai plus qu'à recevoir la récompense du vainqueur : dans sa justice, le Seigneur, le juge impartial, me la remettra en ce jour-là, comme à tous ceux qui auront désiré avec amour sa manifestation dans la gloire.

⁹Viens me rejoindre le plus vite possible, ¹⁰car Démas m'a

abandonné par amour de ce monde, et il est parti pour Thessalonique ; Crescens est parti chez les Galates, et Tite en Dalmatie. ¹¹ Luc est seul avec moi. Amène Marc avec toi, il m'est très utile pour le ministère. ¹² J'ai envoyé Tychique à Éphèse.

¹³ En venant, rapporte-moi le manteau que j'ai laissé à Troas chez Carpos. Apporte-moi aussi mes livres, surtout les parchemins.

¹⁴ Alexandre, le forgeron, m'a fait beaucoup de mal. Il recevra du Seigneur le salaire de ses actes. ¹⁵ Toi aussi, prends garde à lui, car il s'est violemment opposé à nos paroles.

¹⁶ La première fois que j'ai présenté ma défense, personne ne m'a soutenu : tous m'ont abandonné. Que Dieu ne leur en tienne pas rigueur. ¹⁷ Le Seigneur, lui, m'a assisté. Il m'a rempli de force pour que je puisse annoncer jusqu'au bout l'Évangile et le faire entendre à toutes les nations païennes. J'ai échappé à la gueule du lion ; ¹⁸ le Seigneur me fera encore échapper à tout ce qu'on fait pour me nuire. Il me sauvera et me fera entrer au ciel, dans son Royaume. A lui la gloire pour les siècles des siècles. Amen.

¹⁹ Salue Prisca et Aquilas, ainsi que ceux de chez Onésiphore. ²⁰ Éraste est resté à Corinthe. J'ai laissé Trophime à Milet ; il était malade. ²¹ Dépêche-toi de venir avant l'hiver. Eubule et Pudens te saluent, ainsi que Lin, Claudia et tous les frères.

²² Que le Seigneur soit avec ton esprit. Que la grâce soit avec vous.

LETTRE
À TITE

*Paul salue Tite et lui fait
des recommandations
pour l'organisation
et la vie de l'Église.*

1 ¹ Moi, Paul, serviteur de
Dieu, je m'adresse à toi,
Tite, mon véritable enfant
selon la foi qui nous est commune, moi qui suis Apôtre de
Jésus Christ, chargé de
conduire ceux que Dieu a
choisis vers la foi et la connaissance de la vérité dans une
religion vécue. ² Je m'appuie
sur l'espérance de la vie éternelle, promise depuis toujours
par Dieu qui ne ment pas ; ³ au
temps fixé, il a manifesté sa
parole dans le message qui m'a
été confié par ordre de Dieu
notre Sauveur. ⁴ Je te souhaite
grâce et paix de la part de
Dieu le Père et du Christ Jésus
notre Sauveur.

⁵ Si je t'ai laissé en Crète,
c'est pour que tu finisses de
tout organiser et que, dans
chaque ville, tu institues des
Anciens comme je te l'ai commandé. ⁶ L'Ancien doit être un
homme sans reproche, époux
d'une seule femme, père de
famille dont les enfants soient
croyants, et inattaquables pour
leur conduite et leur obéissance. ⁷ Il faut en effet que le
responsable d'une commu-
nauté d'Église soit un homme
sans reproche, puisqu'il est
l'intendant de Dieu ; il ne doit
être ni arrogant, ni coléreux, ni
buveur, ni violent, ni avide de
propos malhonnêtes ; ⁸ il doit
ouvrir sa maison à tous, être
ami du bien, raisonnable,
juste, saint, maître de lui. ⁹ Il
doit être attaché à la parole
sûre et conforme à la doctrine,
pour être capable, à la fois,
d'exhorter les autres en leur
donnant un enseignement solide, et de répondre aux opposants.

¹⁰ Car il y a beaucoup d'insoumis, au discours creux et
trompeur, surtout parmi ceux
qui viennent du judaïsme. ¹¹ Il
faut fermer la bouche à ces
gens qui bouleversent des maisons entières, en enseignant ce
qu'il ne faut pas, pour faire des
profits malhonnêtes. ¹² Car l'un
d'entre eux, leur propre prophète, l'a bien dit : *Crétois toujours menteurs, méchantes bêtes,
gloutons fainéants !* ¹³ Ce témoignage est vrai. C'est une raison

pour toi de les dénoncer catégoriquement, afin qu'ils retrouvent la santé de la foi, ¹⁴au lieu de s'attacher aux récits mythologiques des Juifs et à des préceptes de gens qui se détournent de la vérité. ¹⁵Pour les purs, tout est pur ; mais pour ceux qui sont souillés et qui refusent de croire, rien n'est pur : leur esprit et leur conscience sont souillés. ¹⁶Ils proclament qu'ils connaissent Dieu, mais ils le renient par leurs actes, abominables qu'ils sont, indociles et inaptes à rien faire de bien.

Conseils pour diverses catégories
de chrétiens
dans l'attente du Christ.

2 ¹Proclame ce qui est conforme à l'enseignement solide. ²Dis aux hommes âgés d'être sobres, dignes de respect, raisonnables, et solides dans la foi, la charité et la persévérance. ³Quant aux femmes âgées, dis-leur de mener une vie sainte, de ne pas dire du mal des autres, de ne pas être esclaves de la boisson, de donner de bons conseils ; ⁴qu'elles apprennent aux jeunes femmes à aimer leur mari et leurs enfants, ⁵à être raisonnables et pures, bonnes ménagères, aimables, soumises chacune à son mari, afin que la parole de Dieu ne soit pas exposée au mépris. ⁶Exhorte aussi les jeunes à être raisonnables en toutes choses. ⁷Toi-même, sois un modèle dans ta façon de bien agir : par le sérieux et la pureté de ton enseignement, ⁸par la solidité inattaquable de ta parole, pour la plus grande confusion de l'adversaire qui ne trouvera aucune critique à faire sur nous.

⁹Les esclaves doivent être soumis à leur maître en toutes choses, aimables, ni agressifs, ¹⁰ni voleurs, mais manifestant une parfaite fidélité, pour faire honneur en tout à l'enseignement de Dieu notre Sauveur. ¹¹Car la grâce de Dieu s'est manifestée pour le salut de tous les hommes. ¹²C'est elle qui nous apprend à rejeter le péché et les passions d'ici-bas, pour vivre dans le monde présent en hommes raisonnables, justes et religieux, ¹³et pour attendre le bonheur que nous espérons avoir quand se manifestera la gloire de Jésus Christ, notre grand Dieu et notre Sauveur. ¹⁴Car il s'est donné pour nous afin de nous racheter de toutes nos fautes, et de nous purifier pour faire de nous son peuple, un peuple ardent à faire le bien. ¹⁵Voilà comment tu dois parler, exhorter et réfuter en toute autorité. Que personne ne puisse te mépriser.

Vivre dans le monde
en hommes renouvelés
par le baptême.

3 ¹Rappelle à tous qu'ils doivent être soumis aux gouvernants et aux autorités, qu'ils doivent leur obéir et être prêts à faire tout ce qui est bien ; ²qu'ils n'insultent personne, ne soient pas batailleurs, mais pleins de sérénité, faisant preuve d'une douceur constante à l'égard de tous les hommes.

³Car nous aussi, autrefois, nous étions insensés, révoltés, égarés, esclaves de toutes sortes de désirs et de plaisirs ; nous vivions dans la méchanceté et les rivalités, nous étions odieux et remplis de haine les uns pour les autres. ⁴Mais lorsque Dieu, notre Sauveur, a manifesté sa bonté et sa tendresse pour les hommes, ⁵il nous a sauvés. Il l'a fait dans sa miséricorde, et non pas à cause d'actes méritoires que nous aurions accomplis par nous-mêmes. Par le bain du baptême, il nous a fait renaître et nous a renouvelés dans l'Esprit Saint. ⁶Cet Esprit, Dieu l'a répandu sur nous avec abondance, par Jésus Christ notre Sauveur ; ⁷ainsi, par sa grâce, nous sommes devenus des justes, et nous possédons dans l'espérance l'héritage de la vie éternelle.

⁸Voilà une parole sûre, et je veux que tu t'en portes garant, afin que ceux qui ont mis leur foi en Dieu s'efforcent d'être au premier rang pour faire le bien : c'est cela qui est bon et utile pour les hommes. ⁹Fuis les recherches folles, les généalogies, les disputes et les controverses sur la Loi, car elles sont inutiles et vaines. ¹⁰Quant à l'hérétique, écarte-le après un premier et un second avertissement, ¹¹sachant qu'un tel homme est perverti et pécheur : il se condamne lui-même.

Recommandations finales.

¹²Quand je t'aurai envoyé Artémas ou Tychique, dépêche-toi de venir me rejoindre à Nicopolis : c'est là que j'ai décidé de passer l'hiver. ¹³Donne bien à Zénas le juriste et à Apollos ce qu'il faut pour leur voyage afin qu'ils ne manquent de rien. ¹⁴Que ceux de chez nous apprennent aussi à être au premier rang pour faire le bien et répondre aux nécessités urgentes : ainsi ils ne manqueront pas de produire du fruit.

¹⁵Ceux qui sont avec moi te saluent tous. Salue nos amis dans la foi. Que la grâce soit avec vous tous.

LETTRE
A PHILÉMON

Quand l'esclave devient un frère.

1 [1] Moi, Paul, qui suis en prison pour le Christ Jésus, avec Timothée notre frère, je m'adresse à toi Philémon, notre bien-aimé et notre collaborateur, [2] ainsi qu'à Apphia notre sœur, à Archippe notre compagnon de combat, et à l'Église qui se rassemble chez toi. [3] Que la grâce et la paix soient avec vous de la part de Dieu le Père et de notre Seigneur Jésus Christ.

[4] A tout instant je rends grâce à mon Dieu, en faisant mention de toi dans mes prières. [5] J'ai entendu parler de l'amour et de la foi que tu as pour le Seigneur Jésus et pour tous les fidèles. [6] Que la foi à laquelle tu communies devienne efficace en te faisant connaître vraiment tout le bien qui est en nous pour le Christ. [7] En effet, ta charité m'a déjà apporté beaucoup de joie et d'encouragement, car grâce à toi, le cœur des fidèles a été réconforté.

[8] Certes, j'aurais largement le droit dans le Christ de te dicter ce que tu dois faire, [9] mais je préfère, au nom de la charité, t'adresser une demande : Moi, Paul, qui suis un vieil homme, moi qui suis aujourd'hui en prison à cause du Christ Jésus, [10] j'ai quelque chose à te demander pour Onésime, mon enfant à qui, dans ma prison, j'ai donné la vie du Christ. [11] Cet Onésime, dont le nom signifie «utile», ne t'a pas été bien utile dans le passé, mais il t'est maintenant pour toi comme pour moi. [12] Je te le renvoie, lui qui est une part de moi-même. [13] Je l'aurais volontiers gardé auprès de moi, pour qu'il me rende des services en ton nom, à moi qui suis en prison à cause de l'Évangile. [14] Mais je n'ai rien voulu faire sans ton accord, pour que tu accomplisses librement ce qui est bien, sans y être plus ou moins forcé. [15] S'il a été éloigné de toi pendant quelque temps, c'est peut-être pour que tu le retrouves définitivement, [16] non plus comme un esclave, mais, bien mieux qu'un esclave, comme un frère bien-aimé : il l'est vraiment pour moi, il le sera plus encore pour toi, aussi bien humainement que dans le Seigneur.

¹⁷ Donc, si tu penses être en communion avec moi, accueille-le comme si c'était moi. ¹⁸ S'il t'a fait du tort ou s'il te doit quelque chose, mets cela sur mon compte. ¹⁹ Moi, Paul, j'écris ces mots de ma propre main : je te rembourserai. Je n'ajouterai pas que tu as aussi une dette envers moi, et que cette dette, c'est toi-même. ²⁰ Oui, frère, fais-moi cette joie dans le Seigneur, réconforte mon cœur dans le Christ.

²¹ Je t'écris en comptant sur ton obéissance, et en sachant que tu feras plus encore que je ne dis. ²² En même temps, prévois aussi mon logement, car j'espère que, grâce à vos prières, je vous serai rendu. ²³ Épaphras, mon compagnon de captivité en Jésus Christ, te salue, ainsi que ²⁴ Marc, Aristarque, Démas et Luc, mes collaborateurs.

²⁵ Que la grâce du Seigneur Jésus Christ soit avec votre esprit.

LETTRE
AUX HÉBREUX

I – Le Fils, reflet de la gloire de Dieu et frère des hommes

Place privilégiée du Fils dans l'histoire du salut et dans la création.

1 ¹Souvent, dans le passé, Dieu a parlé à nos pères par les prophètes sous des formes fragmentaires et variées ; ²mais, dans les derniers temps, dans ces jours où nous sommes, il nous a parlé par ce Fils qu'il a établi héritier de toutes choses et par qui il a créé les mondes. ³Reflet resplendissant de la gloire du Père, expression parfaite de son être, ce Fils, qui porte toutes choses par sa parole puissante, après avoir accompli la purification des péchés, s'est assis à la droite de la Majesté divine au plus haut des cieux ; ⁴et il est placé bien au-dessus des anges, car il possède par héritage un nom bien plus grand que les leurs.

⁵En effet, Dieu n'a jamais dit à un ange : *Tu es mon Fils, aujourd'hui je t'ai engendré.* Ou bien encore : *Je serai pour lui un père, il sera pour moi un fils.* ⁶Au contraire, au moment d'introduire le Premier-né dans le monde à venir, il dit : *Que tous les anges de Dieu se prosternent devant lui.* ⁷Il dit encore pour les anges : *Celui qui fait de ses anges des esprits, et de ses serviteurs des flammes ardentes* ⁸et pour le Fils : *Ton trône, ô Dieu, est pour les siècles des siècles, ton sceptre royal est sceptre de droiture ;* ⁹*tu aimes la justice, tu réprouves le mal, c'est pourquoi, ô Dieu, ton Dieu t'a consacré d'une onction de joie, de préférence à tes compagnons ;* ¹⁰et encore : *C'est toi, Seigneur, qui au commencement as fondé la terre, et le ciel est l'ouvrage de tes mains ;* ¹¹*Ils passeront, mais toi tu demeures ; ils s'useront l'un et l'autre comme un habit,* ¹²*comme un manteau tu les enrouleras, comme un vêtement tu les remplaceras ; toi, tu es le même, et tes années n'auront pas de fin.* ¹³Dieu n'a jamais dit à l'un des anges : *Siège à ma droite, jusqu'à ce que je fasse de tes ennemis ton marchepied.* ¹⁴Les anges ne sont-ils pas tous des esprits chargés d'une fonction, que

Dieu envoie pour le service de ceux qui doivent avoir en héritage le salut ?

Pour libérer les hommes de la mort, Jésus est venu partager totalement leur condition.

2 ¹ Il nous faut donc d'autant plus prêter attention à ce que nous avons entendu, pour ne pas partir à la dérive. ² En effet, si la parole communiquée par des anges s'est trouvée confirmée, et si toute transgression ou désobéissance a reçu une juste sanction, ³ comment nous tirerons-nous d'affaire si nous négligeons un pareil salut ? Celui-ci a eu son commencement dans les paroles du Seigneur, il a été confirmé pour nous par ceux qui les avaient entendues, ⁴ et Dieu leur a ajouté en témoignage signes, prodiges, multiples miracles et dons de l'Esprit Saint selon sa volonté.

⁵ A qui Dieu a-t-il soumis le monde à venir ? Ce n'est pas à des anges, ⁶ puisque l'auteur d'un psaume déclare ceci : *O Dieu, qu'est-ce que l'homme, pour que tu penses à lui, le fils de l'homme, pour t'occuper de lui ? ⁷ Tu l'as abaissé un peu au-dessous des anges, tu l'as couronné de gloire et d'honneur ; ⁸ tu as mis sous ses pieds toutes choses.* Quand Dieu lui a tout soumis, il n'a rien exclu de cette soumission. Cependant en fait nous ne voyons pas encore que tout lui soit soumis.

⁹ Mais Jésus avait été abaissé un peu au-dessous des anges, et maintenant nous le voyons couronné de gloire et d'honneur à cause de sa Passion et de sa mort. Si donc il a fait l'expérience de la mort, c'est, par grâce de Dieu, pour le salut de tous.

¹⁰ En effet, puisque le créateur et maître de tout voulait avoir une multitude de fils à conduire jusqu'à la gloire, il était normal qu'il mène à sa perfection, par la souffrance, celui qui est à l'origine du salut de tous. ¹¹ Car Jésus qui sanctifie, et les hommes qui sont sanctifiés, sont de la même race ; et, pour cette raison, il n'a pas honte de les appeler ses frères, ¹² quand il dit : *Je proclamerai ton nom devant mes frères, je te louerai en pleine assemblée.* ¹³ et encore : *Je mettrai toute ma confiance en lui,* et encore : *Me voici avec les enfants que Dieu m'a donnés.*

¹⁴ Ainsi donc, puisque les hommes ont tous une nature de chair et de sang, Jésus a voulu partager cette condition humaine : ainsi, par sa mort, il a pu réduire à l'impuissance celui qui possédait le pouvoir de la mort, c'est-à-dire le démon, ¹⁵ et il a rendus libres ceux qui, par crainte de la mort, passaient toute leur vie dans une situation d'esclaves. ¹⁶ Car ceux qu'il vient aider, ce ne sont pas les anges, ce sont les fils d'Abraham. ¹⁷ Il lui fallait devenir en tout semblable à ses frères, pour être, dans leurs relations avec Dieu, un grand prêtre miséricor-

dieux et digne de confiance, capable d'enlever les péchés du peuple. [18] Ayant souffert jusqu'au bout l'épreuve de sa Passion, il peut porter secours à ceux qui subissent l'épreuve.

II - Le Christ grand prêtre digne de confiance et proche des hommes

Jésus et Moïse.

3 [1] Ainsi donc, frères saints, vous qui participez à une vocation céleste, considérez Jésus, apôtre et grand-prêtre pour notre confession de foi, [2] lui qui est digne de confiance pour celui qui l'a institué, tout comme Moïse, sur toute sa maison. [3] Or lui, il a été jugé digne d'une plus grande gloire que Moïse, dans la mesure où le constructeur de la maison reçoit plus d'honneur que la maison elle-même. [4] Car toute maison est construite par quelqu'un, et celui qui a tout construit, c'est Dieu. [5] D'une part Moïse a été digne de confiance dans toute la maison de Dieu comme intendant, pour attester ce qui allait être dit. [6] D'autre part le Christ, lui, est digne de confiance comme Fils à la tête de sa maison ; et sa maison, c'est nous, à condition de maintenir l'assurance et la fierté de l'espérance.

Méditation sur le Psaume 94 : attentifs à la parole de Dieu, devenons dignes d'entrer dans le bonheur de son repos.

[7] C'est pourquoi, comme le dit le Saint-Esprit dans un psaume : *Aujourd'hui, si vous entendez la voix du Seigneur,* [8] *n'endurcissez pas votre cœur comme au temps de la révolte, au jour où, dans le désert,* [9] *vos pères m'ont mis à l'épreuve et défié. Alors, pendant quarante ans, ils m'ont vu à l'œuvre ;* [10] *c'est ainsi que je me suis emporté contre cette génération-là, et j'ai dit : « Leur cœur s'égare toujours »,* ces gens-là *n'ont pas trouvé mes chemins.* [11] *Alors, dans ma colère, je l'ai juré : On verra bien s'ils entreront dans mon repos !*

[12] Frères, veillez à ce que personne d'entre vous n'ait un cœur perverti par l'incrédulité au point d'abandonner le Dieu vivant. [13] Au contraire, aussi longtemps que dure l'« aujourd'hui » de ce psaume, encouragez-vous les uns les autres jour après jour, pour que personne parmi vous ne s'endurcisse en se laissant tromper par le péché. [14] Car nous sommes devenus les compagnons du Christ, mais à condition de maintenir fermement, jusqu'à la fin, notre engagement premier, alors qu'il est dit : [15] *Aujourd'hui, si vous entendez la voix du Seigneur, n'endurcissez pas votre cœur comme au temps de la révolte.*

[16] Quels sont ceux qui ont entendu et se sont révoltés ? N'est-ce pas tous ceux que Moïse avait fait sortir d'Égypte ? [17] Contre qui s'est-il emporté pendant quarante ans ? N'est-ce pas contre ceux qui avaient péché, et dont les

cadavres sont tombés dans le désert ? ¹⁸A qui a-t-il juré qu'ils n'entreraient pas dans son repos, sinon à ceux qui avaient désobéi ? ¹⁹Nous constatons qu'ils n'ont pas pu entrer à cause de leur manque de foi.

4 ¹Dieu a bien promis de nous faire entrer dans le lieu de son repos, et cette promesse demeure ; mais nous devons redouter que tel ou tel d'entre vous n'y arrive trop tard. ²Certes, nous avons reçu la Bonne Nouvelle, tout comme ceux qui étaient sortis d'Égypte ; cependant, la parole qu'ils ont entendue ne leur servit à rien, parce qu'ils l'ont entendue sans la recevoir en eux avec foi. ³Mais nous qui sommes croyants, nous entrons dans ce lieu de repos. Dieu dit en effet : *Dans ma colère je l'ai juré : On verra bien s'ils entreront dans mon repos !* Certes, son œuvre était terminée depuis la création du monde, ⁴comme l'Écriture le dit à propos du septième jour : *Et Dieu se reposa le septième jour de toute l'œuvre qu'il avait faite.* ⁵Or, dans le psaume, il reprend : *On verra bien s'ils entreront dans mon repos !* ⁶Puisqu'il reste assuré que certains doivent y entrer, et que les premiers à avoir reçu la bonne nouvelle n'y sont pas entrés à cause de leur désobéissance, ⁷il fixe de nouveau un jour, un aujourd'hui, en disant bien longtemps après par le psaume de David : *Aujourd'hui, si vous entendez la voix du Seigneur, n'endurcissez pas votre cœur.* ⁸Car si Josué leur avait donné le repos, David ne parlerait pas après cela d'un autre jour. ⁹Ainsi, un repos sabbatique reste assuré pour le peuple de Dieu. ¹⁰Car celui qui est entré dans son repos s'est reposé lui aussi de son ouvrage, comme Dieu s'est reposé du sien. ¹¹Efforçons-nous donc d'entrer dans ce repos, afin que plus personne ne tombe en suivant l'exemple de ceux qui ont désobéi.

La Parole vivante qui nous juge.

¹²Elle est vivante, la parole de Dieu, énergique et plus coupante qu'une épée à deux tranchants ; elle pénètre au plus profond de l'âme, jusqu'aux jointures et jusqu'aux moelles ; elle juge des intentions et des pensées du cœur. ¹³Pas une créature n'échappe à ses yeux, tout est nu devant elle, dominé par son regard ; nous aurons à lui rendre des comptes.

Ayons pleine assurance grâce à notre grand prêtre.

¹⁴En Jésus, le Fils de Dieu, nous avons le grand prêtre par excellence, celui qui a pénétré au-delà des cieux ; tenons donc ferme l'affirmation de notre foi. ¹⁵En effet, le grand prêtre que nous avons n'est pas incapable, lui, de partager nos faiblesses ; en toutes choses, il a connu l'épreuve comme nous, et il n'a pas péché. ¹⁶Avançons-nous donc

avec pleine assurance vers le Dieu tout-puissant qui fait grâce, pour obtenir miséricorde et recevoir, en temps voulu, la grâce de son secours.

Par son obéissance et ses souffrances, Jésus est le grand prêtre proche des hommes.

5 [1] En effet, le grand prêtre est toujours pris parmi les hommes, et chargé d'intervenir en faveur des hommes dans leurs relations avec Dieu ; il doit offrir des dons et des sacrifices pour les péchés. [2] Il est en mesure de comprendre ceux qui pèchent par ignorance ou par égarement, car il est, lui aussi, rempli de faiblesse ; [3] et, à cause de cette faiblesse, il doit offrir des sacrifices pour ses propres péchés comme pour ceux du peuple. [4] On ne s'attribue pas cet honneur à soi-même, on le reçoit par appel de Dieu, comme Aaron.

[5] Il en est bien ainsi pour le Christ : quand il est devenu grand prêtre, ce n'est pas lui-même qui s'est donné cette gloire ; il l'a reçue de Dieu, qui lui a dit : *Tu es mon Fils, moi, aujourd'hui, je t'ai engendré,* [6] et qui déclare dans un autre psaume : *Tu es prêtre pour toujours selon le sacerdoce de Melkisédek.* [7] Pendant les jours de sa vie mortelle, il a présenté, avec un grand cri et dans les larmes, sa prière et sa supplication à Dieu qui pouvait le sauver de la mort ; et, parce qu'il s'est soumis en tout, il a été exaucé. [8] Bien qu'il soit le Fils, il a pourtant appris l'obéissance par les souffrances de sa Passion ; [9] et, ainsi conduit à sa perfection, il est devenu pour tous ceux qui lui obéissent la cause du salut éternel. [10] Car Dieu l'a proclamé *grand prêtre selon le sacerdoce de Melkisédek.*

Progresser dans la foi sans défaillance.

[11] Sur ce point, nous aurions à dire bien des choses difficiles à expliquer, puisque vous êtes devenus durs d'oreille. [12] Depuis le temps, vous devriez être capables d'enseigner, et vous avez encore besoin qu'on vous enseigne les tout premiers éléments des paroles de Dieu ; vous en êtes arrivés à avoir besoin de lait, et non de nourriture solide. [13] Tous ceux qui en sont au lait ne peuvent comprendre la parole de justice, car ce sont des petits enfants. [14] Aux adultes, la nourriture solide, eux qui ont des sens exercés par la pratique et savent discerner ce qui est bon de ce qui est mal.

6 [1] Laissons donc de côté l'enseignement élémentaire sur le Christ, élevons-nous à la perfection d'adultes, au lieu de recommencer à poser les fondements : conversion pour rejeter les œuvres mortes et foi en Dieu, [2] instructions sur les baptêmes et imposition des mains, résurrection des morts et jugement définitif. ³ Et voilà ce que nous allons faire si Dieu le permet.

⁴ Quand des hommes ont reçu une fois la lumière, qu'ils ont goûté au don du ciel, participé à l'Esprit Saint, ⁵ goûté à la parole merveilleuse de Dieu et aux puissances du monde à venir, ⁶ et qu'ils sont retombés, il est impossible de les admettre à une nouvelle conversion, alors que pour leur compte ils crucifient de nouveau et bafouent le Fils de Dieu.

⁷ Quand la terre a absorbé la pluie qui tombe fréquemment sur elle, et a produit des plantes utiles à ceux pour qui on la cultive, elle reçoit de Dieu sa part de bénédiction. ⁸ Mais quand elle donne des épines et des ronces, elle est sans valeur et bien près d'être maudite : elle finira par être brûlée.

⁹ En ce qui vous concerne, frères bien-aimés, nous sommes convaincus que vous êtes dans une situation meilleure et proche du salut, malgré ce que nous disons là. ¹⁰ Car Dieu ne peut pas commettre d'injustice : il n'oublie pas votre action ni l'amour que vous avez manifesté à son égard, puisque vous vous êtes mis au service des fidèles, et que vous y êtes encore. ¹¹ Notre désir est que chacun d'entre vous manifeste le même empressement, pour que votre espérance se réalise pleinement jusqu'au bout ; ¹² ne vous laissez pas aller, imitez ceux qui, par la foi et la persévérance, obtiennent l'héritage que Dieu nous a promis.

III – Le sacrifice du Christ grand prêtre

Notre espérance est fondée sur la promesse de Dieu.

¹³ Quand Dieu fit à Abraham la promesse, comme il ne pouvait jurer par personne de plus grand, il jura par lui-même, ¹⁴ et il dit : *Je te comblerai de bénédictions, je multiplierai ta descendance à l'infini.* ¹⁵ Et ainsi, par sa persévérance, Abraham a obtenu ce que Dieu lui avait promis. ¹⁶ Les hommes jurent par le nom d'un plus grand qu'eux, et le serment est entre eux une garantie qui met fin à toute discussion ; ¹⁷ Dieu a donc pris le moyen du serment quand il a voulu prouver aux héritiers de la promesse, de manière encore plus claire, que sa décision était irrévocable. ¹⁸ Dieu est ainsi engagé doublement de façon irrévocable, et il ne peut absolument pas mentir. Cela nous encourage fortement, nous qui avons tout abandonné pour tenir fermement l'espérance qui nous est proposée. ¹⁹ Pour notre âme, cette espérance est sûre et solide comme une ancre fixée au-delà du rideau du Temple, dans le Sanctuaire même ²⁰ où Jésus est entré pour nous en précurseur, lui qui est devenu

grand prêtre pour toujours selon le sacerdoce de Melkisédek.

Le Christ grand prêtre à la manière de Melkisédek et non du sacerdoce lévitique.

7 ¹ En effet, *Melkisédek, roi de Salem, prêtre du Dieu Très-Haut, vint à la rencontre d'Abraham quand celui-ci rentrait de son expédition contre les rois ; il le bénit,* ² et Abraham *lui fit hommage du dixième de tout ce qu'il avait pris.* C'est que, premièrement, Melkisédek porte un nom qui veut dire « roi de justice » ; de plus, il était roi de Salem, c'est-à-dire roi « de paix », ³ et puis il n'est pas question de son père, ni de sa mère, ni de ses ancêtres, ni du début de son existence ni de la fin de sa vie ; tout cela le fait ressembler au Fils de Dieu : il demeure prêtre à jamais.

⁴ Regardez comme il est grand, celui à qui Abraham a donné la dîme de son meilleur butin, lui le père de notre race. ⁵ Or, conformément à la Loi, ceux des fils de Lévi qui reçoivent le sacerdoce ont l'ordre de soumettre à la dîme le peuple, bien que ce soient leurs frères, issus du corps d'Abraham. ⁶ Celui qui n'était pas dans la lignée de leurs ancêtres a soumis Abraham à la dîme, et il a béni celui qui possédait les promesses. ⁷ Or il est indiscutable que c'est toujours le supérieur qui bénit l'inférieur. ⁸ D'ordinaire, ceux qui perçoivent la dîme sont des hommes qui meurent, et là, on atteste que c'est quelqu'un qui reste en vie. ⁹ A travers Abraham, la dîme est perçue pour ainsi dire sur Lévi, qui perçoit normalement la dîme ; ¹⁰ car il était en germe dans le corps de l'aïeul quand Melkisédek vint à la rencontre de celui-ci.

¹¹ S'il y avait une réalisation parfaite avec le sacerdoce lévitique, sur lequel repose la législation du peuple, y aurait-il besoin que se lève un autre prêtre selon le sacerdoce de Melkisédek, et non selon le sacerdoce d'Aaron ? ¹² Or s'il y a changement de sacerdoce, il y a forcément changement de loi. ¹³ Celui dont il s'agit ici appartient à une autre tribu, dont aucun membre n'a jamais été au service de l'autel. ¹⁴ En effet, il est clair que notre Seigneur a surgi de la tribu de Juda, pour laquelle rien n'est dit quand Moïse parle des prêtres. ¹⁵ Les choses sont encore plus claires si cet autre prêtre se lève à la ressemblance de Melkisédek. ¹⁶ Il est devenu prêtre, non pas selon les règles d'une loi humaine, mais par la puissance d'une vie indestructible. ¹⁷ Car voici le témoignage de l'Écriture : *Tu es prêtre pour toujours selon le sacerdoce de Melkisédek.* ¹⁸ Voilà d'une part l'abrogation du commandement précédent, à cause de sa faiblesse et de son inutilité – car la Loi n'a rien mené à la perfection – ¹⁹ et

d'autre part l'introduction d'une espérance meilleure qui nous fait approcher de Dieu.

²⁰ Et tout cela n'est pas arrivé sans un serment : tandis que les prêtres ont été institués sans aucun serment, ²¹ celui-là fait l'objet d'un serment de celui qui lui a dit : *Le Seigneur l'a juré dans un serment irrévocable ; tu es prêtre pour toujours.* ²² C'est bien la preuve que Jésus est devenu le garant d'une alliance meilleure. ²³ Dans l'ancienne Alliance, un grand nombre de prêtres se sont succédé parce que la mort les empêchait de durer toujours. ²⁴ Jésus, lui, puisqu'il demeure éternellement, possède le sacerdoce qui ne passe pas. ²⁵ C'est pourquoi il est en mesure de sauver d'une manière définitive ceux qui s'avancent vers Dieu grâce à lui, car il vit pour toujours, afin d'intercéder en leur faveur.

²⁶ C'était bien le grand prêtre qu'il nous fallait : saint, sans tache, sans aucune faute ; séparé maintenant des pécheurs, il est désormais plus haut que les cieux. ²⁷ Il n'a pas besoin, comme les autres grands prêtres, d'offrir chaque jour des sacrifices, d'abord pour ses péchés personnels, puis pour ceux du peuple ; cela, il l'a fait une fois pour toutes en s'offrant lui-même. ²⁸ Dans la loi de Moïse, ce sont des hommes remplis de faiblesse qui sont désignés comme grands prêtres. Mais plus tard, quand Dieu s'engage par serment, il désigne son Fils qu'il a pour toujours mené à sa perfection.

En s'offrant lui-même une fois pour toutes, le Christ entre pour toujours dans le sanctuaire du ciel et devient le médiateur de la nouvelle Alliance.

8 ¹ Et voici l'essentiel de ce que nous voulons dire : c'est bien ce grand prêtre-là que nous avons, lui qui s'est assis à la droite de Dieu et qui règne avec lui dans les cieux, ² après avoir accompli le service du véritable Sanctuaire, et de la véritable Tente dressée par le Seigneur et non par un homme. ³ Le grand prêtre a toujours été chargé d'offrir des dons et des sacrifices ; il fallait donc que Jésus ait lui aussi quelque chose à offrir. ⁴ S'il était sur la terre, il ne serait même pas prêtre, puisqu'il y a déjà des prêtres pour offrir les dons conformément à la Loi. ⁵ Mais ils rendent leur culte dans un sanctuaire qui n'est qu'une pâle évocation de celui du ciel. En effet, au moment où il allait construire la Tente, Moïse fut averti par Dieu, qui lui dit : *Prends soin de tout faire suivant le modèle que je t'ai montré sur la montagne.*

⁶ Quant à Jésus, le service qu'il doit assurer est d'autant plus élevé que l'Alliance dont il est médiateur est plus parfaite et repose sur des promesses plus parfaites.

⁷En effet, si la première Alliance avait été irréprochable, il n'y aurait pas eu lieu de la remplacer par une deuxième. ⁸Or, c'est bien un reproche que Dieu fait à son peuple quand il dit :

Voici venir des jours, déclare le Seigneur,
où j'établirai avec la maison d'Israël et avec la maison de Juda
une Alliance nouvelle.
⁹*Ce ne sera pas comme l'Alliance*
que j'ai faite avec leurs pères,
le jour où je les ai pris par la main
pour les faire sortir d'Égypte :
ils ne sont pas restés dans mon Alliance,
alors moi, je ne me suis plus occupé d'eux,
déclare le Seigneur.
¹⁰*Mais voici quelle sera l'Alliance*
que je conclurai avec la maison d'Israël
quand ces jours-là seront passés,
déclare le Seigneur.
Je mettrai mes lois dans leur pensée ;
je les inscrirai dans leur cœur.
Je serai leur Dieu
et ils seront mon peuple.
¹¹*Ils n'auront plus besoin d'instruire*
chacun son concitoyen ni chacun son frère
en disant : « Apprends à connaître le Seigneur ! »
Car vous me connaîtrez,
des plus petits jusqu'aux plus grands.

¹²*Je serai indulgent pour leurs fautes,*
je ne me rappellerai plus leurs péchés.

¹³En parlant d'Alliance nouvelle, Dieu a fait de la première une Alliance ancienne ; or ce qui devient ancien et qui vieillit est près de disparaître.

9¹La première Alliance avait donc des règles pour le culte et le Lieu saint de cette terre. ²Une première tente y était disposée, où il y avait le chandelier à sept branches et la table avec les pains de l'offrande ; c'était ce qu'on nomme le Lieu saint. ³Derrière le second rideau, il y avait la tente appelée le Saint des saints, ⁴contenant un brûle-parfum en or et l'arche d'Alliance entièrement recouverte d'or, dans laquelle se trouvait un vase d'or contenant la manne, le bâton d'Aaron qui avait fleuri, et les tables de l'Alliance ; ⁵au-dessus de l'arche, les chérubins de gloire couvraient de leur ombre la plaque d'or appelée propitiatoire. Mais il n'y a pas lieu maintenant d'entrer dans les détails.

⁶Les choses étant ainsi disposées, les prêtres entrent continuellement dans la première tente quand ils célèbrent le culte. ⁷Mais dans la deuxième tente, le grand prêtre entre tout seul une fois par an, et il ne le fait pas sans offrir du sang pour lui-même et pour les fautes que le

peuple a commises par ignorance. [8]L'Esprit Saint veut montrer ainsi que le chemin du sanctuaire n'est pas encore ouvert tant que la première tente reste debout ; [9]c'est un symbole pour le temps actuel : les offrandes et les sacrifices qui sont présentés ne sont pas capables de mener à la perfection dans sa conscience celui qui célèbre le culte ; [10]reposant seulement sur des aliments, des boissons et des ablutions diverses, ce sont des préceptes purement humains, valables jusqu'au temps du relèvement. [11]Le Christ, lui, est le grand prêtre du bonheur qui vient. La tente de son corps est plus grande et plus parfaite que celle de l'ancienne Alliance ; elle n'a pas été construite par l'homme, et n'appartient donc pas à ce monde. [12]C'est par elle qu'il est entré une fois pour toutes dans le sanctuaire du ciel en répandant, non pas le sang des animaux, mais son propre sang : il a obtenu ainsi une libération définitive. [13]S'il est vrai qu'une simple aspersion avec du sang d'animal, ou avec de l'eau sacrée, rendait à ceux qui s'étaient souillés une pureté extérieure pour qu'ils puissent célébrer le culte, [14]le sang du Christ, lui, fait bien davantage : poussé par l'Esprit éternel, Jésus s'est offert lui-même à Dieu comme une victime sans tache ; et son sang purifiera notre conscience des actes qui mènent à la mort

pour que nous puissions célébrer le culte du Dieu vivant. [15]Voilà pourquoi il est le médiateur d'une Alliance nouvelle, d'un Testament nouveau : puisqu'il est mort pour le rachat des fautes commises sous le premier Testament, ceux qui sont appelés peuvent recevoir l'héritage éternel déjà promis. [16]Or, là où il y a un testament, il est nécessaire que soit prouvée la mort de son auteur. [17]Car un testament n'est valable qu'après la mort, alors qu'il est sans effet tant que l'auteur est en vie. [18]C'est pourquoi le premier Testament n'a pas été inauguré sans qu'il y ait du sang : [19]lorsque Moïse eut proclamé chaque commandement à tout le peuple conformément à la Loi, il prit le sang de veaux et de boucs avec de l'eau, de la laine écarlate et de l'hysope, et il en aspergea le livre lui-même et tout le peuple, [20]en disant : *Ceci est le sang de l'Alliance que Dieu a prescrite pour vous.* [21]Puis il aspergea de même avec le sang la tente et tout ce qui servait au culte. [22]D'après la Loi, on purifie presque tout avec du sang, et s'il n'y a pas de sang versé, il n'y a pas de pardon.

[23]Il est donc nécessaire que les images de ce qui est au ciel soient purifiées par ces rites, mais les réalités célestes elles-mêmes doivent l'être par des sacrifices bien meilleurs que ceux d'ici-bas. [24]Car le Christ

n'est pas entré dans un sanctuaire construit par les hommes, qui ne peut être qu'une copie du sanctuaire véritable ; il est entré dans le ciel même, afin de se tenir maintenant pour nous devant la face de Dieu. 25 Il n'a pas à recommencer plusieurs fois son sacrifice, comme le grand prêtre qui, tous les ans, entrait dans le sanctuaire en offrant un sang qui n'était pas le sien ; 26 car alors, le Christ aurait dû plusieurs fois souffrir la Passion depuis le commencement du monde. Mais c'est une fois pour toutes, au temps de l'accomplissement, qu'il s'est manifesté pour détruire le péché par son sacrifice. 27 Et, comme le sort des hommes est de mourir une seule fois, puis de comparaître pour le jugement, 28 ainsi le Christ, après s'être offert une seule fois pour enlever les péchés de la multitude, apparaîtra une seconde fois, non plus à cause du péché, mais pour le salut de ceux qui l'attendent.

Le sacrifice du Christ est le seul efficace pour enlever les péchés.

10 1 L'ancienne Alliance ne présente que l'ébauche du bonheur à venir, et non pas l'image exacte des réalités. Elle est donc absolument incapable de mener à leur perfection ceux qui viennent prendre part à ses sacrifices qui sont toujours les mêmes, offerts indéfiniment chaque année. 2 Autre-

ment, si ce culte avait purifié les gens une fois pour toutes, ils ne se sentiraient plus coupables d'aucun péché, et l'on aurait cessé d'offrir les sacrifices. 3 Mais ceux-ci, au contraire, comportent chaque année un rappel du péché.

4 Il est impossible, en effet, que le péché soit enlevé par le sang des animaux. 5 Aussi, en entrant dans le monde, le Christ dit, d'après le Psaume :

Tu n'as pas voulu de sacrifices ni d'offrandes,

mais tu m'as fait un corps.
6 *Tu n'as pas accepté les holocaustes*

ni les expiations pour le péché ;
7 *alors, je t'ai dit :*

Me voici, mon Dieu,

je suis venu pour faire ta volonté,

car c'est bien de moi que parle l'Écriture.

8 Le Christ commence donc par dire : *Tu n'as pas voulu ni accepté les sacrifices et les offrandes, les holocaustes et les expiations pour le péché* que la Loi prescrit d'offrir. 9 Puis il déclare : *Me voici, je suis venu pour faire ta volonté.* Ainsi, il supprime l'ancien culte pour établir le nouveau. 10 Et c'est par cette volonté de Dieu que nous sommes sanctifiés, grâce à l'offrande que Jésus Christ a faite de son corps, une fois pour toutes.

11 Dans l'ancienne Alliance, les prêtres étaient debout dans le Temple pour célébrer une liturgie quotidienne, et pour

offrir à plusieurs reprises les mêmes sacrifices, qui n'ont jamais pu enlever les péchés. [12] Jésus Christ, au contraire, après avoir offert pour les péchés un unique sacrifice, s'est assis pour toujours à la droite de Dieu. [13] Il attend désormais que ses ennemis soient mis sous ses pieds. [14] Par son sacrifice unique, il a mené pour toujours à leur perfection ceux qui reçoivent de lui la sainteté. [15] C'est bien le témoignage que rend l'Esprit Saint dans l'Écriture ; car, après avoir dit : [16] *Voici quelle sera l'Alliance que je conclurai avec eux, quand ces jours-là seront passés,* le Seigneur déclare : *Je mettrai mes lois dans leur cœur, je les inscrirai dans leurs pensées,* [17] *et je ne me rappellerai plus leurs péchés ni leurs fautes.* [18] Or, quand le pardon est accordé, on n'offre plus le sacrifice pour les péchés.

En suivant la voie ouverte par le Christ grand prêtre, les chrétiens peuvent éviter la trahison et tenir ferme dans les épreuves.

[19] Frères, c'est avec pleine assurance que nous pouvons entrer au sanctuaire du ciel grâce au sang de Jésus : [20] nous avons là une voie nouvelle et vivante qu'il a inaugurée en pénétrant au-delà du rideau du Sanctuaire, c'est-à-dire de sa condition humaine. [21] Et nous avons le grand prêtre par excellence, celui qui est établi sur la maison de Dieu. [22] Avançons-nous donc vers Dieu avec un cœur sincère, et dans la certitude que donne la foi, le cœur purifié de ce qui souille notre conscience, le corps lavé par une eau pure. [23] Continuons sans fléchir d'affirmer notre espérance, car il est fidèle, celui qui a promis. [24] Soyons attentifs les uns aux autres pour nous stimuler à aimer et à bien agir. [25] Ne délaissons pas nos assemblées, comme certains en ont pris l'habitude, mais encourageons-nous, d'autant plus que vous voyez s'approcher le Jour du Seigneur.

[26] Car si nous péchons volontairement après avoir reçu la vraie connaissance de la vérité, il ne reste plus pour les péchés aucun sacrifice, [27] mais une attente redoutable du jugement et l'ardeur d'un feu qui va dévorer les rebelles. [28] Si quelqu'un enfreint la loi de Moïse, il est *mis à mort* sans pitié *sur la parole de deux ou trois témoins.* [29] A votre avis, quelle peine plus grave méritera celui qui aura foulé aux pieds le Fils de Dieu, tenu pour profane le sang de l'Alliance par lequel il a été sanctifié, et insulté l'Esprit qui donne la grâce ? [30] Car nous connaissons celui qui a dit : *C'est à moi de faire justice, c'est moi qui rendrai à chacun ce qui lui revient ;* et encore : *Le Seigneur jugera son peuple.* [31] Il est

redoutable de tomber entre les mains du Dieu vivant !

³² Souvenez-vous de ces premiers jours où vous veniez de recevoir la lumière du Christ : vous avez soutenu alors le dur combat de la souffrance, ³³ tantôt donnés en spectacle sous les injures et les vexations, tantôt solidaires de ceux qu'on traitait ainsi. ³⁴ En effet, vous avez partagé la souffrance de ceux qui étaient en prison ; vous avez accepté avec joie qu'on vous arrache vos biens, car vous étiez sûrs de posséder un bien encore meilleur, et qui durera toujours. ³⁵ Ne perdez pas votre confiance ; grâce à elle vous serez largement récompensés. ³⁶ Car vous avez bien besoin d'endurance pour accomplir la volonté de Dieu et obtenir ainsi la réalisation des promesses. ³⁷ En effet, encore *un peu, très peu de temps, et celui qui doit venir arrivera, il ne tardera pas.* ³⁸ *Par sa fidélité, l'homme qui est juste à mes yeux obtiendra la vie ; mais s'il abandonne, je ne lui accorderai plus mon amour.* ³⁹ Or nous ne sommes pas, nous, les hommes de l'abandon, pour notre perte, mais les hommes de la foi, pour la sauvegarde de notre âme.

IV – La foi et l'endurance

La foi en action au cours de la marche du peuple de Dieu.

11 ¹ La foi est le moyen de posséder déjà ce qu'on espère, et de connaître des réalités qu'on ne voit pas. ² Et quand l'Écriture rend témoignage aux anciens, c'est à cause de leur foi.

³ Grâce à la foi, nous comprenons que les mondes ont été organisés par la parole de Dieu, si bien que l'univers visible provient de ce qui n'apparaît pas au regard.

⁴ Grâce à la foi, Abel offrit à Dieu un sacrifice meilleur que celui de Caïn ; à cause de sa foi, il fut déclaré juste : Dieu lui-même rendait ainsi témoignage à ses offrandes ; à cause de sa foi, bien qu'il soit mort, il parle toujours.

⁵ Grâce à la foi, Hénok fut enlevé de ce monde, et il ne connut pas la mort ; personne ne le retrouva parce que Dieu l'avait enlevé. L'Écriture témoigne en effet qu'avant d'être enlevé il était agréable à Dieu. ⁶ Or, sans la foi, c'est impossible d'être agréable à Dieu ; car, pour s'avancer vers lui, il faut croire qu'il existe et qu'il assure la récompense à ceux qui le cherchent.

⁷ Grâce à la foi, Noé, averti de ce qu'on ne voyait pas encore, prit au sérieux la parole de Dieu : il construisit une arche pour le salut de sa famille. Sa foi condamnait le monde, et il reçut de Dieu la justice qui s'obtient par la foi.

⁸ Grâce à la foi, Abraham obéit à l'appel de Dieu : il partit vers un pays qui devait lui être donné comme héritage. Et

il partit sans savoir où il allait. ⁹Grâce à la foi, il vint séjourner comme étranger dans la Terre promise ; c'est dans un campement qu'il vivait, ainsi qu'Isaac et Jacob, héritiers de la même promesse que lui, ¹⁰car il attendait la cité qui aurait de vraies fondations, celle dont Dieu lui-même est le bâtisseur et l'architecte.

¹¹Grâce à la foi, Sara, elle aussi, malgré son âge, fut rendue capable d'avoir une descendance parce qu'elle avait pensé que Dieu serait fidèle à sa promesse. ¹²C'est pourquoi, d'un seul homme, déjà marqué par la mort, ont pu naître des hommes aussi nombreux que les étoiles dans le ciel et les grains de sable au bord de la mer, que personne ne peut compter.

¹³C'est dans la foi qu'ils sont tous morts sans avoir connu la réalisation des promesses ; mais ils l'avaient vue et saluée de loin, affirmant que, sur la terre, ils étaient des étrangers et des voyageurs. ¹⁴Or, parler ainsi, c'est montrer clairement qu'on est à la recherche d'une patrie. ¹⁵S'ils avaient pensé à celle qu'ils avaient quittée, ils auraient eu la possibilité d'y revenir. ¹⁶En fait, ils aspiraient à une patrie meilleure, celle des cieux. Et Dieu n'a pas refusé d'être invoqué comme leur Dieu, puisqu'il leur a préparé une cité céleste.

¹⁷Grâce à la foi, quand il fut soumis à l'épreuve, Abraham offrit Isaac en sacrifice. Et il offrait le fils unique, alors qu'il avait reçu les promesses ¹⁸et entendu cette parole : *C'est d'Isaac que naîtra une descendance qui portera ton nom.* ¹⁹Il pensait en effet que Dieu peut aller jusqu'à ressusciter les morts : c'est pourquoi son fils lui fut rendu ; et c'était prophétique.

²⁰Grâce à la foi encore, Isaac bénit Jacob et Ésaü en vue de l'avenir. ²¹Grâce à la foi, Jacob mourant bénit chacun des fils de Joseph, et il se prosterna, appuyé sur l'extrémité de son bâton. ²²Grâce à la foi, Joseph, à la fin de sa vie, évoqua l'exode des fils d'Israël et donna des ordres au sujet de ses ossements.

²³Grâce à la foi, Moïse, après sa naissance, fut caché pendant trois mois par ses parents, car ils avaient vu que l'enfant était beau, et ils n'eurent pas peur du décret du roi. ²⁴Grâce à la foi, Moïse, devenu grand, renonça au titre de fils de la fille du Pharaon. ²⁵Choisissant d'être maltraité avec le peuple de Dieu plutôt que de connaître la jouissance éphémère du péché, ²⁶il considéra l'humiliation du Christ comme une richesse plus grande que les trésors de l'Égypte : en effet, il avait les yeux fixés sur la récompense. ²⁷Grâce à la foi, il quitta l'Égypte sans craindre la colère du roi ; il tint ferme, comme s'il voyait Celui qui est invisible. ²⁸Grâce à la foi, il a institué la Pâque et le rite du

sang, pour que l'Exterminateur des premiers-nés ne touche pas ceux d'Israël. ²⁹ Grâce à la foi, ils passèrent à travers la mer Rouge comme sur une terre sèche, alors que les Égyptiens, essayant d'en faire autant, furent engloutis.

³⁰ Grâce à la foi, les murailles de Jéricho tombèrent après qu'on en eut fait le tour pendant sept jours. ³¹ Grâce à la foi, Rahab la prostituée ne périt pas avec ceux qui avaient résisté, car elle avait accueilli pacifiquement les hommes envoyés en reconnaissance.

³² Que dire encore ? Le temps me manquerait pour donner des précisions sur Gédéon, Barak, Samson, Jephté, David, Samuel et les prophètes. ³³ Par leur foi, ils ont vaincu des royaumes, pratiqué la justice, obtenu ce que Dieu promettait. Ils ont fermé la gueule des lions, ³⁴ éteint la flamme des brasiers, échappé au tranchant de l'épée, retrouvé leurs forces après la maladie, montré du courage à la guerre, mis en fuite des armées étrangères. ³⁵ Des femmes ont retrouvé, ressuscités, leurs enfants qui étaient morts.

Mais certains autres ont été torturés et n'ont pas accepté leur libération, car ils voulaient obtenir quelque chose de meilleur : la résurrection. ³⁶ D'autres ont subi l'épreuve de la moquerie et des coups de fouet, des chaînes et de la prison. ³⁷ Ils ont été lapidés, sciés

en deux, massacrés à coups d'épée. Ils ont mené une vie errante, vêtus de peaux de moutons ou de toisons de chèvres, manquant de tout, harcelés et maltraités – ³⁸ mais en fait, c'était le monde qui n'était pas digne d'eux ! – Ils vivaient çà et là dans les déserts et les montagnes, dans les grottes et les cavernes. ³⁹ Et, bien qu'ils aient tous reçu le témoignage de Dieu à cause de leur foi, ils n'ont pas connu la réalisation de la promesse. ⁴⁰ En effet, pour nous Dieu avait prévu mieux encore, et il ne voulait pas les faire arriver sans nous à la perfection.

Supportons avec endurance les épreuves, qui sont pour nous des leçons données par Dieu.

12 ¹ Ainsi donc, cette foule immense de témoins est là qui nous entoure. Comme eux, débarrassons-nous de tout ce qui nous alourdit, et d'abord du péché qui nous entrave si bien ; alors nous courrons avec endurance l'épreuve qui nous est proposée, ² les yeux fixés sur Jésus, qui est à l'origine et au terme de la foi. Renonçant à la joie qui lui était proposée, il a enduré, sans avoir de honte, l'humiliation de la croix, et, assis à la droite de Dieu, il règne avec lui. ³ Méditez l'exemple de celui qui a enduré de la part des pécheurs une telle hostilité, et vous ne serez pas accablés par le découragement. ⁴ Vous n'avez pas encore résisté jusqu'au sang dans votre lutte contre le péché, [5] et vous avez oublié cette parole de réconfort, qui vous est adressée comme à des fils : *Mon fils, ne néglige pas les leçons du Seigneur, ne te décourage pas quand il te fait des reproches.* [6] *Quand le Seigneur aime quelqu'un, il lui donne de bonnes leçons ; il corrige tous ceux qu'il reconnaît comme ses fils.* [7] Ce que vous endurez est une leçon. Dieu se comporte envers vous comme envers des fils ; et quel est le fils auquel son père ne donne pas des leçons ? [8] Si vous êtes privés des leçons que reçoivent tous les autres, c'est que vous êtes des étrangers et non des fils.

[9] D'ailleurs nos parents d'ici-bas nous faisaient la leçon, et nous les respections. Ne devons-nous pas encore plus nous soumettre au Père du ciel pour avoir la vie ? [10] Les leçons que nos parents nous donnaient en croyant bien faire n'avaient qu'un effet passager. Mais celles de Dieu sont vraiment pour notre bien, et il veut nous faire partager sa sainteté. [11] Quand on vient de recevoir une leçon, on ne se sent pas joyeux, mais plutôt triste. Par contre, quand on s'est repris grâce à la leçon, plus tard, on trouve la paix et l'on devient juste. [12] C'est pourquoi il est écrit : *Redonnez de la vigueur aux mains défaillantes et aux genoux qui fléchissent,* [13] et : *Nivelez la piste pour y marcher.*

Ainsi, celui qui boite ne se tordra pas le pied ; bien plus, il sera guéri.

V – Le chemin de la sainteté et de la paix

Rester fidèles à la grâce.

[14] Recherchez activement la paix avec tout le monde, et la sainteté sans laquelle personne ne verra le Seigneur. [15] Soyez sur vos gardes : que personne ne se dérobe à la grâce de Dieu, qu'il ne pousse chez vous aucune plante aux fruits amers, cela causerait du trouble, et le poison atteindrait tout le monde ; [16] que personne ne soit débauché, ou ne manque de respect, comme Ésaü qui céda son droit d'aînesse en échange d'un seul plat. [17] Vous savez qu'ensuite, quand il voulut recevoir en héritage la bénédiction, il fut rejeté, car il ne lui fut donné aucune possibilité de changement, bien qu'il l'eût réclamée en pleurant.

Nous célébrons déjà la fête éternelle sur la montagne de la nouvelle Alliance.

[18] Quand vous êtes venus vers Dieu, il n'y avait rien de matériel comme au Sinaï, pas de feu qui brûle, pas d'obscurité, de ténèbres, ni d'ouragan, [19] pas de son de trompettes, pas de paroles prononcées par cette voix que les fils d'Israël demandèrent à ne plus entendre. [20] Car ils ne suppor-

taient pas cette interdiction : *Qui touchera la montagne, même si c'est un animal, sera lapidé.* – ²¹ Le spectacle était si terrifiant que Moïse dit : *Je suis terrifié et tremblant.*

²² Mais vous êtes venus vers la montagne de Sion et la cité du Dieu vivant, la Jérusalem céleste, vers des milliers d'anges en fête ²³ et vers l'assemblée des premiers-nés dont les noms sont inscrits dans les cieux. Vous êtes venus vers Dieu, le juge de tous les hommes, et vers les âmes des justes arrivés à la perfection. ²⁴ Vous êtes venus vers Jésus, le médiateur d'une Alliance nouvelle, et vers son sang répandu sur les hommes, son sang qui parle plus fort que celui d'Abel.

²⁵ Prenez garde de ne pas rejeter celui qui vous parle ; car si les fils d'Israël n'ont pas échappé au châtiment quand ils ont rejeté celui qui les avertissait sur la terre, à plus forte raison nous non plus, si nous nous détournons de celui qui nous parle du haut des cieux. ²⁶ Sa voix a jadis ébranlé la terre. Maintenant il fait cette annonce solennelle : *une dernière fois, je ferai trembler,* non seulement *la terre,* mais encore *le ciel.* ²⁷ Ces mots *une dernière fois* indiquent le bouleversement de ce qui sera ébranlé parce que ce sont des choses créées, afin que subsiste ce qui est inébranlable. ²⁸ C'est pourquoi, nous qui recevons une royauté inébranlable, soyons

reconnaissants et servons Dieu d'une manière qui lui soit agréable, avec soumission et crainte. ²⁹ Car notre Dieu est un feu dévorant.

La vie de la communauté chrétienne dans la sainteté.

13 ¹ Persévérez dans l'amour fraternel. ² N'oubliez pas l'hospitalité : elle a permis à certains, sans le savoir, à recevoir chez eux des anges. ³ Souvenez-vous de ceux qui sont en prison, car vous partagez leur épreuve. Souvenez-vous de ceux qui sont maltraités, car vous aussi, vous avez un corps. ⁴ Que le mariage soit respecté par tous, que l'union conjugale ne soit pas profanée, car les débauchés et les adultères seront jugés par Dieu. ⁵ Que votre vie ne soit pas menée par l'amour de l'argent : contentez-vous de ce que vous avez, car Dieu lui-même a dit : *Jamais je ne te lâcherai, jamais je ne t'abandonnerai.* ⁶ C'est pourquoi nous pouvons dire en toute assurance : *Le Seigneur est mon secours, je n'ai rien à craindre ! Contre moi, que feraient les hommes ?*

⁷ Souvenez-vous de ceux qui vous ont dirigés : ils vous ont annoncé la parole de Dieu. Méditez sur l'aboutissement de la vie qu'ils ont menée, et imitez leur foi. ⁸ Jésus Christ, hier et aujourd'hui, est le même, il l'est pour l'éternité. ⁹ Ne vous laissez pas égarer par toutes sortes de doctrines

étrangères. C'est par la grâce qu'il convient de refaire nos forces, et non par des aliments rituels qui n'ont jamais profité à leurs adeptes.

¹⁰ Sur l'autel que nous avons, la victime offerte ne doit pas servir de nourriture aux prêtres de l'ancienne Alliance. ¹¹ En effet, quand le grand prêtre portait dans le sanctuaire le sang des animaux pour l'expiation du péché, c'est en dehors de l'enceinte que leurs corps étaient brûlés. ¹² C'est pourquoi Jésus, lui aussi, voulant sanctifier le peuple par son propre sang, a souffert sa Passion en dehors de l'enceinte de la ville. ¹³ Eh bien ! pour aller à sa rencontre, sortons en dehors de l'enceinte, en portant la même humiliation que lui. ¹⁴ Car la cité que nous avons ici-bas n'est pas définitive : nous attendons la cité future.

¹⁵ En toute circonstance, offrons à Dieu, par Jésus, un sacrifice de louange, c'est-à-dire l'acte de foi qui sort de nos lèvres en l'honneur de son nom. ¹⁶ Ne manquez pas d'être généreux et de partager. C'est cela qu'il faut offrir à Dieu pour lui plaire. ¹⁷ Faites confiance à ceux qui vous dirigent et soyez-leur soumis ; en effet, ils sont là pour veiller sur vos âmes, et ils auront à rendre des comptes. Ainsi, ils accompliront leur tâche avec joie, sans avoir à se plaindre, ce qui ne vous serait d'aucun profit.

¹⁸ Priez pour nous ; d'ailleurs, nous sommes convaincus d'avoir une conscience pure, puisque nous voulons en toute circonstance nous conduire comme il faut. ¹⁹ Je vous y exhorte tout particulièrement, pour que je vous sois rendu assez vite.

²⁰ Que le Dieu de la paix, lui qui a fait remonter d'entre les morts le berger des brebis, Pasteur par excellence, grâce au sang de l'Alliance éternelle, notre Seigneur Jésus, ²¹ que ce Dieu vous munisse de tout ce qui est bon pour accomplir sa volonté, qu'il réalise en nous ce qui plaît à ses yeux, par Jésus Christ, à qui appartient la gloire pour les siècles des siècles. Amen.

Mot d'envoi.

²² Je vous invite, frères, à accepter ces paroles d'exhortation. D'ailleurs, je ne vous envoie que quelques mots. ²³ Sachez que notre frère Timothée est libéré. J'irai vous voir avec lui s'il vient assez vite. ²⁴ Saluez tous vos dirigeants et tous les fidèles. Ceux d'Italie vous saluent.

²⁵ La grâce soit avec vous tous.

LETTRE
DE SAINT JACQUES

*La joie et la persévérance
dans l'épreuve.*

1 ¹ Moi, Jacques, serviteur de Dieu et du Seigneur Jésus Christ, je vous salue joyeusement, vous qui appartenez aux douze tribus d'Israël dispersées dans le monde.

² Mes frères, quand vous butez sur toute sorte d'épreuves, pensez que c'est une grande joie. ³ Car l'épreuve, qui vérifie la qualité de votre foi, produit en vous la persévérance, ⁴ et la persévérance doit vous amener à une conduite parfaite ; ainsi vous serez vraiment parfaits, il ne vous manquera rien.

⁵ Mais s'il manque à l'un de vous la sagesse, qu'il la demande à Dieu : lui qui donne à tous avec simplicité et sans faire de reproches, il la lui donnera. ⁶ Mais qu'il demande avec foi, sans la moindre hésitation, car celui qui hésite est semblable au va-et-vient des flots de la mer agités par le vent. ⁷ Qu'il ne s'imagine pas, cet homme-là, qu'il recevra du Seigneur quoi que ce soit, ⁸ s'il est partagé, instable dans tout ce qu'il fait.

⁹ Parmi les frères, l'homme de basse condition pourra s'enorgueillir de ce que Dieu l'élève, ¹⁰ et le riche de ce que Dieu l'abaisse, car il passera comme l'herbe en fleur. ¹¹ Quand le soleil est monté, avec sa chaleur brûlante, l'herbe a séché, sa fleur est tombée, et l'éclat de sa beauté s'en est allé ; ainsi le riche se flétrira avec toutes ses entreprises.

¹² Heureux l'homme qui supporte l'épreuve avec persévérance, car, une fois vérifiée sa qualité, il recevra la couronne de la vie comme la récompense promise à ceux qui aiment Dieu.

¹³ Dans l'épreuve de la tentation, que personne ne dise : « Ma tentation vient de Dieu. » Dieu en effet ne peut être tenté de faire le mal, et lui-même ne tente personne. ¹⁴ Chacun est tenté par ses propres désirs qui l'entraînent et le séduisent. ¹⁵ Puis le désir engendre et met au monde le péché, et le péché, parvenu à sa maturité, enfante la mort.

Mettre la Parole en pratique.

ⁱ⁶ Ne vous y trompez pas, frères bien-aimés, ¹⁷ les dons les meilleurs, les présents merveilleux, viennent d'en haut, ils descendent tous d'auprès du Père de toutes les lumières, lui qui n'est pas, comme les astres, sujet au mouvement périodique ni aux éclipses passagères. ¹⁸ Il a voulu nous donner la vie par sa parole de vérité, pour faire de nous les premiers appelés de toutes ses créatures.

¹⁹ Frères bien-aimés, chacun devrait être toujours prêt à écouter, lent à parler, lent à se mettre en colère, ²⁰ car la colère de l'homme n'accomplit pas ce que Dieu attend du juste. ²¹ C'est pourquoi vous devez rejeter tout ce qui salit, tout ce qu'il vous reste de méchanceté, pour accueillir humblement la parole de Dieu semée en vous; elle est capable de vous sauver. ²² Mettez la Parole en application, ne vous contentez pas de l'écouter: ce serait vous faire illusion. ²³ Car écouter la Parole sans la mettre en application, c'est ressembler à un homme qui se regarde dans une glace, ²⁴ et qui, aussitôt après, s'en va en oubliant de quoi il avait l'air. ²⁵ Au contraire, l'homme qui se penche sur la loi parfaite, celle de la liberté, et qui s'y tient, celui qui ne l'écoute pas pour l'oublier, mais l'applique dans ses actes, heureux sera-t-il d'agir ainsi. ²⁶ Si quelqu'un croit être un homme religieux, alors qu'il ne sait pas mettre un frein à sa langue, il se trompe lui-même, sa religion ne mène à rien.

²⁷ Devant Dieu notre Père, la manière pure et irréprochable de pratiquer la religion, c'est de venir en aide aux orphelins et aux veuves dans leur malheur, et de se garder propre au milieu du monde.

La dignité des pauvres dans l'Église.

2 ¹ Mes frères, ne mêlez pas des considérations de personnes avec la foi en Jésus Christ, notre Seigneur de gloire. ² Imaginons que, dans votre assemblée, arrivent en même temps un homme aux vêtements rutilants, portant des bagues en or, et un homme pauvre aux vêtements sales. ³ Vous vous tournez vers l'homme qui porte des vêtements rutilants et vous lui dites: «Prends ce siège, et installe-toi bien»; et vous dites au pauvre: «Toi, reste là debout», ou bien: «Assieds-toi par terre à mes pieds». ⁴ Agir ainsi, n'est-ce pas faire des différences entre vous, et juger selon des valeurs fausses?

⁵ Écoutez donc, mes frères bien-aimés! Dieu, lui, n'a-t-il pas choisi ceux qui sont pauvres aux yeux du monde? Il les a faits riches de la foi, il les a faits héritiers du Royaume qu'il a promis à ceux qui l'auront aimé. ⁶ Mais vous, vous avez privé le pauvre de sa

dignité. Ne voyez-vous pas que ce sont les riches qui vous oppriment, et vous traînent devant les tribunaux ? [7] Ce sont eux qui blasphèment le beau nom du Seigneur qui a été prononcé sur vous. [8] Certes, vous avez raison quand vous appliquez la loi du Royaume, celle qui est dans l'Écriture : *Tu aimeras ton prochain comme toi-même.* [9] Mais quand vous marquez des différences entre les personnes, vous commettez un péché, et cette Loi vous dénonce comme coupables.

Observer toute la loi.

[10] En effet, si quelqu'un observe toute la Loi, mais s'il est en faute sur un seul point, le voilà en infraction par rapport à l'ensemble de la Loi. [11] En effet, si Dieu a dit : *Tu ne commettras pas d'adultère*, il a dit aussi : *Tu ne commettras pas de meurtre.* Donc, si tu ne commets pas d'adultère mais si tu commets un meurtre, te voilà coupable par rapport à la Loi. [12] Parlez et agissez comme des gens qui vont être jugés par une loi de liberté. [13] Car le jugement est sans miséricorde pour celui qui n'a pas fait miséricorde, mais la miséricorde se moque du jugement.

Pas de vraie foi sans les actes.

[14] Mes frères, si quelqu'un prétend avoir la foi, alors qu'il n'agit pas, à quoi cela sert-il ? Cet homme-là peut-il être sauvé par sa foi ?

[15] Supposons que l'un de nos frères ou l'une de nos sœurs n'aient pas de quoi s'habiller, ni de quoi manger tous les jours ; [16] si l'un de vous leur dit : «Rentrez tranquillement chez vous ! Mettez-vous au chaud, et mangez à votre faim !» et si vous ne leur donnez pas ce que réclame leur corps, à quoi cela sert-il ? [17] Ainsi donc, celui qui n'agit pas, sa foi est bel et bien morte, et on peut lui dire : «Tu prétends avoir la foi, moi je la mets en pratique. Montre-moi donc ta foi qui n'agit pas ; moi, c'est par mes actes que je te montrerai ma foi. [19] Tu crois qu'il y a un seul Dieu ? Tu as raison. Les démons, eux aussi, le croient, mais ils tremblent de peur. [20] Pauvre homme, veux-tu une preuve que la foi sans les œuvres ne sert à rien ? [21] Regarde Abraham notre père : Dieu a fait de lui un juste à cause de ses actes, quand il a offert sur l'autel son fils Isaac. [22] Tu vois bien que sa foi était à l'œuvre avec ses actes, et ses actes ont rendu sa foi parfaite. [23] Ainsi s'est accomplie la parole de l'Écriture : *Abraham eut foi en Dieu, et de ce fait Dieu estima qu'il était juste*, et il reçut le nom d'ami de Dieu.»

[24] Vous le constatez : l'homme devient juste à cause de ses actes, et pas seulement par sa foi.

[25] Il en fut de même pour Rahab, la prostituée ; n'est-ce

pas à cause de ses actes qu'elle est devenue juste, en accueillant les envoyés de Josué et en les faisant repartir par un autre chemin ? ²⁶ En effet, comme le corps qui ne respire plus est mort, la foi qui n'agit pas est morte.

Puissance irrésistible et redoutable de la parole humaine.

3 ¹ Mes frères, ne croyez pas avoir tous la mission d'enseigner : vous le savez bien, nous qui enseignons, nous serons jugés plus sévèrement. ² Car nous commettons tous beaucoup de fautes. Si quelqu'un ne commet pas de fautes en paroles, c'est un homme parfait, capable de mettre un frein à tous les instincts de son corps. ³ En mettant un frein dans la bouche des chevaux pour qu'ils nous obéissent, nous dirigeons tout leur corps. ⁴ Voyez aussi les navires : quelles que soient leur taille et la force des vents qui les poussent, ils sont dirigés par un tout petit gouvernail au gré de celui qui tient la barre. ⁵ De même notre langue, qui est une si petite partie de notre corps : elle peut se vanter de faire de grandes choses. Voyez encore : une toute petite flamme peut mettre le feu à une grande forêt. ⁶ La langue aussi est un feu, elle est le monde de la méchanceté ; cette langue est une partie de nous-mêmes, et c'est elle qui contamine le corps tout entier,

elle met le feu à toute notre existence, un feu qu'elle tient de l'enfer.

⁷ Les humains sont arrivés à dompter et à domestiquer toutes les espèces de bêtes et d'oiseaux, de reptiles et de poissons ; ⁸ mais la langue, aucun homme n'est arrivé à la dompter, vraie peste, toujours en mouvement, remplie d'un venin mortel. ⁹ Elle nous sert à bénir le Seigneur notre Père, elle nous sert aussi à maudire les hommes, eux qui ont été créés à l'image de Dieu. ¹⁰ Bénédiction et malédiction sortent de la même bouche. Mes frères, il ne doit pas en être ainsi. ¹¹ Une source donne-t-elle par le même orifice de l'eau amère et de l'eau douce ? ¹² Mes frères, un figuier peut-il donner des olives ? Une vigne peut-elle donner des figues ? Une source d'eau salée ne peut pas davantage donner de l'eau pure.

La vraie sagesse engendre la paix ; la jalousie et l'orgueil engendrent la guerre.

¹³ Y a-t-il parmi vous un homme de sagesse et d'expérience ? Qu'il prouve par sa vie exemplaire que la douceur de la sagesse inspire ses actes. ¹⁴ Mais si vous avez dans le cœur la jalousie amère et l'esprit de rivalité, ne soyez pas, contre toute vérité, pleins d'orgueil et de mensonge. ¹⁵ Cette prétendue sagesse ne vient pas de Dieu ; au contraire, elle est

terrestre, purement humaine, diabolique. [16] Car la jalousie et les rivalités mènent au désordre et à toutes sortes d'actions malfaisantes. [17] Au contraire, la sagesse qui vient de Dieu est d'abord droiture, et par suite elle est paix, tolérance, compréhension ; elle est pleine de miséricorde et féconde en bienfaits, sans partialité et sans hypocrisie. [18] C'est dans la paix qu'est semée la justice, qui donne son fruit aux artisans de la paix.

4 [1] D'où viennent les guerres, d'où viennent les conflits entre vous ? N'est-ce pas justement de tous ces instincts qui mènent leur combat en vous-mêmes ? [2] Vous êtes pleins de convoitises et vous n'obtenez rien, alors vous tuez ; vous êtes jaloux et vous n'arrivez pas à vos fins, alors vous entrez en conflit et vous faites la guerre. [3] Vous n'obtenez rien parce que vous ne priez pas ; vous priez, mais vous ne recevez rien parce que votre prière est mauvaise : vous demandez des richesses pour satisfaire vos instincts. [4] Créatures adultères ! Vous savez bien que l'amour pour les choses du monde est hostilité contre Dieu ; donc celui qui veut aimer les choses du monde se pose en ennemi de Dieu. [5] Vous pensez bien que l'Écriture ne parle pas pour rien quand elle dit : *Dieu veille jalousement sur l'Esprit qu'il a fait habiter en nous.* [6] Mais il nous donne une grâce plus grande encore ; c'est ce que dit l'Écriture : *Dieu s'oppose aux orgueilleux, aux humbles il accorde sa grâce.* [7] Soumettez-vous donc à Dieu, et résistez au démon : il s'enfuira loin de vous. [8] Approchez-vous de Dieu, et il s'approchera de vous. Pécheurs, enlevez la souillure de vos mains ; hommes partagés, purifiez vos cœurs. [9] Affligez-vous, lamentez-vous et pleurez ; que votre rire se change en lamentations et votre joie en tristesse. [10] Abaissez-vous devant le Seigneur, et il vous élèvera.

[11] Frères, cessez de dire du mal les uns des autres ; dire du mal de son frère ou juger son frère, c'est dire du mal de la Loi et juger la Loi. Or, si tu juges la Loi, tu n'en es plus le fidèle sujet, tu en es le juge. [12] Un seul est à la fois législateur et juge, celui qui a le pouvoir de sauver et de perdre. Pour qui te prends-tu donc, toi qui juges ton prochain ?

Folie et aveuglement des riches.

[13] Écoutez-moi ! Vous dites : «Aujourd'hui ou demain nous irons dans telle ou telle ville, nous y passerons l'année, nous ferons du commerce et nous gagnerons de l'argent», [14] alors que vous ne savez même pas ce que sera votre vie demain ! Vous n'êtes qu'un peu de fumée, qui paraît un instant puis disparaît. [15] Vous devriez dire au contraire : «Si le Seigneur le veut bien, nous serons en vie pour faire ceci ou cela.» [16] Et voilà que vous mettez votre orgueil

dans des projets prétentieux. Tout cet orgueil est mauvais ! ¹⁷Être en mesure de faire le bien, et ne pas le faire, c'est un péché.

5 ¹Écoutez-moi, vous, les gens riches ! Pleurez, lamentez-vous, car des malheurs vous attendent. ²Vos richesses sont pourries, vos vêtements sont mangés des mites, ³votre or et votre argent sont rouillés. Cette rouille vous accusera, elle dévorera vos chairs comme un feu. Vous avez amassé de l'argent, alors que nous sommes dans les derniers temps ! ⁴Des travailleurs ont moissonné vos terres, et vous ne les avez pas payés ; leur salaire crie vengeance, et les revendications des moissonneurs sont arrivées aux oreilles du Seigneur de l'univers. ⁵Vous avez recherché sur terre le plaisir et le luxe, et vous avez fait bombance pendant qu'on massacrait des gens. ⁶Vous avez condamné le juste et vous l'avez tué, sans qu'il vous résiste.

Attendre dans la patience la venue du Seigneur.

⁷Frères, en attendant la venue du Seigneur, ayez de la patience. Voyez le cultivateur : il attend les produits précieux de la terre avec patience, jusqu'à ce qu'il ait fait la première et la dernière récoltes. ⁸Ayez de la patience vous aussi, et soyez fermes, car la venue du Seigneur est proche. ⁹Frères, ne gémissez pas les uns contre les autres, ainsi vous ne serez pas jugés. Voyez : le Juge est à notre porte.

¹⁰Frères, prenez pour modèles d'endurance et de patience les prophètes qui ont parlé au nom du Seigneur. ¹¹Voyez : nous proclamons heureux ceux qui tiennent bon. Vous avez entendu dire comment Job a tenu bon, et vous avez vu ce qu'à la fin le Seigneur a fait pour lui, car le Seigneur est tendre et miséricordieux.

¹²Et avant tout, mes frères, ne faites pas de serment : ne jurez ni par le ciel ni par la terre, ni d'aucune autre manière ; que votre « oui » soit un « oui », que votre « non » soit un « non », ainsi vous ne risquerez pas d'être condamnés.

La prière qui guérit les corps et les âmes.

¹³Si l'un de vous est dans la souffrance, qu'il prie ; si quelqu'un est dans la joie, qu'il chante le Seigneur. ¹⁴Si l'un de vous est malade, qu'il appelle ceux qui exercent dans l'Église la fonction d'Anciens : ils prieront sur lui après lui avoir fait une onction d'huile au nom du Seigneur. ¹⁵Cette prière inspirée par la foi sauvera le malade : le Seigneur le relèvera et, s'il a commis des péchés, il recevra le pardon. ¹⁶Reconnaissez vos péchés les uns devant les autres, et priez les uns pour les autres afin d'être guéris, car la supplication du juste agit avec beaucoup de

puissance. [17] Le prophète Élie n'était qu'un homme comme nous ; pourtant, lorsqu'il a prié avec insistance pour qu'il ne pleuve pas, il n'a pas plu pendant trois ans et demi ; [18] puis il pria encore une fois, et le ciel donna la pluie, et la terre produisit sa récolte.

[19] Mes frères, si l'un de vous s'égare loin de la vérité et si quelqu'un l'amène à se convertir, [20] alors, sachez-le : celui qui ramène un pécheur du chemin où il s'égarait se sauvera lui-même et couvrira une multitude de péchés.

PREMIÈRE LETTRE
DE
SAINT PIERRE

*En marche
vers l'accomplissement du salut
annoncé par les prophètes.*

1 ¹ Moi, Pierre, Apôtre du Christ Jésus, à vous qui êtes comme en exil, dispersés dans les provinces du Pont, de Galatie, de Cappadoce, d'Asie et de Bithynie, ² choisis selon le plan de Dieu le Père, dans l'Esprit qui sanctifie, pour obéir à Jésus Christ et être purifiés par son sang. Que la grâce et la paix vous soient accordées en abondance.

³ Béni soit Dieu, le Père de Jésus Christ notre Seigneur : dans sa grande miséricorde, il nous a fait renaître grâce à la résurrection de Jésus Christ pour une vivante espérance, ⁴ pour l'héritage qui ne connaîtra ni destruction, ni souillure, ni vieillissement. Cet héritage vous est réservé dans les cieux, ⁵ à vous que la puissance de Dieu garde par la foi, en vue du salut qui est prêt à se manifester à la fin des temps.

⁶ Vous en tressaillez de joie, même s'il faut que vous soyez attristés, pour un peu de temps encore, par toutes sortes d'épreuves ; ⁷ elles vérifieront la qualité de votre foi qui est bien plus précieuse que l'or (cet or voué pourtant à disparaître, qu'on vérifie par le feu). Tout cela doit donner à Dieu louange, gloire et honneur quand se révélera Jésus Christ, ⁸ lui que vous aimez sans l'avoir vu, en qui vous croyez sans le voir encore ; et vous tressaillez d'une joie inexprimable qui vous transfigure, ⁹ car vous allez obtenir votre salut qui est l'aboutissement de votre foi.

¹⁰ Sur ce salut, les prophètes ont réfléchi et médité, et ils ont annoncé la grâce que vous deviez recevoir. ¹¹ Ils cherchaient à savoir de quels temps et de quelles circonstances voulait parler l'Esprit du Christ présent en eux, quand il prédisait les souffrances du Messie et la gloire qui suivrait sa Passion. ¹² Dieu leur révéla que l'accomplissement de leurs prophéties n'était pas pour leur temps, mais pour le vôtre. Et maintenant, cet accomplissement vous a été proclamé par ceux qui vous

ont apporté l'Évangile sous l'action de l'Esprit Saint envoyé du ciel, alors que les anges eux-mêmes voudraient bien pouvoir scruter ce message.

¹³ Préparez donc votre esprit pour l'action, restez sobres, mettez toute votre espérance dans la grâce que vous devez recevoir lorsque Jésus Christ se révélera. ¹⁴ Soyez comme des enfants obéissants, cessez de modeler vos désirs sur ceux que vous aviez autrefois, quand vous étiez dans l'ignorance. ¹⁵ Mais, à l'image du Dieu saint qui vous a appelés, soyez saints, vous aussi, dans toute votre conduite, ¹⁶ puisque l'Écriture dit : *Soyez saints, car moi, je suis saint.*

Rachetés par le sang du Christ et régénérés par la Parole.

¹⁷ Vous invoquez comme votre Père celui qui ne fait pas de différence entre les hommes, mais qui les juge chacun d'après ses actes ; vivez donc, pendant votre séjour sur terre, dans la crainte de Dieu. ¹⁸ Vous le savez : ce qui vous a libérés de la vie sans but que vous meniez à la suite de vos pères, ce n'est pas l'or et l'argent, car ils seront détruits ; ¹⁹ c'est le sang précieux du Christ, l'Agneau sans défaut et sans tache. ²⁰ Dieu l'avait choisi dès avant la création du monde, et il l'a manifesté à cause de vous, en ces temps qui sont les derniers. ²¹ C'est par lui que vous croyez en Dieu, qui l'a ressuscité d'entre les morts et lui a donné la gloire ; ainsi vous mettez votre foi et votre espérance en Dieu.

²² En obéissant à la vérité, vous vous êtes purifiés pour vous aimer sincèrement comme des frères. D'un cœur pur, aimez-vous intensément les uns les autres, ²³ car Dieu vous a fait renaître, non pas d'une semence périssable, mais d'une semence impérissable : sa parole vivante qui demeure. ²⁴ C'est pourquoi l'Écriture dit : *Toute créature est comme l'herbe, toute sa gloire est comme la fleur des champs ; l'herbe s'est desséchée et la fleur s'est fanée,* ²⁵ *mais la parole du Seigneur demeure pour toujours.* Or, cette parole, c'est l'Évangile qui vous a été annoncé.

Le nouveau peuple de Dieu.

2 ¹ Débarrassez-vous donc de toute méchanceté et de toute fausseté, de vos hypocrisies, de vos jalousies, de toutes vos médisances, ² et, comme des enfants nouveau-nés, soyez avides de la Parole, ce lait non falsifié qui vous fera grandir pour arriver au salut, ³ puisque *vous avez goûté combien le Seigneur est bon.* ⁴ Approchez-vous de lui : il est *la pierre vivante que les hommes ont éliminée,* mais que Dieu a choisie parce qu'il en connaît la valeur. ⁵ Vous aussi, soyez les pierres vivantes qui servent à construire le Temple spirituel,

et vous serez le sacerdoce saint, présentant des offrandes spirituelles que Dieu pourra accepter à cause du Christ Jésus. [6] On lit en effet dans l'Écriture : *Voici que je pose en Sion une pierre angulaire, une pierre choisie et de grande valeur ; celui qui lui donne sa foi ne connaîtra pas la honte.*

[7] Ainsi donc, honneur à vous qui avez la foi, mais, pour ceux qui refusent de croire, l'Écriture dit : *La pierre éliminée par les bâtisseurs est devenue la pierre d'angle,* [8] *une pierre sur laquelle on bute, un rocher qui fait tomber.*

Ces gens-là butent en refusant d'obéir à la Parole, et c'est bien ce qui devait leur arriver. [9] Mais vous, vous êtes la race choisie, le sacerdoce royal, la nation sainte, le peuple qui appartient à Dieu ; vous êtes donc chargés d'annoncer les merveilles de celui qui vous a appelés des ténèbres à son admirable lumière. [10] Car autrefois vous n'étiez *pas son peuple,* mais aujourd'hui vous êtes le *peuple de Dieu.* Vous étiez *privés d'amour,* mais aujourd'hui Dieu vous *a montré son amour.*

[11] Mes bien-aimés, puisque vous êtes ici-bas des gens de passage et des voyageurs, je vous exhorte à fuir les tendances égoïstes de la chair qui mènent leur combat contre l'âme. [12] Ayez au milieu des païens une conduite excellente ; ainsi, alors même qu'ils vous calomnient en vous traitant de malfaiteurs, ils auront devant les yeux vos actions excellentes, et la rendront gloire à Dieu, le jour où il viendra visiter son peuple.

[13] Soyez soumis à toute institution humaine, à cause du Seigneur : [14] et à l'empereur, qui est le souverain, et aux gouverneurs, qui sont ses délégués pour punir les malfaiteurs et reconnaître les mérites des gens de bien. [15] Car la volonté de Dieu, c'est que les gens de bien fassent taire les insensés qui parlent sans savoir. [16] Soyez des hommes libres, sans dissimuler votre méchanceté derrière cette liberté ; soyez plutôt les esclaves de Dieu. [17] Respectez tout le monde, aimez la communauté des frères, craignez Dieu, respectez l'empereur.

[18] Vous les serviteurs, soyez soumis en toute crainte de Dieu à vos maîtres, non seulement ceux qui sont bons et doux, mais aussi ceux qui sont désagréables.

Endurer la persécution à l'exemple du Christ.

[19] En effet, c'est une grâce de supporter, en ayant conscience d'obéir à Dieu, des choses pénibles souffertes injustement. [20] Quel mérite y a-t-il à supporter des coups en ayant commis une faute ? Mais si on supporte la souffrance en ayant fait le bien, c'est une grâce aux yeux de Dieu.

²¹ C'est bien à cela que vous avez été appelés, puisque le Christ lui-même a souffert pour vous et vous a laissé son **exemple** afin que vous suiviez ses traces, ²² lui qui n'a jamais commis de péché ni proféré de mensonge : ²³ couvert d'insultes, il n'insultait pas ; accablé de souffrances, il ne menaçait pas, mais il confiait sa cause à Celui qui juge avec justice. ²⁴ Dans son corps, il a porté nos péchés sur le bois de la croix, afin que nous puissions mourir à nos péchés et vivre dans la justice : c'est par ses blessures que vous avez été guéris. ²⁵ Vous étiez errants comme des brebis ; mais à présent vous êtes revenus vers le **berger** qui veille sur vous.

Le mariage et les autres relations humaines à la lumière de la foi.

3 ¹ Quand les femmes sont soumises à leurs maris, s'il arrive que certains refusent de croire à la parole de Dieu, ils seront gagnés, sans paroles, par la conduite de leur femme, ² en ayant devant les yeux cette attitude pure et pleine de respect.

³ Femmes, ce qu'il vous faut, ce n'est pas la beauté extérieure – raffinements de coiffure, bijoux d'or, belles toilettes – ⁴ mais, au fond de vous-mêmes, une âme qui ne perd jamais sa douceur et son calme : voilà ce qui est précieux aux regards de Dieu. ⁵ C'est cela qui faisait la beauté des femmes d'autrefois : elles, qui espéraient en Dieu, étaient soumises à leurs maris ; ⁶ Sara, par exemple, obéissait à Abraham, qu'elle appelait son seigneur. Vous êtes devenues ses filles ; faites donc ce qui est bien, sans crainte et sans aucun trouble.

⁷ A votre tour, vous les hommes, sachez comprendre, dans la vie commune, que les femmes sont des êtres plus délicats ; traitez-les avec respect, puisqu'elles héritent, au même titre que vous, de la grâce qui donne la vie. Ainsi, rien ne viendra contrarier vos prières.

⁸ Enfin, que tout le monde vive parfaitement uni, plein de sympathie, d'amour fraternel, de tendresse, de simplicité. ⁹ Ne rendez pas le mal pour le mal, ni l'insulte pour l'insulte ; au contraire, appelez sur les autres la bénédiction puisque, par vocation, vous devez recevoir en héritage les bénédictions de Dieu. ¹⁰ En effet,

Celui qui aime la vie
et désire connaître des jours heureux,
qu'il garde sa langue du mal
et ses lèvres de tout mensonge ;
¹¹ *qu'il évite le mal et pratique le bien,*
qu'il recherche la paix, qu'il la poursuive.
¹² *Car le Seigneur regarde les justes,*
il écoute, attentif à leurs appels.
Mais le Seigneur affronte les méchants.

Savoir souffrir pour la justice avec le Christ qui nous a sauvés par le baptême.

[13] Et qui vous fera du mal, si vous cherchez le bien avec ardeur? [14] S'il vous arrivait de souffrir pour la justice, heureux seriez-vous! Comme dit l'Écriture: *N'ayez aucune crainte de ces gens-là, ne vous laissez pas troubler.* [15] C'est le Seigneur, le Christ, que vous devez reconnaître dans vos cœurs comme le seul saint. Vous devez toujours être prêts à vous expliquer devant tous ceux qui vous demandent de rendre compte de l'espérance qui est en vous; [16] mais faites-le avec douceur et respect. Ayez une conscience droite, pour faire honte à vos adversaires au moment même où ils calomnient la vie droite que vous menez dans le Christ. [17] Car il vaudrait mieux souffrir pour avoir fait le bien, si c'était la volonté de Dieu, plutôt que pour avoir fait le mal.

[18] C'est ainsi que le Christ est mort pour les péchés, une fois pour toutes; lui, le juste, il est mort pour les coupables afin de vous introduire devant Dieu. Dans sa chair, il a été mis à mort; dans l'esprit, il a été rendu à la vie. [19] C'est ainsi qu'il est allé proclamer son message à ceux qui étaient prisonniers de la mort. [20] Ceux-ci, jadis, s'étaient révoltés au temps où se prolongeait la patience de Dieu, quand Noé construisit l'arche, dans laquelle un petit nombre de personnes, huit en tout, furent sauvées à travers l'eau. [21] C'était une image du baptême qui vous sauve maintenant: être baptisé, ce n'est pas être purifié de souillures extérieures, mais s'engager envers Dieu avec une conscience droite, et participer ainsi à la résurrection de Jésus Christ [22] qui est monté au ciel, au-dessus des anges et de toutes les puissances invisibles, à la droite de Dieu.

A la suite du Christ, en finir avec une vie païenne, dans l'attente du Jugement.

4 [1] Donc, puisque le Christ a souffert dans sa chair, vous aussi armez-vous de la même conviction que lui: celui qui a souffert dans sa chair en a fini avec le péché, [2] et il vivra le reste de son existence charnelle, non plus selon les convoitises humaines mais selon la volonté de Dieu. [3] Vous avez passé naguère bien assez de temps à mener vos actions dans la ligne des païens: dévergondages, convoitises, ivrogneries, goinfreries, beuveries, idolâtries désordonnées. [4] Alors ils sont déroutés parce que vous ne courez plus avec eux vers les mêmes débordements d'inconduite, et ils vous insultent. [5] Ils auront des comptes à rendre à Celui qui se prépare à juger les vivants et les morts. [6] Car si la Bonne Nouvelle a été portée aussi aux morts, c'est afin qu'ils aient de par Dieu la vie selon l'esprit, alors qu'ils ont été jugés par les hommes selon la chair.

Être de bons gérants de la grâce de Dieu jusque dans l'épreuve.

[7] La fin de toutes choses est proche. Soyez donc sobres et raisonnables pour être prêts à la prière. [8] Avant tout, ayez entre vous une charité intense, car *la charité couvre la multitude des péchés.* [9] Pratiquez l'hospitalité entre vous sans récriminer. [10] Ce que chacun de vous a reçu comme don de la grâce, mettez-le au service des autres, comme de bons gérants de la grâce de Dieu sous toutes ses formes : [11] si quelqu'un a le don de parler, qu'il dise la parole de Dieu ; s'il a le don du service, qu'il s'en acquitte avec la force que Dieu communique. Ainsi, en toute chose, Dieu recevra sa gloire par Jésus Christ, car c'est à lui qu'appartiennent la gloire et la puissance pour les siècles des siècles. Amen.

[12] Mes bien-aimés, ne vous laissez pas dérouter : vous êtes mis à l'épreuve par les événements qui ont éclaté chez vous comme un incendie ; ce n'est pas quelque chose de déroutant qui vous arrive. [13] Mais, puisque vous communiez aux souffrances du Christ, réjouissez-vous, afin d'être dans la joie et l'allégresse quand sa gloire se révélera. [14] Si l'on vous insulte à cause du nom du Christ, heureux êtes-vous, puisque l'Esprit de gloire, l'Esprit de Dieu, repose sur vous. [15] Si l'on fait souffrir l'un de vous, que ce ne soit pas comme meurtrier, voleur, malfaiteur, ou comme dénonciateur. [16] Mais si c'est comme chrétien, qu'il n'ait pas de honte, et qu'il rende gloire à Dieu à cause de ce nom de chrétien. [17] Car voici le temps du jugement : il va commencer par la famille de Dieu. Or, si cela débute par nous, comment finiront-ils, ceux qui refusent d'obéir à l'Évangile de Dieu ? [18] Et, *si le juste est sauvé à grand-peine, où donc se retrouvera l'homme impie et pécheur ?* [19] Ainsi, ceux qui ont à souffrir pour avoir fait la volonté de Dieu, qu'ils continuent à bien agir en confiant leur vie au Créateur, qui est fidèle.

Exhortation aux Anciens.

5 [1] Je m'adresse à ceux qui exercent parmi vous la fonction d'Anciens, car moi aussi je fais partie des Anciens, je suis témoin de la passion du Christ, et je communierai à la gloire qui va se révéler. [2] Soyez les bergers du troupeau de Dieu qui vous est confié ; veillez sur lui, non par contrainte mais de bon cœur, comme Dieu le veut ; non par une misérable cupidité mais par dévouement ; [3] non pas en commandant en maîtres à ceux dont vous avez reçu la

charge, mais en devenant les modèles du troupeau. [4] Et, quand se manifestera le berger suprême, vous remporterez la couronne de gloire qui ne se flétrit pas.

Exhortations diverses
et dernières salutations.

[5] De même, vous les jeunes gens, soyez soumis aux plus anciens. Et tous, comme on met un vêtement de travail, revêtez l'humilité dans vos rapports les uns avec les autres. En effet *Dieu s'oppose aux orgueilleux, aux humbles il accorde sa grâce.* [6] Tenez-vous donc humblement sous la main puissante de Dieu, pour qu'il vous élève quand le jugement viendra. [7] Déchargez-vous sur lui de tous vos soucis, puisqu'il s'occupe de vous. [8] Soyez sobres, soyez vigilants : votre adversaire, le démon, comme un lion qui rugit, va et vient, à la recherche de sa proie. [9] Résistez-lui avec la force de la foi, car vous savez que tous vos frères, de par le monde, sont en butte aux mêmes souffrances. [10] Dieu, qui donne toute grâce, lui qui vous a appelés dans le Christ à sa gloire éternelle, vous rétablira, après que vous aurez souffert un peu de temps ; il vous affermira, vous fortifiera, vous rendra inébranlables. [11] A lui la puissance pour tous les siècles. Amen.

[12] Je vous écris ces quelques mots par Silvain, que je considère comme un frère digne de confiance, pour vous encourager, et pour attester que c'est vraiment la grâce de Dieu qui est avec vous ; restez-y fidèles. [13] La communauté qui est à Babylone, élue de Dieu comme vous, vous salue, ainsi que Marc, mon fils. [14] Exprimez votre amour mutuel en échangeant le baiser de paix. Paix à vous tous, qui êtes dans le Christ.

SECONDE LETTRE
DE
SAINT PIERRE

*Répondre au don de Dieu
par un effort généreux.*

1 ¹ Moi, Simon Pierre, serviteur et Apôtre de Jésus Christ, je m'adresse à vous, que notre Dieu et Sauveur Jésus Christ, dans sa justice, a gratifiés de la foi, précieuse pour vous comme pour nous. ² Que la grâce et la paix vous soient accordées en abondance par la véritable connaissance de Dieu et de Jésus notre Seigneur.

³ En effet, sa puissance divine nous a fait don de tout ce qu'il faut pour vivre en hommes religieux, grâce à la véritable connaissance de Celui qui nous a appelés par la gloire et la force qui lui appartiennent. ⁴ Ainsi, Dieu nous a fait don des grandes richesses promises, et vous deviendrez participants de la nature divine, en fuyant la dégradation que le désir produit dans le monde. ⁵ Et pour ces motifs, faites tous vos efforts pour unir à votre foi la vertu, à la vertu la connaissance de Dieu, ⁶ à la connaissance de Dieu la maîtrise de vous-mêmes, à la maîtrise de vous-mêmes la persévérance, à la persévérance la piété, ⁷ à la piété la fraternité, à la fraternité l'amour. ⁸ Si vous avez tout cela en abondance, vous ne vous trouverez pas inefficaces ni impuissants pour connaître vraiment notre Seigneur Jésus Christ. ⁹ Mais celui qui en est dépourvu a la vue si courte qu'il en est aveugle : il oublie qu'il a été purifié de ses péchés d'autrefois. ¹⁰ C'est pourquoi, frères, redoublez d'efforts pour confirmer l'appel et le choix dont vous avez bénéficié ; en agissant ainsi, vous ne risquez pas de tomber. ¹¹ C'est ainsi que vous sera généreusement accordée l'entrée dans le royaume éternel de notre Seigneur et Sauveur Jésus Christ.

*La foi fondée sur le témoignage
des Apôtres, qui confirme
la parole des prophètes.*

¹² Voilà pourquoi je tiendrai toujours à vous rappeler ces choses, bien que vous les sachiez, et que vous soyez déjà affermis dans la vérité que nous avons. ¹³ Et il me paraît

juste, tant que je suis dans cette demeure terrestre, de vous tenir éveillés par ces rappels, [14] car je sais que bientôt j'abandonnerai cette demeure, comme notre Seigneur Jésus Christ me l'a prédit. [15] Mais je ferai tout pour qu'après mon départ vous puissiez en toute occasion faire mémoire de tout cela.

[16] En effet, pour vous faire connaître la puissance et la venue de notre Seigneur Jésus Christ, nous n'avons pas eu recours aux inventions des récits mythologiques, mais nous l'avons contemplé lui-même dans sa grandeur. [17] Car il a reçu du Père l'honneur et la gloire quand est venue sur lui, de la gloire rayonnante de Dieu, une voix qui disait : *Celui-ci est mon Fils bien-aimé, en lui j'ai mis tout mon amour.*
[18] Cette voix venant du ciel, nous l'avons entendue nous-mêmes quand nous étions avec lui sur la montagne sainte. [19] Et ainsi se confirme pour nous la parole des prophètes ; vous avez raison de fixer votre attention sur elle, comme sur une lampe brillant dans l'obscurité jusqu'à ce que paraisse le jour et que l'étoile du matin se lève dans vos cœurs.

[20] Car vous savez cette chose essentielle : pour aucune prophétie de l'Écriture il ne peut y avoir d'interprétation individuelle, [21] puisque ce n'est jamais la volonté d'un homme

qui a porté une prophétie : c'est portés par l'Esprit Saint que des hommes ont parlé de la part de Dieu.

Aujourd'hui comme depuis toujours, se détourner des ennemis de Dieu qui vont à leur perte.

2 [1] Mais il y a eu aussi dans le peuple de faux prophètes, comme il y aura parmi vous de faux enseignants, qui introduiront des options ruineuses et renieront le maître qui les a rachetés. Ils se préparent pour bientôt la ruine. [2] Beaucoup de gens les suivront dans leur débauche ; à cause d'eux, le chemin de vérité sera outragé, [3] et dans leur cupidité, ils vous exploiteront par des discours fabriqués ; leur condamnation est depuis longtemps à l'œuvre, et leur ruine est en alerte.

[4] Car Dieu n'a pas épargné les anges qui avaient péché, mais il les a livrés aux cavernes infernales des ténèbres, où ils sont réservés pour le jugement. [5] Il n'a pas non plus épargné le vieux monde, mais, quand il a fait venir le déluge sur le monde des impies, il a protégé huit survivants, dont Noé qui proclamait ce qui est juste. [6] Il a condamné les villes de Sodome et Gomorrhe à la catastrophe en les réduisant en cendres, faisant ainsi un exemple pour les impies de l'avenir, [7] et il a délivré Lot, le juste, accablé par la vie de débauche de ces gens dévoyés :

[8] en effet, avec ce qu'il voyait et entendait, ce juste, habitant au milieu d'eux, sentait son âme juste torturée jour après jour par leurs actions contraires aux lois. [9] Le Seigneur sait donc délivrer de la tentation les hommes religieux, et réserver pour la punition au jour du jugement les injustes, [10] surtout quand ils suivent dans leurs désirs charnels la passion qui les souille, et dédaignent la souveraineté de Dieu. Trop sûrs d'eux, arrogants, ils ne craignent pas d'outrager les êtres glorieux, [11] alors que les anges, qui leur sont pourtant supérieurs en force et en puissance, ne portent pas contre ceux-ci un jugement outrageant de la part du Seigneur.

[12] Ces gens-là sont comme des bêtes sans raison, que la nature a mises au monde pour être capturées et pourrir; ils outragent ce qu'ils ignorent, ils pourriront donc avec les animaux; [13] ils récolteront le malheur comme salaire du malheur qu'ils auront causé. Ils croient trouver leur bonheur dans les plaisirs qu'ils prennent en plein jour, ils ne sont que tache et souillure avec leurs plaisirs et les tromperies qu'ils emploient quand ils s'empiffrent avec vous. [14] Tous leurs regards, tournés vers les femmes adultères, sont en permanence avides de pécher. Ils séduisent les âmes sans solidité, ils ont le cœur exercé à la cupidité, ce sont des enfants de malédiction. [15] Abandonnant le droit chemin, ils se sont égarés, ils se sont engagés sur le chemin de Balaam fils de Bosor; heureux de recevoir le salaire du malheur, [16] celui-ci a pourtant reçu une leçon pour sa transgression: une bête de somme sans voix s'est mise à parler avec une voix humaine et s'est opposée à la folie du prophète. [17] Ces gens-là sont des sources sans eau, des nuées emportées par la tempête; l'obscurité des ténèbres leur est réservée. [18] Ils profèrent des énormités pleines de vide, ils séduisent, par leurs passions charnelles et leur débauche, ceux qui viennent tout juste de quitter les gens qui vivent dans l'égarement. [19] Ils leur promettent la liberté, alors qu'eux-mêmes sont esclaves de la pourriture: car l'homme est esclave de ce qui le domine. [20] Si en effet les hommes ont quitté les souillures du monde pour connaître en vérité notre Seigneur et Sauveur Jésus Christ, et qu'ils s'y retrouvent dominés et enlacés, leur situation finale devient pire que celle du début. [21] Il aurait mieux valu pour eux ne pas avoir connu le chemin de justice que de l'avoir connu et de s'être détournés du saint commandement qui leur avait été transmis. [22] Il leur arrive ce que dit en vérité le proverbe: *Le chien retourne à son vomissement*, et: *la truie, aussitôt lavée, se vautre dans la boue*.

Si le Jour du Seigneur tarde,
c'est que Dieu est patient.

3 [1] Mes bien-aimés, c'est déjà la deuxième lettre que je vous écris pour vous tenir en éveil, en vous rappelant comment penser droitement [2] et vous souvenir des paroles prononcées depuis longtemps par les saints prophètes, et du commandement du Seigneur et Sauveur, que vous avez reçu de vos apôtres. [3] Sachez d'abord que dans les derniers jours viendront, avec leurs railleries, des railleurs menés par leurs passions impies, [4] qui diront : « Où en est la promesse de sa venue ? Car depuis que les pères sont morts, tout reste pareil depuis le début de la création. » [5] En prétendant cela, ils oublient que jadis, il y avait un ciel, ainsi qu'une terre, sortie de l'eau et subsistant au milieu de l'eau grâce à la parole de Dieu. [6] Par ces mêmes causes, le monde d'alors disparut dans les eaux du déluge. [7] Quant au ciel et à la terre de maintenant, la même parole les garde et les réserve pour le feu, en vue du jour où les hommes impies seront jugés et détruits.

[8] Mes bien-aimés, il y a une chose que vous ne devez pas oublier : pour le Seigneur, un seul jour est comme mille ans, et mille ans sont comme un seul jour. [9] Le Seigneur n'est pas en retard pour tenir sa promesse, comme le pensent certaines personnes ; c'est pour vous qu'il patiente : car il n'accepte pas d'en laisser quelques-uns se perdre ; mais il veut que tous aient le temps de se convertir. [10] Pourtant, le jour du Seigneur viendra comme un voleur. Alors les cieux disparaîtront avec fracas, les éléments en feu seront détruits, la terre, avec tout ce qu'on y a fait, sera brûlée. [11] Ainsi, puisque tout cela est en voie de destruction, vous voyez quels hommes vous devez être, quelle sainteté de vie, quel respect de Dieu vous devez avoir, [12] vous qui attendez avec tant d'impatience la venue du jour de Dieu (ce jour où les cieux embrasés seront détruits, où les éléments en feu se désagrégeront). [13] Car ce que nous attendons, selon la promesse du Seigneur, c'est un ciel nouveau et une terre nouvelle où résidera la justice.

[14] Dans l'attente de ce jour, frères bien-aimés, faites donc tout pour que le Christ vous trouve nets et irréprochables, dans la paix. [15] Et si notre Seigneur montre une telle patience, croyez bien que c'est pour votre salut, comme vous l'a écrit aussi Paul, notre frère bien-aimé, avec la sagesse qui lui a été donnée. [16] C'est ce qu'il dit également dans toutes ses lettres, quand il parle de ces sujets ; on y trouve des textes difficiles à comprendre, que des gens sans instruction et sans solidité torturent, comme ils le font pour le reste des Écritures : cela les mène à

leur propre perdition. ¹⁷ Alors, mes bien-aimés, vous voilà prévenus ; prenez-y garde : ne vous laissez pas entraîner dans les égarements d'hommes dévoyés, et ne perdez pas la position solide qui est la vôtre.

¹⁸ Mais continuez à grandir dans la grâce et la connaissance de Jésus Christ, notre Seigneur et notre Sauveur.

A lui la gloire, dès maintenant et jusqu'au jour de l'éternité. Amen.

PREMIÈRE LETTRE

DE

SAINT JEAN

Nous témoignons de la Parole de vie pour que vous soyez en communion avec le Père.

1 ¹ Ce qui était depuis le commencement, ce que nous avons entendu, ce que nous avons contemplé de nos yeux, ce que nous avons vu et que nos mains ont touché, c'est le Verbe, la Parole de la vie. ² Oui, la vie s'est manifestée, nous l'avons contemplée, et nous portons témoignage : nous vous annonçons cette vie éternelle qui était auprès du Père et qui s'est manifestée à nous. ³ Ce que nous avons contemplé, ce que nous avons entendu, nous vous l'annonçons à vous aussi, pour que, vous aussi, vous soyez en communion avec nous. Et nous, nous sommes en communion avec le Père et avec son Fils, Jésus Christ. ⁴ Et c'est nous qui écrivons cela, afin que nous ayons la plénitude de la joie.

I – Marcher dans la lumière

Première condition : éviter le péché.

⁵ Voici le message que Jésus Christ nous a fait entendre et que nous vous annonçons : Dieu est lumière, il n'y a pas de ténèbres en lui. ⁶ Si nous disons que nous sommes en communion avec lui, alors que nous marchons dans les ténèbres, nous sommes des menteurs, nous n'agissons pas selon la vérité ; ⁷ mais, si nous marchons dans la lumière, comme il est lui-même dans la lumière, nous sommes en communion les uns avec les autres, et le sang de Jésus son Fils nous purifie de tout péché. ⁸ Si nous disons que nous n'avons pas de péché, nous nous égarons nous-mêmes et la vérité n'est pas en nous. ⁹ Si nous reconnaissons nos péchés, lui qui est fidèle et juste nous pardonnera nos péchés et nous purifiera de tout ce qui nous oppose à lui. ¹⁰ Si nous disons que nous ne sommes pas pécheurs, nous faisons de lui un menteur et sa parole n'est pas en nous.

2 ¹ Mes petits enfants, je vous écris pour que vous évitiez le péché. Mais, si l'un de nous vient à pécher, nous avons un défenseur devant le Père : Jésus Christ, le Juste. ²Il est la victime offerte pour nos péchés, et non seulement pour les nôtres, mais encore pour ceux du monde entier.

Deuxième condition :
observer les commandements,
surtout celui de l'amour.

³Et voici comment nous pouvons savoir que nous le connaissons : c'est en gardant ses commandements. ⁴Celui qui dit : « Je le connais », et qui ne garde pas ses commandements, est un menteur : la vérité n'est pas en lui. ⁵Mais en celui qui garde fidèlement sa parole, l'amour de Dieu atteint vraiment la perfection : voilà comment nous reconnaissons que nous sommes en lui. ⁶Celui qui déclare demeurer en lui doit marcher lui-même dans la voie où lui, Jésus, a marché. ⁷Mes bien aimés, ce que je vous écris n'est pas un commandement nouveau, mais un commandement ancien que vous aviez dès le début. Ce commandement ancien, c'est la parole que vous avez entendue. ⁸Et pourtant, ce commandement que je vous écris est nouveau, il l'est vraiment en Jésus et en vous, puisque les ténèbres sont en train de disparaître, et que déjà brille la vraie lumière. ⁹Celui qui déclare être dans la lumière et qui a de la haine contre son frère est encore maintenant dans les ténèbres.

¹⁰Celui qui aime son frère demeure dans la lumière, et il n'y a pour lui aucune occasion de chute. ¹¹Mais celui qui a de la haine contre son frère est dans les ténèbres : il marche dans les ténèbres sans savoir où il va, parce que les ténèbres l'ont rendu aveugle.

Troisième condition :
se garder du monde
et des anti-christs.

¹²Je vous le dis, mes petits enfants : « Vos péchés sont pardonnés à cause du nom de Jésus. » ¹³Je vous le dis à vous, les plus anciens : « Vous connaissez celui qui existe depuis le commencement. » Je vous le dis à vous, les plus jeunes : « Vous avez vaincu le Mauvais. » ¹⁴Je vous l'ai dit à vous, mes enfants : « Vous connaissez le Père. » Je vous l'ai dit à vous, les plus anciens : « Vous connaissez celui qui existe depuis le commencement. » Je vous l'ai dit à vous, les plus jeunes : « Vous êtes forts, la parole de Dieu demeure en vous, vous avez vaincu le Mauvais. » ¹⁵N'ayez pas l'amour du monde, ni de ce qui est dans le monde. Si quelqu'un aime le monde, il n'a pas en lui l'amour du Père. ¹⁶Tout ce qu'il y a dans le monde – les désirs égoïstes de la nature humaine, les désirs du regard, l'orgueil de la richesse – tout cela ne vient pas du Père, mais du monde. ¹⁷Or, le monde avec ses désirs est en train de disparaître.

Mais celui qui fait la volonté de Dieu demeure pour toujours. [18] Mes enfants, nous sommes à la dernière heure. L'Anti-Christ, comme vous l'avez appris, doit venir; or, il y a dès maintenant beaucoup d'anti-christs; nous savons ainsi que nous sommes à la dernière heure. [19] Ils sont sortis de chez nous mais ils n'étaient pas des nôtres; s'ils avaient été des nôtres, ils seraient restés avec nous. Mais pas un d'entre eux n'est des nôtres, et cela devait être manifesté. [20] Quant à vous, celui qui est saint vous a consacrés par l'onction, et ainsi vous avez tous la connaissance. [21] Je ne vous dis pas que vous ignorez la vérité, mais je vous dis: «Vous la connaissez», et la vérité ne produit aucun mensonge. [22] Le menteur n'est-il pas celui qui refuse d'admettre que Jésus est le Christ? C'est celui-là l'Anti-Christ: il refuse à la fois le Père et le Fils, [23] car celui qui refuse le Fils se sépare du Père, et celui qui reconnaît le Fils trouve en même temps le Père. [24] Pour vous, gardez en vous-mêmes ce que vous avez entendu depuis le commencement. Si ce que vous avez entendu depuis le commencement demeure en vous, vous aussi vous demeurerez dans le Fils et dans le Père. [25] Et ce que le Fils lui-même nous a promis, c'est la vie éternelle. [26] Voilà ce que j'avais à vous dire au sujet de ceux qui cherchent à vous égarer. [27] Mais elle demeure en vous, l'onction par laquelle il vous a consacrés, et vous n'avez pas besoin qu'on vous instruise. Vous êtes instruits de tout par cette onction, qui est vérité et non pas mensonge: suivant ce qu'elle vous a enseigné, vous demeurez en lui. [28] Et maintenant, mes petits enfants, demeurez en lui; ainsi, quand il paraîtra, nous aurons de l'assurance, et nous serons sans honte devant lui, lors de sa venue.

II – Vivre en enfants de Dieu

Première condition: vivre selon la justice et éviter le péché.

[29] Puisque vous savez que Dieu est juste, reconnaissez aussi que tout homme qui vit selon la justice de Dieu est vraiment né de lui.

3 [1] Voyez comme il est grand, l'amour dont le Père nous a comblés: il a voulu que nous soyons appelés enfants de Dieu – et nous le sommes. Voilà pourquoi le monde ne peut pas nous connaître: puisqu'il n'a pas découvert Dieu. [2] Bien-aimés, dès maintenant, nous sommes enfants de Dieu, mais ce que nous serons ne paraît pas encore clairement. Nous le savons: lorsque le Fils de Dieu paraîtra, nous serons semblables à lui parce que nous le verrons tel qu'il est. [3] Et tout homme qui fonde sur lui une telle espérance se rend pur comme lui-même est pur. ⁴Tout homme qui commet le péché lutte contre Dieu ; car le péché, c'est la lutte contre Dieu. ⁵Or, vous savez que lui, Jésus, est apparu pour enlever les péchés, et qu'il n'y a pas de péché en lui. ⁶Quand un homme demeure en lui, il ne pèche pas ; quand il pèche, c'est qu'il ne l'a pas vu et ne le connaît pas. ⁷Mes petits enfants, ne vous laissez égarer par personne : celui qui vit selon la justice est juste comme lui, Jésus, est juste ; ⁸celui qui commet le péché appartient au diable, car, depuis le commencement, le diable est pécheur. C'est pour détruire les œuvres du diable que le Fils de Dieu est apparu. ⁹L'homme qui est né de Dieu ne commet pas le péché, car ce qui a été semé par Dieu demeure en lui : il ne peut donc pas pécher, puisqu'il est né de Dieu. ¹⁰Voici comment on distingue les enfants de Dieu et les enfants du diable : celui qui ne vit pas selon la justice n'appartient pas à Dieu, et pas davantage celui qui n'aime pas son frère.

Deuxième condition : observer le commandement de l'amour à la suite de Jésus.

¹¹Voici ce que vous avez entendu annoncer depuis le commencement : il faut nous aimer les uns les autres. ¹²Ne soyons pas comme Caïn : il appartenait au Mauvais et il égorgea son frère. Et pourquoi l'a-t-il égorgé ? Parce que ses œuvres étaient mauvaises : au contraire, celles de son frère étaient justes. ¹³Ne soyez pas étonnés, frères, si le monde a de la haine contre vous. ¹⁴Parce que nous aimons nos frères, nous savons que nous sommes passés de la mort à la vie. Celui qui n'aime pas reste dans la mort. ¹⁵Tout homme qui a de la haine contre son frère est un meurtrier, et vous savez qu'un meurtrier n'a jamais la vie éternelle demeurant en lui. ¹⁶Voici à quoi nous avons reconnu l'amour : lui, Jésus, a donné sa vie pour nous. Nous aussi, nous devons donner notre vie pour nos frères. ¹⁷Celui qui a de quoi vivre en ce monde, s'il voit son frère dans le besoin sans se laisser attendrir, comment l'amour de Dieu pourrait-il demeurer en lui ? ¹⁸Mes enfants, nous devons aimer, non pas avec des paroles et des discours, mais par des actes et en vérité. ¹⁹En agissant ainsi, nous reconnaîtrons que nous appartenons à la vérité, et devant Dieu nous aurons le cœur en paix ; ²⁰notre cœur aurait beau nous accuser, Dieu est plus grand que notre cœur, et il connaît toutes choses. ²¹Mes bien-aimés, si notre cœur ne nous accuse pas, nous nous tenons avec assurance devant Dieu. ²²Tout ce que nous demandons à Dieu, il nous l'accorde, parce que nous sommes fidèles à ses comman-

dements, et que nous faisons ce qui lui plaît. ²³ Or, voici son commandement : avoir foi en son Fils Jésus Christ, et nous aimer les uns les autres comme il nous l'a commandé. ²⁴ Et celui qui est fidèle à ses commandements demeure en Dieu, et Dieu en lui ; et nous reconnaissons qu'il demeure en nous, puisqu'il nous a donné son Esprit.

Troisième condition :
se garder des anti-christs
et du monde.

4 ¹ Mes bien-aimés, ne croyez pas n'importe quel inspiré, mais examinez les inspirations pour voir si elles viennent de Dieu, car beaucoup de faux prophètes se sont répandus dans le monde. ² Voici comment vous saurez si l'Esprit de Dieu les inspire : tout inspiré qui proclame que Jésus Christ est venu parmi nous dans la chair, celui-là appartient à Dieu. ³ Tout inspiré qui refuse de proclamer Jésus, celui-là n'appartient pas à Dieu : il a l'esprit de l'Anti-Christ, dont on vous a annoncé la venue et qui est dans le monde dès maintenant. ⁴ Vous, mes petits enfants, vous appartenez à Dieu, et vous avez vaincu ces gens-là ; car Celui qui est en vous est plus grand que celui qui est dans le monde. ⁵ Eux, ils appartiennent au monde ; voilà pourquoi ils parlent le langage du monde, et le monde les écoute. ⁶ Nous,

nous appartenons à Dieu ; celui qui connaît Dieu nous écoute ; celui qui n'appartient pas à Dieu ne nous écoute pas. C'est ainsi que nous discernons l'esprit de la vérité et l'esprit de l'erreur.

III – Aux sources de l'amour et de la foi

A quoi se reconnaît l'amour.

⁷ Mes bien-aimés, aimons-nous les uns les autres, puisque l'amour vient de Dieu. Tous ceux qui aiment sont enfants de Dieu, et ils connaissent Dieu. ⁸ Celui qui n'aime pas ne connaît pas Dieu, car Dieu est amour. ⁹ Voici comment Dieu a manifesté son amour parmi nous : Dieu a envoyé son Fils unique dans le monde pour que nous vivions par lui. ¹⁰ Voici à quoi se reconnaît l'amour : ce n'est pas nous qui avons aimé Dieu, c'est lui qui nous a aimés, et il a envoyé son Fils qui est la victime offerte pour nos péchés. ¹¹ Mes bien-aimés, puisque Dieu nous a tant aimés, nous devons aussi nous aimer les uns les autres. ¹² Dieu, personne ne l'a jamais vu. Mais si nous nous aimons les uns les autres, Dieu demeure en nous, et son amour atteint en nous sa perfection. ¹³ Nous reconnaissons que nous demeurons en lui, et lui en nous, à ce qu'il nous donne part à son Esprit. ¹⁴ Et nous qui avons vu, nous attestons que le Père a envoyé son Fils comme Sauveur du

monde. [15] Celui qui proclame que Jésus est le Fils de Dieu, Dieu demeure en lui, et lui en Dieu. [16] Et nous, nous avons reconnu et nous avons cru que l'amour de Dieu est parmi nous. Dieu est amour : celui qui demeure dans l'amour demeure en Dieu, et Dieu en lui. [17] Voici comment l'amour, parmi nous, atteint sa perfection : il nous donne de l'assurance pour le jour du jugement. Car ce que nous sommes dans ce monde est à l'image de ce que Jésus est lui-même. [18] Il n'y a pas de crainte dans l'amour, l'amour parfait chasse la crainte ; car la crainte est liée au châtiment, et celui qui reste dans la crainte n'a pas atteint la perfection de l'amour. [19] Nous aimons parce que Dieu lui-même nous a aimés le premier. [20] Si quelqu'un dit : « J'aime Dieu », alors qu'il a de la haine contre son frère, c'est un menteur. En effet, celui qui n'aime pas son frère, qu'il voit, est incapable d'aimer Dieu, qu'il ne voit pas. [21] Et voici le commandement que nous avons reçu de lui : celui qui aime Dieu, qu'il aime aussi son frère.

5 [1] Tout homme qui croit que Jésus est le Christ, celui-là est vraiment né de Dieu ; tout homme qui aime le Père aime aussi celui qui est né de lui. [2] Nous reconnaissons que nous aimons les enfants de Dieu lorsque nous aimons Dieu et que nous accomplissons ses commandements.

[3] Car l'amour de Dieu, c'est cela : garder ses commandements. Ses commandements ne sont pas un fardeau, [4] puisque tout être qui est né de Dieu est vainqueur du monde. Et ce qui nous a fait vaincre le monde, c'est notre foi. [5] Qui donc est vainqueur du monde ? N'est-ce pas celui qui croit que Jésus est le Fils de Dieu ? [6] C'est lui, Jésus Christ, qui est venu par l'eau et par le sang : pas seulement l'eau, mais l'eau et le sang. Et c'est l'Esprit qui rend témoignage, c'est l'Esprit, car l'Esprit est la vérité. [7] Ils sont trois qui rendent témoignage, [8] l'Esprit, l'eau et le sang, et tous les trois se rejoignent en un seul témoignage. [9] Nous acceptons bien le témoignage des hommes ; or, le témoignage de Dieu a plus de valeur, et le témoignage de Dieu, c'est celui qu'il rend à son Fils. [10] Celui qui met sa foi dans le Fils de Dieu possède en lui-même ce témoignage. Celui qui ne croit pas Dieu, celui-là fait de Dieu un menteur, puisqu'il ne croit pas au témoignage que Dieu rend à son Fils. [11] Et ce témoignage, le voici : Dieu nous a donné la vie éternelle, et cette vie est dans son Fils. [12] Celui qui a le Fils possède la vie ; celui qui n'a pas le Fils de Dieu ne possède pas la vie. [13] Je vous ai écrit tout cela pour vous faire savoir que vous avez la vie éternelle, vous qui mettez votre foi dans le nom du Fils de Dieu.

La prière pour les pécheurs.

¹⁴ Ce qui nous donne de l'assurance devant Dieu, c'est qu'il nous écoute quand nous faisons une demande conforme à sa volonté. ¹⁵ Et, puisque nous savons qu'il écoute toutes nos demandes, nous savons aussi que nous possédons ce que nous lui avons demandé. ¹⁶ Si quelqu'un voit son frère commettre un péché qui ne conduit pas à la mort, il priera, et Dieu rendra la vie au pécheur, puisque son péché ne conduit pas à la mort. Il y a un péché qui conduit à la mort, ce n'est pas pour celui-là que je dis de prier. ¹⁷ Tout ce qui nous oppose à Dieu est péché, mais il y a des péchés qui ne conduisent pas à la mort.

Conclusion.

¹⁸ Nous le savons : l'homme qui est né de Dieu ne commet pas le péché ; le Fils qui est né de Dieu le protège et le Mauvais ne peut pas l'atteindre. ¹⁹ Nous savons que nous appartenons à Dieu, alors que le monde entier est dominé par le Mauvais. ²⁰ Nous savons aussi que le Fils de Dieu est venu nous donner l'intelligence pour nous faire connaître Celui qui est vrai, et nous sommes en Celui qui est vrai, dans son Fils Jésus Christ. C'est lui qui est le Dieu vrai, et la vie éternelle. ²¹ Mes petits enfants, prenez garde de ne pas vous mettre au service du mensonge.

DEUXIÈME LETTRE
DE
SAINT JEAN

La fidélité à l'Église.

[1] Moi, l'Ancien, je m'adresse à celle qui est la reine choisie par Dieu, et à ses enfants que j'aime dans la vérité – pas seulement moi, mais aussi tous ceux qui ont connaissance de la vérité – [2] grâce à cette vérité qui demeure en nous et qui sera avec nous pour toujours. [3] Et avec nous seront la grâce, la miséricorde, la paix, de la part de Dieu le Père et de Jésus Christ, le Fils du Père, dans la vérité et dans l'amour.

[4] J'ai eu beaucoup de joie à trouver parmi tes enfants des hommes qui vivent dans la vérité selon le commandement que nous avons reçu du Père. [5] Et maintenant, reine, je t'adresse une demande. – Ce que je t'écris n'est pas un nouveau commandement, c'est celui que nous avions dès le début. – Je te le demande : aimons-nous les uns les autres. [6] Et l'amour, c'est que nous vivions selon ses commandements ; et ce commandement, comme vous l'avez appris dès le début, c'est que vous viviez dans l'amour.

[7] Beaucoup d'imposteurs se sont répandus dans le monde, eux qui ne professent pas la foi en Jésus Christ venu dans la chair : celui qui agit ainsi, c'est l'imposteur et l'Anti-Christ. [8] Prenez garde à vous-mêmes, pour ne pas perdre le fruit de votre travail, mais recevoir intégralement votre salaire. [9] Celui qui va de l'avant sans rester attaché à l'enseignement du Christ, celui-là se sépare de Dieu. Mais celui qui reste attaché à l'enseignement, celui-là trouve le Père et le Fils. [10] Si quelqu'un vient chez vous sans apporter cet enseignement, ne l'accueillez pas dans votre maison et ne lui adressez pas votre salutation ; [11] car celui qui le salue ainsi participe à ses œuvres mauvaises.

[12] J'aurais eu beaucoup de choses à vous dire ; je n'ai pas voulu le faire avec du papier et de l'encre, mais j'espère bien me rendre chez vous et vous parler de vive voix, pour que nous soyons comblés de joie.

[13] Les enfants de ta sœur, elle aussi choisie par Dieu, te saluent.

TROISIÈME LETTRE
DE
SAINT JEAN

De vrais fidèles
au service de leurs frères.

¹Moi, l'Ancien, je m'adresse à Gaïus, le bien-aimé, que j'aime dans la vérité.

²Bien-aimé, je souhaite qu'en toutes choses tu te portes bien et que tu sois en bonne santé, comme c'est déjà le cas pour ton âme.

³J'ai eu beaucoup de joie quand les frères sont venus et ont rendu témoignage à la vérité qui est en toi : ils ont dit comment tu vis dans la vérité. ⁴Rien ne me donne plus de joie que d'apprendre que mes enfants vivent dans la vérité.

⁵Mon bien-aimé Gaïus, tu agis en vrai fidèle dans ce que tu fais pour les frères, qui sont pourtant des étrangers. ⁶Ils ont rendu témoignage à ta charité devant la communauté de l'Église ; tu agiras bien en facilitant leur voyage d'une manière qui plaise à Dieu. ⁷Car c'est pour le nom du Fils de Dieu qu'ils se sont mis en route sans rien recevoir des païens. ⁸Nous devons donc, nous, accueillir de tels hommes afin de coopérer à l'action de la vérité en nous.

⁹J'ai écrit une lettre à l'Église ; mais Diotréphès, lui qui est si content d'être à leur tête, ne nous accueille pas. ¹⁰Alors si je viens, je dénoncerai ce qu'il fait : il nous calomnie avec un flot de paroles méchantes ; non content de cela, il n'accueille pas les frères ; bien plus, il s'oppose à ceux qui voudraient le faire, et les chasse de l'Église.

¹¹Bien-aimé, ne suis pas les mauvais exemples, mais les bons. Celui qui fait le bien appartient à Dieu ; celui qui fait le mal n'a jamais vu Dieu.

¹²Quant à Démétrius, il reçoit un bon témoignage de tous, et de la vérité elle-même ; nous aussi, nous lui rendons témoignage, et tu sais que notre témoignage est vrai.

¹³J'aurais beaucoup de choses à te dire, mais je ne veux pas le faire avec l'encre et la plume. ¹⁴J'espère te voir bientôt, et nous nous entretiendrons de vive voix.

¹⁵Paix à toi ! Les amis te saluent. Et toi, salue les amis, chacun par son nom.

LETTRE
DE
SAINT JUDE

Combattre pour la foi
contre ses adversaires
que toute l'Écriture condamne.

¹ Moi, Jude, serviteur de Jésus Christ et frère de Jacques, je m'adresse à vous, les appelés, bien-aimés de Dieu le Père et réservés pour Jésus Christ : ² que la miséricorde, la paix et l'amour vous soient accordés en abondance.

³ Mes bien-aimés, j'étais bien décidé à vous écrire au sujet du salut qui nous est commun ; or me voici forcé de vous écrire pour vous exhorter à combattre pour la foi qui a été transmise aux fidèles une fois pour toutes. ⁴ Car il s'est infiltré parmi vous des individus que l'Écriture condamne depuis longtemps pour ce qu'ils font, des impies qui confondent la grâce de notre Dieu avec le droit de se livrer à la débauche, et qui renient Jésus Christ, notre seul maître et Seigneur.

⁵ Bien que vous sachiez déjà tout, je veux vous rappeler ceci : le Seigneur, qui avait sauvé une fois pour toutes son peuple en le faisant sortir du pays d'Égypte, a pourtant supprimé ensuite ceux qui ont refusé de croire ; ⁶ quant aux anges qui ne se sont pas maintenus dans leur dignité, mais ont quitté la demeure qui était la leur, le Seigneur les maintient éternellement enchaînés dans l'obscurité en vue du jugement du grand jour ; ⁷ de même encore, Sodome et Gomorrhe et les villes d'alentour qui se sont livrées à la débauche de la même façon que les anges : en voulant aller avec des êtres d'une autre nature qu'eux, elles sont soumises pour l'exemple au châtiment du feu éternel.

⁸ Et pourtant, ces individus, dans leurs chimères, font la même chose : ils souillent leur corps, ils méprisent la souveraineté de Dieu, ils outragent les anges glorieux. ⁹ Or l'archange Michel, discutant avec le démon dans la querelle au sujet du corps de Moïse, n'osa pas porter contre lui un jugement outrageant ; il lui dit seulement : *Que le Seigneur te punisse !* ¹⁰ Eux, au contraire, tout ce qu'ils ne connaissent

pas, ils l'outragent; et tout ce qu'ils savent les corrompt, car ils ne le saisissent que par l'instinct, comme des bêtes sans raison. ¹¹ Malheureux sont-ils! Ils sont partis sur le chemin de Caïn; pour de l'argent, ils se sont laissés emporter par l'égarement de Balaam; ils ont péri avec la révolte de Coré au temps de Moïse. ¹² Ces individus sont l'écueil de vos agapes, ils s'empiffrent sans pudeur, ils ne se préoccupent que d'eux-mêmes: nuages sans eau emportés par le vent; arbres de fin d'automne sans fruits, deux fois morts, déracinés; ¹³ flots sauvages de la mer, crachant l'écume de leur propre honte; astres errants, pour lesquels est réservée à jamais l'obscurité des ténèbres. ¹⁴ C'est encore pour eux qu'a prophétisé Hénok, le septième patriarche depuis Adam, qui disait: *Voici que le Seigneur, avec ses saints anges par dizaines de milliers,* ¹⁵ *vient siéger pour le jugement universel et accuser tous les hommes pour tous les actes d'impiété qu'ils ont commis, et pour toutes les paroles intolérables que les pécheurs impies ont prononcées contre lui.* ¹⁶ Ce sont des gens qui récriminent, qui protestent contre leur sort, qui s'en vont au gré de leurs passions; leur bouche profère des énormités, ils n'ont d'égard pour les gens qu'en fonction de leur intérêt.

*Se maintenir dans la foi
et l'amour
pour rendre gloire à Dieu.*

¹⁷ Mais vous, mes bien-aimés, souvenez-vous de ce qui vous a été prédit par les Apôtres de notre Seigneur Jésus Christ. ¹⁸ Ils vous disaient en effet qu'aux derniers temps, il y aura des railleurs, menés par leurs passions impies. ¹⁹ Ce sont des fauteurs de divisions, ils ne dépassent pas l'humain, ils ne possèdent pas l'Esprit. ²⁰ Mais vous, mes bien-aimés, que votre foi très sainte soit le fondement de la construction que vous êtes vous-mêmes. Priez dans l'Esprit Saint, ²¹ maintenez-vous dans l'amour de Dieu, attendant la miséricorde de notre Seigneur Jésus Christ en vue de la vie éternelle. ²² Ceux qui sont hésitants, prenez-les en pitié, ²³ sauvez-les en les arrachant au feu; quant aux autres, prenez-les aussi en pitié, mais avec crainte, en détestant jusqu'au vêtement souillé par leur corps.

²⁴ Gloire à Dieu, qui a le pouvoir de vous préserver de la chute et de vous rendre irréprochables et pleins d'allégresse, pour comparaître devant sa gloire; ²⁵ au Dieu unique, notre Sauveur, par notre Seigneur Jésus Christ, gloire, majesté, force et puissance, avant tous les siècles, maintenant et pour tous les siècles. Amen.

APOCALYPSE

*Présentation du livre
et de ses thèmes.*

1 ¹Apocalypse (ou Révélation) de Jésus Christ, à qui Dieu l'a confiée pour montrer à ses serviteurs, les fidèles, ce qui doit arriver bientôt. Il a fait connaître à son serviteur Jean, en lui envoyant son Ange. ²Jean atteste comme parole de Dieu et témoignage de Jésus Christ tout ce qu'il a vu. ³Heureux celui qui lit, heureux ceux qui écoutent les paroles de cette prophétie et gardent fidèlement son contenu, car le temps est proche.

⁴Moi, Jean, je m'adresse aux sept Églises qui sont en Asie mineure. Que la grâce et la paix vous soient données, de la part de Celui qui est, qui était et qui vient, de la part des sept esprits qui sont devant son trône, ⁵de la part de Jésus Christ, le témoin fidèle, le premier-né d'entre les morts, le souverain des rois de la terre. A lui qui nous aime, qui nous a délivrés de nos péchés par son sang, ⁶qui a fait de nous le royaume et les prêtres de Dieu son Père,

à lui gloire et puissance pour les siècles des siècles. Amen. ⁷Voici qu'il vient parmi les nuées, et tous les hommes le verront, même ceux qui l'ont transpercé ; et, en le voyant, toutes les tribus de la terre se lamenteront. Oui, vraiment ! Amen ! ⁸Je suis l'alpha et l'oméga, dit le Seigneur Dieu, je suis celui qui est, qui était et qui vient, le Tout-Puissant.

*Le Fils de l'homme apparaît
à Jean et lui ordonne
d'écrire aux Églises.*

⁹Moi, Jean, votre frère et compagnon dans la persécution, la royauté et l'endurance avec Jésus, je me trouvais dans l'île de Patmos à cause de la parole de Dieu et du témoignage pour Jésus. ¹⁰C'était le jour du Seigneur ; je fus inspiré par l'Esprit, et j'entendis derrière moi une voix puissante, pareille au son d'une trompette. ¹¹Elle disait : «Ce que tu vois, écris-le dans un livre et envoie-le aux sept Églises : à Éphèse, à Smyrne, à Pergame, à Thyatire, à Sardes, à Philadelphie et à Laodicée.» ¹²Je me

retournai pour voir qui me parlait. Quand je me fus retourné, je vis sept chandeliers d'or; [13] et au milieu d'eux comme un fils d'homme, vêtu d'une longue tunique; une ceinture d'or lui serrait la poitrine; [14] sa tête et ses cheveux blancs étaient comme de la laine blanche, comme la neige, et ses yeux comme une flamme ardente; [15] ses pieds ressemblaient à du bronze précieux affiné au creuset, et sa voix était comme la voix des océans; [16] il avait dans la main droite sept étoiles; de sa bouche sortait un glaive acéré à deux tranchants. Son visage brillait comme le soleil dans toute sa puissance.

[17] Quand je le vis, je tombai comme mort à ses pieds, mais il posa sur moi sa main droite, en disant: «Sois sans crainte. Je suis le Premier et le Dernier, [18] je suis le Vivant: j'étais mort, mais me voici vivant pour les siècles des siècles; je détiens les clés de la mort et du séjour des morts. [19] Écris donc ce que tu auras vu: ce qui arrive maintenant, et ce qui arrivera ensuite. [20] Voilà le sens secret des sept étoiles que tu as vues dans ma main droite et des sept chandeliers d'or: les sept étoiles sont les Anges des sept Églises, et les sept chandeliers sont les sept Églises.»

I – Lettres aux Églises

Lettre à l'Église d'Éphèse.

2 [1] Tu écriras ceci à l'Ange de l'Église qui est à Éphè-se: Ainsi parle celui qui tient les sept étoiles dans sa main droite, qui marche au milieu des sept chandeliers d'or: [2] Je connais ta conduite, ton labeur, ta persévérance, je sais que tu ne peux supporter les méchants; tu as mis à l'épreuve ceux qui se disent apôtres, et ne le sont pas; tu as constaté qu'ils étaient des menteurs. [3] Tu ne manques pas de persévérance, car tu as beaucoup supporté pour mon nom, sans jamais te lasser. [4] Mais j'ai contre toi que tu as perdu ton amour des premiers temps. [5] Rappelle-toi donc d'où tu es tombé, convertis-toi, reviens à ta conduite première. Sinon je vais venir à toi et je déplacerai ton chandelier, si tu ne te convertis pas. [6] Pourtant ce que tu as de bon, c'est que tu détestes les agissements des Nicolaïtes, que je déteste moi aussi. [7] Celui qui a des oreilles, qu'il entende ce que l'Esprit dit aux Églises. Le vainqueur, je lui donnerai à manger du fruit de l'arbre de vie qui est dans le Paradis de Dieu.

Lettre à l'Église de Smyrne.

[8] Tu écriras encore ceci à l'Ange de l'Église qui est à Smyrne: Ainsi parle celui qui est le premier et le dernier, celui qui était mort et est revenu à la vie: [9] Je connais ta détresse et ta pauvreté; pourtant tu es riche. Je connais les calomnies de ceux qui se disent Juifs: ils ne le sont pas

vraiment, c'est une synagogue de Satan. [10] Sois sans aucune crainte pour ce que tu vas souffrir. Voici que le démon va jeter en prison certains des vôtres pour vous mettre à l'épreuve, et vous serez dans la détresse pendant dix jours. Sois fidèle jusqu'à la mort, et je te donnerai la couronne de la vie. [11] Celui qui a des oreilles, qu'il entende ce que l'Esprit dit aux Églises. Au vainqueur, la seconde mort ne pourra faire aucun mal.

Lettre à l'Église de Pergame.

[12] Tu écriras encore ceci à l'Ange de l'Église qui est à Pergame : Ainsi parle celui qui a le glaive acéré à deux tranchants : [13] Je sais où tu demeures, c'est là que Satan a son trône ; mais tu tiens ferme à mon nom, et tu n'as pas renié la foi en moi, même dans les jours où Antipas, mon témoin fidèle, a été mis à mort chez vous, là où Satan demeure. [14] Mais j'ai quelque chose contre toi : tu as là des gens attachés à la doctrine de Balaam, qui enseignait à Balak le moyen de tendre un piège aux fils d'Israël, pour qu'ils mangent des viandes offertes aux idoles et qu'ils se prostituent. [15] De même, tu as toi aussi des gens attachés à la doctrine des Nicolaïtes. [16] Convertis-toi donc : sinon je viens à toi sans tarder, et je les combattrai avec le glaive qui sort de ma bouche. [17] Celui qui

a des oreilles, qu'il entende ce que l'Esprit dit aux Églises. Au vainqueur je donnerai de la manne cachée ; je lui donnerai aussi une pierre blanche, avec, écrit sur cette pierre, un nom nouveau que personne ne connaît sauf celui qui la reçoit.

Lettre à l'Église de Thyatire.

[18] Tu écriras encore ceci à l'Ange de l'Église qui est à Thyatire : Ainsi parle le Fils de Dieu, celui qui a les yeux comme une flamme ardente et les pieds semblables au bronze précieux : [19] Je connais ta conduite, ton amour, ta foi, ton sens du service, ta persévérance, et ta conduite plus active ces derniers temps qu'au début. [20] Mais j'ai quelque chose contre toi : tu laisses faire Jézabel, cette femme qui se dit prophétesse, et qui égare mes serviteurs en leur enseignant à se prostituer et à manger des viandes offertes aux idoles. [21] Je lui ai donné du temps pour se convertir, mais elle ne veut pas se convertir de sa prostitution. [22] Voici que je vais la mettre au lit, ainsi que ceux qui ont commis l'adultère avec elle ; ils seront dans une grande détresse, à moins qu'ils ne se convertissent de la conduite qu'elle leur a fait mener. [23] Je vais aussi mettre à mort ses enfants, et toutes les Églises sauront que moi, je scrute les reins et les cœurs, et je vous donnerai à chacun selon votre

2, 24 – 3, 11

conduite. ²⁴Et vous, les autres membres de l'Église de Thyatire, vous tous qui ne suivez pas cette doctrine et qui ne connaissez pas les prétendues «profondeurs de Satan», je vous déclare que je ne vous imposerai pas de nouveau fardeau ; ²⁵ mais tenez fermement ce que vous avez, jusqu'à ce que je vienne. ²⁶ Le vainqueur, celui qui garde jusqu'à la fin la conduite que je prescris, je lui donnerai pouvoir sur les nations ; ²⁷ *il les mènera avec un sceptre de fer, il les brisera comme un vase de potier* ²⁸ – de même que moi aussi, j'ai reçu pouvoir de mon Père – et je lui donnerai l'étoile du matin. ²⁹ Celui qui a des oreilles, qu'il entende ce que l'Esprit dit aux Églises.

Lettre à l'Église de Sardes.

3 ¹ Tu écriras encore ceci à l'Ange de l'Église qui est à Sardes : Ainsi parle celui qui a les sept esprits de Dieu et les sept étoiles : Je connais ta conduite : tu as la réputation d'être vivant, et tu es mort. ² Sois vigilant, raffermis ce qui te reste et qui est en train de mourir, car je n'ai pas trouvé que ta conduite soit parfaite devant mon Dieu. ³ Rappelle-toi donc comment tu as reçu et entendu la Parole ; garde-la fidèlement et convertis-toi. Si tu ne veilles pas, je viendrai comme un voleur et tu ne sauras pas à quelle heure je viendrai te surprendre. ⁴ Mais chez toi, à Sardes, il y en a quelques-uns qui n'ont pas sali leurs vêtements ; habillés de blanc, ils marcheront avec moi, car ils l'ont bien mérité. ⁵ C'est ainsi que le vainqueur portera des vêtements blancs. Jamais je n'effacerai son nom du livre de la vie ; je me prononcerai pour lui devant mon Père et devant ses anges. ⁶ Celui qui a des oreilles, qu'il entende ce que l'Esprit dit aux Églises.

Lettre à l'Église de Philadelphie.

⁷ Tu écriras encore ceci à l'Ange de l'Église qui est à Philadelphie : Ainsi parle le Saint, le Véritable, celui qui a la clef de David, celui qui ouvre et personne ne fermera, celui qui ferme et personne ne peut ouvrir : ⁸ Je connais ta conduite ; voici que j'ai mis devant toi une porte ouverte que personne ne peut fermer, parce qu'avec le peu de forces que tu possèdes, tu as gardé ma parole et tu n'as pas renié mon nom. ⁹ Voici que je vais te donner des gens de la synagogue de Satan, eux qui se disent Juifs et qui ne le sont pas, mais qui mentent. Voici que je les ferai venir et se prosterner à tes pieds, et ils reconnaîtront que moi, je t'ai aimé. ¹⁰ Puisque tu as gardé ma consigne de persévérance, moi aussi je te garderai de l'heure d'épreuve qui va venir sur le monde entier pour éprouver les habitants de la terre. ¹¹ Je

viens sans tarder : tiens fermement ce que tu as, pour que personne ne te prenne ta couronne. ¹²Le vainqueur, j'en ferai une colonne dans le temple de mon Dieu ; il n'en sortira plus jamais, et j'écrirai sur lui le nom de mon Dieu et celui de la cité de mon Dieu, la nouvelle Jérusalem qui descend du ciel d'auprès de mon Dieu, ainsi que mon propre nom nouveau. ¹³Celui qui a des oreilles, qu'il entende ce que l'Esprit dit aux Églises.

Lettre à l'Église de Laodicée.

¹⁴Tu écriras encore ceci à l'Ange de l'Église qui est à Laodicée : Ainsi parle le témoin fidèle et véridique, celui qui est «Amen», celui qui est le commencement de la création de Dieu : ¹⁵Je connais ta conduite : tu n'es ni froid ni brûlant – mieux vaudrait que tu sois ou froid ou brûlant – ¹⁶Aussi, puisque tu es tiède – ni froid ni brûlant – je vais te vomir. ¹⁷Tu dis : «Je suis riche, je me suis enrichi, je ne manque de rien», et tu ne sais pas que tu es malheureux, pitoyable, pauvre, aveugle et nu ! ¹⁸Alors je te donne un conseil : viens acheter chez moi de l'or purifié au feu, pour devenir riche, des vêtements blancs pour te couvrir et cacher la honte de ta nudité, un remède pour te frotter les yeux afin de voir clair. ¹⁹Tous ceux que j'aime, je leur montre leurs fautes, et je les châtie. Sois donc fervent et convertis-toi. ²⁰Voici que je me tiens à la porte, et je frappe. Si quelqu'un entend ma voix et ouvre la porte, j'entrerai chez lui ; je prendrai mon repas avec lui, et lui avec moi. ²¹Le vainqueur, je le ferai siéger près de moi sur mon Trône, comme moi-même, après ma victoire, je suis allé siéger près de mon Père sur son Trône. ²²Celui qui a des oreilles, qu'il entende ce que l'Esprit dit aux Églises.

II – Ce qui doit arriver

La liturgie solennelle devant le Créateur tout-puissant.

4 ¹J'ai vu une porte ouverte dans le ciel. Et la voix, que j'avais déjà entendue, pareille au son de la trompette, me disait : «Monte jusqu'ici, et je te ferai voir ce qui doit arriver par la suite.» ²Aussitôt je fus saisi par l'Esprit. Un trône était dressé dans le ciel, et sur le Trône siégeait quelqu'un. ³Celui qui siège ainsi a l'aspect du jaspe ou de la cornaline ; et tout autour du Trône, il y a un halo de lumière, avec des reflets d'émeraude. ⁴Tout autour de ce Trône, vingt-quatre trônes, où siègent vingt-quatre Anciens, portant des vêtements blancs et des couronnes d'or. ⁵Et du Trône sortent des éclairs, des clameurs, des coups de tonnerre, et sept torches enflammées brûlent devant le Trône : ce sont les sept esprits de Dieu. ⁶Devant le Trône, il y a comme une mer, aussi transparente que du

cristal. En face du Trône et autour de lui, quatre Vivants, ayant des yeux innombrables en avant et en arrière. [7] Le premier Vivant ressemble à un lion, le deuxième à un jeune taureau, la figure du troisième est comme celle d'un homme, le quatrième ressemble à un aigle en plein vol. [8] Les quatre Vivants ont chacun six ailes, avec des yeux innombrables au-dehors et au-dedans. Et ils ne cessent pas de proclamer jour et nuit: «Saint! Saint! Saint, le Seigneur, le Dieu tout-puissant, celui qui était, qui est et qui vient.» [9] Chaque fois que les Vivants rendent gloire, honneur et action de grâce à celui qui siège sur le Trône, à celui qui vit pour les siècles des siècles, [10] les vingt-quatre Anciens tombent à genoux devant celui qui siège sur le Trône, et ils adorent celui qui vit pour les siècles des siècles; ils jettent leur couronne devant le Trône en disant: [11] «Notre Seigneur et notre Dieu, tu es digne de recevoir gloire, honneur et puissance puisque c'est toi qui as créé toutes choses: par ta volonté elles existent et elles ont été créées.»

L'histoire du monde est remise au pouvoir du Christ, Agneau immolé et glorifié.

5 [1] J'ai vu, dans la main droite de celui qui siège sur le Trône céleste, un Livre en forme de rouleau, écrit à l'intérieur et à l'extérieur, scellé de sept sceaux. [2] Puis j'ai vu un ange imposant, qui proclamait d'une voix puissante: «Qui donc est digne d'ouvrir le Livre et d'en briser les sceaux?» [3] Mais personne, au ciel, sur terre ou sous la terre, n'était capable d'ouvrir le Livre et d'en regarder le texte. [4] Et moi, je pleurais beaucoup, parce que personne n'avait été trouvé digne d'ouvrir le Livre et d'en regarder le texte. [5] Mais l'un des Anciens me dit: «Ne pleure pas. Voilà qu'il a remporté la victoire, le lion de la tribu de Juda, le descendant de David: il ouvrira le Livre aux sept sceaux.» [6] Et voici ce que j'ai vu encore: en face du Trône, en face des quatre Vivants et des Anciens, il y avait un Agneau; il se tenait debout, et il était comme immolé; ses cornes étaient au nombre de sept, ainsi que ses yeux, qui sont les sept esprits de Dieu en mission sur toute la terre. [7] Il s'avança et reçut le Livre, que lui donna de la main droite celui qui siégeait sur le Trône. [8] Quand l'Agneau eut reçu le Livre, les quatre Vivants et les vingt-quatre Anciens se prosternèrent devant lui. Chacun tenait une harpe [9] et des coupes d'or pleines de parfums qui sont les prières des saints. Ils chantaient ce cantique nouveau: «Tu es digne de recevoir le Livre scellé et de l'ouvrir, car tu as été immolé; par ton sang, tu as racheté pour Dieu des hommes de toute race, langue, peuple et nation, [10] et tu en as fait pour notre Dieu un royaume de prêtres qui régneront sur la terre.» [11] Alors, dans ma vision, j'ai entendu la voix d'une multitude d'anges qui entouraient le Trône, les Vivants et les Anciens : ils étaient des millions, des centaines de millions. [12] Ils criaient à pleine voix : «Lui, l'Agneau immolé, il est digne de recevoir puissance et richesse, sagesse et force, honneur, gloire et bénédiction.» [13] Et j'entendis l'acclamation de toutes les créatures au ciel, sur terre, sous terre et sur mer ; tous les êtres qui s'y trouvent proclamaient : «A celui qui siège sur le Trône, et à l'Agneau, bénédiction, honneur, gloire et domination pour les siècles des siècles.» [14] Et les quatre Vivants disaient : «Amen !» et les Anciens se prosternèrent pour adorer.

Images tragiques pour évoquer l'histoire de humanité.

6 [1] Alors, dans ma vision, quand l'Agneau a ouvert l'un des sept sceaux du Livre, j'ai entendu l'un des quatre Vivants dire avec une voix comme celle du tonnerre : «Viens !» [2] Et j'ai vu, et voilà un cheval blanc ; celui qui le montait tenait un arc, et une couronne lui fut donnée, et il sortit en vainqueur et pour vaincre encore.

[3] Et quand il a ouvert le deuxième sceau, j'ai entendu le deuxième Vivant dire : «Viens !» [4] Alors sortit un autre cheval, couleur de feu, et à celui qui le montait il fut donné d'enlever de la terre la paix, pour que les gens s'entre-tuent, et une grande épée lui fut donnée.

[5] Et quand il a ouvert le troisième sceau, j'ai entendu le troisième Vivant dire : «Viens !» Et j'ai vu, et voilà un cheval noir, et celui qui montait tenait à la main une balance. [6] Et j'ai entendu comme une voix au milieu des quatre Vivants ; elle disait : «Un litre de blé pour une journée de travail ! Trois litres d'orge pour une journée de travail ! Ne changez pas le prix de l'huile et du vin !»

[7] Et quand il a ouvert le quatrième sceau, j'ai entendu la voix du quatrième Vivant qui disait : «Viens !» [8] Et j'ai vu, et voilà un cheval verdâtre ; celui qui montait dessus, son nom était la Mort, et le Séjour des morts l'accompagnait. Et il leur fut donné pouvoir sur un quart de la terre pour tuer par le glaive, la famine, la mort, et par les fauves de la terre.

[9] Et quand il a ouvert le cinquième sceau, j'ai vu sous l'autel les âmes de ceux qui ont été immolés à cause de la parole de Dieu et du témoignage qu'ils portaient. [10] Ils crièrent d'une voix forte : «Jusqu'à quand, Maître saint et véritable, resteras-tu sans juger et sans tirer vengeance des habitants de la terre pour avoir versé notre sang ?» [11] Et il leur fut donné à chacun une robe

blanche, et il leur fut dit de demeurer encore quelque temps en repos, jusqu'à ce que soient au complet leurs compagnons et leurs frères, qui devaient être tués comme eux.

¹² Et j'ai vu : quand il a ouvert le sixième sceau, il y eut un grand tremblement de terre, le soleil devint noir comme un vêtement de deuil en étoffe de crin, la lune devint comme du sang, ¹³ et les étoiles du ciel tombèrent sur la terre comme lorsqu'un figuier secoué par le vent laisse tomber ses fruits. ¹⁴ Le ciel disparut comme un document qu'on enroule ; toutes les montagnes et les îles furent arrachées de leur place. ¹⁵ Les rois de la terre, les dignitaires, les chefs d'armée, les riches et les puissants, tous, l'esclave aussi bien que l'homme libre, se sont cachés dans les cavernes et parmi les rochers des montagnes ; ¹⁶ Et ils disent aux montagnes et aux rochers : «Tombez sur nous, et cachez-nous pour nous protéger du regard de celui qui siège sur le Trône et de la colère de l'Agneau. ¹⁷ Car il est venu, le grand jour de leur colère, et qui peut tenir debout ?»

Le reste d'Israël et les convertis des nations constituent le nouveau peuple rassemblé pour affronter le tragique de l'histoire.

7 ¹ Après cela, j'ai vu quatre anges debout aux quatre coins de la terre, maîtrisant les quatre vents de la terre, pour empêcher le vent de souffler sur la terre ou sur la mer ou sur aucun arbre. ² Puis j'ai vu un ange qui montait du côté où le soleil se lève, avec le sceau qui imprime la marque du Dieu vivant ; d'une voix forte, il cria aux quatre anges qui avaient reçu le pouvoir de dévaster la terre et la mer : ³ «Ne dévastez pas la terre, ni la mer, ni les arbres, avant que nous ayons marqué du sceau le front des serviteurs de notre Dieu.» ⁴ Et j'entendis le nombre de ceux qui étaient marqués du sceau : ils étaient cent quarante-quatre mille, de toutes les tribus des fils d'Israël. ⁵ De la tribu de Juda, douze mille marqués du sceau ; de la tribu de Ruben, douze mille ; de la tribu de Gad, douze mille ; ⁶ de la tribu d'Aser, douze mille ; de la tribu de Nephtali, douze mille ; de la tribu de Manassé, douze mille ; ⁷ de la tribu de Siméon, douze mille ; de la tribu de Lévi, douze mille ; de la tribu d'Issakar, douze mille ; ⁸ de la tribu de Zabulon, douze mille ; de la tribu de Joseph, douze mille ; de la tribu de Benjamin, douze mille marqués du sceau.

⁹ Après cela, j'ai vu une foule immense, que nul ne pouvait dénombrer, une foule de toutes nations, races, peuples et langues. Ils se tenaient debout devant le Trône et devant l'Agneau, en vêtements blancs, avec des palmes à la main. ¹⁰ Et ils proclamaient d'une voix forte : «Le salut est

donné par notre Dieu, lui qui siège sur le Trône, et par l'Agneau!» [11] Tous les anges qui se tenaient en cercle autour du Trône, autour des Anciens et des quatre Vivants, se prosternèrent devant le Trône, la face contre terre, pour adorer Dieu. [12] Et ils disaient: «Amen! Louange, gloire, sagesse et action de grâce, honneur, puissance et force à notre Dieu, pour les siècles des siècles! Amen!»

[13] L'un des Anciens prit alors la parole et me dit: «Tous ces gens vêtus de blanc, qui sont-ils, et d'où viennent-ils?» [14] Je lui répondis: «C'est toi qui le sais, mon seigneur.» Il reprit: «Ils viennent de la grande épreuve; ils ont lavé leurs vêtements, ils les ont purifiés dans le sang de l'Agneau. [15] C'est pourquoi ils se tiennent devant le trône de Dieu, et le servent jour et nuit dans son temple. Celui qui siège sur le Trône habitera parmi eux. [16] *Ils n'auront plus faim, ils n'auront plus soif, la brûlure du soleil ne les accablera plus,* [17] puisque l'Agneau qui se tient au milieu du Trône sera leur pasteur pour les conduire vers les eaux de la source de vie. *Et Dieu essuiera toute larme de leurs yeux.»*

Les prières des fidèles persécutés présentées au Seigneur.

8 [1] Et quand il a ouvert le septième sceau, il y eut dans le ciel un silence d'environ une demi-heure. [2] Et j'ai

vu les sept anges qui se tiennent en face de Dieu, et il leur fut donné sept trompettes. [3] Un autre ange vint se placer près de l'autel; il portait un encensoir d'or; il reçut des parfums en abondance pour les offrir, avec les prières de tous les saints, sur l'autel d'or qui est en face du Trône de Dieu. [4] Et l'ange fit monter devant Dieu la fumée des parfums, avec les prières des saints. [5] Puis l'ange prit l'encensoir et le remplit du feu de l'autel qu'il jeta sur la terre: il y eut des coups de tonnerre, des fracas, des éclairs et un tremblement de terre.

Les malheurs se déchaînent sur le monde sans que les pécheurs se convertissent.

[6] Puis les sept anges qui avaient les sept trompettes se préparèrent à sonner de la trompette. [7] Le premier sonna de la trompette, et il y eut de la grêle et du feu mêlés de sang, qui furent jetés sur la terre, et un tiers de la terre flamba, et un tiers des arbres flambèrent, et toute l'herbe verte flamba. [8] Le deuxième ange sonna de la trompette, et dans la mer fut jetée comme une montagne en flammes, et un tiers de la mer donna du sang, [9] et un tiers des créatures vivantes qui étaient dans la mer moururent, et un tiers des bateaux furent détruits. [10] Le troisième ange sonna de la trompette, et il tomba du ciel

une grande étoile, qui flambait comme une torche; elle tomba sur un tiers des fleuves et sur les sources d'eau. ¹¹Et le nom de l'étoile est «Poison»; un tiers des eaux devint du poison, et beaucoup de gens moururent à cause des eaux devenues amères. ¹²Le quatrième ange sonna de la trompette, et un tiers du soleil fut frappé, ainsi qu'un tiers de la lune et un tiers des étoiles, de telle sorte qu'un tiers d'entre eux furent obscurcis, que le jour perdit un tiers de sa clarté et la nuit de même. ¹³Et dans ma vision j'ai entendu un aigle volant en plein ciel, qui disait d'une voix forte: «Malheur! Malheur! ¹⁴Malheur pour ceux qui habitent sur la terre, quand viendra le reste des sonneries avec les trois anges qui doivent encore sonner de la trompette!»

9 ¹Le cinquième ange sonna de la trompette, et j'ai vu une étoile qui était tombée du ciel sur la terre, et il lui fut donné la clef du puits de l'abîme. ²Elle ouvrit le puits de l'abîme, et du puits monta une fumée comme celle d'une grande fournaise; le soleil et l'air furent obscurcis par la fumée du puits. ³Et de la fumée sortirent vers la terre des sauterelles, et un pouvoir leur fut donné comme le pouvoir qu'ont les scorpions de la terre. ⁴Et il leur fut dit de ne pas dévaster l'herbe de la terre, ni aucune verdure, ni aucun

arbre, mais seulement les hommes qui n'ont pas sur le front la marque du sceau de Dieu. ⁵Il ne leur fut pas donné de les tuer, mais ils devaient être torturés pendant cinq mois, et cette torture serait comme celle d'un homme attaqué par un scorpion. ⁶Et en ces jours-là, les hommes chercheront la mort et ne la trouveront pas; ils désireront mourir et la mort les fuira. ⁷Ces sortes de sauterelles étaient semblables à des chevaux équipés pour la guerre; sur la tête, elles avaient comme des couronnes dorées, et leurs visages étaient comme des visages humains. ⁸Elles avaient des cheveux comme des cheveux de femmes, et leurs dents étaient comme celles des lions. ⁹Leurs poitrails étaient comme des cuirasses de fer, et le bruit de leurs ailes était comme celui de chars à plusieurs chevaux courant au combat. ¹⁰Elles ont des queues comme celles des scorpions, ainsi que des dards. C'est dans leur queue que se trouve le pouvoir de faire du mal aux hommes pendant cinq mois. ¹¹Elles ont comme roi à leur tête l'ange de l'abîme; il s'appelle en hébreu *Abaddôn* et en grec *Apollyôn* (ce qui veut dire: Destructeur).

¹²Le premier «Malheur» est passé; voici que deux «Malheur» vont encore arriver.

¹³Le sixième ange sonna de la trompette, et j'entendis une voix venant des quatre cornes de l'autel d'or qui est devant

Dieu ; ¹⁴elle disait au sixième ange qui avait sa trompette : « Libère les quatre anges qui sont enchaînés au bord du grand fleuve, l'Euphrate. » ¹⁵Alors furent libérés les quatre anges qui étaient préparés pour cette heure de ce jour, de ce mois et de cette année, afin de tuer un tiers de l'humanité. ¹⁶L'effectif des troupes de cavalerie était de deux cents millions : j'ai entendu ce chiffre. ¹⁷Et ainsi, dans ma vision, j'ai vu les chevaux et ceux qui les montaient : ils avaient des cuirasses couleur de feu, d'hyacinthe et de soufre ; les têtes des chevaux étaient comme des têtes de lion, et de leur bouche sortaient du feu, de la fumée et du soufre. ¹⁸Par ces trois fléaux fut tué un tiers de l'humanité : le feu, la fumée et le soufre sortant de leur bouche. ¹⁹Car le pouvoir des chevaux se trouve dans leurs bouches, ainsi que dans leurs queues. En effet leurs queues sont semblables à des serpents, et elles ont des têtes avec lesquelles elles font du mal.

²⁰Et le reste des hommes, ceux qui n'avaient pas été tués par ces fléaux, ne se sont même pas convertis en renonçant aux œuvres de leurs mains, à l'adoration des démons et des idoles d'or, d'argent, de bronze, de pierre et de bois, qui ne peuvent ni voir, ni entendre, ni marcher. ²¹Ils ne se sont pas convertis en renonçant à leurs meurtres, ni à leurs sorcelleries, ni à leurs débauches, ni à leurs vols.

Vision du petit livre : annonce du jugement des nations.

10 ¹Et j'ai vu un autre ange, puissant, descendant du ciel, avec une nuée pour manteau et un halo de lumière sur la tête ; son visage était comme le soleil, et ses jambes comme des colonnes de feu. ²Il tenait à la main un petit livre ouvert. Il posa le pied droit sur la mer, et le gauche sur la terre ; ³il cria d'une voix forte, comme un lion qui rugit. Et quand il cria, les sept tonnerres parlèrent et firent entendre leur voix. ⁴Et quand les sept tonnerres parlèrent, j'allais me mettre à écrire ; alors j'ai entendu une voix venant du ciel qui disait : « Garde sous le sceau du secret les paroles des sept tonnerres, ne les écris pas ! » ⁵Et l'ange que j'avais vu debout sur la mer et sur la terre leva la main droite vers le ciel, ⁶et fit ce serment : « Par celui qui est vivant pour les siècles des siècles, et qui a créé le ciel et tout ce qu'il contient, la terre et tout ce qu'elle contient, la mer et tout ce qu'elle contient, il n'y aura plus de délai ; ⁷mais dans les jours où se fait entendre le septième ange, au moment où il va sonner de la trompette, alors est accompli le mystère de Dieu, selon la bonne nouvelle qu'il a annoncée à ses serviteurs les prophètes. »

[8] Et la voix venant du ciel, que j'avais déjà entendue, me parla de nouveau ; elle me dit : « Va prendre le petit livre ouvert dans la main de l'ange qui se tient debout sur la mer et sur la terre. » [9] Je m'avançai vers l'ange pour lui demander de me donner le petit livre. Il me dit : « Prends, et mange-le ; il remplira tes entrailles d'amertume, mais dans ta bouche il sera doux comme le miel. » [10] Je reçus le petit livre de la main de l'ange, et je le mangeai. Dans ma bouche il était doux comme le miel, mais, quand je l'eus avalé, il remplit mes entrailles d'amertume. [11] Alors on me dit : « Il faut que tu reprennes ta mission de prophète ; tu parleras sur un grand nombre de peuples, de nations, de langues et de rois. »

Dieu assure le triomphe final de ses témoins qui ont échappé à la ruine de Jérusalem.

11 [1] Puis il me fut donné un roseau, une sorte de baguette, avec cette parole : « Lève-toi, et mesure le temple de Dieu, l'autel, et les adorateurs qui sont là. [2] Mais la cour à l'extérieur du Temple, laisse-la de côté, et ne la mesure pas, car elle est donnée aux nations païennes, et elles fouleront aux pieds la ville sainte pendant quarante-deux mois. [3] Et je donnerai à mes deux témoins

de porter le message prophétique pendant mille deux cent soixante jours, habillés de vêtements de deuil. » [4] Ce sont eux les deux oliviers, les deux chandeliers, qui se tiennent debout devant le Seigneur de la terre. [5] Si l'on veut leur faire du mal, un feu jaillit de leur bouche et dévore leurs ennemis ; oui, ceux qui voudront leur faire du mal, c'est ainsi qu'ils doivent mourir. [6] Ces deux témoins ont (comme le prophète Élie) le pouvoir de fermer le ciel, pour qu'il ne pleuve pas pendant le temps fixé par leur prophétie. Ils ont aussi (comme Moïse) le pouvoir de changer l'eau en sang et de frapper la terre de toute sorte de plaies, chaque fois qu'ils voudront. [7] Mais, quand ils auront achevé de rendre leur témoignage, la Bête qui sort de l'abîme leur fera la guerre, les vaincra et les fera mourir. [8] Leurs cadavres resteront sur la place de la grande ville, à laquelle on donne les noms symboliques de Sodome et d'Égypte ; c'est bien là que leur Seigneur a été crucifié. [9] Des hommes de tous peuples, races, langues et nations viendront voir leurs cadavres pendant trois jours et demi, sans qu'il soit permis de les mettre au tombeau. [10] Les habitants de la terre en seront heureux, ils s'en réjouiront, ils échangeront des présents, parce que ces deux prophètes auront tourmenté les habitants de la terre. [11] Mais, après ces trois jours et demi, l'Esprit de vie, qui vient de Dieu, est entré en eux et ils se sont dressés sur leurs pieds. Alors une grande crainte est tombée sur ceux qui les regardaient, [12] et les deux témoins ont entendu une voix puissante, venant du ciel, qui leur disait : «Montez jusqu'ici!» Ils sont montés au ciel dans la nuée, et leurs ennemis les regardaient. [13] Et à cette heure-là, il y eut un grand tremblement de terre, et un dixième de la ville tomba, et dans le tremblement de terre furent tuées sept mille personnes. Les survivants furent pris de peur et rendirent gloire au Dieu du ciel.

[14] Le deuxième «Malheur» est passé; voici que le troisième «Malheur» vient sans tarder.

Voici le règne de Dieu : le peuple qui a donné naissance au Messie continue à affronter Satan

[15] Le septième ange sonna de la trompette, et il y eut dans le ciel des voix fortes qui disaient : «Voici le règne sur le monde de notre Seigneur et de son Christ, et il régnera pour les siècles des siècles.» [16] Et les vingt-quatre Anciens qui siègent sur leurs trônes, devant Dieu se prosternèrent, la face contre terre, et adorèrent Dieu en disant : [17] «A toi, nous rendons grâce, Seigneur, Dieu de l'univers, toi qui es, toi qui étais! Tu as saisi ta grande puissance et pris possession de ton règne. [18] Les peuples s'étaient mis en colère, alors, ta colère est venue et le temps du jugement pour les morts, le temps de récompenser tes serviteurs, les prophètes, les saints, ceux qui craignent ton nom, les petits et les grands, le temps de détruire ceux qui détruisent la terre.» [19] Le Temple qui est dans le ciel s'ouvrit, et l'arche de l'Alliance du Seigneur apparut dans son Temple, et il y eut des éclairs, des fracas, des coups de tonnerre, un tremblement de terre et une terrible grêle.

12

[1] Un signe grandiose apparut dans le ciel : une Femme, ayant le soleil pour manteau, la lune sous les pieds, et sur la tête une couronne de douze étoiles. [2] Elle était enceinte et elle criait, torturée par les douleurs de l'enfantement. [3] Un autre signe apparut dans le ciel : un énorme dragon, rouge feu, avec sept têtes et dix cornes, et sur chaque tête un diadème. [4] Sa queue balayait le tiers des étoiles du ciel, et les précipita sur la terre. Le Dragon se tenait devant la femme qui allait enfanter, afin de dévorer l'enfant dès sa naissance. [5] Or, la Femme mit au monde un fils, un enfant mâle, celui qui sera le berger de toutes les nations, *les menant avec un sceptre de fer.* L'enfant fut enlevé auprès de Dieu et de

son Trône, ⁶ et la Femme s'enfuit au désert, où Dieu lui a préparé une place, pour qu'elle y soit nourrie pendant mille deux cent soixante jours.

⁷ Il y eut alors un combat dans le ciel : celui de Michel et de ses anges contre le Dragon. ⁸ Le Dragon, lui aussi, combattait avec l'aide des siens, mais ils furent les moins forts et perdirent leur place dans le ciel. ⁹ Oui, il fut rejeté, le grand Dragon, le serpent des origines, celui qu'on nomme Démon et Satan, celui qui égarait le monde entier. Il fut jeté sur la terre, et ses anges avec lui. ¹⁰ Alors j'entendis dans le ciel une voix puissante, qui proclamait : « Voici maintenant le salut, la puissance et la royauté de notre Dieu, et le pouvoir de son Christ ! Car l'accusateur de nos frères a été rejeté, lui qui les accusait jour et nuit devant notre Dieu. ¹¹ Et eux, ils l'ont vaincu par le sang de l'Agneau et le témoignage de leur parole. Dépassant l'amour d'eux-mêmes, ils sont allés jusqu'à la mort. ¹² Ciel, sois donc dans la joie, ainsi que vous tous qui demeurez aux cieux. Mais malheur pour la terre et pour la mer, parce que le démon est descendu vers vous en grande fureur, sachant qu'il lui reste peu de temps. »

¹³ Et quand le Dragon vit qu'il était jeté sur la terre, il se mit à poursuivre la Femme qui avait mis au monde l'enfant mâle. ¹⁴ Alors furent données à la Femme les deux ailes du grand aigle pour s'envoler au désert, où elle a sa place pour être nourrie pendant un temps, deux temps et la moitié d'un temps, loin de la présence du Serpent. ¹⁵ Puis le Serpent projeta de sa bouche derrière la Femme comme un fleuve d'eau pour qu'elle soit emportée par le fleuve. ¹⁶ Mais la terre vint au secours de la Femme : la terre ouvrit sa bouche et engloutit le fleuve que le Dragon avait projeté de sa bouche. ¹⁷ Alors le Dragon se mit en colère contre la Femme, et s'en alla faire la guerre contre le reste de sa descendance, ceux qui observent les commandements de Dieu et qui gardent le témoignage pour Jésus. ¹⁸ Et il s'arrêta sur le rivage de la mer.

La séduction
des puissances terrestres.

13 ¹ Alors, j'ai vu monter de la mer une Bête ayant dix cornes et sept têtes, avec sur les cornes dix diadèmes et sur les têtes des noms blasphématoires. ² Et la Bête que j'ai vue ressemblait à une panthère ; ses pattes étaient comme celles d'un ours, et sa gueule comme celle d'un lion. Le Dragon lui donna sa puissance et son trône, et un grand pouvoir. ³ Elle avait une de ses têtes comme blessée à mort, mais sa plaie mortelle fut guérie. La terre entière, prise d'admiration, marcha derrière la Bête, [4] et l'on se prosterna devant le Dragon parce qu'il avait donné le pouvoir à la Bête, et l'on se prosterna devant la Bête en disant : « Qui est semblable à la Bête, et qui peut lui faire la guerre ? » [5] Et il lui fut donné une bouche qui tenait des propos délirants et blasphématoires, et il lui fut donné pouvoir d'agir pendant quarante-deux mois. [6] Elle ouvrit la bouche pour proférer des blasphèmes contre Dieu, pour blasphémer contre son nom et sa demeure, et ceux qui demeurent au ciel. [7] Et il lui fut donné de faire la guerre aux saints et de les vaincre, et il lui fut donné pouvoir sur toute race, peuple, langue et nation. [8] Et tous les habitants de la terre l'adoreront, ceux dont le nom n'est pas inscrit depuis la création du monde dans le livre de vie de l'Agneau immolé. [9] Si quelqu'un a des oreilles, qu'il entende. [10] Si quelqu'un est destiné à la captivité, il part en captivité ; si quelqu'un doit être tué par l'épée, il est tué par l'épée. C'est là qu'on voit la persévérance et la foi des saints.

[11] Puis, j'ai vu monter de la terre une autre Bête ; elle avait deux cornes comme un agneau, et elle parlait comme un dragon. [12] Elle exerce tout le pouvoir de la première Bête en sa présence, et elle fait en sorte que la terre et tous ceux qui l'habitent adorent la première Bête, dont la plaie mortelle a été guérie. [13] Elle fait de grands miracles, si bien qu'elle fait même tomber le feu du ciel sur la terre sous le regard des hommes, [14] et qu'elle égare les habitants de la terre par les miracles qu'il lui a été donné de faire en présence de la Bête : elle dit aux habitants de la terre de dresser une image en l'honneur de la Bête, qui a été blessée par l'épée et qui a repris vie. [15] Il lui a été donné d'animer l'image de la Bête, au point qu'elle se mette à parler, et qu'elle fasse tuer tous ceux qui ne se prosternent pas devant l'image de la Bête. [16] Et pour tous, petits et grands, riches et pauvres, libres et esclaves, elle fait en sorte qu'on leur mette une marque sur la main ou sur le front, [17] et que personne ne puisse acheter ou vendre, sauf celui qui porte cette marque : le nom de la Bête ou le chiffre de son nom. [18] Ici il faut être sage. Celui qui est intelligent, qu'il fasse des calculs sur le chiffre de la Bête, car c'est le chiffre d'un homme, et ce chiffre est six cent soixante-six.

Le chant des disciples fidèles.

14 [1] Alors j'ai vu l'Agneau debout sur la montagne de Sion, et avec lui les cent quarante-quatre mille qui portent, inscrits sur leur front, le nom de l'Agneau et celui de son Père. [2] Et j'ai entendu une voix venant du ciel comme la voix des océans ou celle d'un grand coup de tonnerre; mais cette voix que j'entendais était aussi comme celle des musiciens qui chantent en jouant de la harpe. ³ Ils chantaient un chant nouveau devant le Trône, et devant les quatre Vivants et les Anciens. Personne ne pouvait apprendre ce chant, sinon les cent quarante-quatre mille, les rachetés de la terre. ⁴ Ils ne se sont pas souillés avec des femmes, ils sont restés vierges. Ce sont eux qui suivent l'Agneau partout où il va; ils ont été rachetés du milieu des hommes pour être offerts les premiers à Dieu et à l'Agneau. ⁵ Ils n'ont jamais proféré de mensonge; ils sont irréprochables.

Annonce du Jugement:
malheur des impies,
bonheur des justes.

⁶ Puis j'ai vu un autre ange volant en plein ciel, porteur d'une bonne nouvelle éternelle pour l'annoncer à ceux qui résident sur la terre, à toute nation, race, langue et peuple. ⁷ Il disait d'une voix forte: «Craignez Dieu et rendez-lui gloire, car elle est venue, l'heure où il doit juger; prosternez-vous devant celui qui a fait le ciel, la terre, la mer et les sources d'eau.» ⁸ Un autre ange, un deuxième, vint à sa suite; il disait: «Elle est tombée, elle est tombée, Babylone la Grande, elle qui a donné à boire à toutes les nations du vin de la fureur, celui de sa prostitution.» ⁹ Un autre ange, un troisième, vint à leur suite; il disait d'une voix forte: «Si quelqu'un adore la Bête et son image, et reçoit la marque sur le front ou sur la main, ¹⁰ lui aussi boira du vin de la fureur de Dieu, versé sans mélange dans la coupe de sa colère; il sera torturé par le feu et le soufre devant les anges saints et devant l'Agneau. ¹¹ Et la fumée de ces tortures monte pour les siècles des siècles. Ils n'ont de repos ni jour ni nuit, ceux qui adorent la Bête et son image, et quiconque reçoit la marque de son nom.» ¹² C'est là qu'on voit la persévérance des saints, ceux qui gardent les commandements de Dieu et la foi de Jésus. ¹³ Alors j'ai entendu une voix qui venait du ciel. Elle me disait d'écrire ceci: «Heureux désormais les morts qui s'endorment dans le Seigneur. Oui, dit l'Esprit de Dieu, qu'ils se reposent de leurs peines, car leurs actes les suivent.»

Le Fils de l'homme
va juger les nations.

¹⁴ Alors j'ai vu une nuée blanche, et sur cette nuée, quelqu'un siégeait, semblable à un fils d'homme. Il avait sur la tête une couronne d'or, et à la main une faucille aiguisée. ¹⁵ Un autre ange sortit du Temple, criant d'une voix puissante à celui qui siégeait

sur la nuée : « Prends ta faucille et moissonne, l'heure de la moisson est venue, car elle est mûre, la moisson de la terre. » ¹⁶ Alors, celui qui siégeait sur la nuée lança la faucille sur la terre, et la terre fut moissonnée. ¹⁷ Puis un autre ange sortit du Temple qui est dans le ciel ; il avait lui aussi une faucille aiguisée. ¹⁸ Un autre ange encore arriva d'auprès de l'autel ; il avait pouvoir sur le feu. Il interpella d'une voix puissante celui qui avait la faucille aiguisée : « Prends ta faucille aiguisée, et vendange les grappes de la vigne de la terre, car les raisins sont mûrs. » ¹⁹ L'ange lança la faucille sur la terre, vendangea la vigne de la terre, et jeta le raisin dans le grand pressoir de la colère de Dieu. ²⁰ On le foula hors de la ville, et du pressoir il sortit du sang qui gicla jusqu'au mors des chevaux sur une distance de dix jours de marche.

Les vainqueurs du nouvel exode chantent leur action de grâce.

15 ¹ Alors j'ai vu dans le ciel un autre signe, grandiose et admirable : sept anges qui détiennent sept fléaux ; ce sont les derniers, puisqu'ils marquent l'accomplissement de la colère de Dieu. ² J'ai vu comme une mer transparente, et pleine de flammes ; et, debout au bord de cette mer transparente, il y avait tous ceux qui ont remporté la victoire sur la Bête,

sur son image, et le chiffre contenu dans les lettres de son nom. Ils tiennent en main les harpes de Dieu, ³ et ils chantent le cantique de Moïse, le serviteur de Dieu, le cantique de l'Agneau : « Grandes et admirables tes œuvres, Seigneur Dieu, le Tout-Puissant ! Justes et vrais tes chemins, Roi des nations ! ⁴ Qui ne te craindrait, Seigneur ? A ton nom qui ne rendrait gloire ? Seul tu es saint ! Toutes les nations viendront se prosterner devant toi, car voici manifestés tes jugements ! »

Les fléaux s'abattent sur la Bête et les siens.

⁵ Et après cela, j'ai vu s'ouvrir le Temple où se trouve la tente de la charte de l'Alliance, dans le ciel, ⁶ et les sept anges aux sept fléaux sortirent du Temple, habillés de lin pur et éclatant avec des ceintures d'or leur serrant la poitrine. ⁷ L'un des quatres Vivants donna aux sept anges sept coupes d'or remplies de la fureur du Dieu qui est vivant pour les siècles des siècles. ⁸ Et le Temple fut rempli de la fumée par la gloire de Dieu et sa puissance, et personne ne pouvait pénétrer dans le Temple jusqu'à l'accomplissement des sept fléaux des sept anges.

16 ¹ Puis j'ai entendu une voix forte venant du Temple, qui disait aux sept anges : « Allez-vous-en répandre sur la terre les sept coupes de la fureur de Dieu. »

² Le premier partit et répandit sa coupe sur la terre : alors un ulcère malin et pernicieux apparut sur les hommes qui portaient la marque de la Bête, et sur ceux qui se prosternaient devant son image.

³ Le deuxième répandit sa coupe sur la mer : ce fut du sang comme celui d'un cadavre, et tous les êtres vivants qui étaient dans la mer moururent.

⁴ Le troisième répandit sa coupe sur les fleuves et les sources d'eau : ce fut du sang. ⁵ Alors j'ai entendu l'ange des eaux qui disait : « Tu es juste, toi qui es et qui étais, toi le Saint, parce que tu as rendu ce jugement. ⁶ Ils ont versé le sang des saints et des prophètes ; tu leur as donné du sang à boire : ils le méritent bien ! » ⁷ Puis j'ai entendu l'autel qui disait : « Oui, Seigneur, Dieu tout-puissant, tes jugements sont vrais et justes. »

⁸ Le quatrième ange répandit sa coupe sur le soleil ; il lui fut donné de brûler les hommes par son feu. ⁹ Les hommes furent brûlés de brûlures terribles, et ils blasphémèrent le nom du Dieu qui a ces fléaux en son pouvoir, au lieu de se convertir pour rendre gloire à Dieu.

¹⁰ Le cinquième répandit sa coupe sur le trône de la Bête : son royaume fut plongé dans l'obscurité ; les gens se mordaient la langue de douleur

¹¹ et blasphémaient le Dieu du ciel pour leurs douleurs et leurs ulcères, au lieu de se convertir de leur conduite.

¹² Le sixième répandit sa coupe sur le grand fleuve, l'Euphrate : ses eaux furent taries pour préparer la route des rois venant de l'Orient. ¹³ Puis j'ai vu sortir de la bouche du Dragon, de celle de la Bête et de celle du faux prophète, trois esprits impurs, comme des grenouilles : ¹⁴ ce sont, en effet, des esprits démoniaques qui font des miracles, et qui s'en vont chez les rois du monde entier pour les rassembler en vue de la bataille du grand jour du Dieu tout-puissant. ¹⁵ (Voici que je viens comme un voleur. Heureux celui qui veille et qui garde ses vêtements pour ne pas aller nu en laissant voir sa honte.) ¹⁶ Et ils les rassemblèrent au lieu appelé en hébreu Harmaguédon.

¹⁷ Le septième ange répandit sa coupe dans les airs : une voix forte venant du trône sortit du Temple ; elle disait : « C'en est fait ! » ¹⁸ Il y eut des éclairs, des fracas, des coups de tonnerre ; il y eut aussi un grand tremblement de terre : depuis que l'homme est sur la terre, il n'y a jamais eu pareil tremblement de terre. ¹⁹ La grande cité se brisa en trois, et les cités des nations s'écroulèrent. Et le souvenir de Babylone la grande fut rappelé devant Dieu afin de lui donner à boire le vin de sa furieuse

colère. ²⁰ Toutes les îles s'enfuirent, et on ne trouva plus de montagne. ²¹ Des grêlons d'un poids énorme tombèrent du ciel sur les hommes, qui blasphémèrent Dieu à cause du fléau de la grêle, car elle représentait un fléau terrible.

Terrible écroulement de la cité du mal.

17 ¹ L'un des sept anges aux sept coupes vint me parler : « Viens, dit-il, je te montrerai le jugement de la grande prostituée qui réside au bord des eaux puissantes ; ² les rois de la terre ont partagé sa prostitution, et les habitants de la terre se sont enivrés du vin de sa prostitution. » ³ Il me transporta en esprit au désert. Là, j'ai vu une femme montant une bête écarlate, couverte de noms blasphématoires, qui avait sept têtes et dix cornes. ⁴ Cette femme était vêtue de pourpre et d'écarlate, et chamarrée d'or, de pierreries et de perles ; elle avait à la main un gobelet d'or rempli d'abominations, avec les souillures de sa prostitution. ⁵ Sur son front un nom était inscrit, mystérieux : « Babylone la grande, mère des prostituées et des abominations de la terre ». ⁶ Et j'ai vu la femme ivre du sang des saints et de celui des témoins de Jésus. En la voyant, j'ai été saisi d'un étonnement extraordinaire.

⁷ Et l'ange me dit : « Pourquoi es-tu étonné ? Moi, je vais t'expliquer le mystère de la femme et de la Bête qui la porte, avec ses sept têtes et ses dix cornes. ⁸ La Bête que tu as vue était, mais elle n'est plus ; elle va monter de l'abîme pour s'en aller à la perdition. Et les habitants de la terre dont le nom n'est pas inscrit depuis la création du monde dans le livre de la vie seront étonnés en voyant la Bête, car elle était, n'est plus, et reparaîtra. ⁹ Ici, il faut l'intelligence éclairée par la sagesse. Les sept têtes sont sept collines sur lesquelles réside la femme, et ce sont sept rois : ¹⁰ cinq sont tombés, un est là actuellement, le dernier n'est pas encore venu, et quand il viendra, il faudra qu'il ne demeure que peu de temps. ¹¹ Et la Bête qui était et qui n'est plus, c'est elle qui occupe la huitième place, mais elle fait partie des sept ; elle s'en va à la perdition. ¹² Les dix cornes que tu as vues sont dix rois qui n'ont pas encore régné, mais ils recevront le pouvoir comme rois pendant une heure avec la Bête. ¹³ Ceux-ci ont tous un dessein unique : donner leur puissance et leur pouvoir à la Bête. ¹⁴ Ils feront la guerre à l'Agneau, et l'Agneau les vaincra – car il est le Seigneur des seigneurs et Roi des rois – avec ses compagnons appelés, élus et fidèles. » ¹⁵ Puis il me dit : « Les eaux que tu as vues, là où réside la prostituée, ce sont peuples, des foules, des nations et des langues. ¹⁶ Et les dix cornes que tu as vues ainsi

que la Bête haïront la prostituée et la laisseront dépouillée et nue ; ils mangeront ses chairs et la brûleront au feu. [17] Car Dieu leur a mis au cœur de réaliser son dessein, de réaliser tous un unique dessein : remettre à la Bête leur pouvoir royal jusqu'à ce que s'accomplissent les paroles de Dieu. [18] La femme que tu as vue, c'est la grande cité qui détient le pouvoir royal sur les rois de la terre. »

18 [1] J'ai vu encore un ange qui descendait du ciel ; il avait reçu une autorité si grande que la terre fut illuminée de sa gloire. [2] Et il s'écria d'une voix puissante : « Elle est tombée, elle est tombée, Babylone la Grande ! La voilà devenue une tanière de démons, un repaire de tous les esprits impurs, un repaire de tous les oiseaux impurs, un repaire de toutes les bêtes impures et répugnantes ! [3] Car toutes les nations ont bu du vin de sa fureur de prostitution ; les rois de la terre ont partagé sa prostitution, et les marchands de la terre se sont enrichis de la profusion de son luxe. »

[4] Puis j'ai entendu une voix venant du ciel qui disait : « Sortez de la cité, vous mon peuple, pour ne pas participer à ses péchés et à ne rien recevoir des fléaux qui la frapperont. [5] Car ses péchés ont atteint jusqu'au ciel, et Dieu s'est souvenu de ses iniquités. [6] Traitez-la comme elle vous a traités,

rendez-lui le double de ce qu'elle a fait ; dans la coupe qu'elle a préparée, préparez-lui le double. [7] Autant elle a recherché gloire et luxe, autant donnez-lui torture et deuil. Car elle dit dans son cœur : « Je trône, je suis reine, je ne suis pas veuve, et jamais je ne verrai le deuil. » [8] C'est pourquoi en un seul jour viendront pour elle ces fléaux : mort, deuil, famine, et elle sera brûlée au feu, car il est puissant, le Seigneur Dieu qui l'a jugée. »

[9] Alors pleureront et se lamenteront sur elle les rois de la terre qui ont partagé sa prostitution et son luxe, quand ils verront la fumée de son incendie ; [10] mais ils resteront à distance par peur de ses tortures, et ils diront : « Malheur ! Malheur ! Grande cité, Babylone cité puissante, en une heure est survenu ton jugement ! » [11] Et les marchands de la terre pleurent et prennent le deuil à cause d'elle, puisque personne n'achètera plus leur cargaison : [12] cargaison d'or, d'argent, de pierreries et de perles, de lin fin, de pourpre, de soie et d'écarlate ; de toutes sortes de bois de senteur, d'objets en ivoire, d'objets en bois précieux, en bronze, en fer et en marbre ; [13] cannelle, épices, parfums, essences odorantes et encens, vin, huile, fleur de farine et blé, bœufs et moutons, chevaux et chars, esclaves et marchandise humaine. [14] « Les fruits mûrs que tu aimais tant sont partis

loin de toi, tout ce qui était raffiné et brillant a disparu de chez toi, rien de tout cela ne se retrouvera plus. » [15] Les marchands qui s'enrichissaient en lui vendant tout cela resteront à distance par peur de ses tortures, pleurant et prenant le deuil ; [16] ils diront : « Malheur ! Malheur ! Grande cité, vêtue de lin fin, de pourpre et d'écarlate, chamarrée d'or, de pierreries et de perles, [17] en une heure elle a été dépouillée de tant de richesses. » Tous les capitaines de navires et ceux qui font le cabotage, les marins et tous les travailleurs de la mer restaient à distance, [18] et ils criaient en voyant la fumée de l'incendie ; ils disaient : « Qu'y avait-il de comparable à cette grande cité ? » [19] Ils se jetaient de la poussière sur la tête et criaient, pleurant et prenant le deuil ; ils disaient : « Malheur ! Malheur ! Grande cité, par elle, grâce à son opulence, s'enrichissaient tous ceux qui avaient des bateaux en mer, en une heure elle a été dépouillée ! »

[20] Ciel, sois dans la joie à cause d'elle, ainsi que vous, les saints, les apôtres et les prophètes, car Dieu en la jugeant vous a rendu justice. »

[21] Alors un ange puissant prit une pierre pareille à une grande meule, et la précipita dans la mer, en disant : « C'est ainsi que sera précipitée avec violence Babylone, la grande cité, et on ne la retrouvera jamais plus. [22] La musique des joueurs de harpes et d'autres instruments, des joueurs de flûte et de trompette, chez toi ne s'entendra jamais plus. Aucun artisan d'aucun métier chez toi ne se trouvera jamais plus, et le bruit de la meule chez toi ne s'entendra jamais plus. [23] La lumière de la lampe chez toi ne brillera jamais plus. Le chant du jeune époux et de son épouse chez toi ne s'entendra jamais plus. Pourtant, tes marchands étaient les grands de la terre, et tes sortilèges égaraient toutes les nations ! [24] On a trouvé dans la ville le sang des prophètes et des saints, et de tous ceux qui ont été immolés sur la terre. »

Action de grâce dans le ciel : annonce des noces de l'Agneau.

19 [1] Après cela, j'ai entendu dans le ciel comme une voix puissante, celle d'une foule immense qui proclamait : « Alléluia ! C'est à notre Dieu qu'appartient le salut, la gloire et la puissance, [2] car ses jugements sont vrais et justes. Il a jugé la grande prostituée qui corrompait la terre par sa prostitution, il l'a frappée pour venger le sang de ses serviteurs. » [3] Et cette foule reprit : « Alléluia ! La fumée de l'incendie s'élève pour les siècles des siècles. » [4] Les vingt-quatre Anciens et les quatre Vivants tombèrent à genoux et adorèrent le Dieu qui siège sur le trône, en disant : « Amen ! Alléluia ! » [5] Et du Trône venait une voix qui disait : « Chantez les louanges de notre Dieu, vous tous qui le servez et le craignez, des plus petits jusqu'aux plus grands.» ⁶Alors j'entendis comme la voix d'une foule immense, comme la voix des océans, ou celle de violents coups de tonnerre. Elle proclamait: «Alléluia! Le Seigneur notre Dieu a pris possession de sa royauté, lui, le Tout-Puissant. ⁷Soyons dans la joie, exultons, rendons-lui gloire, car voici les noces de l'Agneau. Son épouse a revêtu ses parures, ⁸Dieu lui a donné un vêtement en fin tissu de lin, pur et resplendissant, qui est la sainteté des justes.» ⁹Un ange me dit alors: «Écris ceci: Heureux les invités au repas des noces de l'Agneau!» Et il ajouta: «Ce sont les paroles véritables de Dieu.» ¹⁰Je me jetai à ses pieds pour me prosterner devant lui. Il me dit: «Ne fais surtout pas cela! Je suis un serviteur comme toi et tes frères qui gardent le témoignage pour Jésus. Prosterne-toi devant Dieu! Car c'est le témoignage de Jésus qui inspire les prophètes.»

Le Vainqueur.

¹¹Puis j'ai vu le ciel ouvert, et voici un cheval blanc: celui qui le monte s'appelle Fidèle et Véritable, il juge et fait la guerre avec justice. ¹²Ses yeux sont comme une flamme ardente, il a plusieurs diadèmes sur la tête et un nom écrit que personne ne connaît sauf lui-même. ¹³Il est habillé d'un vêtement trempé de sang, et le nom qu'il porte est «le Verbe de Dieu». ¹⁴Les armées célestes le suivaient sur des chevaux blancs, vêtues de lin fin blanc et pur. ¹⁵De sa bouche sort un glaive acéré à deux tranchants, pour en frapper les nations; *il les mènera avec un sceptre de fer* et lui-même il foule le pressoir du vin de la furieuse colère du Dieu tout-puissant; ¹⁶sur son vêtement et sur sa cuisse il a un nom écrit: «Roi des rois et Seigneur des seigneurs».

L'enchaînement de Satan, le règne des fidèles, le jugement universel et la destruction de la mort.

¹⁷Puis j'ai vu un ange debout dans le soleil; il cria d'une voix forte à tous les oiseaux qui volent en plein ciel: «Venez, rassemblez-vous pour le grand repas de Dieu, ¹⁸pour manger la chair des rois, celle des chefs d'armée, celle des puissants, celle des chevaux et de ceux qui les montent, celle de tous les esclaves et hommes libres, des petits et des grands.» ¹⁹Et j'ai vu la Bête, les rois de la terre, et leurs armées, rassemblés pour faire la guerre au cavalier et à son armée. ²⁰La Bête fut capturée, et avec elle le faux prophète, celui qui a fait devant elle les miracles qui ont égaré ceux qui portent la marque de la Bête, et ceux qui se prosternent devant son

image. Tous les deux furent jetés vivants dans l'étang de feu embrasé de soufre. ²¹ Les autres furent tués par le glaive du cavalier, celui qui sort de sa bouche, et tous les oiseaux se rassasièrent de leurs chairs.

20 ¹ Alors j'ai vu un ange qui descendait du ciel ; il tenait à la main la clé de l'abîme et une énorme chaîne. ² Il s'empara du Dragon, le serpent des origines – c'est-à-dire le Démon ou Satan –, et il l'enchaîna pour une durée de mille ans. Il le précipita dans l'abîme, ³ qu'il referma sur lui ; puis il mit les scellés pour l'empêcher d'égarer les nations jusqu'à ce que les mille ans soient écoulés. Après cela, il faut qu'il soit relâché pour un peu de temps.

⁴ Puis j'ai vu des trônes, et ceux qui vinrent y siéger reçurent le pouvoir de juger. J'ai encore vu les âmes de ceux qui ont été décapités à cause du témoignage pour Jésus, et à cause de la parole de Dieu, eux qui n'ont pas adoré la Bête et son image, et qui n'ont pas reçu sa marque sur le front ou sur la main. Ils revinrent à la vie, et ils régnèrent avec le Christ pendant mille ans. ⁵ Le reste des morts ne revint pas à la vie jusqu'à ce que les mille ans soient écoulés. C'est la première résurrection. ⁶ Heureux et saint, celui qui a part à la première résurrection ! Sur ceux-là, la seconde mort n'a pas de pouvoir, mais ils seront prêtres de Dieu et du Christ, et ils régneront avec lui pendant les mille ans.

⁷ Et quand les mille ans seront écoulés, Satan sera relâché de sa prison, ⁸ il sortira pour égarer les nations qui sont aux quatre coins de la terre, Gog et Magog, afin de les rassembler pour la guerre ; ils seront aussi nombreux que le sable de la mer. ⁹ Ils montèrent sur toute l'étendue de la terre, ils encerclèrent le camp des saints et la Cité bien-aimée, mais un feu descendit du ciel et les dévora. ¹⁰ Et le démon qui les égarait fut jeté dans l'étang de feu et de soufre, où sont aussi la Bête et le faux prophète ; ils y seront torturés jour et nuit pour les siècles des siècles.

¹¹ Puis j'ai vu un grand trône blanc, et celui qui siégeait sur ce trône. Devant sa face, le ciel et la terre s'enfuirent sans laisser de trace. ¹² J'ai vu aussi les morts, les grands et les petits, debout devant le trône. On ouvrit des livres, puis encore un autre livre, le livre de la vie. Les morts furent jugés selon ce qu'ils avaient fait, d'après ce qui était écrit dans les livres. ¹³ La mer rendit les morts qu'elle contenait ; la Mort et le séjour des morts rendirent aussi ceux qu'ils retenaient chez eux, et chacun fut jugé selon ce qu'il avait fait. ¹⁴ Puis la Mort et le séjour des morts furent précipités dans un étang de feu (cet étang de feu, c'est

la seconde mort). ¹⁵ Et tous ceux qu'on ne trouva pas inscrits sur le livre de la vie furent précipités dans l'étang de feu.

Le monde nouveau et la Jérusalem nouvelle, épouse de l'Agneau.

21 ¹ Alors j'ai vu un ciel nouveau et une terre nouvelle, car le premier ciel et la première terre avaient disparu, et il n'y avait plus de mer. ² Et j'ai vu descendre du ciel, d'auprès de Dieu, la cité sainte, la Jérusalem nouvelle, toute prête, comme une fiancée parée pour son époux. ³ Et j'ai entendu la voix puissante qui venait du Trône divin ; elle disait : « Voici la demeure de Dieu avec les hommes ; il demeurera avec eux, et ils seront son peuple, Dieu lui-même sera avec eux. ⁴ Il essuiera toute larme de leurs yeux, et la mort n'existera plus ; et il n'y aura plus de pleurs, de cris, ni de tristesse ; car la première création aura disparu. »

⁵ Alors celui qui siégeait sur le Trône déclara : « Voici que je fais toutes choses nouvelles. Écris ces paroles : elles sont dignes de foi et véridiques. » ⁶ Puis il ajouta : « Tout est réalisé désormais. Je suis l'alpha et l'oméga, le commencement et la fin. Moi, je donnerai gratuitement à celui qui a soif l'eau de la source de vie : ⁷ tel sera l'héritage réservé au vainqueur ; *je serai son Dieu, et il sera mon fils.* ⁸ Mais les lâches, les incrédules, les abominables, les meurtriers, les débauchés, les sorciers, les idolâtres et tous les menteurs, leur place est dans l'étang embrasé de feu et de soufre, qui est la seconde mort. »

⁹ Alors arriva l'un des sept anges qui détiennent les sept coupes remplies des sept dernières plaies, et il me parla ainsi : « Viens, je te montrerai la Fiancée, l'épouse de l'Agneau. » ¹⁰ Il m'entraîna par l'esprit sur une grande et haute montagne ; il me montra la cité sainte, Jérusalem, qui descendait du ciel, d'auprès de Dieu. ¹¹ Elle resplendissait de la gloire de Dieu, elle avait l'éclat d'une pierre très précieuse, comme le jaspe cristallin. ¹² Elle avait une grande et haute muraille, avec douze portes gardées par douze anges ; des noms y étaient inscrits : ceux des douze tribus des fils d'Israël. ¹³ Il y avait trois portes à l'orient, trois au nord, trois au midi, et trois à l'occident. ¹⁴ La muraille de la cité reposait sur douze fondations portant les noms des douze Apôtres de l'Agneau.

¹⁵ Celui qui parlait avec moi avait un roseau d'or pour mesurer la cité, ses portes, et sa muraille. ¹⁶ La cité est disposée en carré : sa longueur est égale à sa largeur. Il mesura la cité avec le roseau : douze mille stades ; sa longueur, sa largeur et sa hauteur sont égales. ¹⁷ Puis il mesura sa muraille : cent quarante-quatre coudées, suivant

les mesures communes des hommes qu'employait l'ange. [18] Le matériau de la muraille était du jaspe, et la cité était en or pur semblable à du cristal pur. [19] Les assises de la muraille de la cité étaient ornées de toutes sortes de pierreries. La première assise était de jaspe, la deuxième de saphir, la troisième de calcédoine, la quatrième d'émeraude, [20] la cinquième de sardoine, la sixième de cornaline, la septième de chrysolithe, la huitième de béryl, la neuvième de topaze, la dixième de chrysoprase, la onzième d'hyacinthe, la douzième d'améthyste. [21] Les douze portes étaient douze perles, chaque porte faite d'une seule perle, et la place de la cité était d'or pur comme du cristal transparent.

[22] Dans la cité, je n'ai pas vu de temple, car son Temple, c'est le Seigneur, le Dieu tout-puissant, et l'Agneau. [23] La cité n'a pas besoin de la lumière du soleil ni de la lune, car la gloire de Dieu l'illumine, et sa source de lumière, c'est l'Agneau. [24] Les nations marcheront à sa lumière, et les rois de la terre apporteront ce qui fait leur gloire. [25] Les portes ne se fermeront pas tant qu'il fera jour ; or il n'y fera plus jamais nuit. [26] On apportera dans la cité ce qui fait la gloire et le prestige des nations. [27] Il n'y entrera jamais rien de souillé, ni personne qui commette abomination ou mensonge, mais seulement ceux qui sont inscrits dans le livre de vie de l'Agneau.

22 [1] Puis l'ange me montra l'eau de la vie : un fleuve resplendissant comme du cristal, qui jaillit du trône de Dieu et de l'Agneau. [2] Au milieu de la place de la ville, entre les deux bras du fleuve, il y a un arbre de vie qui donne son fruit douze fois : chaque mois il produit son fruit ; et les feuilles de cet arbre sont un remède pour les nations païennes. [3] Il n'y aura plus aucune malédiction. Le trône de Dieu et de l'Agneau sera dans la ville, et les serviteurs de Dieu lui rendront un culte ; [4] ils verront son visage, et son nom sera écrit sur leur front. [5] La nuit n'existera plus, ils n'auront plus besoin de la lumière d'une lampe ni de la lumière du soleil, parce que le Seigneur Dieu les illuminera, et ils régneront pour les siècles des siècles.

III – Épilogue

*Le Seigneur Jésus
vient sans tarder.*

[6] Puis l'ange me dit : « Ces paroles sont sûres et vraies : le Seigneur, le Dieu qui inspire les prophètes, a envoyé son ange pour montrer à ses serviteurs ce qui doit arriver bientôt. [7] Voici que je viens sans tarder. Heureux celui qui garde les paroles de la prophétie écrite dans ce livre. »

[8] C'est moi, Jean, qui entendais et qui voyais ces choses. Et les ayant entendues et vues, je me jetai aux pieds de l'ange qui

me montrait cela, pour me prosterner devant lui. ⁹Il me dit : «Ne fais surtout pas cela ! Je suis un serviteur comme toi et tes frères, les prophètes et ceux qui gardent les paroles de ce livre. Prosterne-toi devant Dieu !»

¹⁰Puis il me dit : «Ne garde pas sous le sceau du secret les paroles de ce livre de prophétie, car le temps est proche. ¹¹Que celui qui fait le mal continue à faire le mal, et que l'homme souillé continue à se souiller ; que le juste continue à pratiquer la justice, et que le saint continue à se sanctifier. ¹²Voici que je viens sans tarder, et j'apporte avec moi le salaire que je vais donner à chacun selon ce qu'il aura fait. ¹³Je suis l'alpha et l'oméga, le premier et le dernier, le commencement et la fin. ¹⁴Heureux ceux qui lavent leurs vêtements pour avoir droit aux fruits de l'arbre de vie, et pouvoir franchir les portes de la cité. ¹⁵Dehors les chiens, les sorciers, les débauchés, les meurtriers, les idolâtres, et tous ceux qui aiment et pratiquent le mensonge !

¹⁶Moi, Jésus, j'ai envoyé mon ange vous apporter ce témoignage au sujet des Églises. Je suis le descendant, le rejeton de David, l'étoile resplendissante du matin. »

¹⁷L'Esprit et l'Épouse disent : «Viens !» Celui qui entend, qu'il dise aussi : «Viens !» Celui qui a soif, qu'il approche. Celui qui le désire, qu'il boive l'eau de la vie, gratuitement.

¹⁸Et moi, je témoigne devant tout homme qui écoute les paroles de la prophétie écrite dans ce livre : si quelqu'un inflige une addition à ce message, Dieu lui infligera les fléaux dont parle ce livre ; ¹⁹et si quelqu'un enlève des paroles à ce livre de prophétie, Dieu lui enlèvera sa part des fruits de l'arbre de vie et sa place dans la cité sainte dont parle ce livre.

²⁰Et celui qui témoigne de tout cela déclare : «Oui, je viens sans tarder. »

– Amen ! Viens, Seigneur Jésus !

²¹Que la grâce du Seigneur Jésus soit avec tous les hommes.

LES PSAUMES

Le signe ➤ signale que la strophe se continue sur la page suivante.

Psaume 1

Psaume de sagesse : les deux voies

¹ Heureux est l'homme
   qui n'entre pas au conseil des méchants, ⁺
qui ne suit pas le chemin des pécheurs, ★
ne siège pas avec ceux qui ricanent,
² mais se plaît dans la loi du Seigneur
et murmure sa loi jour et nuit !

³ Il est comme un arbre
   planté près d'un ruisseau, ⁺
qui donne du fruit en son temps, ★
et jamais son feuillage ne meurt ;
tout ce qu'il entreprend réussira,
⁴ tel n'est pas le sort des méchants.

Mais ils sont comme la paille
   balayée par le vent : ⁺
⁵ au jugement, les méchants ne se lèveront pas, ★
ni les pécheurs au rassemblement des justes.
⁶ Le Seigneur connaît le chemin des justes,
mais le chemin des méchants se perdra.

Psaume 2

Dieu donne la royauté au Messie

¹ Pourquoi ce tumulte des nations,
ce vain murmure des peuples ?
² Les rois de la terre se dressent,
les grands se liguent entre eux
   contre le Seigneur et son messie :
³ « Faisons sauter nos chaînes,
rejetons ces entraves ! »

⁴ Celui qui règne dans les cieux s'en amuse,
le Seigneur les tourne en dérision ;
⁵ puis il leur parle avec fureur,
et sa colère les épouvante :
⁶ « Moi, j'ai sacré mon roi
sur Sion, ma sainte montagne. »

⁷ Je proclame le décret du Seigneur ! ⁺

Il m'a dit : « Tu es mon fils ;
moi, aujourd'hui, je t'ai engendré. ➤

8 Demande, et je te donne en héritage les nations,
  pour domaine la terre tout entière.
9 Tu les détruiras de ton sceptre de fer,
  tu les briseras comme un vase de potier. »

10 Maintenant, rois, comprenez,
   reprenez-vous, juges de la terre.
11 Servez le Seigneur avec crainte,
   rendez-lui votre hommage en tremblant.
12 Qu'il s'irrite et vous êtes perdus :
   soudain sa colère éclatera.

   Heureux qui trouve en lui son refuge !

Psaume 3

Confiance au milieu des angoisses

2 Seigneur, qu'ils sont nombreux mes adversaires,
  nombreux à se lever contre moi,
3 nombreux à déclarer à mon sujet :
  « Pour lui, pas de salut auprès de Dieu ! »

4 Mais toi, Seigneur, mon bouclier,
  ma gloire, tu tiens haute ma tête.
5 A pleine voix je crie vers le Seigneur ;
  il me répond de sa montagne sainte.

6 Et moi, je me couche et je dors ;
  je m'éveille : le Seigneur est mon soutien.
7 Je ne crains pas ce peuple nombreux
  qui me cerne et s'avance contre moi.

8 Lève-toi, Seigneur !
  Sauve-moi, mon Dieu !
  Tous mes ennemis, tu les frappes à la mâchoire ;
  les méchants, tu leur brises les dents.

9 Du Seigneur vient le salut ;
  vienne ta bénédiction sur ton peuple !

Psaume 4

Action de grâce du soir

2 Quand je crie, réponds-moi,
  Dieu, ma justice !

Toi qui me libères dans la détresse,
pitié pour moi, écoute ma prière !

3   Fils des hommes,
        jusqu'où irez-vous dans l'insulte à ma gloire, ★
    l'amour du néant et la course au mensonge ?

4   Sachez que le Seigneur a mis à part son fidèle,
    le Seigneur entend quand je crie vers lui.

5   Mais vous, tremblez, ne péchez pas ;
    réfléchissez dans le secret, faites silence.

6   Offrez les offrandes justes
    et faites confiance au Seigneur.

7   Beaucoup demandent : « Qui nous fera voir le bonheur ? »
    Sur nous, Seigneur, que s'illumine ton visage !

8   Tu mets dans mon cœur plus de joie
    que toutes leurs vendanges et leurs moissons.

9   Dans la paix moi aussi, je me couche et je dors,
    car tu me donnes d'habiter, Seigneur, seul, dans la confiance.

Psaume 5
Prière matinale du juste aux prises avec ses ennemis

2   Écoute mes paroles, Seigneur,
        comprends ma plainte ; ★
3   entends ma voix qui t'appelle,
        ô mon Roi et mon Dieu !

4   Je me tourne vers toi, Seigneur,
        au matin, tu écoutes ma voix ; ★
    au matin, je me prépare pour toi
        et je reste en éveil.

5   Tu n'es pas un Dieu ami du mal,
        chez toi, le méchant n'est pas reçu. ★
6   Non, l'insensé ne tient pas
        devant ton regard.

    Tu détestes tous les malfaisants,
7   tu extermines les menteurs ; ★
    l'homme de ruse et de sang,
        le Seigneur le hait.

8   Pour moi, grâce à ton amour,
     j'accède à ta maison ; ★
   vers ton temple saint, je me prosterne,
     saisi de crainte.

9   Seigneur, que ta justice me conduise ; ★
   des ennemis me guettent :
     aplanis devant moi ton chemin.

10   Rien n'est vrai dans leur bouche,
     ils sont remplis de malveillance ; ★
   leur gosier est un sépulcre béant,
     et leur langue, un piège.

11   [Dieu, traite-les en coupables :
     qu'ils échouent dans leurs projets ! ★
   Pour tant de méfaits, disperse-les,
     puisqu'ils te résistent.]

12   Allégresse pour qui s'abrite en toi,
     joie éternelle ! ★
   Tu les protèges, pour toi ils exultent,
     ceux qui aiment ton nom.

13   Toi, Seigneur, tu bénis le juste ;
   du bouclier de ta faveur, tu le couvres.

Psaume 6
Prière de l'homme que Dieu châtie

2   Seigneur, corrige-moi sans colère,
   et reprends-moi sans fureur.
3   Pitié, Seigneur, je dépéris !
   Seigneur, guéris-moi !
   Car je tremble de tous mes os,
4   de toute mon âme, je tremble.

   Et toi, Seigneur, que fais-tu ? +
5   Reviens, Seigneur, délivre-moi,
   sauve-moi en raison de ton amour !
6   Personne, dans la mort, n'invoque ton nom ;
   au séjour des morts, qui te rend grâce ?

7   Je m'épuise à force de gémir ; +
   chaque nuit, je pleure sur mon lit :
   ma couche est trempée de mes larmes. ➤

8 Mes yeux sont rongés de chagrin;
   j'ai vieilli parmi tant d'adversaires!

9 Loin de moi, vous tous, malfaisants,
   car le Seigneur entend mes sanglots!

10 Le Seigneur accueille ma demande,
   le Seigneur entend ma prière.

11 Qu'ils aient honte et qu'ils tremblent, tous mes **ennemis**,
   qu'ils reculent, soudain, couverts de honte!

Psaume 7

Lamentation et appel à Dieu contre les calomnies

2 Seigneur mon Dieu, tu es mon refuge!
   On me poursuit: sauve-moi, délivre-moi!

3 Sinon ils vont m'égorger, tous ces fauves,
   me déchirer, sans que personne me délivre.

4 Seigneur mon Dieu, si j'ai fait cela,
   si j'ai vraiment un crime sur les mains,

5 si j'ai causé du tort à mon allié
   en épargnant son adversaire,

6 que l'ennemi me poursuive, qu'il m'atteigne *
   (qu'il foule au sol ma vie)
   et livre ma gloire à la poussière.

7 Dans ta colère, Seigneur, lève-toi, +
   domine mes adversaires en furie,
   réveille-toi pour me défendre et prononcer **ta sentence**.

8 Une assemblée de peuples t'environne: +
   reprends ta place au-dessus d'elle,

9 Seigneur qui arbitres les nations.

   Juge-moi, Seigneur, sur ma justice:
   mon innocence parle pour moi.

10 Mets fin à la rage des impies,
   affermis le juste,
   toi qui scrutes les cœurs et les reins,
   Dieu, le juste.

11 J'aurai mon bouclier auprès de Dieu,
   le sauveur des cœurs droits.

12 Dieu juge avec justice;
   Dieu menace chaque jour l'homme qui ne se **reprend pas**.

13 Le méchant affûte son épée,
il tend son arc et le tient prêt.

14 Il se prépare des engins de mort ;
de ses flèches, il fait des brandons.

15 Qui conçoit le mal et couve le crime
enfantera le mensonge.

16 Qui ouvre une fosse et la creuse
tombera dans le trou qu'il a fait.

17 Son mauvais coup lui revient sur la tête,
sa violence retombe sur son crâne.

18 Je rendrai grâce au Seigneur pour sa justice,
je chanterai le nom du Seigneur, le Très-Haut.

Psaume 8

Majesté de Dieu et dignité de l'homme

℟. 2   O Seigneur, notre Dieu,
qu'il est grand ton nom
par toute la terre !

Jusqu'aux cieux, ta splendeur est chantée
3   par la bouche des enfants, des tout-petits :
rempart que tu opposes à l'adversaire,
où l'ennemi se brise en sa révolte.

4 A voir ton ciel, ouvrage de tes doigts,
la lune et les étoiles que tu fixas,

5 qu'est-ce que l'homme pour que tu penses à lui,
le fils d'un homme, que tu en prennes souci ?

6 Tu l'as voulu un peu moindre qu'un dieu,
le couronnant de gloire et d'honneur ;

7 tu l'établis sur les œuvres de tes mains,
tu mets toute chose à ses pieds :

8 les troupeaux de bœufs et de brebis,
et même les bêtes sauvages,

9 les oiseaux du ciel et les poissons de la mer,
tout ce qui va son chemin dans les eaux.

℟. 10   O Seigneur, notre Dieu,
qu'il est grand ton nom
par toute la terre !

Psaume 9 A
Action de grâce après la victoire

² De tout mon cœur, Seigneur, je rendrai grâce,
   je dirai tes innombrables merveilles ;
³ pour toi, j'exulterai, je danserai,
   je fêterai ton nom, Dieu Très-Haut.

⁴ Mes ennemis ont battu en retraite,
   devant ta face, ils s'écroulent et périssent.
⁵ Tu as plaidé mon droit et ma cause,
   tu as siégé, tu as jugé avec justice.

⁶ Tu menaces les nations, tu fais périr les méchants,
   à tout jamais tu effaces leur nom.
⁷ L'ennemi est achevé, ruiné pour toujours,
   tu as rasé des villes, leur souvenir a péri.

⁸ Mais il siège, le Seigneur, à jamais :
   pour juger, il affermit son trône ;
⁹ il juge le monde avec justice
   et gouverne les peuples avec droiture.

¹⁰ Qu'il soit la forteresse de l'opprimé,
    sa forteresse aux heures d'angoisse :
¹¹ ils s'appuieront sur toi, ceux qui connaissent ton nom ;
    jamais tu n'abandonnes, Seigneur, ceux qui te cherchent.

¹² Fêtez le Seigneur qui siège dans Sion,
    annoncez parmi les peuples ses exploits !
¹³ Attentif au sang versé, il se rappelle,
    il n'oublie pas le cri des malheureux.

¹⁴ Pitié pour moi, Seigneur,
    vois le mal que m'ont fait mes adversaires, ★
    toi qui m'arraches aux portes de la mort ;
¹⁵ et je dirai tes innombrables louanges
    aux portes de Sion, ★
    je danserai de joie pour ta victoire.

¹⁶ Ils sont tombés, les païens, dans la fosse qu'ils creusaient ;
    aux filets qu'ils ont tendus, leurs pieds se sont pris.
¹⁷ Le Seigneur s'est fait connaître : il a rendu le jugement,
    il prend les méchants à leur piège.

¹⁸ Que les méchants retournent chez les morts, ➤
    toutes les nations qui oublient le vrai Dieu ! ➤

¹⁹ Mais le pauvre n'est pas oublié pour toujours :
   jamais ne périt l'espoir des malheureux.

²⁰ Lève-toi, Seigneur : qu'un mortel ne soit pas le plus fort,
   que les nations soient jugées devant ta face !

²¹ Frappe-les d'épouvante, Seigneur :
   que les nations se reconnaissent mortelles !

Psaume 9 B (10)

Prière pour être délivré des oppresseurs

¹ Pourquoi, Seigneur, es-tu si loin ?
  Pourquoi te cacher aux jours d'angoisse ?

² L'impie, dans son orgueil, poursuit les malheureux :
  ils se font prendre aux ruses qu'il invente.

³ L'impie se glorifie du désir de son âme,
  l'arrogant blasphème, il brave le Seigneur ;

⁴ plein de suffisance, l'impie ne cherche plus :
  « Dieu n'est rien », voilà toute sa ruse.

⁵ A tout moment, ce qu'il fait réussit ; ⁺
  tes sentences le dominent de très haut. *
  (Tous ses adversaires, il les méprise.)

⁶ Il s'est dit : « Rien ne peut m'ébranler,
  je suis pour longtemps à l'abri du malheur. »

⁷ Sa bouche qui maudit n'est que fraude et violence,
  sa langue, mensonge et blessure.

⁸ Il se tient à l'affût près des villages,
  il se cache pour tuer l'innocent.

  Des yeux, il épie le faible,

⁹ il se cache à l'affût, comme un lion dans son fourré ;
  il se tient à l'affût pour surprendre le pauvre,
  il attire le pauvre, il le prend dans son filet.

¹⁰ Il se baisse, il se tapit ;
   de tout son poids, il tombe sur le faible.

¹¹ Il dit en lui-même : « Dieu oublie !
   il couvre sa face, jamais il ne verra ! »

¹² Lève-toi, Seigneur ! Dieu, étends la main !
   N'oublie pas le pauvre !

¹³ Pourquoi l'impie brave-t-il le Seigneur
   en lui disant : « Viendras-tu me chercher ? »

¹⁴ Mais tu as vu : tu regardes le mal et la souffrance,
   tu les prends dans ta main ;
   sur toi repose le faible,
   c'est toi qui viens en aide à l'orphelin.

¹⁵ Brise le bras de l'impie, du méchant ;
   alors tu chercheras son impiété sans la trouver.

¹⁶ A tout jamais, le Seigneur est roi :
   les païens ont péri sur sa terre.

¹⁷ Tu entends, Seigneur, le désir des pauvres,
   tu rassures leur cœur, tu les écoutes.

¹⁸ Que justice soit rendue à l'orphelin,
   qu'il n'y ait plus d'opprimé, ★
   et que tremble le mortel, né de la terre !

Psaume 10 (11)

Confiance inébranlable en Dieu

¹ Auprès du Seigneur j'ai mon refuge. ⁺
   Comment pouvez-vous me dire :
   oiseaux, fuyez à la montagne !

² Voici que les méchants tendent l'arc : ⁺
   ils ajustent leur flèche à la corde
   pour viser dans l'ombre l'homme au cœur droit.

³ Quand sont ruinées les fondations,
   que peut faire le juste ?

⁴ Mais le Seigneur, dans son temple saint, ⁺
   le Seigneur, dans les cieux où il trône,
   garde les yeux ouverts sur le monde.

   Il voit, il scrute les hommes ; ⁺
⁵ le Seigneur a scruté le juste et le méchant :
   l'ami de la violence, il le hait.

⁶ Il fera pleuvoir ses fléaux sur les méchants, ⁺
   feu et soufre et vent de tempête ;
   c'est la coupe qu'ils auront en partage.

⁷ Vraiment, le Seigneur est juste ; ⁺
   il aime toute justice :
   les hommes droits le verront face à face.

Psaume 11 (12)

Appel au Dieu fidèle, contre des ennemis menteurs

² Seigneur, au secours ! Il n'y a plus de fidèle !
   La loyauté a disparu chez les hommes.

³ Entre eux la parole est mensonge,
   cœur double, lèvres menteuses.

⁴ Que le Seigneur supprime ces lèvres menteuses,
   cette langue qui parle insolemment,

⁵ ceux-là qui disent : « Armons notre langue !
   A nous la parole ! Qui sera notre maître ? »

⁶ – « Pour le pauvre qui gémit,
      le malheureux que l'on dépouille, ⁺
   maintenant je me lève, dit le Seigneur ; *
   à celui qu'on méprise, je porte secours. »

⁷ Les paroles du Seigneur sont des paroles pures,
   argent passé au feu, affiné sept fois.

⁸ Toi, Seigneur, tu tiens parole,
   tu nous gardes pour toujours de cette engeance.

⁹ De tous côtés, s'agitent les impies :
   la corruption gagne chez les hommes.

Psaume 12 (13)

Supplication du juste dans les soucis quotidiens

² Combien de temps, Seigneur, vas-tu m'oublier,
   combien de temps, me cacher ton visage ?

³ Combien de temps aurai-je l'âme en peine
      et le cœur attristé chaque jour ? *
   Combien de temps mon ennemi sera-t-il le plus fort ?

⁴ Regarde, réponds-moi, Seigneur mon Dieu ! *
   Donne la lumière à mes yeux,
      garde-moi du sommeil de la mort ;

⁵ que l'adversaire ne crie pas : « Victoire ! »
   que l'ennemi n'ait pas la joie de ma défaite !

⁶ Moi, je prends appui sur ton amour ; ⁺
   que mon cœur ait la joie de ton salut !
   Je chanterai le Seigneur pour le bien qu'il m'a fait.

Psaume 13 (14)

Corruption et châtiment de l'homme rebelle à Dieu

1 Dans son cœur le fou déclare :
   « Pas de Dieu ! » *
   Tout est corrompu, abominable,
       pas un homme de bien !

2 Des cieux, le Seigneur se penche
       vers les fils d'Adam *
   pour voir s'il en est un de sensé,
       un qui cherche Dieu.

3 Tous, ils sont dévoyés ;
       tous ensemble, pervertis : *
   pas un homme de bien,
       pas même un seul !

4 N'ont-ils donc pas compris,
       ces gens qui font le mal ? +
   Quand ils mangent leur pain,
       ils mangent mon peuple. *
   Jamais ils n'invoquent le Seigneur.

5 Et voilà qu'ils se sont mis à trembler,
       car Dieu accompagne les justes. *

6 Vous riez des projets du malheureux,
       mais le Seigneur est son refuge.

7 Qui fera venir de Sion
       la délivrance d'Israël ? +
   Quand le Seigneur ramènera les déportés de son peuple, *
       quelle fête en Jacob, en Israël, quelle joie !

Psaume 14 (15)

Dialogue : le juste en marche vers la cité de Dieu

1 Seigneur, qui séjournera sous ta tente ?
   Qui habitera ta sainte montagne ?

2 Celui qui se conduit parfaitement, +
   qui agit avec justice
   et dit la vérité selon son cœur.

3 Il met un frein à sa langue, +
   ne fait pas de tort à son frère
   et n'outrage pas son prochain.

⁴ A ses yeux, le réprouvé est méprisable
mais il honore les fidèles du Seigneur.

S'il a juré à ses dépens,
il ne reprend pas sa parole.

⁵ Il prête son argent sans intérêt, ⁺
n'accepte rien qui nuise à l'innocent.
Qui fait ainsi demeure inébranlable.

Psaume 15 (16)

Dieu est la source de la vie et du bonheur

¹ Garde-moi, mon Dieu :
j'ai fait de toi mon refuge.

² J'ai dit au Seigneur : « Tu es mon Dieu !
Je n'ai pas d'autre bonheur que toi. »

³ Toutes les idoles du pays,
ces dieux que j'aimais, ⁺
ne cessent d'étendre leurs ravages, ★
et l'on se rue à leur suite.

⁴ Je n'irai pas leur offrir le sang des sacrifices ; ★
leur nom ne viendra pas sur mes lèvres !

⁵ Seigneur, mon partage et ma coupe :
de toi dépend mon sort.

⁶ La part qui me revient fait mes délices ;
j'ai même le plus bel héritage !

⁷ Je bénis le Seigneur qui me conseille :
même la nuit mon cœur m'avertit.

⁸ Je garde le Seigneur devant moi sans relâche ;
il est à ma droite : je suis inébranlable.

⁹ Mon cœur exulte, mon âme est en fête,
ma chair elle-même repose en confiance :

¹⁰ tu ne peux m'abandonner à la mort
ni laisser ton ami voir la corruption.

¹¹ Tu m'apprends le chemin de la vie : ⁺
devant ta face, débordement de joie !
A ta droite, éternité de délices !

Psaume 16 (17)

Dieu, espérance de l'innocent persécuté

1 Seigneur, écoute la justice ! +
 Entends ma plainte, accueille ma prière :
 mes lèvres ne mentent pas.

2 De ta face, me viendra la sentence :
 tes yeux verront où est le droit.

3 Tu sondes mon cœur, tu me visites la nuit, +
 tu m'éprouves, sans rien trouver ;
 mes pensées n'ont pas franchi mes lèvres.

4 Pour me conduire selon ta parole,
 j'ai gardé le chemin prescrit ;
5 j'ai tenu mes pas sur tes traces :
 jamais mon pied n'a trébuché.

6 Je t'appelle, toi, le Dieu qui répond :
 écoute-moi, entends ce que je dis.

7 Montre les merveilles de ta grâce, ★
 toi qui libères de l'agresseur
  ceux qui se réfugient sous ta droite.

8 Garde-moi comme la prunelle de l'œil ;
 à l'ombre de tes ailes, cache-moi,
9 loin des méchants qui m'ont ruiné,
 des ennemis mortels qui m'entourent.

10 Ils s'enferment dans leur suffisance ;
 l'arrogance à la bouche, ils parlent.

11 Ils sont sur mes pas : maintenant ils me cernent,
 l'œil sur moi, pour me jeter à terre,
12 comme des lions prêts au carnage,
 de jeunes fauves tapis en embuscade.

13 Lève-toi, Seigneur, affronte-les, renverse-les ;
 par ton épée, libère-moi des méchants.

14 Que ta main, Seigneur, les exclue d'entre les hommes, ★
 hors de l'humanité, hors de ce monde :
  tel soit le sort de leur vie !

 Réserve-leur de quoi les rassasier : +
 que leurs fils en soient saturés,
 qu'il en reste encore pour leurs enfants !

¹⁵ Et moi, par ta justice, je verrai ta face :
au réveil, je me rassasierai de ton visage.

Psaume 17 (18)
Action de grâce après la manifestation du salut de Dieu

² Je t'aime, Seigneur, ma force :
Seigneur, mon roc, ma forteresse,
³ Dieu mon libérateur, le rocher qui m'abrite,
mon bouclier, mon fort, mon arme de victoire !

⁴ Louange à Dieu ! ⁺
Quand je fais appel au Seigneur,
je suis sauvé de tous mes ennemis.

⁵ Les liens de la mort m'entouraient,
le torrent fatal m'épouvantait ;
⁶ des liens infernaux m'étreignaient :
j'étais pris aux pièges de la mort.

⁷ Dans mon angoisse, j'appelai le Seigneur ;
vers mon Dieu, je lançai un cri ;
de son temple il entend ma voix :
mon cri parvient à ses oreilles.

⁸ La terre titube et tremble, ⁺
les assises des montagnes frémissent,
secouées par l'explosion de sa colère.

⁹ Une fumée sort de ses narines, ⁺
de sa bouche, un feu qui dévore,
une gerbe de charbons embrasés.

¹⁰ Il incline les cieux et descend,
une sombre nuée sous ses pieds :
¹¹ d'un kéroub, il fait sa monture,
il vole sur les ailes du vent.

¹² Il se cache au sein des ténèbres ⁺
et dans leurs replis se dérobe :
nuées sur nuées, ténèbres diluviennes.

¹³ Une lueur le précède, ⁺
ses nuages déferlent :
grêle et gerbes de feu.

¹⁴ Tonnerre du Seigneur dans le ciel, [★]
le Très-Haut fait entendre sa voix :
grêle et gerbes de feu.

15 De tous côtés, il tire des flèches,
   il décoche des éclairs, il répand la terreur.

16 Alors le fond des mers se découvrit,
   les assises du monde apparurent,
   sous ta voix menaçante, Seigneur,
   au souffle qu'exhalait ta colère.

17 Des hauteurs il tend la main pour me saisir,
   il me retire du gouffre des eaux ;
18 il me délivre d'un puissant ennemi,
   d'adversaires plus forts que moi.

19 Au jour de ma défaite ils m'attendaient,
   mais j'avais le Seigneur pour appui.
20 Et lui m'a dégagé, mis au large,
   il m'a libéré, car il m'aime.

21 Le Seigneur me traite selon ma justice,
   il me donne le salaire des mains pures,
22 car j'ai gardé les chemins du Seigneur,
   jamais je n'ai trahi mon Dieu.

23 Ses ordres sont tous devant moi,
   jamais je ne m'écarte de ses lois.
24 Je suis sans reproche envers lui,
   je me garde loin du péché.
25 Le Seigneur me donne selon ma justice,
   selon la pureté des mains que je lui tends.

26 Tu es fidèle envers l'homme fidèle,
   sans reproche avec l'homme sans reproche ;
27 envers qui est loyal, tu es loyal,
   tu ruses avec le pervers.

28 Tu sauves le peuple des humbles ;
   les regards hautains, tu les rabaisses.
29 Tu es la lumière de ma lampe,
   Seigneur mon Dieu, tu éclaires ma nuit.
30 Grâce à toi, je saute le fossé,
   grâce à mon Dieu, je franchis la muraille.

31 Ce Dieu a des chemins sans reproche, +
   la parole du Seigneur est sans alliage,
   il est un bouclier pour qui s'abrite en lui.

³² Qui est Dieu, hormis le Seigneur ?
le Rocher, sinon notre Dieu ?
³³ C'est le Dieu qui m'emplit de vaillance
et m'indique un chemin sans reproche.

³⁴ Il me donne l'agilité du chamois,
il me tient debout sur les hauteurs,
³⁵ il exerce mes mains à combattre
et mon bras, à tendre l'arc.
³⁶ Par ton bouclier tu m'assures la victoire,
ta droite me soutient, ta patience m'élève.
³⁷ C'est toi qui allonges ma foulée
sans que faiblissent mes chevilles.

³⁸ Je poursuis mes ennemis, je les rejoins,
je ne reviens qu'après leur défaite ;
³⁹ je les abats : ils ne pourront se relever ;
ils tombent : les voilà sous mes pieds.

⁴⁰ Pour le combat tu m'emplis de vaillance ;
devant moi tu fais plier mes agresseurs.
⁴¹ Tu me livres des ennemis en déroute ;
j'anéantis mes adversaires.

⁴² Ils appellent ? pas de sauveur !
le Seigneur ? pas de réponse !
⁴³ J'en fais de la poussière pour le vent,
de la boue qu'on enlève des rues.

⁴⁴ Tu me libères des querelles du peuple,
tu me places à la tête des nations.
Un peuple d'inconnus m'est asservi :
⁴⁵ au premier mot, ils m'obéissent.

Ces fils d'étrangers se soumettent ; ⁺
⁴⁶ ces fils d'étrangers capitulent :
en tremblant ils quittent leurs bastions.

⁴⁷ Vive le Seigneur ! Béni soit mon Rocher !
Qu'il triomphe, le Dieu de ma victoire,
⁴⁸ ce Dieu qui m'accorde la revanche,
qui soumet à mon pouvoir les nations !

⁴⁹ Tu me délivres de tous mes ennemis, ⁺
tu me fais triompher de l'agresseur,
tu m'arraches à la violence de l'homme.

⁵⁰ Aussi, je te rendrai grâce parmi les peuples,
    Seigneur, je fêterai ton nom.

⁵¹ Il donne à son roi de grandes victoires, ★
    il se montre fidèle à son messie,
        à David et sa descendance, pour toujours.

Psaume 18 A (19 A)

Hymne au Dieu de la création

² Les cieux proclament la gloire de Dieu,
    le firmament raconte l'ouvrage de ses mains.

³ Le jour au jour en livre le récit
    et la nuit à la nuit en donne connaissance.

⁴ Pas de paroles dans ce récit,
    pas de voix qui s'entende ;

⁵ mais sur toute la terre en paraît le message
    et la nouvelle, aux limites du monde.

Là, se trouve la demeure du soleil : ⁺

⁶ tel un époux, il paraît hors de sa tente,
    il s'élance en conquérant joyeux.

⁷ Il paraît où commence le ciel, ⁺
    il s'en va jusqu'où le ciel s'achève :
        rien n'échappe à son ardeur.

Psaume 18 B (19 B)

Hymne à Dieu maître de la Loi

⁸ La loi du Seigneur est parfaite,
        qui redonne vie ; ★
    la charte du Seigneur est sûre,
        qui rend sages les simples.

⁹ Les préceptes du Seigneur sont droits,
        ils réjouissent le cœur ; ★
    le commandement du Seigneur est limpide,
        il clarifie le regard.

¹⁰ La crainte qu'il inspire est pure,
        elle est là pour toujours ; ★
    les décisions du Seigneur sont justes
        et vraiment équitables :

¹¹ plus désirables que l'or,
    qu'une masse d'or fin, ★
plus savoureuses que le miel
    qui coule des rayons.

¹² Aussi ton serviteur en est illuminé ; ⁺
    à les garder, il trouve son profit. ★
¹³ Qui peut discerner ses erreurs ?
    Purifie-moi de celles qui m'échappent.
¹⁴ Préserve aussi ton serviteur de l'orgueil :
    qu'il n'ait sur moi aucune emprise. ★
Alors je serai sans reproche,
    pur d'un grand péché.

¹⁵ Accueille les paroles de ma bouche,
    le murmure de mon cœur ; ★
qu'ils parviennent devant toi,
    Seigneur, mon rocher, mon défenseur !

Psaume 19 (20)
Prière pour le Roi

² Que le Seigneur te réponde au jour de détresse,
    que le nom du Dieu de Jacob te défende.
³ Du sanctuaire, qu'il t'envoie le secours,
    qu'il te soutienne des hauteurs de Sion.
⁴ Qu'il se rappelle toutes tes offrandes ;
    ton holocauste, qu'il le trouve savoureux.
⁵ Qu'il te donne à la mesure de ton cœur,
    qu'il accomplisse tous tes projets.

⁶ Nous acclamerons ta victoire
    en arborant le nom de notre Dieu. ★
Le Seigneur accomplira
    toutes tes demandes.

⁷ Maintenant, je le sais :
    le Seigneur donne la victoire à son messie ; ★
du sanctuaire des cieux, il lui répond
    par les exploits de sa main victorieuse.

⁸ Aux uns, les chars ; aux autres, les chevaux ;
    à nous, le nom de notre Dieu : le Seigneur. ➤

⁹ Eux, ils plient et s'effondrent ;
   nous, debout, nous résistons.

¹⁰ Seigneur, donne au roi la victoire !
   Réponds-nous au jour de notre appel.

Psaume 20 (21)

Action de grâce et prière pour le Roi

² Seigneur, le roi se réjouit de ta force ;
   quelle allégresse lui donne ta victoire !
³ Tu as répondu au désir de son cœur,
   tu n'as pas rejeté le souhait de ses lèvres.

⁴ Tu lui destines bénédictions et bienfaits,
   tu mets sur sa tête une couronne d'or.
⁵ La vie qu'il t'a demandée, tu la lui donnes,
   de longs jours, des années sans fin.

⁶ Par ta victoire, grandit son éclat :
   tu le revêts de splendeur et de gloire.
⁷ Tu mets en lui ta bénédiction pour toujours :
   ta présence l'emplit de joie !

⁸ Oui, le roi s'appuie sur le Seigneur :
   la grâce du Très-Haut le rend inébranlable.
⁹ [Ta main trouvera tes ennemis,
   ta droite trouvera tes adversaires.

¹⁰ Tu parais, tu en fais un brasier :
   la colère du Seigneur les consume,
      un feu les dévore.
¹¹ Tu aboliras leur lignée sur la terre
   et leur descendance parmi les hommes.

¹² S'ils trament le mal contre toi,
      s'ils préparent un complot, ★
   ils iront à l'échec.
¹³ Oui, tu les renverses et les terrasses ;
   ton arc les vise en plein cœur.]

¹⁴ Dresse-toi, Seigneur, dans ta force :
   nous fêterons, nous chanterons ta vaillance.

Psaume 21 (22)

Prière du Serviteur souffrant

2 Mon Dieu, mon Dieu,
   pourquoi m'as-tu abandonné ? *
Le salut est loin de moi,
   loin des mots que je rugis.

3 Mon Dieu, j'appelle tout le jour,
   et tu ne réponds pas ; *
même la nuit,
   je n'ai pas de repos.

4 Toi, pourtant, tu es saint,
   toi qui habites les hymnes d'Israël !

5 C'est en toi que nos pères espéraient,
   ils espéraient et tu les délivrais.

6 Quand ils criaient vers toi, ils échappaient ;
   en toi ils espéraient et n'étaient pas déçus.

7 Et moi, je suis un ver, pas un homme,
   raillé par les gens, rejeté par le peuple.

8 Tous ceux qui me voient me bafouent,
   ils ricanent et hochent la tête :

9 «Il comptait sur le Seigneur : qu'il le délivre !
   Qu'il le sauve, puisqu'il est son ami ! »

10 C'est toi qui m'as tiré du ventre de ma mère,
   qui m'a mis en sûreté entre ses bras.

11 A toi je fus confié dès ma naissance ;
   dès le ventre de ma mère, tu es mon Dieu.

12 Ne sois pas loin : l'angoisse est proche,
   je n'ai personne pour m'aider.

13 Des fauves nombreux me cernent,
   des taureaux de Basan m'encerclent.

14 Des lions qui déchirent et rugissent
   ouvrent leur gueule contre moi.

15 Je suis comme l'eau qui se répand,
   tous mes membres se disloquent.
Mon cœur est comme la cire,
   il fond au milieu de mes entrailles.

16 Ma vigueur a séché comme l'argile,
   ma langue colle à mon palais.

Tu me mènes à la poussière de la mort. +

17 Oui, des chiens me cernent,
une bande de vauriens m'entoure.
Ils me percent les mains et les pieds ;
18 je peux compter tous mes os.
Ces gens me voient, ils me regardent. +
19 Ils partagent entre eux mes habits
et tirent au sort mon vêtement.

20 Mais toi, Seigneur, ne sois pas loin :
ô ma force, viens vite à mon aide !
21 Préserve ma vie de l'épée,
arrache-moi aux griffes du chien ;
22 sauve-moi de la gueule du lion
et de la corne des buffles.

Tu m'as répondu ! +
23 Et je proclame ton nom devant mes frères,
je te loue en pleine assemblée.

24 Vous qui le craignez, louez le Seigneur, +
glorifiez-le, vous tous, descendants de Jacob,
vous tous, redoutez-le, descendants d'Israël.

25 Car il n'a pas rejeté,
il n'a pas réprouvé le malheureux dans sa misère ;
il ne s'est pas voilé la face devant lui,
mais il entend sa plainte.

26 Tu seras ma louange dans la grande assemblée ;
devant ceux qui te craignent, je tiendrai mes promesses.
27 Les pauvres mangeront : ils seront rassasiés ;
ils loueront le Seigneur, ceux qui le cherchent :
« A vous, toujours, la vie et la joie ! »

28 La terre entière se souviendra et reviendra vers le Seigneur,
chaque famille de nations se prosternera devant lui :
29 « Oui, au Seigneur la royauté,
le pouvoir sur les nations ! »

30 Tous ceux qui festoyaient s'inclinent ;
promis à la mort, ils plient en sa présence.

31 Et moi, je vis pour lui : ma descendance le servira ;
on annoncera le Seigneur aux générations à venir.
32 On proclamera sa justice au peuple qui va naître :
Voilà son œuvre !

Psaume 22 (23)

Dieu pasteur de son peuple

¹ Le Seigneur est mon berger :
  je ne manque de rien. *
² Sur des prés d'herbe fraîche,
  il me fait reposer.

Il me mène vers les eaux tranquilles
³ et me fait revivre ; *
il me conduit par le juste chemin
  pour l'honneur de son nom.

⁴ Si je traverse les ravins de la mort,
  je ne crains aucun mal, *
car tu es avec moi :
  ton bâton me guide et me rassure.

⁵ Tu prépares la table pour moi
  devant mes ennemis ; *
tu répands le parfum sur ma tête,
  ma coupe est débordante.

⁶ Grâce et bonheur m'accompagnent
  tous les jours de ma vie ; *
j'habiterai la maison du Seigneur
  pour la durée de mes jours.

Psaume 23 (24)

Entrée solennelle de Dieu dans son Temple

¹ Au Seigneur, le monde et sa richesse,
  la terre et tous ses habitants !
² C'est lui qui l'a fondée sur les mers
  et la garde inébranlable sur les flots.

³ Qui peut gravir la montagne du Seigneur
  et se tenir dans le lieu saint ?
⁴ L'homme au cœur pur, aux mains innocentes,
  qui ne livre pas son âme aux idoles
    (et ne dit pas de faux serments).

⁵ Il obtient, du Seigneur, la bénédiction,
  et de Dieu son Sauveur, la justice.
⁶ Voici le peuple de ceux qui le cherchent !
  Voici Jacob qui recherche ta face !

7   Portes, levez vos frontons, +
    élevez-vous, portes éternelles :
    qu'il entre, le roi de gloire !

8   Qui est ce roi de gloire ? +
    C'est le Seigneur, le fort, le vaillant,
    le Seigneur, le vaillant des combats.

9   Portes, levez vos frontons, +
    levez-les, portes éternelles :
    qu'il entre, le roi de gloire !

10 Qui donc est ce roi de gloire ? +
    C'est le Seigneur, Dieu de l'univers ;
    c'est lui, le roi de gloire.

Psaume 24 (25)

Prière de confiance pour toute nécessité

1   Vers toi, Seigneur, j'élève mon âme, *
2   vers toi, mon Dieu.

    Je m'appuie sur toi : épargne-moi la honte ;
    ne laisse pas triompher mon ennemi.
3   Pour qui espère en toi, pas de honte,
    mais honte et déception pour qui trahit.

4   Seigneur, enseigne-moi tes voies,
    fais-moi connaître ta route.
5   Dirige-moi par ta vérité, enseigne-moi,
    car tu es le Dieu qui me sauve.

    C'est toi que j'espère tout le jour
    en raison de ta bonté, Seigneur.
6   Rappelle-toi, Seigneur, ta tendresse,
    ton amour qui est de toujours.
7   Oublie les révoltes, les péchés de ma jeunesse ;
    dans ton amour, ne m'oublie pas.

8   Il est droit, il est bon, le Seigneur,
    lui qui montre aux pécheurs le chemin.
9   Sa justice dirige les humbles,
    il enseigne aux humbles son chemin.

10 Les voies du Seigneur sont amour et vérité
    pour qui veille à son alliance et à ses lois. ➤

¹¹ A cause de ton nom, Seigneur,
   pardonne ma faute : elle est grande.

¹² Est-il un homme qui craigne le Seigneur ?
   Dieu lui montre le chemin qu'il doit prendre.

¹³ Son âme habitera le bonheur,
   ses descendants posséderont la terre.

¹⁴ Le secret du Seigneur est pour ceux qui le craignent ;
   à ceux-là, il fait connaître son alliance.

¹⁵ J'ai les yeux tournés vers le Seigneur :
   il tirera mes pieds du filet.

¹⁶ Regarde, et prends pitié de moi,
   de moi qui suis seul et misérable.

¹⁷ L'angoisse grandit dans mon cœur :
   tire-moi de ma détresse.

¹⁸ Vois ma misère et ma peine,
   enlève tous mes péchés.

¹⁹ Vois mes ennemis si nombreux,
   la haine violente qu'ils me portent.

²⁰ Garde mon âme, délivre-moi ;
   je m'abrite en toi : épargne-moi la honte.

²¹ Droiture et perfection veillent sur moi,
   sur moi qui t'espère !

²² Libère Israël, ô mon Dieu,
   de toutes ses angoisses !

Psaume 25 (26)

Prière de l'innocent

¹ Seigneur, rends-moi justice :
   j'ai marché sans faillir. ⋆
   Je m'appuie sur le Seigneur,
   et ne faiblirai pas.

² Éprouve-moi, Seigneur, scrute-moi, ⋆
   passe au feu mes reins et mon cœur.

³ J'ai devant les yeux ton amour,
   je marche selon ta vérité.

⁴ Je ne m'assieds pas chez l'imposteur,
   je n'entre pas chez l'hypocrite.

⁵ L'assemblée des méchants, je la hais,
   je ne m'assieds pas chez les impies.

⁶ Je lave mes mains en signe d'innocence
  pour approcher de ton autel, Seigneur,
⁷ pour dire à pleine voix l'action de grâce
  et rappeler toutes tes merveilles.
⁸ Seigneur, j'aime la maison que tu habites,
  le lieu où demeure ta gloire.

⁹ Ne m'inflige pas le sort des pécheurs,
  le destin de ceux qui versent le sang :
¹⁰ ils ont dans les mains la corruption ;
  leur droite est pleine de profits.

¹¹ Oui, j'ai marché sans faillir :
  libère-moi ! prends pitié de moi !
¹² Sous mes pieds le terrain est sûr ;
  dans l'assemblée je bénirai le Seigneur.

Psaume 26 (27)

Confiance intrépide en Dieu

¹ Le Seigneur est ma lumière et mon salut ;
  de qui aurais-je crainte ? *
  Le Seigneur est le rempart de ma vie ;
  devant qui tremblerais-je ?

² Si des méchants s'avancent contre moi
  pour me déchirer, ⁺
  ce sont eux, mes ennemis, mes adversaires, *
  qui perdent pied et succombent.

³ Qu'une armée se déploie devant moi,
  mon cœur est sans crainte ; *
  que la bataille s'engage contre moi,
  je garde confiance.

⁴ J'ai demandé une chose au Seigneur,
  la seule que je cherche : ⁺
  habiter la maison du Seigneur
  tous les jours de ma vie, *
  pour admirer le Seigneur dans sa beauté
  et m'attacher à son temple.

⁵ Oui, il me réserve un lieu sûr
  au jour du malheur ; ⁺
  il me cache au plus secret de sa tente,
  il m'élève sur le roc. * ➢

⁶ Maintenant je relève la tête
devant mes ennemis.

J'irai célébrer dans sa tente
le sacrifice d'ovation ; *
je chanterai, je fêterai le Seigneur.

⁷ Écoute, Seigneur, je t'appelle ! *
Pitié ! Réponds-moi !
⁸ Mon cœur m'a redit ta parole :
« Cherchez ma face. » *
⁹ C'est ta face, Seigneur, que je cherche :
ne me cache pas ta face.

N'écarte pas ton serviteur avec colère : *
tu restes mon secours.
Ne me laisse pas, ne m'abandonne pas,
Dieu, mon salut ! *
¹⁰ Mon père et ma mère m'abandonnent ;
le Seigneur me reçoit.

¹¹ Enseigne-moi ton chemin, Seigneur, *
conduis-moi par des routes sûres,
malgré ceux qui me guettent.

¹² Ne me livre pas à la merci de l'adversaire : *
contre moi se sont levés de faux témoins
qui soufflent la violence.

¹³ Mais j'en suis sûr, je verrai les bontés du Seigneur
sur la terre des vivants. *
¹⁴ « Espère le Seigneur, sois fort et prends courage ;
espère le Seigneur. »

Psaume 27 (28)
Supplication et action de grâce

¹ Seigneur, mon rocher, c'est toi que j'appelle : +
ne reste pas sans me répondre, *
car si tu gardais le silence,
je m'en irais, moi aussi, vers la tombe.

² Entends la voix de ma prière
quand je crie vers toi, *
quand j'élève les mains
vers le Saint des Saints !

³   Ne me traîne pas chez les impies,
        chez les hommes criminels ; *
    à leurs voisins ils parlent de paix
        quand le mal est dans leur cœur.

⁴   [Traite-les d'après leurs actes
        et selon leurs méfaits ; *
    traite-les d'après leurs œuvres,
        rends-leur ce qu'ils méritent.

⁵   Ils n'ont compris ni l'action du Seigneur
        ni l'œuvre de ses mains ; *
    que Dieu les renverse
        et jamais ne les relève !]

⁶   Béni soit le Seigneur
    qui entend la voix de ma prière !

⁷   Le Seigneur est ma force et mon rempart ;
    à lui, mon cœur fait confiance :
    il m'a guéri, ma chair a refleuri,
    mes chants lui rendent grâce.

⁸   Le Seigneur est la force de son peuple,
    le refuge et le salut de son messie.

⁹   Sauve ton peuple, bénis ton héritage,
    veille sur lui, porte-le toujours.

Psaume 28 (29)

Manifestation de Dieu dans la tempête

¹   Rendez au Seigneur, vous, les dieux,
    rendez au Seigneur gloire et puissance.

²   Rendez au Seigneur la gloire de son nom,
    adorez le Seigneur, éblouissant de sainteté.

³   La voix du Seigneur domine les eaux, +
    le Dieu de la gloire déchaîne le tonnerre,
    le Seigneur domine la masse des eaux.

⁴   Voix du Seigneur dans sa force, +
    voix du Seigneur qui éblouit,
⁵   voix du Seigneur : elle casse les cèdres.

    Le Seigneur fracasse les cèdres du Liban ; +
⁶   il fait bondir comme un poulain le Liban,
    le Sirion, comme un jeune taureau.

7 Voix du Seigneur : elle taille des lames de feu ; +
8 voix du Seigneur : elle épouvante le désert ;
   le Seigneur épouvante le désert de Cadès.

9 Voix du Seigneur qui affole les biches en travail,
   qui ravage les forêts. *
   Et tous dans son temple s'écrient : « Gloire ! »

10 Au déluge le Seigneur a siégé ;
   il siège, le Seigneur, il est roi pour toujours !

11 Le Seigneur accorde à son peuple la puissance,
   le Seigneur bénit son peuple en lui donnant la paix.

Psaume 29 (30)
Action de grâce d'un rescapé

2 Je t'exalte, Seigneur : tu m'as relevé,
   tu m'épargne les rires de l'ennemi.

3 Quand j'ai crié vers toi, Seigneur,
   mon Dieu, tu m'as guéri ; *
4 Seigneur, tu m'as fait remonter de l'abîme
   et revivre quand je descendais à la fosse.

5 Fêtez le Seigneur, vous, ses fidèles,
   rendez grâce en rappelant son nom très saint.

6 Sa colère ne dure qu'un instant,
   sa bonté, toute la vie ; *
   avec le soir, viennent les larmes,
   mais au matin, les cris de joie.

7 Dans mon bonheur, je disais :
   Rien, jamais, ne m'ébranlera !

8 Dans ta bonté, Seigneur, tu m'avais fortifié
   sur ma puissante montagne ; *
   pourtant, tu m'as caché ta face
   et je fus épouvanté.

9 Et j'ai crié vers toi, Seigneur,
   j'ai supplié mon Dieu :

10 « A quoi te servirait mon sang
    si je descendais dans la tombe ? *
    La poussière peut-elle te rendre grâce
    et proclamer ta fidélité ?

11 « Écoute, Seigneur, pitié pour moi !
   Seigneur, viens à mon aide ! »

12 Tu as changé mon deuil en une danse,
   mes habits funèbres en parure de joie.

13 Que mon cœur ne se taise pas,
      qu'il soit en fête pour toi, ★
   et que sans fin, Seigneur, mon Dieu,
      je te rende grâce !

Psaume 30 (31)

Supplication confiante et action de grâce

2 En toi, Seigneur, j'ai mon refuge ;
  garde-moi d'être humilié pour toujours.

  Dans ta justice, libère-moi ;
3 écoute, et viens me délivrer.
  Sois le rocher qui m'abrite,
  la maison fortifiée qui me sauve.

4 Ma forteresse et mon roc, c'est toi :
  pour l'honneur de ton nom, tu me guides et me conduis.

5 Tu m'arraches au filet qu'ils m'ont tendu ;
  oui, c'est toi mon abri.

6 En tes mains je remets mon esprit ;
  tu me rachètes, Seigneur, Dieu de vérité.

7 Je hais les adorateurs de faux dieux,
  et moi, je suis sûr du Seigneur.

8 Ton amour me fait danser de joie :
  tu vois ma misère et tu sais ma détresse.

9 Tu ne m'as pas livré aux mains de l'ennemi ;
  devant moi, tu as ouvert un passage.

10 Prends pitié de moi, Seigneur,
      je suis en détresse. ★
   La douleur me ronge les yeux,
      la gorge et les entrailles.

11 Ma vie s'achève dans les larmes,
      et mes années, dans les souffrances. ★
   Le péché m'a fait perdre mes forces,
      il me ronge les os.

¹² Je suis la risée de mes adversaires et même de mes voisins, ⁺
   je fais peur à mes amis ★
   (s'ils me voient dans la rue, ils me fuient).
¹³ On m'ignore comme un mort oublié, ★
   comme une chose qu'on jette.
¹⁴ J'entends les calomnies de la foule :
   de tous côtés c'est l'épouvante. ★
   Ils ont tenu conseil contre moi,
   ils s'accordent pour m'ôter la vie.
¹⁵ Moi, je suis sûr de toi, Seigneur, ⁺
   je dis : « Tu es mon Dieu ! » ★
¹⁶ Mes jours sont dans ta main : délivre-moi
   des mains hostiles qui s'acharnent.
¹⁷ Sur ton serviteur, que s'illumine ta face ; ⁺
   sauve-moi par ton amour. ★
¹⁸ Seigneur, garde-moi d'être humilié,
   moi qui t'appelle.

   [Mais qu'ils soient humiliés, les impies ; ★
   qu'ils entrent dans le silence des morts !
¹⁹ Qu'ils deviennent muets, ces menteurs, ★
   car ils parlent contre le juste avec orgueil, insolence et mépris.]

²⁰ Qu'ils sont grands, tes bienfaits ! ⁺
   Tu les réserves à ceux qui te craignent. ★
   Tu combles, à la face du monde,
   ceux qui ont en toi leur refuge.
²¹ Tu les caches au plus secret de ta face,
   loin des intrigues des hommes. ★
   Tu leur réserves un lieu sûr,
   loin des langues méchantes.
²² Béni soit le Seigneur : ★
   son amour a fait pour moi des merveilles
   dans la ville retranchée !
²³ Et moi, dans mon trouble, je disais :
   « Je ne suis plus devant tes yeux. » ★
   Pourtant, tu écoutais ma prière
   quand je criais vers toi.
²⁴ Aimez le Seigneur, vous, ses fidèles : ⁺
   le Seigneur veille sur les siens ; ★ ➢

mais il rétribue avec rigueur
   qui se montre arrogant.

25 Soyez forts, prenez courage, ★
   vous tous qui espérez le Seigneur !

Psaume 31 (32)

Action de grâce d'un pénitent

1 Heureux l'homme dont la faute est enlevée, ★
   et le péché remis !
2 Heureux l'homme dont le Seigneur
   ne retient pas l'offense, ★
   dont l'esprit est sans fraude !

3 Je me taisais et mes forces s'épuisaient
      à gémir tout le jour : +
4 ta main, le jour et la nuit,
      pesait sur moi ; ★
   ma vigueur se desséchait
      comme l'herbe en été.

5 Je t'ai fait connaître ma faute,
      je n'ai pas caché mes torts. +
   J'ai dit : « Je rendrai grâce au Seigneur
      en confessant mes péchés. » ★
   Et toi, tu as enlevé
      l'offense de ma faute.

6 Ainsi chacun des tiens te priera
      aux heures décisives ; ★
   même les eaux qui débordent
      ne peuvent l'atteindre.

7 Tu es un refuge pour moi,
      mon abri dans la détresse ; ★
   de chants de délivrance,
      tu m'as entouré.

8 « Je vais t'instruire, te montrer la route à suivre, ★
      te conseiller, veiller sur toi.

9 « N'imite pas les mules et les chevaux
      qui ne comprennent pas, +
   qu'il faut mater par la bride et le mors, ★
      et rien ne t'arrivera. »

¹⁰ Pour le méchant, douleurs sans nombre ; ★
     mais l'amour du Seigneur entourera
          ceux qui comptent sur lui.

¹¹ Que le Seigneur soit votre joie !
          Exultez, hommes justes ! ★
     Hommes droits, chantez votre allégresse !

Psaume 32 (33)

Hymne à la puissance et à la providence de Dieu

¹ Criez de joie pour le Seigneur, hommes justes !
     Hommes droits, à vous la louange !

² Rendez grâce au Seigneur sur la cithare,
     jouez pour lui sur la harpe à dix cordes.

³ Chantez-lui le cantique nouveau,
     de tout votre art soutenez l'ovation.

⁴ Oui, elle est droite, la parole du Seigneur ;
     il est fidèle en tout ce qu'il fait.

⁵ Il aime le bon droit et la justice ;
     la terre est remplie de son amour.

⁶ Le Seigneur a fait les cieux par sa parole,
     l'univers, par le souffle de sa bouche.

⁷ Il amasse, il retient l'eau des mers ;
     les océans, il les garde en réserve.

⁸ Que la crainte du Seigneur saisisse la terre,
     que tremblent devant lui les habitants du monde !

⁹ Il parla, et ce qu'il dit exista ;
     il commanda, et ce qu'il dit survint.

¹⁰ Le Seigneur a déjoué les plans des nations,
     anéanti les projets des peuples.

¹¹ Le plan du Seigneur demeure pour toujours,
     les projets de son cœur subsistent d'âge en âge.

¹² Heureux le peuple dont le Seigneur est le Dieu,
     heureuse la nation qu'il s'est choisie pour domaine !

¹³ Du haut des cieux, le Seigneur regarde :
     il voit la race des hommes.

¹⁴ Du lieu qu'il habite, il observe
     tous les habitants de la terre, ➤

15 lui qui forme le cœur de chacun,
   qui pénètre toutes leurs actions.

16 Le salut d'un roi n'est pas dans son armée,
   ni la victoire d'un guerrier, dans sa force.

17 Illusion que des chevaux pour la victoire :
   une armée ne donne pas le salut.

18 Dieu veille sur ceux qui le craignent,
   qui mettent leur espoir en son amour,

19 pour les délivrer de la mort,
   les garder en vie aux jours de famine.

20 Nous attendons notre vie du Seigneur :
   il est pour nous un appui, un bouclier.

21 La joie de notre cœur vient de lui,
   notre confiance est dans son nom très saint.

22 Que ton amour, Seigneur, soit sur nous
   comme notre espoir est en toi !

Psaume 33 (34)

La crainte de Dieu et son fruit

2 Je bénirai le Seigneur en tout temps,
   sa louange sans cesse à mes lèvres.

3 Je me glorifierai dans le Seigneur :
   que les pauvres m'entendent et soient en fête !

4 Magnifiez avec moi le Seigneur,
   exaltons tous ensemble son nom.

5 Je cherche le Seigneur, il me répond :
   de toutes mes frayeurs, il me délivre.

6 Qui regarde vers lui resplendira,
   sans ombre ni trouble au visage.

7 Un pauvre crie ; le Seigneur entend :
   il le sauve de toutes ses angoisses.

8 L'ange du Seigneur campe à l'entour
   pour libérer ceux qui le craignent.

9 Goûtez et voyez : le Seigneur est bon !
   Heureux qui trouve en lui son refuge !

10 Saints du Seigneur, adorez-le :
   rien ne manque à ceux qui le craignent. ➤

11   Des riches ont tout perdu, ils ont faim ;
     qui cherche le Seigneur ne manquera d'aucun bien.

12   Venez, mes fils, écoutez-moi,
     que je vous enseigne la crainte du Seigneur.
13   Qui donc aime la vie
     et désire les jours où il verra le bonheur ?

14   Garde ta langue du mal
     et tes lèvres des paroles perfides.
15   Évite le mal, fais ce qui est bien,
     poursuis la paix, recherche-la.

16   Le Seigneur regarde les justes,
     il écoute, attentif à leurs cris.
17   Le Seigneur affronte les méchants
     pour effacer de la terre leur mémoire.

18   Le Seigneur entend ceux qui l'appellent :
     de toutes leurs angoisses, il les délivre.
19   Il est proche du cœur brisé,
     il sauve l'esprit abattu.

20   Malheur sur malheur pour le juste,
     mais le Seigneur chaque fois le délivre.
21   Il veille sur chacun de ses os :
     pas un ne sera brisé.

22   Le mal tuera les méchants ;
     ils seront châtiés d'avoir haï le juste.
23   Le Seigneur rachètera ses serviteurs :
     pas de châtiment pour qui trouve en lui son refuge.

Psaume 34 (35)

Contre d'injustes persécuteurs

1   Accuse, Seigneur, ceux qui m'accusent,
    attaque ceux qui m'attaquent. ★
2   Prends une armure, un bouclier,
    lève-toi pour me défendre.

3   [Brandis la lance et l'épée
    contre ceux qui me poursuivent. ★]
    Parle et dis-moi :
        « Je suis ton salut. »

4   [Qu'ils soient humiliés, déshonorés,
      ceux qui s'en prennent à ma vie ! ★
    Qu'ils reculent, couverts de honte,
      ceux qui veulent mon malheur !

5   Qu'ils soient comme la paille dans le vent
      lorsque l'ange du Seigneur les balaiera ! ★

6   Que leur chemin soit obscur et glissant
      lorsque l'ange du Seigneur les chassera !

7   Sans raison ils ont tendu leur filet, ★
    et sans raison creusé un trou pour me perdre.

8   Qu'un désastre imprévu les surprenne, ★
    qu'ils soient pris dans le filet qu'ils ont caché,
      et dans ce désastre, qu'ils succombent !]

9   Pour moi, le Seigneur sera ma joie, ★
    et son salut, mon allégresse !

10 De tout mon être, je dirai :
      « Qui est comme toi, Seigneur, ★
    pour arracher un pauvre à plus fort que lui,
      un pauvre, un malheureux, à qui le dépouille. »

11 Des témoins injustes se lèvent,
      des inconnus m'interrogent. ★

12 On me rend le mal pour le bien :
    je suis un homme isolé.

13 Quand ils étaient malades,
      je m'habillais d'un sac, +
    je m'épuisais à jeûner ; ★
      sans cesse, revenait ma prière.

14 Comme pour un frère, un ami,
      j'allais et venais ; ★
    comme en deuil de ma mère,
      j'étais sombre et prostré.

15 Si je faiblis, on rit, on s'attroupe, +
      des misérables s'attroupent contre moi : ★
    des gens inconnus
      qui déchirent à grands cris.

16 Ils blasphèment, ils me couvrent de sarcasmes, ★
    grinçant des dents contre moi.

¹⁷ Comment peux-tu voir cela, Seigneur ? *
    Tire ma vie de ce désastre, délivre-moi de ces fauves.

¹⁸ Je te rendrai grâce dans la grande assemblée, *
    avec un peuple nombreux, je te louerai.

¹⁹ Qu'ils n'aient plus à rire de moi,
        ceux qui me haïssent injustement ! *
    Et ceux qui me détestent sans raison,
        qu'ils cessent leurs clins d'œil !

²⁰ [Ils n'ont jamais une parole de paix,
    ils calomnient les gens tranquilles du pays.

²¹ La bouche large ouverte contre moi,
    ils disent : « Voilà, nos yeux l'ont vu ! »]

²² Tu as vu, Seigneur, sors de ton silence !
    Seigneur, ne sois pas loin de moi !

²³ Réveille-toi, lève-toi, Seigneur mon Dieu,
    pour défendre et juger ma cause !

²⁴ [Juge-moi, Seigneur mon Dieu, selon ta justice :
    qu'ils n'aient plus à rire de moi !

²⁵ Qu'ils ne pensent pas : « Voilà, c'en est fait ! »
    Qu'ils ne disent pas : « Nous l'avons englouti ! »

²⁶ Qu'ils soient tous humiliés, confondus,
        ceux qui riaient de mon malheur ! *
    Qu'ils soient déshonorés, couverts de honte,
        tous ceux qui triomphaient !]

²⁷ A ceux qui voulaient pour moi la justice,
        rires et cris de joie ! *
    Ils diront sans fin : « Le Seigneur triomphe,
        lui qui veut le bien de son serviteur. »

²⁸ Moi, je redirai ta justice *
    et chaque jour ta louange.

Psaume 35 (36)

Malice du méchant et bonté de Dieu

² C'est le péché qui parle
        au cœur de l'impie ; *
    ses yeux ne voient pas
        que Dieu est terrible.

³ Il se voit d'un œil trop flatteur
     pour trouver et haïr sa faute ; ★
⁴ il n'a que ruse et fraude à la bouche,
     il a perdu le sens du bien.

⁵ Il prépare en secret ses mauvais coups. ✝
    La route qu'il suit n'est pas celle du bien ; ★
    il ne renonce pas au mal.

⁶ Dans les cieux, Seigneur, ton amour ;
     jusqu'aux nues, ta vérité ! ★
⁷ Ta justice, une haute montagne ;
     tes jugements, le grand abîme !

Tu sauves, Seigneur, l'homme et les bêtes :
⁸ qu'il est précieux ton amour, ô mon Dieu !

A l'ombre de tes ailes, tu abrites les hommes : ✝
⁹ ils savourent les festins de ta maison ; ★
    aux torrents du paradis, tu les abreuves.

¹⁰ En toi est la source de vie ;
     par ta lumière nous voyons la lumière.

¹¹ Garde ton amour à ceux qui t'ont connu,
     ta justice à tous les hommes droits.

¹² Que l'orgueilleux n'entre pas chez moi,
     que l'impie ne me jette pas dehors !

¹³ Voyez : ils sont tombés, les malfaisants ;
     abattus, ils ne pourront se relever.

Psaume 36 (37)

Vrai et faux bonheur

¹ Ne t'indigne pas à la vue des méchants,
     n'envie pas les gens malhonnêtes ;
² aussi vite que l'herbe, ils se fanent ;
     comme la verdure, ils se flétrissent.

³ Fais confiance au Seigneur, agis bien,
     habite la terre et reste fidèle ;
⁴ mets ta joie dans le Seigneur :
     il comblera les désirs de ton cœur.

⁵ Dirige ton chemin vers le Seigneur,
     fais-lui confiance, et lui, il agira. ➤

6 Il fera lever comme le jour ta justice,
et ton droit comme le plein midi.

7 Repose-toi sur le Seigneur
et compte sur lui.
Ne t'indigne pas devant celui qui réussit,
devant l'homme qui use d'intrigues.

8 Laisse ta colère, calme ta fièvre,
ne t'indigne pas : il n'en viendrait que du mal ;
9 les méchants seront déracinés,
mais qui espère le Seigneur possédera la terre.

10 Encore un peu de temps : plus d'impie ;
tu pénètres chez lui : il n'y est plus.
11 Les doux posséderont la terre
et jouiront d'une abondante paix.

12 L'impie peut intriguer contre le juste
et grincer des dents contre lui,
13 le Seigneur se moque du méchant
car il voit son jour qui arrive.

14 L'impie a tiré son épée, il a tendu son arc
pour abattre le pauvre et le faible, pour tuer **l'homme droit.**
15 Mais l'épée lui entrera dans le cœur,
et son arc se brisera.

16 Pour le juste, avoir peu de biens
vaut mieux que la fortune des impies.
17 Car le bras de l'impie sera brisé,
mais le Seigneur soutient les justes.

18 Il connaît les jours de l'homme intègre
qui recevra un héritage impérissable.
19 Pas de honte pour lui aux mauvais jours ;
aux temps de famine, il sera rassasié.

20 Mais oui, les impies disparaîtront
comme la parure des prés ;
c'en est fini des ennemis du Seigneur :
ils s'en vont en fumée.

21 L'impie emprunte et ne rend pas ;
le juste a pitié : il donne.
22 Ceux qu'il bénit posséderont la terre,
ceux qu'il maudit seront déracinés.

23 Quand le Seigneur conduit les pas de l'homme,
   ils sont fermes et sa marche lui plaît.
24 S'il trébuche, il ne tombe pas
   car le Seigneur le soutient de sa main.
25 Jamais, de ma jeunesse à mes vieux jours,
   je n'ai vu le juste abandonné ni ses enfants mendier leur pain.
26 Chaque jour il a pitié, il prête ;
   ses descendants seront bénis.

27 Évite le mal, fais ce qui est bien,
   et tu auras une habitation pour toujours,
28 car le Seigneur aime le bon droit,
   il n'abandonne pas ses amis.

   Ceux-là seront préservés à jamais,
   les descendants de l'impie seront déracinés.
29 Les justes posséderont la terre
   et toujours l'habiteront.

30 Les lèvres du juste redisent la sagesse
   et sa bouche énonce le droit.
31 La loi de son Dieu est dans son cœur ;
   il va, sans craindre les faux pas.

32 Les impies guettent le juste,
   ils cherchent à le faire mourir.
33 Mais le Seigneur ne saurait l'abandonner
   ni le laisser condamner par ses juges.

34 Espère le Seigneur,
   et garde son chemin :
   il t'élèvera jusqu'à posséder la terre ;
   tu verras les impies déracinés.

35 J'ai vu l'impie dans sa puissance
   se déployer comme un cèdre vigoureux.
36 Il a passé, voici qu'il n'est plus ;
   je l'ai cherché, il est introuvable.

37 Considère l'homme droit, vois l'homme intègre :
   un avenir est promis aux pacifiques.
38 Les pécheurs seront tous déracinés,
   et l'avenir des impies, anéanti.

39 Le Seigneur est le salut pour les justes,
   leur abri au temps de la détresse. ➤

⁴⁰ Le Seigneur les aide et les délivre,
il les délivre de l'impie, il les sauve,
car ils cherchent en lui leur refuge.

Psaume 37 (38)
Supplication d'un pénitent

² Seigneur, corrige-moi sans colère
et reprends-moi sans violence.

³ Tes flèches m'ont frappé,
ta main s'est abattue sur moi.

⁴ Rien n'est sain dans ma chair sous ta fureur,
rien d'intact en mes os depuis ma faute.

⁵ Oui, mes péchés me submergent,
leur poids trop pesant m'écrase.

⁶ Mes plaies sont puanteur et pourriture :
c'est là le prix de ma folie.

⁷ Accablé, prostré, à bout de forces,
tout le jour j'avance dans le noir.

⁸ La fièvre m'envahit jusqu'aux moelles,
plus rien n'est sain dans ma chair.

⁹ Brisé, écrasé, à bout de forces,
mon cœur gronde et rugit.

¹⁰ Seigneur, tout mon désir est devant toi,
et rien de ma plainte ne t'échappe.

¹¹ Le cœur me bat, ma force m'abandonne,
et même la lumière de mes yeux.

¹² Amis et compagnons se tiennent à distance,
et mes proches, à l'écart de mon mal.

¹³ Ceux qui veulent ma perte me talonnent,
ces gens qui cherchent mon malheur ;
ils prononcent des paroles maléfiques,
tout le jour ils ruminent leur traîtrise.

¹⁴ Moi, comme un sourd, je n'entends rien,
comme un muet, je n'ouvre pas la bouche,

¹⁵ pareil à celui qui n'entend pas,
qui n'a pas de réplique à la bouche.

¹⁶ C'est toi que j'espère, Seigneur :
Seigneur mon Dieu, toi, tu répondras. ➢

¹⁷ J'ai dit : « Qu'ils ne triomphent pas,
ceux qui rient de moi quand je trébuche ! »

¹⁸ Et maintenant, je suis près de tomber,
ma douleur est toujours devant moi.

¹⁹ Oui, j'avoue mon péché,
je m'effraie de ma faute.

²⁰ Mes ennemis sont forts et vigoureux,
ils sont nombreux à m'en vouloir injustement.

²¹ Ils me rendent le mal pour le bien ;
quand je cherche le bien, ils m'accusent.

²² Ne m'abandonne jamais, Seigneur,
mon Dieu, ne sois pas loin de moi.

²³ Viens vite à mon aide,
Seigneur, mon salut !

Psaume 38 (39)

Prière d'un malade dans l'angoisse

² J'ai dit : « Je garderai mon chemin
sans laisser ma langue s'égarer ;
je garderai un bâillon sur ma bouche,
tant que l'impie se tiendra devant moi. »

³ Je suis resté muet, silencieux ;
je me taisais, mais sans profit. *
Mon tourment s'exaspérait,
⁴ mon cœur brûlait en moi.
Quand j'y pensais, je m'enflammais,
et j'ai laissé parler ma langue.

⁵ Seigneur, fais-moi connaître ma fin,
quel est le nombre de mes jours :
je connaîtrai combien je suis fragile.

⁶ Vois le peu de jours que tu m'accordes :
ma durée n'est rien devant toi.

L'homme ici-bas n'est qu'un souffle ;
⁷ il va, il vient, il n'est qu'une image.
Rien qu'un souffle, tous ses tracas ;
il amasse, mais qui recueillera ?

⁸ Maintenant, que puis-je attendre, Seigneur ?
Elle est en toi, mon espérance. ➢

⁹ Délivre-moi de tous mes péchés,
épargne-moi les injures des fous.

¹⁰ Je me suis tu, je n'ouvre pas la bouche,
car c'est toi qui es à l'œuvre.

¹¹ Éloigne de moi tes coups :
je succombe sous ta main qui me frappe.

¹² Tu redresses l'homme en corrigeant sa faute, ⁺
tu ronges comme un ver son désir ; ★
l'homme n'est qu'un souffle.

¹³ Entends ma prière, Seigneur, écoute mon cri ;
ne reste pas sourd à mes pleurs.
Je ne suis qu'un hôte chez toi,
un passant, comme tous mes pères.

¹⁴ Détourne de moi tes yeux, que je respire
avant que je m'en aille et ne sois plus.

Psaume 39 (40)

Action de grâce et prière

² D'un grand espoir
j'espérais le Seigneur : ★
il s'est penché vers moi
pour entendre mon cri.

³ Il m'a tiré de l'horreur du gouffre,
de la vase et de la boue ; ★
il m'a fait reprendre pied sur le roc,
il a raffermi mes pas.

⁴ Dans ma bouche il a mis un chant nouveau,
une louange à notre Dieu. ★
Beaucoup d'hommes verront, ils craindront,
ils auront foi dans le Seigneur.

⁵ Heureux est l'homme
qui met sa foi dans le Seigneur ★
et ne va pas du côté des violents,
dans le parti des traîtres.

⁶ Tu as fait pour nous tant de choses,
toi, Seigneur mon Dieu ! ★
Tant de projets et de merveilles :
non, tu n'as point d'égal ! ➤

Je les dis, je les redis encore ; ★
    mais leur nombre est trop grand !

7 Tu ne voulais ni offrande ni sacrifice,
    tu as ouvert mes oreilles ; ★
tu ne demandais ni holocauste ni victime,

8 alors j'ai dit : « Voici, je viens.

« Dans le livre, est écrit pour moi

9   ce que tu veux que je fasse. ★
Mon Dieu, voilà ce que j'aime :
    ta loi me tient aux entrailles. »

10 J'annonce la justice
    dans la grande assemblée ; ★
vois, je ne retiens pas mes lèvres,
    Seigneur, tu le sais.

11 Je n'ai pas enfoui ta justice au fond de mon cœur, ✛
    je n'ai pas caché ta fidélité, ton salut ; ★
j'ai dit ton amour et ta vérité
    à la grande assemblée.

12 Toi, Seigneur,
    ne retiens pas loin de moi ta tendresse ; ★
que ton amour et ta vérité
    sans cesse me gardent !

13 Les malheurs m'ont assailli : ★
    leur nombre m'échappe !

Mes péchés m'ont accablé :
    ils m'enlèvent la vue ! ★
Plus nombreux que les cheveux de ma tête,
    ils me font perdre cœur.

14 Daigne, Seigneur, me délivrer ;
    Seigneur, viens vite à mon secours ! ★

15 [Qu'ils soient tous humiliés, déshonorés,
    ceux qui s'en prennent à ma vie !

Qu'ils reculent, couverts de honte,
    ceux qui cherchent mon malheur ; ★

16 que l'humiliation les écrase,
    ceux qui me disent : « C'est bien fait ! »]

17 Mais tu seras l'allégresse et la joie
    de tous ceux qui te cherchent ; ★ ➢

toujours ils rediront : « Le Seigneur est grand ! »
ceux qui aiment ton salut.

18 Je suis pauvre et malheureux,
mais le Seigneur pense à moi. ★
Tu es mon secours, mon libérateur :
mon Dieu, ne tarde pas !

Psaume 40 (41)
Prière confiante d'un malade

2 Heureux qui pense au pauvre et au faible :
le Seigneur le sauve au jour du malheur !
3 Il le protège et le garde en vie, heureux sur la terre.
Seigneur, ne le livre pas à la merci de l'ennemi !
4 Le Seigneur le soutient sur son lit de souffrance :
si malade qu'il soit, tu le relèves.

5 J'avais dit : « Pitié pour moi, Seigneur,
guéris-moi, car j'ai péché contre toi ! »
6 Mes ennemis me condamnent déjà :
« Quand sera-t-il mort ? son nom, effacé ? »
7 Si quelqu'un vient me voir, ses propos sont vides ;
il emplit son cœur de pensées méchantes,
il sort, et dans la rue il parle.

8 Unis contre moi, mes ennemis murmurent,
à mon sujet, ils présagent le pire :
9 « C'est un mal pernicieux qui le ronge ;
le voilà couché, il ne pourra plus se lever. »
10 Même l'ami, qui avait ma confiance
et partageait mon pain, m'a frappé du talon.

11 Mais toi, Seigneur, prends pitié de moi ;
relève-moi, je leur rendrai ce qu'ils méritent.
12 Oui, je saurai que tu m'aimes
si mes ennemis ne chantent pas victoire.
13 Dans mon innocence tu m'as soutenu
et rétabli pour toujours devant ta face.

14 Béni soit le Seigneur,
Dieu d'Israël, ★
depuis toujours et pour toujours !
Amen ! Amen !

Psaume 41 (42)

Tendus vers Dieu et vers son Temple

² Comme un cerf altéré
   cherche l'eau vive, ★
ainsi mon âme te cherche,
   toi, mon Dieu.

³ Mon âme a soif de Dieu,
   le Dieu vivant ; ★
quand pourrai-je m'avancer,
   paraître face à Dieu ?

⁴ Je n'ai d'autre pain que mes larmes,
   le jour, la nuit, ★
moi qui chaque jour entends dire :
   « Où est-il ton Dieu ? »

⁵ Je me souviens,
   et mon âme déborde : ★
en ce temps-là,
   je franchissais les portails !

Je conduisais vers la maison de mon Dieu
   la multitude en fête, ★
parmi les cris de joie
   et les actions de grâce.

℟. ⁶ Pourquoi te désoler, ô mon âme,
   et gémir sur moi ? ★
Espère en Dieu ! De nouveau je rendrai grâce :
   il est mon sauveur et mon Dieu !

⁷ Si mon âme se désole,
   je me souviens de toi, ★
depuis les terres du Jourdain et de l'Hermon,
   depuis mon humble montagne.

⁸ L'abîme appelant l'abîme
   à la voix de tes cataractes, ★
la masse de tes flots et de tes vagues
   a passé sur moi.

⁹ Au long du jour, le Seigneur
   m'envoie son amour ; ★
et la nuit, son chant est avec moi,
   prière au Dieu de ma vie.

10   Je dirai à Dieu, mon rocher :
     « Pourquoi m'oublies-tu ? *
Pourquoi vais-je assombri,
     pressé par l'ennemi ? »

11   Outragé par mes adversaires,
     je suis meurtri jusqu'aux os, *
moi qui chaque jour entends dire :
     « Où est-il ton Dieu ? »

℟. 12   Pourquoi te désoler, ô mon âme,
        et gémir sur moi ? *
Espère en Dieu ! De nouveau je rendrai grâce :
        il est mon sauveur et mon Dieu !

Psaume 42 (43)

Nostalgie du Temple

1   Rends-moi justice, ô mon Dieu, défends ma cause
     contre un peuple sans foi ; *
de l'homme qui ruse et trahit,
     libère-moi.

2   C'est toi, Dieu, ma forteresse :
     pourquoi me rejeter ? *
Pourquoi vais-je assombri,
     pressé par l'ennemi ?

3   Envoie ta lumière et ta vérité :
     qu'elles guident mes pas *
et me conduisent à ta montagne sainte,
     jusqu'en ta demeure.

4   J'avancerai jusqu'à l'autel de Dieu,
     vers Dieu qui est toute ma joie ; *
je te rendrai grâce avec ma harpe,
     Dieu, mon Dieu !

℟. 5   Pourquoi te désoler, ô mon âme,
        et gémir sur moi ? *
Espère en Dieu ! De nouveau je rendrai grâce :
        il est mon sauveur et mon Dieu !

Psaume 43 (44)

Prière du peuple de Dieu livré à ses ennemis

² Dieu, nous avons entendu dire, ⁺
    et nos pères nous ont raconté, ⋆
    quelle action tu accomplis de leur temps,
        aux jours d'autrefois.

³ Toi, par ta main, tu as dépossédé les nations, ⁺
    et ils purent s'implanter ; ⋆
    et tu as malmené des peuplades,
        et ils purent s'étendre.

⁴ Ce n'était pas leur épée qui possédait le pays, ⁺
    ni leur bras qui les rendait vainqueurs, ⋆
    mais ta droite et ton bras, et la lumière de ta face,
        car tu les aimais.

⁵ Toi, Dieu, tu es mon roi, ⋆
    tu décides des victoires de Jacob :

⁶ avec toi, nous battions nos ennemis ;
    par ton nom, nous écrasions nos adversaires.

⁷ Ce n'est pas sur mon arme que je compte,
    ni sur mon épée, pour la victoire.

⁸ Tu nous as donné de vaincre l'adversaire,
    tu as couvert notre ennemi de honte.

⁹ Dieu était notre louange, tout le jour :
    sans cesse nous rendions grâce à ton nom.

¹⁰ Maintenant, tu nous humilies, tu nous rejettes,
    tu ne sors plus avec nos armées.

¹¹ Tu nous fais plier devant l'adversaire,
    et nos ennemis emportent le butin.

¹² Tu nous traites en bétail de boucherie,
    tu nous disperses parmi les nations.

¹³ Tu vends ton peuple à vil prix,
    sans que tu gagnes à ce marché.

¹⁴ Tu nous exposes aux sarcasmes des voisins,
    aux rires, aux moqueries de l'entourage.

¹⁵ Tu fais de nous la fable des nations ;
    les étrangers haussent les épaules.

¹⁶ Tout le jour, ma déchéance est devant moi,
    la honte couvre mon visage, ➤

17 sous les sarcasmes et les cris de blasphème,
   sous les yeux de l'ennemi qui se venge.

18 Tout cela est venu sur nous sans que nous t'ayons oublié : *
   nous n'avions pas trahi ton alliance.

19 Notre cœur ne s'était pas détourné
   et nos pieds n'avaient pas quitté ton chemin
20 quand tu nous poussais au milieu des chacals
   et nous couvrais de l'ombre de la mort.

21 Si nous avions oublié le nom de notre Dieu,
   tendu les mains vers un dieu étranger,
22 Dieu ne l'eût-il pas découvert,
   lui qui connaît le fond des cœurs ?
23 C'est pour toi qu'on nous massacre sans arrêt,
   qu'on nous traite en bétail d'abattoir.

24 Réveille-toi ! Pourquoi dors-tu, Seigneur ?
   Lève-toi ! Ne nous rejette pas pour toujours.
25 Pourquoi détourner ta face,
   oublier notre malheur, notre misère ?

26 Oui, nous mordons la poussière,
   notre ventre colle à la terre.
27 Debout ! Viens à notre aide !
   Rachète-nous, au nom de ton amour.

Psaume 44 (45)

Chant nuptial pour le Roi

2 D'heureuses paroles jaillissent de mon cœur
   quand je dis mes poèmes pour le roi
   d'une langue aussi vive que la plume du scribe !

3 Tu es beau, comme aucun des enfants de l'homme,
   la grâce est répandue sur tes lèvres :
   oui, Dieu te bénit pour toujours.

4 Guerrier valeureux, porte l'épée de noblesse et d'honneur !
5 Ton honneur, c'est de courir au combat
   pour la justice, la clémence et la vérité.

6 Ta main jettera la stupeur, les flèches qui déchirent ;
   sous tes coups, les peuples s'abattront,
   les ennemis du roi, frappés en plein cœur.

7 Ton trône est divin, un trône éternel ;
   ton sceptre royal est sceptre de droiture :
8 tu aimes la justice, tu réprouves le mal.

   Oui, Dieu, ton Dieu t'a consacré
   d'une onction de joie, comme aucun de tes semblables ;
9 la myrrhe et l'aloès parfument ton vêtement.

   Des palais d'ivoire, la musique t'enchante.
10 Parmi tes bien-aimées sont des filles de roi ;
   à ta droite, la préférée, sous les ors d'Ophir.

11 Écoute, ma fille, regarde et tends l'oreille ;
   oublie ton peuple et la maison de ton père :
12 le roi sera séduit par ta beauté.

   Il est ton Seigneur : prosterne-toi devant lui.
13 Alors, fille de Tyr, les plus riches du peuple,
   chargés de présents, quêteront ton sourire.

14 Fille de roi, elle est là, dans sa gloire,
   vêtue d'étoffes d'or ;
15 on la conduit, toute parée, vers le roi.

   Des jeunes filles, ses compagnes, lui font cortège ;
16 on les conduit parmi les chants de fête :
   elles entrent au palais du roi.

17 A la place de tes pères se lèveront tes fils ;
   sur toute la terre tu feras d'eux des princes.

18 Je ferai vivre ton nom pour les âges des âges :
   que les peuples te rendent grâce, toujours, à jamais !

Psaume 45 (46)
Dieu, secours et force de son peuple

2 Dieu est pour nous refuge et force,
   secours dans la détresse, toujours offert.
3 Nous serons sans crainte si la terre est secouée,
   si les montagnes s'effondrent au creux de la mer ;
4 ses flots peuvent mugir et s'enfler,
   les montagnes, trembler dans la tempête :

   [℟.] [Il est avec nous,
            le Seigneur de l'univers ;
         citadelle pour nous,
            le Dieu de Jacob !]

⁵ Le Fleuve, ses bras réjouissent la ville de Dieu,
la plus sainte des demeures du Très-Haut.

⁶ Dieu s'y tient : elle est inébranlable ;
quand renaît le matin, Dieu la secourt.

⁷ Des peuples mugissent, des règnes s'effondrent ;
quand sa voix retentit, la terre se défait.

⁸ ℟.   Il est avec nous,
        le Seigneur de l'univers ;
    citadelle pour nous,
        le Dieu de Jacob !

⁹ Venez et voyez les actes du Seigneur,
comme il couvre de ruines la terre.

¹⁰ Il détruit la guerre jusqu'au bout du monde,
il casse les arcs, brise les lances, incendie les chars :

¹¹ «Arrêtez ! Sachez que je suis Dieu.
Je domine les nations, je domine la terre. »

¹² ℟.   Il est avec nous,
        le Seigneur de l'univers ;
    citadelle pour nous,
        le Dieu de Jacob !

Psaume 46 (47)

Intronisation de Dieu, Roi d'Israël

² Tous les peuples, battez des mains,
acclamez Dieu par vos cris de joie !

³ Car le Seigneur est le Très-Haut, le redoutable,
le grand roi sur toute la terre,

⁴ celui qui nous soumet des nations,
qui tient des peuples sous nos pieds ;

⁵ il choisit pour nous l'héritage,
fierté de Jacob, son bien-aimé.

⁶ Dieu s'élève parmi les ovations,
le Seigneur, aux éclats du cor.

⁷ Sonnez pour notre Dieu, sonnez,
sonnez pour notre roi, sonnez !

⁸ Car Dieu est le roi de la terre :
que vos musiques l'annoncent !

⁹ Il règne, Dieu, sur les païens,
Dieu est assis sur son trône sacré. ➤

¹⁰ Les chefs des peuples se sont rassemblés :
c'est le peuple du Dieu d'Abraham.
Les princes de la terre sont à Dieu
qui s'élève au-dessus de tous.

Psaume 47 (48)

Dieu, gloire de son peuple

² Il est grand, le Seigneur, hautement loué, ⁺
dans la ville de notre Dieu, [★]
³ sa sainte montagne, altière et belle,
joie de toute la terre.

La montagne de Sion, c'est le pôle du monde,
la cité du grand roi ; [★]
⁴ Dieu se révèle, en ses palais,
vraie citadelle.

⁵ Voici que des rois s'étaient ligués,
ils avançaient tous ensemble ; [★]
⁶ ils ont vu, et soudain stupéfaits,
pris de panique, ils ont fui.

⁷ Et voilà qu'un tremblement les saisit :
douleurs de femme qui accouche ; [★]
⁸ un vent qui souffle du désert
a brisé les vaisseaux de Tarsis.

⁹ Nous l'avions entendu, nous l'avons vu
dans la ville du Seigneur, Dieu de l'univers, [★]
dans la ville de Dieu, notre Dieu,
qui l'affermira pour toujours.

¹⁰ Dieu, nous revivons ton amour
au milieu de ton temple ; [★]
¹¹ Ta louange, comme ton nom,
couvre l'étendue de la terre.

Ta main droite qui donne la victoire
¹² réjouit la montagne de Sion ; [★]
les villes de Juda exultent
devant tes jugements.

¹³ Longez les remparts de Sion,
comptez ses tours ; [★]
¹⁴ que vos cœurs s'éprennent de ses murs :
contemplez ses palais.

Et vous direz aux âges qui viendront :
15 « Ce Dieu est notre Dieu, ★
pour toujours et à jamais,
    notre guide pour les siècles. »

Psaume 48 (49)

Les richesses sont trompeuses

2 Écoutez ceci, tous les peuples,
entendez bien, habitants de l'univers,
3 gens illustres, gens obscurs,
riches et pauvres, tous ensemble.

4 Ma bouche dira des paroles de sagesse,
les propos clairvoyants de mon cœur ;
5 l'oreille attentive aux proverbes,
j'exposerai sur la cithare mon énigme.

6 Pourquoi craindre aux jours de malheur
ces fourbes qui me talonnent pour m'encercler,
7 ceux qui s'appuient sur leur fortune
et se vantent de leurs grandes richesses ?

8 Nul ne peut racheter son frère
ni payer à Dieu sa rançon ;
9 aussi cher qu'il puisse payer,
toute vie doit finir.

10 Peut-on vivre indéfiniment
sans jamais voir la fosse ?
11 Vous voyez les sages mourir :
comme le fou et l'insensé ils périssent,
    laissant à d'autres leur fortune.

12 Ils croyaient leur maison éternelle, +
leur demeure établie pour les siècles ;
sur des terres ils avaient mis leur nom.

℟. 13 L'homme comblé ne dure pas :
il ressemble au bétail qu'on abat.

14 Tel est le destin des insensés
et l'avenir de qui aime les entendre :
15 troupeau parqué pour les enfers
et que la mort mène paître.

A l'aurore, ils feront place au juste ;
    dans la mort, s'effaceront leurs visages :
        pour eux, plus de palais !
16   Mais Dieu rachètera ma vie aux griffes de la mort :
    c'est lui qui me prendra.

17   Ne crains pas l'homme qui s'enrichit,
    qui accroît le luxe de sa maison :
18   aux enfers il n'emporte rien ;
    sa gloire ne descend pas avec lui.

19   De son vivant, il s'est béni lui-même :
    « On t'applaudit car tout va bien pour toi ! »
20   Mais il rejoint la lignée de ses ancêtres
    qui ne verront jamais plus la lumière.

℟. 21   L'homme comblé qui n'est pas clairvoyant
    ressemble au bétail qu'on abat.

Psaume 49 (50)
Vrai et faux culte de Dieu

1   Le Dieu des dieux, le Seigneur,
        parle et convoque la terre ★
    du soleil levant
        jusqu'au soleil couchant.

2   De Sion, belle entre toutes,
        Dieu resplendit. ★
3   Qu'il vienne, notre Dieu,
        qu'il rompe son silence !

    Devant lui, un feu qui dévore ;
    autour de lui, éclate un ouragan.
4   Il convoque les hauteurs des cieux
    et la terre au jugement de son peuple :

5   « Assemblez, devant moi, mes fidèles,
    eux qui scellent d'un sacrifice mon alliance. »
6   Et les cieux proclament sa justice :
    oui, le juge c'est Dieu !

7   « Écoute, mon peuple, je parle ; †
    Israël, je te prends à témoin. ★
    Moi, Dieu, je suis ton Dieu !

8   « Je ne t'accuse pas pour tes sacrifices ;
    tes holocaustes sont toujours devant moi. ➤

⁹ Je ne prendrai pas un seul taureau de ton domaine,
   pas un bélier de tes enclos.

¹⁰ « Tout le gibier des forêts m'appartient
   et le bétail des hauts pâturages.

¹¹ Je connais tous les oiseaux des montagnes ;
   les bêtes des champs sont à moi.

¹² « Si j'ai faim, irai-je te le dire ?
   Le monde et sa richesse m'appartiennent.

¹³ Vais-je manger la chair des taureaux
   et boire le sang des béliers ?

¹⁴ « Offre à Dieu le sacrifice d'action de grâce,
   accomplis tes vœux envers le Très-Haut.

¹⁵ Invoque-moi au jour de détresse :
   je te délivrerai, et tu me rendras gloire. »

¹⁶ Mais à l'impie, Dieu déclare : ⁺

   « Qu'as-tu à réciter mes lois, ★
   à garder mon alliance à la bouche,

¹⁷ toi qui n'aimes pas les reproches
   et rejettes loin de toi mes paroles ?

¹⁸ « Si tu vois un voleur, tu fraternises,
   tu es chez toi parmi les adultères ;

¹⁹ tu livres ta bouche au mal,
   ta langue trame des mensonges.

²⁰ « Tu t'assieds, tu diffames ton frère,
   tu flétris le fils de ta mère.

²¹ Voilà ce que tu fais ;
   garderai-je le silence ?

   « Penses-tu que je suis comme toi ?
   Je mets cela sous tes yeux, et je t'accuse.

²² Comprenez donc, vous qui oubliez Dieu :
   sinon je frappe, et pas de recours !

²³ « Qui offre le sacrifice d'action de grâce,
   celui-là me rend gloire :
   sur le chemin qu'il aura pris,
   je lui ferai voir le salut de Dieu. »

Psaume 50 (51)

Confession d'un pécheur et prière confiante

3 Pitié pour moi, mon Dieu, dans ton amour,
  selon ta grande miséricorde, efface mon péché.

4 Lave-moi tout entier de ma faute,
  purifie-moi de mon offense.

5 Oui, je connais mon péché,
  ma faute est toujours devant moi.

6 Contre toi, et toi seul, j'ai péché,
  ce qui est mal à tes yeux, je l'ai fait.

  Ainsi, tu peux parler et montrer ta justice,
  être juge et montrer ta victoire.

7 Moi, je suis né dans la faute,
  j'étais pécheur dès le sein de ma mère.

8 Mais tu veux au fond de moi la vérité ;
  dans le secret, tu m'apprends la sagesse.

9 Purifie-moi avec l'hysope, et je serai pur ;
  lave-moi et je serai blanc, plus que la neige.

10 Fais que j'entende les chants et la fête :
   ils danseront, les os que tu broyais.

11 Détourne ta face de mes fautes,
   enlève tous mes péchés.

12 Crée en moi un cœur pur, ô mon Dieu,
   renouvelle et raffermis au fond de moi mon esprit.

13 Ne me chasse pas loin de ta face,
   ne me reprends pas ton esprit saint.

14 Rends-moi la joie d'être sauvé ;
   que l'esprit généreux me soutienne.

15 Aux pécheurs, j'enseignerai tes chemins ;
   vers toi, reviendront les égarés.

16 Libère-moi du sang versé, Dieu, mon Dieu sauveur,
   et ma langue acclamera ta justice.

17 Seigneur, ouvre mes lèvres,
   et ma bouche annoncera ta louange.

18 Si j'offre un sacrifice, tu n'en veux pas,
   tu n'acceptes pas d'holocauste. ➤

¹⁹ Le sacrifice qui plaît à Dieu, c'est un esprit brisé ;
   tu ne repousses pas, ô mon Dieu, un cœur brisé et broyé.

²⁰ Accorde à Sion le bonheur,
   relève les murs de Jérusalem.

²¹ Alors tu accepteras de justes sacrifices,
      oblations et holocaustes ;*
   alors on offrira des taureaux sur ton autel.

Psaume 51 (52)

Contre la violence des calomniateurs

³ Pourquoi te glorifier du mal,
      toi, l'homme fort ? *
   Chaque jour, Dieu est fidèle.

⁴ De ta langue affilée comme un rasoir,
      tu prépares le crime, *
   fourbe que tu es !

⁵ Tu aimes le mal plus que le bien,
      et plus que la vérité, le mensonge ; *

⁶ tu aimes les paroles qui tuent,
      langue perverse.

⁷ Mais Dieu va te ruiner pour toujours,
      t'écraser, t'arracher de ta demeure, *
   t'extirper de la terre des vivants.

⁸ Les justes verront, ils craindront,
      ils riront de toi : ⁺

⁹ «Le voilà donc cet homme
      qui n'a pas mis sa force en Dieu ! *
   Il comptait sur ses grandes richesses,
      il se faisait fort de son crime !»

¹⁰ Pour moi, comme un bel olivier
      dans la maison de Dieu, *
   je compte sur la fidélité de mon Dieu,
      sans fin, à jamais !

¹¹ Sans fin, je veux te rendre grâce,
      car tu as agi. *
   J'espère en ton nom devant ceux qui t'aiment :
      oui, il est bon !

Psaume 52 (53)

Corruption et châtiment des impies

2 Dans son cœur, le fou déclare :
        « Pas de Dieu ! » *
   Tout est corrompu, abominable,
        pas un homme de bien !

3 Des cieux, le Seigneur se penche
        vers les fils d'Adam *
   pour voir s'il en est un de sensé,
        un qui cherche Dieu.

4 Tous, ils sont dévoyés ;
        tous ensemble, pervertis : *
   pas un homme de bien,
        pas même un seul !

5 N'ont-ils donc pas compris,
        ces gens qui font le mal ? +
   Quand ils mangent leur pain,
        ils mangent mon peuple. *
   Dieu, jamais ils ne l'invoquent !

6 Et voilà qu'ils se sont mis à trembler,
        à trembler sans raison.
   Oui, Dieu a dispersé les os de tes assiégeants ;
        tu peux en rire : Dieu les rejette.

7 Qui fera venir de Sion
        la délivrance d'Israël ? +
   Quand le Seigneur ramènera les déportés de son peuple, *
        quelle fête en Jacob, en Israël, quelle joie !

Psaume 53 (54)

Prière contre les ennemis

3 Par ton nom, Dieu, sauve-moi,
   par ta puissance rends-moi justice ;
4 Dieu, entends ma prière,
   écoute les paroles de ma bouche.

5 Des étrangers se sont levés contre moi, +
   des puissants cherchent ma perte :
   ils n'ont pas souci de Dieu.

⁶ Mais voici que Dieu vient à mon aide,
  le Seigneur est mon appui entre tous.

⁷ [Que le mal retombe sur ceux qui me guettent ;
  par ta vérité, Seigneur, détruis-les.]

⁸ De grand cœur, je t'offrirai le sacrifice,
  je rendrai grâce à ton nom, car il est bon !

⁹ Oui, il m'a délivré de toute angoisse :
  j'ai vu mes ennemis défaits.

Psaume 54 (55)

Prière après la trahison d'un ami

² Mon Dieu, écoute ma prière,
    n'écarte pas ma demande. *

³ Exauce-moi, je t'en prie, réponds-moi ;
    inquiet, je me plains.

⁴ Je suis troublé par les cris de l'ennemi
    et les injures des méchants ; *
  ils me chargent de crimes,
    pleins de rage, ils m'accusent.

⁵ Mon cœur se tord en moi,
    la peur de la mort tombe sur moi ; *
⁶ crainte et tremblement me pénètrent,
    un frisson me saisit.

⁷ Alors, j'ai dit : « Qui me donnera des ailes de colombe ? ⁺
    Je volerais en lieu sûr ; *
⁸ loin, très loin, je m'enfuirais
    pour chercher asile au désert. »

⁹ J'ai hâte d'avoir un abri
    contre ce grand vent de tempête ! *
¹⁰ Divise-les, Seigneur,
    mets la confusion dans leur langage !

  Car je vois dans la ville
    discorde et violence : *
¹¹ de jour et de nuit, elles tournent
    en haut de ses remparts.

  Au-dedans, crimes et malheurs ;
¹²   au-dedans, c'est la ruine : * ➢

fraude et brutalité
ne quittent plus ses rues.

13 Si l'insulte me venait d'un ennemi,
je pourrais l'endurer ; ★
si mon rival s'élevait contre moi,
je pourrais me dérober.

14 Mais toi, un homme de mon rang,
mon familier, mon intime ! ★
15 Que notre entente était bonne,
quand nous allions d'un même pas
dans la maison de Dieu !

16 [Que la mort les surprenne,
qu'ils descendent vivants dans l'abîme, ★
car le mal habite leurs demeures,
il est au milieu d'eux.]

17 Pour moi, je crie vers Dieu ;
le Seigneur me sauvera. ★
18 Le soir et le matin et à midi,
je me plains, je suis inquiet.

Et Dieu a entendu ma voix,
19 il m'apporte la paix. ★
Il me délivre dans le combat que je menais ;
ils étaient une foule autour de moi.

20 Que Dieu entende et qu'il réponde,
lui qui règne dès l'origine, ★
à ceux-là qui ne changent pas,
et ne craignent pas Dieu.

21 Un traître a porté la main sur ses amis,
profané son alliance : +
22 il montre un visage séduisant,
mais son cœur fait la guerre ; ★
sa parole est plus suave qu'un parfum,
mais elle est un poignard.

23 Décharge ton fardeau sur le Seigneur :
il prendra soin de toi. ★
Jamais il ne permettra
que le juste s'écroule.

24 Et toi, Dieu, tu les précipites au fond de la tombe, +
ces hommes qui tuent et qui mentent. ★ ➤

Ils s'en iront dans la force de l'âge ;
   moi, je m'appuie sur toi !

Psaume 55 (56)

Confiance en Dieu dans l'épreuve

² Pitié, mon Dieu ! Des hommes s'acharnent contre moi ;
   tout le jour, ils me combattent, ils me harcèlent.
³ Ils s'acharnent, ils me guettent tout le jour ;
   mais là-haut, une armée combat pour moi.

⁴ Le jour où j'ai peur,
   je prends appui sur toi.
℟. ⁵ Sur Dieu dont j'exalte la parole,
   sur Dieu, je prends appui :
   plus rien ne me fait peur !
   Que peuvent sur moi des êtres de chair ?

⁶ Tout le jour, leurs paroles me blessent,
   ils ne pensent qu'à me faire du mal ;
⁷ à l'affût, ils épient, ils surveillent mes pas,
   comme s'ils voulaient ma mort.
⁸ [Vont-ils échapper malgré leurs crimes ?
   Que ta colère, mon Dieu, abatte les nations !]

⁹ Toi qui comptes mes pas vagabonds,
   recueille en tes outres mes larmes ;
   (cela n'est-il pas dans ton livre ?)
¹⁰ Le jour où j'appellerai, mes ennemis reculeront ;
   je le sais, Dieu est pour moi.

℟. ¹¹ Sur Dieu dont j'exalte la parole,
   le Seigneur dont j'exalte la parole, ★
¹² sur Dieu, je prends appui : ★
   plus rien ne me fait peur !
   Que peuvent sur moi des humains ?

¹³ Mon Dieu, je tiendrai ma promesse,
   je t'offrirai des sacrifices d'action de grâce ;
¹⁴ car tu m'as délivré de la mort
   et tu préserves mes pieds de la chute,
   pour que je marche à la face de Dieu
   dans la lumière des vivants.

Psaume 56 (57)

Confiance en Dieu dans la souffrance

² Pitié, mon Dieu, pitié pour moi !
 En toi je cherche refuge,
 un refuge à l'ombre de tes ailes,
 aussi longtemps que dure le malheur.

³ Je crie vers Dieu, le Très-Haut,
 vers Dieu qui fera tout pour moi.

⁴ Du ciel, qu'il m'envoie le salut :
 (mon adversaire a blasphémé !).
 Que Dieu envoie son amour et sa vérité !

⁵ Je suis au milieu de lions
 et gisant parmi des bêtes féroces ;
 ils ont pour langue une arme tranchante,
 pour dents, des lances et des flèches.

℟. ⁶ Dieu, lève-toi sur les cieux :
 que ta gloire domine la terre !

⁷ Ils ont tendu un filet sous mes pas :
   j'allais succomber. *
 Ils ont creusé un trou devant moi,
   ils y sont tombés.

⁸ Mon cœur est prêt, mon Dieu, +
 mon cœur est prêt ! *
 Je veux chanter, jouer des hymnes !

⁹ Éveille-toi, ma gloire ! +
 Éveillez-vous, harpe, cithare, *
 que j'éveille l'aurore !

¹⁰ Je te rendrai grâce parmi les peuples, Seigneur,
 et jouerai mes hymnes en tous pays.

¹¹ Ton amour est plus grand que les cieux,
 ta vérité, plus haute que les nues.

¹² Dieu, lève-toi sur les cieux :
℟. que ta gloire domine la terre !

Psaume 57 (58)

Le jugement des juges

² Vraiment, vous bâillonnez la justice, vous qui jugez !
Est-ce le droit que vous suivez, fils des hommes ?

³ Mais non, dans vos cœurs vous commettez le crime ;
sur la terre vos mains font régner la violence.

⁴ Les méchants sont dévoyés dès le sein maternel,
menteurs, égarés depuis leur naissance ;

⁵ ils ont du venin, un venin de vipère,
ils se bouchent les oreilles, comme des serpents

⁶ qui refusent d'écouter la voix de l'enchanteur,
du charmeur le plus habile aux charmes.

⁷ Dieu, brise leurs dents et leur mâchoire,
Seigneur, casse les crocs de ces lions :

⁸ Qu'ils s'en aillent comme les eaux qui se perdent !
Que Dieu les transperce, et qu'ils en périssent,

⁹ comme la limace qui glisse en fondant,
ou l'avorton qui ne voit pas le soleil !

¹⁰ Plus vite qu'un feu de ronces ne lèche la marmite,
que le feu de ta colère les emporte !

¹¹ Joie pour le juste de voir la vengeance,
de laver ses pieds dans le sang de l'impie !

¹² Et l'homme dira : « Oui, le juste porte du fruit ;
oui, il existe un Dieu pour juger sur la terre. »

Psaume 58 (59)

Prière contre des ennemis orgueilleux

² Délivre-moi de mes ennemis, mon Dieu ;
de mes agresseurs, protège-moi.

³ Délivre-moi des hommes criminels ;
des meurtriers, sauve-moi.

⁴ Voici qu'on me prépare une embuscade :
des puissants se jettent sur moi.

⁵ Je n'ai commis ni faute, ni péché, ni le mal, Seigneur,
pourtant ils accourent et s'installent.

Réveille-toi ! Viens à moi, regarde,

⁶ Seigneur, Dieu de l'univers, Dieu d'Israël : ➤

[lève-toi et punis tous ces païens,
sans pitié pour tous ces traîtres de malheur !

℟. 7   Le soir, ils reviennent : *
comme des chiens, ils grondent,
ils cernent la ville.

8   Les voici, l'écume à la bouche,
l'épée aux lèvres : « Qui donc entendrait ? »

9   Mais toi, Seigneur, tu t'en amuses,
tu te ris de tous ces païens.]

10   Auprès de toi, ma forteresse, je veille ;
℟.   oui, mon rempart, c'est Dieu !

11   Le Dieu de mon amour vient à moi :
avec lui je défie mes adversaires.

12   [Ne les supprime pas, Seigneur,
de peur que mon peuple n'oublie !
Que ta puissance les terrasse et les disperse,
Seigneur, notre bouclier !

13   Ils pèchent dès qu'ils ouvrent la bouche ; †
qu'ils soient pris à leur orgueil
puisqu'ils mentent et qu'ils maudissent !

14   Dans ta colère, détruis-les ;
détruis-les, qu'ils disparaissent !
Alors on saura que Dieu règne en Jacob
et sur l'étendue de la terre.

℟. 15   Le soir, ils reviennent : *
comme des chiens, ils grondent,
ils cernent la ville.

16   Ils vont en quête d'une proie, *
affamés, hurlant dans la nuit.]

17   Et moi, je chanterai ta force,
au matin j'acclamerai ton amour.
Tu as été pour moi un rempart,
un refuge au temps de ma détresse.

18   Je te fêterai, toi, ma forteresse :
℟.   oui, mon rempart, c'est Dieu,
Le Dieu de mon amour.

Psaume 59 (60)

Prière après une défaite

3   Dieu, tu nous as rejetés, brisés ;
     tu étais en colère, reviens-nous !

4   Tu as secoué, disloqué le pays ;
     répare ses brèches : il s'effondre.

5   Tu mets à dure épreuve ton peuple,
     tu nous fais boire un vin de vertige.

6   Tu as donné un étendard à tes fidèles,
     était-ce pour qu'ils fuient devant l'arc ?

7   Que tes bien-aimés soient libérés ;
     sauve-les par ta droite, réponds-nous !

8   Dans le sanctuaire, Dieu a parlé : +
     « Je triomphe ! Je partage Sichem,
     je divise la vallée de Soukkôt.

9   « A moi Galaad, à moi Manassé ! +
     Éphraïm est le casque de ma tête,
     Juda, mon bâton de commandement.

10   « Moab est le bassin où je me lave ; +
     sur Édom, je pose le talon.
     Crieras-tu victoire sur moi, Philistie ? »

11   Qui me conduira dans la Ville-forte,
     qui me mènera jusqu'en Édom,

12   sinon toi, Dieu, qui nous rejettes
     et ne sors plus avec nos armées ?

13   Porte-nous secours dans l'épreuve :
     néant, le salut qui vient de hommes !

14   Avec Dieu nous ferons des prouesses,
     et lui piétinera nos oppresseurs !

Psaume 60 (61)

Prière pour le Roi

2   Dieu, entends ma plainte,
     exauce ma prière ; ★

3   des terres lointaines je t'appelle
     quand le cœur me manque.

     Jusqu'au rocher trop loin de moi
     tu me conduiras, ★ ➢

⁴ car tu es pour moi un refuge,
un bastion, face à l'ennemi.

⁵ Je veux être chez toi pour toujours,
me réfugier à l'abri de tes ailes.

⁶ Oui, mon Dieu, tu exauces mon vœu,
tu fais largesse à ceux qui craignent ton nom.

⁷ Accorde au roi des jours et des jours :
que ses années deviennent des siècles !

⁸ Qu'il trône à jamais devant la face de Dieu !
Assigne à sa garde Amour et Vérité.

⁹ Alors, je chanterai sans cesse ton nom,
j'accomplirai mon vœu jour après jour.

Psaume 61 (62)

Paix en Dieu

² Je n'ai de repos qu'en Dieu seul,
mon salut vient de lui.

℟. ³ Lui seul est mon rocher, mon salut,
ma citadelle : je suis inébranlable.

⁴ Combien de temps tomberez-vous sur un homme
pour l'abattre, vous tous, ⋆
comme un mur qui penche,
une clôture qui croule ?

⁵ Détruire mon honneur est leur seule pensée : †
ils se plaisent à mentir. ⋆
Des lèvres, ils bénissent ;
au fond d'eux-mêmes, ils maudissent.

⁶ Je n'ai mon repos qu'en Dieu seul ;
oui, mon espoir vient de lui.

℟. ⁷ Lui seul est mon rocher, mon salut,
ma citadelle : je reste inébranlable.

⁸ Mon salut et ma gloire
se trouvent près de Dieu. ⋆
Chez Dieu, mon refuge,
mon rocher imprenable !

⁹ Comptez sur lui en tous temps,
vous, le peuple. ⋆ ➤

Devant lui épanchez votre cœur :
Dieu est pour nous un refuge.

10 L'homme n'est qu'un souffle, +
les fils des hommes, un mensonge : *
sur un plateau de balance, tous ensemble,
ils seraient moins qu'un souffle.

11 N'allez pas compter sur la fraude
et n'aspirez pas au profit ; *
si vous amassez des richesses,
n'y mettez pas votre cœur.

12 Dieu a dit une chose,
deux choses que j'ai entendues. +
Ceci : que la force est à Dieu ;
13 à toi, Seigneur, la grâce ! *
Et ceci : tu rends à chaque homme
selon ce qu'il fait.

Psaume 62 (63)

Soif de Dieu

2 Dieu, tu es mon Dieu, je te cherche dès l'aube :
mon âme a soif de toi ;
après toi languit ma chair,
terre aride, altérée, sans eau.

3 Je t'ai contemplé au sanctuaire,
j'ai vu ta force et ta gloire.
4 Ton amour vaut mieux que la vie :
tu seras la louange de mes lèvres !

5 Toute ma vie je vais te bénir,
lever les mains en invoquant ton nom.
6 Comme par un festin je serai rassasié ;
la joie sur les lèvres, je dirai ta louange.

7 Dans la nuit, je me souviens de toi
et je reste des heures à te parler.
8 Oui, tu es venu à mon secours :
je crie de joie à l'ombre de tes ailes.
9 Mon âme s'attache à toi,
ta main droite me soutient.

¹⁰ [Mais ceux qui pourchassent mon âme,
  qu'ils descendent aux profondeurs de la terre,

¹¹ qu'on les passe au fil de l'épée,
  qu'ils deviennent la pâture des loups !

¹² Et le roi se réjouira de son Dieu.
  Qui jure par lui en sera glorifié,
  tandis que l'homme de mensonge
  aura la bouche close !]

Psaume 63 (64)

Jugement de Dieu sur les persécuteurs

² Écoute, ô mon Dieu, le cri de ma plainte ;
  face à l'ennemi redoutable, protège ma vie.

³ Garde-moi du complot des méchants,
  à l'abri de cette meute criminelle.

⁴ Ils affûtent leur langue comme une épée,
  ils ajustent leur flèche, parole empoisonnée,

⁵ pour tirer en cachette sur l'innocent ;
  ils tirent soudain, sans rien craindre.

⁶ Ils se forgent des formules maléfiques, ⁺
  ils dissimulent avec soin leurs pièges ;
  ils disent : « Qui les verra ? »

⁷ Ils machinent leur crime : ⁺
  Notre machination est parfaite ;
  le cœur de chacun demeure impénétrable !

⁸ Mais c'est Dieu qui leur tire une flèche, ⁺
  soudain, ils en ressentent la blessure,

⁹ ils sont les victimes de leur langue.

  Tous ceux qui les voient hochent la tête ;

¹⁰ tout homme est saisi de crainte :
  il proclame ce que Dieu a fait,
  il comprend ses actions.

¹¹ Le juste trouvera dans le Seigneur joie et refuge,
  et tous les hommes au cœur droit, leur louange.

Psaume 64 (65)

Action de grâce pour les bienfaits de Dieu

² Il est beau de te louer,
    Dieu, dans Sion, ★
de tenir ses promesses envers toi
³   qui écoutes la prière.

Jusqu'à toi vient toute chair
⁴   avec son poids de péché ; ★
nos fautes ont dominé sur nous :
    toi, tu les pardonnes.

⁵ Heureux ton invité, ton élu :
    il habite ta demeure ! ★
Les biens de ta maison nous rassasient,
    les dons sacrés de ton temple !

⁶ Ta justice nous répond par des prodiges,
    Dieu notre sauveur, ★
espoir des horizons de la terre
    et des rives lointaines.

⁷ Sa force enracine les montagnes,
    il s'entoure de puissance ; ★
⁸ il apaise le vacarme des mers,
    le vacarme de leurs flots et la rumeur **des peuples.**

⁹ Les habitants de bouts du monde sont pris **d'effroi**
    à la vue de tes signes ; ★
aux portes du levant et du couchant
    tu fais jaillir des cris de joie.

¹⁰ Tu visites la terre et tu l'abreuves,
    tu la combles de richesses ; ★
les ruisseaux de Dieu regorgent d'eau :
    tu prépares les moissons.

Ainsi, tu prépares la terre,
¹¹   tu arroses les sillons ; ★
tu aplanis le sol, tu le détrempes sous les **pluies,**
    tu bénis les semailles.

¹² Tu couronnes une année de bienfaits ; ★
sur ton passage, ruisselle l'abondance.
¹³ Au désert, les pâturages ruissellent, ★
    les collines débordent d'allégresse.

14 Les herbages se parent de troupeaux +
et les plaines se couvrent de blé. *
        Tout exulte et chante !

Psaume 65 (66)

Hymne d'action de grâce

1 Acclamez Dieu, toute la terre ; +
2 fêtez la gloire de son nom,
    glorifiez-le en célébrant sa louange.

3 Dites à Dieu : « Que tes actions sont redoutables !
    En présence de ta force, tes ennemis s'inclinent.
4 Toute la terre se prosterne devant toi,
    elle chante pour toi, elle chante pour ton nom. »

5 Venez et voyez les hauts faits de Dieu,
    ses exploits redoutables pour les fils des hommes.
6 Il changea la mer en terre ferme :
    ils passèrent le fleuve à pied sec.

    De là, cette joie qu'il nous donne.
7 Il règne à jamais par sa puissance.
    Ses yeux observent les nations :
    que les rebelles courbent la tête !

8 Peuples, bénissez notre Dieu !
    Faites retentir sa louange,
9 car il rend la vie à notre âme,
    il a gardé nos pieds de la chute.

10 C'est toi, Dieu, qui nous as éprouvés,
    affinés comme on affine un métal ;
11 tu nous as conduits dans un piège,
    tu as serré un étau sur nos reins.

12 Tu as mis des mortels à notre tête ; +
    nous sommes entrés dans l'eau et le feu,
    tu nous as fait sortir vers l'abondance.

13 Je viens dans ta maison avec des holocaustes,
    je tiendrai mes promesses envers toi,
14 les promesses qui m'ouvrirent les lèvres,
    que ma bouche a prononcées dans ma détresse.

15 Je t'offrirai de beaux holocaustes [+]
   avec le fumet des béliers ;
   je prépare des bœufs et des chevreaux.

16 Venez, écoutez, vous tous qui craignez Dieu :
   je vous dirai ce qu'il a fait pour mon âme ;
17 quand je poussai vers lui mon cri,
   ma bouche faisait déjà son éloge.

18 Si mon cœur avait regardé vers le mal,
   le Seigneur n'aurait pas écouté.
19 Et pourtant, Dieu a écouté,
   il entend le cri de ma prière.

20 Béni soit Dieu [+]
   qui n'a pas écarté ma prière,
   ni détourné de moi son amour !

Psaume 66 (67)

Hymne de bénédiction

2 Que Dieu nous prenne en grâce et nous **bénisse,**
   que son visage s'illumine pour nous ;
3 et ton chemin sera connu sur la terre,
   ton salut, parmi toutes les nations.

℟. 4 Que les peuples, Dieu, te rendent grâce ;
   qu'ils te rendent grâce tous ensemble !

5 Que les nations chantent leur joie,
   car tu gouvernes le monde avec justice ;
   tu gouvernes les peuples avec droiture,
   sur la terre, tu conduis les nations.

℟. • Que les peuples, Dieu, te rendent grâce ;
   qu'ils te rendent grâce tous ensemble !

7 La terre a donné son fruit ;
   Dieu, notre Dieu, nous bénit.
8 Que Dieu nous bénisse,
   et que la terre tout entière l'adore !

Psaume 67 (68)

Hymne au Dieu triomphant

2 Dieu se lève et ses ennemis se dispersent,
   ses adversaires fuient devant sa face. ➤

³ Comme on dissipe une fumée, tu les dissipes ; ⁺
comme on voit fondre la cire en face du feu,
les impies disparaissent devant la face de Dieu.

⁴ Mais les justes sont en fête, ils exultent ;
devant la face de Dieu ils dansent de joie.

⁵ Chantez pour Dieu, jouez pour son nom, ⁺
frayez la route à celui qui chevauche les nuées.
Son nom est Le Seigneur ; dansez devant sa face.

⁶ Père des orphelins, défenseur des veuves,
tel est Dieu dans sa sainte demeure.

⁷ A l'isolé, Dieu accorde une maison ; ⁺
aux captifs, il rend la liberté ;
mais les rebelles vont habiter les lieux arides.

⁸ Dieu, quand tu sortis en avant de ton peuple,
quand tu marchas dans le désert, la terre trembla ;

⁹ les cieux mêmes fondirent ⁺
devant la face de Dieu, le Dieu du Sinaï,
devant la face de Dieu, le Dieu d'Israël.

¹⁰ Tu répandais sur ton héritage une pluie généreuse,
et quand il défaillait, toi, tu le soutenais.

¹¹ Sur les lieux où campait ton troupeau,
tu le soutenais, Dieu qui es bon pour le pauvre.

¹² Le Seigneur prononce un oracle,
une armée de messagères le répand :

¹³ « Rois en déroute, armées en déroute !
On reçoit en partage les trésors du pays.

¹⁴ « Resterez-vous au repos derrière vos murs ⁺
quand les ailes de la Colombe se couvrent d'argent,
et son plumage, de flammes d'or,

¹⁵ quand le Puissant, là-bas, pulvérise des rois
et qu'il neige au Mont-Sombre ? »

¹⁶ Mont de Basan, divine montagne,
mont de Basan, fière montagne !

¹⁷ Pourquoi jalouser, fière montagne, ⁺
la montagne que Dieu s'est choisie pour demeure ?
Là, le Seigneur habitera jusqu'à la fin.

¹⁸ Les chars de Dieu sont des milliers de myriades ;
au milieu, le Seigneur ; au sanctuaire, le Sinaï. ➤

19 Tu es monté sur la hauteur, capturant des captifs, +
    recevant un tribut, même de rebelles,
    pour avoir une demeure, Seigneur notre Dieu.

20 Que le Seigneur soit béni !
    Jour après jour, ce Dieu nous accorde la victoire.

21 Le Dieu qui est le nôtre est le Dieu des victoires,
    et les portes de la mort sont à Dieu, le Seigneur.

22 A qui le hait, Dieu fracasse la tête ;
    à qui vit dans le crime, il défonce le crâne.

23 Le Seigneur a dit : « Je les ramène de Basan,
    je les ramène des abîmes de la mer,

24 afin que tu enfonces ton pied dans leur sang,
    que la langue de tes chiens ait sa pâture d'ennemis. »

25 Dieu, on a vu ton cortège,
    le cortège de mon Dieu, de mon roi dans le Temple :

26 en tête les chantres, les musiciens derrière,
    parmi les jeunes filles frappant le tambourin.

27 Rassemblez-vous, bénissez Dieu ;
    aux sources d'Israël, il y a le Seigneur !

28 Voici Benjamin, le plus jeune, ouvrant la marche, +
    les princes de Juda et leur suite,
    les princes de Zabulon, les princes de Nephtali.

29 Ton Dieu l'a commandé : « Sois fort ! »
    Montre ta force, Dieu, quand tu agis pour nous !

30 De ton palais, qui domine Jérusalem,
    on voit des rois t'apporter leurs présents.

31 Menace la Bête des marais,
    la bande de fauves, la meute des peuples :
    qu'ils se prosternent avec leurs pièces d'argent ;
    désunis les peuples qui aiment la guerre.

32 De l'Égypte arriveront des étoffes somptueuses ;
    l'Éthiopie viendra vers Dieu les mains pleines.

33 Royaumes de la terre, chantez pour Dieu,
    jouez pour le Seigneur, *

34 celui qui chevauche au plus haut des cieux,
    les cieux antiques.

    Voici qu'il élève la voix, une voix puissante ;

35 rendez la puissance à Dieu. ➤

Sur Israël, sa splendeur !
Dans la nuée, sa puissance !

³⁶ Redoutable est Dieu dans son temple saint,
le Dieu d'Israël ; ★
c'est lui qui donne à son peuple force et puissance.
Béni soit Dieu !

Psaume 68 (69)

Plainte et prière d'un affligé

² Sauve-moi, mon Dieu :
les eaux montent jusqu'à ma gorge !

³ J'enfonce dans la vase du gouffre,
rien qui me retienne ; ★
je descends dans l'abîme des eaux,
le flot m'engloutit.

⁴ Je m'épuise à crier,
ma gorge brûle. ★
Mes yeux se sont usés
d'attendre mon Dieu.

⁵ Plus abondants que les cheveux de ma tête,
ceux qui m'en veulent sans raison ; ★
ils sont nombreux, mes détracteurs,
à me haïr injustement.

Moi qui n'ai rien volé,
que devrai-je rendre ? ★
⁶ Dieu, tu connais ma folie,
mes fautes sont à nu devant toi.

⁷ Qu'ils n'aient pas honte pour moi, ceux qui t'espèrent,
Seigneur, Dieu de l'univers ; ★
qu'ils ne rougissent pas de moi, ceux qui te cherchent,
Dieu d'Israël !

⁸ C'est pour toi que j'endure l'insulte,
que la honte me couvre le visage :
⁹ je suis un étranger pour mes frères,
un inconnu pour les fils de ma mère.
¹⁰ L'amour de ta maison m'a perdu ;
on t'insulte, et l'insulte retombe sur moi.

11 Si je pleure et m'impose un jeûne,
   je reçois des insultes ;
12 si je revêts un habit de pénitence,
   je deviens la fable des gens :
13 on parle de moi sur les places,
   les buveurs de vin me chansonnent.

14 Et moi, je te prie, Seigneur :
   c'est l'heure de ta grâce ; ★
   dans ton grand amour, Dieu, réponds-**moi,**
   par ta vérité sauve-moi.

15 Tire-moi de la boue,
   sinon je m'enfonce : ★
   que j'échappe à ceux qui me haïssent,
   à l'abîme des eaux.

16 Que les flots ne me submergent pas,
   que le gouffre ne m'avale, ★
   que la gueule du puits
   ne se ferme pas sur moi.

17 Réponds-moi, Seigneur,
   car il est bon, ton amour ; ★
   dans ta grande tendresse,
   regarde-moi.

18 Ne cache pas ton visage à ton **serviteur ;**
   je suffoque : vite, réponds-moi. ★
19 Sois proche de moi, rachète-moi,
   paie ma rançon à l'ennemi.

20 Toi, tu le sais, on m'insulte :
   je suis bafoué, déshonoré ; ★
   tous mes oppresseurs
   sont là, devant toi.

21 L'insulte m'a broyé le cœur,
   le mal est incurable ; ★
   j'espérais un secours, mais en vain,
   des consolateurs, je n'en ai pas **trouvé.**

22 A mon pain, ils ont mêlé du poison ;
   quand j'avais soif, ils m'ont donné **du vinaigre.**
23 [Que leur table devienne un piège,
   un guet-apens pour leurs convives ! ➤

24 Que leurs yeux aveuglés ne voient plus,
    qu'à tout instant les reins leur manquent !

25 Déverse sur eux ta fureur,
    que le feu de ta colère les saisisse,

26 que leur camp devienne un désert,
    que nul n'habite sous leurs tentes !

27 Celui que tu frappais, ils le pourchassent
    en comptant les coups qu'il reçoit.

28 Charge-les, faute sur faute ;
    qu'ils n'aient pas d'accès à ta justice.

29 Qu'ils soient rayés du livre de vie,
    retranchés du nombre des justes.]

30 Et moi, humilié, meurtri,
    que ton salut, Dieu, me redresse.

31 Et je louerai le nom de Dieu par un cantique,
    je vais le magnifier, lui rendre grâce.

32 Cela plaît au Seigneur plus qu'un taureau,
    plus qu'une bête ayant cornes et sabots.

33 Les pauvres l'ont vu, ils sont en fête :
    « Vie et joie, à vous qui cherchez Dieu ! »

34 Car le Seigneur écoute les humbles,
    il n'oublie pas les siens emprisonnés.

35 Que le ciel et la terre le célèbrent,
    les mers et tout leur peuplement !

36 Car Dieu viendra sauver Sion
    et rebâtir les villes de Juda.
    Il en fera une habitation, un héritage : *

37 patrimoine pour les descendants de ses serviteurs,
    demeure pour ceux qui aiment son nom.

Psaume 69 (70)
Appel à l'aide de Dieu

2 Mon Dieu, viens me délivrer ;
   Seigneur, viens vite à mon secours ! *

3 Qu'ils soient humiliés, déshonorés,
   ceux qui s'en prennent à ma vie !

   Qu'ils reculent, couverts de honte,
   ceux qui cherchent mon malheur ; * ➢

⁴ que l'humiliation les écrase,
ceux qui me disent : « C'est bien fait ! »

⁵ Mais tu seras l'allégresse et la joie
de tous ceux qui te cherchent ; *
toujours ils rediront : « Dieu est grand ! »
ceux qui aiment ton salut.

⁶ Je suis pauvre et malheureux,
mon Dieu, viens vite ! *
Tu es mon secours, mon libérateur :
Seigneur, ne tarde pas !

Psaume 70 (71)

Prière d'un vieillard

¹ En toi, Seigneur, j'ai mon refuge :
garde-moi d'être humilié pour toujours.
² Dans ta justice, défends-moi, libère-moi,
tends l'oreille vers moi, et sauve-moi.

³ Sois le rocher qui m'accueille,
toujours accessible ; *
tu as résolu de me sauver :
ma forteresse et mon roc, c'est toi !

⁴ Mon Dieu, libère-moi des mains de l'impie,
des prises du fourbe et du violent.
⁵ Seigneur mon Dieu, tu es mon espérance,
mon appui dès ma jeunesse.

⁶ Toi, mon soutien dès avant ma naissance, +
tu m'as choisi dès le ventre de ma mère ;
tu seras ma louange toujours !

⁷ Pour beaucoup, je fus comme un prodige ;
tu as été mon secours et ma force.
⁸ Je n'avais que ta louange à la bouche,
tout le jour, ta splendeur.

⁹ Ne me rejette pas
maintenant que j'ai vieilli ; *
alors que décline ma vigueur,
ne m'abandonne pas.

¹⁰ Mes ennemis parlent contre moi,
ils me surveillent et se concertent. ➤

¹¹ Ils disent : « Dieu l'abandonne !
Traquez-le, empoignez-le, il n'a pas de défenseur ! »

¹² Dieu, ne sois pas loin de moi ;
mon Dieu, viens vite à mon secours !

¹³ Qu'ils soient humiliés, anéantis,
ceux qui se dressent contre moi ; *
qu'ils soient couverts de honte et d'infamie,
ceux qui veulent mon malheur !

¹⁴ Et moi qui ne cesse d'espérer,
j'ajoute encore à ta louange.

¹⁵ Ma bouche annonce tout le jour ⁺
tes actes de justice et de salut ;
(je n'en connais pas le nombre).

¹⁶ Je revivrai les exploits du Seigneur
en rappelant que ta justice est la seule.

¹⁷ Mon Dieu, tu m'as instruit dès ma jeunesse,
jusqu'à présent, j'ai proclamé tes merveilles.

¹⁸ Aux jours de la vieillesse et des cheveux blancs,
ne m'abandonne pas, ô mon Dieu ;
et je dirai aux hommes de ce temps ta puissance,
à tous ceux qui viendront, tes exploits.

¹⁹ Si haute est ta justice, mon Dieu, ⁺
toi qui as fait de grandes choses :
Dieu, qui donc est comme toi ?

²⁰ Toi qui m'as fait voir tant de maux et de détresses,
tu me feras vivre à nouveau,
à nouveau tu me tireras des abîmes de la terre, *

²¹ tu m'élèveras et me grandiras,
tu reviendras me consoler.

²² Et moi, je te rendrai grâce sur la harpe
pour ta vérité, ô mon Dieu ! *
Je jouerai pour toi de ma cithare,
Saint d'Israël !

²³ Joie sur mes lèvres qui chantent pour toi,
et dans mon âme que tu as rachetée !

²⁴ Alors, tout au long du jour,
ma langue redira ta justice ; *
c'est la honte, c'est l'infamie
pour ceux qui veulent mon malheur.

Psaume 71 (72)

Le Roi de paix et son royaume

¹ Dieu, donne au roi tes pouvoirs,
à ce fils de roi ta justice.

² Qu'il gouverne ton peuple avec justice,
qu'il fasse droit aux malheureux !

³ Montagnes, portez au peuple la paix,
collines, portez-lui la justice !

⁴ Qu'il fasse droit aux malheureux de son peuple,
qu'il sauve les pauvres gens, qu'il écrase l'oppresseur !

⁵ Qu'il dure sous le soleil et la lune
de génération en génération !

⁶ Qu'il descende comme la pluie sur les regains,
une pluie qui pénètre la terre.

⁷ En ces jours-là, fleurira la justice,
grande paix jusqu'à la fin des lunes !

⁸ Qu'il domine de la mer à la mer,
et du Fleuve jusqu'au bout de la terre !

⁹ Des peuplades s'inclineront devant lui,
ses ennemis lècheront la poussière.

¹⁰ Les rois de Tarsis et des Iles
apporteront des présents.

Les rois de Saba et de Seba
feront leur offrande.

¹¹ Tous les rois se prosterneront devant lui,
tous les pays le serviront.

¹² Il délivrera le pauvre qui appelle
et le malheureux sans recours.

¹³ Il aura souci du faible et du pauvre,
du pauvre dont il sauve la vie.

¹⁴ Il les rachète à l'oppression, à la violence ;
leur sang est d'un grand prix à ses yeux.

¹⁵ Qu'il vive ! On lui donnera l'or de Saba. ★
On priera sans relâche pour lui ;
tous les jours, on le bénira.

¹⁶ Que la terre jusqu'au sommet des montagnes
soit un champ de blé : ★
et ses épis onduleront comme la forêt du Liban ! ➤

Que la ville devienne florissante *
comme l'herbe sur la terre !

17 Que son nom dure toujours ;
sous le soleil, que subsiste son nom !
En lui, que soient bénies toutes les familles de la terre ;
que tous les pays le disent bienheureux !

18   Béni soit le Seigneur, le Dieu d'Israël,
lui seul fait des merveilles !
19   Béni soit à jamais son nom glorieux,
toute la terre soit remplie de sa gloire !
Amen ! Amen !

Psaume 72 (73)

Paradoxe de la prospérité des impies

1 Vraiment, Dieu est bon pour Israël,
pour les hommes au cœur pur.

2 Un rien, et je perdais pied,
un peu plus, et je faisais un faux pas ;
3 car j'étais jaloux des superbes,
je voyais le succès des impies.

4 Jusqu'à leur mort, ils ne manquent de rien,
ils jouissent d'une santé parfaite ;
5 ils échappent aux souffrances des hommes,
aux coups qui frappent les mortels.

6 Ainsi, l'orgueil est leur collier,
la violence, l'habit qui les couvre ;
7 leurs yeux qui brillent de bien-être
trahissent les envies de leur cœur.

8 Ils ricanent, ils prônent le mal,
de très haut, ils prônent la force ;
9 leur bouche accapare le ciel,
et leur langue parcourt la terre.

10 Ainsi, le peuple se détourne
vers la source d'une telle abondance.
11 Ils disent : « Comment Dieu saurait-il ?
le Très-Haut, que peut-il savoir ? »

¹² Voyez comme sont les impies :
tranquilles, ils amassent des fortunes.

¹³ Vraiment, c'est en vain que j'ai gardé mon cœur pur,
lavé mes mains en signe d'innocence !

¹⁴ Me voici frappé chaque jour,
châtié dès le matin.

¹⁵ Si j'avais dit : « Je vais parler comme eux »,
j'aurais trahi la race de tes fils.

¹⁶ Longtemps, j'ai cherché à savoir,
je me suis donné de la peine.

¹⁷ Mais quand j'entrai dans la demeure de Dieu,
je compris quel serait leur avenir.

¹⁸ Vraiment, tu les as mis sur la pente :
déjà tu les entraînes vers la ruine.

¹⁹ Comment vont-ils soudain au désastre,
anéantis, achevés par la terreur ?

²⁰ A ton réveil, Seigneur, tu chasses leur image,
comme un songe au sortir du sommeil.

²¹ Oui, mon cœur s'aigrissait,
j'avais les reins transpercés.

²² Moi, stupide, comme une bête,
je ne savais pas, mais j'étais avec toi.

²³ Moi, je suis toujours avec toi,
avec toi qui as saisi ma main droite.

²⁴ Tu me conduis selon tes desseins ;
puis tu me prendras dans la gloire.

²⁵ Qui donc est pour moi dans le ciel
si je n'ai, même avec toi, aucune joie sur la terre ?

²⁶ Ma chair et mon cœur sont usés :
ma part, le roc de mon cœur, c'est Dieu pour toujours.

²⁷ Qui s'éloigne de toi périra :
tu détruis ceux qui te délaissent.

²⁸ Pour moi, il est bon d'être proche de Dieu ;
j'ai pris refuge auprès de mon Dieu
pour annoncer les œuvres du Seigneur
aux portes de Sion.

Psaume 73 (74)

Prière après la dévastation du sanctuaire

1 Pourquoi, Dieu, nous rejeter sans fin ?
   Pourquoi cette colère sur les brebis de ton troupeau ?

2 Rappelle-toi la communauté
      que tu acquis dès l'origine, +
   la tribu que tu revendiquas pour héritage,
   la montagne de Sion où tu fis ta demeure.

3 Dirige tes pas vers ces ruines sans fin,
   l'ennemi dans le sanctuaire a tout saccagé ;
4 dans le lieu de tes assemblées, l'adversaire a rugi
   et là, il a planté ses insignes.

5 On les a vus brandir la cognée,
      comme en pleine forêt, *
6 quand ils brisaient les portails
      à coups de masse et de hache.

7 Ils ont livré au feu ton sanctuaire,
   profané et rasé la demeure de ton nom.
8 Ils ont dit : « Allons ! Détruisons tout ! »
   Ils ont brûlé dans le pays les lieux d'assemblées saintes.

9 Nos signes, nul ne les voit ;
      il n'y a plus de prophètes ! *
   Et pour combien de temps ?
      Nul d'entre nous ne le sait !

10 Dieu, combien de temps blasphémera l'adversaire ?
    L'ennemi en finira-t-il de mépriser ton nom ?
11 Pourquoi retenir ta main,
    cacher la force de ton bras ?

12 Pourtant, Dieu, mon roi dès l'origine,
    vainqueur des combats sur la face de la terre,
13 c'est toi qui fendis la mer par ta puissance,
    qui fracassas les têtes des dragons sur les eaux ;

14 toi qui écrasas la tête de Léviathan
    pour nourrir les monstres marins ;
15 toi qui ouvris les torrents et les sources,
    toi qui mis à sec des fleuves intarissables.

16 A toi le jour, à toi la nuit,
    toi qui ajustas le soleil et les astres ! ➤ ˙

¹⁷ C'est toi qui fixas les bords de la terre ;
l'hiver et l'été, c'est toi qui les formas.

¹⁸ Rappelle-toi : l'ennemi a méprisé ton nom,
un peuple de fous a blasphémé le Seigneur.

¹⁹ Ne laisse pas la Bête égorger ta Tourterelle,
n'oublie pas sans fin la vie de tes pauvres.

²⁰ Regarde vers l'Alliance : la guerre est partout ;
on se cache dans les cavernes du pays.

²¹ Que l'opprimé échappe à la honte,
que le pauvre et le malheureux chantent ton nom !

²² Lève-toi, Dieu, défends ta cause !
Rappelle-toi ces fous qui blasphèment tout le jour.

²³ N'oublie pas le vacarme que font tes ennemis,
la clameur de l'ennemi, qui monte sans fin.

Psaume 74 (75)

Le Seigneur juste juge

² A toi, Dieu, nous rendons grâce ; ⁺
nous rendons grâce, et ton nom est proche :
on proclame tes merveilles !

³ « Oui, au moment que j'ai fixé,
moi, je jugerai avec droiture.

⁴ Que s'effondrent la terre et ses habitants :
moi seul en ai posé les colonnes !

⁵ « Aux arrogants, je dis : Plus d'arrogance !
et aux impies : Ne levez pas votre front !

⁶ Ne levez pas votre front contre le ciel,
ne parlez pas en le prenant de haut ! »

⁷ Ce n'est pas du levant ni du couchant,
ni du désert, que vient le relèvement.

⁸ Non, c'est Dieu qui jugera :
il abaisse les uns, les autres il les relève.

⁹ Le Seigneur tient en main une coupe
où fermente un vin capiteux ;
il le verse, et tous les impies de la terre
le boiront jusqu'à la lie.

¹⁰ Et moi, j'annoncerai toujours
dans mes hymnes au Dieu de Jacob : ⁺ ➤

11 « Je briserai le front des impies, *
et le front du juste s'élèvera ! »

Psaume 75 (76)

Hymne de triomphe après la victoire

2 Dieu s'est fait connaître en Juda ;
en Israël, son nom est grand.

3 A Salem il a fixé sa tente,
et sa demeure à Sion.

4 Ici, il a brisé les traits de l'arc,
l'épée, le bouclier et la guerre.

5 Magnifique, toi, tu resplendis
au-dessus d'une montagne de butin.

6 Les voici dépouillés, ces guerriers,
endormis, tous ces braves aux mains inertes.

7 Sous ta menace, Dieu de Jacob,
le char et le cheval se sont figés.

8 Toi, tu es le redoutable !
Qui tiendra sous les coups de ta fureur ?

9 Des cieux, tu prononces le verdict ;
la terre a peur et se tait

10 quand Dieu se lève pour juger,
pour sauver tous les humbles de la terre.

11 La colère des hommes te rend gloire
quand les survivants te font cortège.

12 Faites des vœux et tenez vos promesses
au Seigneur votre Dieu ; *
vous qui l'entourez, portez votre offrande au redoutable.

13 Il éteint le souffle des princes,
lui, redoutable aux rois de la terre !

Psaume 76 (77)

Plainte dans la souffrance et la persécution

2 Vers Dieu, je crie mon appel !
Je crie vers Dieu : qu'il m'entende !

3 Au jour de la détresse, je cherche le Seigneur ; +
la nuit, je tends les mains sans relâche,
mon âme refuse le réconfort.

⁴ Je me souviens de Dieu, je me plains ;
je médite et mon esprit défaille.

⁵ Tu refuses à mes yeux le sommeil ;
je me trouble, incapable de parler.

⁶ Je pense aux jours d'autrefois,
aux années de jadis ;

⁷ la nuit, je me souviens de mon chant,
je médite en mon cœur, et mon esprit s'interroge.

⁸ Le Seigneur ne fera-t-il que rejeter,
ne sera-t-il jamais plus favorable ?

⁹ Son amour a-t-il donc disparu ?
S'est-elle éteinte, d'âge en âge, la parole ?

¹⁰ Dieu oublierait-il d'avoir pitié,
dans sa colère a-t-il fermé ses entrailles ?

¹¹ J'ai dit : « Une chose me fait mal,
la droite du Très-Haut a changé. »

¹² Je me souviens des exploits du Seigneur,
je rappelle ta merveille de jadis ;

¹³ je me redis tous tes hauts faits,
sur tes exploits je médite.

¹⁴ Dieu, la sainteté est ton chemin !
Quel Dieu est grand comme Dieu ?

¹⁵ Tu es le Dieu qui accomplis la merveille,
qui fais connaître chez les peuples ta force :

¹⁶ tu rachetas ton peuple avec puissance,
les descendants de Jacob et de Joseph.

¹⁷ Les eaux, en te voyant, Seigneur, +
les eaux, en te voyant, tremblèrent,
l'abîme lui-même a frémi.

¹⁸ Les nuages déversèrent leurs eaux, +
les nuées donnèrent de la voix,
la foudre frappait de toute part.

¹⁹ Au roulement de ta voix qui tonnait, +
tes éclairs illuminèrent le monde,
la terre s'agita et frémit.

²⁰ Par la mer passait ton chemin, +
tes sentiers, par les eaux profondes ;
et nul n'en connaît la trace.

21 Tu as conduit comme un troupeau ton peuple
  par la main de Moïse et d'Aaron.

Psaume 77 (78)

Fidélité de Dieu envers son peuple au long de l'histoire du salut

1 Écoute ma loi, ô mon peuple,
  tends l'oreille aux paroles de ma bouche.
2 J'ouvrirai la bouche pour une parabole,
  je publierai ce qui fut caché dès l'origine.

3 Nous avons entendu et nous savons
  ce que nos pères nous ont raconté ;
4 nous le redirons à l'âge qui vient,
  sans rien cacher à nos descendants :
  les titres de gloire du Seigneur,
  sa puissance et les merveilles qu'il a faites.

5 Il fixa une règle en Jacob,
  il établit en Israël une loi,
  loi qui ordonnait à nos pères
  d'enseigner ces choses à leur fils,
6 pour que l'âge suivant les connaisse,
  et leur descendance à venir.

  Qu'ils se lèvent et les racontent à leurs fils
7 pour qu'ils placent en Dieu leur espoir
  et n'oublient pas les exploits du Seigneur
  mais observent ses commandements.

8 Qu'ils ne soient pas, comme leurs pères,
  une génération indocile et rebelle,
  génération de cœurs inconstants
  et d'esprits infidèles à Dieu.

9 Les fils d'Éphraïm, archers d'élite,
  se sont enfuis, le jour du combat :
10 ils n'ont pas gardé l'alliance de Dieu,
  ils refusaient de suivre sa loi ;
11 ils avaient oublié ses exploits,
  les merveilles dont ils furent les témoins.

12 Devant leurs pères il accomplit un miracle
  en Égypte, au pays de Tanis : ➤

¹³ il fend la mer, il les fait passer,
    dressant les eaux comme une digue ;

¹⁴ le jour, il les conduit par la nuée,
    et la nuit, par la lumière d'un feu.

¹⁵ Il fend le rocher du désert,
    les désaltère aux eaux profondes ;

¹⁶ de la roche, il tire des ruisseaux
    qu'il fait dévaler comme un fleuve.

¹⁷ Mais ils péchaient encore contre lui,
    dans les lieux arides ils bravaient le Très-Haut ;

¹⁸ ils tentaient le Seigneur dans leurs cœurs,
    ils réclamèrent de manger à leur faim.

¹⁹ Ils s'en prennent à Dieu et demandent :
    « Dieu peut-il apprêter une table au désert ?

²⁰ Sans doute, il a frappé le rocher :
    l'eau a jailli, elle coule à flots !
    Mais pourra-t-il nous donner du pain
    et procurer de la viande à son peuple ? »

²¹ Alors le Seigneur entendit et s'emporta,
        il s'enflamma de fureur contre Jacob, ★
    sa colère monta contre Israël,

²² car ils n'avaient pas foi en Dieu,
    ils ne croyaient pas qu'il les sauverait.

²³ Il commande aux nuées là-haut,
    il ouvre les écluses du ciel :

²⁴ pour les nourrir il fait pleuvoir la manne,
    il leur donne le froment du ciel ;

²⁵ chacun se nourrit du pain des Forts,
    il les pourvoit de vivres à satiété.

²⁶ Dans le ciel, il pousse le vent d'est
    et lance le grand vent du midi.

²⁷ Sur eux il fait pleuvoir une nuée d'oiseaux,
    autant de viande que de sable au bord des mers.

²⁸ Elle s'abat au milieu de leur camp
    tout autour de leurs demeures.

²⁹ Ils mangent, ils sont rassasiés,
    Dieu contentait leur envie.

³⁰ Mais leur envie n'était pas satisfaite,
        ils avaient encore la bouche pleine, ★

³¹ quand s'éleva la colère de Dieu : ➤

il frappe les plus vaillants d'entre eux ★
et terrasse la jeunesse d'Israël.

32   Et pourtant ils péchaient encore,
ils n'avaient pas foi en ses merveilles.
33   D'un souffle il achève leurs jours,
et leurs années en un moment.

34   Quand Dieu les frappait, ils le cherchaient,
ils revenaient et se tournaient vers lui :
35   ils se souvenaient que Dieu est leur rocher,
et le Dieu Très-Haut, leur rédempteur.

36   Mais de leur bouche ils le trompaient,
de leur langue ils lui mentaient.
37   Leur cœur n'était pas constant envers lui ;
ils n'étaient pas fidèles à son alliance.

38   Et lui, miséricordieux,
au lieu de détruire, il pardonnait ;
maintes fois, il retint sa colère
au lieu de réveiller sa violence.
39   Il se rappelait : ils ne sont que chair,
un souffle qui s'en va sans retour.

40   Que de fois au désert ils l'ont bravé,
offensé dans les solitudes !
41   De nouveau ils tentaient Dieu,
ils attristaient le Saint d'Israël.
42   Ils avaient oublié ce jour
où sa main les sauva de l'adversaire.

43   Par ses signes il frappa l'Égypte,
et le pays de Tanis par ses prodiges.
44   Il transforme en sang l'eau des fleuves
et les ruisseaux, pour qu'ils ne boivent pas.
45   Il leur envoie une vermine qui les ronge,
des grenouilles qui infestent tout.

46   Il livre les récoltes aux sauterelles
et le fruit de leur travail aux insectes.
47   Il ravage leurs vignes par les grêlons
et leurs figuiers par le gel.

48   Il abandonne le bétail à la grêle
et les troupeaux à la foudre. ➢

49 Il lâche sur eux le feu de sa colère,
   indignation, fureur, effroi, *
il envoie des anges de malheur.

50 Il ouvre la route à sa colère,
   il abandonne leur âme à la mort, *
et livre leur vie à la peste.

51 Il frappe tous les fils aînés de l'Égypte,
sous les tentes de Cham, la fleur de sa race.

52 Tel un berger, il conduit son peuple,
il pousse au désert son troupeau.

53 Il les guide et les défend, il les rassure ;
leurs ennemis sont engloutis par la mer.

54 Il les fait entrer dans son domaine sacré,
la montagne acquise par sa main.

55 Il chasse des nations devant eux,
il délimite leurs parts d'héritage *
et il installe sous leurs tentes les tribus d'Israël.

56 Mais ils bravaient, ils tentaient le Dieu Très-Haut,
ils refusaient d'observer ses lois ;

57 ils déviaient comme leurs pères, ils désertaient,
trahissaient comme un arc infidèle.

58 Leurs hauts lieux le provoquaient,
leurs idoles excitaient sa jalousie.

59 Dieu a entendu, il s'emporte,
il écarte tout à fait Israël ;

60 il quitte la demeure de Silo,
la tente qu'il avait dressée chez les hommes ;

61 il laisse capturer sa gloire,
et sa puissance par des mains ennemies.

62 Il livre son peuple à l'épée,
contre son héritage, il s'emporte :

63 le feu a dévoré les jeunes gens,
les jeunes filles n'ont pas connu la joie des noces ;

64 les prêtres sont tombés sous l'épée,
les veuves n'ont pas chanté leur lamentation.

65 Le Seigneur, tel un dormeur qui s'éveille,
tel un guerrier que le vin ragaillardit,

66 frappe l'ennemi à revers
et le livre pour toujours à la honte.

⁶⁷ Il écarte la maison de Joseph,
   ne choisit pas la tribu d'Éphraïm.

⁶⁸ Il choisit la tribu de Juda,
   la montagne de Sion, qu'il aime.

⁶⁹ Il a bâti comme le ciel son temple ;
   comme la terre, il l'a fondé pour toujours.

⁷⁰ Il choisit David son serviteur ;
   il le prend dans les parcs à moutons ;
⁷¹ il l'appelle à quitter ses brebis ★
   pour en faire le berger de Jacob, son peuple,
      d'Israël, son héritage.

⁷² Berger au cœur intègre,
   sa main prudente les conduit.

Psaume 78 (79)

Lamentation et prière après la destruction de la ville sainte

¹ Dieu, les païens ont envahi ton domaine ; ⁺
   ils ont souillé ton temple sacré
   et mis Jérusalem en ruines.

² Ils ont livré les cadavres de tes serviteurs
      en pâture aux rapaces du ciel ★
   et la chair de tes fidèles, aux bêtes de la terre ;
³ ils ont versé le sang comme l'eau
      aux alentours de Jérusalem : ★
   les morts restaient sans sépulture.

⁴ Nous sommes la risée des voisins,
   la fable et le jouet de l'entourage.

⁵ Combien de temps, Seigneur, durera ta colère
   et brûlera le feu de ta jalousie ?

⁶ [Déverse ta fureur sur les païens
      qui ne t'ont pas reconnu, ★
   sur les royaumes qui n'invoquent pas ton nom,
⁷ car ils ont dévoré Jacob
   et ravagé son territoire.]

⁸ Ne retiens pas contre nous les péchés de nos ancêtres : ⁺
   que nous vienne bientôt ta tendresse,
   car nous sommes à bout de force !

⁹ Aide-nous, Dieu notre Sauveur,
   pour la gloire de ton nom ! ★
Délivre-nous, efface nos fautes,
   pour la cause de ton nom !

¹⁰ Pourquoi laisser dire aux païens :
« Où donc est leur Dieu ? »
Que les païens, sous nos yeux, le reconnaissent :
il sera vengé, le sang versé de tes serviteurs.

¹¹ Que monte en ta présence la plainte du captif !
Ton bras est fort : épargne ceux qui doivent mourir.

¹² [Rends à nos voisins, sept fois, en plein cœur,
l'outrage qu'ils t'ont fait, Seigneur Dieu.]

¹³ Et nous, ton peuple, le troupeau que tu conduis, ✝
sans fin nous pourrons te rendre grâce
et d'âge en âge proclamer ta louange.

Psaume 79 (80)

Lamentation sur la vigne dévastée

² Berger d'Israël, écoute,
toi qui conduis Joseph, ton troupeau :
resplendis au-dessus des Kéroubim,

³ devant Éphraïm, Benjamin, Manassé !
Réveille ta vaillance
et viens nous sauver.

℟. ⁴ Dieu, fais-nous revenir ; ★
       que ton visage s'éclaire,
       et nous serons sauvés !

⁵ Seigneur, Dieu de l'univers, ★
vas-tu longtemps encore
   opposer ta colère aux prières de ton peuple,

⁶ le nourrir du pain de ses larmes,
l'abreuver de larmes sans mesure ?

⁷ Tu fais de nous la cible des voisins :
nos ennemis ont vraiment de quoi rire !

℟. ⁸ Dieu, fais-nous revenir ; ★
       que ton visage s'éclaire,
       et nous serons sauvés !

⁹ La vigne que tu as prise à l'Égypte,
   tu la replantes en chassant des nations.
¹⁰ Tu déblaies le sol devant elle,
   tu l'enracines pour qu'elle emplisse le pays.

¹¹ Son ombre couvrait les montagnes,
   et son feuillage, les cèdres géants ;
¹² elle étendait ses sarments jusqu'à la mer,
   et ses rejets, jusqu'au Fleuve.

¹³ Pourquoi as-tu percé sa clôture ?
   Tous les passants y grappillent en chemin ;
¹⁴ le sanglier des forêts la ravage
   et les bêtes des champs la broutent.

[℟.] ¹⁵   Dieu de l'univers, reviens !
   Du haut des cieux, regarde et vois :
   visite cette vigne, protège-la,
¹⁶ celle qu'a plantée ta main puissante,
   le rejeton qui te doit sa force.
¹⁷ La voici détruite, incendiée ;
   que ton visage les menace, ils périront !

¹⁸ Que ta main soutienne ton protégé,
   le fils de l'homme qui te doit sa force.
¹⁹ Jamais plus nous n'irons loin de toi :
   fais-nous vivre et invoquer ton nom !

℟. ²⁰   Seigneur, Dieu de l'univers,
        fais-nous revenir ; *
   que ton visage s'éclaire,
        et nous serons sauvés.

Psaume 80 (81)

Acclamation solennelle et avertissement

² Criez de joie pour Dieu, notre force,
   acclamez le Dieu de Jacob.

³ Jouez, musiques, frappez le tambourin,
   la harpe et la cithare mélodieuse.
⁴ Sonnez du cor pour le mois nouveau,
   quand revient le jour de notre fête.

⁵ C'est là, pour Israël, une règle,
   une ordonnance du Dieu de Jacob ; ➤

⁶ Il en fit, pour Joseph, une loi
quand il marcha contre la terre d'Égypte.

J'entends des mots qui m'étaient inconnus : ⁺
⁷ « J'ai ôté le poids qui chargeait ses épaules ;
ses mains ont déposé le fardeau.

⁸ « Quand tu criais sous l'oppression, je t'ai sauvé ; ⁺
je répondais, caché dans l'orage,
je t'éprouvais près des eaux de Mériba.

⁹ « Écoute, je t'adjure, ô mon peuple ;
vas-tu m'écouter, Israël ?

¹⁰ Tu n'auras pas chez toi d'autres dieux,
tu ne serviras aucun dieu étranger.

¹¹ « C'est moi, le Seigneur ton Dieu, ⁺
qui t'ai fait monter de la terre d'Égypte !
Ouvre ta bouche, moi, je l'emplirai.

¹² « Mais mon peuple n'a pas écouté ma voix,
Israël n'a pas voulu de moi.

¹³ Je l'ai livré à son cœur endurci :
qu'il aille et suive ses vues !

¹⁴ « Ah ! Si mon peuple m'écoutait,
Israël, s'il allait sur mes chemins !

¹⁵ Aussitôt j'humilierais ses ennemis,
contre ses oppresseurs je tournerais ma main.

¹⁶ « Mes adversaires s'abaisseraient devant lui ;
tel serait leur sort à jamais !

¹⁷ Je le nourrirais de la fleur du froment,
je te rassasierais avec le miel du rocher ! »

Psaume 81 (82)

Invective aux juges iniques

¹ Dans l'assemblée divine, Dieu préside ;
entouré des dieux, il juge.

² « Combien de temps jugerez-vous sans justice,
soutiendrez-vous la cause des impies ?

³ « Rendez justice au faible, à l'orphelin ;
faites droit à l'indigent, au malheureux.

⁴ « Libérez le faible et le pauvre,
   arrachez-le aux mains des impies. »

⁵ Mais non, sans savoir, sans comprendre, ⁺
   ils vont au milieu des ténèbres :
   les fondements de la terre en sont ébranlés.

⁶ « Je l'ai dit : Vous êtes des dieux,
   des fils du Très-Haut, vous tous !

⁷ « Pourtant, vous mourrez comme des hommes,
   comme les princes, tous, vous tomberez ! »

⁸ Lève-toi, Dieu, juge la terre,
   car toutes les nations t'appartiennent.

Psaume 82 (83)

Contre les ennemis d'Israël

² Dieu, ne garde pas le silence,
   ne sois pas immobile et muet.

³ Vois tes ennemis qui grondent,
   tes adversaires qui lèvent la tête.

⁴ Contre ton peuple, ils trament un complot,
   ils intriguent contre les tiens.

⁵ Ils disent : « Venez ! retranchons-les des nations :
   que soit oublié le nom d'Israël ! »

⁶ Oui, tous ensemble ils intriguent ;
   ils ont fait alliance contre toi,

⁷ ceux d'Édom et d'Ismaël,
   ceux de Moab et d'Agar ;

⁸ Guébal, Ammon, Amalec,
   la Philistie, avec les gens de Tyr ;

⁹ même Assour s'est joint à eux
   pour appuyer les fils de Loth.

¹⁰ Traite-les comme tu fis de Madian,
   de Sissera et Yabin au torrent de Qissôn :

¹¹ ils ont été anéantis à Enn-Dor,
   ils ont servi de fumier pour la terre.

¹² Supprime leurs chefs comme Oreb et Zééb,
   tous leurs princes, comme Zéba et Salmuna,

¹³ eux qui disaient : « A nous,
   à nous le domaine de Dieu ! »

¹⁴ Dieu, rends-les pareils au brin de paille,
à la graine qui tourbillonne dans le vent.

¹⁵ Comme un feu dévore la forêt,
comme une flamme embrase les montagnes, *

¹⁶ oui, poursuis-les de tes ouragans,
et que tes orages les épouvantent !

¹⁷ Que leur front soit marqué d'infamie,
et qu'ils cherchent ton nom, Seigneur !

¹⁸ Frappés pour toujours d'épouvante et de honte,
qu'ils périssent, déshonorés !

¹⁹ Et qu'ils le sachent : +
toi seul, tu as pour nom Le Seigneur,
le Très-Haut sur toute la terre !

Psaume 83 (84)

Tendus vers le sanctuaire de Dieu en Sion

² De quel amour sont aimées tes demeures,
Seigneur, Dieu de l'univers !

³ Mon âme s'épuise à désirer
les parvis du Seigneur ; *
mon cœur et ma chair sont un cri
vers le Dieu vivant !

⁴ L'oiseau lui-même s'est trouvé une maison,
et l'hirondelle, un nid pour abriter sa couvée :
tes autels, Seigneur de l'univers,
mon Roi et mon Dieu !

⁵ Heureux les habitants de ta maison :
ils pourront te chanter encore !

⁶ Heureux les hommes dont tu es la force :
des chemins s'ouvrent dans leur cœur !

⁷ Quand ils traversent la vallée de la soif,
ils la changent en source ; *
de quelles bénédictions la revêtent
les pluies de printemps !

⁸ Ils vont de hauteur en hauteur,
ils se présentent devant Dieu à Sion.

⁹ Seigneur, Dieu de l'univers, entends ma prière ;
écoute, Dieu de Jacob. ➤

¹⁰ Dieu, vois notre bouclier,
  regarde le visage de ton messie.

¹¹ Oui, un jour dans tes parvis
  en vaut plus que mille.

  J'ai choisi de me tenir sur le seuil,
      dans la maison de mon Dieu, ★
  plutôt que d'habiter
      parmi les infidèles.

¹² Le Seigneur Dieu est un soleil,
      il est un bouclier ; ★
  le Seigneur donne la grâce,
      il donne la gloire.

  Jamais il ne refuse le bonheur
  à ceux qui vont sans reproche.

¹³ Seigneur, Dieu de l'univers,
  heureux qui espère en toi !

Psaume 84 (85)

Attente du salut qui vient

² Tu as aimé, Seigneur, cette terre,
  tu as fait revenir les déportés de Jacob ;
³ tu as ôté le péché de ton peuple,
  tu as couvert toute sa faute ;
⁴ tu as mis fin à toutes tes colères,
  tu es revenu de ta grande fureur.

⁵ Fais-nous revenir, Dieu, notre salut,
  oublie ton ressentiment contre nous.
⁶ Seras-tu toujours irrité contre nous,
  maintiendras-tu ta colère d'âge en âge ?

⁷ N'est-ce pas toi qui reviendras nous faire vivre
  et qui seras la joie de ton peuple ?
⁸ Fais-nous voir, Seigneur, ton amour,
  et donne-nous ton salut.

⁹ J'écoute : que dira le Seigneur Dieu ? +
  Ce qu'il dit, c'est la paix pour son peuple et ses fidèles ; ★
  qu'ils ne reviennent jamais à leur folie !
¹⁰ Son salut est proche de ceux qui le craignent,
  et la gloire habitera notre terre.

¹¹ Amour et vérité se rencontrent,
  justice et paix s'embrassent;
¹² la vérité germera de la terre
  et du ciel se penchera la justice.

¹³ Le Seigneur donnera ses bienfaits,
  et notre terre donnera son fruit.
¹⁴ La justice marchera devant lui,
  et ses pas traceront le chemin.

Psaume 85 (86)

Plainte dans la souffrance et la persécution

¹ Écoute, Seigneur, réponds-moi,
  car je suis pauvre et malheureux.
² Veille sur moi qui suis fidèle, ô mon Dieu,
  sauve ton serviteur qui s'appuie sur toi.

³ Prends pitié de moi, Seigneur,
  toi que j'appelle chaque jour.
⁴ Seigneur, réjouis ton serviteur :
  vers toi, j'élève mon âme !

⁵ Toi qui es bon et qui pardonnes,
  plein d'amour pour tous ceux qui t'appellent,
⁶ écoute ma prière, Seigneur,
  entends ma voix qui te supplie.

⁷ Je t'appelle au jour de ma détresse,
  et toi, Seigneur, tu me réponds.
⁸ Aucun parmi les dieux n'est comme toi,
  et rien n'égale tes œuvres.

⁹ Toutes les nations, que tu as faites,
    viendront se prosterner devant toi *
  et rendre gloire à ton nom, Seigneur,
¹⁰ car tu es grand et tu fais des merveilles,
  toi, Dieu, le seul.

¹¹ Montre-moi ton chemin, Seigneur, +
  que je marche suivant ta vérité ;
  unifie mon cœur pour qu'il craigne ton nom.

¹² Je te rends grâce de tout mon cœur, Seigneur mon Dieu,
  toujours je rendrai gloire à ton nom ; ➤

¹³ il est grand, ton amour pour moi :
  tu m'as tiré de l'abîme des morts.

¹⁴ Mon Dieu, des orgueilleux se lèvent contre moi, +
  des puissants se sont ligués pour me perdre :
  ils n'ont pas souci de toi.

¹⁵ Toi, Seigneur,
      Dieu de tendresse et de pitié, ★
  lent à la colère,
      plein d'amour et de vérité !

¹⁶ Regarde vers moi,
  prends pitié de moi.
  Donne à ton serviteur ta force,
  et sauve le fils de ta servante.

¹⁷ Accomplis un signe en ma faveur ; +
  alors mes ennemis, humiliés, ★
  verront que toi, Seigneur,
      tu m'aides et me consoles.

Psaume 86 (87)

Sion, mère de tous les peuples

¹ Elle est fondée sur les montagnes saintes. +

² Le Seigneur aime les portes de Sion ★
  plus que toutes les demeures de Jacob.

³ Pour ta gloire on parle de toi,
      ville de Dieu ! ★
⁴ « Je cite l'Égypte et Babylone
      entre celles qui me connaissent. »

  Voyez Tyr, la Philistie, l'Éthiopie :
      chacune est née là-bas. ★
⁵ Mais on appelle Sion : « Ma mère ! »
      car en elle, tout homme est né.

  C'est lui, le Très-Haut, qui la maintient. +

⁶ Au registre des peuples, le Seigneur écrit :
      « Chacun est né là-bas. » ★

⁷ Tous ensemble ils dansent, et ils chantent :
      « En toi, toutes nos sources ! »

Psaume 87 (88)

Lamentation et supplication dans un péril extrême

² Seigneur, mon Dieu et mon salut,
   dans cette nuit où je crie en ta présence,
³ que ma prière parvienne jusqu'à toi,
   ouvre l'oreille à ma plainte.

⁴ Car mon âme est rassasiée de malheur,
   ma vie est au bord de l'abîme ;
⁵ on me voit déjà descendre à la fosse,
   je suis comme un homme fini.

⁶ Ma place est parmi les morts,
   avec ceux que l'on a tués, enterrés,
   ceux dont tu n'as plus souvenir,
   qui sont exclus, et loin de ta main.

⁷ Tu m'as mis au plus profond de la fosse,
   en des lieux engloutis, ténébreux ;
⁸ le poids de ta colère m'écrase,
   tu déverses tes flots contre moi.

⁹ Tu éloignes de moi mes amis,
   tu m'as rendu abominable pour eux ;
   enfermé, je n'ai pas d'issue :
¹⁰ à force de souffrir, mes yeux s'éteignent.

   Je t'appelle, Seigneur, tout le jour,
   je tends les mains vers toi :
¹¹ fais-tu des miracles pour les morts ?
   Leur ombre se dresse-t-elle pour t'acclamer ?

¹² Qui parlera de ton amour dans la tombe,
   de ta fidélité au royaume de la mort ?
¹³ Connaît-on dans les ténèbres tes miracles,
   et ta justice, au pays de l'oubli ?

¹⁴ Moi, je crie vers toi, Seigneur ;
   dès le matin, ma prière te cherche :
¹⁵ pourquoi me rejeter, Seigneur,
   pourquoi me cacher ta face ?

¹⁶ Malheureux, frappé à mort depuis l'enfance,
   je n'en peux plus d'endurer tes fléaux ;
¹⁷ sur moi, ont déferlé tes orages :
   tes effrois m'ont réduit au silence.

18 Ils me cernent comme l'eau tout le jour,
ensemble ils se referment sur moi.
19 Tu éloignes de moi amis et familiers ;
ma compagne, c'est la ténèbre.

Psaume 88 (89)

Hymne : Dieu fidèle à la promesse faite à David

2 L'amour du Seigneur, sans fin je le chante ;
ta fidélité, je l'annonce d'âge en âge.
3 Je le dis : C'est un amour bâti pour toujours ;
ta fidélité est plus stable que les cieux.

4 « Avec mon élu, j'ai fait une alliance,
j'ai juré à David, mon serviteur :
5 J'établirai ta dynastie pour toujours,
je te bâtis un trône pour la suite des âges. »

6 Que les cieux rendent grâce pour ta merveille, Seigneur,
et l'assemblée des saints, pour ta fidélité.
7 Qui donc, là-haut, est comparable au Seigneur ?
Qui d'entre les dieux est semblable au Seigneur ?

8 Parmi tous les saints, Dieu est redoutable,
plus terrible que tous ceux qui l'environnent.
9 Seigneur, Dieu de l'univers, qui est comme toi,
Seigneur puissant que ta fidélité environne ?

10 C'est toi qui maîtrises l'orgueil de la mer ;
quand ses flots se soulèvent, c'est toi qui les apaises.
11 C'est toi qui piétinas la dépouille de Rahab ;
par la force de ton bras, tu dispersas tes ennemis.

12 A toi, le ciel ! A toi aussi, la terre !
C'est toi qui fondas le monde et sa richesse.
13 C'est toi qui créas le nord et le midi :
le Tabor et l'Hermon, à ton nom, crient de joie.

14 A toi, ce bras, et toute sa vaillance !
Puissante est ta main, sublime est ta droite !
15 Justice et droit sont l'appui de ton trône.
Amour et Vérité précèdent ta face.

16 Heureux le peuple qui connaît l'ovation !
Seigneur, il marche à la lumière de ta face ; ➤

¹⁷ tout le jour, à ton nom il danse de joie,
fier de ton juste pouvoir.

¹⁸ Tu es sa force éclatante ;
ta grâce accroît notre vigueur.

¹⁹ Oui, notre roi est au Seigneur ;
notre bouclier, au Dieu saint d'Israël.

²⁰ Autrefois, tu as parlé à tes amis,
dans une vision tu leur as dit :
« J'ai donné mon appui à un homme d'élite,
j'ai choisi dans ce peuple un jeune homme.

²¹ « J'ai trouvé David, mon serviteur,
je l'ai sacré avec mon huile sainte ;

²² et ma main sera pour toujours avec lui,
mon bras fortifiera son courage.

²³ « L'ennemi ne pourra le surprendre,
le traître ne pourra le renverser ;

²⁴ j'écraserai devant lui ses adversaires
et je frapperai ses agresseurs.

²⁵ « Mon amour et ma fidélité sont avec lui,
mon nom accroît sa vigueur ;

²⁶ j'étendrai son pouvoir sur la mer
et sa domination jusqu'aux fleuves.

²⁷ « Il me dira : Tu es mon Père,
mon Dieu, mon roc et mon salut !

²⁸ Et moi, j'en ferai mon fils aîné,
le plus grand des rois de la terre !

²⁹ « Sans fin je lui garderai mon amour,
mon alliance avec lui sera fidèle ;

³⁰ je fonderai sa dynastie pour toujours,
son trône aussi durable que les cieux.

³¹ « Si ses fils abandonnent ma loi
et ne suivent pas mes volontés,

³² s'ils osent violer mes préceptes
et ne gardent pas mes commandements,

³³ « je punirai leur faute en les frappant,
et je châtierai leur révolte,

³⁴ mais sans lui retirer mon amour,
ni démentir ma fidélité.

³⁵ «Jamais je ne violerai mon alliance,
ne changerai un mot de mes paroles.
³⁶ Je l'ai juré une fois sur ma sainteté;
non, je ne mentirai pas à David!

³⁷ «Sa dynastie sans fin subsistera
et son trône, comme le soleil en ma présence,
³⁸ comme la lune établie pour toujours,
fidèle témoin là-haut!»

³⁹ Pourtant tu l'as méprisé, rejeté;
tu t'es emporté contre ton messie.
⁴⁰ Tu as brisé l'alliance avec ton serviteur,
jeté à terre et profané sa couronne.

⁴¹ Tu as percé toutes ses murailles,
tu as démantelé ses forteresses;
⁴² tous les passants du chemin l'ont pillé:
le voilà outragé par ses voisins.

⁴³ Tu as accru le pouvoir de l'adversaire,
tu as mis en joie tous ses ennemis;
⁴⁴ tu as émoussé le tranchant de son épée,
tu ne l'as pas épaulé dans le combat.

⁴⁵ Tu as mis fin à sa splendeur,
jeté à terre son trône;
⁴⁶ tu as écourté le temps de sa jeunesse
et déversé sur lui la honte.

⁴⁷ Combien de temps, Seigneur, resteras-tu caché,
laisseras-tu flamber le feu de ta colère?

⁴⁸ Rappelle-toi le peu que dure ma vie,
pour quel néant tu as créé chacun des hommes!
⁴⁹ Qui donc peut vivre et ne pas voir la mort?
Qui s'arracherait à l'emprise des enfers?

⁵⁰ Où donc, Seigneur, est ton premier amour,
celui que tu jurais à David sur ta foi?

⁵¹ Rappelle-toi, Seigneur, tes serviteurs outragés,
tous ces peuples dont j'ai reçu la charge.
⁵² Oui, tes ennemis ont outragé, Seigneur,
poursuivi de leurs outrages ton messie.

⁵³ Béni soit le Seigneur pour toujours!
Amen! Amen!

Psaume 89 (90)

L'Éternel, refuge pour l'homme dans la brièveté de sa vie

1   D'âge en âge, Seigneur,
       tu as été notre refuge.

2   Avant que naissent les montagnes, +
       que tu enfantes la terre et le monde, ★
       de toujours à toujours,
          toi, tu es Dieu.

3   Tu fais retourner l'homme à la poussière ;
       tu as dit : « Retournez, fils d'Adam ! »

4   A tes yeux, mille ans sont comme hier,
       c'est un jour qui s'en va, une heure dans la nuit.

5   Tu les as balayés : ce n'est qu'un songe ;
       dès le matin, c'est une herbe changeante :

6   elle fleurit le matin, elle change ;
       le soir, elle est fanée, desséchée.

7   Nous voici anéantis par ta colère ;
       ta fureur nous épouvante :

8   tu étales nos fautes devant toi,
       nos secrets à la lumière de ta face.

9   Sous tes fureurs tous nos jours s'enfuient,
       nos années s'évanouissent dans un souffle.

10 Le nombre de nos années ? soixante-dix,
       quatre-vingts pour les plus vigoureux !
       Leur plus grand nombre n'est que peine et misère ;
       elles s'enfuient, nous nous envolons.

11 Qui comprendra la force de ta colère ?
       Qui peut t'adorer dans tes fureurs ?

12 Apprends-nous la vraie mesure de nos jours :
       que nos cœurs pénètrent la sagesse.

13 Reviens, Seigneur, pourquoi tarder ?
       Ravise-toi par égard pour tes serviteurs.

14 Rassasie-nous de ton amour au matin,
       que nous passions nos jours dans la joie et les chants.

15 Rends-nous en joies tes jours de châtiment
       et les années où nous connaissions le malheur.

16 Fais connaître ton œuvre à tes serviteurs
       et ta splendeur à leurs fils. ➢

17 Que vienne sur nous
    la douceur du Seigneur notre Dieu !
    Consolide pour nous l'ouvrage de nos mains ;
    oui, consolide l'ouvrage de nos mains.

Psaume 90 (91)

Dieu, protecteur des justes

1 Quand je me tiens sous l'abri du Très-Haut
    et repose à l'ombre du Puissant,
2 je dis au Seigneur : « Mon refuge,
    mon rempart, mon Dieu, dont je suis sûr ! »

3 C'est lui qui te sauve des filets du chasseur
    et de la peste maléfique ; ★
4 il te couvre et te protège.
    Tu trouves sous son aile un refuge :
    sa fidélité est une armure, un bouclier.

5 Tu ne craindras ni les terreurs de la nuit,
    ni la flèche qui vole au grand jour,
6 ni la peste qui rôde dans le noir,
    ni le fléau qui frappe à midi.

7 Qu'il en tombe mille à tes côtés, +
    qu'il en tombe dix mille à ta droite, ★
    toi, tu restes hors d'atteinte.

8 Il suffit que tu ouvres les yeux,
    tu verras le salaire du méchant.
9 Oui, le Seigneur est ton refuge ;
    tu as fait du Très-Haut ta forteresse.

10 Le malheur ne pourra te toucher,
    ni le danger, approcher de ta demeure :
11 il donne mission à ses anges
    de te garder sur tous tes chemins.

12 Ils te porteront sur leurs mains
    pour que ton pied ne heurte les pierres ;
13 tu marcheras sur la vipère et le scorpion,
    tu écraseras le lion et le Dragon.

14 « Puisqu'il s'attache à moi, je le délivre ;
    je le défends, car il connaît mon nom. ➤

¹⁵ Il m'appelle, et moi, je lui réponds ;
je suis avec lui dans son épreuve.

« Je veux le libérer, le glorifier ; +
¹⁶ de longs jours, je veux le rassasier, *
et je ferai qu'il voie mon salut. »

Psaume 91 (92)

Dieu dirige avec sagesse et justice la vie des hommes

² Qu'il est bon de rendre grâce au Seigneur,
de chanter pour ton nom, Dieu Très-Haut,
³ d'annoncer dès le matin ton amour,
ta fidélité, au long des nuits,
⁴ sur la lyre à dix cordes et sur la harpe,
sur un murmure de cithare.

⁵ Tes œuvres me comblent de joie ;
devant l'ouvrage de tes mains, je m'écrie :
⁶ « Que tes œuvres sont grandes, Seigneur !
Combien sont profondes tes pensées ! »

⁷ L'homme borné ne le sait pas,
l'insensé ne peut le comprendre :
⁸ les impies croissent comme l'herbe, *
ils fleurissent, ceux qui font le mal,
mais pour disparaître à tout jamais.

⁹ Toi, qui habites là-haut,
tu es pour toujours le Seigneur.
¹⁰ Vois tes ennemis, Seigneur,
vois tes ennemis qui périssent, *
et la déroute de ceux qui font le mal.

¹¹ Tu me donnes la fougue du taureau,
tu me baignes d'huile nouvelle ;
¹² j'ai vu, j'ai repéré mes espions,
j'entends ceux qui viennent m'attaquer.

¹³ Le juste grandira comme un palmier,
il poussera comme un cèdre du Liban ;
¹⁴ planté dans les parvis du Seigneur,
il grandira dans la maison de notre Dieu.

¹⁵ Vieillissant, il fructifie encore,
il garde sa sève et sa verdeur ➢

16 pour annoncer : « Le Seigneur est droit !
    Pas de ruse en Dieu, mon rocher ! »

Psaume 92 (93)

Dieu, Roi du monde

1 Le Seigneur est roi ;
    il s'est vêtu de magnificence,
    le Seigneur a revêtu sa force.

   Et la terre tient bon, inébranlable ;
2 dès l'origine ton trône tient bon,
    depuis toujours, tu es.

3 Les flots s'élèvent, Seigneur,
    les flots élèvent leur voix,
    les flots élèvent leur fracas.

4 Plus que la voix des eaux profondes,
    des vagues superbes de la mer,
    superbe est le Seigneur dans les hauteurs.

5 Tes volontés sont vraiment immuables :
    la sainteté emplit ta maison,
    Seigneur, pour la suite des temps.

Psaume 93 (94)

Appel au Dieu juste contre les oppresseurs

1 Dieu qui fais justice, Seigneur,
    Dieu qui fais justice, parais !
2 Lève-toi, juge de la terre ;
    aux orgueilleux, rends ce qu'ils méritent.

3 Combien de temps les impies, Seigneur,
    combien de temps vont-ils triompher ?
4 Ils parlent haut, ils profèrent l'insolence,
    ils se vantent, tous ces malfaisants.

5 C'est ton peuple, Seigneur, qu'ils piétinent,
    et ton domaine qu'ils écrasent ;
6 ils massacrent la veuve et l'étranger,
    ils assassinent l'orphelin.

7 Ils disent : « Le Seigneur ne voit pas,
    le Dieu de Jacob ne sait pas ! »

⁸ Sachez-le, esprits vraiment stupides ;
    insensés, comprendrez-vous un jour ?

⁹ Lui qui forma l'oreille, il n'entendrait pas ? ⁺
    il a façonné l'œil, et il ne verrait pas ?
¹⁰ il a puni des peuples et ne châtierait plus ?

    Lui qui donne aux hommes la connaissance, ⁺
¹¹ il connaît les pensées de l'homme,
    et qu'elles sont du vent !

¹² Heureux l'homme que tu châties, Seigneur,
    celui que tu enseignes par ta loi,
¹³ pour le garder en paix aux jours de malheur,
    tandis que se creuse la fosse de l'impie.

¹⁴ Car le Seigneur ne délaisse pas son peuple,
    il n'abandonne pas son domaine :
¹⁵ on jugera de nouveau selon la justice ;
    tous les hommes droits applaudiront.

¹⁶ Qui se lèvera pour me défendre des méchants ?
    Qui m'assistera face aux criminels ?
¹⁷ Si le Seigneur ne m'avait secouru, ★
    j'allais habiter le silence.

¹⁸ Quand je dis : « Mon pied trébuche ! »
    ton amour, Seigneur, me soutient.
¹⁹ Quand d'innombrables soucis m'envahissent,
    tu me réconfortes et me consoles.

²⁰ Es-tu l'allié d'un pouvoir corrompu
    qui engendre la misère au mépris des lois ?
²¹ On s'attaque à la vie de l'innocent,
    le juste que l'on tue est déclaré coupable.

²² Mais le Seigneur était ma forteresse,
    et Dieu, le rocher de mon refuge :
²³ Il retourne sur eux leur méfait :
    pour leur malice, qu'il les réduise au silence,
      qu'il les réduise au silence, le Seigneur notre Dieu.

Psaume 94 (95)

Dieu créateur et guide de son peuple

¹ Venez, crions de joie pour le Seigneur,
    acclamons notre Rocher, notre salut ! ➢

²   Allons jusqu'à lui en rendant grâce,
     par nos hymnes de fête acclamons-le !

³   Oui, le grand Dieu, c'est le Seigneur,
     le grand roi au-dessus de tous les dieux :
⁴   il tient en main les profondeurs de la terre,
     et les sommets des montagnes sont à lui ;
⁵   à lui la mer, c'est lui qui l'a faite,
     et les terres, car ses mains les ont pétries.

⁶   Entrez, inclinez-vous, prosternez-vous,
     adorons le Seigneur qui nous a faits.
⁷   Oui, il est notre Dieu ; +
     nous sommes le peuple qu'il conduit,
     le troupeau guidé par sa main.

     Aujourd'hui écouterez-vous sa parole ? +
⁸   « Ne fermez pas votre cœur comme au désert,
     comme au jour de tentation et de défi,
⁹   où vos pères m'ont tenté et provoqué,
     et pourtant ils avaient vu mon exploit.

¹⁰   « Quarante ans leur génération m'a déçu, +
     et j'ai dit : Ce peuple a le cœur égaré,
     il n'a pas connu mes chemins.
¹¹   Dans ma colère, j'en ai fait le serment :
     Jamais ils n'entreront dans mon repos. »

Psaume 95 (96)

Dieu, Roi et juge de l'univers

¹   Chantez au Seigneur un chant nouveau,
     chantez au Seigneur, terre entière,
²   chantez au Seigneur et bénissez son nom !

     De jour en jour, proclamez son salut,
³   racontez à tous les peuples sa gloire,
     à toutes les nations ses merveilles !

⁴   Il est grand, le Seigneur, hautement loué,
     redoutable au-dessus de tous les dieux :
⁵   néant, tous les dieux des nations !

     Lui, le Seigneur, a fait les cieux :
⁶   devant lui, splendeur et majesté,
     dans son sanctuaire, puissance et beauté.

7 Rendez au Seigneur, familles des peuples
rendez au Seigneur la gloire et la puissance,
8 rendez au Seigneur la gloire de son nom.

Apportez votre offrande, entrez dans ses parvis,
9 adorez le Seigneur, éblouissant de sainteté :
tremblez devant lui, terre entière.

10 Allez dire aux nations : « Le Seigneur est roi ! »
Le monde, inébranlable, tient bon.
Il gouverne les peuples avec droiture.

11 Joie au ciel ! Exulte la terre !
Les masses de la mer mugissent,
12 la campagne tout entière est en fête.

Les arbres des forêts dansent de joie
13 devant la face du Seigneur, car il vient,
car il vient pour juger la terre.

Il jugera le monde avec justice, ★
et les peuples selon sa vérité !

Psaume 96 (97)

Dieu, Roi plus grand que tous les dieux

1 Le Seigneur est roi ! Exulte la terre !
Joie pour les îles sans nombre !

2 Ténèbre et nuée l'entourent,
justice et droit sont l'appui de son trône.
3 Devant lui s'avance un feu
qui consume alentour ses ennemis.

4 Quand ses éclairs illuminèrent le monde,
la terre le vit et s'affola ;
5 les montagnes fondaient comme cire devant le Seigneur,
devant le Maître de toute la terre.

6 Les cieux ont proclamé sa justice,
et tous les peuples ont vu sa gloire.
7 Honte aux serviteurs d'idoles qui se vantent de vanités !
A genoux devant lui, tous les dieux !

8 Pour Sion qui entend, grande joie !
Les villes de Juda exultent devant tes jugements, Seigneur !

⁹ Tu es, Seigneur, le Très-Haut sur toute la terre :
tu domines de haut tous les dieux.

¹⁰ Haïssez le mal, vous qui aimez le Seigneur, ⁺
car il garde la vie de ses fidèles ⋆
et les arrache aux mains des impies.

¹¹ Une lumière est semée pour le juste,
et pour le cœur simple, une joie.

¹² Que le Seigneur soit votre joie, hommes justes ;
rendez grâce en rappelant son nom très saint.

Psaume 97 (98)

Dieu vainqueur et juge

¹ Chantez au Seigneur un chant nouveau,
car il a fait des merveilles ;
par son bras très saint, par sa main puissante,
il s'est assuré la victoire.

² Le Seigneur a fait connaître sa victoire
et révélé sa justice aux nations ;

³ il s'est rappelé sa fidélité, son amour,
en faveur de la maison d'Israël ;
la terre tout entière a vu
la victoire de notre Dieu.

⁴ Acclamez le Seigneur, terre entière,
sonnez, chantez, jouez ;

⁵ jouez pour le Seigneur sur la cithare,
sur la cithare et tous les instruments ;

⁶ au son de la trompette et du cor,
acclamez votre roi, le Seigneur !

⁷ Que résonnent la mer et sa richesse,
le monde et tous ses habitants ;

⁸ que les fleuves battent des mains,
que les montagnes chantent leur joie,

⁹ à la face du Seigneur, car il vient
pour gouverner la terre, ⋆
pour gouverner le monde avec justice
et les peuples avec droiture !

Psaume 98 (99)

Dieu, Roi juste et saint

¹ Le Seigneur est roi : les peuples s'agitent.
Il trône au-dessus des Kéroubim : la terre tremble.

² En Sion le Seigneur est grand :
c'est lui qui domine tous les peuples.
³ Ils proclament ton nom, grand et redoutable,
℟. car il est saint !

⁴ Il est fort, le roi qui aime la justice. +
C'est toi, l'auteur du droit,
toi qui assures en Jacob la justice et la droiture.

⁵ Exaltez le Seigneur notre Dieu, +
prosternez-vous au pied de son trône,
℟. car il est saint !

⁶ Moïse et le prêtre Aaron, Samuel, le Suppliant, +
tous, ils suppliaient le Seigneur,
et lui leur répondait.

⁷ Dans la colonne de nuée, il parlait avec eux ;
ils ont gardé ses volontés, les lois qu'il leur donna.

⁸ Seigneur notre Dieu, tu leur as répondu : +
avec eux, tu restais un Dieu patient,
mais tu les punissais pour leurs fautes.

⁹ Exaltez le Seigneur notre Dieu, +
prosternez-vous devant sa sainte montagne,
℟. car il est saint, le Seigneur notre Dieu.

Psaume 99 (100)

Entrée au Temple

¹ Acclamez le Seigneur, terre entière,
² servez le Seigneur dans l'allégresse,
venez à lui avec des chants de joie !

³ Reconnaissez que le Seigneur est Dieu :
il nous a faits, et nous sommes à lui,
nous, son peuple, son troupeau.

⁴ Venez dans sa maison lui rendre grâce,
dans sa demeure chanter ses louanges ;
rendez-lui grâce et bénissez son nom !

⁵ Oui, le Seigneur est bon,
    éternel est son amour,
    sa fidélité demeure d'âge en âge.

Psaume 100 (101)
Portrait d'un prince

¹ Je chanterai justice et bonté : ★
    à toi mes hymnes, Seigneur !
² J'irai par le chemin le plus parfait ; ★
    quand viendras-tu jusqu'à moi ?

Je marcherai d'un cœur parfait
    avec ceux de ma maison ; ★
³ je n'aurai pas même un regard
    pour les pratiques démoniaques.

Je haïrai l'action du traître
    qui n'aura sur moi nulle prise ; ★
⁴ loin de moi, le cœur tortueux !
    Le méchant, je ne veux pas le connaître.

⁵ Qui dénigre en secret son prochain,
    je le réduirai au silence ; ★
le regard hautain, le cœur ambitieux,
    je ne peux les tolérer.

⁶ Mes yeux distinguent les hommes sûrs du pays :
    ils siègeront à mes côtés ; ★
qui se conduira parfaitement
    celui-là me servira.

⁷ Pas de siège, parmi ceux de ma maison,
    pour qui se livre à la fraude ; ★
impossible à qui profère le mensonge
    de tenir sous mon regard.

⁸ Chaque matin, je réduirai au silence
    tous les coupables du pays, ★
pour extirper de la ville du Seigneur
    tous les auteurs de crimes.

Psaume 101 (102)

Prière dans le malheur

² Seigneur, entends ma prière :
  que mon cri parvienne jusqu'à toi !

³ Ne me cache pas ton visage
  le jour où je suis en détresse !
  Le jour où j'appelle, écoute-moi ;
  viens vite, réponds-moi !

⁴ Mes jours s'en vont en fumée,
  mes os comme un brasier sont en feu ;

⁵ mon cœur se dessèche comme l'herbe fauchée,
  j'oublie de manger mon pain ;

⁶ à force de crier ma plainte,
  ma peau colle à mes os.

⁷ Je ressemble au corbeau du désert,
  je suis pareil à la hulotte des ruines :

⁸ je veille la nuit,
  comme un oiseau solitaire sur un toit.

⁹ Le jour, mes ennemis m'outragent ;
  dans leur rage contre moi, ils me maudissent.

¹⁰ La cendre est le pain que je mange,
   je mêle à ma boisson mes larmes.

¹¹ Dans ton indignation, dans ta colère,
   tu m'as saisi et rejeté :

¹² l'ombre gagne sur mes jours,
   et moi, je me dessèche comme l'herbe.

¹³ Mais toi, Seigneur, tu es là pour toujours ;
   d'âge en âge on fera mémoire de toi.

¹⁴ Toi, tu montreras ta tendresse pour Sion ;
   il est temps de la prendre en pitié : l'heure est venue.

¹⁵ Tes serviteurs ont pitié de ses ruines,
   ils aiment jusqu'à sa poussière.

¹⁶ Les nations craindront le nom du Seigneur,
   et tous les rois de la terre, sa gloire :

¹⁷ quand le Seigneur rebâtira Sion,
   quand il apparaîtra dans sa gloire,

¹⁸ il se tournera vers la prière du spolié,
   il n'aura pas méprisé sa prière.

19 Que cela soit écrit pour l'âge à venir,
et le peuple à nouveau créé chantera son Dieu :
20 « Des hauteurs, son sanctuaire, le Seigneur s'est penché ;
du ciel, il regarde la terre
21 pour entendre la plainte des captifs
et libérer ceux qui devaient mourir. »

22 On publiera dans Sion le nom du Seigneur
et sa louange dans tout Jérusalem,
23 au rassemblement des royaumes et des peuples
qui viendront servir le Seigneur.

24 Il a brisé ma force en chemin,
réduit le nombre de mes jours.
25 Et j'ai dit : « Mon Dieu,
ne me prends pas au milieu de mes jours ! »

Tes années recouvrent tous les temps : +
26 autrefois tu as fondé la terre ;
le ciel est l'ouvrage de tes mains.

27 Ils passent, mais toi, tu demeures : +
ils s'usent comme un habit, l'un et l'autre ;
tu les remplaces comme un vêtement.

28 Toi, tu es le même ;
tes années ne finissent pas.
29 Les fils de tes serviteurs trouveront un séjour,
et devant toi se maintiendra leur descendance.

Psaume 102 (103)

Hymne à la miséricorde

1 Bénis le Seigneur, ô mon âme,
bénis son nom très saint, tout mon être !
2 Bénis le Seigneur, ô mon âme,
n'oublie aucun de ses bienfaits !

3 Car il pardonne toutes tes offenses
et te guérit de toute maladie ;
4 il réclame ta vie à la tombe
et te couronne d'amour et de tendresse ;
5 il comble de biens tes vieux jours :
tu renouvelles, comme l'aigle, ta jeunesse.

⁶ Le Seigneur fait œuvre de justice,
   il défend le droit des opprimés.
⁷ Il révèle ses desseins à Moïse,
   aux enfants d'Israël ses hauts faits.

⁸ Le Seigneur est tendresse et pitié,
   lent à la colère et plein d'amour ;
⁹ il n'est pas pour toujours en procès,
   ne maintient pas sans fin ses reproches ;
¹⁰ il n'agit pas envers nous selon nos fautes,
   ne nous rend pas selon nos offenses.

¹¹ Comme le ciel domine la terre,
   fort est son amour pour qui le craint ;
¹² aussi loin qu'est l'orient de l'occident,
   il met loin de nous nos péchés ;
¹³ comme la tendresse du père pour ses fils,
   la tendresse du Seigneur pour qui le craint !

¹⁴ Il sait de quoi nous sommes pétris,
   il se souvient que nous sommes poussière.
¹⁵ L'homme ! ses jours sont comme l'herbe ;
   comme la fleur des champs, il fleurit :
¹⁶ dès que souffle le vent, il n'est plus,
   même la place où il était l'ignore.

¹⁷ Mais l'amour du Seigneur, sur ceux qui le craignent,
      est de toujours à toujours, *
   et sa justice pour les enfants de leurs enfants,
¹⁸ pour ceux qui gardent son alliance
   et se souviennent d'accomplir ses volontés.
¹⁹ Le Seigneur a son trône dans les cieux :
   sa royauté s'étend sur l'univers.

²⁰ Messagers du Seigneur, bénissez-le,
      invincibles porteurs de ses ordres, *
   attentifs au son de sa parole !
²¹ Bénissez-le, armées du Seigneur,
   serviteurs qui exécutez ses désirs !
²² Toutes les œuvres du Seigneur, bénissez-le,
   sur toute l'étendue de son empire !

   Bénis le Seigneur, ô mon âme !

Psaume 103 (104)

Hymne au Créateur

¹ Bénis le Seigneur, ô mon âme ;
Seigneur mon Dieu, tu es si grand !
Revêtu de magnificence,
² tu as pour manteau la lumière !

Comme une tenture, tu déploies les cieux,
³ tu élèves dans leurs eaux tes demeures ;
des nuées, tu te fais un char,
tu t'avances sur les ailes du vent ;
⁴ tu prends les vents pour messagers,
pour serviteurs, les flammes des éclairs.

⁵ Tu as donné son assise à la terre :
qu'elle reste inébranlable au cours des temps.
⁶ Tu l'as vêtue de l'abîme des mers :
les eaux couvraient même les montagnes ;
⁷ à ta menace, elles prennent la fuite,
effrayées par le tonnerre de ta voix.

⁸ Elles passent les montagnes, se ruent dans les vallées
vers le lieu que tu leur as préparé.
⁹ Tu leur imposes la limite à ne pas franchir :
qu'elles ne reviennent jamais couvrir la terre.

¹⁰ Dans les ravins tu fais jaillir des sources
et l'eau chemine aux creux des montagnes ;
¹¹ elle abreuve les bêtes des champs :
l'âne sauvage y calme sa soif ;
¹² les oiseaux séjournent près d'elle :
dans le feuillage on entend leurs cris.

¹³ De tes demeures tu abreuves les montagnes,
et la terre se rassasie du fruit de tes œuvres ;
¹⁴ tu fais pousser les prairies pour les troupeaux,
et les champs pour l'homme qui travaille.

De la terre il tire son pain :
¹⁵ le vin qui réjouit le cœur de l'homme,
l'huile qui adoucit son visage,
et le pain qui fortifie le cœur de l'homme.

¹⁶ Les arbres du Seigneur se rassasient,
les cèdres qu'il a plantés au Liban ; ➤

¹⁷ c'est là que vient nicher le passereau,
et la cigogne a sa maison dans les cyprès ;

¹⁸ aux chamois, les hautes montagnes,
aux marmottes, l'abri des rochers.

¹⁹ Tu fis la lune qui marque les temps
et le soleil qui connaît l'heure de son coucher.

²⁰ Tu fais descendre les ténèbres, la nuit vient :
les animaux dans la forêt s'éveillent ;

²¹ le lionceau rugit vers sa proie,
il réclame à Dieu sa nourriture.

²² Quand paraît le soleil, ils se retirent :
chacun gagne son repaire.

²³ L'homme sort pour son ouvrage,
pour son travail, jusqu'au soir.

²⁴ Quelle profusion dans tes œuvres, Seigneur ! ⁺
Tout cela, ta sagesse l'a fait ; [*]
la terre s'emplit de tes biens.

²⁵ Voici l'immensité de la mer,
son grouillement innombrable d'animaux grands et petits,

²⁶ ses bateaux qui voyagent,
et Léviathan que tu fis pour qu'il serve à tes jeux.

²⁷ Tous, ils comptent sur toi
pour recevoir leur nourriture au temps voulu.

²⁸ Tu donnes : eux, ils ramassent ;
tu ouvres la main : ils sont comblés.

²⁹ Tu caches ton visage : ils s'épouvantent ;
tu reprends leur souffle, ils expirent
et retournent à leur poussière.

³⁰ Tu envoies ton souffle : ils sont créés ;
tu renouvelles la face de la terre.

³¹ Gloire au Seigneur à tout jamais !
Que Dieu se réjouisse en ses œuvres !

³² Il regarde la terre : elle tremble ;
il touche les montagnes : elles brûlent.

³³ Je veux chanter au Seigneur tant que je vis ;
je veux jouer pour mon Dieu tant que je dure.

³⁴ Que mon poème lui soit agréable ;
moi, je me réjouis dans le Seigneur. ➢

³⁵ Que les pécheurs disparaissent de la terre !
Que les impies n'existent plus !

Bénis le Seigneur, ô mon âme !

Psaume 104 (105)

Dieu accomplit, par l'histoire du salut,
les promesses faites à Abraham

Alléluia !

¹ Rendez grâce au Seigneur, proclamez son nom,
annoncez parmi les peuples ses hauts faits ;
² chantez et jouez pour lui,
redites sans fin ses merveilles ;
³ glorifiez-vous de son nom très saint :
joie pour les cœurs qui cherchent Dieu !

⁴ Cherchez le Seigneur et sa puissance,
recherchez sans trêve sa face ;
⁵ souvenez-vous des merveilles qu'il a faites,
de ses prodiges, des jugements qu'il prononça,
⁶ vous, la race d'Abraham son serviteur,
les fils de Jacob, qu'il a choisis.

⁷ Le Seigneur, c'est lui notre Dieu :
ses jugements font loi pour l'univers.
⁸ Il s'est toujours souvenu de son alliance,
parole édictée pour mille générations :

⁹ promesse faite à Abraham,
garantie par serment à Isaac,
¹⁰ érigée en loi avec Jacob,
alliance éternelle pour Israël.
¹¹ Il a dit : « Je vous donne le pays de Canaan,
ce sera votre part d'héritage. »

¹² En ces temps-là, on pouvait les compter :
c'était une poignée d'immigrants ;
¹³ ils allaient de nation en nation,
d'un royaume vers un autre royaume.

¹⁴ Mais Dieu ne souffrait pas qu'on les opprime ;
à cause d'eux, il châtiait des rois :
¹⁵ « Ne touchez pas à qui m'est consacré,
ne maltraitez pas mes prophètes ! »

¹⁶ Il appela sur le pays la famine,
le privant de toute ressource.
¹⁷ Mais devant eux il envoya un homme,
Joseph, qui fut vendu comme esclave.

¹⁸ On lui met aux pieds des entraves,
on lui passe des fers au cou ;
¹⁹ il souffrait pour la parole du Seigneur,
jusqu'au jour où s'accomplit sa prédiction.

²⁰ Le roi ordonne qu'il soit relâché,
le maître des peuples, qu'il soit libéré.
²¹ Il fait de lui le chef de sa maison,
le maître de tous ses biens,
²² pour que les princes lui soient soumis,
et qu'il apprenne la sagesse aux anciens.

²³ Alors Israël entre en Égypte,
Jacob émigre au pays de Cham.
²⁴ Dieu rend son peuple nombreux
et plus puissant que tous ses adversaires ;
²⁵ ceux-là, il les fait se raviser,
haïr son peuple et tromper ses serviteurs.

²⁶ Mais il envoie son serviteur, Moïse,
avec un homme de son choix, Aaron,
²⁷ pour annoncer des signes prodigieux,
des miracles au pays de Cham.

²⁸ Il envoie les ténèbres, tout devient ténèbres :
nul ne résiste à sa parole ;
²⁹ il change les eaux en sang
et fait périr les poissons.

³⁰ Des grenouilles envahissent le pays
jusque dans les chambres du roi.
³¹ Il parle, et la vermine arrive :
des moustiques, sur toute la contrée.

³² Au lieu de la pluie, il donne la grêle,
des éclairs qui incendient les champs ;
³³ il frappe les vignes et les figuiers,
il brise les arbres du pays.

³⁴ Il parle, et les sauterelles arrivent,
des insectes en nombre infini ➤

35 qui mangent toute l'herbe du pays,
qui mangent le fruit de leur sol.

36 Il frappe les fils aînés du pays,
toute la fleur de la race ;

37 il fait sortir les siens chargés d'argent et d'or ;
pas un n'a flanché dans leurs tribus !

38 Et l'Égypte se réjouit de leur départ,
car ils l'avaient terrorisée.

39 Il étend une nuée pour les couvrir ;
la nuit, un feu les éclaire.

40 A leur demande, il fait passer des cailles,
il les rassasie du pain venu des cieux ;

41 il ouvre le rocher : l'eau jaillit,
un fleuve coule au désert.

42 Il s'est ainsi souvenu de la parole sacrée
et d'Abraham, son serviteur ;

43 il a fait sortir en grande fête son peuple,
ses élus, avec des cris de joie !

44 Il leur a donné les terres des nations,
en héritage, le travail des peuples,

45 pourvu qu'ils gardent ses volontés
et qu'il observent ses lois.

Alléluia !

Psaume 105 (106)

Péchés du peuple et tendresse de Dieu dans l'histoire du salut

1 Alléluia !

Rendez grâce au Seigneur : il est bon !
Éternel est son amour !

2 Qui dira les hauts faits du Seigneur,
qui célébrera ses louanges ?

3 Heureux qui pratique la justice,
qui observe le droit en tout temps !

4 Souviens-toi de moi, Seigneur,
dans ta bienveillance pour ton peuple ;
toi qui le sauves, visite-moi :

5 que je voie le bonheur de tes élus ;   ➤

que j'aie part à la joie de ton peuple,
à la fierté de ton héritage.

6   Avec nos pères, nous avons péché,
nous avons failli et renié.

7   En Égypte, nos pères ont méconnu tes miracles,
oublié l'abondance de tes grâces
et résisté au bord de la mer Rouge.

8   Mais à cause de son nom, il les sauva,
pour que soit reconnue sa puissance.

9   Il menace la mer Rouge, elle sèche ;
il les mène à travers les eaux comme au désert.

10   Il les sauve des mains de l'oppresseur,
il les rachète aux mains de l'ennemi.

11   Et les eaux recouvrent leurs adversaires :
pas un d'entre eux n'en réchappe.

12   Alors ils croient à sa parole,
ils chantent sa louange.

13   Ils s'empressent d'oublier ce qu'il a fait,
sans attendre de connaître ses desseins.

14   Ils se livrent à leur convoitise dans le désert ;
là, ils mettent Dieu à l'épreuve :

15   et Dieu leur donne ce qu'ils ont réclamé,
mais ils trouvent ses dons dérisoires.

16   Dans le camp ils sont jaloux de Moïse
et d'Aaron, le prêtre du Seigneur.

17   La terre s'ouvre : elle avale Datan,
elle recouvre la bande d'Abiron ;

18   un feu détruit cette bande,
les flammes dévorent ces méchants.

19   A l'Horeb ils fabriquent un veau,
ils adorent un objet en métal :

20   ils échangeaient ce qui était leur gloire
pour l'image d'un taureau, d'un ruminant.

21   Ils oublient le Dieu qui les sauve,
qui a fait des prodiges en Égypte,

22   des miracles au pays de Cham,
des actions terrifiantes sur la mer Rouge.

23 Dieu a décidé de les détruire.
    C'est alors que Moïse, son élu,
    surgit sur la brèche, devant lui,
    pour empêcher que sa fureur les extermine.

24 Ils dédaignent une terre savoureuse,
    ne voulant pas croire à sa parole ;
25 ils récriminent sous leurs tentes
    sans écouter la voix du Seigneur.

26 Dieu lève la main contre eux,
    jurant de les perdre au désert,
27 de perdre leurs descendants chez les païens,
    de les éparpiller sur la terre.

28 Ils se donnent au Baal de Pégor,
    ils communient aux repas des morts ;
29 ils irritent Dieu par toutes ces pratiques :
    un désastre s'abat sur eux.

30 Mais Pinhas s'est levé en vengeur,
    et le désastre s'arrête :
31 son action est tenue pour juste
    d'âge en âge et pour toujours.

32 Ils provoquent Dieu aux eaux de Mériba,
    ils amènent le malheur sur Moïse ;
33 comme ils résistaient à son esprit,
    ses lèvres ont parlé à la légère.

34 Refusant de supprimer les peuples
    que le Seigneur leur avait désignés,
35 ils vont se mêler aux païens,
    ils apprennent leur manière d'agir.

36 Alors ils servent leurs idoles,
    et pour eux c'est un piège :
37 ils offrent leurs fils et leurs filles
    en sacrifice aux démons.

38 Ils versent le sang innocent,
    le sang de leurs fils et de leurs filles
    qu'ils sacrifient aux idoles de Canaan,
    et la terre en est profanée.

39 De telles pratiques les souillent ;
    ils se prostituent par de telles actions.

⁴⁰ Et le Seigneur prend feu contre son peuple :
ses héritiers lui font horreur ;
⁴¹ il les livre aux mains des païens :
leurs ennemis deviennent leurs maîtres ;
⁴² ils sont opprimés par l'adversaire :
sa main s'appesantit sur eux.

⁴³ Tant de fois délivrés par Dieu,
ils s'obstinent dans leur idée, ★
ils s'enfoncent dans leur faute.
⁴⁴ Et lui regarde leur détresse
quand il entend leurs cris.

⁴⁵ Il se souvient de son alliance avec eux ;
dans son amour fidèle, il se ravise :
⁴⁶ il leur donna de trouver grâce
devant ceux qui les tenaient captifs.

⁴⁷ Sauve-nous, Seigneur notre Dieu,
rassemble-nous du milieu des païens,
que nous rendions grâce à ton saint nom,
fiers de chanter ta louange !

⁴⁸ Béni soit le Seigneur, le Dieu d'Israël,
depuis toujours et pour la suite des temps !
Et tout le peuple dira :
Amen ! Amen !

Psaume 106 (107)

Action de grâce : Dieu tire son peuple des crises qu'il traverse
au cours de son histoire

Alléluia !

¹ Rendez grâce au Seigneur : Il est bon !
Éternel est son amour !

² Ils le diront, les rachetés du Seigneur,
qu'il racheta de la main de l'oppresseur,
³ qu'il rassembla de tous les pays,
du nord et du midi, du levant et du couchant.

⁴ Certains erraient dans le désert sur des chemins perdus,
sans trouver de ville où s'établir :
⁵ ils souffraient la faim et la soif,
ils sentaient leur âme défaillir.

℟.1 ⁶ Dans leur angoisse, ils ont crié vers le Seigneur,
et lui les a tirés de la détresse :
⁷ il les conduit sur le bon chemin,
les mène vers une ville où s'établir.

℟.2 ⁸ Qu'ils rendent grâce au Seigneur de son amour,
de ses merveilles pour les hommes :
⁹ car il étanche leur soif,
il comble de bien les affamés !

¹⁰ Certains gisaient dans les ténèbres mortelles,
captifs de la misère et des fers :
¹¹ ils avaient bravé les ordres de Dieu
et méprisé les desseins du Très-Haut ;
¹² soumis par lui à des travaux accablants,
ils succombaient, et nul ne les aidait.

℟.1 ¹³ Dans leur angoisse, ils ont crié vers le Seigneur,
et lui les a tirés de la détresse :
¹⁴ il les délivre des ténèbres mortelles,
il fait tomber leurs chaînes.

℟.2 ¹⁵ Qu'ils rendent grâce au Seigneur de son amour,
de ses merveilles pour les hommes :
¹⁶ car il brise les portes de bronze,
il casse les barres de fer !

¹⁷ Certains, égarés par leur péché,
ployaient sous le poids de leurs fautes :
¹⁸ ils avaient toute nourriture en dégoût,
ils touchaient aux portes de la mort.

℟.1 ¹⁹ Dans leur angoisse, ils ont crié vers le Seigneur,
et lui les a tirés de la détresse :
²⁰ il envoie sa parole, il les guérit,
il arrache leur vie à la fosse.

℟.2 ²¹ Qu'ils rendent grâce au Seigneur de son amour,
de ses merveilles pour les hommes ;
²² qu'ils offrent des sacrifices d'action de grâce,
à pleine voix qu'ils proclament ses œuvres !

²³ Certains, embarqués sur des navires,
occupés à leur travail en haute mer,
²⁴ ont vu les œuvres du Seigneur
et ses merveilles parmi les océans.

²⁵ Il parle, et provoque la tempête,
un vent qui soulève les vagues :
²⁶ portés jusqu'au ciel, retombant aux abîmes,
ils étaient malades à rendre l'âme ;
²⁷ ils tournoyaient, titubaient comme des ivrognes :
leur sagesse était engloutie.

℟.1 ²⁸ Dans leur angoisse, ils ont crié vers le Seigneur,
et lui les a tirés de la détresse,
²⁹ réduisant la tempête au silence,
faisant taire les vagues.
³⁰ Ils se réjouissent de le voir s'apaiser,
d'être conduits au port qu'ils désiraient.

℟.2 ³¹ Qu'ils rendent grâce au Seigneur de son amour,
de ses merveilles pour les hommes ;
³² qu'ils l'exaltent à l'assemblée du peuple
et le chantent parmi les anciens !

³³ C'est lui qui change les fleuves en désert,
les sources d'eau en pays de la soif,
³⁴ en salines une terre généreuse
quand ses habitants se pervertissent.

³⁵ C'est lui qui change le désert en étang,
les terres arides en source d'eau ;
³⁶ là, il établit les affamés
pour y fonder une ville où s'établir.
³⁷ Ils ensemencent des champs et plantent des vignes :
ils en récoltent les fruits.

³⁸ Dieu les bénit et leur nombre s'accroît,
il ne laisse pas diminuer leur bétail.
³⁹ Puis, il déclinent, ils dépérissent,
écrasés de maux et de peines.

⁴⁰ Dieu livre au mépris les puissants,
il les égare dans un chaos sans chemin.
⁴¹ Mais il relève le pauvre de sa misère ;
il rend prospères familles et troupeaux.

⁴² Les justes voient, ils sont en fête ;
et l'injustice ferme sa bouche.
⁴³ Qui veut être sage retiendra ces choses :
il y reconnaîtra l'amour du Seigneur.

Psaume 107 (108)

Dieu, confiance de son peuple

2 Mon cœur est prêt, mon Dieu, +
je veux chanter, jouer des hymnes :
ô ma gloire !

3 Éveillez-vous, harpe, cithare,
que j'éveille l'aurore !

4 Je te rendrai grâce parmi les peuples, Seigneur,
et jouerai mes hymnes en tous pays.

5 Ton amour est plus grand que les cieux,
ta vérité, plus haute que les nues.

6 Dieu, lève-toi sur les cieux :
que ta gloire domine la terre !

7 Que tes bien-aimés soient libérés,
sauve-les par ta droite : réponds-nous !

8 Dans le sanctuaire, Dieu a parlé : +
« Je triomphe ! Je partage Sichem,
je divise la vallée de Soukkôt.

9 « A moi Galaad, à moi Manassé ! +
Éphraïm est le casque de ma tête,
Juda, mon bâton de commandement.

10 « Moab est le bassin où je me lave ; +
sur Édom, je pose le talon,
sur la Philistie, je crie victoire ! »

11 Qui me conduira dans la Ville-forte,
qui me mènera jusqu'en Édom,

12 sinon toi, Dieu qui nous rejettes
et ne sors plus avec nos armées ?

13 Porte-nous secours dans l'épreuve :
néant, le salut qui vient des hommes !

14 Avec Dieu nous ferons des prouesses,
et lui piétinera nos oppresseurs !

Psaume 108 (109)

Appel à Dieu de son pauvre, calomnié et maudit

1 Dieu de ma louange,
sors de ton silence !

² La bouche de l'impie, la bouche du fourbe,
   s'ouvrent contre moi : *
ils parlent de moi pour dire des mensonges ;
³ ils me cernent de propos haineux,
ils m'attaquent sans raison.

⁴ Pour prix de mon amitié, ils m'accusent,
moi qui ne suis que prière.
⁵ Ils me rendent le mal pour le bien,
ils paient mon amitié de leur haine.

⁶ « Chargeons un impie de l'attaquer :
qu'un accusateur se tienne à sa droite.
⁷ A son procès, qu'on le déclare impie,
que sa prière soit comptée comme une faute.

⁸ « Que les jours de sa vie soient écourtés,
qu'un autre prenne sa charge.
⁹ Que ses fils deviennent orphelins,
que sa femme soit veuve.

¹⁰ « Qu'ils soient errants, vagabonds, ses fils,
qu'ils mendient, expulsés de leurs ruines.
¹¹ Qu'un usurier saisisse tout son bien,
que d'autres s'emparent du fruit de son travail.

¹² « Que nul ne lui reste fidèle,
que nul n'ait pitié de ses orphelins.
¹³ Que soit retranchée sa descendance,
que son nom s'efface avec ses enfants.

¹⁴ « Qu'on rappelle au Seigneur les fautes de ses pères,
que les péchés de sa mère ne soient pas effacés.
¹⁵ Que le Seigneur garde cela devant ses yeux,
et retranche de la terre leur mémoire ! »

¹⁶ Ainsi, celui qui m'accuse
oublie d'être fidèle : *
il persécute un pauvre, un malheureux,
un homme blessé à mort.

¹⁷ Puisqu'il aime la malédiction,
qu'elle entre en lui ; *
il refuse la bénédiction,
qu'elle s'éloigne de lui !

¹⁸ Il a revêtu comme un manteau la malédiction, ★
   qu'elle entre en lui comme de l'eau,
     comme de l'huile dans ses os !
¹⁹ Qu'elle soit l'étoffe qui l'habille,
   la ceinture qui ne le quitte plus !

²⁰ C'est ainsi que le Seigneur paiera mes accusateurs,
   ceux qui profèrent le mal contre moi.

²¹ Mais toi, Seigneur Dieu,
     agis pour moi à cause de ton nom. ★
   Ton amour est fidèle : délivre-moi.

²² Vois, je suis pauvre et malheureux ;
   au fond de moi, mon cœur est blessé.
²³ Je m'en vais comme le jour qui décline,
   comme l'insecte qu'on chasse.

²⁴ J'ai tant jeûné que mes genoux se dérobent,
   je suis amaigri, décharné.
²⁵ Et moi, on me tourne en dérision,
   ceux qui me voient hochent la tête.

²⁶ Aide-moi, Seigneur mon Dieu :
   sauve-moi par ton amour !
²⁷ Ils connaîtront que là est ta main,
   que toi, Seigneur, tu agis.

²⁸ Ils maudissent, toi, tu bénis, ★
   ils se sont dressés, ils sont humiliés :
     ton serviteur est dans la joie.
²⁹ Qu'ils soient couverts d'infamie, mes accusateurs,
   et revêtus du manteau de la honte !

³⁰ A pleine voix, je rendrai grâce au Seigneur,
   je le louerai parmi la multitude,
³¹ car il se tient à la droite du pauvre
   pour le sauver de ceux qui le condamnent.

Psaume 109 (110)

Le Messie vainqueur, roi et prêtre

¹ Oracle du Seigneur à mon seigneur :
     « Siège à ma droite, ★
   et je ferai de tes ennemis
     le marchepied de ton trône. »

² De Sion, le Seigneur te présente
　　　le sceptre de ta force : *
　　« Domine jusqu'au cœur de l'ennemi. »

³ Le jour où paraît ta puissance,
　　　tu es prince, éblouissant de sainteté : *
　　« Comme la rosée qui naît de l'aurore,
　　　je t'ai engendré. »

⁴ Le Seigneur l'a juré
　　　dans un serment irrévocable : *
　　« Tu es prêtre à jamais
　　　selon l'ordre du roi Melkisédek. »

⁵ A ta droite se tient le Seigneur : *
　　il brise les rois au jour de sa colère ;

⁶ [Il juge les nations : les cadavres s'entassent ; *
　　il brise les chefs, loin sur la terre.]

⁷ Au torrent il s'abreuve en chemin, *
　　c'est pourquoi il redresse la tête.

Psaume 110 (111)

Hymne au Dieu puissant, fidèle et bon

¹ Alléluia !

De tout cœur je rendrai grâce au Seigneur
　　dans l'assemblée, parmi les justes.
² Grandes sont les œuvres du Seigneur ;
　　tous ceux qui les aiment s'en instruisent.
³ Noblesse et beauté dans ses actions :
　　à jamais se maintiendra sa justice.

⁴ De ses merveilles il a laissé un mémorial ;
　　le Seigneur est tendresse et pitié.
⁵ Il a donné des vivres à ses fidèles,
　　gardant toujours mémoire de son alliance.
⁶ Il a montré sa force à son peuple,
　　lui donnant le domaine des nations.

⁷ Justesse et sûreté, les œuvres de ses mains,
　　sécurité, toutes ses lois,
⁸ établies pour toujours et à jamais,
　　accomplies avec droiture et sûreté !

⁹ Il apporte la délivrance à son peuple ; ⁺
son alliance est promulguée pour toujours :
saint et redoutable est son nom.

¹⁰ La sagesse commence avec la crainte du Seigneur. ⁺
Qui accomplit sa volonté en est éclairé.
A jamais se maintiendra sa louange.

Psaume 111 (112)

Éloge de la crainte de Dieu. Son fruit

¹ Alléluia !
Heureux qui craint le Seigneur,
qui aime entièrement sa volonté !

² Sa lignée sera puissante sur la terre ;
la race des justes est bénie.

³ Les richesses affluent dans sa maison :
à jamais se maintiendra sa justice.

⁴ Lumière des cœurs droits, il s'est levé dans les ténèbres,
homme de justice, de tendresse et de pitié.

⁵ L'homme de bien a pitié, il partage ;
il mène ses affaires avec droiture.

⁶ Cet homme jamais ne tombera ;
toujours on fera mémoire du juste.

⁷ Il ne craint pas l'annonce d'un malheur :
le cœur ferme, il s'appuie sur le Seigneur.

⁸ Son cœur est confiant, il ne craint pas :
il verra ce que valaient ses oppresseurs.

⁹ A pleines mains, il donne au pauvre ; ⁺
à jamais se maintiendra sa justice,
sa puissance grandira, et sa gloire !

¹⁰ L'impie le voit et s'irrite ; ⁺
il grince des dents et se détruit.
L'ambition des impies se perdra.

Psaume 112 (113)

Hymne au Dieu très haut et très aimant

¹ Alléluia !
Louez, serviteurs du Seigneur,
louez le nom du Seigneur ! ➤

² Béni soit le nom du Seigneur,
maintenant et pour les siècles des siècles !

³ Du levant au couchant du soleil,
loué soit le nom du Seigneur !

⁴ Le Seigneur domine tous les peuples,
sa gloire domine les cieux.

⁵ Qui est semblable au Seigneur notre Dieu ?
Lui, il siège là-haut.

⁶ Mais il abaisse son regard
vers le ciel et vers la terre.

⁷ De la poussière il relève le faible,
il retire le pauvre de la cendre

⁸ pour qu'il siège parmi les princes,
parmi les princes de son peuple.

⁹ Il installe en sa maison la femme stérile,
heureuse mère au milieu de ses fils.

Psaume 113 A (114)

Les merveilles de Dieu pendant l'Exode

Alléluia !

¹ Quand Israël sortit d'Égypte,
et Jacob, de chez un peuple étranger,

² Juda fut pour Dieu un sanctuaire,
Israël devint son domaine.

³ La mer voit et s'enfuit,
le Jourdain retourne en arrière.

⁴ Comme des béliers, bondissent les montagnes,
et les collines, comme des agneaux.

⁵ Qu'as-tu, mer, à t'enfuir,
Jourdain, à retourner en arrière ?

⁶ Montagnes, pourquoi bondir comme des béliers,
collines, comme des agneaux ?

⁷ Tremble, terre, devant le Maître,
devant la face du Dieu de Jacob,

⁸ lui qui change le rocher en source
et la pierre en fontaine !

Psaume 113 B (115)

Hymne au seul vrai Dieu vivant

1 Non pas à nous, Seigneur, non pas à nous,
  mais à ton nom, donne la gloire, pour ton amour et ta vérité.

2 Pourquoi les païens diraient-ils :
  « Où donc est leur Dieu ? »

3 Notre Dieu, il est au ciel ;
  tout ce qu'il veut, il le fait.

4 Leurs idoles : or et argent,
  ouvrages de mains humaines.

5 Elles ont une bouche et ne parlent pas,
  des yeux et ne voient pas,

6 des oreilles et n'entendent pas,
  des narines et ne sentent pas.

7 Leurs mains ne peuvent toucher, +
  leurs pieds ne peuvent marcher,
  pas un son ne sort de leur gosier !

8 Qu'ils deviennent comme elles, tous ceux qui les font,
  ceux qui mettent leur foi en elles.

9 Israël, mets ta foi dans le Seigneur :
  le secours, le bouclier, c'est lui !

10 Famille d'Aaron, mets ta foi dans le Seigneur :
   le secours, le bouclier, c'est lui !

11 Vous qui le craignez, ayez foi dans le Seigneur :
   le secours, le bouclier, c'est lui !

12 Le Seigneur se souvient de nous : il bénira ! *
   Il bénira la famille d'Israël,
   il bénira la famille d'Aaron ; *

13 il bénira tous ceux qui craignent le Seigneur,
   du plus grand au plus petit.

14 Que le Seigneur multiplie ses bienfaits
   pour vous et vos enfants !

15 Soyez bénis par le Seigneur
   qui a fait le ciel et la terre !

16 Le ciel, c'est le ciel du Seigneur ;
   aux hommes, il a donné la terre.

17 Les morts ne louent pas le Seigneur,
   ni ceux qui descendent au silence. ➤

¹⁸ Nous, les vivants, bénissons le Seigneur,
maintenant et pour les siècles des siècles !

Psaume 114 (116 A)

Action de grâce pour la liberté

Alléluia !

¹ J'aime le Seigneur :
il entend le cri de ma prière ;
² il incline vers moi son oreille :
toute ma vie, je l'invoquerai.

³ J'étais pris dans les filets de la mort,
retenu dans les liens de l'abîme, ★
j'éprouvais la tristesse et l'angoisse ;
⁴ j'ai invoqué le nom du Seigneur :
« Seigneur, je t'en prie, délivre-moi ! »

⁵ Le Seigneur est justice et pitié,
notre Dieu est tendresse.
⁶ Le Seigneur défend les petits :
j'étais faible, il m'a sauvé.

⁷ Retrouve ton repos, mon âme,
car le Seigneur t'a fait du bien.
⁸ Il a sauvé mon âme de la mort, ★
gardé mes yeux des larmes
et mes pieds du faux pas.

⁹ Je marcherai en présence du Seigneur
sur la terre des vivants.

Psaume 115 (116 B)

Action de grâce au Temple, pour une guérison

¹⁰ Je crois, et je parlerai,
moi qui ai beaucoup souffert,
¹¹ moi qui ai dit dans mon trouble :
« L'homme n'est que mensonge. »

¹² Comment rendrai-je au Seigneur
tout le bien qu'il m'a fait ?
¹³ J'élèverai la coupe du salut,
j'invoquerai le nom du Seigneur. ➤

14 Je tiendrai mes promesses au Seigneur,
     oui, devant tout son peuple !

15 Il en coûte au Seigneur
     de voir mourir les siens !

16 Ne suis-je pas, Seigneur, ton serviteur,
     ton serviteur, le fils de ta servante, *
     moi, dont tu brisas les chaînes ?

17 Je t'offrirai le sacrifice d'action de grâce,
     j'invoquerai le nom du Seigneur.

18 Je tiendrai mes promesses au Seigneur,
     oui, devant tout son peuple,

19 à l'entrée de la maison du Seigneur,
     au milieu de Jérusalem !

Psaume 116 (117)

Invitation à la louange universelle

1 Louez le Seigneur, tous les peuples ;
     fêtez-le, tous les pays !

2 Son amour envers nous s'est montré le plus fort ;
     éternelle est la fidélité du Seigneur !

Psaume 117 (118)

Action de grâce au Temple, pour le salut accordé

Alléluia

1 Rendez grâce au Seigneur : Il est bon ! *
         Éternel est son amour !

2 Oui, que le dise Israël :
         Éternel est son amour ! +

3 Que le dise la maison d'Aaron :
         Éternel est son amour ! *

4 Qu'ils le disent, ceux qui craignent le Seigneur :
         Éternel est son amour !

5 Dans mon angoisse j'ai crié vers le Seigneur,
     et lui m'a exaucé, mis au large.

6 Le Seigneur est pour moi, je ne crains pas ;
     que pourrait un homme contre moi ? ➤

7 Le Seigneur est avec moi pour me défendre,
et moi, je braverai mes ennemis.

8 Mieux vaut s'appuyer sur le Seigneur
que de compter sur les hommes ; *
9 mieux vaut s'appuyer sur le Seigneur
que de compter sur les puissants !

10 Toutes les nations m'ont encerclé :
au nom du Seigneur, je les détruis !
11 Elles m'ont cerné, encerclé :
au nom du Seigneur, je les détruis !
12 Elles m'ont cerné comme des guêpes : +
(– ce n'était qu'un feu de ronces –) *
au nom du Seigneur, je les détruis !

13 On m'a poussé, bousculé pour m'abattre ;
mais le Seigneur m'a défendu.
14 Ma force et mon chant, c'est le Seigneur ;
il est pour moi le salut.

15 Clameurs de joie et de victoire *
sous les tentes des justes :
« Le bras du Seigneur est fort,
16 le bras du Seigneur se lève, *
le bras du Seigneur est fort ! »

17 Non, je ne mourrai pas, je vivrai
pour annoncer les actions du Seigneur :
18 il m'a frappé, le Seigneur, il m'a frappé,
mais sans me livrer à la mort.

19 Ouvrez-moi les portes de justice :
j'entrerai, je rendrai grâce au Seigneur.
20 « C'est ici la porte du Seigneur :
qu'ils entrent, les justes ! »
21 Je te rends grâce car tu m'as exaucé :
tu es pour moi le salut.

22 La pierre qu'ont rejetée les bâtisseurs
est devenue la pierre d'angle :
23 c'est là l'œuvre du Seigneur,
la merveille devant nos yeux.
24 Voici le jour que fit le Seigneur,
qu'il soit pour nous jour de fête et de joie !

²⁵ Donne, Seigneur, donne le salut !
Donne, Seigneur, donne la victoire !

²⁶ Béni soit au nom du Seigneur
    celui qui vient ! *
De la maison du Seigneur,
    nous vous bénissons !

²⁷ Dieu, le Seigneur, nous illumine. *
Rameaux en main, formez vos cortèges
    jusqu'auprès de l'autel.

²⁸ Tu es mon Dieu, je te rends grâce,
mon Dieu, je t'exalte !

²⁹ Rendez grâce au Seigneur : Il est bon !
    Éternel est son amour !

Psaume 118 (119)
Litanie de la Loi de Dieu

I - Ils marchent dans tes voies

¹ Heureux les hommes intègres dans leurs voies
    qui marchent suivant la loi du Seigneur !
² Heureux ceux qui gardent ses exigences,
    ils le cherchent de tout cœur !
³ Jamais ils ne commettent d'injustice,
    ils marchent dans ses voies.
⁴ Toi, tu promulgues des préceptes
    à observer entièrement.
⁵ Puissent mes voies s'affermir
    à observer tes commandements !
⁶ Ainsi je ne serai pas humilié
    quand je contemple tes volontés.
⁷ D'un cœur droit, je pourrai te rendre grâce,
    instruit de tes justes décisions.
⁸ Tes commandements, je les observe :
    ne m'abandonne pas entièrement.

II - Méditer sur tes préceptes

⁹ Comment, jeune, garder pur son chemin ?
    En observant ta parole.
¹⁰ De tout mon cœur, je te cherche ;
    garde-moi de fuir tes volontés.

11 Dans mon cœur, je conserve tes promesses
   pour ne pas faillir envers toi.
12 Toi, Seigneur, tu es béni :
   apprends-moi tes commandements.
13 Je fais repasser sur mes lèvres
   chaque décision de ta bouche.
14 Je trouve dans la voie de tes exigences
   plus de joie que dans toutes les richesses.
15 Je veux méditer sur tes préceptes
   et contempler tes voies.
16 Je trouve en tes commandements mon plaisir,
   je n'oublie pas ta parole.

III - Brûlé de désir

17 Sois bon pour ton serviteur, et je vivrai,
   j'observerai ta parole.
18 Ouvre mes yeux,
   que je contemple les merveilles de ta loi.
19 Je suis un étranger sur la terre ;
   ne me cache pas tes volontés.
20 Mon âme a brûlé de désir
   en tout temps pour tes décisions.
21 Tu menaces les orgueilleux, les maudits,
   ceux qui fuient tes volontés.
22 Épargne-moi l'insulte et le mépris :
   je garde tes exigences.
23 Lorsque des grands accusent ton serviteur,
   je médite sur tes ordres.
24 Je trouve mon plaisir en tes exigences :
   ce sont elles qui me conseillent.

IV - Collé à tes exigences

25 Mon âme est collée à la poussière ;
   fais-moi vivre selon ta parole.
26 J'énumère mes voies : tu me réponds ;
   apprends-moi tes commandements.
27 Montre-moi la voie de tes préceptes,
   que je médite sur tes merveilles.
28 La tristesse m'arrache des larmes :
   relève-moi selon ta parole.
29 Détourne-moi de la voie du mensonge,
   fais-moi la grâce de ta loi.

30 J'ai choisi la voie de la fidélité,
   je m'ajuste à tes décisions.

31 Je me tiens collé à tes exigences ;
   Seigneur, garde-moi d'être humilié.

32 Je cours dans la voie de tes volontés,
   car tu mets au large mon cœur.

V - Incline mon cœur

33 Enseigne-moi, Seigneur, le chemin de tes ordres ;
   à les garder, j'aurai ma récompense.

34 Montre-moi comment garder ta loi,
   que je l'observe de tout cœur.

35 Guide-moi sur la voie de tes volontés,
   là, je me plais.

36 Incline mon cœur vers tes exigences,
   non pas vers le profit.

37 Détourne mes yeux des idoles :
   que tes chemins me fassent vivre.

38 Pour ton serviteur accomplis ta promesse
   qui nous fera t'adorer.

39 Détourne l'insulte qui m'effraie ;
   tes décisions sont bienfaisantes.

40 Vois, j'ai désiré tes préceptes :
   par ta justice fais-moi vivre.

VI - Tes volontés, je les aime

41 Que vienne à moi, Seigneur, ton amour,
   et ton salut, selon ta promesse.

42 J'aurai pour qui m'insulte une réponse,
   car je m'appuie sur ta parole.

43 N'ôte pas de ma bouche la parole de vérité,
   car j'espère tes décisions.

44 J'observerai sans relâche ta loi,
   toujours et à jamais.

45 Je marcherai librement,
   car je cherche tes préceptes.

46 Devant les rois je parlerai de tes exigences
   et ne serai pas humilié.

47 Je trouve mon plaisir en tes volontés,
   oui, vraiment, je les aime.

48 Je tends les mains vers tes volontés, je les aime,
   je médite sur tes ordres.

VII - Je me rappelle ton nom

49 Rappelle-toi ta parole à ton serviteur,
     celle dont tu fis mon espoir.

50 Elle est ma consolation dans mon épreuve :
     ta promesse me fait vivre.

51 Des orgueilleux m'ont accablé de railleries,
     je n'ai pas dévié de ta loi.

52 Je me rappelle tes décisions d'autrefois :
     voilà ma consolation, Seigneur.

53 Face aux impies, la fureur me prend,
     car ils abandonnent ta loi.

54 J'ai fait de tes commandements mon cantique
     dans ma demeure d'étranger.

55 La nuit, je me rappelle ton nom
     pour observer ta loi.

56 Ce qui me revient, Seigneur,
     c'est de garder tes préceptes.

VIII - Je n'oublie pas ta loi

57 Mon partage, Seigneur, je l'ai dit,
     c'est d'observer tes paroles.

58 De tout mon cœur, je quête ton regard :
     pitié pour moi selon tes promesses.

59 J'examine la voie que j'ai prise :
     mes pas me ramènent à tes exigences.

60 Je me hâte, et ne tarde pas,
     d'observer tes volontés.

61 Les pièges de l'impie m'environnent,
     je n'oublie pas ta loi.

62 Au milieu de la nuit, je me lève et te rends grâce
     pour tes justes décisions.

63 Je suis lié à tous ceux qui te craignent
     et qui observent tes préceptes.

64 Ton amour, Seigneur, emplit la terre ;
     apprends-moi tes commandements.

IX - J'ai souffert pour mon bien

65 Tu fais le bonheur de ton serviteur,
     Seigneur, selon ta parole.

66 Apprends-moi à bien saisir, à bien juger :
     je me fie à tes volontés.

⁶⁷ Avant d'avoir souffert, je m'égarais ;
maintenant, j'observe tes ordres.

⁶⁸ Toi, tu es bon, tu fais du bien :
apprends-moi tes commandements.

⁶⁹ Des orgueilleux m'ont couvert de calomnies :
de tout cœur, je garde tes préceptes.

⁷⁰ Leur cœur, alourdi, s'est fermé ;
moi, je prends plaisir à ta loi.

⁷¹ C'est pour mon bien que j'ai souffert,
ainsi, ai-je appris tes commandements.

⁷² Mon bonheur, c'est la loi de ta bouche,
plus qu'un monceau d'or ou d'argent.

X - Éclaire-moi

⁷³ Tes mains m'ont façonné, affermis ;
éclaire-moi, que j'apprenne tes volontés.

⁷⁴ A me voir, ceux qui te craignent se réjouissent,
car j'espère en ta parole.

⁷⁵ Seigneur, je le sais, tes décisions sont justes ;
tu es fidèle quand tu m'éprouves.

⁷⁶ Que j'aie pour consolation ton amour
selon tes promesses à ton serviteur !

⁷⁷ Que vienne à moi ta tendresse, et je vivrai :
ta loi fait mon plaisir.

⁷⁸ Honte aux orgueilleux qui m'accablent de mensonges ;
moi, je médite sur tes préceptes.

⁷⁹ Qu'ils se tournent vers moi, ceux qui te craignent,
ceux qui connaissent tes exigences.

⁸⁰ Que j'aie par tes commandements le cœur intègre :
alors je ne serai pas humilié.

XI - Usé, j'espère encore

⁸¹ Usé par l'attente du salut,
j'espère encore ta parole.

⁸² L'œil usé d'attendre tes promesses,
j'ai dit : « Quand vas-tu me consoler ? »

⁸³ Devenu comme une outre durcie par la fumée,
je n'oublie pas tes commandements.

⁸⁴ Combien de jours ton serviteur vivra-t-il ?
quand jugeras-tu mes persécuteurs ?

⁸⁵ Des orgueilleux ont creusé pour moi une fosse
au mépris de ta loi.

86 Tous tes ordres ne sont que fidélité ;
    mensonge, mes poursuivants : aide-moi !
87 Ils ont failli m'user, me mettre à terre :
    je n'ai pas abandonné tes préceptes.
88 Fais-moi vivre selon ton amour :
    j'observerai les décrets de ta bouche.

XII - Ta fidélité demeure

89 Pour toujours, ta parole, Seigneur,
    se dresse dans les cieux.
90 Ta fidélité demeure d'âge en âge,
    la terre que tu fixas tient bon.
91 Jusqu'à ce jour, le monde tient par tes décisions :
    toute chose est ta servante.
92 Si je n'avais mon plaisir dans ta loi,
    je périrais de misère.
93 Jamais je n'oublierai tes préceptes :
    par eux tu me fais vivre.
94 Je suis à toi : sauve-moi,
    car je cherche tes préceptes.
95 Des impies escomptent ma perte :
    moi, je réfléchis à tes exigences.
96 De toute perfection, j'ai vu la limite ;
    tes volontés sont d'une ampleur infinie.

XIII - Une saveur dans ma bouche

97 De quel amour j'aime ta loi :
    tout le jour je la médite !
98 Je surpasse en habileté mes ennemis,
    car je fais miennes pour toujours tes volontés.
99 Je surpasse en sagesse tous mes maîtres,
    car je médite tes exigences.
100 Je surpasse en intelligence les anciens,
    car je garde tes préceptes.
101 Des chemins du mal, je détourne mes pas,
    afin d'observer ta parole.
102 De tes décisions, je ne veux pas m'écarter,
    car c'est toi qui m'enseignes.
103 Qu'elle est douce à mon palais ta promesse :
    le miel a moins de saveur dans ma bouche !
104 Tes préceptes m'ont donné l'intelligence :
    je hais tout chemin de mensonge.

XIV - La lampe de ma route

105 Ta parole est la lumière de mes pas,
    la lampe de ma route.

106 Je l'ai juré, je tiendrai mon serment,
    j'observerai tes justes décisions.

107 J'ai vraiment trop souffert, Seigneur ;
    fais-moi vivre selon ta parole.

108 Accepte en offrande ma prière, Seigneur :
    apprends-moi tes décisions.

109 A tout instant j'expose ma vie :
    je n'oublie rien de ta loi.

110 Des impies me tendent un piège :
    je ne dévie pas de tes préceptes.

111 Tes exigences resteront mon héritage,
    la joie de mon cœur.

112 Mon cœur incline à pratiquer tes commandements :
    c'est à jamais ma récompense.

XV - J'aime, j'espère

113 Je hais les cœurs partagés ;
    j'aime ta loi.

114 Toi, mon abri, mon bouclier !
    J'espère en ta parole.

115 Écartez-vous de moi, méchants :
    je garderai les volontés de mon Dieu.

116 Que ta promesse me soutienne, et je vivrai :
    ne déçois pas mon attente.

117 Sois mon appui : je serai sauvé ;
    j'ai toujours tes commandements devant les yeux.

118 Tu rejettes ceux qui fuient tes commandements :
    leur ruse les égare.

119 Tu mets au rebut tous les impies de la terre ;
    c'est pourquoi j'aime tes exigences.

120 Ma chair tremble de peur devant toi :
    tes décisions m'inspirent la crainte.

XVI - Il est temps que tu agisses

121 J'ai agi selon le droit et la justice :
    ne me livre pas à mes bourreaux.

122 Assure le bonheur de ton serviteur :
    que les orgueilleux ne me tourmentent plus !

123 Mes yeux se sont usés à guetter le salut
     et les promesses de ta justice.

124 Agis pour ton serviteur selon ton amour,
     apprends-moi tes commandements.

125 Je suis ton serviteur, éclaire-moi :
     je connaîtrai tes exigences.

126 Seigneur, il est temps que tu agisses :
     on a violé ta loi.

127 Aussi j'aime tes volontés,
     plus que l'or le plus précieux.

128 Je me règle sur chacun de tes préceptes,
     je hais tout chemin de mensonge.

XVII - *Ta parole illumine*

129 Quelle merveille, tes exigences,
     aussi mon âme les garde !

130 Déchiffrer ta parole illumine
     et les simples comprennent.

131 La bouche grande ouverte, j'aspire,
     assoiffé de tes volontés.

132 Aie pitié de moi, regarde-moi :
     tu le fais pour qui aime ton nom.

133 Que ta promesse assure mes pas :
     qu'aucun mal ne triomphe de moi !

134 Rachète-moi de l'oppression des hommes,
     que j'observe tes préceptes.

135 Pour ton serviteur que ton visage s'illumine :
     apprends-moi tes commandements.

136 Mes yeux ruissellent de larmes
     car on n'observe pas ta loi.

XVIII- *Vérité, ta loi*

137 Toi, tu es juste, Seigneur,
     tu es droit dans tes décisions.

138 Tu promulgues tes exigences avec justice,
     avec entière fidélité.

139 Quand mes oppresseurs oublient ta parole,
     une ardeur me consume.

140 Ta promesse tout entière est pure,
     elle est aimée de ton serviteur.

141 Moi, le chétif, le méprisé,
     je n'oublie pas tes préceptes.

¹⁴² Justice éternelle est ta justice,
     et vérité, ta loi.

¹⁴³ La détresse et l'angoisse m'ont saisi ;
     je trouve en tes volontés mon plaisir.

¹⁴⁴ Justice éternelle, tes exigences ;
     éclaire-moi, et je vivrai.

XIX - *J'appelle : tu es proche*

¹⁴⁵ J'appelle de tout mon cœur : réponds-moi ;
     je garderai tes commandements.

¹⁴⁶ Je t'appelle, Seigneur, sauve-moi ;
     j'observerai tes exigences.

¹⁴⁷ Je devance l'aurore et j'implore :
     j'espère en ta parole.

¹⁴⁸ Mes yeux devancent la fin de la nuit
     pour méditer sur ta promesse.

¹⁴⁹ Dans ton amour, Seigneur, écoute ma voix :
     selon tes décisions fais-moi vivre !

¹⁵⁰ Ceux qui poursuivent le mal s'approchent,
     ils s'éloignent de ta loi.

¹⁵¹ Toi, Seigneur, tu es proche,
     tout dans tes ordres est vérité.

¹⁵² Depuis longtemps je le sais :
     tu as fondé pour toujours tes exigences.

XX - *Fais-moi vivre*

¹⁵³ Vois ma misère : délivre-moi ;
     je n'oublie pas ta loi.

¹⁵⁴ Soutiens ma cause : défends-moi,
     en ta promesse fais-moi vivre !

¹⁵⁵ Le salut s'éloigne des impies
     qui ne cherchent pas tes commandements.

¹⁵⁶ Seigneur, ta tendresse est sans mesure :
     selon ta décision fais-moi vivre !

¹⁵⁷ Ils sont nombreux mes persécuteurs, mes oppresseurs ;
     je ne dévie pas de tes exigences.

¹⁵⁸ J'ai vu les renégats : ils me répugnent,
     car ils ignorent ta promesse.

¹⁵⁹ Vois combien j'aime tes préceptes, Seigneur,
     fais-moi vivre selon ton amour !

¹⁶⁰ Le fondement de ta parole est vérité ;
     éternelles sont tes justes décisions.

XXI - La paix de qui aime ta loi

¹⁶¹ Des grands me persécutent sans raison ;
   mon cœur ne craint que ta parole.

¹⁶² Tel celui qui trouve un grand butin,
   je me réjouis de tes promesses.

¹⁶³ Je hais, je déteste le mensonge ;
   ta loi, je l'aime.

¹⁶⁴ Sept fois chaque jour, je te loue
   pour tes justes décisions.

¹⁶⁵ Grande est la paix de qui aime ta loi ;
   jamais il ne trébuche.

¹⁶⁶ Seigneur, j'attends de toi le salut :
   j'accomplis tes volontés.

¹⁶⁷ Tes exigences, mon âme les observe :
   oui, vraiment, je les aime.

¹⁶⁸ J'observe tes exigences et tes préceptes :
   toutes mes voies sont devant toi.

XXII - Viens chercher ton serviteur

¹⁶⁹ Que mon cri parvienne devant toi,
   éclaire-moi selon ta parole, Seigneur.

¹⁷⁰ Que ma prière arrive jusqu'à toi ;
   délivre-moi selon ta promesse.

¹⁷¹ Que chante sur mes lèvres ta louange,
   car tu m'apprends tes commandements.

¹⁷² Que ma langue redise tes promesses,
   car tout est justice en tes volontés.

¹⁷³ Que ta main vienne à mon aide,
   car j'ai choisi tes préceptes.

¹⁷⁴ J'ai le désir de ton salut, Seigneur :
   ta loi fait mon plaisir.

¹⁷⁵ Que je vive et que mon âme te loue !
   Tes décisions me soient en aide !

¹⁷⁶ Je m'égare, brebis perdue : ★
   viens chercher ton serviteur.
   Je n'oublie pas tes volontés.

Psaume 119 (120)

Plainte contre des langues de mensonge

¹ Dans ma détresse, j'ai crié vers le Seigneur,
   et lui m'a répondu. ★ ➤

² Seigneur, délivre-moi de la langue perfide,
de la bouche qui ment.

³ Que t'infliger, ô langue perfide,
et qu'ajouter encore ? *
⁴ La flèche meurtrière du guerrier,
et la braise des genêts.

⁵ Malheur à moi : je dois vivre en exil *
et camper dans un désert !

⁶ Trop longtemps, j'ai vécu parmi ces gens
qui haïssent la paix. *
⁷ Je ne veux que la paix, mais quand je parle
ils cherchent la guerre.

Psaume 120 (121)
Dieu garde les croyants

¹ Je lève les yeux vers les montagnes :
d'où le secours me viendra-t-il ?
² Le secours me viendra du Seigneur
qui a fait le ciel et la terre.

³ Qu'il empêche ton pied de glisser,
qu'il ne dorme pas, ton gardien.
⁴ Non, il ne dort pas, ne sommeille pas,
le gardien d'Israël.

⁵ Le Seigneur, ton gardien, le Seigneur, ton ombrage,
se tient près de toi.
⁶ Le soleil, pendant le jour, ne pourra te frapper,
ni la lune, durant la nuit.

⁷ Le Seigneur te gardera de tout mal,
il gardera ta vie.
⁸ Le Seigneur te gardera, au départ et au retour,
maintenant, à jamais.

Psaume 121 (122)
Salut à la ville sainte

¹ Quelle joie quand on m'a dit :
« Nous irons à la maison du Seigneur ! »

² Maintenant notre marche prend fin
devant tes portes, Jérusalem ! ➤

³ Jérusalem, te voici dans tes murs :
ville où tout ensemble ne fait qu'un !

⁴ C'est là que montent les tribus,
   les tribus du Seigneur, *
là qu'Israël doit rendre grâce
   au nom du Seigneur.

⁵ C'est là le siège du droit, *
le siège de la maison de David.

⁶ Appelez le bonheur sur Jérusalem :
« Paix à ceux qui t'aiment !

⁷ Que la paix règne dans tes murs,
le bonheur dans tes palais ! »

⁸ A cause de mes frères et de mes proches,
je dirai : « Paix sur toi ! »

⁹ A cause de la maison du Seigneur notre Dieu,
je désire ton bien.

Psaume 122 (123)

Confiance en Dieu

¹ Vers toi j'ai les yeux levés,
vers toi qui es au ciel.

² Comme les yeux de l'esclave
   vers la main de son maître, ⁺
comme les yeux de la servante
   vers la main de sa maîtresse, *
nos yeux, levés vers le Seigneur notre Dieu,
   attendent sa pitié.

³ Pitié pour nous, Seigneur, pitié pour nous :
notre âme est rassasiée de mépris.

⁴ C'en est trop,
   nous sommes rassasiés *
du rire des satisfaits,
   du mépris des orgueilleux !

Psaume 123 (124)

Action de grâce à Dieu qui protège et délivre

¹ Sans le Seigneur qui était pour nous,
  – qu'Israël le redise – ⁺ ➤

² sans le Seigneur qui était pour nous
    quand des hommes nous assaillirent, *
³ alors ils nous avalaient tout vivants,
    dans le feu de leur colère.

⁴ Alors le flot passait sur nous,
    le torrent nous submergeait ; *
⁵ alors nous étions submergés
    par les flots en furie.

⁶ Béni soit le Seigneur *
qui n'a pas fait de nous
    la proie de leurs dents !

⁷ Comme un oiseau, nous avons échappé
    au filet du chasseur ; *
le filet s'est rompu :
    nous avons échappé.

⁸ Notre secours est le nom du Seigneur *
qui a fait le ciel et la terre.

Psaume 124 (125)

Dieu vient en aide au peuple contre ses ennemis

¹ Qui s'appuie sur le Seigneur
    ressemble au mont Sion : *
il est inébranlable,
    il demeure à jamais.

² Jérusalem, des montagnes l'entourent ; *
ainsi le Seigneur : il entoure son peuple
    maintenant et toujours.

³ Jamais le sceptre de l'impie
    ne pèsera sur la part des justes, *
de peur que la main des justes
    ne se tende vers l'idole.

⁴ Sois bon pour qui est bon, Seigneur,
    pour l'homme au cœur droit. *
⁵ Mais ceux qui rusent et qui trahissent,
    que le Seigneur les rejette avec les méchants !

    Paix sur Israël !

Psaume 125 (126)

Joie et espoir au retour de la captivité

¹ Quand le Seigneur ramena les captifs à Sion, ★
  nous étions comme en rêve !

² Alors notre bouche était pleine de rires,
      nous poussions des cris de joie ; ⁺
  alors on disait parmi les nations :
      « Quelles merveilles fait pour eux le Seigneur ! » ★
³ Quelles merveilles le Seigneur fit pour nous :
      nous étions en grande fête !

⁴ Ramène, Seigneur, nos captifs,
  comme les torrents au désert.

⁵ Qui sème dans les larmes
      moissonne dans la joie : ⁺
⁶ il s'en va, il s'en va en pleurant,
      il jette la semence ; ★
  il s'en vient, il s'en vient dans la joie,
      il rapporte les gerbes.

Psaume 126 (127)

Dieu, notre unique espérance

¹ Si le Seigneur ne bâtit la maison,
      les bâtisseurs travaillent en vain ; ★
  si le Seigneur ne garde la ville,
      c'est en vain que veillent les gardes.

² En vain tu devances le jour,
      tu retardes le moment de ton repos, ⁺
  tu manges un pain de douleur : ★
      Dieu comble son bien-aimé quand il dort.

³ Des fils, voilà ce que donne le Seigneur,
      des enfants, la récompense qu'il accorde ; ★
⁴ comme des flèches aux mains d'un guerrier,
      ainsi les fils de la jeunesse.

⁵ Heureux l'homme vaillant
      qui a garni son carquois de telles armes ! ★
  S'ils affrontent leurs ennemis sur la place,
      ils ne seront pas humiliés.

Psaume 127 (128)

Bonheur du juste en sa maison

1 Heureux qui craint le Seigneur
et marche selon ses voies !

2 Tu te nourriras du travail de tes mains :
Heureux es-tu ! A toi, le bonheur !

3 Ta femme sera dans ta maison
comme une vigne généreuse, *
et tes fils, autour de la table, comme des plants d'olivier.

4 Voilà comment sera béni l'homme qui craint le Seigneur.
5 De Sion, que le Seigneur te bénisse !

Tu verras le bonheur de Jérusalem tous les jours de ta vie,
6 et tu verras les fils de tes fils.

Paix sur Israël !

Psaume 128 (129)

Lamentation et prière d'un opprimé

1 Que de mal ils m'ont fait dès ma jeunesse,
– à Israël de le dire – *
2 que de mal ils m'ont fait dès ma jeunesse :
ils ne m'ont pas soumis !

3 Sur mon dos, des laboureurs ont labouré
et creusé leurs sillons ; *
4 mais le Seigneur, le juste,
a brisé l'attelage des impies.

5 Qu'ils soient tous humiliés, rejetés,
les ennemis de Sion ! *
6 Qu'ils deviennent comme l'herbe des toits,
aussitôt desséchée !

7 Les moissonneurs n'en font pas une poignée,
ni les lieurs une gerbe, *
8 et les passants ne peuvent leur dire :
« La bénédiction du Seigneur soit sur vous ! »

Au nom du Seigneur, nous vous bénissons.

Psaume 129 (130)

Pénitence et confiance en Dieu

1 Des profondeurs je crie vers toi, Seigneur,
2   Seigneur, écoute mon appel ! *
Que ton oreille se fasse attentive
   au cri de ma prière !

3 Si tu retiens les fautes, Seigneur,
   Seigneur, qui subsistera ? *
4 Mais près de toi se trouve le pardon
   pour que l'homme te craigne.

5 J'espère le Seigneur de toute mon âme ; *
je l'espère, et j'attends sa parole.

6 Mon âme attend le Seigneur
   plus qu'un veilleur ne guette l'aurore. *
Plus qu'un veilleur ne guette l'aurore,
7   attends le Seigneur, Israël.

Oui, près du Seigneur, est l'amour ;
   près de lui, abonde le rachat. *
8 C'est lui qui rachètera Israël
   de toutes ses fautes.

Psaume 130 (131)

Espoir et repos en Dieu

1 Seigneur, je n'ai pas le cœur fier
ni le regard ambitieux ; *
je ne poursuis ni grands desseins,
   ni merveilles qui me dépassent.

2 Non, mais je tiens mon âme
   égale et silencieuse ; *
mon âme est en moi comme un enfant,
   comme un petit enfant contre sa mère.

3 Attends le Seigneur, Israël, *
   maintenant et à jamais.

Psaume 131 (132)

Règne de David au sanctuaire de Sion

1 Souviens-toi, Seigneur, de David
et de sa grande soumission ➤

² quand il fit au Seigneur un serment,
une promesse au Puissant de Jacob :

³ « Jamais je n'entrerai sous ma tente,
et jamais ne m'étendrai sur mon lit,
⁴ j'interdirai tout sommeil à mes yeux
et tout répit à mes paupières,
⁵ avant d'avoir trouvé un lieu pour le Seigneur,
une demeure pour le Puissant de Jacob. »

⁶ Voici qu'on nous l'annonce à Éphrata,
nous l'avons trouvée près de Yagar.
⁷ Entrons dans la demeure de Dieu,
prosternons-nous aux pieds de son trône.

⁸ Monte, Seigneur, vers le lieu de ton repos,
toi, et l'arche de ta force !
⁹ Que tes prêtres soient vêtus de justice,
que tes fidèles crient de joie !

¹⁰ Pour l'amour de David, ton serviteur,
ne repousse pas la face de ton messie.

¹¹ Le Seigneur l'a juré à David,
et jamais il ne reprendra sa parole :
« C'est un homme issu de toi
que je placerai sur ton trône.

¹² « Si tes fils gardent mon alliance,
les volontés que je leur fais connaître,
leurs fils, eux aussi, à tout jamais,
siégeront sur le trône dressé pour toi. »

¹³ Car le Seigneur a fait choix de Sion ;
elle est le séjour qu'il désire :
¹⁴ « Voilà mon repos à tout jamais,
c'est le séjour que j'avais désiré.

¹⁵ « Je bénirai, je bénirai ses récoltes
pour rassasier de pain ses pauvres.
¹⁶ Je vêtirai de gloire ses prêtres,
et ses fidèles crieront, crieront de joie.

¹⁷ « Là, je ferai germer la force de David ;
pour mon messie, j'ai allumé une lampe.
¹⁸ Je vêtirai ses ennemis de honte,
mais, sur lui, la couronne fleurira. »

Psaume 132 (133)

Bonheur de vivre en frères

1   Oui, il est bon, il est doux pour des frères ★
      de vivre ensemble et d'être unis !

2   On dirait un baume précieux,
      un parfum sur la tête, +
    qui descend sur la barbe, la barbe d'Aaron, ★
      qui descend sur le bord de son vêtement.

3   On dirait la rosée de l'Hermon ★
      qui descend sur les collines de Sion.
    C'est là que le Seigneur envoie la bénédiction, ★
      la vie pour toujours.

Psaume 133 (134)

Bénédiction pour la nuit

1   Vous tous, bénissez le Seigneur,
      vous qui servez le Seigneur,
    qui veillez dans la maison du Seigneur
      au long des nuits.

2   Levez les mains vers le sanctuaire,
      et bénissez le Seigneur.
3   Que le Seigneur te bénisse de Sion,
      lui qui a fait le ciel et la terre !

Psaume 134 (135)

Hymne au Seigneur pour ses bienfaits

1   Alléluia !

    Louez le nom du Seigneur,
      louez-le, serviteurs du Seigneur
2   qui veillez dans la maison du Seigneur,
      dans les parvis de la maison de notre Dieu.

3   Louez la bonté du Seigneur,
      célébrez la douceur de son nom.
4   C'est Jacob que le Seigneur a choisi,
      Israël dont il a fait son bien.

5   Je le sais, le Seigneur est grand :
      notre Maître est plus grand que tous les dieux. ➤

⁶ Tout ce que veut le Seigneur, il le fait ★
  au ciel et sur la terre, dans les mers
      et jusqu'au fond des abîmes.

⁷ De l'horizon, il fait monter les nuages ; ⁺
  il lance des éclairs, et la pluie ruisselle ; ★
  il libère le vent qu'il tenait en réserve.

⁸ Il a frappé les aînés de l'Égypte,
  les premiers-nés de l'homme et du bétail.

⁹ Il envoya des signes et des prodiges, chez toi, terre d'Égypte,
  sur Pharaon et tous ses serviteurs.

¹⁰ Il a frappé des nations en grand nombre
   et fait périr des rois valeureux :

¹¹ (Séhon, le roi des Amorites, Og, le roi de Basan,
   et tous les royaumes de Canaan ;)

¹² il a donné leur pays en héritage,
   en héritage à Israël, son peuple.

¹³ Pour toujours, Seigneur, ton nom !
   D'âge en âge, Seigneur, ton mémorial !

¹⁴ Car le Seigneur rend justice à son peuple :
   par égard pour ses serviteurs, il se reprend.

¹⁵ Les idoles des nations : or et argent,
   ouvrage de mains humaines.

¹⁶ Elles ont une bouche et ne parlent pas,
   des yeux et ne voient pas.

¹⁷ Leurs oreilles n'entendent pas,
   et dans leur bouche, pas le moindre souffle.

¹⁸ Qu'ils deviennent comme elles, tous ceux qui les font,
   ceux qui mettent leur foi en elles.

¹⁹ Maison d'Israël, bénis le Seigneur,
   maison d'Aaron, bénis le Seigneur,

²⁰ maison de Lévi, bénis le Seigneur,
   et vous qui le craignez, bénissez le Seigneur !

²¹ Béni soit le Seigneur depuis Sion,
   lui qui habite Jérusalem !

Psaume 135 (136)

Louange à Dieu pour les merveilles de la création et pour la
libération de son peuple

¹ Rendez grâce au Seigneur : il est bon,
   éternel est son amour !
² Rendez grâce au Dieu des dieux,
   éternel est son amour !
³ Rendez grâce au Seigneur des seigneurs,
   éternel est son amour !

⁴ Lui seul a fait de grandes merveilles,
   éternel est son amour !
⁵ lui qui fit les cieux avec sagesse,
   éternel est son amour !
⁶ qui affermit la terre sur les eaux,
   éternel est son amour !

⁷ Lui qui a fait les grands luminaires,
   éternel est son amour !
⁸ le soleil qui règne sur le jour,
   éternel est son amour !
⁹ la lune et les étoiles, sur la nuit,
   éternel est son amour !

¹⁰ Lui qui frappa les Égyptiens dans leurs aînés,
    éternel est son amour !
¹¹ et fit sortir Israël de leur pays,
    éternel est son amour !
¹² d'une main forte et d'un bras vigoureux,
    éternel est son amour !

¹³ Lui qui fendit la mer Rouge en deux parts,
    éternel est son amour !
¹⁴ et fit passer Israël en son milieu,
    éternel est son amour !
¹⁵ y rejetant Pharaon et ses armées,
    éternel est son amour !

¹⁶ Lui qui mena son peuple au désert,
    éternel est son amour !
¹⁷ qui frappa des princes fameux,
    éternel est son amour !
¹⁸ et fit périr des rois redoutables,
    éternel est son amour !

¹⁹ Séhon, le roi des Amorites,
   éternel est son amour!
²⁰ et Og, le roi de Basan,
   éternel est son amour!

²¹ pour donner leur pays en héritage,
   éternel est son amour!
²² en héritage à Israël, son serviteur,
   éternel est son amour!

²³ Il se souvient de nous, les humiliés,
   éternel est son amour!
²⁴ il nous tira de la main des oppresseurs,
   éternel est son amour!

²⁵ A toute chair, il donne le pain,
   éternel est son amour!
²⁶ Rendez grâce au Dieu du ciel,
   éternel est son amour!

Psaume 136 (137)

Tristesse des exilés

¹ Au bord des fleuves de Babylone
   nous étions assis et nous pleurions, ⁺
nous souvenant de Sion; ⋆
² aux saules des alentours
   nous avions pendu nos harpes.

³ C'est là que nos vainqueurs
   nous demandèrent des chansons, ⁺
et nos bourreaux, des airs joyeux: ⋆
« Chantez-nous, disaient-ils,
   quelque chant de Sion. »

⁴ Comment chanterions-nous
   un chant du Seigneur ⁺
sur une terre étrangère? ⋆
⁵ Si je t'oublie, Jérusalem,
   que ma main droite m'oublie!

⁶ Je veux que ma langue
   s'attache à mon palais ⁺
si je perds ton souvenir, ⋆
si je n'élève Jérusalem,
   au sommet de ma joie.

⁷ [Souviens-toi, Seigneur,
        des fils du pays d'Édom, ⁺
    et de ce jour à Jérusalem ★
        où ils criaient : «Détruisez-la,
        détruisez-la de fond en comble!»

⁸ O Babylone misérable, ⁺
    heureux qui te revaudra
        les maux que tu nous valus; ★
⁹ heureux qui saisira tes enfants,
        pour les briser contre le roc!]

Psaume 137 (138)
Action de grâce pour les bienfaits de Dieu

¹ De tout mon cœur, Seigneur, je te rends grâce :
    tu as entendu les paroles de ma bouche.
    Je te chante en présence des anges,
² vers ton temple sacré, je me prosterne.

Je rends grâce à ton nom pour ton amour et ta vérité,
    car tu élèves, au-dessus de tout, ton nom et ta parole.
³ Le jour où tu répondis à mon appel,
    tu fis grandir en mon âme la force.

⁴ Tous les rois de la terre te rendent grâce
    quand ils entendent les paroles de ta bouche.
⁵ Ils chantent les chemins du Seigneur :
    «Qu'elle est grande, la gloire du Seigneur!»

⁶ Si haut que soit le Seigneur, il voit le plus humble ;
    de loin, il reconnaît l'orgueilleux.
⁷ Si je marche au milieu des angoisses, tu me fais vivre,
    ta main s'abat sur mes ennemis en colère.

Ta droite me rend vainqueur.
⁸ Le Seigneur fait tout pour moi!
    Seigneur, éternel est ton amour :
    n'arrête pas l'œuvre de tes mains.

Psaume 138 (139)
Science et présence universelle du Dieu tout-puissant

¹ Tu me scrutes, Seigneur, et tu sais ! ⁺
² Tu sais quand je m'assois, quand je me lève ;
    de très loin, tu pénètres mes pensées.

3 Que je marche ou me repose, tu le vois,
   tous mes chemins te sont familiers.
4 Avant qu'un mot ne parvienne à mes lèvres,
   déjà, Seigneur, tu le sais.

5 Tu me devances et me poursuis, tu m'enserres,
   tu as mis la main sur moi.
6 Savoir prodigieux qui me dépasse,
   hauteur que je ne puis atteindre !

7 Où donc aller, loin de ton souffle ?
   où m'enfuir, loin de ta face ?
8 Je gravis les cieux : tu es là ;
   je descends chez les morts : te voici.

9 Je prends les ailes de l'aurore
   et me pose au-delà des mers :
10 même là, ta main me conduit,
   ta main droite me saisit.

11 J'avais dit : «Les ténèbres m'écrasent !»
   mais la nuit devient lumière autour de moi.
12 Même la ténèbre pour toi n'est pas ténèbre,
   et la nuit comme le jour est lumière !

13 C'est toi qui as créé mes reins,
   qui m'as tissé dans le sein de ma mère.
14 Je reconnais devant toi le prodige,
     l'être étonnant que je suis : ★
   étonnantes sont tes œuvres,
     toute mon âme le sait.

15 Mes os n'étaient pas cachés pour toi ★
   quand j'étais façonné dans le secret,
     modelé aux entrailles de la terre.

16 J'étais encore inachevé, tu me voyais ; ★
   sur ton livre, tous mes jours étaient inscrits,
     recensés avant qu'un seul ne soit !

17 Que tes pensées sont pour moi difficiles,
   Dieu, que leur somme est imposante !
18 Je les compte : plus nombreuses que le sable !
   Je m'éveille : je suis encore avec toi.

19 [Dieu, si tu exterminais l'impie !
   Hommes de sang, éloignez-vous de moi ! ➤

20 Tes adversaires profanent ton nom :
   ils le prononcent pour détruire.

21 Comment ne pas haïr tes ennemis, Seigneur,
   ne pas avoir en dégoût tes assaillants ?

22 Je les hais d'une haine parfaite,
   je les tiens pour mes propres ennemis.]

23 Scrute-moi, mon Dieu, tu sauras ma pensée ;
   éprouve-moi, tu connaîtras mon cœur.

24 Vois si je prends le chemin des idoles,
   et conduis-moi sur le chemin d'éternité.

Psaume 139 (140)

Plaintes contre les ruses et les violences de l'ennemi

2 Délivre-moi, Seigneur, de l'homme mauvais,
   contre l'homme violent, défends-moi,

3 contre ceux qui préméditent le mal
   et tout le jour entretiennent la guerre,

4 qui dardent leur langue de vipère,
   leur langue chargée de venin.

5 Garde-moi, Seigneur, de la main des impies,
   contre l'homme violent, défends-moi,
   contre ceux qui méditent ma chute,

6 les arrogants qui m'ont tendu des pièges ;
   sur mon passage ils ont mis un filet,
   ils ont dressé contre moi des embûches.

7 Je dis au Seigneur : « Mon Dieu, c'est toi ! »
   Seigneur, entends le cri de ma prière.

8 Tu es la force qui me sauve, Maître, Seigneur ;
   au jour du combat, tu protèges ma tête.

9 Ne cède pas, Seigneur, au désir des impies,
   ne permets pas que leurs intrigues réussissent !

10 [Sur la tête de ceux qui m'encerclent,
   que retombe le poids de leurs injures !

11 Que des braises pleuvent sur eux !
   Qu'ils soient jetés à la fosse et jamais ne se relèvent !

12 L'insulteur ne tiendra pas sur la terre :
   le violent, le mauvais, sera traqué à mort.]

13 Je le sais, le Seigneur rendra justice au malheureux,
   il fera droit au pauvre. ➤

¹⁴ Oui, les justes rendront grâce à ton nom,
les hommes droits siégeront en ta présence.

Psaume 140 (141)

Plainte contre les ruses de l'ennemi

¹ Seigneur, je t'appelle : accours vers moi !
Écoute mon appel quand je crie vers toi !
² Que ma prière devant toi s'élève comme un encens,
et mes mains, comme l'offrande du soir.

³ Mets une garde à mes lèvres, Seigneur,
veille au seuil de ma bouche.
⁴ Ne laisse pas mon cœur pencher vers le mal
ni devenir complice des hommes malfaisants.

Jamais je ne goûterai leurs plaisirs :
⁵ que le juste me reprenne et me corrige avec bonté.
Que leurs parfums, ni leurs poisons, ne touchent ma tête !
Ils font du mal : je me tiens en prière.

⁶ Voici leurs juges précipités contre le roc,
eux qui prenaient plaisir à m'entendre dire :
⁷ « Comme un sol qu'on retourne et défonce,
nos os sont dispersés à la gueule des enfers ! »

⁸ Je regarde vers toi, Seigneur, mon Maître ;
tu es mon refuge : épargne ma vie !
⁹ Garde-moi du filet qui m'est tendu,
des embûches qu'ont dressées les malfaisants.

¹⁰ [Les impies tomberont dans leur piège ;
seul, moi, je passerai.]

Psaume 141 (142)

Plainte et prière d'un abandonné

² A pleine voix, je crie vers le Seigneur !
A pleine voix, je supplie le Seigneur !
³ Je répands devant lui ma plainte,
devant lui, je dis ma détresse.

⁴ Lorsque le souffle me manque,
toi, tu sais mon chemin. *
Sur le sentier où j'avance,
un piège m'est tendu.

⁵ Regarde à mes côtés, et vois :
    personne qui me connaisse ! *
Pour moi, il n'est plus de refuge :
    personne qui pense à moi !

⁶ J'ai crié vers toi, Seigneur ! *
J'ai dit : « Tu es mon abri,
    ma part, sur la terre des vivants. »

⁷ Sois attentif à mes appels :
    je suis réduit à rien ; *
délivre-moi de ceux qui me poursuivent :
    ils sont plus forts que moi.

⁸ Tire-moi de la prison où je suis,
    que je rende grâce à ton nom. *
Autour de moi, les justes feront cercle
    pour le bien que tu m'as fait.

Psaume 142 (143)

Plainte et prière dans l'angoisse

¹ Seigneur, entends ma prière ; †
dans ta justice écoute mes appels, *
    dans ta fidélité réponds-moi.
² N'entre pas en jugement avec ton serviteur :
    aucun vivant n'est juste devant toi.

³ L'ennemi cherche ma perte,
il foule au sol ma vie ;
il me fait habiter les ténèbres
    avec les morts de jadis.
⁴ Le souffle en moi s'épuise,
    mon cœur au fond de moi s'épouvante.

⁵ Je me souviens des jours d'autrefois,
    je me redis toutes tes actions, *
sur l'œuvre de tes mains je médite.
⁶ Je tends les mains vers toi,
    me voici devant toi comme une terre assoiffée.

⁷ Vite, réponds-moi, Seigneur :
    je suis à bout de souffle !
Ne me cache pas ton visage :
    je serais de ceux qui tombent dans la fosse.

⁸ Fais que j'entende au matin ton amour,
  car je compte sur toi.
  Montre-moi le chemin que je dois prendre :
  vers toi, j'élève mon âme !

⁹ Délivre-moi de mes ennemis, Seigneur :
  j'ai un abri auprès de toi.

¹⁰ Apprends-moi à faire ta volonté,
   car tu es mon Dieu.
   Ton souffle est bienfaisant :
   qu'il me guide en un pays de plaines.

¹¹ Pour l'honneur de ton nom, Seigneur, fais-moi vivre ;
   à cause de ta justice, tire-moi de la détresse.

¹² [A cause de ton amour, tu détruiras mes ennemis ;
   tu feras périr mes adversaires, car je suis ton serviteur.]

Psaume 143 (144)

Prière du roi dans les impasses de la guerre

¹ Béni soit le Seigneur, mon rocher ! ⁺
  Il exerce mes mains pour le combat, ★
  il m'entraîne à la bataille.

² Il est mon allié, ma forteresse,
  ma citadelle, celui qui me libère ;
  il est le bouclier qui m'abrite,
  il me donne pouvoir sur mon peuple.

³ Qu'est-ce que l'homme,
      pour que tu le connaisses, Seigneur,
  le fils d'un homme, pour que tu comptes avec lui ?

⁴ L'homme est semblable à un souffle,
  ses jours sont une ombre qui passe.

⁵ Seigneur, incline les cieux et descends ;
  touche les montagnes : qu'elles brûlent !

⁶ Décoche des éclairs de tous côtés,
  tire des flèches et répands la terreur.

⁷ Des hauteurs, tends-moi la main, délivre-moi, ★
  sauve-moi du gouffre des eaux,
      de l'emprise d'un peuple étranger :

⁸ il dit des paroles mensongères,
  sa main est une main parjure.

⁹ Pour toi, je chanterai un chant nouveau,
   pour toi, je jouerai sur la harpe à dix cordes,
¹⁰ pour toi qui donnes aux rois la victoire
   et sauves de l'épée meurtrière David, ton serviteur.

¹¹ Délivre-moi, sauve-moi
   de l'emprise d'un peuple étranger :
   il dit des paroles mensongères,
   sa main est une main parjure.

¹² Que nos fils soient pareils à des plants
        bien venus dès leur jeune âge ; *
   nos filles, pareilles à des colonnes
        sculptées pour un palais !

¹³ Nos greniers, remplis, débordants,
        regorgeront de biens ; *
   les troupeaux, par milliers, par myriades,
        empliront nos campagnes !

¹⁴ Nos vassaux nous resteront soumis,
        plus de défaites ; *
   plus de brèches dans nos murs,
        plus d'alertes sur nos places !

¹⁵ Heureux le peuple ainsi comblé !
   Heureux le peuple qui a pour Dieu « Le Seigneur » !

Psaume 144 (145)

Hymne à Dieu grand et bon

¹ Je t'exalterai, mon Dieu, mon Roi,
   je bénirai ton nom toujours et à jamais !

² Chaque jour je te bénirai,
   je louerai ton nom toujours et à jamais.

³ Il est grand, le Seigneur, hautement loué ;
   à sa grandeur, il n'est pas de limite.

⁴ D'âge en âge, on vantera tes œuvres,
   on proclamera tes exploits.

⁵ Je redirai le récit de tes merveilles,
   ton éclat, ta gloire et ta splendeur,

6   On dira ta force redoutable ;
    je raconterai ta grandeur.
7   On rappellera tes immenses bontés ;
    tous acclameront ta justice.

8   Le Seigneur est tendresse et pitié,
    lent à la colère et plein d'amour ;
9   la bonté du Seigneur est pour tous,
    sa tendresse, pour toutes ses œuvres.

10 Que tes œuvres, Seigneur, te rendent grâce
    et que tes fidèles te bénissent !
11 Ils diront la gloire de ton règne,
    ils parleront de tes exploits,

12 annonçant aux hommes tes exploits,
    la gloire et l'éclat de ton règne :
13 ton règne, un règne éternel,
    ton empire, pour les âges des âges.

    Le Seigneur est vrai en tout ce qu'il dit,
    fidèle en tout ce qu'il fait.
14 Le Seigneur soutient tous ceux qui tombent,
    il redresse tous les accablés.

15 Les yeux sur toi, tous, ils espèrent :
    tu leur donnes la nourriture au temps voulu ;
16 tu ouvres ta main :
    tu rassasies avec bonté tout ce qui vit.

17 Le Seigneur est juste en toutes ses voies,
    fidèle en tout ce qu'il fait.
18 Il est proche de ceux qui l'invoquent,
    de tous ceux qui l'invoquent en vérité.

19 Il répond au désir de ceux qui le craignent ;
    il écoute leur cri : il les sauve.
20 Le Seigneur gardera tous ceux qui l'aiment,
    mais il détruira tous les impies.

21 Que ma bouche proclame les louanges du Seigneur ! *
    Son nom très saint, que toute chair le bénisse
        toujours et à jamais !

Psaume 145 (146)

Hymne au Dieu qui crée, aide et règne à jamais

¹ Alléluia !

Chante, ô mon âme, la louange du Seigneur ! +
² Je veux louer le Seigneur tant que je vis, *
chanter mes hymnes pour mon Dieu tant que je dure.

³ Ne comptez pas sur les puissants,
des fils d'homme qui ne peuvent sauver !
⁴ Leur souffle s'en va : ils retournent à la terre ;
et ce jour-là, périssent leurs projets.

⁵ Heureux qui s'appuie sur le Dieu de Jacob,
qui met son espoir dans le Seigneur son Dieu,
⁶ lui qui a fait le ciel et la terre
et la mer et tout ce qu'ils renferment !

Il garde à jamais sa fidélité,
⁷ il fait justice aux opprimés ;
aux affamés, il donne le pain ;
le Seigneur délie les enchaînés.

⁸ Le Seigneur ouvre les yeux des aveugles,
le Seigneur redresse les accablés,
le Seigneur aime les justes,
⁹ le Seigneur protège l'étranger.

Il soutient la veuve et l'orphelin,
il égare les pas du méchant.
¹⁰ D'âge en âge, le Seigneur régnera :
ton Dieu, ô Sion, pour toujours !

Psaume 146 (147 A)

Hymne à Dieu qui donne la vie

¹ Alléluia !

Il est bon de fêter notre Dieu,
il est beau de chanter sa louange !

² Le Seigneur rebâtit Jérusalem,
il rassemble les déportés d'Israël ;
³ il guérit les cœurs brisés
et soigne leurs blessures.

⁴ Il compte le nombre des étoiles,
    il donne à chacune un nom ;
⁵ il est grand, il est fort, notre Maître :
    nul n'a mesuré son intelligence.
⁶ Le Seigneur élève les humbles
    et rabaisse jusqu'à terre les impies.

⁷   Entonnez pour le Seigneur l'action de grâce,
        jouez pour notre Dieu sur la cithare !

⁸ Il couvre le ciel de nuages,
    il prépare la pluie pour la terre ;
    il fait germer l'herbe sur les montagnes
    et les plantes pour l'usage des hommes ;
⁹ il donne leur pâture aux troupeaux,
    aux petits du corbeau qui la réclament.

¹⁰ La force des chevaux n'est pas ce qu'il aime,
    ni la vigueur des guerriers, ce qui lui plaît ;
¹¹ mais le Seigneur se plaît avec ceux qui le craignent,
    avec ceux qui espèrent son amour.

Psaume 147 (147 B)

Hymne pour Jérusalem rénovée

¹² Glorifie le Seigneur, Jérusalem !
        Célèbre ton Dieu, ô Sion !
¹³ Il a consolidé les barres de tes portes,
    dans tes murs il a béni tes enfants ;
¹⁴ il fait régner la paix à tes frontières,
    et d'un pain de froment te rassasie.

¹⁵ Il envoie sa parole sur la terre :
    rapide, son verbe la parcourt.
¹⁶ Il étale une toison de neige,
    il sème une poussière de givre.
¹⁷ Il jette à poignées des glaçons ;
    devant ce froid, qui pourrait tenir ?
¹⁸ Il envoie sa parole : survient le dégel ;
    il répand son souffle : les eaux coulent.

¹⁹ Il révèle sa parole à Jacob,
    ses volontés et ses lois à Israël. ➤

²⁰ Pas un peuple qu'il ait ainsi traité ;
nul autre n'a connu ses volontés.

Alléluia !

Psaume 148

Hymne de louange à Dieu

¹ Alléluia !

Louez le Seigneur du haut des cieux,
louez-le dans les hauteurs.
² Vous, tous ses anges, louez-le,
louez-le, tous les univers.

³ Louez-le, soleil et lune,
louez-le, tous les astres de lumière ;
⁴ vous, cieux des cieux, louez-le,
et les eaux des hauteurs des cieux.

℟. ⁵ Qu'ils louent le nom du Seigneur :
sur son ordre ils furent créés ;
⁶ c'est lui qui les posa pour toujours
sous une loi qui ne passera pas.

⁷ Louez le Seigneur depuis la terre,
monstres marins, tous les abîmes ;
⁸ feu et grêle, neige et brouillard,
vent d'ouragan qui accomplis sa parole ;

⁹ Les montagnes et toutes les collines,
les arbres des vergers, tous les cèdres ;
¹⁰ les bêtes sauvages et tous les troupeaux,
le reptile et l'oiseau qui vole ;

¹¹ les rois de la terre et tous les peuples,
les princes et tous les juges de la terre ;
¹² tous les jeunes gens et jeunes filles,
les vieillards comme les enfants.

℟. ¹³ Qu'ils louent le nom du Seigneur,
le seul au-dessus de tout nom ;
sur le ciel et sur la terre, sa splendeur :
¹⁴ il accroît la vigueur de son peuple.

Louange de tous ses fidèles,
des fils d'Israël, le peuple de ses proches !

Alléluia !

Psaume 149

Louange à Dieu par les chants de victoire

¹ Alléluia !

Chantez au Seigneur un chant nouveau,
louez-le dans l'assemblée de ses fidèles !
² En Israël, joie pour son créateur ;
dans Sion, allégresse pour son Roi !
³ Dansez à la louange de son nom,
jouez pour lui, tambourins et cithares !

⁴ Car le Seigneur aime son peuple,
il donne aux humbles l'éclat de la victoire.
⁵ Que les fidèles exultent, glorieux,
criant leur joie à l'heure du triomphe.
⁶ Qu'ils proclament les éloges de Dieu,
tenant en main l'épée à deux tranchants.

⁷ Tirer vengeance des nations,
infliger aux peuples un châtiment,
⁸ charger de chaînes les rois,
jeter les princes dans les fers,
⁹ leurs appliquer la sentence écrite,
c'est la fierté de ses fidèles.

Alléluia !

Psaume 150

Symphonie de louange à Dieu

¹ Alléluia !

Louez Dieu dans son temple saint,
louez-le au ciel de sa puissance ;
² louez-le pour ses actions éclatantes,
louez-le selon sa grandeur !

³ Louez-le en sonnant du cor,
louez-le sur la harpe et la cithare ;
⁴ louez-le par les cordes et les flûtes,
louez-le par la danse et le tambour !

⁵ Louez-le par les cymbales sonores,
louez-le par les cymbales triomphantes !
⁶ Et que tout être vivant
chante louange au Seigneur !

Alléluia !

Abréviations
des livres bibliques

Ab	Abdias
Ac	Actes des Apôtres
Ag	Aggée
Am	Amos
Ap	Apocalypse
Ba	Livre de Baruc
1 Ch	1ᵉʳ livre des Chroniques
2 Ch	2ᵉ livre des Chroniques
1 Co	1ʳᵉ lettre aux Corinthiens
2 Co	2ᵉ lettre aux Corinthiens
Col	Lettre aux Colossiens
Ct	Cantique des cantiques
Dn	Daniel
Dt	Deutéronome
Ep	Lettre aux Éphésiens
Esd	Livre d'Esdras
Est	Esther
Ex	Exode
Ez	Ézéchiel
Ga	Lettre aux Galates
Gn	Genèse
Ha	Habacuc
He	Lettre aux Hébreux
Is	Isaïe
Jb	Job
Jc	Lettre de saint Jacques
Jdt	Judith
Jg	Livre des Juges
Jl	Joël
Jn	Évangile selon saint Jean
1 Jn	1ʳᵉ lettre de saint Jean

2 Jn	2ᵉ lettre de saint Jean
3 Jn	3ᵉ lettre de saint Jean
Jon	Jonas
Jos	Livre de Josué
Jr	Livre de Jérémie
Jude	Lettre de saint Jude
Lc	Évangile selon saint Luc
Lm	Lamentations
Lv	Lévitique
1 M	1ᵉʳ livre des Martyrs d'Israël (Maccabées)
2 M	2ᵉ livre des Martyrs d'Israël
Mc	Évangile selon saint Marc
Mi	Michée
Ml	Malachie
Mt	Évangile selon saint Matthieu
Na	Nahoum
Nb	Nombres
Ne	Livre de Néhémie
Os	Osée
1 P	1ʳᵉ lettre de saint Pierre
2 P	2ᵉ lettre de saint Pierre
Ph	Lettre aux Philippiens
Phm	Lettre à Philémon
Pr	Proverbes
Ps	Psaumes
Qo	Ecclésiaste (Qohélet)
1 R	1ᵉʳ livre des Rois
2 R	2ᵉ livre des Rois
Rm	Lettre aux Romains
Rt	Livre de Ruth
1 S	1ᵉʳ livre de Samuel
2 S	2ᵉ livre de Samuel
Sg	Livre de la Sagesse
Si	Ben Sirac (Ecclésiastique)
So	Sophonie
Tb	Tobie
1 Th	1ʳᵉ lettre aux Thessaloniciens
2 Th	2ᵉ lettre aux Thessaloniciens
1 Tm	1ʳᵉ lettre à Timothée
2 Tm	2ᵉ lettre à Timothée
Tt	Lettre à Tite
Za	Zacharie

Notes

Matthieu

1, 16 : « (ou Messie) », *add.*

1, 21 : « (c'est-à-dire : Le-Seigneur-sauve) », *add.*

1, 23 : cf. Is 7, 14 (grec).

2, 1 : « le Grand », *add.*

2, 6 : cf. Mi 5, 1.3.

2, 15 : cf. Os 11, 1.

2, 18 : cf. Jr 31, 15.

2, 23 : référence inconnue.

3, 3 : cf. Is 40, 3.

4, 4 : cf. Dt 8, 3.

4, 5 : « à Jérusalem », *add.*

4, 6 : cf. Ps 90 (91), 11-12.

4, 7 : cf. Dt 6, 16.

4, 10 : cf. Dt 6, 13-14 (grec).

4, 12 : « Baptiste », *add.*

4, 13 et 18 : « lac », *litt.* « mer ».

4, 15-16 : cf. Is 8, 23 – 9, 1 (grec).

5, 4 : « promise », *add.*

5, 21 : cf. Ex 20, 13-32.

5, 22 : « insulte », *litt.* « dit 'Raca' » ; « maudit », *litt.* « dit 'Fou' » (ou « Révolté », héb. « Moré »).

5, 27 : cf. Ex 20, 14.

5, 31 : cf. Dt 24, 1.

5, 33 : cf. Ex 20, 7 ; Dt 23, 22.

5, 38 : cf. Ex 21, 24.

5, 43 : cf. Lv 19, 18.

7, 12 : « toute l'Écriture », *add.*

7, 23 : cf. Ps 6, 9.

8, 4 : « dans la Loi », *add.* ; « ta guérison », *add.*

8, 5 : « de l'armée romaine », *add.*

8, 17 : cf. Is 53, 4 (grec).

9, 1 : « de Capharnaüm », *add.*

9, 9 : « de Capharnaüm », *add.* ; « (collecteur d'impôts) », *add.*

9, 13 : « cette parole », *add.* ; cf. Os 6, 6.

9, 14 : « Baptiste », *add.*

10, 11 : « de vous accueillir », *add.*

11, 1 : « villes du pays », *litt.* « leurs villes ».

11, 2 : « le Baptiste », *add.*

11, 5 : cf. Is 35, 5-6 ; 26, 19 ; 61, 1.

11, 7 : « de Jean », *add.*

11, 10 : cf. Ml 3, 1.

11, 14 : « le prophète », *add.*

11, 18 : « Baptiste », *add.*

11, 19 : « de Dieu », *add.*

11, 23 : cf. Is 14, 13.15.

12, 5 : cf. Nb 28, 9 ; cf. 1 S 21, 2-7 ; cf. Lv 24, 9.

12, 7 : cf. Os 6, 6 ; cf. Mt 9, 13.

12, 18-21 : cf. Is 42, 1-4.

12, 40 : cf. Jon 2, 1.

12, 41 : cf. Jon 3, 1-10.

12, 42 : cf. 1 R 10, 1-3.

13, 14-15 : cf. Is 6, 9-10.

13, 35 : cf. Ps 77 (78), 2 (grec).

14, 1 : « de Galilée ».

15, 4 : cf. Ex 20, 12 ; 21, 17.

15, 8-9 : cf. Is 29, 13.

17, 10 : « prophète », *add.*

17, 21 : verset de la Vulgate absent des meilleurs manuscrits grecs : « *Rien ne peut faire sortir cette espèce-là, sauf la prière et le jeûne.* » ; cf. Mc 9, 29.

17, 24 : « pour le Temple », *add.*

18, 7 : « qui entraîne au péché », *add.*

18, 11 : verset de la Vulgate absent des meilleurs manuscrits grecs : « *Car le Fils de l'homme est venu sauver ce qui était perdu.* »

18, 16 : cf. Dt **19,** 15.

18, 17 : « la communauté », *add.*

18, 24 : « (c'est-à-dire soixante millions de pièces d'argent) », *add.*

19, 4 : cf. Gn **1,** 27.

19, 5 : cf. Gn **2,** 24.

19, 7 : cf. Dt **24,** 1.

19, 18-19 : cf. Ex **20,** 12-16 ; Lv **19,** 18.

20, 20 : « Jacques et de Jean », *add.* ; cf. **4,** 21.

21, 5 : cf. Za **9,** 9.

21, 9 : cf. Ps **117** (118), 26.

21, 13 : cf. Is **56,** 7 ; Jr **7,** 11.

21, 16 : cf. Ps **8,** 3.

21, 32 : « Baptiste », *add.*

21, 42 : cf. Ps **117** (118), 22-23.

22, 17 : « l'empereur », *litt.* « César ».

22, 21 : « l'empereur », *add.*

22, 24 : cf. Dt **25,** 5-6 ; « au défunt », *litt.* « à son frère ».

22, 32 : cf. Ex **3,** 6.15.16.

22, 37 : cf. Dt **6,** 5.

22, 39 : cf. Lv **19,** 18.

22, 40 : « dans l'Écriture », *add.*

22, 44 : cf. Ps **109** (110), 1.

23, 14 : verset de la Vulgate absent des meilleurs manuscrits grecs : « *Malheureux êtes-vous, scribes et pharisiens hypocrites, vous qui dévorez les biens des veuves et affectez de prier longuement : vous serez d'autant plus sévèrement condamnés.* » Cf. Mc **12,** 40 ; Lc **20,** 47.

23, 35 : cf. 2 Ch **24,** 20-22.

23, 39 : cf. Ps **117** (118), 26.

24, 15 : « de l'Écriture », *add.* ; cf. Dn **9,** 27 ; 11, 31 ; 12, 11 ; 1 M **1,** 54 ; 6, 7.

24, 26 : « Si l'on vous dit » (2e fois), *add.*

24, 28 : « selon le proverbe », *add.* ; cf. Jb **39,** 30.

24, 30 : cf. Ap **1,** 7 ; Dn **7,** 13-14.

24, 33 : « le Fils de l'homme », *add.* (cf. v. 30).

24, 37 : cf. Gn **6 – 8.**

25, 1 : « invitées à des noces », *add.*

26, 31 : cf. Za **13,** 7.

26, 37 : « Jacques et Jean », *add.*

26, 64 : cf. Dn **7,** 13 ; Ps **109** (110), 1.

26, 75 : cf. **26,** 34.

27, 9-10 : cf. Za **11,** 12-13 ; Jr **32,** 6-9.

27, 11 : « Pilate », *add.*

27, 34 : cf. Ps **68** (69), 22.

27, 46 : cf. Ps **21** (22), 2.

27, 47 : « le prophète », *add.*

Marc

1, 2 : « le livre de », *add.*

1, 2-3 : cf. Ml **3,** 1 ; Is **40,** 3.

1, 21 : « ils arrivent à Capharnaüm ».

1, 38 et 39 : « la Bonne Nouvelle », *add.*

1, 44 : cf. Lv **14,** 1-32.

2, 14 : « (collecteur d'impôts) », *add.*

2, 26 : cf. 1 **S** 21, 2-7.

4, 12 : cf. Is **6,** 9-10.

5, 15 : « de démons », *add.*

6, 10 : « Quand vous avez trouvé l'hospitalité », *litt.* « êtes entrés ».

6, 37 : « le salaire de deux cents journées », *litt.* « deux cents deniers ».

7, 6-7 : cf. Is **29,** 13.

7, 10 : cf. Ex **20,** 12 ; 21, 17 ; Lv **20,** 9.

7, 16 : verset de la Vulgate absent des meilleurs manuscrits grecs : « *Si quelqu'un a des oreilles pour entendre, qu'il entende !* »

7, 37 : cf. Is **55,** 5-6 (gr.).

8, 28 : cf. Ml **3,** 23.

9, 11 : « prophète », *add.* ; *cf.* Ml **3,** 23-24.

9, 12 : cf. Is **53.**

9, 13 : référence inconnue.

9, 23 : « Pourquoi dire : », *add.*

9, 38 : « l'un des Douze », add. pour éviter la confusion avec Jean Baptiste.

9, 43.45 : « éternelle », add.

9, 44 et 46 : versets de la Vulgate absents des meilleurs manuscrits grecs : *« là où le ver ne meurt pas et où le feu ne s'éteint pas. »* (2 fois).

9, 48 : cf. Is **66**, 24.

10, 4 : cf. Dt **24**, 1.

10, 6 : cf. Gn **1**, 27.

10, 7-8 : cf. Gn **2**, 24.

10, 19 : cf. Ex **20**, 12-17.

10, 32 : « Les disciples... avec Jésus », add.

10, 41 : « autres », add.

11, 9 : cf. Ps **117** (118), 26.

11, 17 : cf. Is **56**, 7 ; Jr **7**, 11.

11, 26 : verset de la Vulgate absent des meilleurs manuscrits grecs : *« Mais si vous ne pardonnez pas, votre Père céleste ne vous pardonnera pas non plus vos fautes. »*

12, 10-11 : cf. Ps **117** (118), 22-23.

12, 12 : « les chefs des Juifs », add.

12, 14 : « l'empereur », litt. « César ».

12, 16 : « l'empereur », add.

12, 19 : cf. Dt **25**, 5-6.

12, 26 : cf. Ex **3**, 6.

12, 29-30 : cf. Dt **6**, 4-5.

12, 31 : cf. Lv **19**, 18.

12, 36 : cf. Ps **109** (110), 1.

12, 41 : « dans le Temple », add.

13, 14 : cf. Dn **9**, 27 ; **11**, 31 ; **12**, 11 ; 1 M **1**, 54 ; **6**, 7 ; « de l'Écriture », add.

13, 29 : « le Fils de l'homme », add. d'après v. 26.

14, 27 : cf. Za **13**, 7.

14, 58 : cf. Jn **2**, 19.

14, 61 : « Dieu », add.

14, 62 : cf. Dn **7**, 13 ; Ps **109** (110), 1.

15, 28 : verset de la Vulgate absent des meilleurs manuscrits grecs : *« Et fut accomplie l'Écriture qui dit : Il a été compté avec les pécheurs. »* Cf. Is **53**, 12 ; Lc **22**, 37.

15, 34 : cf. Ps **21** (22), 2.

15, 35 : « le prophète », add.

Luc

1, 5 : « le Grand », add.

1, 17 : cf. Ml **3**, 1.23-24 ; « prophète », add.

1, 18 : cf. Gn **15**, 11.

1, 23 : « au Temple », add.

1, 34 : « je suis vierge », litt. « je ne connais pas d'homme ».

1, 37 : cf. Gn **18**, 14.

2, 21 : cf. Lc **1**, 31.

2, 23 : cf. Ex **13**, 2.

2, 24 : cf. Lv **12**, 8.

3, 4-6 : cf. Is **40**, 3-5.

3, 12 : « (collecteurs d'impôts) », add.

3, 22 : cf. Ps **2**, 7, version probable d'après de nombreux critiques, mais on peut adopter aussi l'autre version, donnée par un grand nombre de manuscrits : *« C'est toi mon Fils bien-aimé ; en toi j'ai mis tout mon amour. »* Cf. Mt **3**, 17 ; Mc **1**, 11.

4, 4 : cf. Dt **8**, 3.

4, 8 : cf. Dt **6**, 13-14 (grec).

4, 10-11 : cf. Ps **90** (91), 11-12.

4, 12 : cf. Dt **6**, 16.

4, 18-19 : cf. Is **61**, 1-2.

4, 25-26 : cf. 1 R **17**, 7-24.

4, 26 : « étrangère », add.

4, 27 : cf. 2 R **5**.

6, 3-4 : cf. 1 S **21**, 2-7.

7, 2 : « de l'armée romaine », add.

7, 22 : cf. Is **35**, 5-6 ; **26**, 19 ; **61**, 1.

7, 24 : « Baptiste », add.

7, 27 : cf. Ml **3**, 1.

7, 35 : « de Dieu », add.

8, 10 : « se réalise la prophétie », add. ; cf. Is **6**, 10.

9, 7 : « prince de Galilée », litt. « tétrarque ».

9, 8 : « prophète », add.

9, 49 : « l'un des Douze », add.

10, 15 : cf. Is **14**, 13.15.

10, 27 : cf. Dt **6**, 5 ; Lv **19**, 18.

11, 31 : cf. 1 R **10**, 1-10.

11, 32 : cf. Jon **3**, 1-10.

11, 49 : référence inconnue.

11, 51 : cf. 2 Ch **24**, 20-22.

13, 27 : cf. Ps **6**, 9.

13, 35 : cf. Ps 117 (118), 26 ; Lc **19**, 38.

15, 27 : « son fils », *add.*

16, 16 : « Baptiste », *add.*

17, 1 : « qui entraînent au péché », *add.*

17, 14 : cf. Lv **13**, 46.

17, 26 : cf. Gn **6**.

17, 29 : cf. Gn **19**.

17, 32 : cf. Gn **19**, 17.26.

17, 36 : verset de la Vulgate absent des meilleurs manuscrits grecs : « *Deux hommes seront aux champs : l'un sera pris, l'autre laissé.* » Cf. Mt **24**, 40.

18, 20 : cf. Ex **20**, 12-17.

19, 1 : « la ville de », *add.*

19, 13 : « pièces d'or », *litt.* « mines ».

19, 28 : « de ses disciples », *add.*

19, 38 : cf. Ps 117 (118), 26 ; Lc **2**, 14.

19, 41 : « de Jérusalem », *add.*

19, 44 : « Dieu », *add.*

19, 46 : cf. Is **56**, 7 ; Jr **7**, 11.

20, 17 : cf. Ps 117 (118), 22-23.

20, 18 : cf. Is **8**, 14-15 ; Dn **2**, 45.

20, 22 : « l'empereur », *litt.* « César ».

20, 24 : « l'empereur », *add.*

20, 28 : cf. Dt **25**, 5-6.

20, 37 : « ardent », *add. ;* cf. Ex **3**, 6.

20, 42-43 : cf. Ps 109 (110), 1.

21, 27 : cf. Dn **7**, 13.

22, 37 : cf. Is **53**, 12.

22, 61 : cf. 22, 34.

22, 69 : cf. Ps 109 (110), 1.

23, 2 : « l'empereur », *litt.* « César ».

23, 17 : verset de la Vulgate absent des meilleurs manuscrits grecs : « *Or, il devait leur relâcher quelqu'un à chaque fête.* » Cf. Mt **27**, 15 ; Mc **15**, 6.

23, 30 : cf. Os **10**, 8.

23, 46 : cf. Ps **30** (31), 6.

23, 54 : « vendredi », *litt.* « jour de la préparation ».

24, 7 : cf. Lc **9**, 22 ; **18**, 32-33.

24, 13 : « à deux heures de marche », *litt.* « à soixante stades ».

24, 33 : « Apôtres », *add.*

24, 34 : « Pierre », *add.*

Jean

1, 1 : « la Parole de Dieu », *add.*

1, 21 : « le prophète », *add. ;* cf. Ml **3**, 23 ; « grand », *add. ;* cf. Dt **18**, 18.

1, 23 : cf. Is **40**, 3.

1, 25 : « grand », *add.*

1, 29 : « Baptiste », *add.*

1, 30 : cf. Jn **1**, 15.

1, 35 et 40 : « Baptiste », *add.*

1, 51 : cf. Gn **28**, 12.

2, 6 : « environ cent litres », *litt.* « deux ou trois mesures ».

2, 17 : cf. Ps **68** (69), 10.

2, 22 : cf. probablement Isaïe **53**.

3, 8 : « du souffle », *add.* pour suggérer le rapprochement vent-Esprit.

3, 14 : cf. Nb **21**, 8-9.

3, 25 : « bains de », *add.*

4, 3 : « Quand Jésus apprit cela », mots déplacés du v. 1.

4, 19 : « Alors, explique-moi », *add.*

4, 37 : « le proverbe », *add.*

4, 44 : cf. Mt **13**, 57 ; Mc **6**, 4.

4, 45 : « de la Pâque », *add.* d'après 2, 23.

4, 47 : « à Capharnaüm », *add.*

5, 3b-4 : versets de la Vulgate absents des meilleurs manuscrits grecs : « *qui attendaient l'agitation de l'eau (car, à certains moments, l'ange du Seigneur descendait dans la piscine, l'eau s'agitait et le premier qui y entrait après que l'eau avait bouillonné était guéri, quelle que fût sa maladie).* »

5, 18 : « repos du », *add.*

5, 33 : « Baptiste », *add.*

6, 7 : « le salaire de deux cents journées », *litt.* « deux cents deniers ».

6, 14 : « grand », *add. ;* cf. Dt **18**, 18.

6, 19 : « cinq mille mètres », *litt.* « vingt-cinq ou trente stades ».

6, 31 : cf. Ps 77 (78), 24.

6, 44 : « vers moi », *add.*

6, 45 : cf. Is **54**, 13 ; Jr 31, 34.

7, 3 : « que tu as là-bas », *add.* ; cf. **2**, 23 ; **4**, 1.

7, 10 : « à Jérusalem », *add.*

7, 14 : « la semaine de », *add.* ; cf. Dt **16**, 13-15.

7, 37 : cf. Is **55**, 1.

7, 38 : cf. Is **48**, 21 ; Ez **47**, 1 ; Za **14**, 8.

7, 40 : cf. Dt **18**, 18 ; « grand », *add.*

7, 42 : cf. 2 S **7**, 12-17 ; Mi **5**, 1.

7, 45 : « qu'ils avaient envoyé arrêter Jésus », *add.* ; cf. **7**, 32.

8, 5 : cf. Lv **20**, 10 ; Dt **22**, 22.

8, 17 : cf. Dt **19**, 15.

9, 16 : « repos du », *add.*

10, 2 et **11** : on a utilisé à la fois « berger » et « pasteur » pour tenir compte aussi bien du langage concret que de l'usage traditionnel.

10, 6 : « pharisiens », *add.* d'après **9**, 40.

10, 34 : cf. Ps **81** (82), 6.

11, 2 : cf. **12**, 3.

11, 18 : « une demi-heure de marche », *litt.* « quinze stades ».

11, 53 : « le grand conseil », *add.*

12, 13 : cf. Ps **117** (118), 25-26.

12, 15 : cf. Is **40**, 9 ; Za **9**, 9.

12, 21 : « Seigneur », *om.* avant « Nous voudrions ».

12, 27 : « Dirai-je », *add.*

12, 34 : cf. v. 23 et 32 ; Jn **3**, 14.

12, 38 : cf. Is **53**, 1.

12, 40 : cf. Is **6**, 9.

12, 41 : cf. Is **6**, 1.

13, 18 : cf. Ps 40 (41), 10.

13, 33 : cf. **8**, 21.

14, 22 : *litt.* « Judas, pas l'Iscariote ».

14, 28 : cf. **14**, 3.18.

15, 4 : cf. **6**, 56 ; **14**, 23.

15, 20 : cf. **13**, 16.

15, 25 : cf. Ps **34** (35), 19 ; **68** (69), 5.

16, 17 : cf. **16**, 10.

17, 20 : « qui sont là », *add.*

18, 9 : cf. **6**, 39 ; **17**, 12.

18, 14 : cf. **11**, 50.

18, 32 : cf. **12**, 32-33.

19, 12 et 15 : « l'empereur », *litt.* « César ».

19, 24 : cf. Ps **21** (22), 19.

19, 28 : cf. Ps **68** (69), 22.

19, 35 : « le Seigneur », *litt.* « Celui-là ».

19, 36 : cf. Ex **12**, 46 ; Ps **33** (34), 21.

19, 37 : cf. Za **12**, 10.

19, 39 : cf. **3**, 1-2.

20, 13 : « le Seigneur mon Maître, *litt.* « mon Seigneur ».

20, 15 : « Seigneur », *om.* dans la réponse de Madeleine.

21, 8 : « une centaine de mètres », *litt.* « deux cents coudées ».

Actes des Apôtres

1, 16 : cf. Ps **40** (41), 10.

1, 20 : cf. Ps **68** (69), 26 ; **108** (109), 8.

2, 1 : « (le cinquantième jour après Pâques) », *add.*

2, 14 : « autres Apôtres », *add.*

2, 17-21 : cf. Jl **3**, 1-5.

2, 23 : « à la croix », *add.*

2, 25 : « le psaume de », *add.*

2, 25-28 : cf. Ps **15** (16), 8-11.

2, 30 : cf. 2 S **7**, 12-13.

2, 31 : cf. Ps **15** (16), 10.

2, 34 : « le psaume », *add.*

2, 34-35 : cf. Ps **109** (110), 1.

2, 43 : « de Dieu », *add.*

3, 22-23 : cf. Dt **18**, 15.19 ; Lv **23**, 29.

3, 25 : cf. Gn **22**, 18.

4, 1 : « Pierre et Jean », *add.*

4, 11 : cf. Ps **117** (118), 22.

4, 23 : « Pierre et Jean », *add.*

4, 24 : cf. Ps **145** (146), 6.

4, 25-26 : cf. Ps **2**, 1-2.

5, 12 : « croyants », *add.* d'après 4, 32.

5, 30 : « du supplice », *add.*

5, 41 : « de Jésus », *add.*

6, 7 : « juifs », *add.*

6, 8 : « de Dieu », *add.*

7, 3 : cf. Gn **12**, 1.

7, 6 : cf. Gn **15**, 13-14.

7, 27-28 : cf. Ex **2**, 14-15.

7, 32 : cf. Ex **3**, 6.

7, 33-34 : cf. Ex **3**, 5.7-8.10.

7, 37 : cf. Dt **18**, 15.

7, 40 : cf. Ex **32**, 23.

7, 42-43 : cf. Am **5**, 25-27 (grec).

7, 44 : cf. Ex **40**, 20-21.

7, 45 : « d'une génération à l'autre », *add. ;* « dans la terre promise », *add.*

7, 46 : cf. Ps **131** (132), 5.

7, 49-50 : cf. Is **66**, 1-2.

7, 51 : « ne veulent pas connaître l'Alliance », *litt.* « sont incirconcis ».

7, 56 : cf. Lc **22**, 69.

7, 59 : cf. Ps 30 (31), 6 ; Lc **23**, 46.

7, 60 : cf. Lc **23**, 34.

8, 5 : « l'un des Sept », *add. ; cf.* **6**, 5 et **21**, 8.

8, 27 : « Dieu », *add.*

8, 29 : « du Seigneur », *add.*

8, 32-33 : cf. Is **53**, 7-8 (grec).

8, 37 : verset de la Vulgate absent des meilleurs manuscrits grecs : « *Alors Philippe lui dit : 'Si tu crois de tout ton cœur, tu peux être baptisé.' L'eunuque répondit : 'Je crois que Jésus Christ est le Fils de Dieu.'* »

9, 2 : « de Jésus », *add.*

10, 39 : « du supplice », *add.*

11, 2 : « judaïsme », *litt.* « circoncision ».

11, 12 : « le centurion Corneille », *litt.* « l'homme ».

11, 16 : cf. Ac **1**, 5.

11, 30 : « de l'Église », *add.*

12, 1 : « Agrippa », *add.*

12, 25 : cf. **11**, 29 ; « Antioche », *add.*

13, 4 : « l'île de », *add.*

13, 5 : « Marc », *add.*

13, 9 : Saul est désormais appelé par son nom romain de Paul.

13, 22 : cf. Ps **88** (89), 21 ; 1 S **13**, 14 ; Is **44**, 28.

13, 25 : cf. Lc **3**, 16 ; Jn **1**, 21.27.

13, 33 : cf. Ps **2**, 7.

13, 34 : cf. Is **55**, 3 (grec).

13, 35 : cf. Ps **15** (16), 10 (grec).

13, 40 : « du Seigneur », *add.*

13, 41 : cf. Ha **1**, 5 (grec).

13, 47 : cf. Is **49**, 6.

14, 13 : « du temple », *add.*

14, 15 : « Malheureux », *litt.* « Hommes » ; « lui qui a fait... » : cf. Ex **20**, 11.

14, 19.21 : « de Pisidie », *add.*

14, 26 : « de Syrie », *add.*

15, 1 : « de l'Église d'Antioche », *add.*

15, 14 : « Simon-Pierre », *litt.* « Syméon ».

15, 16-17 : cf. Am **9**, 11-12 (grec).

15, 34 : verset de la Vulgate absent des meilleurs manuscrits grecs : « *Mais Silas décida de rester, et Jude partit tout seul* ».

16, 4.6 : « Paul et ses compagnons », *add.*

16, 20 et 22 : « magistrats », *litt.* « stratèges ».

16, 35-36.38 : « magistrats », *litt.* « stratèges ».

16, 35 : « au gardien », *add.*

17, 6.8 : « magistrats », *litt.* « politarques ».

17, 15 : « les frères », *add.* d'après le v.10.

17, 18 : « ils disaient cela », *add.*

17, 28 : citation du poète Aratos (IIIᵉ s. avant J.C.).

18, 6 : « Si cela...responsables », *litt.* « Que votre sang soit sur votre tête ».

18, 11 : « à Corinthe », *add.*

18, 14 : « O Juifs », *om.*

18, 18 : « à Corinthe », *add. ; » car le vœu...expirer », *litt.* « car il avait un vœu ».

18, 22 : « de Jérusalem », *add.*

19, 3 : « Baptiste », *add.*

19, 9 : « de Jésus », *add.*

19, 23 : « de Jésus », *add.*

19, 31: «personnages importants», *litt.* «asiarques».

20, 26: «On ne peut...votre perte», *litt.* «je suis pur du sang de tous».

20, 35: cette citation ne se trouve dans aucun des quatre Évangiles.

21, 31: «commandant», *litt.* «tribun»; «romain», *add.*

22, 4: «la Voie que je suis aujourd'hui», *litt.* «cette Voie».

22, 24.29: «commandant», *litt.* «tribun».

23, 3: «hypocrite», *litt.* «mur blanchi»; cf. Mt 23, 27.

23, 5: cf. Ex 22, 27.

23, 17.18.19.22.: «commandant», *litt.* «tribun».

24, 6b-8a: versets de la Vulgate absents des meilleurs manuscrits grecs: «*et nous voulions le juger selon notre loi. Étant intervenu, le commandant Lysias l'a enlevé de nos mains avec beaucoup de violence et a ordonné à ses accusateurs de se présenter devant toi. En l'interrogeant...*»

24, 22: «de Jésus», «de Jérusalem», *add. ;* «commandant», *litt.* «tribun».

25, 8.11.12.21: «l'empereur», *litt.* «César».

25, 13: «sa sœur», *add. ;* «le gouverneur», *add.*

25, 14: «mon prédécesseur», *add.*

25, 21: «à la juridiction impériale», *litt.* «au jugement d'Auguste».

26, 23: «notre», *add.*

26, 32: «l'empereur», *litt.* «César».

27, 9: «Grand Pardon», cf. Lv 23, 27.

27, 19: «les matelots», *add.*

27, 24: «l'empereur», *litt.* «César».

28, 19: «l'empereur», *litt.* «César».

28, 26-27: cf. Is 6, 9-10.

28, 29: verset de la Vulgate absent des meilleurs manuscrits grecs: «*Quand il eut dit cela, les Juifs s'en*

allèrent en discutant vivement entre eux. »

28, 31: C'est ainsi que Luc termine son récit: pour lui, l'Évangile est parvenu maintenant «jusqu'aux extrémités de la terre» (cf. Actes **1**, 8).

Lettre aux Romains

1, 1: «par Dieu», *add.*

1, 2: on a transposé ici pour la clarté quelques mots du v. 7.

1, 7: «Vous les fidèles... peuple saint», *litt.* «vous les appelés saints»; on a un peu paraphrasé pour dégager la richesse du mot «saints».

1, 17: «qui sauve», *add. ; cf. Ha 2, 4 (grec).*

1, 21: «les païens», *add.* d'après le ch. 1.

2, 24: cf. Is **52**, 5 (grec).

3, : cf. Ps 50 (51), 6.

3, 10b-12: cf. Ps **52** (53), 2-4.

3, 13ab: cf. Ps 5, 10.

3, 13c: cf. Ps **139** (140), 4.

3, 14: cf. Ps **9B** (10), 7.

3, 15-17: cf. Is **59**, 7-8.

3, 18: cf. Ps 35 (36), 2.

3, 21: «qui nous sauve», *add.*

3, 25: «sur la croix», *add.*

3, 26: «qui sauve», *add.*

3, 28: «de Moïse», *add.*

4, 3: cf. Gn 15, 6.

4, 6: «le psaume de», *add.*

4, 7-8: cf. Ps **31** (32), 1-2 (grec).

4, 9: cf. Gn 15, 6.

4, 17: cf. Gn 17, 5.

4, 18: cf Gn **15**, 5.

4, 22: «comme le dit l'Écriture», «sa foi», *add.* d'après Gn **15**, 6.

5, 10: «Christ ressuscité», *add.*

5, 12: «Adam», *add.*

5, 13: «de Moïse», «on dit que», *add.*

5, 20: «de Moïse», *add.*

6, 14: «de Dieu», *add.*

7, 4: «crucifié», *add.*

7, 6 : «de la Loi», *add.*

7, 7 : cf. Ex **20**, 17 ; Dt 5, 21.

8, 3 : «de Moïse», *add.*

8, 32 : cf. Gn **22**, 16.

8, 36 : cf. Ps **43** (44), 22.

9, 7 : cf. Gn **21**, 12.

9, 9 : cf. Gn **18**, 10.

9, 12 : cf. Gn **25**, 23.

9, 13 : cf. Ml **1**, 2-3.

9, 15 : cf. Ex **33**, 19.

9, 17 : cf. Ex **9**, 16.

9, 25 : cf. Os **2**, 25.

9, 26 : cf. Os **2**, 1.

9, 27-28 : cf. Is **10**, 22-23.

9, 29 : cf. Is **1**, 9.

9, 33 : cf. Is **28**, 16 ; 8, 14.

10, 5 : cf. Lv **18**, 5.

10, 6-8 : cf. Dt **30**, 12-14.

10, 11 : «Lors du jugement», *add.* ; cf. Is **28**, 16.

10, 13 : cf. Jl **3**, 5.

10, 15 : cf. Is **52**, 7

10, 16 : cf. Is **53**, 1 (cité d'après le grec).

10, 18 : «Un psaume le dit», *add.* ; cf Ps **18** (19), 4.

10, 19 : cf. Dt **32**, 21.

10, 20 : cf. Is **65**, 1.

10, 21 : cf. Is **65**, 2.

11, 3 : cf. 1 R **19**, 10.

11, 4 : cf. 1 R **19**, 18.

11, 8 : cf. Dt **29**, 3.

11, 9-10 : cf. Ps **68** (69), 23-24 (grec).

11, 13 : «qui étiez», *add.*

11, 26-27 : cf. Is **59**, 20-21.

11, 35 : cf. Jb **41**, 3.

12, 19 : cf. Dt **32**, 35a.

12, 20 : cf. Pr **25**, 21-22.

13, 7 : cf. Mc **12**, 13-17 et parallèles.

13, 9 : «Ce que dit la Loi», *add.* ; cf. Ex **20**, 13-15.17 ; Lv **19**, 18.

14, 11 : cf. Is **45**, 23 ; cf. Ph **2**, 10-11.

15, 3 : cf. Ps **68** (69), 10.

15, 4 : «les livres saints», *add.*

15, 5 : «l'esprit du», *add.*

15, 7 : «vous qui étiez païens», *add.*

15, 9 : cf. Ps **17** (18), 50.

15, 10 : cf. Dt **32**, 43.

15, 11 : cf. Ps **116** (117), 1.

15, 12 : «père de David», *add.* ; cf. Is **11**, 1.10.

15, 21 : cf. Is **52**, 15 (grec).

16, 24 : verset de la Vulgate absent des meilleurs manuscrits grecs : «*La grâce de notre Seigneur Jésus Christ soit avec vous tous. Amen.*»

16, 25 : «Gloire à Dieu», *add.* d'après le v. 27.

Première lettre aux Corinthiens

1, 2 : «vous les fidèles...peuple saint», *litt.* «vous les appelés saints» (cf. Rm **1**, 7).

1, 17 : «humain», *add.* ; «de son sens», *add.*

1, 19 : cf. Is **29**, 14.

1, 21 : «les œuvres de», *add.*

1, 22 : «du Messie», *add.* ; «monde», *add.*

1, 31 : cf. Jr **9**, 23.

2, 9 : «ce que nous proclamons», *add.* ; cf. Is **52**, 15 ; **64**, 3 ; Si **1**, 10.

2, 15 : «peut», *add.*

2, 16 : «L'Écriture demandait», *add.* ; cf. Is **40**, 14.

3, 4 : cf. 1, 12.

3, 5 : «de Dieu», *add.*

3, 19 : cf. Jb **5**, 13.

3, 20 : cf. Ps **93** (94), 11.

3, 21 : «dont on se réclame», *add.*

3, 22 : cf. **1**, 12.

5, 7 : «pain de la Pâque», *add.*

5, 13 : cf. Dt **13**, 6.

6, 3 : «les anges de Satan», *litt.* «des anges».

6, 6 : «juges», *add.*

6, 13 : «Jésus», *add.*

6, 16 : cf. Gn **2**, 24.

7, 23 : «Le Seigneur», *add.*

7, 36 : «qu'il aime», *litt.* «sa jeune fille».

7, 37.38 : «fiancée», *litt.* «jeune fille».

9, 9 : cf. Dt 25, 4.

9, 25 : «de laurier», *add.*

10, 1 : «ce qui s'est passé... Égypte», *add. ;* «Rouge», *add.*

10, 2 : «pour ainsi dire», *add. ;* cf. Ex **14**, 19-22.

10, 3 : cf. Ex **16** ; Sg **16**, 20-21.

10, 4 : cf. Ex **17**, 1-7 ; «déjà», *add.*

10, 7 : cf. Ex **32**, 6.

10, 26 : cf. Ps **23** (24), 1.

11, 34 : «du Seigneur», *add.*

12, 5 : «dans l'Église», *add.*

12, 12 (début) : *litt.* «De même que notre corps forme un tout».

13, 1 : «si je n'ai pas la charité», *add.* pour marquer l'équivalence, ici, entre charité et amour.

13, 8 : «que nous avons de Dieu», *add.*

14, 5 : «ce qu'on dit en langues», *add.*

14, 14 : «inconnue», *add.*

14, 21 : cf. Is **28**, 11-12.

14, 29 : «ce qui vient de l'Esprit», *add.* (cf. **12**, 10).

15, 25 : cf. Ps **109** (110), 1.

15, 27 : cf. Ps **8**, 7.

15, 32 : cf. Is **22**, 13.

15, 33 : vers du poète Ménandre.

15, 45 : cf. Gn **2**, 7 ; «le Christ», *add.*

15, 54 : cf. Is **25**, 8 (grec).

15, 55 : cf. Os **13**, 14.

16, 1 : «de Jérusalem», *add.*

16, 22 : «(notre Seigneur, viens !)», *add.*

Seconde lettre aux Corinthiens

1, 20 : «notre 'oui'», *add.*

3, 3 : «comme la Loi», *add.*

3, 6 : «de la Loi», *add. ;* «du Dieu vivant», *add.*

3, 15 : «les fils d'Israël», *add.*

3, 16 : cf. Ex **34**, 34.

3, 18 : «les Apôtres», *add.* ; «comme Moïse», *add.*

4, 4 : «(Satan)», *add.*

4, 6 : cf. Gn **1**, 3 ; Is **9**, 1.

4, 7 : «les Apôtres», *add.*

4, 13 : cf. Ps **115** (116), 10 ; «les Apôtres», *add.*

6, 2 : cf. Is **49**, 8.

6, 7 : «nous nous présentons», *add.*

6, 15 : «Satan», *litt.* «Béliar».

6, 16-18 : cf. Lv **26**, 11-12 ; Is **52**, 11(grec) ; Ez **20**, 34(grec) ; 2 S **7**, 14.

7, 7 : «de nous revoir», *add.*

7, 11 : «envers le coupable», *add.*

8, 4 : «de Jérusalem», *add. ;* cf. Ac **11**, 29-30.

8, 8 : «Églises», *add.*

8, 10 : «collecte», *add.*

8, 15 : «à propos de la manne», *add. ;* cf. Ex **16**, 18.

9, 1 : «de Jérusalem», *add.* cf. **8**, 4.

9, 6 : cf. Pr **11**, 14 ; **22**, 8.

9, 7 : cf. Pr **22**, 8.

9, 9 : cf. Ps **111** (112), 9.

9, 12 : «de Jérusalem», *add.*

10, 17 : cf. Jr **9**, 23.

11, 15 : «de Dieu», *add.*

11, 21 : «faux apôtres», *add.* d'après le v. 13.

13, 1 : cf. Dt **19**, 15.

Lettre aux Galates

2, 9 : «dans l'Église», *add.*

2, 10 : «de leur communauté», *add.*

2, 12 : «frères», *add. ;* «de Jérusalem», *add.*

2, 13 : «frères», *add.*

2, 16 ; 3, 2 et 5 : «de Moïse», *add.*

2, 18 : *litt.* «si je rebâtis ce que j'ai renversé».

2, 19 : «(qui a fait mourir le Christ)», *add.*

3, 6 : cf. Gn **15**, 6.

3, 7 : «vrais», *add.*

3, 8 : cf. Gn **12**, 3.

3, 10 : «de Moïse», *add.* ; cf. Dt 27, 26.

3, 11 : «l'Écriture dit», *add.* ; cf. Ha 2, 4.

3, 12 : «la Loi dit», *add.* ; cf. Lv 18, 5.

3, 13 : cf. Dt 21, 23; «du supplice», *add.*

3, 16 : cf. Gn 12, 7.

3, 19 : «Moïse», *add.*

3, 23 ; 4, 1 : «de Moïse», *add.*

4, 23 : «Agar», «Sara», *add.* ; cf. Gn 21.

4, 27 : cf. Is 54, 1.

4, 30 : cf. Gn 21, 10.

5, 3 : «de Moïse», *add.*

5, 14 : cf. Lv 19, 18; Mt 22, 39 et parallèles.

6, 16 : «véritable», *add.*

Lettre aux Éphésiens

2, 2 ; «du mal», *add.* ; «entre le ciel et nous», *litt.* «dans les airs».

2, 12 : «à attendre», *add.*

2, 14 : «Israël et les païens», *add.* ; «crucifiée», *add.*

2, 15 : «de Moïse», *add.*

2, 17 : cf. Is 57, 19.

3, 1 : «je tombe à genoux», *add.* d'après v. *14.*

3, 3 : «du Christ», *add.*

3, 20 : «Gloire», *add.*

4, 8 : cf. Ps 67 (68), 19.

4, 26 : cf. Ps 4, 5.

5, 26 :«du baptême», *litt.* «d'eau»; «de vie».

5, 30 : «Comme dit l'Écriture», *add.*

5, 31 : cf. Gn 2, 24.

6, 2 et 3 : cf. Ex 20, 12.

Lettre aux Philippiens

1, 1 : «de l'Église», *add.*

3, 3 : «vraie», *add.*

3, 9 : «de Moïse», *add.*

Lettre aux Colossiens

1, 9 : «de votre vie dans le Christ», *add. d'après* 1, 4.

1, 26 : «membres de son peuple saint», *litt.* «ses saints».

2, 10 : «il domine toutes les puissances de l'univers», *litt.* «il est la tête des principautés et des puissances».

2, 14 : «du Christ», *add.*

2, 15 : «de l'univers», *add.*

Première lettre aux Thessaloniciens

3, 1 : «Sylvain et moi», *add.*

3, 7 : «nouvelles reçues», *add.* d'après v. 6.

5, 1 : «au sujet de la venue du Seigneur», *add.*

Première lettre à Timothée

3, 1 : «d'Église», *add.*

3, 15 : «la communauté», *add.*

3, 16 : «c'est le Christ», *add.*

4, 13 : «aux fidèles», *add.*

5, 9 : «qui ont une responsabilité dans l'Église», *add.*

5, 10 : «humblement servi les fidèles», *litt.* «lavé les pieds des saints».

5, 16 : «dans sa famille», *add.*

5, 18 : cf. Dt 25, 4 ; Mt 10, 10.

6, 14 : «du Seigneur», *add.*

6, 20 : «supérieure», *add.*

Seconde lettre à Timothée

1, 12 et 14 : «l'Évangile», *add.*

2, 8 : on a interverti deux stiques pour la clarté.

2, 19 : cf. Si 17, 26 ; Is 26, 13.

3, 8 : «Jannès et Jambrès», noms donnés aux magiciens d'Ex 7, 11.22.

Lettre à Tite

1, 1 : on a anticipé, pour la clarté, le début du v. 4.
1, 12 : citation du *Traité des Oracles*, d'Épiménide.
3, 5 : « du baptême », add.

Lettre à Philémon

10 : « du Christ », add.
11 : « dont le nom signifie 'utile' », add.

Lettre aux Hébreux

1, 5 : cf. Ps **2**, 7 ; 2 S **7**, 14.
1, 6 : « à venir », add. d'après **2**, 5 ; cf. Ps **97** (98), 7.
1, 7 : cf. Ps **103** (104), 4.
1, 8-9 : cf. Ps **44** (45), 7-8.
1, 10-12 : cf. Ps **101** (102), 1.
1, 13 : cf. Ps **109** (110), 1.
2, 5 : *om.* « dont nous parlons ».
2, 6 : « psaume », « ô Dieu », add. ; cf. Ps **8**, 5-7 (grec).
2, 9 : cf. Ps **8**, 6 (grec).
2, 12 : cf. Ps **21** (22), 23.
2, 13 : cf. Is **8**, 17-18.
2, 14 : « humaine », add.
3, 6 : « est digne de confiance », add. d'après le v. 5.
3, 7 : « dans un psaume », add. ; cf. Ps 94 (95), 7-11.
3, 13 : « de ce psaume », add.
4, 2 : « qui étaient sortis d'Égypte », add. d'après **3**, 16.
4, 3 et 5 : Ps **94** (95), 11.
4, 4 : cf. Gn **2**, 2.
4, 7 : « le psaume de », add.
4, 16 : « vers le Dieu tout puissant qui fait grâce », *litt.* « vers le Trône de la grâce ».
5, 5 : cf. Ps **2**, 7.
5, 6 et 10 : cf. Ps **109** (110), 4 ; « psaume », add.
6, 14 : cf. Gn **22**, 16-17.
6, 20 : cf. Ps **109** (110), 4.

7, 1-2 : cf. Gn **14**, 18.20.
7, 9 : « normalement », add.
7, 17 et 21 : cf. Ps **109** (110), 4.
7, 23 : « Dans l'ancienne Alliance », add.
7, 28 : « de Moïse », add.
8, 5 : cf. Ex **25**, 40.
8, 8-12 : cf. Jr **31**, 31-34.
9, 2 : « à sept branches », add.
9, 11 : « de son corps », add. ; « que celle de l'ancienne Alliance », add.
9, 12 : « du ciel », add. ; « animaux », *litt.* « taureaux et boucs ».
9, 13 : « eau sacrée », *litt.* « cendre de génisse aspergée », cf. Nb **19**, 2-10 ; « pour qu'ils puissent célébrer le culte », add. d'après le v. 14.
9, 15 : « d'un Testament nouveau », add.
9, 20 : cf. Ex **24**, 8.
10, 1 : « L'ancienne Alliance », *litt.* « La Loi ».
10, 5 : « d'après le Psaume », add.
10, 5-9 : cf. Ps **39** (40), 6-8 (grec).
10, 9 : « culte », add.
10, 11 : « Dans l'ancienne Alliance », add. ; « dans le Temple », add.
10, 13 : cf. Ps **109** (110), 1.
10, 15 : « dans l'Écriture », add.
10, 16-17 : cf. Jr **31**, 33-34 ; cf. He **8**, 8-10.
10, 19 : « du ciel », add.
10, 28 : cf. Dt **17**, 6 ; « de Moïse », add.
10, 30 : cf. Dt **32**, 35-36.
10, 37-38 : cf. Is **26**, 20 (grec) ; Ha **2**, 3-4 (grec).
11, 2 : « l'Écriture », add.
11, 5 : cf. Gn **5**, 21-24.
11, 12 : cf. Gn **22**, 17.
11, 18 : cf. Gn **21**, 12.
11, 35 : « leurs enfants qui étaient morts », *litt.* « leurs morts » ; cf. 1 R **17**, 23 ; 2 R **4**, 36.
12, 5-6 : cf. Pr **3**, 11-12 (grec).
12, 12 : « il est écrit », add. ; cf. Is **35**, 3.
12, 13 : cf. Pr **4**, 26 (grec).

12, 18 : «vers Dieu», add. ; «comme au Sinaï», add.
12, 19 : cf. Ex **20**, 19 ; «les fils d'Israël», add.
12, 20 : cf. Ex **19**, 12.
12, 21 : cf. Dt **9**, 19.
12, 24 : cf. Gn **4**, 10.
12, 26 : cf. Ag **2**, 6.
13, 2 : cf. Gn **18**, 1-8.
13, 5 : cf. Dt **31**, 6.
13, 6 : cf. Ps 117 (118), 6.
13, 10 : «de l'ancienne Alliance», add.
13, 11 : «expiation», add.

Lettre de saint Jacques

1, 17 : «comme les astres», add.
1, 21 : «de Dieu», add.
2, 8 : cf. Lv **19**, 18.
2, 11 : cf. Ex **20**, 13-14.
2, 21 : cf. Gn **22**.
2, 23 : cf. Gn **15**, 6 ; Is **41**, 8.
2, 25 : «de Josué», add. ; cf. Jos **2**, 1-21.
3, 1 : «nous qui enseignons», add.
3, 2 : «les instincts», add.
4, 5 : référence inconnue.
4, 6 : cf. Pr **3**, 34 (grec).
5, 11 : cf. Ex **34**, 6 ; Ps **102** (103), 8 ; **110** (111), 4.
5, 14 : «ceux qui exercent», «la fonction», add.
5, 17 : cf. 1 R **17**, 1.
5, 18 : cf 1 R **18**, 41-45.

Première lettre
de saint Pierre

1, 7 : «à Dieu», add.
1, 13 : «Préparez votre esprit pour l'action», litt. «ceignez donc les reins de votre esprit».
1, 16 : cf. Lv **19**, 2.
1, 20 : «ces», «qui sont», add.
1, 24-25 : cf. Is **40**, 6-8.
2, 3 : cf. Ps **33** (34), 9.
2, 4 : cf. Ps 117 (118), 22.

2, 6 : cf. Is **28**, 16.
2, 7 : «l'Écriture dit», add. ; cf. Ps 117 (118), 22.
2, 8 : cf. Is **8**, 14.
2, 10 : cf. Os **1**, 6-9 ; **2**, 25.
2, 11 : «ici-bas», add.
2, 12 : «son peuple», add.
2, 22 : cf. Is **53**, 9.
2, 24 : «de la croix», add. ; cf. Is **53**, 5.
2, 25 : cf. Is **53**, 6.
3, 6 : cf. Gn **18**, 12.
3, 10-12 : cf. Ps **33** (34), 12-16.
3, 14 : cf. Is **8**, 12.
3, 19 : «de la mort», add.
4, 8 : cf. Pr **10**, 12.
4, 12 : «les événements», add.
4, 16 : «de chrétien», add.
4, 18 : cf. Pr **11**, 31 (grec).
5, 1 : «exercent la fonction d'», add.
5, 5 : cf. Pr **3**, 34 (grec).
5, 7 : cf. Ps **54** (55), 23.

Seconde lettre
de saint Pierre

1, 17 : cf. Mc **1**, 11.
2, 22 : 1ère citation, cf. Pr **26**, 11 ; 2e citation, origine inconnue.

Première lettre
de saint Jean

1, 1 : «la Parole», add.
2, 6 : «Jésus», add.
2, 25 : «le Fils», add.
2, 29 : «de Dieu», add.
3, 2 : «le Fils de Dieu», add.
3, 5.7 : «Jésus», add.
3, 16 : «Jésus», add.
4, 2 : «parmi nous», add.
5, 7-8 : texte de la Vulgate différent des manuscrits grecs : «*Ils sont trois qui rendent témoignage dans le ciel : le Père, le Verbe et l'Esprit, et ces trois sont un ; et il y en a trois qui rendent témoignage sur terre : l'Esprit, l'eau et le sang, et ces trois sont un.*»

5, 18 : « le Fils », *add.*
5, 21 : *litt.* « *prenez garde aux idoles* »
(*aux fausses doctrines*).

Deuxième et troisième lettre de saint Jean

3 Jn **5** : « Gaïus », *add.* d'après v.1.
3 Jn **7** : « du Fils de Dieu », *add.*

Lettre de saint Jude

7 : cf. Gn **19**.
9 : épisode inconnu de la Bible ; cf. Za **3**, 2.
11 : cf. Nb **24** ; Nb **16** ; « au temps de Moïse », *add.*
14-15 : cf. livre d'Hénok (apocryphe) **1**, 9 ; sur Hénok, cf. He **11**, 5.
24 : « Gloire à Dieu », *add.* tirée du v. 25.

Apocalypse

1, 1 : « (ou Révélation) », « les fidèles », *add.*
1, 4 : « mineure », *add.*
1, 19 : « maintenant », *add.*

2, 27 : cf. Ps **2**, 9.
3, 14 : stiques intervertis pour la clarté, à la fin du v.
5, 1 : « en forme de rouleau », *add.*
6, 1 : « du Livre », *add.*
7, 15 : cf. Jn **1**, 14.
7, 16 : cf. Is **49**, 10.
7, 17 : cf. Is **25**, 8.
9, 11 : « ce qui veut dire : Destructeur », *add.*
10, 9-11 : cf. Ez **3**, 1-4.
11, 6 : « (comme le prophète Élie) », *add.* ; cf. 1 R **17**, 1 ; Lc **4**, 25 ; « (comme Moïse) », *add.* ; cf. Dt **34**, 11.
11, 12 : « les deux témoins », *add.*
12, 5 : cf. Ps **2**, 9.
12, 9 : cf. Gn **3**.
12, 14 : « deux temps », *litt.* « des temps » ; cf. Dn **7**, 25.
14, 20 : *litt.* 1 600 stades.
16, 21 : « énorme », *litt. :* environ d'un talent (34 kg).
19, 15 : cf. Ps **2**, 9.
21, 4 : « création », *add.*
21, 7 : cf. 2 S **7**, 14.
21, 16 : 12 000 stades, soit environ 2 200 km.
21, 17 : 144 coudées, soit environ 65 m.
22, 1-2 : cf. Ez **47**, 1-12.

Composition P.A.O.
Traditions Monastiques
F – 21150 Flavigny-sur-Ozerain
03.80.96.22.31